税 务 会 计

(第二版)

黄 鹏 编著

苏州大学出版社

图书在版编目(CIP)数据

税务会计 / 黄鹏编著. —2 版. —苏州：苏州大学出版社，2012.2(2021.7 重印)
ISBN 978-7-81137-990-7

Ⅰ.①税… Ⅱ.①黄… Ⅲ.①税务会计 Ⅳ.①F810.42

中国版本图书馆 CIP 数据核字(2012)第 016072 号

税务会计
(第二版)

黄　鹏　编著

责任编辑　薛华强

苏州大学出版社出版发行
(地址：苏州市十梓街 1 号　邮编：215006)
广东虎彩云印刷有限公司印装
(地址：东莞市虎门镇黄村社区厚虎路20号C幢一楼　邮编：523898)

开本 787 mm×960 mm　1/16　印张 35.75　字数 741 千
2012 年 2 月第 1 版　2021 年 7 月第 5 次印刷
ISBN 978-7-81137-990-7　定价：48.00 元

苏州大学版图书若有印装错误，本社负责调换
苏州大学出版社营销部　电话：0512-67481020
苏州大学出版社网址　http://www.sudapress.com

第二版 前 言

本书自2003年12月出版至今已整整8年。倘若不计之前作者主编出版的《新编中国税制与纳税会计》(1994年)和《新编税务会计学》(1997年)，那么本书2003年版可算作第一版。期间，我国企业会计制度、税法及相关法规政策都发生了重大改革与变化，原有版本已难以满足专业教学与工作实践的需要。

特别是8年间新颁布、新修订和发生新变化的税务会计相关法律法规几乎颠覆了我国现行会计制度和税收制度。其中，2006年2月15日财政部颁布、自2007年1月1日起在上市公司开始执行的《企业会计准则——基本准则》和《企业会计准则第18号——所得税》等38项具体企业会计准则，以及2005年12月26日第十届全国人大常委会第十九次会议决定，自2006年1月1日起废止《中华人民共和国农业税条例》，2007年3月16日第十届全国人民代表大会第五次会议发布、自2008年1月1日起施行的《中华人民共和国企业所得税法》，以上三大标志性税改，迫使作者下决心对本书进行全面更新和重新出版。

为了更好地在税务会计中反映我国税收法律法规和企业会计准则的最新变化，突出体现高等院校财经类教学和企业财税实际工作的要求，自2008年起，作者着手修改本书。无奈，全球金融风暴和宏观经济调控背景下的税制改革浪潮似乎没有尽头，迟迟无法定稿。增值税、消费税、营业税、个人所得税、资源税、车船税、船舶吨税等接连不断地修订颁发；结构性减税提到2012年税改日程：进口关税和小微企业再度减负，营业税改征增值税试点扩围，资源税扩大从价计征范围，消费税调整范围和税率结构，房产税改革试点推广，城市维护建设税改革和环境税出台势在必行；个人所得税面临征收模式转换等。截至2011年年底，这些改革既成定局，方案已然明了，且无重大变化，故选此时机定稿。

企业会计准则和税法的一系列变化无疑对税务会计产生了全面的影响。本书第二版在继承第一版基本框架和编写特点的基础上作了全面改进。本次修改主要考虑以下四个方面：

(1) 考虑到《企业会计制度》和《小企业会计制度》将于2013年被《企业会计准则》和《小企业会计准则》全面替代，且《小企业会计准则》基本上是《企业会计准则》的简版，两者的会计科目名称也完全一致，而中国企业会计准则将保持与国际财务报告准则的持续趋同，在2011年年底前已基本完成对中国企业会计准则相关项目的修订工作，并有望于2012年正式出台《企业会计准则》(修订版)。因此，本书第二版会计处理以《企业会计准则》2011年最新变化为依据，并适当兼顾当前企业所面临的新旧会计制度或准则转换的现实状况。

(2)考虑到2012年有的税改政策或方案已经出台,本书第二版也一并编入,以体现其新鲜度和生命力。如税务会计报表一章中企业所得税月(季)度预缴纳税申报表已按国家税务总局关于发布《中华人民共和国企业所得税月(季)度预缴纳税申报表》等报表的公告(2011年第64号)的格式更新;又如我国进出口关税部分调整和小微企业所得税优惠政策已分别反映在关税会计和企业所得税会计相关章节;再如营业税改征增值税试点方案特专设附录。

(3)考虑到本书第一版采用广义税务会计概念,其内容过于庞大深奥,无论是对教学课时,或是学习能力,还是实务操作,都有不相适应之处。这次第二版改用狭义税务会计概念,将原版中的税务会计审查、查补税款和错账的调账处理与税务筹划三章及农业税会计统统删除;同时,将相关章节进行调整、压缩、归并、简化、重写;为便于学习、理解、掌握和运用,保留本章复习题,增设本章导读、本章小结和相关法规链接;修订本章练习题,配以参考答案,单独汇总成册;制作配套课件,方便教学培训。

(4)考虑到税务会计实践性强,修订时间仓促,近期新颁布的法律法规面广量大,本人作为主编和作者特在原有作者基础上组织一支既擅长会计又谙熟税法的专家团队协同攻坚。他们是江苏省注册税务师协会秘书长、江苏省注册税务师管理中心主任金有国;江苏省注册税务师协会苏州办事处主任王大年;苏州市税务学会副会长施忠;苏州大学东吴商学院朱冬琴、邵建华、朱长胜、袁敏;江苏省国税局范久红、周曙东;苏州市国税局糜冠荣、周士清、钟建华、徐元祥、陈国强、王洪斌、程萍、杨照生、孟旭、赵国华;苏州市地税局孟咸华、岳涛、金晓红、丁家荣、丁家富、游克诚、陈思益、丁敏、姚志;苏州工业园区国税局严军、沈骁冬、张福兴;苏州工业园区地税局张明和、金晓扬、毕丽、潘静;泰州市地税局虞健、顾佳铭、缪光明;上海市税务局徐媛;苏州市海关田建新;江苏君和博瑞税务师税务所有限责任公司纪冬华。其中,有的协助组织、有的给予指导、有的提供资料、有的执笔修改、有的审核校对,每章都有多人过目动手,每人都是极其认真负责,以确保本书第二版的质量。

尽管如此,因本人水平有限,书中疏漏在所难免,敬请广大读者不吝赐教,以便在今后重印、再版时调整修订,从而更好地为教学与实践服务。

最后,谨向关爱我的读者和支持我的作者表示诚挚的谢意!谨向苏州大学出版社薛华强主任为本书付出的辛劳表示由衷的感谢!谨向所有关心和帮助过我的亲友和学生表示深深的谢忱!特别鸣谢龙年春节期间协助本人校对书稿清样的徐元祥、朱长胜、纪冬华、周蔼丹、范一鸣、黄海涛,以及责任编辑薛华强和其他工作人员,正是他们的无私奉献和不懈努力,才使本书得以更好更快地与广大读者见面。

黄 鹏

2012年1月

第一版　前　言

会计和税务分属不同的学科范畴,分别以会计准则和税法规范其行为。由于会计准则和税法的立法宗旨不同,所以必然会导致两者在处理纳税事项时的结果存在一定差异。如何处理好这两者的关系,借鉴世界各国的经验,主要有两种做法:一种是建立"立法会计",即通过法律规定,在税法中制定出详尽的会计程序和方法,会计处理严格依此执行,将会计要求与税务要求统一起来,使两者的处理结果相一致;另一种是建立"税务会计",即通过制订会计准则规范会计行为,制定税务法规规范税务行为,将会计处理与税务处理适当分离,但同时又承认税法对会计的影响,允许这种差异存在,并采取科学的方法加以协调。

20世纪90年代以来,随着我国税收及会计改革的逐步深入,会计政策和税法之间出现了越来越多的差异,不但会计收入、费用和所得税应税收入、费用确认和计量的差异不断增加,导致会计利润和纳税所得之间出现永久性差异和暂时性差异;而且,增值税的应税收入(计算销项税额的基数)和会计销售收入确认与计量、购进货物的确认时间和进项税额的确认抵扣时间都有所不同,这就使税务会计和财务会计间可协调性越来越差;同时,企业追求自身利益的内在本性,要求会计不仅能够提供企业纳税义务发生和履行情况的信息,而且能够根据税法提供避税和节税的信息,以支持管理决策。这就使税务会计从财务会计中分离出来成为必然。

从长远来看,经济全球化是当今世界经济发展的大趋势,它导致了资本流动的全球化。随着中国经济的进一步全球化,作为"通用商业语言"的会计准则也势必趋向全球化。与此同时,我国现行税制基本上是1994年税制改革确立的税制框架的延续。为了使我国的税制体系更能适应市场经济和加入WTO的要求,进一步的税制改革势在必行。为此,选择上述第二种做法更有利于中国改革符合世界潮流和国际惯例,也更有利于增强中国企业的国际竞争能力。

本书的特点主要是:

(1) 结合科学研究,具有独创性。本书吸收了税务会计研究的最新成果,全面、系统地阐述了税务会计理论、税务会计基础、增值税会计、消费税会计、出口货物退(免)税会计、营业税会计、公司所得税会计、个人所得税会计、资源财产税会计、目的行为税会计、农业税会计、关税和船舶吨税会计、税务会计报表、税务会计审查、查补税款和错账的调账处理、税务筹划等内容,构建了一个科学、严密的税务会计学科新体系。

(2) 结合当前改革,具有新颖性。本书以最新的会计准则和税务法规为依据,以流转税和所得税两大主体税类为核心组成税务会计核算体系,按章节分税种来阐述会计准则和税务法规在税务会计要素的确认、计量、记录和报告等方面的规定及其差异,构成了一个与现行税制结构基本配套的知识体系,以便纳税人正确计算和缴纳税款,以及科学地从事税务筹划。

(3) 结合教学改革,具有开拓性。本书结合会计、审计、财政、税收等专业培养目标的要求,改革现有的专业课程体系。据国家有关部门预测,中国在 21 世纪急需 16 类人才,其中税务会计师排在首位。本书所作的探索,期望为培养既通晓税法又谙熟会计的税务会计师提供一本高质量的教材。

(4) 结合纳税人行为,具有可操作性。本书从纳税人角度阐述税务中的会计问题和会计中的税务问题,并力求将税法具体化、案例化,尽数有机融入会计核算之中,既便于纳税人自觉履行纳税义务,充分享受税收优惠,主动避免违法行为,也便于税务机关依法征税、查税。

本书是在原《新编税务会计学》(黄鹏主编,苏州大学出版社,1997 年)的基础上由黄鹏等编著而成。参与本书书稿组织、撰写、修改、打印和校对,以及提供资料等的人员有:邵建华、朱冬琴、茆晓颖、范钦娅、陈雄伟、邵华、马立平、单正荣、施忠、范久红、程萍、王洪斌、杨照生、徐元祥、陈国强、张姝菲、钟丽琴、孟咸华、张明和、徐伟英、岳涛、庞晨、陈卫宁、张志中等。同时,在写作过程中,借鉴了国内外有关专家、教授、学者最近出版的相关方面的优秀论著、教材与其他文献,获益匪浅。在此,特向这些作者由衷地表示敬意和谢意!

本书既可作为财经类院校会计、财务、审计、财政、税收等专业的教学用书,也可作为纳税人和税务人员的业务用书或参考资料。

由于税务会计在我国仍处于研究和探索之中,尚不成熟,会计准则和税务法规本身又在不断地完善之中,加之作者水平有限,不妥、疏漏甚至错误之处在所难免,所以恳请专家、同仁、读者不吝指正,以便作者今后对本书进一步充实、提高和完善。

最后,谨向关心、支持、帮助本书出版的所有领导、同行和朋友们致以诚挚的谢意。

黄 鹏
2003 年 12 月

目 录

第一章　税务会计概论 ··· (1)
　　本章导读 ·· (1)
　　第一节　税务会计的内涵 ·· (1)
　　第二节　税务会计的对象和目标 ·· (7)
　　第三节　税务会计的原则和方法 ·· (9)
　　第四节　税务会计与财务会计之统分的论证 ··· (14)
　　第五节　税务会计的模式和体系 ··· (21)
　　第六节　税务会计的基本内容 ·· (23)
　　本章小结 ·· (28)
　　相关法规链接 ··· (29)
　　本章复习题 ·· (29)

第二章　税务会计基础 ·· (30)
　　本章导读 ·· (30)
　　第一节　税收制度的构成要素 ·· (30)
　　第二节　纳税人的权利、义务和法律责任及纳税程序 ································· (37)
　　第三节　税务登记的办理 ·· (46)
　　第四节　税务检查与税务代理 ·· (56)
　　本章小结 ·· (70)
　　相关法规链接 ··· (71)
　　本章复习题 ·· (71)

第三章　增值税会计 ··· (72)
　　本章导读 ·· (72)
　　第一节　增值税概述 ··· (72)
　　第二节　增值税专用发票的使用和管理 ·· (77)
　　第三节　增值税应纳税额的计算和缴纳 ·· (86)
　　第四节　增值税基本业务的税务会计处理 ··· (97)

第五节　增值税特殊业务的税务会计处理……………………………(110)
　　本章小结………………………………………………………………(135)
　　相关法规链接…………………………………………………………(135)
　　本章复习题……………………………………………………………(136)

第四章　消费税会计……………………………………………………(137)
　　本章导读………………………………………………………………(137)
　　第一节　消费税概述…………………………………………………(137)
　　第二节　消费税应纳税额的计算和缴纳……………………………(139)
　　第三节　消费税基本业务的税务会计处理…………………………(151)
　　第四节　消费税特殊业务的税务会计处理…………………………(166)
　　本章小结………………………………………………………………(172)
　　相关法规链接…………………………………………………………(173)
　　本章复习题……………………………………………………………(173)

第五章　出口货物退(免)税会计………………………………………(174)
　　本章导读………………………………………………………………(174)
　　第一节　出口货物退(免)税概述……………………………………(174)
　　第二节　出口货物退(免)税的计算…………………………………(179)
　　第三节　出口货物退(免)增值税的税务会计处理…………………(189)
　　第四节　出口货物退(免)消费税的税务会计处理…………………(195)
　　本章小结………………………………………………………………(200)
　　相关法规链接…………………………………………………………(200)
　　本章复习题……………………………………………………………(201)

第六章　营业税会计……………………………………………………(202)
　　本章导读………………………………………………………………(202)
　　第一节　营业税概述…………………………………………………(202)
　　第二节　营业税应纳税额的计算和缴纳……………………………(206)
　　第三节　营业税的税务会计处理……………………………………(215)
　　本章小结………………………………………………………………(229)
　　相关法规链接…………………………………………………………(230)
　　本章复习题……………………………………………………………(230)

第七章 企业所得税会计 (231)

- 本章导读 (231)
- 第一节 企业所得税概述 (231)
- 第二节 企业所得税应纳税所得额的确定 (234)
- 第三节 企业所得税应纳税额的计算与缴纳 (244)
- 第四节 税收优惠与特别纳税调整 (255)
- 第五节 企业所得税的税务会计处理 (263)
- 本章小结 (292)
- 相关法规链接 (293)
- 本章复习题 (293)

第八章 个人所得税会计 (294)

- 本章导读 (294)
- 第一节 个人所得税概述 (294)
- 第二节 个人和个体工商户应纳个人所得税额的计算和缴纳 (296)
- 第三节 个人独资企业和合伙企业投资者应纳个人所得税额的计算 (308)
- 第四节 个人所得税的税务会计处理 (312)
- 本章小结 (316)
- 相关法规链接 (317)
- 本章复习题 (317)

第九章 资源财产税会计 (319)

- 本章导读 (319)
- 第一节 资源税会计 (319)
- 第二节 城镇土地使用税会计 (327)
- 第三节 耕地占用税会计 (332)
- 第四节 土地增值税会计 (336)
- 第五节 房产税会计 (348)
- 第六节 车船税会计 (352)
- 第七节 烟叶税会计 (356)
- 本章小结 (359)
- 相关法规链接 (359)
- 本章复习题 (360)

第十章　目的行为税会计 (361)

本章导读 (361)
第一节　城市维护建设税会计 (361)
第二节　印花税会计 (366)
第三节　契税会计 (373)
第四节　车辆购置税会计 (379)
第五节　关税会计 (387)
第六节　船舶吨税会计 (401)
本章小结 (405)
相关法规链接 (406)
本章复习题 (406)

第十一章　税务会计报表 (408)

本章导读 (408)
第一节　税务会计报表概述 (408)
第二节　流转税纳税申报表的编制方法 (411)
第三节　企业所得税纳税申报表的编制方法 (465)
第四节　税务会计报表的管理 (534)
本章小结 (536)
相关法规链接 (537)
本章复习题 (537)

附录　营业税改征增值税试点 (538)

营业税改征增值税试点方案 (538)
交通运输业和部分现代服务业营业税改征增值税试点实施办法 (540)
交通运输业和部分现代服务业营业税改征增值税试点有关事项的规定 (551)
交通运输业和部分现代服务业营业税改征增值税试点过渡政策的规定 (554)
关于上海市开展交通运输业和部分现代服务业营业税改征增值税试点有关问题的说明 (559)

第一章　税务会计概论

【本章导读】　税务会计是会计学科的一个独立分支,它的主要任务是运用会计的专门方法和自身的特定方法,反映、预测、规划和监督税务资金运动,确定课税依据和应纳税款。通过本章学习,应该了解税务会计的产生和发展、模式和结构体系,熟悉税务会计与财务会计和税收会计的关系,以及税务会计以生产经营活动中的税务资金运动为对象和以科学治税、依法纳税与正确计税为目标,掌握税务会计的含义和特点、原则和方法,以及企业投资创建期间、生产经营期间和终止清算期间的纳税事项等三方面内容。

第一节　税务会计的内涵

一、税务会计的产生和发展

(一) 从税收起源的条件看,税务会计是税法与会计结合的产物

税收起源学说的研究成果表明,税收的产生必须具备三个条件:

(1) 剩余产品的普遍化。税收分配以国家为主体。国家是在社会出现剩余产品之后,为专门执行社会的共同职能而产生的。没有剩余产品,就不会有税收分配的主体。税收分配又以剩余产品为对象。没有剩余产品,也不会有税收分配的客体。但是,当剩余产品还只是个别现象时,国家还未出现;只有在剩余产品普遍存在时,国家才会随着阶级矛盾不可调和而形成,税收这种规范化的分配形式也就出现了。

(2) 国家职能的专门化。国家之所以要征税,是因为它需要专门执行社会职能提供公共品,但它不直接参与生产活动,也不直接占有社会产品,只能靠征税。与此相适应,社会成员之所以要纳税,是因为他们专门从事直接的生产活动并直接占有社会产品,而不再兼职执行社会职能,被迫以税金形式作为国家提供公共品的价值补偿。

(3) 征税机关的独立化。税收不同于自由献纳,而是一种规范的收入形式,其中又涉及国家利益与社会成员局部利益之间的矛盾,需要采取带有强制性的征收形式。只有国家机构比较健全,特别是建立了较为完备的征税机构之后,才能组织征税活动,从而才有税收存在。

由此可见,税收是一个历史范畴,是在社会生产力发展到一定水平,剩余产品普遍存在,国家出现并建立了较为完备的征收组织后产生的,是随着生产力的发展而发展的。从奴隶社会开始,奴隶主为了维护其统治地位和行使其职能的物质需要,就凭借政治权力征收税赋,其赋税主要是实物;随着生产力的发展,到了封建社会,由征收实物逐步转向征收货币;到了资本主义社会,则完全征收货币,税收种类也从简单趋向繁多。社会主义国家的税收实质也是凭借政治权力,以税收的形式参与国民收入分配,但是这种分配关系的性质又不同于资本主义国家,它体现着"取之于民,用之于民"的新型分配关系。

为了保证税收的及时、均衡和稳定,国家制定了一系列相应的法律条文,由此便产生了税法。国家就是以税法为依据,通过税务部门对纳税人进行强制性、无偿性征税。在征纳税款的活动中,会计记录方法一开始就被广泛运用。税法与会计的结合,使代表国家利益征集税款的税收会计和维护企业利益缴纳税款的税务会计几乎同时产生,并在"征"和"纳"这一矛盾统一体中共存,各为其会计主体服务。

在税法中,与会计历史渊源最深、联系最密切者当属所得税法。始于拿破仑战争之后的最初的所得税法几乎全盘接纳会计的概念、方法和技术,因为近代工商业的迅速发展,使得会计方法的进步远远超过了所得税法。它使税法对会计的依存关系变得显而易见:一方面税法正是由于凭借会计方法才得以实施;另一方面,现代税法也正是不断采用了新的会计方法才日趋完善。

随着商品经济的不断发展和国家机器的日益庞大,有必要也有可能征集更多的税款。于是,个别的税收法规逐渐被成熟的税法体系所取代。这时,税法又强烈地反作用于会计。由于对税法的承认是保证选择出来的会计方法被广泛采用的条件,所以税法有助于改善和提高会计实务的连贯性,并对会计概念、程序、方法的修正和发展具有促进作用。由此可见,税务会计的发展是与税法体系和会计方法逐步完善密不可分的。特别是18世纪末英国开征所得税和20世纪50年代初法国开征增值税,对税务会计的发展起了极大的推进作用,迫使会计的计算方法、核算形式等一系列工作与之相适应。可以这样说,税务会计是税法与会计结合的产物。

(二) 从会计发展的历史看,税务会计与财务会计分立是会计发展的必然趋势

税收的产生,意味着国家对税收资金实施核算和监督职能的专门机构已经初步形成,并必须不断完善。例如我国古代的"官厅会计",可以认为是早期的税务会计。不过在当时没有税务会计和税收会计之说,两者是统一的。随着社会经济的发展,税种日益增多和复杂,税金的形成和缴纳涉及纳税人经营活动的各个方面,单靠政府的"官厅会计"已经无法完整、准确地反映和监督数量众多且各不相同的纳税人的税金运动。由此,政府通过制定税法,要求纳税人设立账簿和凭证,按税法反映税金的形成和交纳,并以纳税申报形式接受税务机关监督。这样,以纳税人税金计算和上缴为内容的税务会

计,与以政府税收收入的形成、征收和上缴为内容的税收会计逐渐分离开来。由于税务会计对税金的形成和计算必然涉及收入、费用、利润等要素的确认和计量,而这也是财务会计的核心内容,因此,税务会计自然就要模拟、利用财务会计的程序和方法,使税务会计与财务会计交织在一起,并促进了会计理论与实务的研究和发展。

与税务会计目标不同,财务会计目标首先是向投资者提供会计信息。它们之间的差异大小取决于财务会计政策目标的定位。在以税收为会计政策导向的国家和地区,税法和会计政策基本一致,披露的会计信息差异甚微,税务会计被财务会计所涵盖,由此,法国和德国等国家形成了财务会计和税务会计两者统一的会计模式;在以投资者利益为会计政策导向的国家和地区,税法和会计政策多有不同,披露的会计信息差异很大,税务会计必然独立于财务会计,由此,英国和美国等国家形成了财务会计和税务会计两者分立的会计模式。在这种模式下,由于税法和财务会计政策又或多或少有一定相容性,因此,税务会计通常不单独设立账证体系,而是在财务会计日常核算资料的基础上,按税法进行调整,得出应税收入、可扣除项目金额及应税利润,以准确计算和报告应缴的税金。

美国是研究税务会计较早的国家之一,税务会计自成体系,与财务会计和管理会计并列为企业会计的三大分支。美国税务会计专家史蒂文·F.吉特曼博士认为,税务会计的本质是处理两类问题:一是某项目是否应确认为收入和费用;二是该项目何时被确认为收入和费用。由于税法的各要素就是确认、确定纳税人应税收入及可扣除项目,计算和交纳应缴税金,所以有人说,一部税法就是一本税务会计。英国和美国是以所得税为主体税种的单税制体系国家,税务会计主要内容是所得税会计。值得注意的是,美国在开征所得税时,税务会计研究的内容主要是什么项目应该确定为收入并予以纳税,什么项目可以免税。但随着通货膨胀和高利率的出现,管理者增强了货币的时间观念,逐步认识到税务会计的融资功能,其研究重心才转移到应税收入和费用确认的时间上,递延收入、加速折旧等能减少当期应纳税额或推迟纳税的会计方法备受青睐,税务会计从此得以快速发展,并成为企业会计学的重要领域。

可见,税务会计的发展需要两个条件,一是税法和会计政策目标的不同,从而形成对企业收入、费用和利润确定、确认及计量方法的差异;二是企业作为一个独立经济实体,有追求自身利益的强烈要求。20世纪90年代以来,随着我国税收及会计改革的逐步深入,会计政策和税法之间出现了越来越多的差异,不但会计收入、费用和所得税应税收入、费用确认和计量的差异不断增加,导致会计利润和应税利润之间出现永久性差异和暂时性差异;而且,增值税的应税收入(计算销项税额的基数)和会计销售收入确认和计量、购进货物的确认时间和进项税额的确认抵扣时间都有所不同,这就使税务会计和财务会计间可协调性越来越差;同时,企业追求自身利益的内在本性,要求会计不仅能够提供企业纳税义务发生和履行情况的信息,而且能够根据税法提供避税和节税的信息,以支持管理决策。这就使税务会计从财务会计中分离出来成为必然。

二、税务会计与其相关学科的关系

为了对税务会计的内涵有更清晰、更深入的理解,这里不妨剖析一下税务会计与其相关学科的关系。

(一)税务会计与税收会计的关系

税务会计和税收会计都是以税法为准绳,利用会计的基本理论、方法对税务资金运动进行核算和监督的专门会计,但是两者在许多方面存在着差异。

税收会计属于预算会计的一个分支。其核算主体是国家税务机关、地方税务机关以及征收关税的海关,其研究对象是国家税收,其目标是保证国家税收及时、足额入库,维护国家政府的利益。税收会计作为政府宏观调控和执法的一种重要手段,主要用来反映和监督各地政府和中央税收收入形成、上缴和补退等预算活动,执行《财政总预算会计制度》。《财政总预算会计制度》的具体内容往往受《预算法》的制约,并与税法的规定保持一致,不必在会计核算时再调整。由于作为税收会计主体的税务机关属于非盈利组织,所以一般采用混合记账基础,即对税款征集、解库等的核算以收付实现制为记账基础,对固定资产折旧、无形资产摊销等需要划分期间的业务以权责发生制为记账基础。

税务会计属于企业会计的一个分支。其核算主体是以企业为主的纳税人,其研究对象是企业税金运动,其目标是在依法纳税的前提下,维护企业的利益。税务会计作为企业税务规划和纳税的一种管理活动,主要用来反映和监督不同纳税人税项确认、税款核算和纳税申报等税金运动,执行税法和《企业会计准则》或《小企业会计准则》。当出现按《企业会计准则》或《小企业会计准则》确认、计量的计税依据与税法的规定不一致时,税务会计必须按照税法规定对其进行调整。由于作为税务会计主体的企业、单位等纳税人大多以盈利为目的,所以通常以权责发生制为记账基础,如在税务会计实务中设置"递延所得税资产"、"递延所得税负债"、"应交税费"等会计科目。

(二)税务会计与财务会计的关系

税务会计与财务会计尽管在核算程序和方法等方面有着许多相同之处,且税务会计的研究对象是财务会计的一个组成部分,其计税依据也大多来源于财务会计提供的资料,但税务会计的目标、所遵守的法律规范与财务会计有所不同,其原则、职能和会计要素等会计概念框架也不尽相同。现择其主要者分析如下:

首先,税务会计遵循的是税法至上原则。如果企业按《企业会计准则》或《小企业会计准则》的要求核算所得的应纳税款不符合税法的要求,那么必须按税法的具体规定加以调整。其目标是通过对企业资金运动中属于税金运动的那部分的记录、计算、核算、检查,编制纳税报表,反映企业的纳税情况,以满足税务部门的需要,并使企业既不违反税法规定,又实现税负最轻。而财务会计遵循的是公认会计原则,只须按《企业会计准则》或《小企业会计准则》规范其会计行为,即使与税法规定产生矛盾,也不必考虑税法的要求,而直接按公认会计原则核算。其目标是通过记录经济业务,编制资产负债表、利润表、现金流量表等,向投资人、债权人以及与企业利益相关的其他人真实、公允地反映企业的财务状况、经营成果和现金流量,提供决策有用的会计信息。

其次,税务会计应以货币时间价值为前提,以收付实现制并结合权责发生制为基础,以应税收入、可扣除项目、应税利润等为会计要素。所有这些与财务会计的币值不变假设、权责发生制基础和谨慎原则等根本不同。税务会计的核算,一般不需设置独立的账证体系,其计算损益的程序和编制税务会计报表的方法与财务会计也不完全相同。

再次,税务会计职能主要是为政府税务部门和纳税人自身服务,且其信息影响重大。企业经营者为了谋求企业价值最大化,往往会依据税务会计提供的税负情况调整企业的生产经营活动,进行各种税务策划;而税务当局则以税收监管者身份,利用税务会计信息,监督企业与税相关的一切经营活动过程,并采取打击偷漏税和反避税行动。因此,财务会计并不能代替税务会计来全面行使其职能。

一般说来,税务会计必须根据现行税收规定和征收办法正确计算应纳税额,严格履行纳税义务,而财务会计对纳税申报、税款减免和税务筹划等不作专门核算,且税务会计从经营收入中扣除经营成本费用的标准和范围也与财务会计不同。然而,目前两者相互交叉、相互制约,严重影响税务会计与财务会计各自职能的充分发挥。

由此可见,那种认为税务会计的核算内容未超出财务会计的内在规定,不应独立成科的观点是站不住脚的;同时,认为税务会计只是研究所得税应税利润和会计利润差异理论和方法的一门专业会计,也是不符合客观实际的。

三、税务会计的含义和特点

(一) 含义

目前,关于税务会计含义的主要观点有四种:① 税务会计就是所得税会计,是以应纳税所得与会计收益的差异为研究对象,并通过建立专门的所得税会计理论和方法而形成的一门独立的专业会计。② 税务会计是以国家税收法令为准绳,以货币计量为基本形式,运用会计学的理论和核算方法,连续、系统、全面地对税款的形成、计算和缴纳,即税务活动引起的资金运动进行核算和监督的一门专业会计。③ 税务会计是以税法为准绳,以经济业务为背景,用来核算财务会计中与税法有差异的税种的一门专业会计。目前税务会计主要是研究所得税会计。④ 税务会计是财务会计的一个组成部分,是财务会计的一个分支。从税务会计研究的内容来看,税务会计就是所得税事项的会计处理。

前三种观点都认为,税务会计是一门独立的专业会计,但对税务会计的研究内容和范围认定差异很大。倘若不能对税务会计活动的内容和范围具有比较一致的认识,那就无法准确把握税务会计的含义,至于学科建设更无从谈起。因此,如何认识税务会计活动的内容和范围显得尤为重要。

当前,我国税务会计的研究内容和范围应该包括两方面:一是根据税收法规对应税收入、可扣除项目、应税利润和应税财产等进行确认和计量,计算和缴纳应交税金,通过编制纳税申报表,来满足税务机关和纳税人等利益主体对税务信息的要求,并实施监督;二是根据税法和企业发展计划对税金支出进行预测,对税务活动进行合理筹划,发挥税务会计的融资作用,尽可能使企业税收负担降到最低。如果把税务会计研究内容和范围仅限于第一个方面,在税法和会计政策差异不大的情况下,那么税务会计便缺乏与财务会计相区别的理论和实务,也就没有足够的理由独立成科,只能是财务会计的一个组成部分;如果把以上两方面都纳入税务会计的研究内容和范围,在税法日益完善和复杂,税法与会计政策差异不断增加的环境下,那么税务会计独立成科不仅是必要的,而且研究内容将日益丰富,研究范围也将日益扩大,税务会计作为一种税务资金的管理活动,对企业纳税事项进行规划、控制的职能必将日益受到各界重视。

综上所述,税务会计从其产生起,就形成了特定的内涵——会计与税法的相互交融。随着我国税法和会计政策之间出现了越来越多的差异,税务会计独立成科已是会计发展的必然趋势。通过与税收会计、财务会计等相关学科的比较,以及对税务会计各种定义的分析,可以清楚地看出:税务会计是会计学科的一个独立分支,是纳税人根据国家税法,以货币为计量单位,运用会计的专门方法和自身的特定方法,反映、预测、规划和监督税务资金运动,确定课税依据和应纳税款,确保财政收入和税负合理的一门专业会计。

(二) 特点

1. 税务会计目标具有法定性

税务会计的基本目标是保证国家的税收收入。这一目标由税法规定,受税法制约。国家根据税法向纳税人强制地、无偿地征税,纳税人依照税法无条件地承担纳税义务。当《企业会计准则》或《小企业会计准则》与国家税收法规相抵触时,税务会计应以税法为准绳,正确计算纳税,维护国家税收。

2. 税务会计主体具有广泛性

税务会计的主体不分单位性质,不管行业差别,不受业务限制,也不论采用何种记账基础,只要是税法规定的纳税人,就必须运用税务会计进行核算。

3. 税务会计对象具有相对独立性

税务会计的对象是纳税人税务活动所表现的资金运动。这种资金运动一方面不能完全脱离经营资金运动而独立存在,另一方面又不是全部经营资金运动,它仅仅是经营资金运动中与税收相关的那一部分。也就是说,税务会计核算和监督的内容不是全部会计要素,而是会计要素中与纳税活动有关的方面,具体包括确定计税依据、计算税款、填制报税单、办理纳税手续、记录税款缴纳及退补税款情况、编制纳税报表、进行税务筹划等。

4. 税务会计方法具有同一性

税务会计的方法借用财务会计的专门方法。也就是说,税务会计并不需要另立一套会计账册和核算程序,而只需在与纳税有关的经济业务发生时,按照税法规定,运用财务会计的方法进行计算、核算,以便正确申报课税税款,并使税负达到合法合理。

总之,在不同的社会及其政治、法律、经济的环境下,对税务会计含义的理解可以有所差别。本书仅就我国现阶段纳税人所处的特定环境下的税务会计进行探讨。

第二节 税务会计的对象和目标

一、税务会计的对象

纵观学科发展规律,衡量一门学科能否建立的基本条件是看其是否具有自己相对独立的研究对象。在商品经济条件下,生产经营活动中能用货币连续、系统、全面和综合表现的特定方面——经营资金运动,构成了现代会计对象最一般的规定。由此可以推断出税务会计的一般对象是纳税人生产经营活动中能用货币表现的税务资金运动。这是一种始终伴随经营资金运动共生共灭的、相对独立的资金运动,具体包括经营成本和费用的投入,经营收入的实现,经营成果的形成和分配,税款的计算、申报、解缴以及退补和减免等内容。

(一)经营成本和费用的投入

经营成本和费用是纳税人在生产经营活动中为获得盈利而发生的全部物化劳动消耗和活劳动消耗,如直接材料、直接工资和制造费用等。它的发生是否符合税收法规和公认会计原则,直接影响到课税依据,从而关系到纳税额的多少。

(二)经营收入的实现

经营收入是纳税人在生产经营活动中销售产品、材料或提供劳务等取得的收入。它不仅关系到按收入计征的流转税额的计税依据,而且也关系到按所得额计征的所得税额的计税依据。

(三)经营成果的形成和分配

经营成果是纳税人在一定会计期间内依法取得的利润额,正确地核算经营成果及其分配,关系到所得税额的数量,根据《中华人民共和国税收征收管理法》规定,当税务会计与财务会计的核算结果不一致时,应按税法作相应调整计算税额。

(四)税款的计算、申报和解缴

在经营资金川流不息的运动过程中,税务资金逐渐形成,并按其固有的规律运动着。这时必须在相应的运动阶段计算流转税、所得税和其他各税,并依税法程序申报和解缴，形成国家财政资金，退出纳税人税务资金运动。

（五）减免税

减免税是国家根据经济发展的需要，对某些纳税人的鼓励和照顾措施。它包括减税、免税、起征点和免征额。减税是对应纳税额减少征收部分税款；免税是对应纳税额全部不征收税款；起征点是对课税对象规定一定数额作为征税的起点，未达到起点不征税，达到或超过起点则全额征税；免征额是按照一定标准，在课税对象中预先减除的金额，对这一部分不征收税款。从资金运动角度看，减免税也属于税务资金退出。

二、税务会计的目标

税务会计作为会计的一个独立分支，其目标应与会计目标一致，即以提高经济效益为根本目标；但税务会计的目标，通常取决于税务会计信息使用者的要求，并受到税务会计对象的制约。在不同的国家之间，税务会计的目标还要受到经济环境的制约和经济管理体制的影响。

在社会主义市场经济条件下，税务会计的具体目标可概括如下：

（一）科学治税，保证国家财政收入，为国家宏观经济管理提供有用的税务会计信息，是税务会计的首要目标

为了实现这一目标，税务会计必须根据税法的规定提供税额的形成、计算和缴纳的情况，减免税情况以及税收计划的执行情况等会计信息，以便纳税人及时、足额地将应纳税款解缴国库；同时，国家税务机关等宏观经济管理部门可以利用税务会计信息，监督纳税人有无违反税法的行为，加强对纳税人税务资金运动的控制，随时发现并纠正税法执行过程中的问题，维护税法的权威性和严肃性，切实保证国家财政收入来源，并通过税种、税率及税收优惠政策等进行宏观决策，实行宏观调控。

（二）依法纳税，合理选择税负方案，为投资人和债权人决策提供有用的税务会计信息，是税务会计满足外部信息使用者的重要目标

为了实现这一目标，税务会计必须提供企业以往税款的缴纳情况，企业所适用的税种、税率，所享有的税收优惠及相近的税收政策情况等会计信息，以便投资人和债权人进行正确决策，选择理想的投资对象，即既具有较高的收益，又享有较高的信誉，不会因违反税法而蒙受损失；还享有税收优惠，可以从中获得更大的收益。

（三）正确计税，科学进行纳税筹划，为企业加强内部经济管理提供有用的税务会计信息，是税务会计满足内部管理人员的重要目标

为了实现这一目标，税务会计必须提供有关税款筹划结果、税款计算依据及其税款缴纳等方面的会计信息，以便企业管理人员选择税负最低的税则，充分享受税收优惠政策，免遭违反税法的罚款损失。加之，税务会计信息又会促进和控制纳税人生产经营活动，使纳税人合理调整产品结构，改善经营管理，降低成本费用，提高经济效益，努力在完成纳税任务的同时，不仅能够补偿生产耗费，而且能够增加留成收益，把纳税负担自

觉转化为自身发展、自我完善的内在动力。

由此可见，明确了税务会计的目标，就为税务会计工作指明了方向，并决定着税务会计核算的原则和方法。

第三节 税务会计的原则和方法

一、税务会计的原则

为了实现税务会计的目标，保证税务会计信息的质量，必须制定税务会计的一般原则。

我国《企业所得税法》及其实施条例已经基本确立和遵循了"纳税调整体系"，即在计算应纳税所得额时，企业财务、会计处理办法与税收法律、行政法规的规定不一致的，应当依照税收法律、行政法规的规定计算。

税法也在各法和条例的相关条款中明确了一些收入和扣除项目的确认原则。

（1）权责发生制原则。属于当期的收入和费用，不论款项是否收付，均作为当期的收入和费用；不属于当期的收入和费用，即使款项已经在当期收付，均不作为当期的收入和费用。

（2）配比原则。是指企业在计算应纳税所得额时，收入与其成本、费用应当相互匹配，同一会计期间内的各项收入和与其相关的成本、费用，应当在该会计期间内确认。具体讲，企业所得税的配比原则包括两层含义：一是因果配比，即是将收入与其对应的成本、费用相配比。其中，应税收入应与为取得应税收入而支出的相对应的成本、费用相配比；不征税收入或免税收入应与为取得不征税收入或免税收入而支出的相对应的成本、费用相配比。这种因果配比关系，体现在《企业所得税法》的多条规定中：第八条规定，企业实际发生的与取得收入有关的、合理的支出，包括成本、费用、税金、损失和其他支出，可以在计算应纳税所得额时扣除；第十条规定，与取得收入无关的其他支出不得扣除；第十一条第五款规定，与经营活动无关的固定资产不得计算折旧扣除；第十二条第三款规定，与经营活动无关的无形资产不得计算摊销费用；等等。

二是时间配比，即是将一定时期的收入与同时期为取得该收入而支出的相对应的成本、费用与损失相配比。当期的收入应在当期申报，当期的成本、费用与损失应在当期扣除，不允许提前或滞后扣除。

（3）相关性原则。企业所得税的相关性原则，要求纳税人可扣除的成本、费用和损失必须与取得收入直接相关，即与纳税人取得收入无关的支出不允许在税前扣除。根据相关性原则，第一，与企业生产经营无关的支出不允许在税前扣除，如企业的非公益性赞助支出、企业为雇员承担的个人所得税、已出售给职工的住房的折旧费用等；第二，属于个人消费性质的支出不允许在税前扣除,如企业高级管理人员的个人娱乐支出、健身费用、家庭消费等。

(4) 确定性原则。即纳税人可扣除的费用不论何时支付,其金额必须是确定的。

(5) 合理性原则。即计入当期损益或者有关资产成本的支出应当符合生产经营活动常规,是必要的和正常的经济利益流出。

(6) 实质重于形式原则。税法规定,企业销售收入的确认,必须遵循权责发生制原则和实质重于形式原则。

税务会计首先必须遵循上述要求和原则。由于税务会计是在税法与会计的相互结合中逐步从财务会计中分离出来的,与财务会计同属一体,一脉相承,所以税务会计的一般原则与财务会计的一般原则也具有类同性,如仍需遵循可比性、及时性、清晰性等原则;又由于税务会计具有自己的特点,因而使得税务会计的一般原则又有别于财务会计的一般原则,主要表现为内涵上具有差异性,外延上具有扩展性和缩减性。这种区别主要缘于时间观念和风险观念两方面的不同,并着重体现于税务会计如何处理与何时确认收入和费用这一类关键性问题。因此,税务会计的一般原则应建立在如何处理与何时确认收入和费用的会计方法这一基础之上。现择要分析如下:

(一) 权责发生制原则

税务会计中的权责发生制与财务会计中的权责发生制是有区别的。一是确认收入实现的时间不一致,如财务会计按权益法确认的投资收益,由于其没有现金流入,因而税务会计坚持以实际取得的股利确认为收入;二是确认收入的范围不一致,财务会计所确认的收入是以销售性为主的收入,而税务会计所确认的收入中则包括非销售性收入,如企业发生非货币性资产交换,以及将货物、财产、劳务用于捐赠、偿债、赞助、集资、广告、样品、职工福利或者利润分配等用途的,应当视同销售货物、转让财产或者提供劳务等,均应确认为企业所得税收入,以防止税基流失;三是规定了特定的扣除项目,如福利费、职工教育经费、职工工会经费等三项费用的使用,部分行业的坏账准备金的计提,公益性捐赠,业务招待费,广告和业务宣传费的支出,为职工缴纳的补充保险金等,应按规定的计税标准予以确认,超过标准的部分不予扣除,以防止税基侵蚀;四是确认费用的时间不一致,在固定资产折旧、无形资产摊销等方面,由于财务会计与税务会计采用的具体方法上的不一致,所以必然会产生费用确认时间上的差异。

(二) 配比原则

税务会计总体上是遵循纳税人取得收入与其有关的成本、费用和损失相配比的原则,但同时兼顾公平合理和保护税基的要求,对有关成本、费用和损失加以确认和计量,不仅规定明确的计税范围,而且规定严格的计税标准。税务会计和财务会计在配比原则方面的一个重大不同是,财务会计总体是以资本保全原则为基础,按照足额补偿的要求确认和计量费用,而税务会计并不顾及资本是否保全。

(三) 货币时间价值原则

货币的时间价值,实质上是货币本身的增值。在高通货膨胀率和高利率的情况下,货币的时间价值更受到极大的关注。时间差异导致使用货币的利益并不限于一个年度,真正的利益在于当该项目是循环发生时,实质上获得的利益将远远超过在短期内使用资金的利益。正因为如此,税务会计执行主体意识到递延确认收入或加速确认费用可以产生巨大的资金优势,并在税务筹划实践中,可以实现少纳税和迟纳税。与此同时,政府及财税部门也深感货币时间价值原则的重要性,开始注重这些问题,积极地参与税务会计的立法活动。例如,美国将货币时间价值原则的条款吸纳在1984年税制改革法案的内容中,使其成为国会立法、税务当局征管及纳税人选择会计方法的立足点。

(四) 法律性原则

法律性原则要求税务会计必须以税法为准绳。这里主要包含以下三层含义:一是合法性,指税务会计在反映和监督税款的形成及缴纳时,对有关事项的处理,尤其是对应税收益的调整,必须严格遵循有关税务法规;二是强制性,指税法一旦颁发实施,要求每个纳税人贯彻执行,依法纳税,这时税务会计必须无条件地、不折不扣地执行税法,即使现行税法的有些规定可能已不适用于企业的具体情况,也是如此;三是稳定性,指由于法律在具有强制性的同时,也具有稳定性,因此税务会计的处理方法不能任意变动。随着我国财务会计改革的不断深化,财务会计处理方法的灵活性将会不断增强,而其强制性和稳定性将会不断削弱。

(五) 实质重于形式原则和谨慎原则

财务会计从实质重于形式和谨慎原则出发,注重按收入和费用的实质及风险的防范加以确认,而在税法口径的收入确认上,承认实质重于形式原则目前仅限于企业所得税管理,其他一般从国家的角度出发,注重按收入和费用的社会属性加以确认。从某个企业角度来说其某项收入可能尚未实现或其某项费用很有可能发生,但从整个社会角度来说其价值已经实现或其费用尚未发生。也就是说,只要有利益流入企业或者企业能控制这种利益的流入,税法就应确认为收入;只要没有资源流出企业或者企业能控制这种资源的流出,税法就不应确认为费用。

企业所得税法不承认谨慎原则。企业按照谨慎原则,根据应收款项的可收回性、固定资产和无形资产的使用寿命、商品降价、售出存货可能发生的退货或者返修等经营风险和不确定性进行会计职业判断而计提的各项资产减值准备、预提费用等,在计算缴纳企业所得税时需要进行纳税调整。《企业所得税法》第八条要求企业实际发生的支出才允许扣除;第十条第(七)款规定未经核定的准备金支出不允许在税前扣除。

至于收入和费用的可靠计量问题,税法也给予了足够的重视。税法利用国家权力可以强制性估计收入和费用的金额,这样可以保证税收的公正性和降低征税成本。

由此可见,税务会计从财务会计中分离出来,确实是一种明智的、现实的选择。

二、税务会计的方法

税务会计的核算方法,是对税务会计对象进行连续、系统、全面地记录、计算、反映和监督所采用的方法。税务会计对象具体内容的多样性、对经营过程的依附性,以及税务会计所应达到的目标,决定了税务会计核算必须运用一系列专门方法,并可以借用财务会计核算方法。这些方法相互联系、相互补充,形成了一个科学、完整的核算方法体系。

(一)设置账户

设置账户是对税务会计对象的具体内容进行分类核算和监督的一种专门方法。税务会计对象的内容是复杂多样的,要对它们进行系统核算和经常监督,就必须进行科学的分类。税务会计可以直接运用财务会计制度规定的会计科目设置账户,以便取得各种不同性质的核算指标。通过这种方法,就可以把纳税人税务活动中资金运动的增减、结存、上缴、留成、退补等变化情况反映出来,以提供税务管理所必需的各个方面的核算资料,并把国家税收法规及纳税种类、环节等与纳税人自身经营活动的特点结合起来,及时控制税务资金运动目标。

(二)复式记账

复式记账是以相等的金额同时在两个或两个以上相互联系的账户中记录每一项经济业务,借以完整地反映税务资金运动的一种专门方法。由于纳税人所发生的税务活动和相关联的经济活动都会引起资金的双重(或多重)变化,所以都必须借助复式记账进行相互联系的记录,以便如实、完整地记录下税务资金运动的来龙去脉,客观、全面地反映和监督纳税人的经济活动和税务活动。

(三)审核和填制凭证

会计凭证是记录经济业务、明确经济责任和作为记账依据的书面证明。审核和填制凭证,是为了审查经济业务是否合理、合法、有效,保证登记账簿记录正确、完整的一种专门方法。纳税人的每项经济业务都是以取得原始凭证为前提的,并对原始凭证进行审核和归类,运用复式记账方法填制记账凭证,据以登记账簿。涉及纳税解缴的记账凭证,还应附有税务机关的缴税凭证。

(四)登记账簿

登记账簿是对审核和填制无误的记账凭证,在账簿上连续、系统、全面地记录和循序汇集地核算经济业务的一种专门方法。设置账簿既要按照账户的内容分类地反映经济业务——总分类账和明细分类账,又要按照时间的先后序时地反映经济业务——日记账,以求为税务管理工作提供系统、完整的数据和情况,也为编制会计报表提供依据。

(五)成本计算

成本计算是按一定对象归集各个经营过程中所发生的费用,借以计算确定各该对象的总成本和单位成本的一种专门方法。通过成本计算,可以考核经营过程中各个阶段的费用支出水平,寻求节约开支和降低成本的途径,从而促使纳税人加强成本管理,提高经济效益。可见,成本计算是正确确定纳税人应向国家缴纳税金的重要方法。

（六）财产清查

财产清查是通过盘点实物、核对往来款项来查明财产和资金实有数额的一种专门方法。为了提高会计记录的准确性,保证账实相符,必须定期或不定期地对各种财产物资、往来款项进行清查、盘点和核对。财产清查与税金的形成和解缴有着密切联系,通过财产清查,可以核实税金的形成和解缴情况。对实物资产进行清查,能正确地核定纳税人应缴纳的税金计算,加强对纳税人税务活动的管理和监督;对往来款项清查,能发现纳税人有无隐匿收入或夸大支出的情况,从而查明纳税人有无偷税、漏税及任意侵占国家税金等现象。

（七）编制会计报表

编制会计报表是定期总括地反映经济活动情况,分析计划执行情况的一种专门方法。会计报表主要是以账簿记录为依据,经过加工整理而产生的一个完整的指标体系。它提供的会计信息能更全面、更集中、更系统地反映纳税人在一定时期内经济活动的情况和结果。通过会计报表可以全面了解纳税人财产物资的增减变化情况,了解各种经济指标完成情况,分析考核经济活动的成果;还可以同纳税人的纳税申报表核对,审查纳税申报表和会计报表的有关内容。

（八）纳税申报

纳税申报是纳税人就计算缴纳税款的税务事项定期向税务机关提出书面报告的一种专门方法。纳税申报是纳税人必须履行的法律义务。凡具有申报义务的纳税人,必须在依法确定的申报期限内办理纳税申报,报送纳税申报表、财务报告和有关纳税资料。通过纳税申报可以增强纳税人依法纳税的自觉性,提高计算应纳税额的正确性,防止错缴、漏缴税款,保证国家税收及时足额入库,同时也有利于税务机关依法办理征收业务,核实应征税款,查处税务违章违法案件,维护国家利益。

（九）税务会计审查

税务会计审查是纳税人自己根据税法和财会制度的规定,对其履行纳税义务和享有相应权利的情况进行审查的一种专门方法。当执行主体不是纳税人而是税务机关时,税务会计审查就是纳税检查。其目的主要是检查税收政策贯彻执行情况和纳税义务履行情况,查明纳税人有无偷漏税款、隐瞒收入、拖欠、挪用、截留税款以及弄虚作假等违法乱纪行为。纳税人、扣缴义务人必须接受审查,如实反映情况,提供有关资料,不得拒绝、隐瞒。

税务会计审查方法一般采用逆查法,即首先对财务会计报表反映的各项数据指标进行分析检查,明确审查重点,在此基础上再对容易隐匿的账项,对照账簿的记录,追查记账凭证和原始凭证,从而找出错弊的一种审查方法。审查的方法具体包括审阅观察、复核相关数据、实物盘存、对比分析和调查取证。

（十）税务筹划

税务筹划是指纳税人在充分了解现有税制及合理预测税制变动的基础上，通过运用合法及非违法手段对自身经营、投资、筹资等活动进行涉税规划的一种专门方法。其目的是使纳税人税收负担最小化或使企业综合营运管理目标最大化。它是税法赋予纳税人维护自身利益的一项基本权利。

税务筹划的方式有两种：合法方式——节税，是指纳税人在不违反税法立法精神的前提下，通过合法手段充分利用税收优惠政策以规避纳税义务的一种行为；非违法方式——避税，是指纳税人在对税制充分了解的基础上，在不触犯税法的前提下，利用财务会计知识对企业生产经营各环节作出周密安排或调整价格以规避、转嫁或减轻纳税义务的一种行为。

税务筹划是一项实用性和技术性很强的业务，涉及财务决策、会计核算、投资融资、生产经营以及法律等多个领域。税务筹划的方法主要有分税种筹划法、分行业筹划法和经营活动筹划法等三种。

第四节　税务会计与财务会计之统分的论证[①]

一、政府和出资人（纳税人）取得收益的行为差异决定了两种制度分离的必然性

政府之所以关心会计制度，是因为它会直接影响收入的确认（与流转税和附加税费有关）和纳税所得的计算（与所得税有关）；出资人之所以关心会计制度，是因为它会直接影响资本保全和税后净利，其中包括政府征税对税后净利的影响。通常，人们把从政府纳税角度制定的会计制度称为税务会计制度，把从出资人抑或投资大众角度制定的会计制度称为财务会计制度。这两种制度是统是分一直是各国会计界十分关心的问题，各国的会计实践也不尽相同。从理论上讲，两种制度统分之必要性取决于政府和纳税人取得收益行为是否存在差异。就本质而言，两者的行为是明显不同的。

（一）政府征税是无偿的，而出资人投资回报是有偿的

政府征税的无偿性，决定其无资本保全之忧。具体表现有二：一是收入能否提前实现和实现多少；二是限制成本的范围和标准及实现时间。出资人投资回报的有偿性，决定其必须通过成本补偿实现资本保全。具体表现有二：一是往往从谨慎原则出发多估和预估成本；二是少估和推迟确认收入。出资人这种做法，不仅充分保全了资本，也有助于防范潜在风险，减少或推迟税赋。

---

① 谢志华.税务会计与财务会计之统分与信息披露的客观性.财务与会计，1999(2).

(二)政府征税是强制的,而出资人投资回报是客观的

政府征税的强制性意味着政府可以通过强制手段使会计制度更适合于提前和多取得税收收入。但是,强制性更易使政府趋于主观,从而使会计制度更难以实现客观揭示的目的。出资人投资回报的客观性体现为出资人从市场竞争中实际取得的收入份额是客观的,不论会计制度采取何种收入的确认和计量方式,也不会改变这一份额。既然如此,出资人只能趋于客观,不仅要求会计能真实反映收入,而且也能清晰地界定收入中用于成本补偿部分;否则,可能导致资本补偿不足,虚盈实亏。

(三)政府征税是稳定的,而出资人投资回报是波动的

政府税收需要稳定之基础是税源稳定、会计确认和计量的方法稳定、税率稳定、征税时间稳定。显然,税源是由企业的经营收入决定的,而经营收入往往取决于市场状况。由于市场的自由竞争性和周期波动性,任何企业的收入都不可能一成不变,相应成本也不可能一成不变,结果政府征税的税源也是不稳定的。对于不稳定的税源,政府要使之稳定,行之有效的方法是尽可能早地实现税收收入,即把那些尚不能完全确认的收入和成本按照收入预计和成本不预计的方式进行会计确认和计量。与政府不同,出资人面临着市场风险,其收入最终取决于市场状况和经营水平,不可能通过会计确认和计量的方法使其投资回报稳定。为此,出资人要求在会计上采取谨慎原则,即提前预计损失但不预计收入。这从根本上是利用会计确认和计量方法防范风险。

(四)政府征税是统一的,而出资人投资及其运营是个别的

政府以国家代表的角色行事,在税收政策上必然要求全国统一或基本统一,并用税法的形式统一规定。出资人投资及运营的个别性,表现为不同企业的经营环境、经营对象、经营方式和管理组织等均不相同。为了客观地揭示其经营业绩,各企业会计要素的确认和计量方法也必然不同。这种不同并不意味着不可以制定统一的企业会计准则,只不过企业会计准则揭示的是各企业会计要素确认和计量的共性特征,其个性特征则必须通过公司章程中的企业会计制度加以明确。

(五)政府征税是宏观的,出资人投资回报是微观的

从宏观管理角度出发,政府调整会计制度具有主观性倾向。如为了鼓励和抑制某些地区或产业的发展,政府可以通过税法中会计制度的调整来达到目的;而出资人无论何时都将恪守客观反映的原则,在现实投资人与潜在投资人的利益对立时,更是如此。

正因为政府征税和出资人投资回报的行为存在根本差异,税务会计制度与财务会计制度的分离具有其内在必然性。

二、社会经济条件的差异决定了两种制度统分的充分性

税务会计制度与财务会计制度之统分,世界各国有不同的做法。有的将两种制度统一于税务会计制度之下,有的将两种制度统一于财务会计制度之下,有的是两种制度分立,还有的是企业先按财务会计制度核算,纳税时再进行纳税调整(事实上这也是两种制度的分立,它的统一只限于两种会计核算组织的问题)。可以看出,尽管从行为理论上判断税务会计制度与财务会计制度应分立,但实际上各国的做法不一,原因何在?这与一定的社会经济条件相联系。这种社会经济条件主要包括两个方面:一是出资人的所有制性质;二是社会经济的发展状况。

(一) 出资人的所有制性质与统分的充分性

终极地说,出资人可以分为国家和自然人。当出资人是国家时,政府就一身两任,既是征税者,又是投资报酬的获取者。由于利益主体的一体化特征,政府和出资人在收益分配上上对立就不复存在。这就决定两种制度不必实际地分立。一般而言,由于下放的行政惯性,往往采取统一并强制税收的会计制度。而且统一的会计制度易于操作、执行、检查,自然而然,当出资人是国家时,不仅两种制度不分立,而且从税收出发制定会计制度。由此,财务会计制度被统一于税务会计制度之下。中国在计划经济条件下基本上采取这种方式。

当出资人表现为多元化特征时,政府至少对非国有经济不能一身二任,并开始出现政府税收与非国有企业所有者投资收益的对立。政府多得,结果必然是其他所有者少得。不仅如此,政府的税务会计制度基于税收的无偿性、强制性、稳定性、统一性和宏观性的特征,在会计要素的确认和计量方法的规定上往往趋向使政府提前取得税收,从而使出资人资本保全和风险防范的要求不能充分体现。加之统一的会计制度也确实无法完全宏观地揭示经营环境、经营对象、经营方式和管理等千差万别的企业的经营业绩和财务状况,政府征税与出资人在资本保全和风险防范下取得投资报酬所要求的会计制度的对立必然产生。一方面,政府凭借国家权力要求会计制度的会计要素确认和计量方法能够尽可能快和尽可能多地实现税收;另一方面,非国有出资人和完全自主经营、自负盈亏的国有企业,他们基于资本保全和防范潜在风险的需要,要求会计制度的会计要素确认和计量方法尽可能遵循谨慎原则。我们把这两种要求的对立称为博弈,而博弈的结果取决于提出要求的两个主体的力量。事实上我们看到,政府凭借国家权力,在力量上谁也难以与之匹敌,这就决定政府必然以强制性权力制定统一的税务会计制度,以确保税收目标的实现。这正是任何国家税法中都要统一规定税务会计制度的权力基础。

然而,无论政府与出资人之间达成何种妥协,由于税务会计制度的统一性以及多多少少必然要满足政府提前征税的要求,以此揭示企业的经营业绩和财务状况当然会出现不客观的情况。为了反映不同企业千差万别的情况,在政府统一的税务会计制度下,企业可以在其规定的弹性区间内灵活选择会计要素的确认和计量方法。"弹性区间"的规定实质是政府与出资人(或企业)博弈的结果。这意味着承认各个企业所使用的会计制度可以存在差别,这正是财务会计制度的特征,是税务会计制度在体现财务制度的要求。在中国改革开放后,从外商投资企业起,一直到所有企业,都经历过这样的变迁。

尽管如此,问题仍然在于:要在政府的税务会计制度中融入一些财务会计制度的要求,其容量是有限的。政府对税收强制、无偿、稳定、统一和宏观的要求,不可能完全把每个企业的会计确认与计量要求都在税务会计制度中规定,也不可能使税务会计制度遵从于反映个别企业实际情况的财务会计制度,所以财务会计制度与税务会计制度分离势在必然。与此相应,就出现了企业按财务会计制度的要求记账,然后进行纳税调整的做法。在中国,随着市场经济体制改革的深化,各企业面临的市场环境差异越来越大,经营对象和经营方式也在不断调整变化。这导致各企业会计要素的确认和计量方法也难以趋同。如按统一的税务会计制度,各企业资本保全和风险防范的会计谨慎原则很难实现。随着非国有经济比重增加和国有企业逐步真正实现自主经营、自负盈亏,整个经济中就产生了一种力量,要求政府的税务会计制度在税法中规定,而企业的财务会计制度则单独制定,其形式是先把各企业共同的会计要素的确认和计量方法以会计准则确定下来,然后各企业根据自身的情况,在公司章程中明确规定适合自己的企业会计制度。

(二) 社会经济的发展状况与统分的充分性

1. 市场经济成熟程度的影响

市场经济越是发达,市场的自由竞争体现得越充分,市场也越呈现出多样化、多变化的特征。企业与企业之间的差异越大,企业的经营活动和财务活动就越是各具特点。作为会计揭示对象的这些企业经济活动越是各具特色,会计要素确认和计量的方法就越应反映这种特色,这样才能使会计信息更加客观。因而,统一的税务会计制度与这种要求的矛盾越来越突出,终因税务会计制度的统一性所限,而使企业财务会计制度与之分立。

2. 企业组织形式变迁的影响

企业组织形式经历独资、合伙到公司制的变迁,而公司制的企业又经历了有限责任公司、股份有限公司到上市公司的变迁。一般而言,在独资和合伙的企业形式下,出资人和经营者合一,企业的收益是在政府和出资人之间分配。由于政府的分配是强制的,独资和合伙企业必须遵从税务会计制度的要求,按税务会计制度计算收益。在此基础上是否需要再按财务会计制度计算其收益呢?由于独资和合伙企业的出资人稳定,也不存在出资人与经营者在收益分配上的对立,往往这类企业就不须再按财务会计制度计算其收益。

一旦企业组织形式发展到公司制,尤其是上市公司的阶段,出现了两权分离和股权流动,我们发现公司的收益不仅在国家与出资人之间存在分配对立,也在出资人和经营者之间存在分配对立,同时,还涉及现有股东和潜在股东的利益对立。这种对立在会计上表现为:少算现在收益会使潜在股东得到好处而经营者少得报酬,多算现在收益会使潜在股东蒙受损失而经营者多得报酬。这种纳税后仍然存在的出资人与经营者、现实股东和潜在股东的利益分配的对立,必然要求会计客观揭示企业的收益状况,才能为三方共同接受。只要税务会计制度不能满足这一要求,就必然产生财务会计制度。事实上税务会计制度难胜此任,各国的会计准则就由此而形成。各公司制企业以会计准则为指导,然后根据公司的需要制定财务会计制度,并在公司章程中作出规定,从而形成税务会计制度与财务会计制度的分离。

3. 经济发展水平所决定的财政收支状况的影响

当财政收支状况持续较好时,政府往往在税务会计制度中更多地减少强制性和主观性内容,贴近企业财务会计制度的要求;相反,当财政收支状况持续不稳定时,政府往往从稳定税收的立场制定税务会计制度。这种制度的强制性、主观性甚强,导致纳税所得偏离实际甚远。这时,税务会计制度与财务会计制度的分离就势在必行。

综合以上三点我们可以看到,由于世界各国的财政收支状况尚未达到政府无须制定强制性和主观性的税务会计制度的要求,政府还必须通过统一税务会计制度保证税收目标的实现,为实现会计揭示的客观性而将税务会计制度统一在财务会计制度之下是不现实的。同时,市场经济的成熟和股份公司尤其是上市公司的出现,一方面使企业的会计揭示的差异性增大;另一方面各利益主体对会计客观揭示的内在要求增加,结果税务会计制度与财务会计制度的分离就成为必然。

三、社会经济活动对税务会计的需求和供给决定了两种制度分立的可能性

在会计学科体系中,传统的观点认为,财务会计有两方面的延伸:一是以企业财务报告为基础的、以满足证券监管等部门需要为目的的延伸;另一是与税收法律关系方面相适应的延伸——税务会计。从社会经济活动对税务会计的需求和供给角度分析,税务会计在一些方面已经具备了与财务会计、管理会计相类似的学科特征,与财务会计的其他延伸明显不同。

(一) 税务会计是政府参与财富分配的手段

提到税收法律关系,常常只强调其强制性、固定性、无偿性,似乎它纯粹是一种超脱于经济关系之外的强制力量。其实,政府就像投资人、债权人一样,也是对企业的净资产和创造的现金流量拥有要求权的主体,企业允许政府参与财富的分配也是为了换取政府提供的公共物品、安全保护和博弈规则等。可见,税收法律关系的本质特征仍然是一种交换关系,政府和企业都需要通过设立税务会计来达到各自的目的。

为了避免过高的税收成本,这种交换关系便采用税法形式,即税收权利义务关系。其具体表现为政府和纳税人之间的种种权利义务承诺的效率与收益。不过,这种关系却导致了税法和财务会计规范之间的差异,且需要借助税务会计信息来反映。因此,税务会计是调整这两种不同基础上产生的会计信息的基本手段,以保证政府依法直接无偿取得固定财富。

(二) 税务会计是企业实现经营目标的途径

追求企业价值最大化是企业的理财目标,也是企业的经营目标。在不违反税法的

前提下,合理进行税务筹划,选择最优纳税方案,努力使企业税负最低、价值最大是税务会计的重要内容之一。

在投资过程中,由于各行业、各产品、各地区的税收政策不同,所以会导致企业最终获得的投资收益有所差别。对投资者来说,税款是投资收益的抵减项目,应纳税额的多少直接关系到投资收益率的高低。因此,企业在投资决策时势必考虑税收政策的影响。

在筹资过程中,企业经营所需的资金,无论从何种渠道取得,都存在着一定的资金成本。筹资决策的目标不仅要求筹集到足够数额的资金,而且要使综合资金成本达到最低。由于不同筹资方案的税负轻重往往存在差异,因此,企业在筹资决策时必须考虑税收政策的影响。

在经营过程中,利润是反映企业一定时期经营成果的重要指标,也是计算所得税的主要依据。利润大小与企业所选用的处理经营业务的会计方法密切相关,而会计准则又往往提供多种方法给企业选择,即使会计准则规定得相当明确,企业仍可通过对生产经营活动的调控,实现一定程度的利润操纵,进而影响所得税的实际负担。

我国税制越来越复杂,因对税法理解的肤浅或偏误,甚至对有关优惠政策知之甚少或不甚了解,导致多交或少交税款的企业不在少数,致使企业产生了不必要的负担和损失。建立税务会计有利于企业加深对税法的认识,及时进行税收决策,科学从事税务筹划,为企业经营决策服务,以获得企业价值最大化,从而保障企业自身权益,实现企业经营目标。

(三)税务会计是政企博弈、科学治税的条件

作为纳税人的企业,既承担依法纳税的义务,又享有减、免、退税和纳税筹划等权利。为此,企业必须设立税务会计,做到既谙熟会计,又精通税法,并及时根据税务部门征管和企业生产经营的实际情况,在不违法的前提下,尽量使自己的实际税负最小化。而政府在促进社会经济文化发展的基础上,总要实现税收收入最大化。为此,政府也要求设立税务会计,以便税务机关规范征管,提高效率,有效监督,依法治税,保证国家税款及时、足额上缴。纳税人与政府这种反复博弈的结果,无疑会使政府税法趋于完善,治税更加科学;而纳税人也会根据风险和成本效益原则,更加理性地选择自己在纳税活动中的行为。税务会计就是参与这种博弈,促使动态均衡,达到科学治税的必要条件。

(四)税务会计是建设我国会计学科的需要

首先,税务会计是发展我国会计理论的需要。长期以来,我国会计理论研究过多地依赖于国家财政、财务、税收的规定,其中税法规定对其影响尤其明显。加之我国的法规尚不健全,以及政治、经济、社会、文化等其他环境因素对会计的影响与制约,使我国财务会计理论呈现出多变性的特征,并使得我国会计工作缺乏规范化和科学化,也造成我国会计学科体系的不稳定性和会计教学工作的滞后性。

随着具体会计准则的颁布、实施和完善,我国财务会计理论向规范化、科学化、国际

化迈出了关键性的一步。在此基础上,只有将税务会计进一步从财务会计中分离出来,以会计准则为依据的财务会计理论研究,才能体现其科学性、一贯性和相对稳定性,从而逐渐形成相对独立和稳定的财务会计学科体系。与此同时,建立以税法为规范的税务会计,一方面可用来体现和协调财政财务、税收法规的变化,另一方面还扩充了我国会计学科体系的内容,使之更加完善。

其次,税务会计是转变企业会计核算模式的需要。会计作为经济管理的重要组成部分,必须适应并服务于市场经济。其职能主要应为企业的投资人、债权人和经营管理者,以及其他相关利益者服务。为此,企业必须建立起以增加企业价值为目标、以强化内部管理为中心、以完善经营机制为手段的经营管理型会计。这就相应地要求税务会计与财务会计分离,使企业能以会计准则为依据,客观地披露财务会计信息,准确地反映企业的财务状况、经营成果和现金流量,有效地避免因税法变动而造成的会计信息失真,以保证及时向投资者、债权人和内部管理者等信息使用者提供公允、可靠和决策有用的会计信息,增强企业在市场经济中的竞争力。

第三,税务会计是提高财会人员业务素质的需要。随着我国社会主义市场经济的确立和发展,企业逐渐成为自主经营、自负盈亏、自我约束、自我发展的经济实体。面临国内与国际市场的双重考验,客观地要求企业财会人员应具有诚信观念、法制观念、战略成本观念、信息观念、竞争观念、理财观念、风险观念、货币时间价值观念和职业判断观念,为使企业在激烈的市场竞争中立于不败之地,并实现其价值最大化目标而出谋划策。建立税务会计学科体系,使其独立于财务会计,要求企业财会人员既要按会计准则处理会计实务,保持财务会计信息的真实可靠,又要依据税法规定申报纳税和税务筹划。这就促使企业会计人员除精通会计准则及会计方法之外,还要掌握税收法规,并熟悉会计与税收两套法规之间的关系。

(五)税务会计是监督政府改进服务的工具

税收法律关系的交易性本质,决定了纳税人作为某些公共物品和服务的买方所拥有的权利。从这个角度说,纳税人所关注的不仅是税制是否有效率,而且是政府在为纳税人创造一个安全、稳定、有活力的环境方面是否有效率。如果没有税务会计,那么企业将无法有效地预测和控制自己的税款支出,这样的交易显然不可能是公平、公正的。而且在没有税务会计的国家契约中,也必然缺少监督政府的有效手段,至少是缺乏这些监督手段所必需的信息,而税务会计恰恰能准确地加工和提供这些信息。

建立健全社会主义市场经济,必须注重增强市场主体的活力,并应尽可能减少政府对企业的束缚和管制。税务会计为政府改进服务提供了空间。发展税务会计,等于给税法和会计准则的制定工作同时松绑,有助于使规范经济生活的立法活动与国际接轨,促使政府采用更客观、更间接的调控手段取代对企业经营的直接干预。

由此可见,从需求角度分析,税务会计已经具备了作为会计学分支的基本学科特征。

税务会计成为一门独立学科,不仅体现在需求方面,而且体现在供给方面。

首先,税务会计只需对现有会计人员进行专业化培训。企业大多设有固定的办税人员,因此,开展税务会计工作,不必增加新的岗位和人员。

其次,税务会计仍需运用财务会计的核算程序和方法。税务会计与财务会计的主要区别在于提供信息服务的目的不同,因此,税务会计工作并非是另起炉灶,而是与财务会计工作紧密结合在一起的。

第三,税务会计继续延用财务会计的账证和报表。税务会计工作除了按照税务机关的要求设置有关备查簿和纳税申报表外,一般无须另设账簿和报表,其最终工作成果仅提供管理当局使用或税务机关审核。

最后,开展税务会计工作不会产生高昂的成本,相反,会给企业和政府带来双赢的局面。

当前,建立税务会计,实行独立化,已具备了以下条件:① 会计制度改革是实现税务会计独立的前提条件;② 税制改革为税务会计的实施提供了依据;③ 税收法规与会计准则的对立统一,使税务会计独立成为可能;④ 国外税务会计的理论与实践,为我国税务会计体系的建立提供了可以借鉴的经验。

但是,如果仅仅以现行财务会计制度与税收法律制度的紧密结合为前提来构建税务会计学,那么将会使当前的税务会计学理论研究被束缚在现行制度之中,其内容基本上是现行税收制度的会计解释,或者现行会计制度的税法调整,缺乏理论深度。

因此,设立独立、健全的税务会计,企业首先应树立正确的纳税观念,选拔符合税务机关和企业要求的人员担任税务会计,以保证税务会计信息的质量,并及时掌握最新的税收规定及征管制度,由此控制税收负担,提高经济效益,促进企业发展;其次,应提高税务会计人员的专业素养,通过专门培训和社会实践,使其具备丰富深厚的财务、会计、税务和法律知识及其相应的实际工作经验,以便不断发掘税务会计的理论内涵和提高税务会计的工作质量;第三,应健全税务会计的组织形式,使之工作规范化、高效化、科学化,并对税务会计运作过程中出现的问题及时进行分析和研究,为完善税收法规和开展企业决策提供参考;第四,应制定约束企业税务会计行为的条例或规定,为企业税务会计营造良好的法制环境,以减少甚至杜绝税务会计不法行为及其不良后果的发生。

第五节　税务会计的模式和体系

一、税务会计的模式选择

制约税务会计模式的因素很多,但最根本的因素是税制结构模式;而选择主体税类

或主体税种,又是构建税制结构模式的关键。从当代西方国家的税制结构模式来看,大体上有以下三种类型:

第一,以所得税为主体的税制模式。采用这一税制模式的主要有美国、英国、加拿大、丹麦、瑞典等国。这些国家所得税收入,一般占其税收总收入的50%以上。这种税制模式必然要求构建以所得税会计为主体的税务会计模式。

第二,以商品税为主体的税制模式。采用这一税制模式的主要是发展中国家。这些国家对商品课税的收入往往大大高于对所得课税的收入。这种税制模式必然要求构建以商品税会计为主体的税务会计模式。

第三,以所得税和商品税并重的税制模式。采用这一税制模式的主要有德国、荷兰、意大利、芬兰等国。这些国家对所得课税的收入和对商品课税的收入各自占其税收总收入的比重之差不超过10%。这种税制模式显然适宜构建所得税会计和商品税会计双重主体的税务会计模式。否则,税务会计就无法实现其目标。

从现阶段我国正在运行的"多税种、多层次、多环节"的复合税制状况看,改革后的中国税制属于以流转税和所得税为双重主体的"不平衡双轨制"税制模式。这种模式能够大致符合现实的经济基础,即生产力水平较低和多种经济成分并存,可以保证国家财政资金的稳定和及时到位,主动适应社会经济结构以及生产结构和消费结构的合理调整,基本体现当前国民纳税意识、干部素质和征管手段。同时,客观反映双重主体将在不平衡中存在、发展、变化和完善,如在流转税方面,营业税改征增值税,扩大增值税征收范围;在所得税方面,统一内、外资企业所得税法,改革个人所得税税制模式;在税收比重方面,逐渐增加所得税比重,缩小与流转税比重方面的差额。这一模式优化组合之后,将会显示出更强的生命力。

为实现上述税制模式所要完成的目标就必须建立与之相适应的以流转税会计和所得税会计为双重主体的税务会计模式。

二、税务会计的结构体系

上述双重主体的税务会计体系主要由以下几个层次构成:

第一层次,流转税会计。它主要指对生产流通阶段形成的流转额予以课税的税务会计,如增值税会计、消费税会计、营业税会计等。其特点是以商品销售额或劳务营业额为课税依据,征税数额一般不受成本费用和盈利水平高低的影响。避免重复征税是流转税会计所要解决的一大难题。

第二层次,所得税会计。它主要指对纳税人实现的收益额予以课税的税务会计,如企业所得税会计、个人所得税会计等。其特点是不以会计收益额,而以纳税所得额为课税依据,征税数额直接受成本费用和盈利水平高低的影响。调整会计收益与纳税所得的差异是所得税会计面临的首要问题。

第三层次,资源税会计。它主要指对资源的级差收入予以课税的税务会计,如资源税会计、城镇土地使用税会计、耕地占用税会计等。其特点是税收负担与资源级差收益程度密切相关。提高资源利用效率,促进资源合理配置,创造公平竞争条件是资源税会计的根本要求。

第四层次,财产税会计。它主要指对纳税人拥有和支配的财产数量或价值额予以课税的税务会计,如土地增值税会计、房产税会计、车船税会计、烟叶税会计等。其特点是税收负担与财产数额大小直接相关。正确体现按量负担,促进资产合理流动是财产税会计的主要任务。

第五层次,行为税会计,又称目的税会计。它主要指对纳税人某一特定行为或目的予以课税的税务会计,如城市维护建设税会计、印花税会计、车辆购置税会计、船舶吨税会计等。其特点是征税对象有明显的时效性和选择性。实现国家某一时期、某种经济政策往往是行为税会计的特定目的。

以上五大层次,主辅配合,分层调节,泾渭分明,交叉运行,有机结合,相互补充,构成了一个适应我国现阶段生产力发展水平和社会主义市场经济发展要求的,能较好发挥税收和会计职能作用的,多税种、多层次、多环节的双重主体的税务会计体系。

第六节 税务会计的基本内容

一、企业投资创建期间的纳税事项

(一)办理税务登记

凡从事生产、经营的纳税人,应当在工商行政管理部门批准开业并自领取营业执照之日起 30 日内(非从事生产、经营的纳税人,除另有规定外,都应当自有关部门批准之日起 30 日内),持有关证件向税务机关申报办理税务登记。税务机关审核后发给税务登记证件。办理税务登记是为了建立正常的征纳秩序,是纳税人履行纳税义务的第一步。为此,必须严格按照期限,及时申报办理税务登记手续。

(二)发票的领购、开具和管理

1. 发票的领购

(1)发票是指在购销商品、提供或者接受劳务以及从事其他经济活动中,开具、收取的收付款凭证。它是税务会计核算的原始凭证和法定依据。

(2)纳税人在领取税务登记证件后,应当提出购票申请,提供经办人身份证明、税务登记证件或者其他有关证明,以及财务印章或者发票专用章的印模,经主管税务机关审核确认后,发给发票领购簿。然后,凭发票领购簿核准的种类、数量以及购票方式,向主管税务机关领购发票。

(3)增值税的一般纳税人既可以领购增值税专用发票,也可以领购普通发票;增值税的小规模纳税人和非增值税纳税人不得领购增值税专用发票。

(4) 临时到本省(自治区、直辖市)以外从事经营活动的单位或者个人,应当凭所在地税务机关开具的《外出经营活动税收管理证明》,在办理纳税担保的前提下,可向经营地税务机关申请领购经营地的发票。

2. 发票的开具

(1) 销售商品、提供劳务以及从事其他经营活动的单位和个人,对外发生经营业务收取款项,收款方应当向付款方开具发票;在特殊情况下,由付款方向收款方开具发票;所有单位和从事生产、经营活动的个人在购买商品、接受劳务以及从事其他经营活动支付款项时,应当向收款方要求取得发票。

(2) 增值税专用发票仅限于增值税一般纳税人销售货物(包括视同销售货物在内)、应税劳务和应税项目向购买方开具、使用。向小规模纳税人销售应税项目,可以不开具专用发票。

3. 发票的管理

(1) 不符合规定的发票不得作为财务报销凭证,任何单位和个人有权拒收;任何单位和个人不得转借、代开发票;未经税务机关批准,不得拆本使用发票,不得自行扩大专用发票使用范围;禁止倒买倒卖发票;不得跨规定的使用区域携带、邮寄、运输空白发票。

(2) 开具发票的单位和个人应当建立发票使用登记制度,设置发票登记簿,并定期向主管税务机关报告发票使用情况。已开具的发票存根联和发票登记簿,应当保存10年。保存期满,报经税务机关查验后销毁。

(3) 严禁私自印制、伪造、变造发票。

(4) 必须建立专用发票管理制度,并按要求专门存放和专人保管。

(三) 配备税务会计人员

1. 税务会计人员的任职条件

为了正确及时地办理纳税事项和完整地保管纳税资料,企业应指定专人负责办理纳税工作。税务会计人员应在财会部门中选择遵纪守法、坚持原则、熟悉业务、工作认真、作风廉洁、办事公正、具有较高政策水平的专职会计担任。

2. 税务会计人员的主要职责

由于我国尚未出台统一的税务会计制度,税务会计工作大部分与财务会计同轨,所以目前配备的税务会计人员主要有以下职责:

(1) 熟悉有关税法和税务机关对本企业的纳税鉴定,并能准确及时办理各项纳税申报和纳税工作;

(2) 对本企业纳税凭证的使用、管理和解缴税款情况进行监督,发现问题及时解决,并向单位领导、上级主管部门和税务机关汇报;

(3) 对本企业和上级主管部门不符合税法规定的有权拒绝执行,有权向上级主管

部门或主管税务机关反映情况,提出意见;

(4) 建立企业内部联系制度,掌握生产经营、资金运用和纳税额的增减变化情况,整理、保管各项纳税资料,并按期上报税务机关;

(5) 申请购领发票,并对各种票据的开具、管理情况进行监督;

(6) 向职工进行税法宣传教育,加强内部联系,掌握纳税资料;

(7) 合理选择税负方案,为投资人和债权人决策提供有用的税务会计信息;

(8) 科学进行纳税筹划,为企业加强内部经济管理提供有用的税务会计信息。

(四) 建立完整的会计账簿

企业必须按照国家财政、税务主管部门的规定设置账簿,根据合法、有效凭证记账,进行核算,如实反映生产、经营情况。其财务、会计制度或财务、会计处理办法,应当报送税务机关备案。

一旦财务、会计制度或财务、会计处理办法与国务院或国务院财政、税务主管部门有关税法抵触时,应当依照税法计算纳税。账簿、记账凭证、完税凭证及其他有关资料应按规定的保管期限妥善保管,不得伪造、变造或者擅自毁损。

企业建立的营业账簿,应按《印花税暂行条例》规定粘贴印花税票。营业用账簿(包括日记账和各类明细账簿)应于账簿启用时按件贴花5元,资金账簿应按照企业实收资本和资本公积总额的万分之五计算应纳税额,据以贴花。

(五) 书立、领受应税凭证

企业书立购销合同、加工承揽合同、建筑工程勘察设计合同、建筑工程承包合同、财产租赁合同、货物运输合同、仓储保管合同、借款合同、财产保险合同、技术合同、产权转移书据、房屋产权证、土地使用证,以及领受许可证照等,都要按规定贴足印花税票。对已贴用的印花税票不得重用,多贴的印花税票不得申请退税或抵用。

二、企业生产经营期间的纳税事项

(一) 购进环节的纳税事项

1. 购入货物

(1) 购入货物用于应税项目,并取得增值税专用发票。这时,购入货物的全部采购成本为支付给供货单位的货款和发生的各项采购费用。随购入货物转嫁而来的增值税则不应计入采购成本,应单独作为进项税额记账,并准予从销项税额中抵扣。

(2) 购入货物直接用于非应税项目,或直接用于免税项目以及直接用于集体福利和个人消费的,其专用发票上注明的增值税额应计入货物采购成本。

(3) 购入货物取得普通发票(不包括购进免税农业产品)的,其增值税额应计入货物采购成本。

(4) 实行简易办法计算缴纳增值税的一般纳税人和小规模纳税人,购入货物支付的增值税额,也应直接计入有关货物的采购成本。

(5) 经批准直接从国外进口货物需缴纳以下各税：

① 进口关税。企业由国外进口货物应于收到运输单位的提单或到货通知后填写进口货物报关单，并附送进口许可证和有关单证向海关申报，缴纳关税。

② 进口增值税。企业进口的货物，除特案批准免税外，一律由海关代征进口环节的增值税。进口货物以组成计税价格和规定的税率计算应纳税额，不得抵扣任何税额。

③ 进口消费税。企业进口的应税消费品，一律由海关代征进口环节的消费税；实行从价定率办法计算应纳税额的，按照组成计税价格计算纳税。

2. 购入固定资产

企业购入房产等不可抵扣进项以外的固定资产，其专用发票上注明的增值税额可以从销项税额中抵扣。

3. 购进免税农业产品或取得运货发票

企业购进免税农业产品允许按照买价乘以13%的扣除率计算进项税额，企业取得运货发票允许按照运费乘以7%的扣除率计算进项税额，并均准予从销项税额中抵扣。

4. 接受应税劳务

企业接受应税劳务的纳税事项视同国内采购的货物。

5. 签订合同、协议和取得单证

对各种原材料和零部件的采购、供应、委托加工、仓储、保管、货物运输各个过程中所签订的合同、协议和取得的单证，应根据合同、协议、单证的数额，按规定的税率计算缴纳印花税。

(二) 生产环节的纳税事项

1. 自产自用的应税消费品

自产自用的应税消费品用于连续生产、作为生产最终应税消费品的直接材料，并构成最终产品实体的，不交纳消费税；用于生产非应税消费品和向在建工程、管理部门、非生产机构提供劳务，以及用于馈赠、赞助、集资、广告样品、职工福利、奖励等方面的，则应于移送使用时交纳消费税。

2. 委托加工的应税消费品

由委托方提供原料和主要材料，受托方只收取加工费和代垫部分辅助材料加工的应税消费品，由受托方在向委托方交货时代收代缴消费税。委托加工的应税消费品，委托方用于连续生产应税消费品的，所纳税款准予按规定抵扣。

对于由受托方提供原材料生产的应税消费品，或者受托方先将原材料卖给委托方，然后再接受加工的应税消费品，不论纳税人在财务上是否作销售处理，都不得作为委托加工应税消费品，而应当按照销售自制应税消费品缴纳消费税。

自产自用和委托加工的应税消费品，应当按照生产的或受托方的同类消费品的销售价格计算纳税；没有同类消费品销售价格的，按照组成计税价格计算纳税。

（三）销售环节的纳税事项

1. 工商企业

（1）产品销售收入（或数量）。工业企业自销产品，不分销售对象，一律按照实现的产品销售收入计算增值税销项税额；生产的应税消费品，于销售时须按从价定率或从量定额办法计算消费税；开采矿产品和生产盐，于销售时须按从量定额办法计算资源税；消费税和资源税的应税产品同时也是增值税的应税产品。

（2）应税劳务收入。工业企业从事工业性加工，工业性修理、修配业务，一律按实现的业务收入计算增值税销项税额。

（3）其他业务收入。企业销售外购货物，需缴纳增值税；企业销售不动产和无形资产，需按销售额计算缴纳营业税。

（4）视同销售收入。工业企业将自产或委托加工的应税产品，无论用于本企业提供非应税劳务，以及转让无形资产、销售不动产和固定资产、在建工程等，还是作为投资以及分给股东或投资者等，或是用于集体福利或个人消费以及无偿馈赠他人等，均应视同销售，于移送时计算增值税销项税额；若属消费税、资源税的应税产品，则还需按规定缴纳消费税和资源税。

（5）商品销售收入。从事商品批发、零售或批零兼营的商品流通企业，一律按照实现的商品销售收入计算增值税销项税额。

2. 其他行业

从事交通运输、建筑、金融保险、邮电通信、文化体育、娱乐和各种服务的企业，在取得营业收入后，以营业收入额为计税依据，按照《营业税税目税率表》规定的税率计算缴纳营业税。

（四）费用结算环节的纳税事项

购进、生产、销售三大环节，是生产经营活动的主要内容。为使购、产、销得以正常进行，就必须为这些活动提供必要的条件，如经营场所、经营资金、生产设备、签订合同等。创造这些条件同样会涉及各种纳税事项，其共同之处是这些税金结算后均计入本期管理费用。

（1）自有房产，应按原值计算缴纳房产税；自有房产出租取得租金收入，除按规定缴纳营业税外，还应按规定税率计算缴纳房产税。

（2）所用土地，应根据使用面积，按规定的各类土地应缴的单位面积税额，计算缴纳土地使用税。

（3）自有车辆、船舶，应根据车船的数量、吨位，按照规定的各种车辆和载重吨位的每辆和每吨应计税额，分别计算应缴车船税。

（4）租用房屋、土地、办公用房、仓库的合同，资金借款合同，财产保险合同，商标专利证书，营业执照，企业全部实收资本和资本公积，以及营业账簿，等等，应根据合同金额、证书执照份数、账簿本数等,粘贴印花税。

(五)利润结算环节的纳税事项

任何纳税人取得的销售收入、营业收入及其他收入,在支付成本费用后,其按照规定程序结算的利润和其他所得,都必须缴纳所得税。

依照中国法律、行政法规在中国境内成立的企业、事业单位、社会团体以及其他取得收入的组织,应按纳税所得额计算缴纳企业所得税。

个人独资企业、合伙企业和个体工商户的个人投资者依法缴纳个人所得税。

三、企业终止清算期间纳税事项

纳税人发生歇业、破产、解散、撤销或经营地点、住所迁移涉及主管税务机关变更的,以及发生依法应当终止履行纳税义务的其他情形时,必须在向工商行政管理机关申请办理注销工商登记前,持申请注销税务登记的报告,向原登记税务机关申报办理注销税务登记,并附送主管部门或审批机关的批准文件,或清算组织负责清理债权债务的文件以及其他证明资料。同时,应当向税务机关结清应缴纳的税款、滞纳金、罚款,交回已领或已购买未用的发票和发票购买簿、缴款书及税务机关发给的一切证件。如有需要继续出售产(商)品的,应在办理注销税务登记前,向税务机关提出继续使用发票等税务证件的报告。经税务机关审核后,留足必要的发票和其他证件,以保证剩余产(商)品的正常销售和按规定继续办理纳税事宜。待全部处理结束后,再把剩余的发票和有关证件交回税务机关审核注销。

纳税人清算终了,企业的全部资产可变现价值或交易价格,减除资产的计税基础、清算费用、相关税费,加上债务清偿损益等后的余额,为清算所得,应依法交纳所得税。纳税人被工商行政管理机关吊销营业执照的,应当在规定的期限内,向税务机关申报办理注销税务登记,并结清应纳税额、滞纳金、罚款,交回所有发票和其他税务证件。

[本章小结]

税务会计是税法与会计结合的产物,但其作为会计学科的独立分支,并不是税法和会计学科的简单结合,而是具有自己相对独立的研究对象——纳税人生产经营活动中的税务资金运动。税务会计不同于税收会计,税收会计是预算会计的一个分支,核算主体是国家税务机关,而税务会计是企业会计的一个分支,核算主体是企业纳税人。税务会计也不同于财务会计,表现为:税务会计遵循的是税法至上原则,应以货币时间价值为前提,以收付实现制并结合权责发生制为基础,以应税收入、可扣除项目、应税利润等为会计要素,主要是为政府税务部门和纳税人自身服务。税务会计除了自己的专门方法外,还借用财务会计的方法,具体有设置账户、复式记账、审核和填制凭证、登记账簿、成本计算、财产清查、编制会计报表、纳税申报、税务会计审查、税务筹划等十类。

我国现阶段的税务会计模式,受税制影响,是以流转税会计和所得税会计为双重主体的,除此之外,还包括资源税会计、财产税会计和目的行为税会计。税务会计的基本内容根据企业的经营阶段不同,主要可以分为企业投资创建期间的纳税事项、企业生产经营期间的纳税事项和企业终止清算期间纳税事项三部分,其中生产经营期间的纳税事项是主要部分。随着社会经济结构的转型升级、税制改革和会计学科的发展,税务会计的内容也必将会有所更新和扩充。

[相关法规链接]

1.《中华人民共和国企业所得税法》(2007年3月16日第十届全国人民代表大会第五次会议发布,自2008年1月1日起施行)

2.《中华人民共和国企业所得税法实施条例》(2007年12月6日国务院令第512号发布,自2008年1月1日起施行)

3.《中华人民共和国增值税暂行条例实施细则》(2008年12月18日财政部、国家税务总局令第50号公布,自2009年1月1日起施行)

4.《中华人民共和国消费税暂行条例实施细则》(2008年12月18日财政部、国家税务总局令第51号公布,自2009年1月1日起施行)

5.《中华人民共和国营业税暂行条例实施细则》(2008年12月18日财政部、国家税务总局令第52号公布,自2009年1月1日起施行)

6.《中华人民共和国发票管理办法》(2010年12月8日国务院第136次常务会议发布,自2011年2月1日起施行)

7.《税务登记管理办法》(2003年11月20日第6次局务会议审议发布,自2004年2月1日起施行)

8.《中华人民共和国税收征收管理法实施细则》(国务院令〔2002〕第362号,自2002年10月15日起施行)

[本章复习题]

1. 什么是税务会计?它具有哪些特点?
2. 税务会计是如何产生和发展的?
3. 税务会计与税收会计的关系如何?
4. 税务会计与财务会计的关系如何?
5. 税务会计的对象是什么?
6. 税务会计的目标是什么?
7. 如何理解税务会计的原则?
8. 简述税务会计的主要内容。

第二章 税务会计基础

【本章导读】 税收制度是国家向纳税人征收税款的法律依据,也是税务会计处理纳税事项的准绳。学习了解我国的税收制度,是掌握税务会计的必要条件。本章系统介绍了我国的税收制度。通过本章学习,应掌握税收制度的构成要素,熟悉我国现行的税收制度,了解纳税人的权利、义务、法律责任及纳税程序,以及税务登记、纳税检查和税务代理的相关知识。

第一节 税收制度的构成要素

一、税收制度概述

税收制度简称"税制",是税收基本法规和税收征管法规的总称。税收基本法规是国家以法律或法令形式确定的各种课税办法的总和,反映国家与纳税人之间的经济关系,包括税收法规、条例、实施细则、补充规定、说明解释等。税收征管法规是为保障税收基本法规的贯彻实施而制定的稽征管理办法和工作操作规程,包括税收征管法及其实施细则等。

一个国家的税收制度应由该国的税收基本法加以规定,我国目前尚无统一的税收基本法。现行税制是在原有税制的基础上,经过1994年工商税制改革逐步完善形成的。其主要税种有:增值税、消费税、营业税、资源税、城镇土地使用税、企业所得税、个人所得税、城市维护建设税、土地增值税、耕地占用税、车辆购置税、房产税、车船税、烟叶税、印花税、契税、关税和船舶吨税等。

任何税制都必须经过立法,得到国家和政府的确认、保护和推动,才能充分发挥其职能作用。它是国家向纳税人征税的法律依据,也是税务会计处理纳税事项的唯一准绳。其包括税种的设计以及各个税种的构成要素,包括课税对象、纳税人、税率、纳税环节、纳税期限、违章处理等。上述18个税种都有其相应的法律法规,如《增值税暂行条例》、《企业所得税法》等。

我国对税收征收管理适用的法律制度,是按照税收管理机关的不同而分别规定的。由税务机关负责征收的税种的征收管理,按照全国人大常委会发布实施的《税收征收管理法》执行;由海关机关负责征收的税种的征收管理,按照《海关法》及《进出口关税条例》等有关规定执行。目前,我国的税收分别由税务和海关等系统负责征收管理。

我国的税收征收管理制度,是税收制度的重要组成部分。2001年4月28日,第九届全国人民代表大会常务委员会第二十一次会议通过了修订后的《税收征收管理法》,并于2001年5月1日起施行。

(一)按税收征收管理范围划分

(1)国家税务局系统负责征收和管理的项目有:增值税,消费税,铁道部门、各银行总行、各保险总公司集中缴纳的营业税、所得税、城市维护建设税,中央企业缴纳的所得税,中央与地方所属企业、事业单位组成的联营企业、股份制企业缴纳的所得税,地方银行、非银行金融企业缴纳的所得税,海洋石油企业缴纳的所得税、资源税,2009年起新增的主营业务缴纳增值税的企业应缴纳的企业所得税,对储蓄存款利息征收的个人所得税,车辆购置税,证券交易印花税,中央税的滞纳金、补税、罚款。

(2)地方税务局系统负责征收和管理的项目有:营业税,企业所得税(不包括上述由国家税务局系统负责征收管理的部分),个人所得税(不包括对银行储蓄存款利息所得征收的部分),资源税,城市维护建设税(不包括上述由国家税务局系统负责征收管理的部分),印花税(不包括上述由国家税务局系统负责征收管理的部分),城镇土地使用税,房产税,土地增值税,车船税,地方税的滞纳金、补税、罚款。

为了加强税收征收管理,降低征收成本,避免工作交叉,简化征收手续,方便纳税人,在某些情况下,国家税务局和地方税务局可以相互委托对方代征某些税收。

(3)海关系统负责征收和管理的项目有:关税,行李和邮递物品进口税,船舶吨税。此外,负责代征进口环节的增值税、消费税。

(二)按中央政府与地方政府税收收入划分

根据国务院关于实行分税制财政管理体制的规定,我国的税收收入分为中央政府固定收入、地方政府固定收入和中央政府与地方政府共享收入。

(1)中央政府固定收入包括:消费税(含进口环节海关代征的部分),车辆购置税,关税,船舶吨税和海关代征的增值税。

(2)地方政府固定收入包括:城镇土地使用税,房产税,耕地占用税,土地增值税,车船税,契税。

(3)中央政府与地方政府共享收入包括:

① 增值税(不包括海关代征的部分):中央政府分享75%,地方政府分享25%(基数部分)。

② 营业税:铁道部、各银行总行、各保险总公司集中缴纳的部分归中央政府,其余部分归地方政府。

③ 企业所得税:铁道部、各银行总行及海洋石油企业缴纳的部分归中央政府,其余

部分中央政府分享60%,地方政府分享40%。

④ 个人所得税:储蓄存款利息所得的个人所得税归中央政府,其余部分中央政府分享60%,地方政府分享40%。

⑤ 资源税:海洋石油企业缴纳的部分归中央政府,其余部分归地方政府。

⑥ 城市维护建设税:铁道部、各银行总行、各保险总公司集中缴纳的部分归中央政府,其余部分归地方政府。

⑦ 印花税:证券交易印花税收入的94%归中央政府,其余的6%和其他印花税收入归地方政府。

为了便于纳税人了解掌握和依法申报缴纳各税,现按税种所属类别及收入归属,结合征收管理机关,分别划分现行税制,并列表2-1。

表2-1 现行税收制度一览表

类别	序号	税种名称	开征时间	修订实施时间	收入归属	征收机关	备注
流转税类	1	增值税	1994.01.01	2009.01.01	中央、地方共享	国税机关	
	2	消费税	1994.01.01	2009.01.01	中央	国税机关	
	3	营业税	1994.01.01	2009.01.01	中央、地方共享	地税、国税机关	
所得税类	4	企业所得税	1994.01.01	2008.01.01	中央、地方共享	国税、地税机关	
	5	个人所得税	1994.01.01	2011.09.01	中央、地方共享	地税、国税机关	
资源税类	6	资源税	1994.01.01	2011.11.01	中央、地方共享	国税、地税机关	
	7	城镇土地使用税	1988.11.01	2007.01.01	地方税	地税机关	
	8	耕地占用税	1987.04.01	2008.01.01	地方税	地税机关	
	9	烟叶税	2006.08.01		地方税	地税机关	
财产税类	10	土地增值税	1994.01.01		地方税	地税机关	
	11	房产税	1986.10.01		地方税	地税机关	
	12	车船税	1986.10.01	2012.01.01	地方税	地税机关	2009.01.01外资适用
目的行为税类	13	城市维护建设税	1985.01.01		中央、地方共享	地税、国税机关	
	14	印花税	1988.10.01		中央、地方共享	地税、国税机关	
	15	契税	1950.06.20	1997.10.01	地方税	地税机关	2010.12.01外资开征恢复征收
	16	车辆购置税	2001.01.01	2004.01.01	中央税	国税机关	
	17	关税	1951.05.16	2012.01.01	中央税	海关	
	18	船舶吨税	1952.09.29		中央税	海关	

二、税制要素

(一)纳税人

纳税人是纳税义务人的简称,有广义和狭义之分。《中华人民共和国宪法》第56条规定:"中华人民共和国公民有依照法律纳税的义务。"从这个意义上讲每一位公民都是纳税义务人,即广义的纳税义务人。广义的纳税义务人并不一定实际或不一定直接向国家缴纳税款。狭义的纳税义务人是实际负有缴纳税款义务的人。此处指狭义的纳税义务人。它是税法规定的直接负有纳税义务的单位和个人,可以是自然人,也可以是法人。它是纳税的主体,表明由谁来缴纳税款。

所谓自然人,是指在法律上具有民事权力和义务主体资格的公民个人;所谓法人,是指依法成立,能独立地行使法定权利和承担法律义务的社会组织。

各项税收通常由纳税人直接缴纳或由税务机关直接征收,但对有的税种国家为了加强税收收入的源泉控制,并简化纳税手续,规定可以通过扣缴义务人代扣代缴税款。所谓扣缴义务人,是指税法规定负有代扣代缴税款义务的单位。它仅是纳税人与税务机关之间的中介主体,而不是纳税主体。

与纳税人有关的另一个主体是负税人。纳税人与负税人是两个既有联系又有区别的概念。所谓负税人,是指最终负担税款的单位和个人,它不是纳税的法律主体,不构成税制要素,只是纳税的经济主体,即税款的实际负担者。当纳税人通过某种方式将税款转嫁他人时,纳税人自身不再负担税款,就不是负税人;当纳税人无法将税款转嫁他人时,纳税人自身负担税款,就是负税人。因此,纳税人与负税人可以一致,也可以不一致。

(二) 课税对象

课税对象,又称征税对象。它是税法规定的纳税的标的物。其计量方式可以采用自然实物量,也可以采用价值量,统称计税依据,是纳税的客体,表明以什么为对象据以征税。

所谓从量计征,就是指以课税对象的自然实物量,如销售量、重量、面积等作为计税依据计算应纳税款;所谓从价计征,就是指以课税对象的价值量,如销售额、所得额等作为计税依据计算应纳税款;所谓复合计征,就是指对同一课税对象同时运用从量计征和从价计征计算应纳税款。

为了进一步界定征税范围,并根据不同的项目,按照政策的需要制定高低不同的税率,就必须确立税目。税目是指税法规定的征税的具体项目,体现着征税的广度。例如,服务业的计税依据均为营业额,但具体到不同行业的营业额就体现在税目上。不同税目往往制定高低不同的差别税率。可见,规定税目不仅是征税技术上的需要,也是贯彻税收政策、发挥税收经济杠杆作用的需要。

(三) 税率

税率是对征税对象的征收比例或征收额度。它作为计算税额的尺度,体现着征税的深度。税率是税制要素中的核心要素,税收的经济杠杆作用,在很大程度上是通过调整税率的高低来发挥的,它直接关系到国家财政收入的多少和纳税人负担的轻重。我国现行税率形式有三种:

1. 比例税率

比例税率是对同一征税对象,不论其数额大小,只规定一种征收比例的税率。具体又可分为：

(1) 统一比例税率。即指一种税设一个比例税率，所有纳税人都按同一税率纳税，如企业所得税。

(2) 差别比例税率。即指一种税设两个或两个以上的比例税率。主要有三种类型：① 产品差别比例税率，如消费税；② 行业差别比例税率，如营业税；③ 地区差别比例税率，如城市维护建设税。

2. 幅度比例税率

幅度比例税率即指在税法规定的税率幅度内，由地方政府因地制宜地自行确定适用的比例税率，或在实际征收时根据不同征收对象确定不同的具体适用税率，如对娱乐业征收的营业税等。

比例税率易于理解，计算简便，税负公平，应用广泛，但纵向调节不力。

3. 累进税率

累进税率是对同一征税对象，按其数额的大小设置逐级递增的系列税率。采用这种税率须将计税依据划分为若干级距，并为每一级距分别规定一个比例税率。因此，累进税率能有效地调节税收负担的纵向公平，一般适用于对收益额的征税。累进税率按累进的依据不同，又可分为按额累进税率和按率累进税率两种。

(1) 按额累进税率。即指按征税对象的绝对数为累进依据确定的税率。它又分为全额累进税率和超额累进税率。

① 全额累进税率，是指将计税依据的全部数额都按照与之相适应的等级税率计征税款的累进税率。其优点是计算简便，但税负不甚合理。

② 超额累进税率，是指将计税依据的全部数额划分为若干不同等级，各等级按照与之相适应的税率计算税额的累进税率，如个人所得税等。其优点是税负合理，但计算复杂。在实际工作中，可用速算扣除数法解决。其计算公式为：

应纳税额 = 计税依据金额 × 该级税率 − 速算扣除数

(2) 按率累进税率。即指按征税对象的相对数为累进依据确定的税率。它又分为全率累进税率和超率累进税率。其原理、性质、计算方式与上述基本相同。例如，土地增值税就设计成四级超率累进税率。

4. 定额税率

定额税率是按征税对象的计量单位直接规定应纳税额的税率形式，一般适用于定量定额的税种，故又称固定税额。具体形式有：

(1) 地区差别定额税率，如耕地占用税。

(2) 分类分级定额税率，如车船税。

(3) 幅度定额税率，如城镇土地使用税。

定额税率的特点是计算简便，且不受物价变动的影响。

(四) 纳税环节

纳税环节是指税法规定的征税对象,在从生产到消费的流转过程中,应当交纳税款的环节。

根据纳税环节的多少,税收课征制度可分为:

1. 一次课征制

一次课征制,又叫单环节课征制,即同一税种在商品流转的全过程中只选择某一个环节征税,如消费税、资源税。

2. 多次课征制

多次课征制,又叫多环节课征制,即同一税种在商品流转的全过程中,选择两个或两个以上环节征税,如增值税。

(五) 纳税期限

纳税期限是税法规定纳税人交纳税款的时间限期。它是税收强制性和固定性特征在时间上的具体体现。纳税期限通常包括两层含义:

1. 纳税计算期

纳税计算期又叫纳税申报期,即指确定结算应纳税款的期限。它又可分为两种情况:

(1) 按期纳税,如按日纳税、按月纳税、按年纳税等形式。

(2) 按次纳税,如按期预交、年终结算清缴等形式。

2. 税款交库期

税款交库期,即指确定实际交纳税款的期限。在规定的纳税计算期满后,纳税人报交税款的时间限制也有规定。例如,我国现行《增值税暂行条例》第23条规定:"纳税人以1个月或者1季度为一期纳税的,自期满之日起15日内申报纳税;以1日、3日、5日、10日或15日为1期纳税的,自期满之日起5日内预交税款,于次月1日起15日内申报纳税并结清上月应纳税款。"

(六) 税收减免

税收减免是国家在一定时期内,基于对某些纳税人或课税对象的鼓励或照顾而采取的税收优惠措施。减税是减征部分应纳税款;免税是免征全部应纳税款。其作为税率的补充和延伸,用以解决按税制规定的税率征税时所不能解决的具体问题而采取的一种有效形式,是给予纳税人的一种税收优惠。同时,它也是税收的统一性和灵活性相结合的具体体现。

1. 税收减免的形式

(1) 税基式减免。即通过缩小计税依据方式来实现税收减免。具体应用形式有设起征点、免征额、项目扣除及跨期结转等。

(2) 税率式减免。即通过降低税率的方式来实现税收的减免。

(3) 税额式减免。即通过直接减免税收的方式来实现税收减免,具体包括全额免征、减半征收、核定减征率、核定减征额等。

2. 税收减免的种类

(1) 法定减免,是减免税的一种分类。凡是由各种税的基本法规定的减税、免税都称为法定减免。它体现了该种税减免的基本原则规定,具有长期的适用性。法定减免必须在基本法规中明确列举减免税项目、减免税的范围和时间。如我国现行《增值税暂行条例》明确规定,农业生产者销售的自产农业产品、避孕用品等免税。

(2) 临时减免,又称"困难减免",是指除法定减免和特定减免以外的其他临时性减税、免税,主要是为了照顾纳税人的某些特殊的暂时的困难,而临时批准的一些减税免税。它通常是定期的减免税或一次性的减免税。如纳税人遇有自然灾害或其他特殊原因致使纳税困难,经税务机关批准后可给予定期的或一次性的减税、免税照顾。

(3) 特定减免,是根据社会经济情况发展变化和发挥税收调节作用的需要,而规定的减税、免税。特定减免主要有两种情况:一是在税收基本法确定以后,随着国家政治经济情况的发展变化所作的新的减免税补充规定;二是在税收基本法不能或不宜一一列举,而采用补充规定的减免税形式。以上两种特定减免,通常是由国务院或财政部、国家税务总局、海关总署作出规定。特定减免可分为无限期的和有限期的两种。大多特定减免都是有限期的,减免税到了规定的期限,就应该按规定恢复征税。

(七) 违章处理

违章处理是对纳税人违反税收法规的行为所采取的处罚措施。它应包括两方面的含义:

1. 确定违章行为

确定违章行为,即确定某违法行为是违反税收制度法规方面的行为,或是违反税收征管法规方面的行为,或是拖欠税款、滞纳金和罚款,以及偷税、骗税、抗税等方面的行为。

2. 规定违章罚则

规定违章罚则,即规定采取税务处罚的方式和措施。基本上可分为:

(1) 行政处罚。例如,吊销税务登记证,收回税务机关发给的票证,提请工商行政管理部门吊销纳税人的营业执照,令其停止营业等。

(2) 经济处罚。例如罚款、加收滞纳金等。

(3) 刑事处罚。对纳税人严重触犯法律、构成犯罪的,需移送司法机关追究其刑事责任。

(4) 其他处罚。例如,税务机关采取税法赋予的税收保全措施和强制执行措施等。

第二节　纳税人的权利、义务和法律责任及纳税程序

一、纳税人、扣缴义务人的权利和义务

（一）纳税人、扣缴义务人的权利

（1）纳税人、扣缴义务人有权向税务机关了解国家税收法律、行政法规的规定以及与纳税程序有关的情况。

（2）纳税人、扣缴义务人有权要求税务机关为纳税人、扣缴义务人的情况保密。税务机关应当为纳税人、扣缴义务人的情况保密。

（3）纳税人依法享有申请减税、免税、退税的权利。

（4）纳税人、扣缴义务人对税务机关所作出的决定，享有陈述权、申辩权；依法享有申请行政复议、提起行政诉讼、请求国家赔偿等权利。

（5）纳税人、扣缴义务人有权控告和检举税务机关、税务人员的违法违纪行为。

（二）纳税人、扣缴义务人的义务

（1）纳税人、扣缴义务人必须依照法律、行政法规的规定缴纳税款、代扣代缴、代收代缴税款。

（2）纳税人、扣缴义务人应当按照国家有关规定如实向税务机关提供与纳税和代扣代缴、代收代缴税款有关的信息。

（3）纳税人、扣缴义务人和其他有关单位应当接受税务机关依法进行的税务检查。

二、纳税人、扣缴义务人的法律责任

法律责任是违法主体因其违法行为所应承担的法律后果。在税收法律关系中，违法主体所需承担的责任主要是行政责任和刑事责任。

（一）违反税务管理基本规定行为的处罚

（1）根据《征管法》第六十条和《细则》第九十条规定，纳税人有下列行为之一的，由税务机关责令限期改正，可以处2 000元以下的罚款；情节严重的，处2 000元以上1万元以下的罚款：

① 未按照规定的期限申报办理税务登记、变更或者注销登记的；

② 未按照规定设置、保管账簿或者保管记账凭证和有关资料的；

③ 未按照规定将财务、会计制度或者财务、会计处理办法和会计核算软件报送税务机关备查的；

④ 未按照规定将其全部银行账号向税务机关报告的；

⑤ 未按照规定安装、使用税控装置，或者损毁或擅自改动税控装置的；

⑥ 纳税人未按照规定办理税务登记证件验证或者换证手续的。

(2) 纳税人不办理税务登记的,由税务机关责令限期改正;逾期不改正的,由工商行政管理机关吊销其营业执照。

(3) 纳税人未按照规定使用税务登记证件,或者转借、涂改、损毁、买卖、伪造税务登记证件的,处2 000元以上1万元以下的罚款;情节严重的,处1万元以上5万元以下的罚款。

(二)扣缴义务人违反账簿、凭证管理的处罚

《征管法》第六十一条规定:"扣缴义务人未按照规定设置、保管代扣代缴、代收代缴税款账簿或者保管代扣代缴、代收代缴税款记账凭证及有关资料的,由税务机关责令限期改正,可以处2 000元以下的罚款;情节严重的,处2 000元以上5 000元以下的罚款。"

(三)纳税人、扣缴义务人未按规定进行纳税申报的法律责任

《征管法》第六十二条规定:"纳税人未按照规定的期限办理纳税申报和报送纳税资料的,或者扣缴义务人未按规定的期限向税务机关报送代扣代缴、代收代缴税款报告表和有关资料的,由税务机关责令限期改正,可以处2 000元以下的罚款;情节严重的,可以处2 000元以上1万元以下的罚款。"

(四)对偷税的认定及其法律责任

(1)《征管法》第六十三条规定:"纳税人伪造、变造、隐匿、擅自销毁账簿、记账凭证,或者在账簿上多列支出或者不列、少列收入,或者经税务机关通知申报而拒不申报或者进行虚假的纳税申报,不缴或者少缴应纳税款的,是偷税。对纳税人偷税的,由税务机关追缴其不缴或者少缴的税款、滞纳金,并处不缴或者少缴的税款50%以上5倍以下的罚款;构成犯罪的,依法追究刑事责任。

扣缴义务人采取前款所列手段,不缴或者少缴已扣、已收税款,由税务机关追缴其不缴或者少缴的税款、滞纳金,并处不缴或者少缴的税款50%以上5倍以下的罚款;构成犯罪的,依法追究刑事责任。"

(2)《中华人民共和国刑法》第二百零一条规定:"纳税人采取伪造、变造、隐匿、擅自销毁账簿、记账凭证,在账簿上多列支出或者不列、少列收入,经税务机关通知申报而拒不申报或者进行虚假的纳税申报的手段,不缴或者少缴应纳税款,偷税数额占应纳税额的10%以上不满30%并且偷税数额在1万元以上不满10万元的,或者因偷税被税务机关给予二次行政处罚又偷税的,处3年以下有期徒刑或者拘役,并处偷税数额1倍以上5倍以下罚金;偷税数额占应纳税额的30%以上并且偷税数额在10万元以上的,处3年以上7年以下有期徒刑,并处偷税数额1倍以上5倍以下罚金。

扣缴义务人采取前款所列手段,不缴或者少缴已扣、已收税款,数额占应缴税额的10%以上并且数额在1万元以上的,依照前款的规定处罚。

对多次犯有前两款行为,未经处理的,按照累计数额计算。"

第二章 税务会计基础

（五）进行虚假申报或不进行申报行为的法律责任

《征管法》第六十四条规定："纳税人、扣缴义务人编造虚假计税依据的，由税务机关责令限期改正，并处5万元以下的罚款。"

纳税人不进行纳税申报，不缴或者少缴应纳税款的，由税务机关追缴其不缴或者少缴的税款、滞纳金，并处不缴或者少缴税款50%以上5倍以下的罚款。"

（六）逃避追缴欠税的法律责任

《征管法》第六十五条规定："纳税人欠缴应纳税款，采取转移或者隐匿财产的手段，妨碍税务机关追缴欠缴的税款的，由税务机关追缴欠缴的税款、滞纳金，并处欠缴税款50%以上5倍以下的罚款；构成犯罪的，依法追究刑事责任。"

《刑法》第二百零三条规定："纳税人欠缴应纳税款，采取转移或者隐匿财产的手段，致使税务机关无法追缴欠缴的税款，数额在1万元以上不满10万元的，处3年以下有期徒刑或者拘役，并处或者单处欠缴税款1倍以上5倍以下罚金；数额在10万元以上的，处3年以上7年以下有期徒刑，并处欠缴税款1倍以上5倍以下罚金。"

（七）骗取出口退税的法律责任

《征管法》第六十六条规定："以假报出口或者其他欺骗手段，骗取国家出口退税款的，由税务机关追缴其骗取的退税款，并处骗取税款1倍以上5倍以下的罚款；构成犯罪的，依法追究刑事责任。"

对骗取国家出口退税款的，税务机关可以在规定期间内停止为其办理出口退税。

《刑法》第二百零四条规定："以假报出口或者其他欺骗手段，骗取国家出口退税款，数额较大的，处5年以下有期徒刑或者拘役，并处骗取税款1倍以上5倍以下罚金；数额巨大或者有其他严重情节的，处5年以上10年以下有期徒刑，并处骗取税款1倍以上5倍以下罚金；数额特别巨大或者有其他特别严重情节的，处10年以上有期徒刑或者无期徒刑，并处骗取税款1倍以上5倍以下罚金或者没收财产。"

（八）抗税的法律责任

《征管法》第六十七条规定："以暴力、威胁方法拒不缴纳税款的，是抗税，除由税务机关追缴其拒缴的税款、滞纳金外，依法追究刑事责任。情节轻微，未构成犯罪的，由税务机关追缴其拒缴的税款、滞纳金，并处拒缴税款1倍以上5倍以下的罚款。"

《刑法》第二百零二条规定："以暴力、威胁方法拒不缴纳税款的，处3年以下有期徒刑或者拘役，并处拒缴税款1倍以上5倍以下罚金；情节严重的，处3年以上7年以下有期徒刑，并处拒缴税款1倍以上5倍以下罚金。"

（九）在规定期限内不缴或者少缴税款的法律责任

《征管法》第六十八条规定："纳税人、扣缴义务人在规定期限内不缴或者少缴应纳或者应解缴的税款，经税务机关责令限期缴纳，逾期仍未缴纳的，税务机关除依照本法第四十条规定采取强制执行措施追缴其不缴或者少缴的税款外，可以处不缴或者少缴税款50%以上5倍以下的罚款。"

（十）扣缴义务人不履行扣缴义务的法律责任

《征管法》第六十九条规定："扣缴义务人应扣未扣、应收而不收税款的,由税务机关向纳税人追缴税款,对扣缴义务人处应扣未扣、应收未收税款50%以上3倍以下的罚款。"

（十一）不配合税务机关依法检查的法律责任

（1）《征管法》第七十条规定："纳税人、扣缴义务人逃避、拒绝或者以其他方式阻挠税务机关检查的,由税务机关责令改正,可以处1万元以下的罚款;情节严重的,处1万元以上5万元以下的罚款。"

（2）税务机关依照《征管法》第五十四条第（五）项的规定,到车站、码头、机场、邮政企业及其分支机构检查纳税人有关情况时,有关单位拒绝的,由税务机关责令改正,可以处1万元以下的罚款;情节严重的,处1万元以上5万元以下的罚款。

（十二）有税收违法行为而拒不接受税务机关处理的法律责任

《征管法》第七十二条规定："从事生产、经营的纳税人、扣缴义务人有本法规定的税收违法行为,拒不接受税务机关处理的,税务机关可以收缴其发票或者停止向其发售发票。"

三、纳税程序

纳税程序是指纳税人履行纳税义务时所通过的环节。一般纳税程序是:纳税人开业前到税务机关办理设立税务登记手续;纳税人按规定设置账簿;纳税人至税务机关办理相关的资格认定和税种认定等手续、确定所得税的征收方式、核定购领发票的种类和数量;纳税人按期如实向税务机关进行纳税申报,并按规定报送有关的报表和资料;纳税人按照纳税期限缴纳税款;纳税人按照税务机关的要求进行纳税自查,并有义务接受税务机关定期或不定期的检查。

（一）税务登记

税务登记是整个税收征收管理的首要环节,是税务机关对纳税人的基本情况及生产经营项目进行登记管理的一项基本制度,是纳税人已经纳入税务机关监督管理的一项证明,也是纳税人必须依法履行的义务。根据法律、法规规定具有应税收入、应税财产或应税行为的各类纳税人,都应依照有关规定办理税务登记。企业,企业在外地设立的分支机构和从事生产、经营的场所,个体工商户和从事生产、经营的事业单位以及其他纳税人(除国家机关、个人和无固定生产、经营场所的流动性农村小商贩外),均应当向税务机关申报办理税务登记,取得税务登记证件。

1. 按办理登记的部门划分

（1）税务登记按照国务院规定的国、地税税收征收管理范围,实施属地管理。方式采取联合登记或分别登记的方式。国、地税具体分工如下:

① 纳税人从事生产、经营活动,依法需缴纳增值税、消费税的,应当向国家税务机

关申报办理税务登记。

② 纳税人从事应税劳务、转让无形资产或销售不动产,依法需缴纳营业税的,或者依法需缴纳个人所得税的企业及个体工商户,应当向地方税务机关申报办理税务登记。

③ 纳税人在生产经营活动过程中,既涉及增值税、消费税业务,同时又涉及营业税业务时,应当向国家税务机关、地方税务机关分别申报办理税务登记。

④ 企业所得税征管范围的相关规定。国税发[2008]120号文规定:以2008年为基年,2008年年底之前国家税务局、地方税务局各自管理的企业所得税纳税人不作调整。2009年起新增企业所得税纳税人中,应缴纳增值税的企业,其企业所得税由国家税务局管理;应缴纳营业税的企业,其企业所得税由地方税务局管理,既缴纳增值税又缴纳营业税的企业,原则上按照其税务登记时自行申报的主营业务应缴纳的流转税税种确定征管归属。同时,2009年起下列新增企业的所得税征管范围实行以下规定:企业所得税全额为中央收入的企业和在国家税务局缴纳营业税的企业,其企业所得税由国家税务局管理;银行(信用社)、保险公司的企业所得税由国家税务局管理,除上述规定外的其他各类金融企业的企业所得税由地方税务局管理;外商投资企业和外国企业常驻代表机构的企业所得税仍由国家税务局管理。

2. 按登记的内容划分

税务登记可分为设立税务登记、变更税务登记、注销税务登记、个体工商户停业、复业登记、外出经营报验登记、重新税务登记和扣缴义务人登记。其中,设立税务登记按纳税人的性质又可分为单位纳税人登记、个体经营登记和临时税务登记三种形式。

(二) 账簿、凭证管理

账簿是纳税人、扣缴义务人连续地记录各种经济业务的账册或簿籍。凭证是纳税人、扣缴义务人用来记录经济业务,明确经济责任,并据以登记账簿的书面证明。账簿、凭证管理是继税务登记之后税收征管的又一重要环节。

1. 账证管理

所有的纳税人和扣缴义务人都必须按照规定设置账簿。对生产规模小又确无建账能力的纳税人,可以通过中介机构代为建账、建立收支凭证粘贴簿和进货销货登记簿或者使用税控装置等。

从事生产、经营的纳税人应当自领取营业执照或者发生纳税义务之日起15日内设置账簿。

扣缴义务人应当自税收法律、行政法规规定的扣缴义务发生之日起10日内,按照所代扣、代收的税种,分别设置代扣代缴、代收代缴税款账簿。

从事生产经营的纳税人、扣缴义务人必须按照国务院财政、税务主管部门规定的保管期限保管账簿、记账凭证、完税凭证及其他有关资料。账簿、记账凭证、报表、完税凭证、发票、出口凭证以及其他涉税资料不得伪造、变造或者擅自销毁。

账簿、记账凭证、报表、完税凭证、发票、出口凭证以及其他涉税资料的保管期限,除另有规定者外,应当保存10年。

2. 发票管理

税务机关是发票的主管机关,负责发票的印制、领购、开具、取得、保管、缴销的管理和监督。

增值税专用发票由国务院税务主管部门指定的企业印制;其他发票,按照国务院税务主管部门的规定,分别由省、自治区、直辖市国家税务局、地方税务局指定的企业印制。

单位、个人在购销商品、提供或者接受经营服务以及从事其他经营活动中,应当按照规定开具、使用、取得发票。

3. 税控管理

税控管理是税收征收管理的重要组成部分,是税务机关利用税控装置对纳税人的生产、经营情况进行监督和管理,并据以确定计税依据和应纳税额,进行税收管理的各项活动的总称。

《税收征管法》第二十三条规定:"国家根据税收征收管理的需要,积极推广使用税控装置。纳税人应当按照规定安装、使用税控装置,不得损毁或者擅自改动税控装置。"

(三) 纳税申报

纳税申报是指纳税人按照税法规定的期限和内容,向税务机关提交有关纳税事项书面报告的法律行为,是纳税人履行纳税义务、界定纳税人法律责任的主要依据,是税务机关税收管理信息的主要来源和税务管理的重要制度。

1. 纳税申报的对象

纳税申报的对象为纳税人和扣缴义务人。纳税人在纳税期内没有应纳税款的,也应当按照规定办理纳税申报。纳税人享受减税、免税待遇的,在减、免税期间应当按照规定办理纳税申报。

2. 纳税申报的内容

纳税申报的内容,主要体现在各税种的纳税申报表或代扣代缴、代收代缴税款报告表内,还有的部分体现在随纳税申报表附报的财务报表或者其他有关资料内。纳税申报表或者代扣代缴、代收代缴税款报告表的内容主要包括:税种、税目、应纳税项目或者应代扣代收税款项目、适用税率或者单位税额、计税依据、抵扣项目、扣除项目及标准、应纳税额或者应代扣代收税额、税款所属期等。

3. 纳税申报方式

纳税人、扣缴义务人可以直接到税务机关办理纳税申报或者报送代扣代缴、代收代缴税款报告表,也可以按照规定采取邮寄、数据电文或者其他方式办理上述申报、报送事项。除上述方式外,实行定期定额缴纳税款的纳税人,可以实行简易申报、简并征期等申报纳税方式。

4. 延期申报管理

纳税人因有特殊情况,不能按期进行纳税申报的,经县以上税务机关核准,可以延期申报,但应当在规定的期限内向税务机关提出书面延期申请,经税务机关核准,在核准的期限内办理。如纳税人、扣缴义务人因不可抗力,不能按期办理纳税申报或者报送代扣代缴、代收代缴税款报告表的,可以延期办理,但应当在不可抗力情形消除后立即向税务机关报告。

(四) 税款缴纳

税款缴纳是纳税程序的关键环节。纳税人只有将税款缴入国库,才得以履行纳税义务。

1. 税款缴纳方式

纳税人由于生产经营特点不同,核算水平不同,取得收入的方式不同,因而缴纳税款的方式也不同。目前,我国税款缴纳的方式主要有:

(1) 按自核自缴方式缴纳税款。即由纳税人自行根据当期实现的营业额或所得额,按照规定税率计算应纳税额,自行填写缴款书,自行向当地代理金库的银行缴纳税款,税务机关进行定期或不定期检查的一种纳税方式。

(2) 按查账征收方式缴纳税款。即由纳税人按照账簿记载和自行计算结果,按期向税务机关申报营业额和所得额,经税务机关审核后,先开交款书,由纳税人限期向当地代理金库的银行交纳税款,待税务机关派员查账后,再根据检查结果多退少补的一种纳税方式。

(3) 按查定征收方式缴纳税款。即由税务机关根据纳税人的生产设备等在正常条件下的生产销售情况,对其生产的应税产品查定产量和销售额,然后依率征收的一种纳税方式。

(4) 按查验征收方式缴纳税款。即由税务机关派员对纳税申报人的应税产品进行查验,并贴上完税证、查验证或盖查验戳,凭证运销的一种纳税方式。

(5) 按定期定额征收方式缴纳税款。即先由纳税人自报生产经营情况和应纳税款,然后由同行业或有关经济组织民主评议,再由税务机关对纳税人核定一定时期的税款征收率或征收额,实行增值税或营业税和所得税一并征收的一种纳税方式。

此外,还有代收代缴、自行贴花等辅助方式。选择何种方式缴纳税款,应根据纳税人税款形成的特点和会计账册的健全程度来决定。

2. 延期纳税

纳税人和扣缴义务人必须在税法规定的期限内缴纳、解缴税款。纳税人因有特殊困难,不能按期缴纳税款的,经省、自治区、直辖市国家税务局、地方税务局批准,可以延期缴纳税款,但最长不得超过3个月。批准延期内免予加收滞纳金。

3. 滞纳金

纳税人未按照规定期限缴纳税款,扣缴义务人未按照规定期限解缴税款的,税务机关除责令限期缴纳外,从滞纳税款之日起,按日加收滞纳税款万分之五的滞纳金。

4. 减免税管理

纳税人申请减免税,应向主管税务机关提出书面申请,并按规定附送有关资料。减免税的申请须经法律、行政法规规定的减税、免税审查批准机关审批。减税、免税期满,纳税人应当自期满次日起恢复纳税。

5. 核定应纳税额

纳税人有下列情形之一的,税务机关有权核定其应纳税额:

(1) 依照法律、行政法规的规定可以不设置账簿的;

(2) 依照法律、行政法规的规定应该设置但未设置账簿的;

(3) 擅自销毁账簿或者拒不提供纳税资料的;

(4) 虽设置账簿,但账目混乱或者成本资料、收入凭证、费用凭证残缺不全,难以查账的;

(5) 发生纳税义务,未按照规定的期限办理纳税申报,经税务机关责令限期申报,逾期仍未申报的;

(6) 纳税人申报的计税依据明显偏低,又无正当理由的。

6. 关联企业的税收调整制度

企业或者外国企业在中国境内设立的从事生产、经营的机构、场所与其关联企业之间的业务往来,应当按照独立企业之间的业务往来收取或者支付价款、费用;不按照独立企业之间的业务往来收取或者支付价款、费用而减少其应纳税的收入或者所得额的,税务机关有权进行合理调整。

7. 责令缴纳

对未按照规定办理税务登记的从事生产、经营的纳税人以及临时从事生产、经营的纳税人,由税务机关核定其应纳税额,责令缴纳;不缴纳的,税务机关可以扣押其价值相当于应纳税款的商品、货物。扣押后缴纳应纳税款的,税务机关必须立即解除扣押,并归还所扣押的商品、货物;扣押后仍不缴纳应纳税款的,经县以上税务局(分局)局长批准,依法拍卖或者变卖所扣押的商品、货物,以拍卖或者变卖所得抵缴税款。

8. 税收保全措施

税务机关有根据认为从事生产、经营的纳税人有逃避纳税义务行为的,可以在规定的纳税期之前,责令限期缴纳税款;在限期内发现纳税人有明显的转移、隐匿其应纳税的商品、货物以及其他财产迹象的,税务机关应责令其提供纳税担保。如果纳税人不能提供纳税担保,经县以上税务局(分局)局长批准,税务机关可以采取下列税收保全措施:

(1) 书面通知纳税人的开户银行或者其他金融机构冻结纳税人的金额相当于应纳税款的存款;

(2) 扣押、查封纳税人的价值相当于应纳税款的商品、货物或者其他财产。

9. 税收强制执行措施

从事生产、经营的纳税人、扣缴义务人未按照规定的期限缴纳或者解缴税款,纳税担保人未按照规定的期限缴纳所担保的税款,由税务机关责令限期缴纳,逾期仍未缴纳的,经县以上税务局(局长)批准,税务机关可以采取下列强制执行措施:

(1) 书面通知其开户银行或者其他金融机构从其存款中扣缴税款;

(2) 扣押、查封、依法拍卖或者变卖其相当于应纳税款的商品、货物或者其他财产,以拍卖或者变卖所得抵缴税款。

10. 欠税清缴制度

从事生产、经营的纳税人、扣缴义务人未按照规定的期限缴纳或者解缴税款,纳税担保人未按照规定的期限缴纳所担保的税款的,由税务机关发出限期缴纳税款通知书,责令缴纳或者解缴税款的最长期限不得超过15日。

欠缴税款的纳税人及其法定代表需要出境的,应当在出境前向税务机关结清应纳税款或者提供担保。未结清税款,又不提供担保的,税务机关可以通知出境管理机关阻止其出境。

11. 税款的退还和追征

(1) 税款的退还。纳税人超过应纳税额缴纳的税款,税务机关发现后应当立即退还;纳税人自结算缴纳税款之日起3年内发现的,可以向税务机关要求退还多缴的税款并加算银行同期存款利息,税务机关及时查实后应当立即退还;涉及从国库退库的,依照法律、行政法规有关国库管理的规定退还。

(2) 税款的追征。因税务机关责任,致使纳税人、扣缴义务人未缴或者少缴税款的,税务机关在3年内可要求纳税人、扣缴义务人补缴税款,但是不得加收滞纳金。

因纳税人、扣缴义务人计算等失误,未缴或者少缴税款的,税务机关在3年内可以追征税款、滞纳金;有特殊情况的追征期可以延长到5年。

对偷税、抗税、骗税的,税务机关追征其未缴或者少缴的税款、滞纳金或者所骗取的税款,不受上述规定期限的限制。

(五) 税务检查

税务检查是税务机关依照税收法律、法规和财务会计制度的规定,对纳税人、扣缴义务人是否履行纳税义务、扣缴义务及其他有关纳税事项进行审查、核实、监督活动的总称。

(1) 税务机关有权进行下列税务检查:

① 检查纳税人的账簿、记账凭证、报表和有关资料,检查扣缴义务人代扣代缴、代

收代缴税款账簿、记账凭证和有关资料。

②到纳税人的生产、经营场所和货物存放地检查纳税人应纳税的商品、货物或者其他财产,检查扣缴义务人与代扣代缴、代收代缴税款有关的经营情况。

③责成纳税人、扣缴义务人提供与纳税或者代扣代缴、代收代缴税款有关的文件、证明材料和有关资料。

④询问纳税人、扣缴义务人与纳税或者代扣代缴、代收代缴税款有关的问题和情况。

⑤到车站、码头、机场、邮政企业及其分支机构检查纳税人托运、邮寄应税商品、货物或者其他财产的有关单据凭证和资料。

⑥经县以上税务局(分局)局长批准,凭全国统一格式的检查存款账户许可证明,查询从事生产、经营的纳税人、扣缴义务人在银行或者其他金融机构的存款账户。

(2)纳税人、扣缴义务人必需接受税务机关依法进行的税务检查,如实反映情况,提供有关资料,不得拒绝、隐瞒。

(3)税务机关依法进行税务检查时,有权向有关单位和个人调查纳税人、扣缴义务人和其他当事人与纳税或者代扣代缴、代收代缴税款有关的情况,有关单位和个人有义务向税务机关如实提供有关资料及证明材料。

(4)税务机关调查税务违法案件时,对与案件有关的情况和资料,可以记录、录音、录像、照相和复制。

(5)税务人员进行税务检查时,应当出示税务检查证和税务检查通知书;无税务检查证和税务检查通知书的,纳税人、扣缴义务人及其他当事人有权拒绝检查。

第三节 税务登记的办理

一、设立税务登记

企业,企业在外地设立的分支机构和从事生产、经营的场所,个体工商户和从事生产、经营的事业单位(以下统称从事生产、经营的纳税人),向生产、经营所在地税务机关申报办理税务登记。

(一)纳税人办理业务的时限要求

(1)从事生产、经营的纳税人领取工商营业执照(含临时工商营业执照)的,应当自领取工商营业执照之日起30日内申报办理税务登记,税务机关核发税务登记证及副本(纳税人领取临时工商营业执照的,税务机关核发临时税务登记证及副本)。

(2)从事生产、经营的纳税人未办理工商营业执照但经有关部门批准设立的,应当自有关部门批准设立之日起30日内申报办理税务登记,税务机关核发税务登记证及副本。

（3）从事生产、经营的纳税人未办理工商营业执照也未经有关部门批准设立的,应当自纳税义务发生之日起 30 日内申报办理税务登记,税务机关核发临时税务登记证及副本。

（4）有独立的生产经营权、在财务上独立核算并定期向发包人或者出租人上交承包费或租金的承包承租人,应当自承包承租合同签订之日起 30 日内,向其承包承租业务发生地税务机关申报办理税务登记,税务机关核发临时税务登记证及副本。

（5）从事生产、经营的纳税人外出经营,自其在同一县（市）实际经营或提供劳务之日起,在连续的 12 个月内累计超过 180 天的,应当自期满之日起 30 日内,向生产、经营所在地税务机关申报办理税务登记,税务机关核发临时税务登记证及副本。

（6）境外企业在中国境内承包建筑、安装、装配、勘探工程和提供劳务的,应当自项目合同或协议签订之日起 30 日内,向项目所在地税务机关申报办理税务登记,税务机关核发临时税务登记证及副本。

（二）需要提供的资料

纳税人在申报办理税务登记时,应当根据不同情况向税务机关如实提供以下证件和资料:

1. 单位纳税人登记

适用于单位纳税人、个人独资企业、合伙企业、一人有限公司办理税务登记。

（1）《税务登记表（适用单位纳税人）》（附件一）。

（2）《房屋、土地、车船情况登记表》（附件二）。

（3）工商营业执照或其他核准执业证件原件及复印件。

（4）生产、经营地址证明（产权证、租赁协议）原件及其复印件。如为自有房产,请提供产权证或买卖契约等合法的产权证明原件及其复印件；如为租赁的场所,请提供租赁协议原件及其复印件,出租人为自然人的还须提供产权证明的复印件。

（5）注册地址原件及其复印件。如生产、经营地址与注册地址不一致,分别提供相应证明。

（6）验资报告或评估报告原件及其复印件。

（7）组织机构统一代码证书副本原件及复印件。

（8）有关合同、章程、协议书复印件。

（9）法定代表人（负责人）居民身份证、护照或其他证明身份的合法证件原件及其复印件。

（10）纳税人跨县（市）设立的分支机构办理税务登记时,还须提供总机构的税务登记证（国、地税）副本复印件。

（11）改组改制企业还须提供有关改组改制的批文原件及其复印件。

(12) 房屋产权证、土地使用证、机动车行驶证等证件的复印件。
(13) 汽油、柴油消费税纳税人还须提供：
① 企业基本情况表；② 生产装置及工艺路线的简要说明；③ 企业生产的所有油品名称、产品标准及用途。
(14) 外商投资企业还须提供商务部门批复设立证书原件及复印件。

2. 个体经营登记

适用于个体工商户办理税务登记。
(1)《税务登记表（适用个体经营）》（附件三）。
(2)《房屋、土地、车船情况登记表》。
(3) 工商营业执照或其他核准执业证件原件及复印件。
(4) 业主身份证原件及其复印件。
(5) 负责人居民身份证、护照或其他证明身份的合法证件原件及其复印件（个人合伙企业）。
(6) 房产证明（产权证、租赁协议）原件及其复印件。如为自有房产，请提供产权证或买卖契约等合法的产权证明原件及其复印件；如为租赁的场所，请提供租赁协议原件及其复印件，出租人为自然人的还须提供产权证明的复印件。
(7) 组织机构代码证书副本原件及复印件（个体加油站、个人合伙企业及已办理组织机构代码证的个体工商户）。

3. 临时税务登记

本涉税事项适用于以下类型企业办理税务登记：
(1) 从事生产、经营的纳税人领取临时工商营业执照的。
(2) 从事生产、经营的纳税人未办理工商营业执照也未经有关部门批准设立的。
(3) 有独立生产经营权、在财务上独立核算并定期向发包人或者出租人上交承包费或租金的承包承租人。
(4) 从事生产、经营的纳税人外出经营，自其在同一县（市）实际经营或提供劳务之日起，在连续的 12 个月内累计超过 180 天的；国税发[2006]第 104 号规定，对外来经营的纳税人（包括超过 180 天的），只办理报验登记，不再办理临时税务登记。
(5) 境外企业在中国境内承包建筑、安装、装配、勘探工程和提供劳务的。
需要提供的资料：
(1)《税务登记表（适用临时税务登记纳税人）》（附件四）。
(2) 法定代表人（负责人）居民身份证、护照或其他证明身份的合法证件原件及其复印件。
(3) 项目合同或协议及其复印件。
(4) 工商营业执照或其他核准执业证件的复印件。

（三）办理程序

1. 申请

企业，企业在外地设立的分支机构和从事生产、经营的场所和从事生产、经营的事业单位，应在规定时间内向经营地税务机关，其他纳税人（除国家机关、个人和无固定生产、经营场所的流动性农村小商贩外）向纳税义务发生地税务机关申报办理税务登记。纳税人至税务机关办税服务厅登记窗口或当地行政服务中心税务登记窗口领取税务登记相关表格，按要求如实填写后连同相关资料一并递交登记窗口办理税务登记。

2. 受理审核

税务机关工作人员对纳税人报送的资料进行审核：

（1）审核纳税人是否属于本辖区管理，对于不属于本辖区管理的不予受理，并告知纳税人到管辖地税务机关办理登记；

（2）审核纳税人附报资料是否齐全，《税务登记表》填写是否完整准确，印章是否齐全；

（3）审核纳税人《税务登记表》填写内容与附报资料是否一致，原件与复印件是否相符，复印件是否注明"与原件相符"字样并由纳税人签章，核对后原件返还纳税人；

（4）纸质资料不全或者填写内容不符合规定的，应当场一次性告知纳税人补正或重新填报。

3. 核准

提供资料完整、填写内容准确、各项手续齐全、无违章问题、符合条件的当场办结，并核发税务登记证件。如纳税人提交的证件和资料明显有疑点的，在2个工作日内转下一环节，经核实符合规定的，自受理之日起20个工作日内发放税务登记证件。

二、变更税务登记

纳税人税务登记内容发生变化，应当向原税务登记机关申请办理变更税务登记。

（一）纳税人办理业务的时限要求

（1）纳税人已在工商行政管理机关办理变更登记的，应当自工商行政管理机关变更登记之日起30日内，向原税务登记机关申报办理变更税务登记。

（2）纳税人按照规定不需要在工商行政管理机关办理变更登记，或者其变更登记的内容与工商登记内容无关的，应当自税务登记内容实际发生变化之日起30日内，或者自有关机关批准或者宣布变更之日起30日内到原税务登记机关申报办理变更税务登记。

（二）需要提供的资料

1. 涉及税务登记证件内容变更需提供的资料

（1）《变更税务登记表》（附件五）。

（2）工商营业执照及工商变更登记表复印件。

（3）组织机构统一代码证书（副本）原件（涉及变动的提供）。

(4) 业主或法定代表人身份证件的原件及复印件(涉及变动的提供)。

(5) 场地使用证明：自有房屋的提供房屋产权证；租赁房屋的提供租房协议和出租方的房屋产权证复印件；无房屋产权证的提供情况说明；无偿使用的提供无偿使用证明(地址)(涉及变动的提供)。

(6)《税务登记证》正、副本原件。

2. 其他内容变更需提供的资料

(1)《变更税务登记表》(附件五)。

(2) 纳税人变更登记内容的决议及有关证明文件。

(三) 办理程序

1. 申请

纳税人税务登记内容发生变化应在规定的时限内，到原税务登记机关领取《变更税务登记表》并按要求如实填写后连同相关资料一并报送登记窗口申报办理变更手续。

2. 受理审核

(1) 证件资料是否齐全、合法、有效，《变更税务登记表》填写是否完整准确，印章是否齐全。

(2) 审核纳税人《变更税务登记表》填写内容与附报资料是否一致，原件与复印件是否相符，复印件是否注明"与原件相符"字样并由纳税人签章，核对后原件返还纳税人。

(3) 纸质资料不全或者填写内容不符合规定的，应当场一次性告知纳税人补正或重新填报。

(4) 根据营业执照变更日期审核纳税人是否逾期办理变更税务登记，如纳税人逾期申请办理变更税务登记，进行违法违章处理。

3. 核准

纳税人提供资料完整、填写内容准确、各项手续齐全、无违章问题、符合条件的当场办结。涉及税务登记证件内容变更的，换发新的《税务登记证》正、副本。

三、注销税务登记

(一) 纳税人办理业务的时限要求

纳税人发生解散、破产、撤销以及其他情形，依法终止纳税义务的，应当在向工商行政管理机关或者其他机关办理注销登记前，持有关证件和资料向原主管税务机关申报办理注销税务登记；按规定不需要在工商行政管理机关或者其他机关办理注册登记的，应当自有关机关批准或者宣告终止之日起15日内持有关证件和资料向原主管税务机关申报办理注销税务登记；纳税人被工商行政管理机关吊销营业执照或者被其他机关予以撤销登记的，应当自营业执照被吊销或者被撤销登记之日起15日内，持有关证件和资料向原主管税务机关申报办理注销税务登记。

纳税人因住所、经营地点变动,涉及改变税务登记机关的,应当在向工商行政管理机关或者其他机关申请办理变更、注销登记前,或者住所、经营地点变动前,持有关证件和资料,向原税务登记机关申报办理注销税务登记。

境外企业在中国境内承包建筑、安装、装配、勘探工程和提供劳务的,应当在项目完工、离开中国前 15 日内,持有关证件和资料,向原主管税务机关申报办理注销税务登记。

(二) 需要提供的资料

1. 企业纳税人

(1)《注销税务登记申请审批表》(附件六)。

(2)《税务登记证》正、副本原件。

(3) 上级主管部门批复文件或董事会决议及复印件。

(4) 营业执照被吊销的应提交工商行政管理部门发出的吊销决定复印件。

(5)《防伪税控企业金税卡、IC 卡缴销表》。

(6) 发票领购簿、未使用完的发票。

(7) 出口企业应按规定向主管税务机关提供退税部门签章的《注销出口企业退(免)税认定申请表》。

2. 个体工商户

(1)《注销税务登记申请审批表》(附件六)。

(2)《税务登记证》正、副本。

(3)《发票购领簿》及空白发票。

(4) 发票专用章。

(5) 使用税控收款机的 IC 卡。

(三) 办理程序

1. 企业纳税人

(1) 清理。

① 完成当月的纳税申报,结清应纳税款、多退(免)税款、滞纳金和罚款。

② 已办理出口货物退(免)税税务认定的出口企业,须结清其出口货物的退(免)税款,并注销其退(免)税认定。

③ 增值税纳税人按规定对其存货进行清理。

④ 所得税纳税人按规定进行所得税汇算清缴。需进行清算的纳税人,在办理当期所得税汇算清缴后,应对其清算所得进行所得税申报。

⑤ 办结稽查、纳税评估、违法违章未结事宜,并结清应缴未缴的纳税款、滞纳金和罚款,退清多缴税款。

⑥ 缴销未使用的空白发票、未验旧发票存根联。

⑦ 防伪税控企业（含一机多卡用户）需完成当月的报税，填写"二卡"收缴表，并上缴防伪税控 IC 卡、金税卡。使用税控收款机企业需交还税控 IC 卡。

（2）申请。纳税人办结相关涉税事宜后，填写《注销税务登记申请审批表》，填表时需用钢笔根据填表说明逐项如实填写，表格填写完毕后由法人代表或业主签字并加盖单位印章后连同附报资料一并报送主管税务机关审批。

（3）受理清算。综合服务窗口人员受理注销税务登记申请后，转相关部门进行税务清算，由清算人员出具清算报告。

（4）核准。税务清算及审批程序结束后，到受理注销的综合服务窗口领取同意注销的《注销税务登记申请审批表》和《税务事项通知书》。

2. 个体工商户

（1）申请。在主管税务机关综合服务窗口领取《注销税务登记申请审批表》，如实填写后连同附报资料一并报送窗口办理注销税务登记手续。

（2）受理清算。综合服务窗口人员受理注销税务登记申请后，传递给税收管理员，由税收管理员进行注销税款清算，出具清算报告。

（3）核准。综合服务窗口人员根据税收管理员出具的注销税款清算报告，受理申报，征收税款，对符合注销条件的，办理收缴相关证件和注销审批手续，同时制作《税务事项通知书》。

四、个体工商户停业、复业登记

（一）停业登记

实行定期定额征收方式的个体工商户因特殊情况需要停止生产经营活动的，应当在停业前向主管国税机关综合服务窗口申请办理停业登记，纳税人的停业期限不得超过一年。

1. 纳税人办理业务的时限要求

个体工商户应当在发生停业的上月向税务机关申请办理停业登记；已办理停业登记的纳税人停业期满不能及时恢复生产经营的，应当在停业期满前向税务机关提出延长停业登记申请。

2. 纳税人应提供资料

（1）《停业复业（提前复业）报告书》（附件七）。

（2）《税务登记证》正、副本。

（3）《发票购领簿》及空白发票。

（4）其他有关证明、资料。

3. 办理程序

（1）在综合服务窗口领取《停业复业（提前复业）报告书》，并如实填写，说明停业理由、停业期限、停业前的纳税情况和发票的领、用、存情况，填写后连同资料一起报送窗

第二章 税务会计基础

口办理停业手续,同时,结清应纳税款、滞纳金、罚款。

(2)综合服务窗口在接到停业申请后,在审核纳税人报送的停业申请资料的同时,收存其税务登记证正本及副本、发票领购卡、未使用完的发票和其他税务证件(对申请停业期在一个月的临时停业户可不收缴税务票证),核发《税务事项通知书》。

(3)纳税人停业超过一年或停业期满后不能恢复生产经营的,必须向主管国税机关重新申请办理停业申请或办理注销手续。

(二)复业登记

纳税人应当于恢复生产经营之前,向税务机关申报办理复业登记,如实填写《停、复业报告书》,领回并启用税务登记证件、发票领购簿及其停业前领购的发票。

1. 纳税人办理业务的时限要求

个体工商户应当于恢复生产经营之前,向税务机关申报办理复业登记。

2. 纳税人应提供资料

《停业复业(提前复业)报告书》(附件七)。

3. 办理程序

(1)停业户应在停业期满前10日内向主管国税机关综合服务窗口提出复业申请,并填报《停业复业(提前复业)报告书》;停业户需提前复业的,应在恢复正常生产经营前10日内提出复业申请。

(2)综合服务窗口对停业户提出复业申请符合规定的,当场予以核准,同时返还原收缴的各种税务登记证件及其他有关资料。收件人在《停业复业(提前复业)报告书》上签收。

(3)停业户复业时,原税务登记内容发生变化的,应在办理复业申请的同时办理变更税务登记。

五、外出经营税收管理

纳税人外出经营税收管理包括纳税人外出经营活动税收的管理和外埠纳税人经营活动的税收管理。

(一)纳税人外出经营活动税收证明管理

纳税人外出经营活动税收证明管理包括税收证明的开具和税收证明的核销。

纳税人到外县(市)临时从事生产经营活动的,应当在外出生产经营以前,持税务登记证向主管税务机关申请开具《外出经营活动税收管理证明》(附件八)(以下简称《外管证》)。税务机关按照一地一证的原则,核发《外管证》,《外管证》的有效期限一般为30日,最长不得超过180天。

1. 需要提供的资料

(1)《税务登记证》副本。

(2)主管税务机关需要的其他资料、证件。

2. 办理程序

(1) 申请。纳税人向主管税务机关提出申请,同时递交相关的证件资料。

(2) 受理、核发。主管国税分局受理纳税人报送的相关资料,并对上报的资料进行审核,符合要求的制作《外出经营活动税收管理证明》交纳税人。

(3) 核销。纳税人应当在《外管证》有效期届满后10日内,持《外管证》回原税务登记地税务机关办理《外管证》缴销手续。

(二) 外埠纳税人经营活动的税收管理

纳税人应当在《外管证》注明地进行生产、经营前向当地税务机关报验登记。

1. 需要提供的资料

(1)《税务登记证》副本;

(2)《外出经营活动税收管理证明》(附件八);

(3) 主管税务机关需要的其他资料、证件。

2. 办理程序

(1) 报验登记。纳税人到达经营地后,在进行生产、经营前,向经营地国税机关申请报验登记,同时递交相关的证件、资料。

(2) 受理、审核。主管税务机关受理并审核纳税人报送的相关资料,审核无误将资料转相关部门实地查验。

(3) 查验。

① 主管税务机关相关部门根据转来的纸质资料对纳税人报验的货物进行实地查验,核对实际报验数量。

② 外埠纳税人需要发票的必须提供担保人或缴纳发票保证金,经营地主管税务机关可提供给普通发票。

③ 纳税人所携货物未在注明地点销售完毕而需易地销售的,必须经过注明地点主管税务机关验审,并在其所持《外出经营活动税收管理证明》上转注。

④ 易地销售而未经注明地点主管税务机关验审转注的,视为未持《外出经营活动税收管理证明》。

⑤ 纳税人易地销售经营前,仍需到经营地主管税务机关办理报验登记手续。

⑥ 经营活动结束后,纳税人应向经营地税务机关填报《外出经营活动情况申报表》(附件九),并结清税款、缴销发票。经营地主管税务机关在《外出经营活动税收管理证明》上注明纳税人的经营情况、纳税情况及发票使用情况。

六、重新税务登记

对已经税务机关批准注销的纳税人由于恢复生产经营,或非正常注销的纳税人又重新纳入管理,或跨区迁移纳税人迁入时需对其进行重新税务登记。

（一）纳税人办理业务的时限要求

（1）对于已经税务机关批准注销的纳税人，应于其恢复生产经营之日起 30 日内申请重新办理税务登记。

（2）对于已注销的迁移纳税人（曾经在迁达地税务机关办理过税务登记，且按规定注销的），应当在原税务登记机关注销税务登记之日起 30 日内向迁达地税务机关申报办理重新税务登记。

（二）需要提供的资料

《重新税务登记申请审批表》（附件十）。

（三）办理程序

1. 申请

在规定时限内到主管国税分局领取《重新税务登记申请审批表》，按要求如实填写后，报送综合服务窗口办理相关手续。

2. 受理审核

（1）审核《重新税务登记申请审批表》填写是否完整准确，印章是否齐全；

（2）按照税务登记事项审核提供的附送资料是否齐全、合法、有效；

（3）纸质资料不全或者填写内容不符合规定的，应当场一次性告知纳税人补正或重新填报。

3. 核准

经主管税务机关审核，纳税人提供资料完整、填写内容准确、各项手续齐全的，核准纳税人的重新税务登记申请，并重新发放税务登记证件。

七、扣缴义务人登记

已办理税务登记的扣缴义务人应当在扣缴义务发生后向税务登记地税务机关申报办理扣缴税款登记。税务机关在其税务登记证件上登记扣缴税款事项，税务机关不再发给扣缴税款登记证件。

根据税收法律、行政法规的规定可不办理税务登记的扣缴义务人，应当在扣缴义务发生后向机构所在地税务机关申报办理扣缴税款登记。税务机关核发扣缴税款登记证件。

（一）纳税人办理业务的时限要求

（1）已办理税务登记的扣缴义务人应当在扣缴义务发生之日起 30 日内向税务登记地登记税务机关申报办理扣缴税款登记，税务机关不再发给扣缴税款登记证件。

（2）根据税收法律、行政法规的规定可不办理税务登记的扣缴义务人，应当在扣缴义务发生后之日起 30 日内，向机构所在地主管税务机关申报办理扣缴税款登记。税务机关核发扣缴税款登记证件。

（二）需要提供的资料

（1）《扣缴义务人登记表》（附件十一）。

(2)《税务登记证》(副本)原件(已办理税务登记的提供)。

(3) 组织机构代码证书原件及复印件(未办理税务登记的提供)。

(4) 受托加工应税消费品的相关协议,合同原件及复印件(发生本项代扣代缴义务的纳税人提供)。

(三) 办理程序

1. 申请

扣缴义务人发生扣缴义务应在规定的期限内,到机构所在地主管税务机关领取《扣缴义务人登记表》,并按要求如实填写后连同资料一并报送窗口申报办理扣缴税款登记。

2. 受理审核

(1) 查验纳税人出示证件是否有效。

(2) 证件资料是否齐全、合法、有效,《扣缴义务登记表》填写是否完整准确,印章是否齐全。

(3) 审核扣缴义务人《扣缴义务登记表》填写内容与附报资料是否一致,原件与复印件是否相符,复印件是否注明"与原件相符"字样并由扣缴义务人签章,核对后原件返还纳税人。

(4) 纸质资料不全或者填写有误的,应当场一次性告知纳税人补正或重新填报。

(5) 依据纳税人提供的协议合同等审核是否属逾期办理扣缴登记,如逾期登记则进行违法违章处理后再办理登记事项。

3. 核准、发放证件

符合条件的,核准纳税人的扣缴义务登记信息。如已办理税务登记的扣缴义务人,只在税务登记证件上登记扣缴义务事项;对未办理税务登记的扣缴义务人,发放税务登记证件。

第四节 税务检查与税务代理

一、税务检查

税务检查与税务管理、税款征收共同构成了税收征收管理法律制度中的三个重要环节。管理是基础,征收是核心,检查是保障。纳税人缴纳税款后,税务机关依法实施税务检查,既可以发现税务登记、申报等事前监控中的漏洞和问题,也可以检查核实税款征收的质量,从而成为事后监控的一道重要环节。

自1994年我国进行全面的税制改革以来,税务稽查的改革与完善成为税务征管工作的重点。1993年《税收征收管理法》及其《实施细则》中对税务检查的有关内容作了规定,但比较简单和原则,缺乏可操作性。国家税务总局于1995年12月发布的《税务稽查工作规程》,对税务稽查的整套程序、操作规程作了明确的规范;2000年3月又下发了《税务稽查案件复查暂行办法》,以便及时发现和纠正违法的或者不当的具体税务稽查执法行为,保护纳税人的合法权益,监督税务机关依法实施税务稽查。2001年《税收征收管理法》、2002年《税收征收管理法实施细则》对税务检查中税务机关查询纳税人储蓄存款的权限、采取税收保全和强制执行措施的条件、保密义务以及有关主体的协助义务和纳税人对非法检查拒绝权等内容,作了补充和完善。2009年10月24日《税务稽查工作规程》修订后发布,并于2010年1月1日起执行。

(一)税务检查概述

税务检查制度是税务机关根据国家税法和会计准则的规定,对纳税人履行纳税义务情况进行的监督、审查制度。税务检查是税收征收管理的重要内容,也是税务监督的重要组成部分。搞好税务检查,对于加强依法治税,保证国家财政收入,有着十分重要的意义。

通过税务检查,既有利于全面贯彻国家的税收政策,严肃税收法纪,加强纳税监督,查处偷税、漏税和逃骗税等违法行为,确保税收收入足额入库,也有利于帮助纳税人端正经营方向,促使其加强经济核算,提高经济效益。

(二)税务检查特点

税务检查是众多经济监督手段之一,与会计检查、审计检查、物价检查相比较,有着其自身的特点:

(1)特定的检查主体。税务检查的主体是税务机关,代表国家行使政治权力,依法对纳税人的所有经济行为和应税行为进行检查。

(2)特定的检查对象。税务检查的对象仅限于具有纳税义务的纳税人、扣缴义务人。

(3)特定的检查目的。税务检查的目的是保障国家财政收入的及时足额入库,严肃财经纪律,规范纳税秩序,实现税收职能。

(4)特定的检查依据。税务检查是依据国家税收法律、法规进行的,是以会计核算为前提,建立在会计制度实施基础之上的一种经济监督活动。

(三)税务检查内容

税务检查的内容主要包括以下几个方面:

(1)检查纳税人执行国家税收政策和税收法规的情况。

(2)检查纳税人遵守财经纪律和财会制度的情况。

(3)检查纳税人的生产经营管理和经济核算情况。

(4)检查纳税人遵守和执行税收征收管理制度的情况,查其有无不按纳税程序办事和违反征管制度的问题。

(四) 税务检查形式

税务检查形式是指税务机关开展税务检查的具体组织方式。税务检查形式往往因检查时间、检查内容和检查目的的不同而不同,它主要有以下几种:

1. 群众性检查

这种检查形式是通过税务机关组织纳税人开展自查或互查的方式,来了解不同行业纳税人或同行业不同纳税人的纳税义务履行情况,属于一般性检查,带有普查性质。

2. 专业性检查

这种检查形式是税务机关组织税务人员对纳税人的各项涉税事宜进行的专业检查。它主要有日常检查、专项检查和专案检查等几种形式。

(1) 日常税务检查。是税务机关组织依照税收法律、法规的规定,对纳税人履行纳税义务的情况所进行的常规检查。包括日常的税务稽核、税务检查和违章处理。税务稽核是税务机关对纳税人纳税申报资料进行审核的过程,以确保税款申报的准确性。税务稽核一般由税务机关内部的征收部门负责组织实施。而税务检查是以纳税人会计核算资料为基础、运用不同的检查方法对纳税人的纳税情况以及生产经营情况进行全面检查的过程,确保税款缴纳的准确性,实现应收尽收。税务检查一般由税务机关内部的检查部门负责组织实施。日常税务检查主要是检查纳税人履行纳税义务的情况,其主要目的是确保税款及时入库,促使纳税人树立依法纳税的意识,因而,日常税务检查一般由县级税务机关组织实施,其一般要求:对辖区内所有纳税户的所有申报资料必须进行税务稽核,对辖区内的所有纳税户必须每年实施税务检查1~2次。这种检查方式的优点是能及时发现问题、迅速解决问题。但缺点是受到检查人员政策水平和业务技能的制约,容易出现漏查现象。

(2) 专项税务检查。是税务机关根据特定目的和要求,依据征收管理部门或其他信息部门提供的信息、数据资料,通过分类、分析,选取特定检查对象进行某个方面的或某些方面的检查,以实现特定的检查目的。

(3) 专案税务检查。是税务检查部门对上级指示、有关部门转办、征收管理部门提供、公民举报以及国际、省际间情报交换等案件线索进行的专门检查。这种检查形式往往适用于对重大案件的查处。

3. 联合性检查

它是指多个部门联合组织开展的检查形式。主要有以下两种:

(1) 税务机关内部各部门之间的联合检查。包括征收部门与检查部门的联合检查,检查部门之间的联合检查。其特点是检查力量强、检查效果好。

(2) 税务部门与其他经济部门之间进行的联合检查。一般由税务机关会同企业主管部门、财政、银行、物价等部门进行综合检查,促使企业加强内部监督,遵守财经纪律。其特点是检查范围广、查处问题全面、解决问题及时、能发挥综合治理的效果。

（五）税务检查方法

税务检查是一种政策性和技术性极强的业务工作,涉及纳税人大量的财务会计资料,必须讲究科学的检查方法和技巧,才能减少盲目性,克服混乱性,提高效率,保证检查的质量和效果。

1. 全查法

全查法是对被查纳税人一定时期所有会计凭证、账簿、报表及各种存货进行全面、系统检查的一种方法。

2. 抽查法

抽查法是对被查纳税人一定时期内的凭证、账簿、报表及各种存货,抽取一部分进行检查的一种方法。

3. 顺查法

顺查法是逆查法的对称,是对被查纳税人按照其会计核算的顺序,依次检查会计凭证、账簿、报表,并将其相互核对的一种检查方法。

4. 逆查法

逆查法是指逆会计核算的顺序,依次检查会计报表、账簿及凭证,并将其相互核对的一种稽查方法。

5. 现场检查法

现场检查法与调账检查法相对,是指税务机关派人员到被查纳税人的机构办公地点对其账务资料进行检查的一种方法。

6. 调账检查法

调账检查法是指将被查纳税人的财务资料调到税务机关进行检查的一种方法。

7. 比较分析法

比较分析法是将被查纳税人检查期有关财务指标的实际完成数进行纵向或横向比较,分析其异常变化情况,从中发现纳税问题线索的一种方法。

8. 控制计划法

控制计划法也称为逻辑推算法,是指根据被查纳税人财务数据的相互关系,用可靠或科学测定的数据,验证其检查期账目记录或申报的资料是否正确的一种检查方法。

9. 审阅法

审阅法是对被查纳税人的会计账簿、凭证等财务资料,通过直观地审查阅览,发现其在纳税方面存在问题的一种方法。

10. 核对法

核对法是指通过对被查纳税人的各种相关联的会计凭证、账簿、报表及实物进行相互核对,验证其在纳税方面存在问题的一种方法。

11. 观察法

观察法是指通过被查纳税人的生产经营场所、仓库、工地等现场，实地观察其生产经营及存货等情况，以发现纳税问题或验证账目中可疑问题的一种检查方法。

12. 外调法

外调法是指对被查纳税人有怀疑或已掌握一定线索的经济事项，通过向与其有经济联系的单位和个人进行调查，予以查证核实的一种方法。

13. 盘存法

盘存法是指通过对被查纳税人的货币资金、存货及固定资产等实物进行盘点清查，核实其账实是否相符，进而发现纳税问题的一种检查方法。

14. 交叉稽核法

国家为加强增值税专用发票的管理，应用计算机将开出的增值税专用发票抵扣联与存根联进行交叉稽核，以查出虚开发票行为，避免国家税款流失。目前这种方法通过"金税工程"体现，对利用增值税专用发票偷逃税款行为起到了极大的遏止作用。

上述各种税务检查方法，在实务中具体选择哪一种，应视检查的要求和被查对象的生产经营特点、财务管理水平和具体情况加以确定。

（六）税务检查程序

税务检查是税务机关代表国家行使执法权，必须严格遵照一定的执法程序。依照被查对象存在问题的严重程度，税务检查程序包括简易程序和一般程序。税务检查的一般程序包括选案、实施、审理和执行等四个环节，凡是立案的税务案件必须经过审理环节，按照一般程序办理。而对于不需立案或没有达到立案标准的税务案件一般按照简易程序办理。

根据《税务稽查工作规程》的规定，税务稽查一般有确定稽查对象、实施稽查、审理、税务稽查案卷管理四个环节和步骤。

1. 确定稽查对象

税务稽查对象一般应当通过计算机选案分析系统进行筛选，根据稽查计划按征管户数的一定比例筛选或随机抽样选择，根据公民举报、有关部门转办、上级交办、情报交换的资料确定等方法确定稽查对象。确定税务稽查对象应当由专门人员负责。各级税务机关应当建立税务违法案件举报中心，受理公民举报。举报中心设在所属税务稽查机构。公民举报税务违法案件用书面或口头形式均可。受理口头举报（含电话举报）税务机关应当作笔录或录音，笔录经与举报者核实无误后，由其签名、盖章或者押印，但不愿留名或者不便留名的除外。如举报者不愿公开其情况，应当为其保密。对不属于本机关管辖的问题，应当告知举报者到有权处理的机关或者单位反映，或者将举报材料转有关方面处理。

税务稽查对象确定后，均应当分类建立税务稽查实施台账，跟踪考核税务稽查计划执行情况。税务稽查对象中经初步判明具有以下情形之一的,均应当立案查处:① 偷税、逃避追缴欠税,骗取出口退税、抗税以及为纳税人、扣缴义务人非法提供银行账户、发票、证明或者其他方便,导致税收流失的;② 未具有①所列行为,但查补税额在 5 000 元至 20 000 元以上的(具体标准由省、自治区、直辖市税务机关根据本地情况在幅度内确定);③ 私自印制、伪造、倒卖、非法代开、虚开发票,非法携带、邮寄、运输或者存放空白发票,伪造、私自制作发票监制章、发票防伪专用品的;④ 其他税务机关认为需要立案查处的。

各地国家税务局、地方税务局分别负责所管辖税收的税务稽查工作。在税务稽查工作中发现有属于对方管辖范围问题的,应当及时通报对方查处;双方在同一税收问题认定上有不同意见时,先按照负责此项税收的税务机关的意见执行,然后报负责此项税收的上级税务机关裁定,以裁定的意见为准。税务案件的查处,原则上应当由被查对象所在地的税务机关负责;发票案件由案发地税务机关负责;税法另有规定的,按税法规定执行。在国税、地税各自系统内,查处的税务案件如果涉及两个或者两个以上税务机关管辖的,由最先查处的税务机关负责;管辖权发生争议的,有关税务机关应当本着有利于查处的原则协商确定查处权;协商不能取得一致意见的,由共同的上一级税务机关协调或者裁定后执行。下列案件,可由上级税务机关查处或统一组织力量查处:① 重大偷税、逃避追缴欠税、骗取出口退税、避税、抗税案件;② 重大伪造、倒卖、非法代开、虚开发票案件以及其他重大税收违法案件;③ 群众举报确需由上级派人查处的案件;④ 涉及被查对象主管税务机关有关人员的案件;⑤ 上级税务机关认为需要由自己查处的案件;⑥ 下级税务机关认为有必要请求上级税务机关查处的案件。

2. 实施稽查

实施稽查是指稽查人员采用各种检查方法,包括一系列的强制措施,对具体检查项目包括账目、报表、凭证等进行调查和核实,确认事实,澄清疑点,落实检查方案,稽查完毕提交《税务稽查报告》。

稽查人员在实施稽查前,应当调阅被查对象纳税档案,全面了解被查对象的生产经营状况、财务会计制度或者财务会计处理办法,熟悉相关的税收政策,确定相应的稽查方法。实施稽查前应当向纳税人发出书面稽查通知,告知其稽查时间、需要准备的资料、情况等,但有下列情况的不必事先通知:① 公民举报有税收违法行为的;② 稽查机关有根据认为纳税人有税收违法行为的;③ 预先通知有碍稽查的。

稽查人员与被查对象有下列关系之一的,应当自行回避,被查对象也有权要求他们回避:① 稽查人员与被查当事人有近亲属关系的。② 稽查人员与被查对象有利害关系的。③ 稽查人员与被查对象有其他关系可能影响公正执法的;对被查对象认为应当回避的,稽查人员是否回避,由本级税务机关的局长审定。

实施税务稽查应当两人以上,并出示税务检查证件。实施税务稽查时,可以根据需要和法定程序采取询问、调取账簿资料和实地稽查等手段进行。询问当事人应当有专人记录,并告知当事人不如实提供情况应当承担的法律责任。《询问笔录》应当交当事人核对,当事人没有阅读能力的,应当向当事人宣读,核对无误后,由当事人签章或者押印;当事人拒绝的,应当注明;修改过的笔录,应当由当事人在改动处签章或者押印。调取账簿及有关资料应当填写《调取账簿资料通知书》、《调取账簿资料清单》,并在3个月内完整退还。需要跨管辖区域稽查的,可以采取函查和异地调查两种方式进行。

  税务稽查中需要证人作证的,应当事先了解证人和当事人之间的利害关系和对案情的明了程度,并告知不如实提供情况应当承担的法律责任。证人的证言材料应当由证人用钢笔或毛笔书写,并有本人的签章或者押印;证人没有书写能力请人代写的,由代写人向本人宣读并由本人及代写人共同签章或者押印;更改证言的,应当注明更改原因,但不退还原件。收集证言时,可以笔录、录音、录像。调查取证时,需要索取与案件有关的资料原件时,可以用统一的换票证换取发票原件或用收据提取有关资料;不能取得原件的,可以照相、影印和复制,但必须注明原件的保存单位(个人)和出处,由原件保存单位和个人签注"与原件核对无误"字样,并由其签章或者押印。取证过程中,不得对当事人和证人引供、诱供和逼供;要认真鉴别证据,防止伪证和假证,必要时对关键证据可进行专门技术鉴定。任何人不得涂改或者毁弃证明原件、询问笔录以及其他证据。案件调查中发现诬告,打击报复,作伪证、假证以及干扰、阻挠调查的,应当建议有关部门依法查处。

  查核从事生产经营的纳税人、扣缴义务人在银行或者其他金融机构的存款账户和储蓄存款,应当按照规定填写《税务机关检查纳税人、扣缴义务人存款账户许可证明》,经县以上(含县,以下同)税务局(分局)局长批准方可进行,并为储户保密。稽查金融、军工、部队、尖端科学等保密单位和跨管辖行政区域纳税人时,应当填写"税务检查专用证明",与税务检查证配套使用;其中稽查跨管辖行政区域纳税人时,应当使用被查对象所在地主管税务机关的"税务检查专用证明"。稽查中依法需暂停支付被查对象存款的,应当填写《暂停支付存款通知书》,通知银行或者其他金融机构暂停支付纳税人的金额相当于应纳税款的存款;依法需封被查对象商品、货物或者其他财产的,验明权属后应当填写《查封(扣押)证》,并附《查封商品、货物、财产清单》,查封时,应当粘贴统一的封志,注明公历年、月、日,加盖公章;依法需扣押的,应当填写《查封(扣押)证》,并开具《扣押商品、货物、财产专用收据》。税务机关对应当解除查封、扣押措施的,要填写《解除查封(扣押)通知书》,通知纳税人持《查封商品、货物、财产清单》或者《扣押商品、货物、财产专用收据》,前来办理解除查封(扣押)手续;需解除暂停支付的,应当填写《解除暂停支付存款通知书》,通知银行或者其他金融机构解除暂停支付措施。

  税务稽查中发现未领取营业执照从事工程承包或者提供劳务的单位和个人,税务机关可以令其提交纳税保证金。收取纳税保证金应当开具《纳税保证金专用收据》,并专户储存。有关单位和个人在规定的期限内到税务机关结清税款的,退还其保证金;逾期未结清税款的,以其保证金抵缴税款。其保证金大于其应缴未缴税款的,应当退还其多余的保证金;不足抵缴其应缴税款的,税务机关应当追缴其应缴未缴的税款。

对未经立案实施稽查的,如果稽查过程中发现已达到立案标准,应当补充立案。税务稽查人员在税务稽查中应当填写《税务稽查底稿》;责成纳税人、扣缴义务人提供的有关文件、证明材料和资料应当注明出处;稽查结束时,应当将稽查的结果和主要问题向被查对象说明,核对事实,听取意见。

对经立案查处的案件,税务稽查完毕,稽查人员应制作《税务稽查报告》。《税务稽查报告》的主要内容应当包括:① 案件的来源;② 被查对象的基本情况;③ 稽查时间和稽查所属期间;④ 主要违法事实及其手段;⑤ 稽查过程中采取的措施;⑥ 违法性质;⑦ 被查对象的态度;⑧ 处理意见和依据;⑨ 其他需要说明的事项;⑩ 稽查人员的签字和报告时间。税务稽查人员应当将《税务稽查报告》,连同《税务稽查底稿》及其他证据,提交审查部门审理。凡按照规定不需立案查处的一般税收违法案件,稽查完毕后,可按照简易程序,由稽查人员直接制作《税务处理决定书》,按照规定报经批准后执行。对经稽查未发现问题的,按照以下程序执行:① 未经立案查处的,由稽查人员制作《税务稽查结论》,说明未发现问题的事实和结论意见,一式两份,报经批准后,一份存档,一份交被查对象;② 经立案查处的,稽查人员应当制作《税务稽查报告》,说明未发现问题的事实和结论意见,连同有关稽查资料,提交审理部门审理。

3. 审理

审理是指审理人员审阅《税务稽查报告》及有关资料,确认事实是否清楚,证据是否确凿,适用法律是否恰当,程序是否合法,拟定的处理意见是否得当。

税务稽查审理工作应当由专门人员负责。必要时可组织有关税务人员会审。审理人员在审阅稽查人员提供的《税务稽查报告》及所有与案件有关的其他资料时,需要对违法事实是否清楚、证据是否确凿、数据是否准确、资料是否齐全,适用税收法律、法规、规章是否得当,是否符合法定程序,拟定的处理意见是否得当等方面进行确认。

审理中发现事实不清、证据不足或者手续不全等情况,应当通知稽查人员予以增补。对于大案、要案或者疑难税务案件定案有困难的,应当报经上级税务机关审理后定案。审理结束时,审理人员应当提出综合性审理意见,制作《审理报告》和《税务处理决定书》,履行报批手续后,交由有关人员执行。对构成犯罪应当移送司法机关的,制作《税务违法案件移送书》,经局长批准后移送司法机关处理。

《税务处理决定书》应当包括如下内容:① 被处理对象名称;② 查结的违法事实及违法所属期间;③ 处理依据;④ 处理决定;⑤ 告知申请复议权或者诉讼权;⑥ 作出处理决定的税务机关名称及印章;⑦ 作出处理决定日期;⑧ 该处理决定文号;⑨ 如果有附件,应当载明附件名称及数量。《税务处理决定书》所援引的处理依据,必须是税收法律、法规或者规章,并应当注明文件名称、文号和有关条款。

4. 执行

执行是指税务执行人员按照经批准的《税务处理决定书》送达文书并监督执行,必要时,采取强制执行措施或移送法院。

税务执行人员接到批准的《税务处理决定书》后,填制税务文书送达回证,按照细则关于文书送达的规定,将《税务处理决定书》送达被查对象,并监督其执行。被查对象未按照《税务处理决定书》的规定执行的,税务执行人员应当按照法定的程序对其应当补缴的税款及其滞纳金,采取强制执行措施,填制《查封(扣押)证》、《拍卖商品、货物、财产决定书》或者《扣缴税款通知书》,经县以上税务局(分局)局长批准后执行。被查对象对税务机关作出的处罚决定或者强制执行措施决定,在规定的时限内,既不执行也不申请复议或者起诉的,应当由县以上税务机关填制《税务处罚强制执行申请书》,连同有关材料一并移送人民法院,申请人民法院协助强制执行。对已作行政处理决定移送司法机关查处的税务案件,税务机关应当在移送前将其应缴未缴的税款、罚款、滞纳金追缴入库;对未作行政处理决定直接由司法机关查处的税务案件,税款的追缴依照《最高人民检察院、最高人民法院、国家税务局关于印发〈关于办理偷税、抗税案件追缴税款统一由税务机关缴库的规定〉的通知》(高检会〔1991〕31号)规定执行,定为撤案、免诉和免予刑事处罚的,税务机关还应当视其违法情节,依法进行行政处罚或者加收滞纳金。对经税务稽查应当退还纳税人多缴的税款,税务机关应当按照有关规定及时退还。税务执行人员对于税务处理决定的执行情况应当制作《执行报告》,及时向有关部门和领导反馈。

5. 税务稽查案卷管理

税务稽查案件终结后,在稽查各环节形成的各种资料应当统一送交审理部门,经审理部门整理于结案后的60日内立卷归档。

税务稽查案卷包括工作报告、来往文书和有关证据等三类资料。税务稽查中的工作报告包括《税务稽查报告》、《税务稽查审理报告》、《税务处理决定执行报告》等。税务稽查中的来往文书主要包括:《税务稽查通知书》、《询问通知书》、《纳税担保书》及《担保财产清单》、《查封(扣押)证》及《查封商品、货物、财产清单》或者《扣押商品、货物、财产专用收据》、《解除查封(扣押)通知书》、《暂停支付存款通知书》及《解除通知书》、《税务处理决定书》、《税务案件移送书》、《拍卖商品、货物、财产决定书》、《扣缴税款通知书》、《税务处罚强制执行申请书》、《协查函及协查回函》、《税务文书送达回证》等。税务稽查中的有关证据资料包括:税务稽查底稿,询问笔录,以及调查中取得的书证、物证、视听资料,证人证言,鉴定结论,勘验和现场笔录等。

税务稽查案卷应当按照稽查对象分别装订立卷,一案一卷,统一编号,做到资料齐全、顺序规范、目录清晰、装订整齐牢固。税务稽查案卷按下列期限保管:① 凡定性为偷税、逃避追缴欠税、骗取出口退税、抗税、伪造、倒卖、虚开、非法代开发票,私自制作、伪造发票监制章、发票防伪专用品等并进行了行政处罚的案件,其案卷保管期限为永久;② 一般税务行政处罚案件,其案卷保管期限为15年;③ 只补税未进行税务行政处罚的案件或者经查实给予退税的案件,其案卷保管期限为10年;④ 对超过上述二、三两项案卷保管期限的,按国家档案管理的有关规定销毁。

本机关工作人员查阅税务稽查档案应当征得档案管理部门负责人同意;本机关以外的单位和个人查阅税务稽查档案,应当经本级税务机关局长批准。查阅税务稽查档案应当在档案室进行,需要抄录、复制或者借阅的,应当按照档案管理规定办理手续。查阅人要为纳税人及其他当事人和税务机关保密。

(七) 税务检查中税务机关的权力与义务

1. 税务检查中税务机关的权力

税务检查权是税务机关在检查活动中依法享有的权利,是税务机关实施税务检查行为、监督纳税人履行纳税义务、查处税务违法行为的重要手段和保证。《税收征收管理法》及其《实施细则》对税务机关的税务检查权作了详细、系统的规定:

(1) 查账权。税务机关有权检查纳税人的账簿、记账凭证、报表和有关资料,检查扣缴义务人代扣代缴、代收代缴税款账簿、记账凭证和有关资料。税务机关行使此项职权时,可以在纳税人、扣缴义务人的业务场所进行;必要时,经县以上税务局(分局)局长批准,可以将纳税人、扣缴义务人以前会计年度的账簿、记账凭证、报表和其他有关资料调回税务机关检查;有特殊情况的,经设区的市、自治州以上税务局局长批准,税务机关可以将纳税人、扣缴义务人当年的账簿、记账凭证、报表和其他有关资料调回检查。

(2) 场地检查权。税务机关有权到纳税人的生产、经营场所和货物存放地检查纳税人应纳税的商品、货物或者其他财产,检查扣缴义务人与代扣代缴、代收代缴税款有关的经营情况。

(3) 责成提供资料权。税务机关有权责成纳税人、扣缴义务人提供与纳税或者代扣代缴、代收代缴税款有关的文件、证明材料和有关资料。

(4) 询问权。税务机关有权询问纳税人、扣缴义务人与纳税或者代扣代缴、代收代缴税款有关的问题和情况。

(5) 单证检查权。税务机关有权到车站、码头、机场、邮政企业及其分支机构检查纳税人托运、邮寄应纳税商品、货物或者其他财产的有关单据、凭证和有关资料。

(6) 存款账户查询权。经县以上税务局(分局)局长批准,凭全国统一格式的检查存款账户许可证明,查询从事生产、经营的纳税人、扣缴义务人在银行或者其他金融机构的存款账户。税务机关在调查税收违法案件时,经设区的市、自治州以上税务局(分局)局长批准,可以查询案件涉嫌人员的储蓄存款。税务机关查询的内容,包括纳税人存款账户余额和资金往来情况。

(7) 取证权。税务机关在调查税务违法案件时,对与案件有关的情况和资料,可以记录、录音、录像、照相和复制。

(8) 采取税收保全措施和强制执行措施权。税务机关在对从事生产、经营的纳税人以前纳税期的纳税情况依法进行税务检查时,发现纳税人有逃避纳税义务行为,并有明显的转移、隐匿其应纳税的商品、货物以及其他财产或者应纳税的收入迹象的,可以按照本法规定的批准权限采取税收保全措施或者强制执行措施。

2. 税务机关在税务检查中的义务

在税务机关实施税务检查的时候,根据《税收征收管理法》及其《实施细则》的规定,税务机关应当建立科学的检查制度,统筹安排检查工作,严格控制对纳税人、扣缴义务人的检查次数。税务机关应当制定合理的税务稽查工作规程,负责选案、检查、审理、执行的人员的职责应当明确,并相互分离、相互制约,规范选案程序和检查行为。

(1) 示证检查的义务。税务人员在进行税务检查的时候,应当出示税务检查证和税务检查通知书;无税务检查证和税务检查通知书的,纳税人、扣缴义务人及其他当事人有权拒绝检查。税务检查证是税务人员进行税务检查的法定证明。持有税务检查证件才能进行税务检查,以防止非税务人员进行税务检查的现象和杜绝冒充税务检查人员进行税务检查的违法犯罪行为。税务检查证和税务检查通知书的式样、使用和管理的具体办法,由国家税务总局制定。

(2) 保守秘密的义务。税务机关在进行税务检查的过程中,凡根据一般的商业交易原则,被检查人不愿告知他人的商业秘密,税务检查人员有保密的义务。税务机关查询纳税人、扣缴义务人在银行或者其他金融机构的存款账户以及其他信息所获得的资料,不得用于税收以外的用途。但对于纳税人或扣缴义务的偷漏税行为,不受这点的约束。

(3) 依法查账和限期退还的义务。税务机关在必要的时候将纳税人和扣缴义务人以前会计年度的账簿、记账凭证、报表和其他资料调回税务机关检查,必须经过县以上税务局(分局)局长批准,且必须向纳税人、扣缴义务人开付清单,并在3个月内完整退还;有特殊情况需要将纳税人、扣缴义务人当年的账簿、记账凭证、报表和其他有关资料调回检查的,必须经过设区的市、自治州以上税务局局长批准,并且必须在30日内退还。

(4) 凭证依法查询的义务。税务机关在行使存款账户查询权的时候,必须遵循法律规定的程序和要求:①需经县以上税务局(分局)局长批准;②应当指定专人负责,凭全国统一格式的检查存款账户许可证进行;③调查税收违法案件时,查询案件涉嫌人员的储蓄存款须经设区的市、自治州以上税务局(分局)局长批准;④税务机关查询所获得的资料,不得用于税收以外的用途,并有责任为被检查人保密。

(5) 其他义务。

① 当纳税人的生产经营场所和货物存放地与纳税人的生活住宅合用的时候,税务机关不可直接行使场地检查权,必须提请司法机关的协助。

② 在行使责成提供资料权的时候,税务机关所要求纳税人、扣缴义务人提供的文件、证明材料和有关资料一定要与纳税或扣缴税款有关。

③ 税务人员在车站、机场、码头、邮政企业等场所进行检查的时候,应事先征询这些单位的同意。

④ 税务机关在实务检查中依法采取的税收保全措施的时候,其期限一般不得超过6个月;重大案件需要延长时,应当报国家税务总局批准。

(八) 税务检查中相对人的权利与义务

根据《税收征收管理法》的规定,税务检查中的相对人包括除税务机关以外的一切单位和个人。可以根据是否负有缴纳税款的义务,分为:一类是纳税人、扣缴义务人,这是被检查的对象;另一类是邮政、金融、公安、审计、车站、码头、机场等有关单位和个人,这是协助查处人。

1. 纳税人、扣缴义务人在税务检查中的权利和义务

(1) 纳税人和扣缴义务人在税务检查中的权利。纳税人和扣缴义务人在税务检查中的权利主要是拒绝权。《税收征收管理法》第五十九条规定,税务机关派出的人员进行税务检查时,未出示税务检查证和税务检查通知书的,被检查人有权拒绝检查。

(2) 纳税人和扣缴义务人在税务检查中的义务。纳税人和扣缴义务人在税务检查中的义务是与税务机关所享有的权利相对应的,主要体现在《税收征收管理法》第五十六条所规定的"纳税人、扣缴义务人必须接受税务机关依法进行的税务检查,如实反映情况,提供有关资料,不得拒绝、隐瞒"。

① 接受税务机关依法进行的税务检查。这与税务机关的检查权相对应,这是规定的纳税人和扣缴义务人的不作为义务。例如,税务机关到其生产经营场所和货物存放地检查时,被检查人不得拒绝或阻挠、干扰。

② 如实反映情况。这与税务机关在税务检查中的询问权相对应,是一项作为义务。在税务检查中,税务人员经常要向纳税人、扣缴义务人询问有关纳税或者扣缴税款等方面的问题和情况,纳税人和扣缴义务人对有关问题必须如实反映,不得拒绝和隐瞒。

③ 提供有关资料。这与税务机关责成纳税人和扣缴义务人提供资料权相对应,也是一项作为义务。当税务机关在税务检查中要求提供有关资料的时候,纳税人和扣缴义务人应按照要求向税务机关提交有关资料。

(3) 在税务检查中纳税人、扣缴义务人的法律责任。根据《税收征收管理法》及其《实施细则》的规定,纳税人、扣缴义务人提供虚假资料,不如实反映情况,或者拒绝提供有关资料的,拒绝或者阻止税务机关记录、录音、录像、照相和复制与案件有关的情况和

资料的,在检查期间,纳税人、扣缴义务人转移、隐匿、销毁有关资料的,有不依法接受税务检查的其他情形的,由税务机关责令改正,可以处1万元以下的罚款;情节严重的,处1万元以上5万元以下的罚款。

2. 有关单位和个人在税务检查中的义务

税务机关在依法进行税务检查的时候,有权向有关单位和个人调查纳税人、扣缴义务人和其他当事人与纳税或者代扣代缴、代收代缴税款有关的情况,有关单位和个人有义务向税务机关如实提供有关资料及证明材料。

根据《税收征收管理法》及其《实施细则》的规定,纳税人、扣缴义务人的开户银行或者其他金融机构拒绝接受税务机关依法检查纳税人、扣缴义务人存款账户,或者拒绝执行税务机关作出的冻结存款或者扣缴税款的决定,或者在接到税务机关的书面通知后帮助纳税人、扣缴义务人转移存款,造成税款流失的,由税务机关处10万元以上50万元以下的罚款,对直接负责的主管人员和其他直接责任人员处1 000元以上1万元以下的罚款。税务机关依照税收征管法的规定,到车站、码头、机场、邮政企业及其分支机构检查纳税人托运、邮寄应纳税商品、货物或者其他财产的有关单据、凭证和有关资料的时候,有关单位拒绝的,由税务机关责令改正,可以处1万元以下的罚款;情节严重的,处1万元以上5万元以下的罚款。

二、税务代理

(一)税务代理的概念及特点

1. 税务代理的概念

税务代理是指税务代理人在国家法律规定的代理范围内,以代理机构的名义,接受纳税人、扣缴义务人的委托,依据国家税收法律和行政法规的规定,代其办理涉税事宜的各项民事法律行为的总称。

按照代理权产生的依据不同,代理可分为委托代理、法定代理和制定代理三种。税务代理根据代理权限范围的不同可分为全面代理、单项代理或临时代理。

2. 税务代理的特点

税务代理作为民事代理中的一种委托代理,主要特点表现为五个方面:

(1)公正性。税务代理机构不是税务行政机关,而是征纳双方的中介结构,因而只能站在公正的立场上,客观地评价代理人的经济行为;同时代理人必须在法律范围内为被代理人办理税收事宜,独立、公正地执行业务。既维护国家利益,又保护委托人的合法权益。

(2)自愿性。税务代理的选择一般有单向选择和双向选择,无论哪种选择都是建立在双方自愿的基础上的。也就是说,税务代理人实施税务代理行为,应当以纳税人、扣缴义务人自愿委托和自愿选择为前提。

(3)有偿性。税务代理机构是社会中介机构,不是国家行政机关的附属机构,因此,同其他企事业单位一样要自负盈亏,有偿服务,通过代理取得收入并抵补费用,获得利润。

(4) 独立性。税务代理机构与国家行政机关、纳税人或扣缴义务人等没有行政隶属关系,既不受税务行政部门的干预,又不受纳税人、扣缴义务人所左右,独立代办税务事宜。

(5) 确定性。税务代理人的税务代理范围,是以法律、行政法规和行政规章的形式确定的。因此,税务代理人不得超越规定的内容从事代理活动。除税务机关按照法律、行政法规规定委托其代理外,代理人不得代理应由税务机关行使的行政权力。

(二) 税务代理制度的产生和发展

1. 国外税务代理制度的产生和发展

日本是最先实行税务代理制度的国家。从世界各国推行税务代理制度的具体情况来看,税务代理有两种基本模式:

(1) 以美国和加拿大为代表的松散性代理模式。这种模式的基本特征就是从事税务代理的人员分散在有关从事公证、咨询事务的机构,如会计师事务所、律师事务所,政府和税务当局不对税务代理人进行集中管理,不进行专门的资格认定,不要求组织行业协会。在这种模式下,税务代理业务及税务咨询业务往往是由注册会计师和律师兼办,没有专门的税务代理人员。

(2) 以日本为代表的集中性代理模式。这种模式的基本特征就是对从事税务代理业务的人员有专门的法律管理,对税务代理的业务范围、资格认定、代理人的权利和义务等,都有严格的规定,同时还设有专门的工作机构和督导税务代理业务的、介于官方与民间之间但又为官方所领导的行业协会。

2. 我国税务代理制度的产生和发展

我国《税收征收管理法》第五十七条规定:"纳税人、扣缴义务人可以委托税务代理人代为办理税务事宜。"这为我国建立和推行税务代理制度提供了法律依据。在我国积极推行税务代理制度,不仅是社会主义市场经济发展的客观要求,也是强化税收征管工作的内在要求。实践表明,在税收征管工作中实行税务代理制度,既有利于形成纳税人、代理办税机构、税务机关三方相互制约的机制,协调征纳关系,也有利于维护纳税人的合法权益。

20世纪80年代初的税务咨询业是税务代理的雏形,1994年国家税务总局颁发了《税务代理试行办法》,要求各地有步骤地开展税务代理的试点工作,税务代理市场开始启动。进入20世纪90年代中后期,为促进税收征管改革的深入开展,规范代理行为,提高代理质量,1996年人事部和国家税务总局联合下发了《注册税务师资格制度暂行规定》,在税务代理行业实行执业准入控制,全面实施注册税务师制度。进入21世纪,注册税务师行业作为具有涉税鉴证和涉税服务双重职能的社会中介组织的定位逐渐清晰,管理体制初步理顺。2005年出台的《注册税务师管理暂行办法》,以及2010年颁布并实施的《注册税务师涉税鉴证业务基本准则》和《注册税务师涉税服务业务基本准则》,标志着我国税务代理行业进入了一个崭新的规范发展时期。

(三)我国税务代理的业务范围

税务代理的范围是指按照国家有关法律的规定,允许税务代理人从事的业务内容。尽管世界各国所规定的业务不尽相同,但其基本原则是大致一样的,即税务代理的业务范围主要是纳税人、扣缴义务人所委托的各项涉税事宜。

(1)《注册税务师涉税鉴证业务基本准则》规定,注册税务师可以接受委托,凭借自身的税收专业能力和信誉,通过执行规定的程序,依照税法和相关标准,对被鉴证人的涉税事项作出评价和证明。涉税鉴证业务包括纳税申报类鉴证、涉税审批类鉴证和其他涉税鉴证三种类型。

(2)《注册税务师涉税服务业务基本准则》规定,税务师事务所及其注册税务师,可以接受委托,向委托人或者委托人指向的第三人,提供涉税信息、知识和相关劳务等。涉税服务业务包括税务咨询类服务、申报准备类服务、涉税代理类服务和其他涉税服务四种类型。

[本章小结]

税收制度的基本要素主要包括纳税人、课税对象、税率、纳税环节、纳税期限、减税免税和违章处理等。其中,纳税人包括法人和自然人,纳税人与负税人是既有区别又有联系的概念。课税对象是纳税的标的物,其计量方式包括从量计征和从价计征。税率体现着征税的深度,其主要形式有比例税率、定额税率和累进税率。纳税环节分为一次课征和多次课征。纳税期限包括纳税申报期和税款交库期两层含义。

我国的现行税收法律体系是在1994年税制改革的基础上逐步形成的,是以流转税为主体,所得税次之,其他税种相互配合的结构模式。主要税种包括增值税、消费税、营业税、企业所得税、个人所得税、资源税、城镇土地使用税、土地增值税、耕地占用税、房产税、车船税、车辆购置税、印花税、城市维护建设税、契税、关税、船舶吨税等。我国税收收入分别由国税、地税、海关等系统负责征收。我国税收收入分为中央政府固定收入、地方政府固定收入和中央地方政府共享收入。

《税收征收管理法》及其实施细则规定了纳税人、扣缴义务人的权利、义务、法律责任及纳税程序等。纳税人违反税务管理基本规定、逃避缴纳税款、偷税、抗税、骗取出口退税等行为都会受到相应的行政或刑事处罚;纳税人必须遵循税务登记、凭证账簿管理、纳税申报、税款缴纳等程序来办理涉税事宜;学会委托税务师事务所及其注册税务师办理涉税鉴证业务和服务业务;自觉按照税务机关的要求进行纳税自查,并有义务接受税务机关定期或不定期的检查。

[相关法规链接]

1. 《中华人民共和国增值税暂行条例》(2008年12月13日发布,自2009年1月1日起施行)
2. 《中华人民共和国增值税暂行条例实施细则》(2008年12月18日发布,自2009年1月1日起施行)
3. 《中华人民共和国企业所得税法》(2007年3月16日发布,自2008年1月1日起施行)
4. 《中华人民共和国企业所得税法实施条例》(2007年12月6日发布,自2008年1月1日起施行)
5. 《中华人民共和国税收征收管理法》(2001年4月28日发布,自2001年5月1日起施行)
6. 《中华人民共和国税收征收管理法实施细则》(2002年9月7日发布,自2002年10月15日起施行)
7. 《税务登记管理办法》(2003年12月17日公布,自2004年2月1日起施行)
8. 《税务稽查工作规程》(2009年10月24日修订后发布,2010年1月1日起执行)
9. 《注册税务师涉税鉴证业务基本准则》(2009年12月2日发布,自2010年1月1日起施行)
10. 《注册税务师涉税服务业务基本准则》(2009年12月2日发布,自2010年1月1日起施行)

[本章复习题]

1. 什么是税收制度?其构成要素有哪些?
2. 什么是纳税人、课税对象和税率?
3. 什么是纳税环节和纳税期限?
4. 什么是纳税程序?其一般程序如何?
5. 什么是纳税申报?
6. 什么是税款缴纳?税款报缴方式主要有哪些?
7. 税收减免的种类与形式有哪些?
8. 单位纳税人办理税务登记需要提供哪些资料?
9. 如何认定偷税?其法律责任有哪些?
10. 税务检查的方法有哪些?
11. 什么是税务代理?其主要特点有哪些?我国对其业务范围有哪些规定?

第三章 增值税会计

【本章导读】 增值税是我国税制体系中的一个重要税种,增值税会计的主要任务是对增值税进行计算、记录和缴纳,其中增值税的出口退税内容参见第五章《出口货物退(免)税会计》。通过本章学习,应该了解增值税的纳税义务人与征税对象、增值税的发展趋势,熟悉进项税额转出、销货折扣、退回及折让、混合销售和兼营非应税劳务、视同销售等特殊业务的确认、计量和记录方法,掌握增值税专用发票的使用和管理、有关增值税的税率(征收率)、税收减免、计税依据和应纳税额的基本计算等。

第一节 增值税概述

一、增值税的意义和问题

(一)增值税及其特点

增值税是以已经(或视同)实现销售的商品(或劳务)为课税对象,以商品(或劳务)所实现的增值额为课税依据的一个税种,是我国流转税中的一个主干税种,也是目前企业缴纳国家税收中业务最频、数额最大、牵涉面最广的一个税种。

就流转税而言,增值税较之消费税、营业税等其他税种有其自身的特点。主要是:

1. 对增值额计税

流转税一般都是就商品(或劳务)的销售金额计税的。自从增值税诞生以后,传统的计税形式就被打破。增值税只对本企业(劳动者)新创造的价值部分计税,而对其他企业(劳动者)创造的价值,由于在以前环节已经纳税,所以就不在本环节纳税。由此可见,增值税只对销售收入中新增的价值部分征税。

2. 在增值环节计税

增值税虽然表现在销售环节计税,但是实际上实现增值税的环节是增值环节。有增值才实现增值税,无增值就未实现增值税。有时尽管有销售,但无增值,就未实现增值税。例如,某企业将购进的彩电原价让售,那么该彩电就未实现增值税;如果该彩电因市场行情的变化发生低于进价的销售,那么非但未实现正值的增值税,而且还发生负值的增值税,留待下期或者其他商品实现的增值税抵扣。有时企业尽管未实现销售,但是如果有了增值,那么就实现了增值税。比如,企业将自有产品或商品用于投资或者捐赠,虽然未发生销售行为,但要按同类商品的价格计算确定实现的增值税金。

3. 可用专用发票控制税源

增值税由于对其他企业创造的价值允许扣除计税,因此就可以按购进的发票统计扣除项目的金额。如果规定在专用发票上注明税金,那么还可进一步以企业进货和销货专用发票上注明的税金控制对增值税额的计算。目前我国实行以专用发票注明税金,并以此作为企业抵扣税金的依据,这样做可以有效控制偷漏税和弄虚作假的行为,减少税源流失。

4. 实行价税分流核算

现行增值税采用价税分流的核算方法,即企业购进有关生产要素时,将要素价格中所含的增值税分离出来核算,使进入企业的生产要素的价格不含税金,给企业的成本核算消除了税金的影响,从而使企业的盈亏情况反映得更直观、更真实。

(二) 增值税的作用

我国的增值税是从原工商税中独立出来的一个税种。实行增值税是我国社会主义市场经济发展对税制改革的客观要求,是社会主义经济体制自我发展和自我完善的一个重要方面。实行增值税制,对加快发展我国社会主义市场经济、保障财政收入、促进按劳分配、扩大对外开放均具有重要作用。

1. 实行增值税有利于发展我国社会主义市场经济

(1) 增值税能解决重叠征税和全能厂与非全能厂税负不平的问题。在1984年之前,我国工商税是按商品(或劳务)的销售金额计税的,具有多阶段、阶梯式征税的特征,从而不利于实现社会的专业分工,不利于社会先进技术的推广。增值税虽然也具有多环节、多次征收的征税特征,但是由于每次计税都把以前环节已经缴纳的税金扣除,因此不管商品、产品转移多少次,只要最后的销售价格相同,其整体的税负就相同。由此可见,增值税对于促进社会生产的合理化分工、发挥各地的资源优势、提高产品的质量、促进新技术的推广都有极为重要的意义。

(2) 增值税能刺激流通领域的商业竞争。过去商业零售环节实行的是5%的营业税,无论是发生增值或不发生增值,商业销售差价至少要承担5%的税收,不利于促进商品流通。实行增值税以后,一方面,由于增值税是对增值部分计税,能避免重复征税,有利于促进商品流通,使得经营者可以减少顾虑,大胆经营;另一方面,由于增值税应缴税额是按销项税额扣除进项税额计算的,而对商品的购进费用一般不允许计算进项税额予以扣除(我国目前实行运费可以扣除,其余费用不予扣除),所以起到了引导商业经营者努力减少进货费用及设法实现多渠道、少环节的商业流通方式的作用。

2. 实行增值税有利于稳定国家的财政收入

增值税作为一种流转税,一方面实行普遍征收,具有税源广、税额大、征收及时的特点,已成为我国税制结构中第一大税;另一方面对各个增值环节均要征收,具有多环节征收、多层次负担、众人拾柴火焰高的特点,已成为我国财政收入的第一来源。

增值税采用抵扣法计算征收额,环环相扣,不影响企业的组织形式或经营方式,企业生产的同一件产品其税收负担都是相同的。从而在组织财政收入方面具有合理性和稳定性。

3. 实行增值税有利于贯彻按劳分配的原则

增值税克服了工商税阶梯式税负的缺点,使得同一产品的最终税收负担趋于一致。增值税在税负上不存在畸轻畸重的现象,企业的效益越好,增值额就越大,国家的收入也越大,而企业的留成也越大,国家、企业、职工三者的利益均越多;反之,三者的利益也相应地减小。因此,增值税体现了多劳多得的按劳分配原则。

4. 实行增值税有利于促进国际贸易的发展

为了鼓励发展国际贸易,世界各国一般都实行出口商品退税的政策,使得本国的商品以不含税价格进入国际市场竞争。对商品征收增值税后,由于一种商品的含税额一定等于该商品的最终不含税价与增值税税率的乘积,所以只要按商品的适用增值税税率退税(或者是按发票注明的税金退税),就能使该商品以不含税价格参与国际市场的竞争,从而保护本国产品在国际市场上的竞争能力。可见,增值税是通过对出口免税,同时也通过将进口品与国内生产的货物同等对待(消费地原则)来确保国际贸易的中性。很显然,增值税在当代相互依赖、相互竞争的全球化经济中的作用非常重要。

(三)增值税的问题

1. 具有税负累退性

由于增值税具有广泛的税基,税率上又力求采取单一或有限的比例税率,所以使其不能适应不同经营规模、不同性质商品、不同经营环节和不同发展地区的差别状况,造成收入越高的纳税人所承担的税负在其收入比重中呈递减态势,从而形成税负累退性。

2. 具有税负不确定性

增值税本身构成商品销售或购买金额,纳税人可以通过调整商品价格转移税负。抵扣式计税制度使税负向前移动,最终转嫁给消费者,容易诱发通货膨胀。增值税在流通领域的不断转移,使其最终归宿受到各种市场因素的制约,故而税负不易确定。

3. 具有征管困难性

由于税基的广泛性和多样性,而又以其增值额为征税对象,所以在一定程度上增加了征管难度和成本。

二、增值税的产生和发展

增值税的产生是社会经济发展的必然产物。第二次世界大战后,遭受战争劫掠的法国经济濒临崩溃,而后在美国的支持下,经济从逐步好转到高速发展。为了克服原有的多阶段、阶梯式的重复征税,1954年法国率先正式推行增值税,历经数次改良,于1968年形成了比较完整的增值税制。

20世纪60年代末以来,增值税成为140多个发达国家和发展中国家主要的消费型税种,现已成为一个国际性税种。目前尚未采纳增值税的国家和地区,除了美国、印度和澳大利亚外,主要为大洋洲和加勒比地区的岛屿型经济和一些非洲国家。

增值税是第一个成功地将对服务的课税和对货物的课税一体化的消费型税种。然而,有少数国家有选择地对服务课税,即包括在征税范围内的服务数量是有限的,这与公平待遇的主张相违背,扭曲了生产者和消费者的选择。不仅如此,而且常常需要法律上的细微区分,使增值税管理复杂化。另有极少数国家不允许对资本品,包括固定资产如厂房、设备等和非物质资产如专有技术等征收的增值税给予全额直接抵免,不仅违背了增值税的中性原则,而且对资本密集型的生产企业构成了歧视。此外,多数国家对政府为行使其公共权力所从事的活动不征税。

可见,在税收的课税范围和税基方面,管理上的缺陷会限制增值税制的预期效果和有效运转。因此,在实践中,各种不同类型的增值税并不一定像理论上所说的那样是宽税基和中性的。

我国的税制政策对增值税的实施也有一个过程。1983年,我国开始学习外国的先进税制,在全国部分地区、部分产品中试行了增值税,不久便在全国范围内推广了增值税。增值税先是在机械、药品、丝绸等产品中实施,后来又扩大到部分轻工产品。1994年,新税制的实施又把增值税扩大到所有的工业企业和商品流通企业,使得增值税成为我国第一大税种,增值税收入也成为我国中央税收的第一大来源。由于我国的增值税被划为中央和地方的共享税,所以增值税收入也成了地方财政收入的重要来源。

我国增值税在税额的计算上也是不断变化和发展的。最初增值税计算实行扣额法和扣税法,即甲类产品实行扣额法,乙类产品实行扣税法。扣税法又分两种计算方法:一种是实耗扣税法,另一种是购进扣税法。接着统一规定采用扣税法,继而又统一规定采用购进扣税法,后来进一步推行价税分流法,1994年开始实行的是在价税分流的基础上以增值税专用发票抵扣税款法。增值税制的每一次改革均使得其更加切合实际,更能够与社会主义市场经济的发展要求相适应。特别是从2009年起,我国增值税实现了从生产型向消费型的成功转型,即纳税人购买用于增值税项目的机器设备时所支付的增值税可以得到抵扣,这是随着经济全球化速度的加快,我国增值税制完善的一个重要里程碑,从而促使我国增值税制进一步与国际税制接轨,更加符合中性原则。

三、增值税纳税人和课税对象

(一)纳税人

增值税的纳税人是指在中华人民共和国境内销售货物或者提供加工、修理修配劳务以及进口货物的单位和个人。

增值税的纳税单位是指企业和行政单位、事业单位、军事单位、社会团体及其他单位。增值税的纳税个人是指个体工商户以及发生应纳税行为的其他个人。

《增值税暂行条例》对有些不便于纳税的纳税人还规定了法定扣缴义务人,如对境外的单位和个人在境内销售应税劳务而在境内未设有经营机构的,其应纳税款以代理人为扣缴义务人;没有代理人的,以购买者为扣缴义务人。

现行税法对增值税纳税人根据一定的标准,将其划分为一般纳税人和小规模纳税人。

一般纳税人是指生产经营规模比较大,年销售额达到一定标准,核算健全,核算上能够正确反映进项税额和销项税额的单位和个体经营者。一般纳税人实行以发票注明的税款抵扣,按"应纳税额=销项税额-进项税额"的公式计算增值税税金。

小规模纳税人是指不符合一般纳税人标准的其他所有增值税的纳税人。年应税销售额超过小规模纳税人标准的其他个人、非企业性单位、不经常发生应税行为的企业,可以选择按小规模纳税人纳税。小规模纳税人实行固定征收率的简易办法计算应纳增值税额,依应税销售额全值计税,而不按增值额计税。

(二) 课税对象

增值税的课税对象一是销售或进口货物,二是货物加工劳务,三是修理修配劳务。

作为增值税课税对象的货物是指有形动产,它包括电力、热力、气体。对货物的销售是指有偿转让货物的所有权。

作为增值税课税对象的进口货物,是指纳税人从境外购得并向海关报关进口的货物。其他地区的纳税人从海关保税的各种特殊监管区域购进的货物,也应视同进口货物。

作为货物加工劳务,是指受托加工货物,即委托方提供原料及主要材料,受托方按照委托方的要求,制造货物并收取加工费的业务。

作为增值税课税对象的修理修配,是指受托方对损伤和丧失功能的货物进行修复,使其恢复原状和功能的业务。

为保证增值税抵扣链条的完整和货物流转环节税负的均衡,根据现行税法规定,单位或个体经营者的应视同销售货物行为,也作为增值税的课税对象。

除上述范围外,财政部、国家税务总局对一些特定业务是否属于增值税的课税对象,先后作了明确的规定:

(1) 货物期货(包括商品期货和贵金属期货)属于增值税的征税范围。

(2) 银行销售金银的业务属于增值税的征税范围。

(3) 经中国人民银行批准从事的融资租赁业务,无论租赁货物的所有权是否转让给承租方,均不属于增值税的征税范围(但未经批准的单位或个人从事融资租赁业务,凡转让租赁货物所有权的除外)。

(4)因转让著作所有权或使用权而发生的销售电影母片、录像带母带、录音磁带母带的业务,以及因转让专利技术和非专利技术的所有权或使用权而发生的销售计算机软件的业务,不征收增值税,凡不转让所有权或使用权的,属于增值税的征税范围。

(5)纳税人在资产重组过程中,通过合并、分立、出售、置换等方式,将全部或者部分实物资产以及与其相关联的债权、负债及劳动力一并转让给其他单位和个人,不属于增值税的征税范围,其中涉及的货物转让,不征收增值税。

(6)国家管理部门行使其管理职能,发放的执照、牌照和有关证书等取得的工本费收入,不征收增值税。

(7)对从事热力、电力、燃气、自来水等公用事业的增值税纳税人收取的一次性费用,凡与货物销售量有直接关系的,征收增值税;凡与货物销售量无直接关系的,不征收增值税。

(8)纳税人代有关行政管理部门收取的费用,凡同时符合以下条件的,不属于价外费用,不征收增值税:

① 由国务院或者财政部批准设立的政府性基金,由国务院或者省级人民政府及其财政、价格主管部门批准设立的行政事业性收费;

② 收取时开具省级以上财政部门印制的财政收据;

③ 所收款项全额上缴财政。

第二节 增值税专用发票的使用和管理

增值税专用发票是增值税税制的产物,是增值税核算最重要的凭证,正确使用和严格管理好增值税专用发票,对保护税源和维护企业的经济效益都有着极其重要的意义。增值税专用发票的使用和管理是企业会计核算和财务管理的重要内容,因此它是会计人员的一项重要工作。

一、增值税专用发票的特点和意义

(一)特点

增值税专用发票是发票的一种特殊形式。增值税专用发票与其他各类发票相比,有两个明显的特点:

1. 价税分开

增值税专用发票把销货方的销货(提供劳务)收入分成两个部分,一部分是货物(劳务)不含税价,另一部分是货物(劳务)所含的税金,即把货物(劳务)中的增值税金单独地列示了出来。

2. 凭票扣税

允许抵扣的增值税进项税额必须以增值税专用发票上注明的税金作为法定的扣税依据。

（二）意义

实行增值税专用发票办法有三个方面的意义：

1. 有利于严格控制税源

在增值税专用发票实施前，对企业增值税的抵扣是以账面购进数作为计算抵扣税金的依据，那样做很容易出现假购进真抵扣，不可避免地出现税源的流失。实行增值税专用发票后，确定增值税抵扣额的依据不以企业的账面购进数，而是以增值税专用发票上注明的税金额进行抵扣，发票上注明多少税金，购货人就抵扣多少税金，同时发票上注明多少税金，销货人就应缴多少税金，购销双方都没有办法做假逃漏税收。只要能控制住增值税专用发票，就一定能控制住增值税的税源不致流失。

2. 有利于简化计算税额

在实施新税制后，增值税的计算是以销项税额减去进项税额为企业的应交税额，而销项税额是企业专用发票中注明的税额加上未开发票或开具普通发票所包含的税额；进项税额是企业所取得的专用发票上注明的税额，这种计算税额方法非常简便，而且一般也不会算错。

3. 有利于发展对外贸易

采用专用发票以后，一方面，外贸出口商品的退税按发票上注明的不含税价款乘以适用的退税率退税，可以促进国内商品的出口；另一方面，实行发票注明税金是国际上通行的做法，可与国际接轨，能够促进与世界各国的经济技术交流。

（三）用途

专用发票由基本联次或者基本联次附加其他联次构成，基本联次为三联：发票联、抵扣联和记账联。发票联，作为购买方核算采购成本和增值税进项税额的记账凭证；抵扣联，作为购买方报送主管税务机关认证和留存备查的凭证；记账联，作为销售方核算销售收入和增值税销项税额的记账凭证。其他联次用途，由一般纳税人自行确定。

一般纳税人应通过增值税防伪税控系统（以下简称防伪税控系统）使用专用发票。使用，包括领购、开具、缴销、认证纸质专用发票及其相应的数据电文。防伪税控系统，是指经国务院同意推行的，使用专用设备和通用设备、运用数字密码和电子存储技术管理专用发票的计算机管理系统。专用设备，是指金税卡、IC 卡、读卡器和其他设备。通用设备，是指计算机、打印机、扫描器具和其他设备。增值税专用发票样张见表 3-1。

表 3-1 ××增值税专用发票(样张)

3200032140　　　　　　　　　　　　　　　　　　　　　No 03404461

此联不作报销、扣税凭证使用　　　　　　开票日期：

购货单位	名　　　称：						
	纳税人识别号：			密码区			
	地址、电话：						
	开户行及账号：						
货物或应税劳务名称	规格型号	单位	数量	单价	金额	税率	税额
合　　　计							
价税合计(大写)					(小写)		
销货单位	名　　　称：			备注			
	纳税人识别号：						
	地址、电话：						
	开户行及账号：						

收款人：　　　　复核：　　　　开票人：　　　　销货单位：(章)

二、增值税专用发票使用的规定

（一）使用范围

对增值税专用发票的使用范围，国家税务总局作了两个具体规定：一是对使用人的范围作了规定；另一是对适用的范围作了规定。

从使用人范围看，增值税专用发票只限增值税一般纳税人可向税务机关领购使用，增值税小规模纳税人和其他增值税纳税人只能向税务机关申请，请其代开。非增值税纳税人不得使用增值税专用发票。

增值税一般纳税人有下列情形之一的，也不得领购和开具专用发票：

（1）会计核算不健全，不能向税务机关准确提供增值税销项税额、进项税额、应纳税额数据及其他有关增值税税务资料的。

（2）有《税收征管法》规定的税收违法行为，拒不接受税务机关处理的。

（3）有下列行为之一，经税务机关责令限期改正而仍未改正的：

① 虚开增值税专用发票；

② 私自印制增值税专用发票；

③ 向税务机关以外的单位和个人买取增值税专用发票；

④ 借用他人增值税专用发票；

⑤ 未按规定开具增值税专用发票；

⑥ 未按规定保管增值税专用发票和专用设备；

⑦ 未按规定申请办理防伪税控系统变更发行；

⑧ 未按规定接受税务机关检查。

有上列情形的,如已领购专用发票,主管税务机关应暂扣其结存的专用发票和IC卡。

其中,未按规定保管专用发票和专用设备,是指具有下列情形之一：

① 未设专人保管专用发票和专用设备；

② 未按税务机关要求存放专用发票和专用设备；

③ 未将认证相符的专用发票抵扣联、认证结果通知书和认证结果清单装订成册；

④ 未经税务机关查验,擅自销毁专用发票基本联次。

从适用范围看,增值税专用发票要根据不同的情况,确定能否开具：

(1) 一般纳税人销售货物(包括视同销售货物在内)、应税劳务及根据《增值税暂行条例实施细则》规定应当征收增值税的非应税劳务,必须向购买方开具增值税专用发票。

(2) 一般纳税人将货物无偿赠送给他人,如果受赠者为一般纳税人,可以根据受赠者的要求开具专用发票。

(3) 一般纳税人到零售单位购买货物,出示一般纳税人税务登记副本后,销货单位可为其开具增值税专用发票。

商业企业一般纳税人零售的烟、酒、食品、服装、鞋帽(不包括劳保专用部分)、化妆品等消费品不得开具专用发票。

增值税小规模纳税人需要开具专用发票的,可向主管税务机关申请代开。

销售免税货物不得开具专用发票,法律、法规及国家税务总局另有规定的除外。

(4) 除另有规定者外,下列情形不得开具增值税专用发票：

① 销售报关出口的货物,在境外提供应税劳务；

② 将货物用于非应税项目；

③ 将货物用于集体福利或个人消费；

④ 提供非应税劳务(应当征收增值税的除外)、转让无形资产或销售不动产。

(二) 领购和保管

企业定期和不定期地向主管税务机关申请购买增值税专用发票,对已购买的专用发票,企业要严密保管、控制使用,要千方百计确保不出任何差错。

1. 领购

增值税专用发票由国家税务总局统一印制,被确认为一般纳税人的企业定期和不定期地到主管税务机关购买。其具体领购手续是：

(1) 领取领购簿。经税务机关审核符合领用发票条件的一般纳税人,由主管税务机关核发《增值税专用发票领购簿》。在领购簿上要登记纳税人的有关概况和核定一般纳税人的月用票量，企业一次只能按税务机关核定的月用票量领取增值税专用发票，而后实行验旧换新或以旧换新。如企业的用票量随着生产经营情况的变化而发生变化的，应及时向主管税务机关申请调整用票量。

（2）填制申报表。企业在办理购买专用发票时，要填制《增值税专用发票领购申请表》，加盖企业财务专用章和携带经办人身份证及金税IC卡。主管税务机关接到申请表后，经逐级审核批准和对旧票查验，予以发售新专用发票。企业应将审批的申请表收存作为购买新票记账凭证，据以登记发票领、用、存账簿。

（3）输入金税卡。企业办理购买专用发票手续后，应到主管税务机关金税窗口，由税务人员将本次购买专用发票的信息录入金税IC卡，保证防伪税控开票系统的正常运行和将来报税信息的完整。

2. 保管

增值税专用发票的安全保管是企业财会人员的重要责任，具体应做好以下工作：

（1）专人负责，专柜存放。企业应慎重地确定增值税专用发票的票管员，与票管人员签订《安全管票责任书》，票管人员要把增值税专用发票及金税IC卡等作为国家和企业的重要财产来保管。增值税专用发票及金税IC卡要用保险柜存放。该保险柜除票管员外，其他人一律不能使用。

（2）建立账簿，严格领用。企业从主管税务机关购入的专用发票，应当由经过防伪税控培训的专人开具，不能全部分发给多人使用。如果票管员和开具人不是一人，票管员对领、用、存的专用发票要及时记账，对开票人要严格签字手续。开票人对开具完的旧票缴销也要签字，以示对开票的真实性负责。票管员对购入的新票和收回的旧票都要逐张查验，以防缺份。

（3）定期盘点，离任交接。企业的会计主管人员要定期对票管员的专用发票领、用、存情况进行核对盘点，对专用发票使用人的发票领用数和使用情况进行检查核对，发现问题及时查处，发现丢失必须及时检查和报告税务机关，并且要严格处理责任人。票管员离任前要进行专用发票的全面盘点核对，离任时要严格做好交接手续，对票管员存在问题的，要待问题得以处理后才能离任。

（三）防伪税控

"防伪税控"系统是我国"金税工程"建设的重要组成部分，它的建立，不仅有效地遏制了虚开、代开增值税专用发票的违法犯罪行为，而且将全国增值税一般纳税人开具专用发票的信息纳入了全国联网的监控系统，为税收征管信息化建设奠定了基础，其最终目的是为了方便纳税人，提高办税效率。

一般纳税人企业纳入"防伪税控"系统后，所有增值税专用发票都运用装有金税卡的电脑开具，并应在每期申报后，将开票信息采用网络或IC卡方式向税务机关抄报税。企业购进货物取得的所有进项专用发票均必须在规定的时限内（开具之日起180天内，并在取得的当月)采用网络或带到税务机关办税厅进行解密认证,认证无误后方可计入当期进项税额申报抵扣。(在辅导期内的一般纳税人,取得的增值税专用发票等抵扣凭证要在交叉稽核比对无误后,方可予以抵扣。)

(四)开具要求

增值税专用发票应按下列要求开具:

(1)项目齐全,与实际交易相符;
(2)字迹清楚,不得压线、错格;
(3)发票联和抵扣联加盖财务专用章或者发票专用章;
(4)按照增值税纳税义务的发生时间开具。

对不符合上列要求的专用发票,购买方有权拒收。

一般纳税人销售货物或者提供应税劳务可汇总开具专用发票。汇总开具专用发票的,同时使用防伪税控系统开具《销售货物或者提供应税劳务清单》,并加盖财务专用章或者发票专用章。

一般纳税人丢失已开具专用发票的发票联和抵扣联,若丢失前已认证相符的,购买方凭销售方提供的相应专用发票记账联复印件及销售方所在地主管税务机关出具的《丢失增值税专用发票已报税证明单》,经购买方主管税务机关审核同意后,可作为增值税进项税额的抵扣凭证;若丢失前未认证的,购买方凭销售方提供的相应专用发票记账联复印件到主管税务机关进行认证,认证相符的凭该专用发票记账联复印件及销售方所在地主管税务机关出具的《丢失增值税专用发票已报税证明单》,则经购买方主管税务机关审核同意后,可作为增值税进项税额的抵扣凭证。

一般纳税人丢失已开具专用发票的抵扣联,若丢失前已认证相符的,则可使用专用发票的发票联复印件留存备查;若丢失前未认证的,则可使用专用发票的发票联到主管税务机关认证,专用发票的发票联复印件留存备查。一般纳税人丢失已开具专用发票的发票联,可将专用发票抵扣联作为记账凭证,专用发票抵扣联复印件留存备查。

(五)红字发票

企业财会部门要加强对本单位增值税专用发票使用的控制:一方面要控制增值税专用发票的正确使用,严防代开、虚开现象的发生;另一方面要把对增值税专用发票的控制作为控制企业收入不至流失,维护企业经济利益的一个措施。

增值税专用发票开具的项目,都是企业的既得收入,因此它是应该及时计入企业销售收入的,会计人员要及时把开票情况与收款员收入报缴进行核对,通过核对检查专用发票的使用情况,来核对企业的收入情况,使增值税专用发票成为管理企业既得收入的重要工具。

在商品的买卖过程中,经常会遇到因各种原因而发生的退货和部分退货。在此情况下,有些销售方要采取开具红字发票的方法,冲销已计的收入。当企业开具了红字发票以后,不仅要冲销本期的销售收入,而且还要冲销本期的销项税额,因此开具增值税的红字发票是一项十分慎重的工作,在控制措施上要有严格的规定,以防发生偷税和贪污。

一般纳税人在开具专用发票当月,发生销货退回、开票有误等情形,收到退回的发票联、抵扣联符合作废条件的,按作废处理;开具时发现有误的,可即时作废。

作废专用发票须在防伪税控系统中将相应的数据电文按"作废"处理,在纸质专用发票(含未打印的专用发票)各联次上注明"作废"字样,全联次留存。

一般纳税人取得专用发票后,发生销货退回、开票有误等情形但不符合作废条件的,或者因销货部分退回及发生销售折让的,一般情况下,购买方应向主管税务机关填报《开具红字增值税专用发票申请单》(以下简称《申请单》)。《申请单》所对应的蓝字专用发票应经税务机关认证。《申请单》一式两联:第一联由购买方留存;第二联由购买方主管税务机关留存。《申请单》应加盖一般纳税人财务专用章。

主管税务机关对一般纳税人填报的《申请单》进行审核后,出具《开具红字增值税专用发票通知单》(以下简称《通知单》)。《通知单》应与《申请单》一一对应。《通知单》一式三联:第一联由购买方主管税务机关留存;第二联由购买方送交销售方留存;第三联由购买方留存。《通知单》应加盖主管税务机关印章。《通知单》应按月依次装订成册,并比照专用发票保管规定管理。

购买方必须暂依《通知单》所列增值税税额从当期进项税额中转出,未抵扣增值税进项税额的可列入当期进项税额,待取得销售方开具的红字专用发票后,与留存的《通知单》一并作为记账凭证。购买方所购货物不属于增值税扣税项目范围,取得的专用发票未经认证的,由购买方填报《申请单》,并在《申请单》上填写具体原因以及相对应蓝字专用发票的信息,主管税务机关审核后出具《通知单》。购买方不作进项税额转出处理。销售方凭购买方提供的《通知单》开具红字专用发票,在防伪税控系统中以销项负数开具。红字专用发票应与《通知单》一一对应。发生销货退回或销售折让的,销售方除规定进行处理外,还应在开具红字专用发票后将该笔业务的相应记账凭证复印件报送主管税务机关备案。

纳税人销售货物并向购买方开具增值税专用发票后,由于购货方在一定时期内累计购买货物达到一定数量,或者由于市场价格下降等原因,销货方给予购货方相应的价格优惠或补偿等折扣、折让行为,销货方可按现行有关规定开具红字增值税专用发票。

(六) 开具时限

增值税专用发票的开具时限必须在纳税义务发生时,既不能提前,也不能延后。对已开具专用发票的货物销售,要及时足额计入当期销售额征税。凡开具了专用发票,其销售额未按规定计入销售额账户核算的,一律按偷税论处。开具增值税专用发票的时限具体规定如下:

(1) 采取预收货款、托收承付和委托银行收款方式销售货物的,为货物发出的当天。

(2) 采取交款提货方式销售货物的,为收到货款的当天。

(3) 采取赊销和分期收款方式销售货物的,为合同约定的收款日期的当天。

(4) 将货物交付他人代销的,为收到受托人送交的代销清单的当天。

(5) 设有两个以上机构并实行统一核算的纳税人,将货物从一个机构移送其他机构用于销售,按规定应当征收增值税的,为货物移送的当天。

(6) 将货物作为投资提供给其他单位或个体经营者,为货物移送的当天。

(7) 将货物分配给股东,为货物移送的当天。

三、增值税专用发票的违章处理

对于违反增值税专用发票管理法规者,《中华人民共和国发票管理办法》及其他涉税法律法规制定了严格的处罚规定,这些处罚规定是维护使用增值税专用发票严肃性的重要保障,所有人员都必须严格遵守。

（一）一般处罚规定

(1) 具有下列行为之一的单位和个人,由税务机关责令其改正,没收非法所得,可以并处 1 万元以下的罚款;有下面所列两种或两种以上行为的,分别处罚：

① 应当开具而未开具发票,或者未按照规定的时限、顺序、栏目,全部联次一次性开具发票,或者未加盖发票专用章的;

② 使用税控装置开具发票,未按期向主管税务机关报送开具发票的数据的;

③ 使用非税控电子器具开具发票,未将非税控电子器具使用的软件程序说明资料报主管税务机关备案,或者未按照规定保存、报送开具发票的数据的;

④ 拆本使用发票的;

⑤ 扩大发票使用范围的;

⑥ 以其他凭证代替发票使用的;

⑦ 跨规定区域开具发票的;

⑧ 未按照规定缴销发票的;

⑨ 未按照规定存放和保管发票的。

(2) 跨规定的使用区域携带、邮寄、运输空白发票,以及携带、邮寄或者运输空白发票出入境的,由税务机关责令改正,可以处 1 万元以下的罚款;情节严重的,处 1 万元以上 3 万元以下的罚款;有违法所得的予以没收。

(3) 私自印制、伪造、变造发票,非法制造发票防伪专用品,伪造发票监制章的,由税务机关没收违法所得,没收、销毁作案工具和非法物品,并处 1 万元以上 5 万元以下的罚款;情节严重的,并处 5 万元以上 50 万元以下的罚款;构成犯罪的,依法追究刑事责任。

(4) 违反发票管理法规,导致其他单位或者个人未缴、少缴或者骗取税款的,由税务机关没收非法所得,可以并处未缴、少缴或者骗取税款 1 倍以下罚款。

(5) 当事人对税务机关的处罚决定不服的,可以依法向上一级税务机关申请复议或者向人民法院起诉;逾期不申请复议,也不向人民法院起诉,又不履行的,作出处罚决定的税务机关可以申请人民法院强制执行。

(6) 税务人员利用权力之便,故意刁难印刷、使用发票的单位和个人,或者有违反发票管理法规行为的,依照国家有关规定给予行政处分;构成犯罪的,依法追究刑事责任。

(二) 特殊处罚规定

为了惩治虚开、伪造和非法出售增值税专用发票进行偷税、骗税等犯罪活动,保障国家税收,1995 年 10 月 30 日第八届全国人民代表大会常务委员会第十次会议通过了《关于惩治虚开、伪造和非法出售增值税专用发票犯罪的决定》,其主要规定如下:

(1) 虚开增值税专用发票的,处 3 年以下有期徒刑或者拘役,并处 2 万元以上 20 万元以下罚金;虚开的税款数额较大或者有其他严重情节的,处 3 年以上 10 年以下有期徒刑,并处 5 万元以上 50 万元以下罚金;虚开的税款数额巨大或者有其他特别严重情节的,处 10 年以上有期徒刑或者无期徒刑,并处没收财产。

虚开增值税专用发票是指为他人虚开、为自己虚开、让他人为自己虚开、介绍他人虚开增值税专用发票行为之一的。

(2) 伪造或者出售伪造的增值税专用发票的,处 3 年以下有期徒刑或者拘役,并处 2 万元以上 20 万元以下罚金;数量较大或者有其他严重情节的,处 3 年以上 10 年以下有期徒刑,并处 5 万元以上 50 万元以下罚金;数量巨大或者有其他特别严重情节的,处 10 年以上有期徒刑或者无期徒刑,并处没收财产。

(3) 非法出售增值税专用发票的,处 3 年以下有期徒刑或者拘役,并处 2 万元以上 20 万元以下罚金;数量较大的,处 3 年以上 10 年以下有期徒刑,并处 5 万元以上 50 万元以下罚金;数量巨大的,处 10 年以上有期徒刑或者无期徒刑,并处没收财产。

(4) 非法购买增值税专用发票或者购买伪造的增值税专用发票的,处 5 年以下有期徒刑、拘役,并处或者单处 2 万元以上 20 万元以下罚金。

(5) 虚开用于骗取出口退税、抵扣税款的其他发票的,依照本决定第 1 条的规定处罚。

虚开用于骗取出口退税、抵扣税款的其他发票是指有为他人虚开、为自己虚开、让他人为自己虚开、介绍他人虚开用于骗取出口退税、抵扣税款的其他发票行为之一的。

(6) 伪造、擅自制造或者出售伪造、擅自制造的可以用于骗取出口退税、抵扣税款的其他发票的处 3 年以下有期徒刑或者拘役并处 2 万元以上 20 万元以下罚金;数量巨大的,处 3 年以上 7 年以下有期徒刑,并处 5 万元以下罚金;数量特别巨大的,处 7 年以上有期徒刑,并处没收财产。

第三节 增值税应纳税额的计算和缴纳

一、增值税的计算要素

（一）税率和征收率

现行《增值税暂行条例》规定了三个档次的税率：基本税率17%、优惠税率13%、鼓励税率零税率。各档税率的具体适用范围如下：

(1) 纳税人销售货物和加工、修理修配劳务或者进口货物,税率为17%。

(2) 纳税人销售或进口下列货物,税率为13%：

① 粮食、食用植物油；

② 自来水、暖气、冷气、热水、煤气、液化气、天然气、沼气、居民用煤炭制品；

③ 图书、报纸、杂志；

④ 饲料、化肥、农药、农机、农膜；

⑤ 农产品；

⑥ 音像制品和电子出版物；

⑦ 食用盐；

⑧ 二甲醚。

纳税人出口货物,税率为零,但国务院另有规定的除外。

(3) 小规模纳税人销售货物或是加工、修理修配劳务均按3%征收率计算增值税。

(4) 对生产下列货物的一般纳税人可按6%的征收率计算缴纳增值税,并可由其自己开具专用发票：

① 县以下小型水力发电单位的电力；

② 建筑用和生产建筑材料用的砂、土和石料；

③ 以自己采掘的砂、土和石料以及其他矿物生产的砖、瓦和石灰；

④ 掺有煤矸石、石煤、粉煤灰、炉底渣生产的墙体材料(不包括高炉水渣)；

⑤ 用微生物及其代谢物、动物毒素和人、动物组织生产的生物制品；

⑥ 自来水公司销售自来水；

⑦ 一般纳税人生产销售的水泥混凝土(不得开具增值税专用发票)；

⑧ 固定业户未持有外出经营活动税收管理证明,在外地销售货物或劳务。

生产上列货物的一般纳税人也可不按简易办法而按一般纳税人的方法计税,但一种方法选定后,至少在36个月内不得变更。

此外,现行税法还对下列特殊行业或产品的征收率作了规定：

(1) 寄售商店代销的寄售物品、典当业销售的死当物品一律按 4% 的征收率计征增值税。

(2) 对拍卖行受托拍卖增值税应税货物,其向买方收取的全部价款和价外费用,按 4% 的征收率计征增值税。

(3) 经国务院或国务院授权机关批准的进口免税商店(一般纳税人)零售的进口免税品,暂按简易办法依照 4% 的征收率计算缴纳增值税。

(4) 一般纳税人销售自己使用过的属于增值税条例规定的不得抵扣且未抵扣进项税额的固定资产,按简易办法依 4% 征收率减半征收增值税。

(5) 小规模纳税人(除其他个人)销售自己使用过的固定资产,减按 2% 征收率征收增值税。

(6) 纳税人销售旧货,按照简易办法依照 4% 征收率减半征收增值税。

所谓旧货,是指进入二次流通的具有部分使用价值的货物(含旧汽车、旧摩托车和旧游艇),但不包括自己使用过的物品。

纳税人兼营不同项目的应税商品,应分别核算其销售额,不能分别核算的,应从高适用税率。凡实行按征收率征税的增值税纳税人或应税货物,除另有规定者外,销售时一般不得自行开具增值税专用发票,也不得抵扣相应的进项税额。

(二) 计税依据

增值税的计税依据是销售额。确定增值税计税依据的原则,是销售某种货物或取得某项应税劳务收入的全部收入包括一切价外收入。具体有如下一些规定:

(1) 纳税人销售货物或提供应税劳务,除收取货款和劳务价款外,同时向购货人或接受劳务人收取其他方面款项的,应以纳税人收取的货款、劳务价款加上其他价外收入为计税依据,但不包括收取的销项税额、代收代缴的消费税、代垫的运杂费。价外收入包括向购买方收取的手续费、补贴、佣金、基金、集资费、返还利润、奖励费、违约金、滞纳金、延期付款利息、赔偿金、包装费、包装物租金、储备费、优质费、运输装卸费、代收款项、代垫款项及其他各种性质的价外收费。但纳税人销售货物的同时代办保险而向购买方收取的保险费,以及从事汽车销售的纳税人向购买方收取的代购买方缴纳的车辆购置税、牌照费,不作为价外费用征收增值税。

(2) 纳税人按人民币以外货币结算销售额时,其销售额的人民币折合率可以选择销售额发生的当日或者当月 1 日的人民币汇率中间价。纳税人应在事先确定采用何种折合率,确定后一年内不得变更。

(3) 纳税人为销售货物而出租出借包装物收取的押金,单独记账的不并入销售额计税,但逾期(以一年为期限)未退还的押金应当并入销售收入计税。但对酒类产品(除啤酒、黄酒外)的包装物押金,不论如何核算,均应在收入当期计税。

(4) 纳税人采用折扣方式销售货物,如果销售额和折扣额在同一张发票上分别注明,可按折扣后的销售额计税;如果将折扣额另开发票或者不开发票的,无论财务上如何处理,均不得剔除折扣额计税。

(5) 纳税人采取以旧换新方式销售货物的应以新货物的同期销售价格确定计税额(金银首饰除外)。

(6) 纳税人采取还本销售方式销售货物的不得从销售额中扣除还本支出计税。

(7) 纳税人采取以物易物方式销售货物的,交换双方都应作购销处理,即以各自发出的货物核算销售额并计算销项税额。

(8) 纳税人在发生一项销货同时涉及非增值税应税劳务的混合销售行为,并且被确认为应纳增值税的混合销售,应将货物销售额或者应税劳务收入加非增值税应税劳务收入额合并计税。但对纳税人销售自产的应税货物并同时提供建筑业劳务的,如同时符合以下条件,则仅对销售应税货物的收入征收增值税,对提供建筑业劳务的收入不征收增值税:

① 纳税人必须具备建设行政部门批准的建筑施工(安装)资质;

② 签订建设工程施工总包或者分包合同中单独注明建筑劳务价款。

(9) 纳税人如果兼营非应税劳务,应分别核算货物销售、应税劳务的收入和非应税劳务的收入,否则由主管税务机关核定货物或者应税劳务的销售额。

(10) 纳税人销售货物或者提供应税劳务的价值明显偏低而无正当理由的,或者纳税人发生视同销售行为而无销售额的,由主管税务机关按下列法定顺序确定销售额:

① 按纳税人最近时期同类货物的平均销售价格确定;

② 按其他纳税人最近时期同类货物的平均销售价格确定;

③ 在用以上两种方法均不能确定其销售额的情况下,可按组成计税价格确定销售额。组成计税价格的公式为:

组成计税价格=成本×(1+成本利润率)+应征消费税货物的消费税额

以上公式中的成本是指自产货物的实际生产成本,外购货物的实际采购成本,委托加工产品的原材料成本及加工费。公式中的成本利润率全国统一定为10%,但属于征收消费税的货物,应按消费税法规定的成本利润率确定。

(11) 纳税人销售货物或提供应税劳务的计税额应按不含税价确定,若是以含税价取得的收入,则按销售额(不含税)=含税销售额÷[1+税率(或征收率)]公式计算其计税额。

(12) 纳税人进口货物的计税额为组成计税价格。组成计税价格的公式为:

组成计税价格=关税完税价格+关税+应征消费税货物的消费税额

二、增值税的计算方法

(一) 进项税额

进项税额是指纳税人购进货物或者接受应税劳务所支付的或者负担的增值税额。进项税额是纳税人抵扣税款的依据,准予从销项税额中抵扣的进项税额有:

(1) 增值税扣税凭证上注明的增值税额,但限于下列两种情况:
① 从销货方面取得的增值税专用发票上注明的增值税额;
② 从海关取得的海关进口增值税专用缴款书上注明的增值税额。
(2) 购进农业产品,除增值税专用发票或者海关进口增值税专用缴款书外,按照农产品收购发票或者销售发票上注明的农产品买价和13%的扣除率计算进项税额。

进项税额计算公式:进项税额＝买价×扣除率

买价,包括纳税人购进农产品在农产品收购发票或者销售发票上注明的价款和按规定缴纳的烟叶税。

(3) 购进或销售货物以及在生产经营过程中支付的运输费用,按照运输费用结算单据注明的运费金额和7%的扣除率计算进项税额。

进项税额计算公式:进项税额＝运输费用金额×扣除率

准予抵扣的运输费用金额,是指运输费用结算单据上注明的运输费用(包括铁路临管线及铁路专线运输费用)、建设基金,不包括装卸费、保险费等其他杂费。

增值税一般纳税人支付的国际货物运输代理费用,不得作为运输费用抵扣进项税额。

必须注意的是,增值税一般纳税人购进货物和应税劳务,并非只要取得增值税专用发票或运输发票,就可以抵扣销项税额。在下列情况下,取得的进项税额不允许抵扣销项税额:

(1) 取得的增值税扣税凭证不符合法律、行政法规或者国务院税务主管部门有关规定的。

(2) 取得防伪税控系统开具的专用发票或者运输发票未按规定认证解密,或者未在规定时限(自发票开具之日起180天内)认证解密,或者虽已认证解密但未计入认证当月进项税额申报抵扣的。

(3) 购进货物或应税劳务属于下列方面的:① 用于非增值税应税项目、增值税免税项目、集体福利或者个人消费的;② 非正常损失的购进货物及相关的应税劳务、非正常损失的在产品、产成品所耗用的购进货物或者应税劳务;③ 国务院财政、税务主管部门规定的纳税人自用消费品;④ 上述项目规定的货物的运输费用和销售免税货物的运输费用。

纳税人已经抵扣进项税额的购进货物或者应税劳务发生上述情形的,应当在发生情形的当期扣减相应的进项税额。无法确定该项进项税额的,按实际成本计算应扣减的进项税额。

这里值得注意的是,2009年开始,增值税法中将包括动产类固定资产(即机器设备)在内的全部货物均列入可以抵扣进项税额的范畴,它标志着我国增值税已开始从生产型向消费型转型。对于动产类固定资产,税法还规定既用于增值税应税项目也用于非增值税应税项目、免征增值税项目、集体福利和个人消费的，可以全额抵扣进项税额，而不需要转入或者部分转入成本，这是与其他货物不同之处。

上述规定中的"非增值税应税项目"是指提供非增值税应税劳务、转让无形资产、销售不动产和不动产在建工程。

上述规定中的"个人消费"包括纳税人的交际应酬消费；纳税人自用的应征消费税的摩托车、汽车、游艇，其进项税额不得从销项税额中抵扣。

上述规定中的"非正常损失"是指因管理不善造成被盗、丢失、霉烂变质的损失。对于企业由于资产评估减值而发生流动资产损失，如果流动资产未丢失或损坏，只是由于市场发生变化，价格降低，价值量减少，则不属于规定中的非正常损失，不作进项税额转出处理。

纳税人兼营免税项目或者非增值税应税劳务而无法准确划分不得抵扣的进项税额的，按下列公式计算不得抵扣的进项税额：

不得抵扣的进项税额＝（当月全部进项税额－当月可准确划分用于应税项目、免税项目及非应税项目的进项税额）×当月免税项目销售额与非应税项目营业额的合计÷当月全部销售额、营业额合计＋当月可准确划分用于免税项目及非应税项目的进项税额

值得注意的是，按照规定，纳税人在计算不得抵扣的进项税额时，对免税项目销售额和非增值税应税劳务营业额，应直接视同不含税收入，不得再进行换算。

此外，税法还规定，购货方（一般纳税人）向销货方取得的各种形式的资金返还（除总机构向实行统一核算的分支机构返还的日常工资、电话费、租金外），应当冲减相应的进项税额，计算公式如下：

当期应转出进项税额＝当期返还资金额×所购货物适用税率÷（1＋所购货物适用税率）

商业企业向供货方收取的部分收入，按照以下原则征收增值税或营业税：

（1）对商业企业向供货方收取的与商品销售量、销售额无必然联系，且商业企业向供货方提供一定劳务的收入，例如进场费、广告促销费、上架费、展示费、管理费等，不属于平销返利，不冲减当期增值税进项税金，应按营业税的适用税目税率征收营业税。

（2）对商业企业向供货方收取的与商品销售量、销售额挂钩（如以一定比例、金额、数量计算）的各种返还收入，均应按照平销返利行为的有关规定冲减当期增值税进项税金，不征收营业税。

（二）销项税额

销项税额是指增值税一般纳税人销售货物或者应税劳务，按照销售额和规定的税率计算并向购买方收取的增值税额。销项税额的计算公式为：

销项税额＝销售额×税率

企业的销售额是指不含增值税的收入额,如果企业销货或提供应税劳务,实行价税合并收取的,那么在开具增值税专用发票和记账时,都要把其中的增值税金分离出来。

(三)一般纳税人应纳税额的计算

增值税一般纳税人的本期销项税额扣除本期进项税额即为本期应纳增值税额。

[例1] 某机床厂本期销售机床收入100万元,购进钢材50万元,取得的专用发票上注明的税金8.5万元,购进配套件20万元,取得的专用发票上注明的税金3.4万元,购进动力10万元,取得的专用发票上注明的税金1.7万元,购进电子检测设备一台,不含税价8万元,列入固定资产,取得的专用发票上注明的税金1.36万元,均在当月到税务机关认证通过。试计算本期应纳增值税税额。

解:应纳税额=销项税额-进项税额
$$=1\,000\,000\times17\% - (85\,000+34\,000+17\,000+13\,600)$$
$$=170\,000-149\,600$$
$$=20\,400(元)$$

[例2] 某酒厂本期销售白酒收入100万元,另外销售时向买方收取2万元的灌装补贴,收取1万元的容器押金,本期购进酒精20万元,专用发票上注明的进项税额3.4万元,购进白薯干40万元,专用发票上注明的进项税额5.2万元,支付电费10万元,专用发票注明进项税额1.7万元,均在当月到税务机关认证通过。试计算本期应纳增值税额。

解:应纳税额=销项税额-进项税额
$$=[1\,000\,000+(20\,000+10\,000)\div(1+17\%)]\times17\%$$
$$\quad-(34\,000+52\,000+17\,000)$$
$$=174\,359-103\,000$$
$$=71\,359(元)$$

注:(1)这里收取的灌装补贴2万元,因属于与销售货物有关的一切价外补贴,故按规定应计算纳税;(2)收取的容器押金1万元,因销售的属于酒类产品,故不论是否退还,均应在收到的当期计税。

[例3] 某麦芽厂本期销售麦芽50万元,支付电费20万元,取得的专用发票上注明税金3.4万元,支付水费10万元,取得的专用发票上注明税金1.3万元,并在当月到税务机关认证通过,向农业生产者直接收购大麦10万元,并按规定开具税务部门监制的收购发票。试计算应纳增值税税额。

解:应纳税额=销项税额-进项税额
$$=500\,000\times17\% - (34\,000+13\,000+100\,000\times13\%)$$
$$=85\,000-60\,000$$
$$=25\,000(元)$$

注:这里收购的大麦属于初级农业产品,虽然不是从经营单位购入,且未取得购进的增值税专用发票,但若按规定开具了收购发票,则准予按照收购金额依13%计算进项税额。

[例4] 某糕点厂本期销售糕点20万元,本期支付电费5万元,取得的专用发票上注明税金8 500元,支付水费1万元,取得专用发票子上注明金额1 300元,本期购进面粉、大米计15万元,取得的专用发票上注明税金为1.95万元,均在当月到税务机关认证通过,其中把5万元的面粉、大米分给单位职工作为福利。试计算本期应纳增值税税额。

解:应纳税额=销项税额-进项税额
 =200 000×17%-(8 500+13 00+19 500-6 500)
 =34 000-22 800
 =11 200(元)

注:用于职工福利的5万元,其购进时税金应从进项税额中剔除作为进项税额转出。

[例5] 某药厂本期销售药品30万元,在销售收入中,按1%的回扣退还给购货单位的经办人员,该单位开出的增值税专用发票价款为30万元,在企业记账时,剔除1%的回扣3 000元后记销售收入29.7万元。另外,该企业本期购进原料药25万元,支付电费5万元,支付水费5万元,均取得增值税专用发票,发票上注明的税金总计5.75万元,并在当月到税务机关认证通过。试计算企业本期应纳增值税税额。

解:应纳税额=销项税额-进项税额
 =300 000×17%-57 500
 =51 000-57 500
 =-6 500(元)

注:(1)销货折扣,凡未在增值税专用发票上注明扣减销售收入,也没有取得购买方主管税务机关出具红字发票开具通知的,均应按全额计算销项税额;(2)若本期应纳税额为负数,则本期不纳税,未抵扣完的进项税额(本例为6 500元)可留待下期继续抵扣。

以上各题应纳税额的计算均未考虑上期是否存在留抵税额,在实际计算税金时,如果上期有未抵完的进项税额,那么要留给下一期继续抵扣,即本期应纳税额=本期销项税额-本期进项税额-上期留抵税额。

(四)小规模纳税人及采用简易办法计税的货物应纳税额的计算

对于小规模纳税人及采用简易办法计税的货物采取简单的计算方法,不考虑进项税额,而是以其全部销售额(不含税)乘以固定的征收率,即应纳税额=销售额×征收率。

小规模纳税人的销售额也是指不含增值税收入额,如果企业销售或提供应税劳务是实行价税合并收取的,那么在计算应纳税金或者开具增值税专用发票时,都应当把税金分离出来。

[例6] 某属于增值税小规模纳税人的百货商店,本期销售收入3万元(不含税)。试计算该企业本期应纳增值税税额。

解:应纳税额＝30 000×3%
　　　　　＝900(元)

[例7] 某属于增值税小规模纳税人的皮鞋厂本期发生销售收入5万元(不含税),其中3万元皮鞋直接销给消费者个人和个体商业户,未开具增值税专用发票;2万元皮鞋销给某百货商场(一般纳税人),该项销售由企业主管税务机关代开增值税专用发票。试计算该企业本期应纳增值税税额。

解:应纳税额＝50 000×3%
　　　　　＝1 500(元)

注:小规模纳税人的销货计税,不论其是否开具增值税专用发票,均以其不含税销售收入的金额依3%的征收率计算应纳税额。

[例8] 某汽修厂为小规模纳税人,本期取得修理收入4.12万元(含税),本期支付电费2 000元,取得的是普通发票。本期购进修理配件价款1万元,取得的增值税专用发票上注明的税金为1 700元。试计算该企业本期应纳增值税税额。

解:应纳税额＝41 200÷(1+3%)×3%
　　　　　＝40 000×3%
　　　　　＝1 200(元)

注:小规模纳税人不管是否取得增值税专用发票,在计算税金时均不得考虑抵扣税金,而一律按不含税收入的金额依3%计算纳税。本例中的企业虽然取得了1 700元税金的进项专用发票,但仍不能抵扣。

(五)含税价与不含税价的换算

在计算增值税的销项税额和应纳税额时,经常会遇到要将含税价转换成不含税价的问题,或者企业在商谈购销业务时也经常要把不含税价格转换成含税价来与过去业务合同价格进行比较。

$$不含税价 = \frac{含税价}{1+税率(或征收率)}$$

三、增值税的缴纳

(一)纳税环节

对增值税纳税环节确定的一个总原则是:在实现销售的环节纳税。但是在许多情况下,纳税环节并不在销售环节。增值税的纳税环节有如下几个方面的规定:

(1) 纳税人将自产或者外购的货物用于销售的,其纳税环节在销售环节。

(2) 纳税人将自产的货物用于非增值税应税劳务的,其纳税环节在移送环节。

(3) 纳税人将自产的货物用于本单位集体福利或个人消费的,其纳税环节在转移环节。

(4) 纳税人将自产或者外购货物用于投资、分配或无偿赠送的,其纳税环节在转让环节。

(5) 纳税人将自产或者外购的货物调拨给实行统一核算的设在本县市之外的另一机构用于销售的,其纳税环节在调拨环节。

(6) 纳税人进口货物,其纳税环节为进口报关环节。

(二) 纳税时间

增值税的纳税时间分为纳税义务发生时间和增值税缴纳时间。与其他流转税相比,增值税的纳税义务时间和缴纳税款义务时间有如下具体规定:

1. 纳税义务发生时间

(1) 采取直接收款方式销售货物的,不论货物是否发出,均为收到销售额或者取得销售额的凭据,并将提货单交给买方的当天。

(2) 采取托收承付和委托收款方式销售货物的,为发出货物并办妥托收手续的当天。

(3) 采取赊销和分期收款方式销售货物的,为合同约定的收款日期的当天,无书面合同的或者书面合同没有约定收款日期的,为货物发出的当天。

(4) 采取预收货款方式销售货物的,为货物发出当天,但生产销售生产工期超过12个月的大型机器设备、船舶、飞机等货物,为收到预收款或书面合同约定的收款日当天。

(5) 委托其他纳税人代销货物的,为收到代销单位销售的代销清单或者收到全部或者部分货款的当天。未收到代销清单及货款的,为发出代销货物满180天的当天。

(6) 销售应税劳务的,为提供劳务同时收讫销售额或者取得索取销售额的凭据的当天。

(7) 纳税人发生视同销售行为的,为货物移送的当天。

(8) 纳税人进口货物的,为报关进口的当天。

2. 缴税期限

纳税人的纳税期限一般根据其税源的大小而定,税源大的期限就短,税源小的期限可长一些。纳税人若以1个月或者1个季度为一期纳税的,则自期满之日起15日内申报纳税;若以1日、3日、5日、10日或15日为一期纳税的,则自期满之日起5日内预缴税款,于次月1日起15日内申报纳税,并结清上月应纳税款。

纳税人进口货物,应当自海关填发海关进口增值税专用缴款书之日起15日内缴纳税款。

（三）纳税地点

增值税的纳税地点原则上为货物的销售地和应税劳务的提供地。但是，为了考虑税收管理的连贯性，对于固定业户一般在固定的地点纳税，具体规定如下：

（1）固定业户应当向其机构所在地主管税务机关申报纳税，总机构和分支构不在同县（市）的，应当分别向各自所在地主管税务机关申报纳税；经国务院财政、税务主管部门或者其授权的财政、税务机关批准，可以由总机构汇总向总机构所在地主管税务机关申报纳税。

（2）固定业户到外县（市）销售货物的，应当向其机构所在地主管税务机关申请开具外出经营活动税收管理证明，并向其机构所在地主管税务机关申报纳税。未持有机构所在地主管税务机关核发的外出经营活动税收管理证明，到外县（市）销售货物或者提供应税劳务的，应当向销售地主管税务机关申报纳税。未向销售地主管税务机关申报纳税的，由其机构所在地主管税务机关补征税款。

（3）非固定业户销售货物或者提供应税劳务，应向销售或者劳务发生地的主管税务机关申报纳税。未向销售地或者劳务发生地主管税务机关申报纳税的，由其机构所在地或居住地主管税务机关补征税款。

（4）进口货物的增值税，应当由进口人或其代理人向报关地海关申报纳税。

四、增值税的减免和起征点

（一）减税和免税

1. 法定免税项目

（1）农业生产者销售的自产农业产品。

农业生产者包括从事农业生产的单位和个人，农业是指种植业、养殖业、林业、牧业、水产业，农业产品是指初级农业产品。

对农民专业合作社销售本社成员生产的农业产品，视同农业生产者销售自产农业产品，免征增值税。

（2）避孕药品和用具。

（3）古旧图书。

（4）直接用于科学研究、科学试验和教学的进口仪器、设备。

（5）外国政府、国际组织无偿援助的进口物资和设备。

（6）由残疾人组织直接进口供残疾人专用的物品。

（7）销售的自己使用过的物品。

2. 政策性临时免税项目

（1）饲料。

（2）农膜。

（3）化肥生产企业生产销售的列举产品（含尿素，不含钾肥）。

(4) 批发和零售的种子、种苗、化肥、农机。

(5) 经资格认定的国有粮食购销企业从事粮食购销经营业务。

(6) 列举的部分资源综合利用产品及劳务。

(7) 残疾人专用物品。

(8) 电力部门向农村用户在电价中一并收取的农村电网维护费。

(9) 各级政府及主管部门委托自来水厂（公司）随水费收取的污水处理费。

(10) 黄金生产和经营单位销售黄金（不包括标准黄金）和黄金矿砂（含伴生金），免征增值税；进口黄金（含标准黄金）和黄金矿砂免征进口环节增值税。黄金交易所会员单位通过黄金交易所销售标准黄金（持有黄金交易所开具的《黄金交易结算凭证》），未发生实物交割的，免征增值税；发生实物交割的，由税务机关按照实际成交价格代开增值税专用发票，并实行增值税即征即退的政策。

(11) 对全国县（含县级市、区、旗，下同）及县以下新华书店和农村供销社在本地销售的出版物免征增值税。对新华书店组建的发行集团或原新华书店改制而成的连锁经营企业，其县及县以下网点在本地销售的出版物，免征增值税。

3. 减半征税项目

(1) 纳税人销售旧货，按照简易办法依照4%征收率减半征收增值税。

(2) 一般纳税人销售自己使用过的属于增值税条例规定不得抵扣且未抵扣进项税额的固定资产，按照简易办法依照4%征收率减半征收增值税。

(3) 小规模纳税人（不包括其他个人）销售自己使用过的固定资产，减按2%征收率征收增值税。

（二）即征即退和先征后返

1. 由税务部门实行即征即退（全部或者80%、50%）

(1) 对安置残疾人的单位，实行由税务机关按单位实际安置残疾人的人数，限额即征即退增值税或减征营业税的办法。实际安置的每位残疾人每年可退还的增值税或减征的营业税的具体限额，由县级以上税务机关根据单位所在区县（含县级市、旗，下同）适用的经省（含自治区、直辖市、计划单列市，下同）级人民政府批准的最低工资标准的6倍确定，但最高不得超过每人每年3.5万元。

(2) 列举的部分资源综合利用产品（包括垃圾发电）。

(3) 列举的部分新型墙体材料产品。

(4) 自产软件产品（包括电子出版物，实际税负超过3%部分实行即征即退）。

2. 由财政部门实行先征后返（全部或者50%）

(1) 宣传文化单位出版物（列举范围）。

(2) 纳税人销售自产的生物柴油。

(3) 国家物资储备局系统销售的储备物资。

(4) 化肥生产企业生产销售的钾肥。
(5) 煤层气抽采企业的增值税一般纳税人抽采销售煤层气。

(三) 起征点

纳税人销售额未达到国务院财政、税务主管部门规定的增值税起征点的,免征增值税。增值税起征点的适用范围只限于个人(包括个体工商户和其他个人),具体幅度规定如下:

(1) 销售货物的起征点为月销售额5 000～20 000元;
(2) 应税劳务的起征点为月收费额5 000～20 000元;
(3) 按次纳税的起征点为每次(日)销售额300～500元。

这里的"销售额"也是指不含税的销售额。若纳税人的销售额超过起征点,则应当就销售额全额征税,而不得扣除起征点以下部分来计税。

第四节　增值税基本业务的税务会计处理

一、增值税核算科目的设置和运用

(一)"应交增值税"明细科目

为了真实、完整、清晰地记载一般纳税人企业的增值税的发生、抵扣、交纳、减免、退税等情况,需设置"应交税费——应交增值税"明细科目;同时,为了便于对增值税进行价外核算,还需采用多栏式账页,在该明细科目的借方和贷方分设若干专栏,用以集中反映一般纳税人企业的多项增值税业务。其结构和内容如下:

1. 借方专栏

(1) "进项税额"专栏,记录企业购入货物(包括机器设备类固定资产,下同)或接受应税劳务而支付的或预缴的准予从销项税额中抵扣的增值税额。企业购入货物或接受应税劳务支付的进项税额,用蓝字登记;退回所购货物应冲销的进项税额用红字登记。

(2) "已交税金"专栏,记录企业已缴纳的当月增值税或外贸供货企业因开具"出口产品税收专用款书"而预缴的增值税额。企业交纳的当月增值税额用蓝字登记,退回多交的当月增值税款用红字登记。

(3) "减免税款"专栏,记录企业按规定直接减免的,用于指定用途的(用于新建项目、改扩建项目和技术改造、归还长期借款、冲减进口货物成本),或者没有规定专门用途,准予从销项税额中扣减的增值税额。按规定直接减免的增值税额用蓝字登记,应冲销直接减免的增值税额用红字登记。

(4) "出口抵减内销产品应纳税款"专栏,记录企业按规定的退税率与出口货物销售额计算的出口货物进项税额抵减内销产品的应纳税额。出口抵减内销产品的应纳税额用蓝字登记,抵减后发生退货或退关而转回已抵的税款用红字登记。

(5)"转出未交增值税"专栏,记录一般纳税人企业月终转出当月应交未交的增值税。

2. 贷方专栏

(1)"销项税额"专栏,记录企业销售货物或提供劳务应收取的增值税额。企业销售货物或提供劳务应收取的销项税额用蓝字登记,返回销售货物应冲销的销项税额用红字登记。

(2)"出口退税"专栏,记录企业出口货物向海关办理报关出口手续后,凭出口报关单等有关凭证,向税务机关申报办理出口退税而收到退回的税款。出口货物退回的增值税额,用蓝字登记;出口货物办理退税后发生退货或者退关而补交已退的税款或转回已抵的税款,用红字登记。

(3)"进项税额转出"专栏,记录企业购进货物因发生退还或折让按规定取得红字发票、存货发生非正常损失,或者购进货物后来改变用途(如用于免税项目和非增值税应税项目等),以及出口企业因征退税率不一致而按规定调整出口产品的销售成本等原因,不应从销项税款中抵扣而需要转出的进项税额。发生应转出的进项税额用蓝字登记,应冲销已转出的进项税额用红字登记。

(4)"转出多交增值税"专栏,记录一般纳税人企业月终转出多交的增值税。

3. 余额

企业月终转出未交或多交的增值税后,"应交税费——应交增值税"科目的借方余额,反映尚未抵扣的增值税额,该科目贷方无余额。

"应交税费——应交增值税"明细账格式如表3-2所示。

表3-2 "应交税费——应交增值税"明细账

年	凭证字号	摘要	借方					贷方					借或贷	余额
月日			合计	进项税额	减免税款	已交税金	出口抵减内销税款	转出未交增值税	合计	销项税额	出口退税	进项税额转出	转出多交增值税		

企业可以在不影响会计核算要求和会计报表指标汇总,以及对外提供统一的会计报表前提下,根据实际情况自行增设、减少或者合并某些会计科目。根据这一原则,在增值税核算中也明确规定,企业可以根据需要,将"应交增值税"明细科目中的多个专栏

提升为二级科目进行核算,发生的进项税额、销项税额、出口退税等分别在"进项税额"、"销项税额"、"出口退税"等明细科目中核算,月末再将有关明细科目转入"应交增值税"明细科目。这种情况下,企业仍可沿用三栏式账户格式。

(二)"未交增值税"明细科目

为了分别反映企业欠交增值税和待抵扣增值税税款的情况,企业应在"应交税费"科目下设置"未交增值税"明细科目,核算一般纳税人企业月终转入的应交未交增值税额,转入多交的增值税额也在该明细科目内核算。

月份终了,企业应将当月发生的应交未交增值税额自"应交税费——应交增值税"科目转入"未交增值税"明细科目贷方;将当月多交的增值税额自"应交税费——应交增值税"科目转入"未交增值税"明细科目借方;当月上交上月应交未交的增值税额,记入"未交增值税"明细科目借方;期末借方余额反映多交的增值税额,贷方余额反映未交的增值税额。

对纳税人因销项税额小于进项税额而产生期末留抵税额的,应以期末留抵税额抵减增值税欠税。纳税人发生用进项留抵税额抵减增值税欠税时,按以下方法进行会计处理:

(1)增值税欠税税额大于期末留抵税额,按期末留抵税额红字借记"应交税费——应交增值税(进项税额)"科目,贷记"应交税费——未交增值税"科目。

(2)若增值税欠税税额小于期末留抵税额,按增值税欠税税额红字借记"应交税费——应交增值税(进项税额)"科目,贷记"应交税费——未交增值税"科目。

(三)"增值税检查调整"明细科目

为了反映企业因接受增值税纳税检查而调整增值税的情况,便于执行"查补税款可以先轧抵企业留抵税金"的规定,企业应在"应交税费"科目下设置"增值税检查调整"明细科目。凡检查后应调减账面进项税额或调增销项税额和进项税额转出的,借记有关科目,贷记本科目;凡检查后应调增账面进项税额或调减销项税额和进项税额转出的,借记本科目,贷记有关科目;全部调账事项入账后,应结出本账户的余额,并对该余额进行处理:

(1)若余额在借方,全部视同留抵进项税额,按借方余额数借记"应交税费——应交增值税(进项税额)"科目,贷记本科目。

(2)若余额在贷方,且"应交税费——应交增值税"科目无余额,按贷方余额数,借记本科目,贷记"应交税费——未交增值税"科目。

(3)若余额在贷方,"应交税费——应交增值税"科目有借方余额且等于或大于这个贷方余额,按贷方余额数,借记本科目,贷记"应交税费——应交增值税"科目。

(4)若余额在贷方,"应交税费——应交增值税"科目有借方余额但小于这个贷方余额,应将两个科目的余额冲出,其差额贷记"应交税费——未交增值税"科目。

上述账务调整应按纳税期逐期调整。

二、增值税进项税额的税务会计处理

增值税法中的"进货",包括国内采购货物、国外进口货物、接受投资货物、接受捐赠货物、接受应税劳务、购进免税农业产品、购进废旧物资、购进固定资产、购进非应税项目所用的货物、取得普通发票的进货、小规模纳税人的进货,等等。不同进货方式进项税额的会计核算大同小异,下面分别介绍。

(一)国内采购货物

企业从事生产经营所购进的材料、商品大多是来自于本国的购进。企业购进时,按照专用发票上注明的增值税额,借记"应交税费——应交增值税(进项税额)"科目,按专用发票上记载的应计入采购成本的金额分别以下情况借记有关科目:(1)购进原料及主要材料、燃料、包装物、低值易耗品等时,借记"原材料"、"周转材料"或"在途物资"等科目;(2)购入动力时,借记"制造费用"、"管理费用"、"其他业务成本"等科目或借记"应付账款"科目;(3)购进商品时,借记"库存商品"或"在途物资"科目,按照实际支出或应付款项的金额贷记"银行存款"、"库存现金"或"应付账款"、"应付票据"等科目。

[例9] 坚固工具公司某月份购进钢材8.3万元,购进柳条箱1万元,购进台钳7 000元,已验收入库,取得的增值税专用发票上注明的价款10万元,税款1.7万元,总计11.7万元,并在当月到税务机关认证通过。已从银行支付货款,该企业未设置"材料采购"科目。试作有关分录。

借:应交税费——应交增值税(进项税额)　　　　　　　　17 000
　　原材料　　　　　　　　　　　　　　　　　　　　　83 000
　　周转材料——包装物　　　　　　　　　　　　　　　10 000
　　　　　　——低值易耗品　　　　　　　　　　　　　 7 000
　贷:银行存款　　　　　　　　　　　　　　　　　　　117 000

[例10] 丰源物资公司从银行支付某月份水费1 060元,取得水费发票(普通发票)后,到自来水公司换开增值税专用发票,专用发票注明价款1 000元,税款60元(自来水公司按6％征收率缴纳增值税),并在当月到税务机关认证通过。试作有关分录。

借:应交税费——应交增值税(进项税额)　　　　　　　　　　60
　　应付账款　　　　　　　　　　　　　　　　　　　　 1 000
　贷:银行存款　　　　　　　　　　　　　　　　　　　　1 060

[例11] 长风拖拉机公司从银行支付某月份电费3.51万元,其中含增值税5 100元,该厂按部门使用量进行分配(不含税价),其中铸造车间1.2万元,金工车间0.8万元,装配车间0.6万元,管理部门0.4万元,已取得增值税专用发票,并在当月到税务机关认证通过。试作有关分录。

借:应交税费——应交增值税(进项税额)　　　　　　　　 5 100

制造费用		26 000
管理费用		4 000
贷:银行存款		35 100

[例12] 金鸡商业大厦某月购进摩托车20辆,尚未验收入库,价款20万元,增值税3.4万元,已取得增值税专用发票,并在当月到税务机关认证通过,该单位向销货方开出10万元的银行承兑汇票,其余暂欠。试作有关分录。

借:应交税费——应交增值税(进项税额)		34 000
在途物资		200 000
贷:应付票据		100 000
应付账款		134 000

(二) 国外进口货物

企业进口货物时,按海关提供的进口货物专用缴款书上注明的增值税额借记"应交税费——应交增值税(进项税额)"科目,按照进口货物应计入采购成本的金额借记"在途物资"、"原材料"、"库存商品"等科目,按照应付或实际支付的金额贷记"应付账款"、"应付票据"或"银行存款"等科目。

[例13] 吉利物资公司通过外贸公司向国外进口塑料粒子一批,已验收入库,取得海关进口货物专用缴款书(专用缴款书上进口方为该公司名称)原件,注明的增值税额为6.8万元,企业实际支付的价款(含关税)为40万元。货款均通过银行承兑汇票,交付外贸部门,再由外贸部门开具信用证向外方和海关结算。试作有关分录。

借:应交税费——应交增值税(进项税额)		68 000
库存商品		400 000
贷:应付票据		468 000

(三) 接受投资货物

企业在接受投资方的存货投资时,如取得增值税专用发票,则可将其注明的税金计入进项税额。企业在接受材料、产品、商品、物资投资时,根据投资合同或协议约定的价值借记"原材料"、"库存商品"等科目,根据增值税专用发票上注明的税额借记"应交税费——应交增值税(进项税额)"科目,根据确定的出资额贷记"实收资本"或"股本"科目,根据其差额,计"资本公积"科目。

[例14] 南方橡胶制品公司与常青柴油机公司合资建立长风拖拉机公司,南方橡胶公司自产轮胎,价款100万元,税额17万元,作为投资;常青柴油机公司将自产的农用柴油机,价款30万元,税额3.9万元,作为投资,均以价税合计作为出资额,开具增值税专用发票,并在当月到税务机关认证通过。试作有关分录。

增值税进项税额=170 000+39 000=209 000(元)

借:应交税费——应交增值税(进项税额)		209 000

原材料		1 300 000
贷:实收资本——南方橡胶		1 170 000
——常青柴油机		339 000

[例 15] 宏达股份公司接受广茂商场的商品投资,协商作价 50 万元,税额 8.5 万元,已取得增值税专用发票,并在当月到税务机关认证通过。假设广茂商场的股本总额为 40 万元。试作有关分录。

借:应交税费——应交增值税(进项税额)	85 000
库存商品	500 000
贷:股本——广茂商场	400 000
资本公积	185 000

(四) 接受捐赠货物

企业接受捐赠货物应按税法确定入账价值,根据增值税专用发票上注明的或确认价值计算的税金借记"应交税费——应交增值税(进项税额)"科目,根据捐赠货物的不含税价值借记"原材料"、"库存商品"等科目,根据接受捐赠货物未来应交的所得税额,贷记"递延所得税负债"科目,根据其差额贷记"营业外收入"科目。

[例 16] 东方机床公司接受某企业捐赠不需要安装设备一台,已交付使用,专用发票上注明的税额为 3.4 万元,价款 20 万元,并在当月到税务机关认证通过。所得税税率 25%。试作有关分录。

借:应交税费——应交增值税(进项税额)	34 000
固定资产	200 000
贷:营业外收入——捐赠利得	184 000
递延所得税负债	50 000

(五) 接受应税劳务

企业接受增值税应税劳务时,根据增值税专用发票上注明的税金借记"应交税费——应交增值税(进项税额)"科目,根据发票上注明的价款借记有关成本科目,根据支付或应付金额贷记"银行存款"、"应付账款"、"应付票据"等科目;企业接受非增值税应税劳务中的交通运输业务时,现行规定作为特例,根据增值税一般纳税人外购货物所支付的运输费用,按运费结算单据(普通发票)所列运费(含基金)金额依 7% 的扣除率计算进项税额准予扣除,但随同运费支付的装卸费、保险费等其他杂费不得计算扣除税额。企业根据所付运费计算的扣除税额借记"应交税费——应交增值税(进项税额)"科目,按照运费扣除进项税额后的差额借记"在途物资"、"原材料"等科目,按照应付或实际支付的金额贷记"应付账款"、"应付票据"、"银行存款"等科目。

[例 17] 万能齿轮有限公司将一批半成品齿轮委托外单位淬火加工,收到的增值税专用发票上注明税额 1.7 万元,加工费价款 10 万元,并在当月到税务机关认证通过,

用银行存款支付。试作有关分录。

借:应交税费——应交增值税(进项税额) 17 000
   委托加工物资 100 000
  贷:银行存款 117 000

[例18] 新生化工有限公司在购进材料时,支付对方代垫的铁路运费1万元,支付途中的保险费200元,支付装卸费800元,全部从银行付款。已验收入库。试计算增值税进项税额,并作有关分录。

增值税进项税额=10 000×7‰=700(元)
原材料入账价值=10 000×(1-7‰)+200+800=10 300(元)

借:应交税费——应交增值税(进项税额) 700
   原材料 10 300
  贷:银行存款 11 000

(六) 购进免税农产品

现行《增值税暂行条例》规定,农业生产者生产销售的农业产品免税。对于免税产品,按照增值税的计算原则,购进方是不得抵扣税金的,但是国家为了鼓励农业产品的生产销售,规定纳税人凡购入初级农产品的,在没有取得增值税专用发票的情况下,可准予凭出售者提供的普通发票或购买方自行开具的收购发票按买价的13%计算进项税额,借记"应交税费——应交增值税(进项税额)"科目,按购进成本扣除进项税额的部分借记"在途物资"、"库存商品"、"原材料"等科目,按应付或实际支付的款项贷记"应付账款"、"应付票据"、"银行存款"、"库存现金"等科目。

[例19] 喜悦粮食收购店某月收购大麦10万元,用现金支付给农民个人,农民提供了其向当地税务机关申请代开的普通发票。已验收入库。试计算增值税进项税额,并作有关分录。

增值税进项税额=100 000×13%=13 000(元)

借:应交税费——应交增值税(进项税额) 13 000
   库存商品 87 000
  贷:库存现金 100 000

[例20] 新兴物资公司某月向某农民个人收购其自产的白果树5.5万元,全部从银行划卡支付,并开具了税务部门监制的收购发票。已验收入库。试计算增值税进项税额,并作有关分录。

增值税进项税额=55 000×13%=7 150(元)

借:应交税费——应交增值税(进项税额) 7 150
   库存商品 47 850
  贷:银行存款 55 000

（七）购进废旧物资

根据现行规定，对生产企业一般纳税人购入废旧物资回收经营单位销售的废旧物资用于生产产品的，与一般货物相同，可按照废旧物资回收经营单位开具的增值税专用发票注明的进项税额予以扣除。企业购入废旧物资回收经营单位销售的废旧物资时，按照发票注明的税额借记"应交税费——应交增值税（进项税额）"科目，按照发票注明的不含税价格借记"材料采购"、"原材料"等科目，按照实际支付的金额贷记"银行存款"、"现金"等科目。

[例21]　巨人钢铁公司向废旧物资回收公司购进废钢材 11.7 万元用于生产，取得增值税专用发票，注明价款为 10 万元，税款为 1.7 万元，并在当月到税务机关认证通过，全部用银行存款支付，废钢材已验收入库。试计算增值税进项税额，并作有关分录。

借：应交税费——应交增值税（进项税额）　　　　　　　　　　17 000
　　原材料　　　　　　　　　　　　　　　　　　　　　　　　100 000
　　贷：银行存款　　　　　　　　　　　　　　　　　　　　　117 000

（八）购进固定资产

2009 年开始，我国实行的增值税已从生产型转为消费型，即对购进的机器设备等有形动产中所含的税金可以扣除，但对购进的房屋、建筑物等不动产中所含的税金暂不可以扣除。因此，企业购进的固定资产，取得增值税专用发票所注明的税额可以计入进项税额，价款部分应该计入"在建工程"或"固定资产"科目。

[例22]　五星大卖场某月购进营业大厅用的空调 20 台，价款 20 万元，税款 3.4 万元，已取得增值税专用发票，并从银行支付 10 万元，其余暂未付款。已交付使用。试计算增值税进项税额，并作有关分录。

借：应交税费——应交增值税（进项税额）　　　　　　　　　　34 000
　　固定资产　　　　　　　　　　　　　　　　　　　　　　　200 000
　　贷：银行存款　　　　　　　　　　　　　　　　　　　　　100 000
　　　　应付账款　　　　　　　　　　　　　　　　　　　　　134 000

（九）购进用于非增值税应税项目的货物

企业购进的材料、商品、物资、劳务，凡用于非增值税应税项目的均不能计入进项税额。凡购进货物系增值税应税项目和非增值税应税项目合用的，如能直接分清的，则按各自运用比例分配进项税额；如不易分清的，则应按各自的接受比例或产品比例、销售比例进行分配计算进项税额。但对购进的机器设备等有形动产，若是增值税应税项目和非增值税应税项目合用的，则其进项税额可以全额抵扣，若是完全用于非增值税应税项目的，则不能抵扣。

[例23]　广大房屋开发公司某月购进外墙砖，增值税发票上注明的价款为 50 万元，税额 8.5 万元，发生运费 10 万元，发票均当月到税务机关认证通过，该外墙砖按不

含税价分配,用于商品房建设的为40万元,用于门市部销售的为10万元,货款用商业汇票抵付。试计算增值税进项税额,并作有关分录。

增值税进项税额=(85 000+100 000×7%)×1/5=18 400(元)

工程物资入账价值=(585 000+100 000)×4/5=548 000(元)

采购费用=100 000×1/5×(1-7%)= 18 600(元)

借:应交税费——应交增值税(进项税额)　　　　　　　18 400
　　库存商品　　　　　　　　　　　　　　　　　　　118 600
　　工程物资　　　　　　　　　　　　　　　　　　　548 000
　贷:应付票据　　　　　　　　　　　　　　　　　　　685 000

(十) 取得普通发票的进货

目前,除国务院、财政部、税务总局特殊规定的运输费用和农业初级产品的普通发票可以按规定的扣除率计算抵扣税金外,其余的普通发票均不能计算抵扣税金。因此,取得普通发票的进货,应根据发票所载的全部金额借记"在途物资"、"原材料"、"库存商品"等科目,贷记"银行存款"、"应付账款"、"应付票据"等科目。

(十一) 小规模纳税人的进货

由于小规模纳税人应纳增值税额是按照3%的固定征收率计算的,而不考虑其进项税额,所以小规模纳税人即使取得进货的增值税专用发票也不能计算进项税额,而应按照价税总额计入购进成本。

[例24] 大众超市(小规模纳税人)某月购进一批商品,价款1万元,税额1 700元,已取得增值税专用发票,货款用现金支付。试计算增值税进项税额,并作有关分录。

借:**库存商品**　　　　　　　　　　　　　　　　　　　11 700
　贷:库存现金　　　　　　　　　　　　　　　　　　　　11 700

三、增值税销项税额的税务会计处理

(一) 开具增值税专用发票的商品销售

企业销售货物或提供应税劳务按照实际的销售收入和有关规定向购货人收取的增值税额,借记"应收账款"、"应收票据"、"银行存款"、"库存现金"等科目,按照规定收取的增值税额,贷记"应交税费——应交增值税(销项税额)"科目,按照实现的销售收入(不含税收入)贷记"主营业务收入"、"其他业务收入"等科目。

[例25] 丰乐粮贸公司某月份销售大米一批,售价10万元,向购货人收取增值税1.3万元,合计应收款11.3万元,开具增值税专用发票。该公司实际收到银行转账支票5万元、银行承兑汇票5万元,暂欠货款1.3万元。试计算增值税销项税额,并作有关分录。

借:应收票据　　　　　　　　　　　　　　　　　　　　50 000
　　应收账款　　　　　　　　　　　　　　　　　　　　13 000
　　银行存款　　　　　　　　　　　　　　　　　　　　50 000

　　　　贷：应交税费——应交增值税（销项税额）　　　　　　　　　　　　13 000
　　　　　　主营业务收入　　　　　　　　　　　　　　　　　　　　　　　　100 000

（二）开具普通发票的商品销售

如果企业销售货物价税合并收取，特别是零售企业和小规模企业往往购货人不需要增值税专用发票，这时，只需开具普通发票，那么销售时不需价税分开收取。在此情况下，销货企业应通过计算将价税分开核算。

[例26] 华美建材市场某月份零售装饰材料价款税总额5万元，开具普通发票，全部收取现金。试计算增值税销项税额，并作有关分录。

$$不含税价 = 含税价 \div (1 + 17\%)$$
$$= 50\,000 \div 1.17$$
$$= 42\,735.04(元)$$

$$销项税额 = 不含税价 \times 17\%$$
$$= 42\,735.04 \times 17\%$$
$$= 7\,264.96(元)$$

　　　借：库存现金　　　　　　　　　　　　　　　　　　　　　　　　　　50 000
　　　　贷：应交税费——应交增值税（销项税额）　　　　　　　　　　　　 7 264.96
　　　　　　主营业务收入　　　　　　　　　　　　　　　　　　　　　　　42 735.04

（三）分期收款方式的商品销售

分期收款方式销货是市场竞争的必然产物，但是以分期收款方式售出的商品不符合销售收入确认的全部条件，不应确认收入。为了单独反映已经发出但尚未确认销售收入的商品成本，应设置"发出商品"科目进行核算。企业对于发出的商品，在确定不能确认收入时，应按发出商品实际成本，借记"发出商品"科目，贷记"库存商品"科目。

按增值税法规定，分期收款销售的企业应在销售合同约定的收款日期的当天（无书面合同的或者书面合同没有约定收款日期的，为货物发出的当天）确认销售收入和纳税义务，同时开具增值税专用发票，并据此按增值税专用发票上的价款和税金之和，借记"应收账款"、"银行存款"等科目，按规定收取的增值税额，贷记"应交税费——应交增值税（销项税额）"科目，按实现的销售收入（不含税），贷记"主营业务收入"等科目。

[例27] 远大空调集团采用分期收款方式向某市空调商店发出空调100台，每台售价1 000元，共计价款100 000元。合同约定分四次在确定的日期等额付款。该空调单位成本600元，增值税率17%。假设远大空调集团和空调商店均为增值税一般纳税人。试计算增值税销项税额，并作有关分录。

（1）发出商品时：

　　　借：发出商品　　　　　　　　　　　　　　　　　　　　　　　　　　60 000
　　　　贷：库存商品　　　　　　　　　　　　　　　　　　　　　　　　　60 000

(2) 按合同规定收到第一期应收货款时：
借：银行存款　　　　　　　　　　　　　　　　29 250
　　贷：主营业务收入　　　　　　　　　　　　　　25 000
　　　　应交税费——应交增值税(销项税额)　　　4 250
(3) 结转销售成本
借：主营业务成本　　　　　　　　　　　　　　15 000
　　贷：发出商品　　　　　　　　　　　　　　　　15 000

(四) 不合理储备的物资处理

企业为了减少不合理物资储备，对多余物资、呆滞物资和废料积极进行转让处理，转让处理后取得的销售收入作为其他业务收入。企业发生其他业务收入，按收到或应收的款项，借记"银行存款"、"应收账款"等科目，按实现其他业务收入，贷记"其他业务收入"科目，按增值税专用发票上注明的增值税，贷记"应交税费——应交增值税(销项税额)"科目，企业发生其他业务成本，借记"其他业务成本"科目，贷记"原材料"、"周转材料"等科目。

[例28] 多彩燃料公司出售剩余材料一批，开具的普通发票上注明的价款为4 680元，材料实际成本3 800元，价款已通过银行收妥入账，该材料增值税税率为17%。试计算增值税销项税额，并作有关分录。

(1) 出售时：

销项税额＝含税价÷(1＋17%)×17%
　　　　＝4 680÷(1＋17%)×17%
　　　　＝680(元)

借：银行存款　　　　　　　　　　　　　　　　4 680
　　贷：其他业务收入　　　　　　　　　　　　　　4 000
　　　　应交税费——应交增值税(销项税额)　　　680
(2) 结转成本时
借：其他业务成本　　　　　　　　　　　　　　3 800
　　贷：原材料　　　　　　　　　　　　　　　　　3 800

(五) 包装物出售和出租

1. 包装物随同商品销售，收取价款

随同商品销售，但不单独计价的包装物，其价值含于商品价值之中，不需单独核算。随同商品销售，并单独计价的包装物，其收取的价款按增值税法规定，应作为其他业务收入且计算缴纳增值税。账务处理时，根据增值税专用发票上注明的包装物价款和税额的合计数借记"银行存款"、"应收账款"等科目，按包装物价款贷记"其他业务收入"科目，按增值税额贷记"应交税费——应交增值税(销项税额)"科目。

[例29] 东方机床公司销售给某市机械公司机器2台,价款共计12万元(不含税),机器的包装箱单独计价800元(不含税),货款未收到,开具的增值税专用发票上注明税额2.053 6万元。试计算增值税销项税额,并作有关分录。

借:应收账款　　　　　　　　　　　　　　　　　　　　141 336
　贷:主营业务收入　　　　　　　　　　　　　　　　　　120 000
　　　其他业务收入　　　　　　　　　　　　　　　　　　　　800
　　　应交税费——应交增值税(销项税额)　　　　　　　20 536

2. 商品销售,但包装物出租,收取租金

销售产品但包装物出租,按增值税法规定收取的包装物租金属于价外费用,应一并缴纳增值税。其账务处理同前。

[例30] 东方机床公司销售给本市修配公司机器1台,价款6万元(不含税),税款1.02万元;包装箱1个出租,承租期3个月,共计租金234元,同时一次收取包装物押金585元,款项已收到。试计算增值税销项税额,并作有关分录。

销项税额 = 含税价 ÷ (1+17%) × 17%
　　　　 = 234 ÷ (1+17%) × 17%
　　　　 = 34(元)

借:银行存款　　　　　　　　　　　　　　　　　　　　　71 019
　贷:主营业务收入　　　　　　　　　　　　　　　　　　 60 000
　　　其他业务收入[234÷(1+17%)]　　　　　　　　　　　　200
　　　应交税费——应交增值税(销项税额)　　　　　　　10 234
　　　其他应付款——存入保证金(包装物押金)　　　　　　 585

(六)小规模纳税人销售货物

小规模纳税人销售货物不采用一般纳税人的税款抵扣法,而实行简易征收法。其应交增值税额是不含税销售额乘以适用征收率的积。"应交税费——应交增值税"科目不再设置"进项税额"、"销项税额"和"已交税金"等明细科目,计算出的应交增值税额直接贷记"应交税费——应交增值税"科目。

[例31] 奇格公司为小规模纳税人,本月完成一批外单位(一般纳税人)的委托加工任务,收取加工费20 600元,已收妥入账;主管税务机关代开的增值税专用发票上注明的价款为20 000元,税金600元。试计算应交增值税额,并作有关分录。

借:银行存款　　　　　　　　　　　　　　　　　　　　　20 600
　贷:主营业务收入　　　　　　　　　　　　　　　　　　 20 000
　　　应交税费——应交增值税　　　　　　　　　　　　　　 600

四、增值税交纳税款的税务会计处理

根据主管税务机关的核定,纳税人交纳增值税税款有按月(或者季)交纳和按日交纳两种。以一个月（或者季）为纳税期的纳税人，由于当月（或者季）无须预交当月（或者季）税款，所以月（或者季）末一般无多交税款，若"应交税费——应交增值税"科目有借方余额，则应是当月尚未抵扣完留待以后继续抵扣的进项税额；以1、3、5、10、15日为纳税期的纳税人，由于平时需要按核定的纳税期预交税款，所以月末可能有多交税款，若"应交税费——应交增值税"科目未结转前有借方余额，则既可能是当月尚未抵扣完的进项税额，也可能是预交多交的增值税款，应于下月15日前在核实上月应交增值税后进行清缴。其核实方法是：

（1）若"应交税费——应交增值税"科目未结转前借方余额大于"已交税金"专栏合计金额，则"已交税金"专栏合计金额全部为多交税款，而两者差额为当月尚未抵扣完的进项税额，其中多交税款转入"应交税费——未交增值税"科目借方，未抵扣完的进项税额留作"应交税费——应交增值税"科目借方余额。

（2）若"应交税费——应交增值税"科目未结转前借方余额等于"已交税金"专栏合计金额，则"已交税金"专栏合计金额全部为多交税款，而没有当月尚未抵扣完的进项税额，多交税款转入"应交税费——未交增值税"科目借方。

（3）若"应交税费——应交增值税"科目未结转前借方余额小于"已交税金"专栏合计金额，则"已交税金"专栏合计金额既有应交税额，又有多交税额。多交税额大于应交税额的借方差额为多交税额，转入"应交税费——未交增值税"科目借方；多交税额小于应交税额的贷方差额为未交税额，转入"应交税费——未交增值税"科目贷方。

纳税人在规定的纳税申报期限内填报（或录入）纳税申报表，采用电子申报或上门申报方式向主管税务机关履行纳税义务。主管税务机关受理后，通过网络通知银行扣缴税款。企业实际缴纳的若是本月（或者季）增值税款，则借记"应交税费——应交增值税（已交税金）"科目；若缴纳的是上月（或者季）未交增值税款，则借记"应交税费——未交增值税"科目。

[例32] 东风化工公司为一般纳税人，按日交纳增值税款。6月15日预交增值税40万元，月末经计算核实应再补交（未交）增值税15万元；7月上交未交的增值税。试计算应交增值税额，并作有关分录。

（1）预交时：

| 借：应交税费——应交增值税（已交税金） | 400 000 |
| 　贷：银行存款 | 400 000 |

（2）月终结转未交增值税时：

| 借：应交税费——应交增值税（转出未交增值税） | 150 000 |
| 　贷：应交税费——未交增值税 | 150 000 |

（3）下月上缴未交增值税时：

| 借：应交税费——未交增值税 | 150 000 |

　　　　贷：银行存款　　　　　　　　　　　　　　　　　　　　　　150 000

[例33] 承上例。若6月15日预交增值税60万元，则月末经计算核实多交增值税5万元。试计算应交增值税额，并作有关分录。

（1）预交时：

　　借：应交税费——应交增值税（已交税金）　　　　　　　600 000

　　　　贷：银行存款　　　　　　　　　　　　　　　　　　　　　　600 000

（2）月终结转多交增值税时：

　　借：应交税费——未交增值税　　　　　　　　　　　　　　50 000

　　　　贷：应交税费——应交增值税（转出多交增值税）　　　　　50 000

[例34] 广茂商行为一般纳税人，按月交纳增值税款。7月份购进商品支付的增值税进项税额为20万元，销售商品发生的增值税销项税额为18万元，本月未发生其他有关增值税的业务。试计算应交增值税额，并作有关分录。

在当期销项税额小于当期进项税额不足抵扣时，其不足部分可结转下期继续抵扣。这时，

"应交税费——应交增值税"科目借方余额为2万（20万－18万）元。月末，该余额不必转入"应交税费——未交增值税"科目借方，以便分别反映尚未抵扣的进项税额。

第五节　增值税特殊业务的税务会计处理

一、进货退回和折让的税务会计处理

（一）进货退回

企业在购进货物以后有时由于出现货物的品种、规格、花色、质量标准与所订合同要求不符，就有可能会发生退货。当购买方在购买时取得增值税专用发票后，如发生退货或折让，应视不同情况分别按以下规定进行处理：

一般纳税人在开具专用发票当月，发生销货退回、开票有误等情形，收到退回的发票联、抵扣联符合作废条件（购买方未认证解密）的，按作废处理；开具时发现有误的，可即时作废。

作废专用发票须在防伪税控系统中将相应的数据电文按"作废"处理，在纸质专用发票（含未打印的专用发票）各联次上注明"作废"字样，全联次留存。

一般纳税人取得专用发票后，发生销货退回、开票有误等情形但不符合作废条件（销售方已IC卡报税或购买方已认证解密）的，或者因销货部分退回及发生销售折让的，购买方应向主管税务机关填报《开具红字增值税专用发票申请单》（简称《申请单》）。《申请单》所对应的蓝字专用发票应经税务机关认证。主管税务机关对一般纳税人填报

的《申请单》进行审核后,出具《开具红字增值税专用发票通知单》(简称《通知单》)。《通知单》应与《申请单》一一对应。《通知单》应加盖主管税务机关印章。《通知单》应按月依次装订成册,并比照专用发票保管规定管理。购买方必须暂依《通知单》所列增值税税额从当期进项税额中转出,未抵扣增值税进项税额的可列入当期进项税额,待取得销售方开具的红字专用发票后,与留存的《通知单》一并作为记账凭证。销售方凭购买方提供的《通知单》开具红字专用发票,在防伪税控系统中以销项负数开具。红字专用发票应与《通知单》一一对应。

购买方按照应收回或已收回的退货款借记"应付账款"、"应付票据"、"银行存款"等科目,按照《通知单》上注明的税额贷记"应交税费——应交增值税(进项税额转出)"科目,按照《通知单》上注明的价款贷记"在途物资"、"原材料"、"库存商品"等科目。销售方在未收到《通知单》以前,不得开具红字专用发票;只有在收到《通知单》以后,才能根据退回货物的数量、单价向购买方开具红字专用发票。红字专用发票的存根联、记账联作为销售方冲销当期销项税额的凭证。

[例35] 万强商贸公司8月5日购进商品一批,增值税专用发票上注明的价款为10万元,税额1.7万元,已记入"在途物资"等科目,并将增值税专用发票进行认证;8月10日,在货到验收时发现其规格与原合同不符,并得知销售方已将销售发票入账,购买方全部退货并向当地税务机关申请出具了《开具红字增值税专用发票通知单》送交销售方,发生退货运费1 000元,按合同规定由销售方负担;8月15日收到销售方开具的红字专用发票及垫付的退货运费。试计算退货的增值税进项税额,并作有关分录。

(1) 8月5日购进商品并认证发票时:

借:在途物资   100 000
  应交税费——应交增值税(进项税额)   17 000
  贷:应付账款   117 000

(2) 8月10日将红字发票通知单送交销方时:

借:应付账款   118 000
  贷:在途物资   100 000
    应交税费——应交增值税(进项税额转出)   17 000
    银行存款   1 000

(3) 8月15日收到红字专用发票及运费款项时:

借:银行存款   1 000
  贷:应付账款   1 000

(二) 进货折让

企业在购进货物以后,有时由于质量、品种、规格等与所订合同要求不符,经与销方协商给予一部分价格折让,就不作退货处理。此种情况下,进项税额核算的原则和方法与退货基本相同。

[例36] 若上例中,8月10日经与销售方协商同意折让10%,则不予退货,并取得主管税务机关出具的《开具红字增值税专用发票通知单》送交销售方,8月15日收到销售方开具的红字专用发票和折让金额。试计算折让的增值税进项税额,并作有关分录。

(1) 8月5日购进商品并认证发票时:

借:在途物资	100 000
应交税费——应交增值税(进项税额)	17 000
贷:应付账款	117 000

(2) 8月10日验收入库并将红字发票通知单送交销方时:

借:库存商品	90 000
应付账款	11 700
贷:在途物资	100 000
应交税费——应交增值税(进项税额转出)	1 700

二、进项税额转出的税务会计处理

企业购进货物(包括机器设备类固定资产)按规定形成的进项税额一般允许从销项税额中抵扣,但下列两种情况,其进项税额不允许从销项税额中抵扣。

(一) 非正常损失的购进货物或者在产品、库存商品所耗用的购进货物或者应税劳务

所谓"非正常损失"是指因管理不善造成货物被盗、丢失、霉烂变质的损失。在这种情况下,与此对应的销售额不可能形成,当然也就不可能向下一个消费者收取销项税额,从而由企业承担该项税负。由于进货时该项税额已作为"进项税额"从当期的"销项税额"中作了扣除,所以必须将其从本期的进项税额中转出。发生非正常损失时,按损失货物的成本和应负担的增值税额之和借记"待处理财产损溢"科目,按损失货物的成本贷记在途物资"材料采购"、"原材料"、"周转材料"、"生产成本"、"库存商品"等科目,按应负担的增值税额贷记"应交税费——应交增值税(进项税额转出)"科目。

1. 非正常损失的购进货物

凡属合理损耗,按规定允许列入存货的实际采购成本,不单独进行账务处理;但对不合理的短缺和损耗,在查明原因之前,应先按实际损耗金额和进项税额,记入"待处理财产损溢"科目,待查明原因后,再作相应的账务处理。

[例37] 振兴电动车公司9月6日购进材料一批,增值税专用发票上注明价款6万元,税额1.02万元,已通过银行付讫,在9月9日验收入库时,发现短缺材料1.2万元(不含税),原因待查,并按实收材料的计划成本5.2万元入账。试计算转出的增值税进项税额,并作有关分录。

(1) 9月6购进并付款时：

借：材料采购　　　　　　　　　　　　　　　　　　　60 000
　　应交税费——应交增值税(进项税额)　　　　　　　10 200
　　贷：银行存款　　　　　　　　　　　　　　　　　　70 200

(2) 9月9日验收入库并发现短缺时：

转出的进项税额＝10 200×12 000÷60 000＝2 040(元)

借：待处理财产损溢　　　　　　　　　　　　　　　　14 040
　　原材料　　　　　　　　　　　　　　　　　　　　52 000
　　贷：材料采购　　　　　　　　　　　　　　　　　　60 000
　　　　材料成本差异　　　　　　　　　　　　　　　　4 000
　　　　应交税费——应交增值税(进项税额转出)　　　　2 040

2. 非正常损失的在产品、库存商品所耗用的购进货物或者应税劳务

[例38]　天牛汽车公司在财产清查中，"账存实存对比表"上列明：盘亏A材料计划成本6 000元，材料成本差异率为－4%。试计算转出的增值税进项税额，并作有关分录。

转出的进项税额＝(6 000－240)×17%＝979.20(元)

借：待处理财产损溢　　　　　　　　　　　　　　　6 739.20
　　贷：原材料　　　　　　　　　　　　　　　　　　6 000
　　　　材料成本差异　　　　　　　　　　　　　　　　240
　　　　应交税费——应交增值税(进项税额转出)　　　979.20

[例39]　华美服装公司因管理人员疏忽，3.5万元尚未办理验收入库手续的委托加工服装全被盗。现已查明：被盗的委托加工服装所耗外购物料成本2万元(不含税)及委托加工成本0.5万元(不含税)，已计入进项税额0.425万元。试计算转出的增值税进项税额，并作会计分录。

转出的进项税额＝(20 000＋5 000)×17%＝4 250(元)

借：待处理财产损溢　　　　　　　　　　　　　　　39 250
　　贷：委托加工物资　　　　　　　　　　　　　　　35 000
　　　　应交税费——应交增值税(进项税额转出)　　　4 250

(二) 改变用途的购进货物或者应税劳务

所谓改变用途是指：(1) 用于非增值税应税项目，如提供非增值税应税劳务、转让无形资产、销售不动产、不动产在建工程等；(2) 用于增值税免税项目；(3) 用于集体福利或者个人消费。这种情况既不同于购进时直接用于上述目的，也不同于"视同销售行为"。前者在购进时并未将其应负担的增值税记入"进项税额"，而是直接记入"在建工程"、"应付职工薪酬——应付福利费"、"其他业务成本"等有关科目，因此并不存在进项

税额转出问题；后者是指经过自己加工或者委托加工的货物用于上述目的，或者未经过加工货物直接对外投资和无偿赠送，这时均记入销项税额，使购进时已记入进项税额的增值税抵扣了企业应纳税额，因此也不存在进项税额转出问题。

当购进货物改变用于生产、销售的目的时，由于在购进时支付的增值税已记入进项税额，而改变用途后耗用购进货物所含的增值税，税法又不允许抵扣，因此应将其应负担的增值税从进项税额中转出，连同耗用货物的成本借记"在建工程"、"应付职工薪酬——应付福利费"、"生产成本"、"其他业务成本"等科目，按领用货物的成本贷记"原材料"、"周转材料"等科目，按应负担的增值税贷记"应交税费——应交增值税（进项税额转出）"科目。

1. 改用于非应税项目

[例40] 强力水泥公司将购进的原用于生产的石料10万元，改用于厂房改扩建，试计算转出的增值税进项税额，并作有关分录。

转出的进项税额 = 100 000 × 17% = 17 000（元）

借：在建工程　　　　　　　　　　　　　　　　　　117 000
　　贷：原材料　　　　　　　　　　　　　　　　　100 000
　　　　应交税费——应交增值税（进项税额转出）　17 000

2. 改用于免税项目

[例41] 联合农药化工公司生产甲、乙两种产品。甲产品为增值税应税产品，乙产品为免税产品。本月进项税额总计25.5万元，全部销售额为560万元，其中350万元为免税乙产品销售额。试计算转出的增值税进项税额，并作有关分录。

不得抵扣的进项税额 = 255 000 × $\frac{3\ 500\ 000}{5\ 600\ 000}$ = 159 375（元）

借：主营业务成本　　　　　　　　　　　　　　　　159 375
　　贷：应交税费——应交增值税（进项税额转出）　159 375

3. 改用于集体福利或者个人消费

[例42] 天源糕点公司本月购进面粉、大米用于生产糕点，取得的增值税专用发票上注明的价款为15万元，税金为1.95万元，现将其中5万元购进的面粉、大米发放给本单位职工作为福利。试计算转出的增值税进项税额，并作有关分录。

转出的进项税额 = 50 000 × 13% = 6 500（元）

借：应付职工薪酬——应付福利费　　　　　　　　　56 500
　　贷：原材料　　　　　　　　　　　　　　　　　50 000
　　　　应交税费——应交增值税（进项税额转出）　6 500

三、销货折扣的税务会计处理

（一）折扣销售与销售折扣

折扣是商品买卖中的一种促销形式。在税法中，折扣销售的涵义等同于财务会计上的商业折扣,而销售折扣的涵义等同于财务会计上的现金折扣,虽然涵义相同,但具体规定是有区别的。

1. 以折扣销售方式销售货物

增值税法规定,若销售额和折扣额在同一张发票上注明的,则可按折扣后的金额作为计税销售额计算增值税;若销售额和折扣额不在同一张发票上注明的,则不论其在财务上如何处理,均不得以折扣后的金额作为计税销售额计算增值税。而在财务会计上,商业折扣是指对商品价目单上规定价格的直接扣除,扣减后的净额才是实际售价,即发票所开金额是折扣后的净额。

增值税法还明确规定,折扣销售仅限于货物价格的折扣。若销方将自产、委托加工和购买的货物用于实物折扣,即使销售额和折扣额在同一张发票上开列,则实物款额仍不能从货物销售额中减除,应"视同销售货物"计算增值税。

2. 以销售折扣方式销售货物

增值税法与财务会计的规定是相同的。因现金折扣发生在销售货物之后,故不得从销售额中减除。这一规定同会计制度中总价法的规定是一致的,也就是说要按照销售收入全额计算增值税,现金折扣作为企业当期的财务费用处理。但在企业所得税法中规定,若销售额和折扣额在同一张发票上注明的,则可按折扣后的销售净额作为所得税应税收入;若销售额和折扣额不在同一张发票上注明的,则所得税应税收入中不得减除折扣额,换句话说,现金折扣不能在税前扣除。这与财务会计上的要求不同,即财务会计上并未要求必须开在同一张发票上,现金折扣才能计入当期财务费用。为了避免不必要的额外税费负担,销方务必遵从税法的这一要求。

在实际工作中,纳税人往往将任何一种方式的折扣额都冲减销售收入,这是不对的。应按税法规定调整账务处理。所以对采用折扣方式销售货物的,一定要分清具体的类型,只有符合税法规定的折扣额方可从销售额中减除。

(二) 折扣的税务会计处理

1. 当销售额和折扣额在同一张发票上注明时

当销售额和折扣额在同一张发票上注明时,按实际取得的销售收入加上收取的增值税额之和借记"应收账款"、"应收票据"、"银行存款"、"库存现金"等科目,按向购买方支付的增值税贷记"应交税费——应交增值税(销项税额)"科目,按货价扣除折扣的差额贷记"主营业务收入"、"其他业务收入"等科目。兑现的现金折扣作为企业当期的财务费用,借记"财务费用"科目。

[例43] 健力制药公司以现金折扣方式销售一批成品药,增值税专用发票上注明的价款为20万元,税额3.4万,同时注明折扣条件:"2/10,n/30"。假定购方在10天内通过银行付清全部款项,试计算折扣时包含的增值税,并作有关分录。

(1) 销售时:

```
借:应收账款                                              234 000
    贷:应交税费——应交增值税(销项税额)                  34 000
       主营业务收入                                     200 000
```
(2) 收款时:
```
借:银行存款                                              229 320
   财务费用                                                4 680
    贷:应收账款                                          234 000
```

2. 当销售额和折扣额未在同一张发票上注明时

当销售额和折扣额未在同一张发票上注明时,按实际取得的销售收入加上收取的增值税额之和借记"应收账款"、"应收票据"、"银行存款"、"库存现金"等科目,按发票上开具的销货价加上收取的增值税额之和与实际收到款项的差额借记"销售费用"科目,按发票上开具的销货价贷记"主营业务收入"、"其他业务收入"等科目,按发票上注明应向购买方收取的增值税额贷记"应交税费——应交增值税(销项税额)"科目。(如果未开具增值税专用发票,价款又未分开的,那就按价税比例计算确定价格的具体数据。)

[例44] 飞龙棉麻公司销售一批脚花,增值税专用发票上注明价款 50 万元,税额 6.5 万元,总计 56.5 万元。按双方协议,销售方给予购买方含税价 1% 的折扣,但未在同一张发票上注明。该公司按含税价 1% 的折扣付给购方 5 650 元,全部款项购方用银行汇票支付。试计算增值税销项税额,并作有关分录。

```
借:银行存款                                              559 350
   销售费用                                                5 650
    贷:应交税费——应交增值税(销项税额)                  65 000
       主营业务收入                                     500 000
```

四、销货退回及折让的税务会计处理

(一) 销货退回

企业的销货有时会由于产品和商品的规格、品种、质量不符,或者对方无货款支付而发生退回,此时要作相应的会计处理。销售方作冲减销项税额的会计处理必须具备的条件是:取得由购买方主管税务机关出具的《开具红字增值税专用发票通知单》。如果因故未能取得《通知单》,销售方只能作因退货减少销售额的会计处理,而不能减少销项税额。

销货退回可能发生全部退回,也可能仅是部分退回,不论属何种情况,销售方均依照购买方转来的《通知单》所列退货数量、价格和增值税额开具红字增值税专用发票,将其"记账联"作为冲销当月销售收入和销项税额的凭证。销售货退回时应作与销售相反的会计分录。对于部分退货的情况,还需按购方实收数量、价款和增值税额重新开具增值税专用发票并作相应账务处理。

当购买方在向主管税务机关申请出具《通知单》时,必须暂依《通知单》所列增值税税额从当期进项税额中转出,未抵扣增值税进项税额的可列入当期进项税额,待取得销售方开具的红字专用发票后,与留存的《通知单》一并作为记账凭证。

[例45] 清风电扇公司3月份发出一批电扇价款3万元,税额5 100元,因质量问题购买方于9月份全部退货,已验收入库,同时收到购买方转来的《开具红字增值税专用发票通知单》以及退货运费500元(应计进项税额35元)的单据,销售方原来已进行账务处理并已报税,现根据《通知单》开具红字增值税专用发票,试计算增值税销项税额,并作有关分录。

借:主营业务收入　　　　　　　　　　　　　　　　30 000
　　应交税费——应交增值税(销项税额)　　　　　 5 100
　　销售费用　　　　　　　　　　　　　　　　　　　465
　　应交税费——应交增值税(进项税额)　　　　　　　35
　贷:应收账款——购买方　　　　　　　　　　　　35 600

(二)销货折让

虽然在销货折让的情况下并没有商品的退回,但是因商品和产品的品种、规格、质量等原因,销方为了不使自己的货物退回,只得给予购方一定的价格优惠,因此造成与原开具增值税专用发票上的价款和税款不同,这时可参照销货部分退回的账务处理方式进行核算。

[例46] 来福保健品公司上月销售的一批商品,因与合同要求的规格不符,经双方协商折让20%价格,现收到购买方转来的《开具红字增值税专用发票通知单》,上列折让价款5 000元,折让税额850元,根据《通知单》开出红字专用发票并通过银行汇出款项。试计算增值税销项税额,并作有关分录。

借:主营业务收入　　　　　　　　　　　　　　　　 5 000
　　应交税费——应交增值税(销项税额)　　　　　　 850
　贷:银行存款　　　　　　　　　　　　　　　　　 5 850

五、混合销售行为的税务会计处理

若一项销售行为既涉及货物又涉及非增值税应税劳务,则被称为混合销售行为。从事货物的生产、批发或者零售的企业和企业性单位及个体工商户(包括以从事货物的生产、批发或者零售为主,并兼营非增值税应税劳务的企业和企业性单位及个体工商户在内)的混合销售行为,视为销售货物,应交纳增值税。但是,对其他单位和个人的混合销售行为,视为销售非增值税应税劳务,不交纳增值税。混合销售时销项税额的账务处理与销货的账务处理基本相同。

[例47] 凤凰缝纫机公司本月向某服装厂销售电脑绣花机5台,每台售价6万元(不含税)。按合同规定,该厂代办托运,运费2 340元,运输部门将运费发票开具给销

售方,销售方已收到。以上款项均向银行办妥托收。试计算增值税销项税额,并作有关分录。

  借:应收账款 353 340
   贷:主营业务收入 300 000
    其他业务收入 2 000
    应交税费——应交增值税(销项税额) 51 340
同时:
  借:其他业务成本 2 176.20
   应交税费——应交增值税(进项税额) 163.80(2 340×7%)
   贷:银行存款 2 340.00

  [例48] 承上例。若运费发票是承运部门直接开具给购买方,并由销售方转交给购买方,则该项销售业务就不再属于混合销售行为,仅属于单纯销售货物,该项运费也不应计入销售额,而应作为代垫费用向购买方收回。试计算增值税销项税额,并作有关分录。

  借:应收账款 353 340
   贷:主营业务收入 300 000
    应交税费——应交增值税(销项税额) 51 000
    银行存款 2 340

六、兼营非应税劳务的税务会计处理

  兼营非增值税应税劳务与混合销售行为不同。混合销售行为也包含非增值税应税劳务,但该项非增值税应税劳务与作为增值税征收对象的货物是同一项销售业务,或者说,该项非增值税应税劳务的发生是由某项货物销售引起的,两者之间具有因果关系;而兼营非增值税应税劳务并非发生于同一项销售业务,它与货物销售之间不是因果关系,而是平行关系,只不过纳税人以从事货物的生产、批发或零售为主,以经营非增值税应税劳务为辅,非增值税应税劳务年营业额一般小于货物年销售额,故对于同一纳税人来说称之为"兼营非应税劳务"。因此,应分别核算货物或应税劳务的销售额与非增值税应税劳务的营业额。如果是不分别核算或不能准确核算时,由主管税务机关核定货物或者应税劳务的销售额。

  [例49] 长城电扇公司本月销售电扇一批,价款300万元,税款51万元;该厂附设车队对外提供运输服务,本月取得运费收入40万元,款项均通过银行收妥。试计算增值税销项税额,并作有关分录。

  (1) 货物销售业务:
  借:银行存款 3 510 000
   贷:主营业务收入 3 000 000

　　　　应交税费——应交增值税(销项税额)　　　　　　　　　　510 000
　(2)兼营非应税劳务：
　　借：银行存款　　　　　　　　　　　　　　　　　　　　　　400 000
　　　贷：其他业务收入　　　　　　　　　　　　　　　　　　　400 000
同时,计算应交纳营业税额(400 000×3‰)12 000：
　　借：其他业务成本　　　　　　　　　　　　　　　　　　　　12 000
　　　贷：应交税费——应交营业税　　　　　　　　　　　　　　12 000

[例50]　承上例。若该公司的销货收入和运输收入在会计账上不能准确划分,主管国税机关发现后,对该厂运输收入的构成进行了调查分析,认定运费收入40万元中有5万元与其销售电扇有直接关系,属于混合销售行为,应一并征收增值税；另外35万元是该厂附设车队对外提供运输服务,与销售本厂货物无关。试计算增值税销项税额,并作有关分录。

　(1)货物销售业务：
　　借：银行存款　　　　　　　　　　　　　　　　　　　　　　3 910 000
　　　贷：主营业务收入　　　　　　　　　　　　　　　　　　　3 391 500
　　　　　应交税费——应交增值税(销项税额)　　　　　　　　　518 500
　(2)兼营非应税劳务：
　　借：银行存款　　　　　　　　　　　　　　　　　　　　　　350 000
　　　贷：其他业务收入　　　　　　　　　　　　　　　　　　　350 000
同时,计算应交纳营业税额10 500(350 000×3‰)：
　　借：其他业务成本　　　　　　　　　　　　　　　　　　　　10 500
　　　贷：应交税费——应交营业税　　　　　　　　　　　　　　10 500

七、视同销售行为的税务会计处理

　　视同销售货物属于增值税课税对象,在《增值税暂行条例实施细则》中明确规定了视同销售货物的八种经济行为：(1)将货物交付其他单位或者个人代销。(2)销售代销货物。(3)设有两个以上机构并实行统一核算的纳税人,将货物从一个机构移送其他机构用于销售(相关机构设在同一市县的除外)。这里的"用于销售"是指受货机构有向购货方开具发票或向购货方收取货款的两项行为之一,但纳税人以总机构的名义在各地开立账户,通过资金结算网络在各地向购货方收取货款,由总机构直接向购货方开具发票的行为,不属于上述两种情形之一,其取得的应税收入应当在总机构所在地缴纳增值税。(4)将自产或者委托加工的货物用于非增值税应税项目。(5)将自产、委托加工的货物用于本企业的集体福利或者个人消费。(6)将自产、委托加工或者购进的货物作为投资,提供给其他单位或者个体工商户。(7)将自产、委托加工或者购进的货物分配给股东或者投资者。(8)将自产、委托加工或者购进的货物无偿赠送其他单位或者个人。

在以上列举的视同销售行为中,将货物交付他人代销,或以买断方式销售代销的货物,以及将自产、委托加工或者购买的货物分配给股东或投资者,以旧换新(会计上不作为非货币性交易处理),还本销售等行为,会计中都有明确规定作销售处理,因此,与税法规定并无抵触。除此以外,其他视同销售行为在会计中并没有明确的规定。

对照会计销售业务,企业的上述视同销售行为大致可以分为三类:

(一) 第一类视同销售行为

第一类是能够实现销售收入,增加货币流量,但不属于企业自销的视同销售行为,如上述(1)(2)(3)。这一类视同销售行为由于有实际交易时的商事凭证为依据确认销售收入,所以应将其作为收入入账,并计算增值税销项税额。

1. 将货物交付他人代销

委托代销是企业委托其他单位代为销售商品的一种销售方式。其销售成立和纳税义务发生并开具专用发票的时间,均为收到受托人送交代销清单的当天。代销清单上列明已销商品的数量、单价和销售收入,委托企业据此为受托企业开具专用发票,并进行账务处理。委托代销有两种基本方式,一种是委托方采用支付手续费的方式,另一种是委托方采用视同卖断的方式,其税务会计处理有所不同。

(1) 当委托方采用支付手续费的方式委托代销时,应按售价和税额借记"应收账款"科目,按售价贷记"主营业务收入"科目,按税额贷记"应交税费——应交增值税(销项税额)"科目;收到货款时,应借记"银行存款"科目,贷记"应收账款"科目;支付手续费时(一般由受托方在货款中扣除),应借记"销售费用"科目,贷记"应收账款"科目。

(2) 当委托方采用视同卖断代销商品的方式委托代销时,一般不再支付手续费,而是通过商品售价调整作为给代销单位的报酬。这种代销方式实质上是一种赊销,至于受托单位按什么价格销售,与委托单位无关。委托单位在收到受托单位的代销清单后,按商品代销价反映销售收入,其账务处理基本同前,不同之处是不支付手续费。

实际上,委托代销商品业务会有各种派生方式,但无非是(1)和(2)的变形或组合。

[例51] 万盈商品批发公司委托易通百货商店代销服装500套,每套进价150元,合同规定不含税代销接收价为200元,手续费按不含税代销额的5%支付,定期收到易通百货商店报来的代销清单,上列销售数量200套,开具增值税专用发票,注明价款4万元,税款6 800元,款未到;收到易通百货商店汇来的款项和手续费普通发票,扣除手续费2 000元,实收金额4.48万元。试计算增值税销项税额,并作有关分录。

① 发出委托代销服装时:

借:发出商品　　　　　　　　　　　　　　　　　　　　75 000
　　贷:库存商品　　　　　　　　　　　　　　　　　　　　　　75 000

② 收到代销清单时:

借:应收账款	46 800
贷:主营业务收入	40 000
应交税费——应交增值税(销项税额)	6 800

③ 收到汇来款项和手续费发票时:

借:银行存款	44 800
销售费用	2 000
贷:应收账款	46 800

④ 结转委托代销商品成本时:

借:主营业务成本	30 000
贷:发出商品	30 000

[**例52**] 续上例,假设双方签订合同规定,每套衣服不含税结算接收价为170元,受托方自行确定售价,委托方不再支付手续费。试计算增值税销项税额,并作有关分录。

① 发出委托代销服装时:

借:发出商品	75 000
贷:库存商品	75 000

② 收到代销清单时:

借:应收账款	39 780
贷:主营业务收入	34 000
应交税费——应交增值税(销项税额)	5 780

③ 收到汇来货款时:

借:银行存款	39 780
贷:应收账款	39 780

④ 结转委托代销商品成本时:

借:主营业务成本	30 000
贷:发出商品	30 000

对于将货物交付他人代销但又无代销清单的情形,税法作相应的规定:(1)纳税人以代销方式销售货物,在收到代销清单前已收到全部或部分货款的,其纳税义务发生时间为收到全部或部分货款的当天;(2)对于发出代销商品超过180天仍未收到代销清单及货款的,视同销售实现,一律征收增值税,其纳税义务发生时间为发出代销商品满180天的当天。因此,纳税人如发生上述情形,应参照收到代销清单的方法进行相应的会计处理。只是第(1)种情形不借记"应收账款"科目,而应借记"银行存款"科目。

2. 销售代销货物

受托代销是商品流通企业接受其他单位的委托代为销售商品,或接受其他单位寄销商品的一种销售方式,是委托销售的对称。按税法规定,企业代销商品行为,无论会计上是否作为销售处理,税收上均应计算应交增值税。受托单位在登记代销商品入库时,应填制代销商品入库单并登记代销商品明细账;代销商品销售后,有关部门应定期填制"代销商品清单"并将其提供给委托单位。由于企业受托代销商品所有权不属于本企业,所以应当在表外科目核算并登记"受托代销商品登记簿"。类似地,受托代销也有两种基本方式,一种是采用收取手续费的方式,另一种是采用视同买断的方式,其税务会计处理也有所不同。

(1) 当受托方采用收取手续费的方式受托代销时,按会计规定不核算销售收入,只将代销手续费收入及其应交纳的营业税,通过"其他业务收入"和"其他业务成本"科目核算,但税法规定代销商品要视同销售计算销项税额,理由是代销商品在销售时,如购买方为一般纳税人就需要为其开具增值税专用发票。

(2) 当受托方采用视同买断代销商品的方式受托代销时,实际上相当于赊购商品销售。这时,委托方与受托方在合同中规定一个接收价(含税),受托方则按高于接收价的价格对外销售(批发或者零售)。受托代销商品的收益不表现为代销手续费收入,而是表现为销售价(批发价或者零售价)与接收价之间的差额毛利。

实际上,受托代销商品业务会有各种派生方式,也无非是(1)和(2)的变形或组合。

[**例53**] 承例51。试计算增值税销项税额,并为受托方易通百货商店作会计分录(假设易通百货商店为零售企业)。

① 收到代销商品时,按含税代销价:

借:受托代销商品 117 000
  贷:受托代销商品款 117 000

在表外科目核算并登记"受托代销商品登记簿"。

② 销售受托代销商品时,按含税代销价:

借:银行存款 46 800
  贷:应交税费——应交增值税(销项税额) 6 800
    应付账款 40 000

③ 定期向委托方报送代销清单时,向委托方索取增值税专用发票,注销已代销商品的代销商品款和受托代销商品:

借:受托代销商品款 46 800
  贷:受托代销商品 46 800

在表外科目核算并登记"受托代销商品登记簿"。

④ 收到委托方开具的增值税专用发票时:

借:应交税费——应交增值税(进项税额) 6 800
  贷:应付账款 6 800

⑤ 开具代销手续费收入普通发票时:

借:应付账款　　　　　　　　　　　　　　2 000
　　贷:其他业务收入　　　　　　　　　　　　　　2 000
⑥ 支付扣除代销手续费后的代销商品款,并将代销手续费发票交给委托方时:
借:应付账款　　　　　　　　　　　　　　44 800
　　贷:银行存款　　　　　　　　　　　　　　　　44 800
⑦ 计算并结转代销手续费收入应纳的营业税时:
借:其他业务成本　　　　　　　　　　(2 000×5%)100
　　贷:应交税费——应交营业税　　　　　　　　　100

[**例 54**] 承例 52。试计算增值税销项税额,并为受托方易通百货商店作会计分录(假设易通百货商店为批发企业,每套不含税批发价为 190 元)。

① 收到代销商品时,按不含税接收价:
借:受托代销商品　　　　　　　　　　　　85 000
　　贷:受托代销商品款　　　　　　　　　　　　85 000
在表外科目核算并登记"受托代销商品登记簿"。
② 销售受托代销商品时,按不含税批发价并开出增值税专用发票:
借:银行存款　　　　　　　　　　　　　　44 460
　　贷:主营业务收入　　　　　　　　　　　　　38 000
　　　　应交税费——应交增值税(销项税额)　　　6 460
③ 定期向委托方报送代销清单,并索取增值税专用发票。根据代销清单汇总转销商品成本:
借:主营业务成本　　　　　　　　　　　　34 000
　　贷:受托代销商品　　　　　　　　　　　　　34 000
在表外科目核算并登记"受托代销商品登记簿"。
④ 收到委托方开具的增值税专用发票时:
借:受托代销商品款　　　　　　　　　　　34 000
　　应交税费——应交增值税(进项税额)　　　5 780
　　贷:应付账款　　　　　　　　　　　　　　　39 780
在表外科目核算并登记"受托代销商品登记簿"。
⑤ 支付代销商品价款及增值税额时:
借:应付账款　　　　　　　　　　　　　　39 780
　　贷:银行存款　　　　　　　　　　　　　　　39 780

3. 设有两个以上机构并实行统一核算的纳税人,将货物从一个机构移送其他机构用于销售

企业将货物从统一核算内的一个机构移送给另一个设在非同一市县的相关机构用

于销售时,应于移送当天开具增值税专用发票。受货机构按确定的货价借记"库存商品"科目,按应收取的增值税额借记"应交税费——应交增值税(进项税额)"科目,按价税总额贷记"应付账款——调出机构"科目;发货机构按价税总额借记"应收账款——调入机构"科目,按确定的货价贷记"主营业务收入"、"其他业务收入"等科目,按应收取的增值税额贷记"应交税费——应交增值税(销项税额)"科目。

[例55] 光明集团公司通知所属乙机构,将滞销商品手表1万元(不含税价)调往甲机构用于销售。试计算增值税销项税额,并作有关分录。

① 甲机构调入手表时:

借:库存商品——甲机构 10 000
　　应交税费——应交增值税(进项税额) 1 700
　　贷:应付账款——乙机构 11 700

② 乙机构调出手表时:

借:应收账款——甲机构 11 700
　　贷:应交税费——应交增值税(销项税额) 1 700
　　　　主营业务收入 10 000

(二)第二类视同销售行为

第二类是与会计销售业务无本质区别的视同销售行为,如经济行为(7)。这一类视同销售行为尽管没有直接的货币流入或流出,而是直接以货物流出的形式体现,相当于将货物出售后取得货币资产,然后再分配给股东或投资者,因此亦应将其作为收入入账,并计算销项税额。

企业将自产、委托加工或者购进的货物分配给股东或者投资者时,按价税总额借记"应付利润"科目,按计算的销项税额贷记"应交税费——应交增值税(销项税额)"科目,按确定的计税销售额贷记"主营业务收入"、"其他业务收入"等科目。

[例56] 卫星手表公司将自产的手表分配给投资者,按当月平均售价计算货款2万元。试计算增值税销项税额,并作有关分录。

借:应付利润 23 400
　　贷:主营业务收入 20 000
　　　　应交税费——应交增值税(销项税额) 3 400

(三)第三类视同销售行为

第三类是不可能取得销售收入、增加货币流量的视同销售行为,如经济行为(4)(5)(6)(8)。这一类视同销售行为一方面没有实际交易时的商事凭证为依据确认销售收入,另一方面也没有实际的资金增加,作为销售处理便会虚增利润,对企业资金周转产生不利影响。因此,允许将其作为成本转账,但仍需按税法规定的顺序确定计税销售额,计算销项税额。

这一类视同销售行为又可分为两种：

1. 反映企业内部经济关系的视同销售行为

即将自产或者委托加工的货物用于本企业的非增值税应税项目，如提供非应税劳务、转让无形资产、销售不动产、不动产在建工程等，也就是通常所说的"自产自用"项目，以及用于集体福利或者个人消费。由于这些项目直接耗用外购存货以含税价格计价，所以领用自产或者委托加工货物，增值税法规定应以视同销售货物计算增值税，保证各项目成本在含税条件下具有可比性。

企业将自产或者委托加工的货物用于本企业上列项目时按成本与税金之和借记"其他业务成本"、"在建工程"、"应付职工薪酬"等科目，按所用货物的成本贷记"库存商品"、"原材料"、"周转材料"等科目，按应纳增值税额贷记"应交税费——应交增值税（销项税额）"科目。上述分录虽符合增值税会计处理，但不符合所得税法的有关规定。所得税法规定：纳税人在基本建设、专项工程及职工福利等方面使用本企业商品、产品的应作为收入处理。

[例57] 前进建材公司将自产的甲产品500件用于本企业生产车间厂房改建工程，甲产品当月平均单位售价100元，平均单位成本60元。试计算增值税销项税额，并作有关分录。

借：在建工程 38 500
　　贷：库存商品 30 000
　　　　应交税费——应交增值税（销项税额） 8 500

[例58] 蓝天集团公司职工俱乐部领用本公司生产的立式空调机2台，每台生产成本1.6万元，售价2.5万元；另作为职工福利发给职工自产的抽油烟机300台，每台生产成本150元，售价280元。试计算增值税销项税额，并作有关分录。

借：固定资产 40 500
　　应付职工薪酬——应付福利费 59 280
　　贷：库存商品 77 000
　　　　应交税费——应交增值税（销项税额） 22 780

注：若领用的空调机需要安装，则将借记"固定资产"科目改为借记"在建工程"科目。

[例59] 强力水泥公司建造职工宿舍，发出水泥5万元委托加工预制板，并支付加工费6 000元和增值税1 020元，预制板收回后用于职工宿舍工程，成本利润率为10%。试计算增值税销项税额，并作有关分录。

（1）发出水泥时：

借：委托加工物资——预制板 50 000
　　贷：原材料——水泥 50 000

(2) 支付加工费时：
借：委托加工物资——预制板 6 000
　　应交税费——应交增值税(进项税额) 1 020
　贷：银行存款 7 020
(3) 预制板收回并结转委托加工成本时：
借：工程物资——预制板 56 000
　贷：委托加工物资——预制板 56 000
(4) 领用预制板，按组成计税价格计算时：
组成计税价格=56 000×(1+10%)=61 600(元)
销项税额=61 600×17%=10 472(元)
借：在建工程 66 472
　贷：应交税费——应交增值税(销项税额) 10 472
　　工程物资——预制板 56 000

2. 反映企业与外部环境经济关系的视同销售行为

即将自产、委托加工或者购进的货物作为对外投资或者无偿捐赠他人。由于这部分存货未经"销售"便进入消费，如不征税会使自产和委托加工货物本身所耗用的原材料和支付的加工费记入"进项税额"的增值税流失，购进的货物已记入"进项税额"的增值税也流失了，造成税负不平，企业占了国家的便宜。因此，税法规定，应将对外投资和无偿赠送的货物视同销售货物计算缴纳增值税。

企业将自产、委托加工或购进的货物用于投资时，按货物的公允价值确认收入，按收入和税金之和借记"长期股权投资"，按应纳增值税额贷记"应交税费——应交增值税(销项税额)"科目，同时结转货物相应的成本；用于赠送时，按成本与税金之和借记"营业外支出"科目，按货物成本贷记"库存商品"、"原材料"等科目，按应纳增值税额贷记"应交税费——应交增值税(销项税额)"科目。

[例60] 远见电器公司以自产乙产品400件对外进行投资。交换日，乙产品单位生产成本100元/件，不含税单位市价150元/件。假设以上经济业务没有发生除增值税外的相关税费，试计算增值税销项税额，并作有关分录。

此项业务属企业之间用自产产品和外购材料交换投资，且交易双方交换的资产公允价值相等，不需补价。

增值税销项税额=(400×150)×17%=10 200(元)
长期股权投资入账价值=400×150+10 200=70 200(元)
借：长期股权投资 70 200
　贷：主营业务收入 60 000
　　应交税费——应交增值税(销项税额) 10 200

借:主营业务成本   40 000
 贷:库存商品   40 000

[例61] 华美羊毛衫厂本月以自制羊毛衫500件无偿捐赠给灾区。每件实际生产成本30元,每件销售价格50元(不含税)。试计算增值税销项税额,并作有关分录。

借:营业外支出   19 250
 贷:库存商品(500×30)   15 000
  应交税费——应交增值税(销项税额)[(500×50)×17%] 4 250

由以上的分析可知,增值税法中关于第三类视同销售行为的规定较难理解。但按其是否作为会计收入记账和开具增值税专用发票,大致可以归纳为以下两种做法:

(1)反映企业内部经济关系的视同销售行为,即纳税人将自产或者委托加工的货物用于本企业的非增值税应税项目、集体福利或者个人消费,以及用于无偿捐赠给社会公益部门,应视同收入计提增值税销项税额,但不得开具增值税专用发票,不通过"主营业务收入"科目核算而直接结转成本。

(2)反映企业与外部环境经济关系的视同销售行为,即纳税人将自产、委托加工或者购进的货物作为对外投资或无偿捐赠给一般纳税人,应视同收入计提增值税销项税额,可开具增值税专用发票,以便接受捐赠单位依此抵扣,也不通过"主营业务收入"科目核算而直接结转成本。

(四)非货币性交易和债务重组中视同销售行为的税务会计处理

1. 一般纳税企业涉及货物的非货币性交易换出资产

非货币性交易是指交易双方以非货币性资产进行互换。这种交易不涉及或只涉及少量货币资产。在实务中,通常要根据货币性资产(补价)占整个资产交换金额的比例25%为判断标准。非货币性资产是相对于货币性资产而言的,是指货币性资产以外的有形动产(货物)、不动产(房屋、建筑物)、无形资产、股权投资以及不准备持有至到期的债券投资等。

为保证增值税抵扣链条的完整和货物流转环节税负的均衡,一般纳税企业涉及货物的非货币性资产交换,如货物与货物交换、货物与投资交换、货物与有形动产交换、货物与不动产交换、货物与无形资产交换等业务,换出货物的企业应当将换出货物视同销售。其会计核算方法可参照第三类视同销售行为,但应区分是否涉及补价、以公允价值或以账面价值计量,分别进行会计处理。

(1)不涉及补价。

[例62] 甲、乙公司均为制造业企业,均系增值税一般纳税人并取得增值税专用发票;A、B材料增值税适用税率均为17%。甲公司2×09年5月7日,以外购的A材料400千克与乙公司交换B材料500千克,该项交换不具有商业实质。A材料账面价值每千克13元,公允价值和计税价格均为每千克15元;B材料账面价值每千克11元,

公允价值和计税价格均为每千克12元。假设以上经济业务没有发生除增值税外的相关税费,双方均按账面价值计量换入资产的成本。试计算增值税销项税额,并作交易双方的会计分录。

此项业务属企业之间用材料交换材料,且交易双方交换的资产公允价值相等,不需补价。

甲公司换出材料计税价格=15×400=6 000(元)
乙公司换出材料计税价格=12×500=6 000(元)
换入资产入账价值=换出资产账面价值+相关税费
① 甲公司:
换出材料增值税销项税额=换入材料增值税进项税额=6 000×17%=1 020(元)
换入材料入账价值=400×13+1 020=5 020+1 020=6 040(元)

借:原材料——B材料　　　　　　　　　　　　　5 200
　　应交税费——应交增值税(进项税额)　　　　 1 020
　　贷:原材料——A材料　　　　　　　　　　　 5 200
　　　　应交税费——应交增值税(销项税额)　　 1 020

② 乙公司:
借:原材料——A材料　　　　　　　　　　　　　5 500
　　应交税费——应交增值税(进项税额)　　　　 1 020
　　贷:原材料——B材料　　　　　　　　　　　 5 500
　　　　应交税费——应交增值税(销项税额)　　 1 020

(2) 涉及补价。

[**例63**] 甲公司为制造业企业,丙公司为商品流通企业,均系增值税一般纳税人并取得增值税专用发票。甲公司2×09年5月24日,以自产的C库存商品200件与丙公司交换D设备一台,D设备为丙公司经营用旧设备,该项交易具有商业实质。C库存商品账面价值每件100元,公允价值和计税价格均为每件120元,C库存商品增值税税率为17%;D设备账面原值40 000元,已提折旧16 000元(未提减值准备),公允价值和计税价格均为25 000元,甲公司另以银行存款支付补价1 080元。甲公司换入丙公司的D设备作为固定资产核算,丙公司换入甲公司的库存商品作为库存商品核算。此外,丙公司因转让使用过的D设备,依照4%征收率减半计算缴纳增值税。假设以上经济业务没有发生除增值税外的相关税费,双方均按公允价值计量换入资产的成本。试计算增值税销项税额,并作交易双方的会计分录。

此项业务属企业之间用库存商品交换有形动产,甲公司因换出资产的公允价值低于换入资产的公允价值,因此,甲公司用银行存款支付了补价。

甲公司换出商品计税价格=120×200=24 000(元)

丙公司换出设备计税价格＝25 000(元)

① 甲公司：

换出商品增值税销项税额＝24 000×17％＝4 080(元)

换入设备增值税进项税额＝25 000÷(1+4％)×2％＝481(元)

支付补价的甲公司换入设备的入账价值＝换出资产公允价值＋应付税费
  ＋支付补价
  ＝24 000+(4 080−481)+1 080
  ＝28 679(元)

借：固定资产	28 679
应交税费——应交增值税(进项税额)	481
贷：库存商品——C商品	24 000
应交税费——应交增值税(销项税额)	4 080
银行存款	1 080

② 丙公司：

换出设备增值税销项税额＝25 000÷(1+4％)×2％＝481(元)

换入商品增值税进项税额＝24 000×17％＝4 080(元)

取得补价的丙公司换入商品入账价值＝换出资产的公允价值＋应付税费
  −取得补价
  ＝25 000+(481−4 080)−1 080
  ＝20 321(元)

取得补价应确认的收益＝换出资产公允价值−换出资产账面价值
  ＝25 000−(40 000−16 000)＝1 000(元)

借：固定资产清理	24 401
累计折旧	16 000
银行存款	1 080
贷：固定资产	40 000
应交税费——应交增值税(销项税额)	481
营业外收入——处置非流动资产利得	1 000
借：库存商品——C商品	20 321
应交税费——应交增值税(进项税额)	4 080
贷：固定资产清理	24 401

2. 以非现金资产抵偿债务

以非现金资产抵偿债务是债务重组方式的一种，是指债务人转让非现金资产给债权人以清偿债务的债务重组方式；而债权人是以接受非现金资产收回债权。债务人用于偿债的资产主要有现金、交易性金融资产、长期股权投资、货物、有形动产、不动产、无形资产等。

债务人以非现金资产清偿债务的,应按应付账款的债务账面余额,借记"应付账款"等科目;按用于清偿债务的非现金资产的公允价值,贷记"主营业务收入"、"其他业务收入"、"固定资产清理"、"无形资产"等科目;按应支付的相关税费和其他费用,贷记"银行存款"、"应交税费——应交增值税(销项税额)"等科目;按其差额,贷记"营业外收入——债务重组利得"科目。

债权人应当对受让的非现金资产按其公允价值入账,借记"原材料"、"库存商品"、"固定资产"、"无形资产"等科目;按可抵扣的增值税额,借记"应交税费——应交增值税(进项税额)"等科目;按重组债权的账面余额,贷记"应收账款"等科目;按应支付的相关税费和其他费用,贷记"银行存款"、"应交税费——应交增值税(销项税额)"等科目;按其差额,借记"营业外支出——债务重组损失"科目。

[例64] AB公司2×09年7月16日,销售一批库存商品给B公司作为商品销售,开出的增值税专用发票上注明的销售价款为120 000元,增值税销项税额为20 400元,款项尚未收到。2×10年8月20日B公司财务发生困难,无法按合同规定偿还债务,经双方协商同意,B公司以其生产的库存商品抵偿债务,该批商品不含税市价100 000元,成本为80 000元,增值税税率为17%,开出增值税专用发票。假设AB公司已对该项应收账款计提了坏账准备700元,又设未发生其他相关税费。AB公司将该批商品作原材料管理。试对AB公司、B公司在2×09年7月16日和2×10年8月20日发生的业务作会计分录。

(1) B公司(债务人):

2×09年7月16日购买商品时:

借:库存商品	120 000
应交税费——应交增值税(进项税额)	20 400
贷:应付账款——AB公司	140 400

2×10年8月20日债务重组时:

应付账款账面价值	140 400
减:所转让商品公允价值	100 000
增值税销项税额(100 000×17%)	17 000
债务重组利得	23 400
借:应付账款——AB公司	140 400
贷:主营业务收入	100 000
应交税费——应交增值税(销项税额)	17 000
营业外收入——债务重组利得	23 400

借:主营业务成本 80 000
　　贷:库存商品 80 000
(2) AB 公司(债权人):
应收账款账面价值 140 400
减:受转让商品公允价值 100 000
　　增值税进项税额(100 000×17%) 17 000
　　差额 23 400
减:坏账准备 700
　　债务重组损失 22 700

2×09 年 7 月 16 日销售商品时:
借:应收账款——B 公司 140 400
　　贷:主营业务收入 120 000
　　　　应交税费——应交增值税(销项税额) 20 400

2×10 年 8 月 20 日债务重组时:
借:库存商品 100 000
　　应交税费——应交增值税(进项税额) 17 000
　　坏账准备 700
　　营业外支出——债务重组损失 22 700
　　贷:应收账款——B 公司 140 400

(五) 其他视同销售行为的税务会计处理

1. 包装物押金

从 1995 年 6 月 1 日起,对销售除啤酒、黄酒外的其他酒类产品收取并返还的包装物押金,要求视同销售缴纳增值税。

(1) 若包装物出借,则没有租金收入,仅收取押金。出借包装物,若逾期(一般货物以一年为限,除啤酒、黄酒外的酒类产品的押金收到即征税)未退还,则应没收其押金。被没收的押金视同销售收入计算缴纳增值税。账务处理时,对逾期未退包装物没收的已收取的押金,借记"其他应付款"科目,按应纳的增值税,贷记"应交税费——应交增值税(销项税额)"科目,按其差额,贷记"其他业务收入"科目;这部分没收的押金收入应缴的消费税等税费,计入其他业务成本,借记"其他业务成本"科目,贷记"应交税费——应交消费税"等科目。

[**例 65**] 承例 30。假定出租包装物到期未归还,则没收其押金。试计算增值税销项税额,并作有关分录。

借:其他应付款——存入保证金(包装物押金) 585
　　贷:其他业务收入[585÷(1+17%)] 500

　　　　应交税费——应交增值税（销项税额）　　　　　　　　　　　　　　85

（2）若包装物取得销售价款后又收取押金，则称为追加的押金。对逾期未退包装物没收的追加的押金，应转作"营业外收入"处理。企业应按加收的押金，借记"其他应付款"科目，按应交的增值税、消费税等税费，贷记"应交税费"等科目，按其差额，贷记"营业外收入——逾期包装物押金没收收入"科目。

[例66]　光明涂料厂销售给某装饰公司涂料20桶，加收包装物押金585元，期满该装饰公司未能按合同规定归还，遂没收其押金。试计算增值税销项税额，并作有关分录。

　　借：其他应付款——存入保证金（包装物押金）　　　　　　585
　　　　贷：营业外收入　　　　　　　　　　　　　　　　　　　　500
　　　　　　应交税费——应交增值税（销项税额）　　　　　　　　85

2. 纳税人销售使用过的固定资产

自2009年1月1日起，增值税一般纳税人销售自己使用过的2009年1月1日以后购进或自制的固定资产（机器设备，下同），与其他货物一样，按照适用税率征收增值税；销售自己使用过的2009年1月1日以前购进或自制的固定资产和2009年1月1日以后购进的按照税法规定不能抵扣且未抵扣进项税额的固定资产，采用简易办法按4%的征收率减半征收增值税；小规模纳税人（不包括其他个人）销售自己使用过的固定资产，一律减按2%征收率征收增值税。

固定资产不包括纳税人销售自己使用过的房屋、建筑物等不动产固定资产，因为不动产属于《营业税暂行条例》规定的课税对象，应缴纳营业税，而不应缴纳增值税。其计算与缴纳方法将在营业税会计章节中加以介绍。这里，注意不要混淆。

因销售固定资产不是企业的经营目的，故出售固定资产收入及其收益不应列作营业收入及营业利润。按现行会计制度的规定，出售固定资产收入，应通过"固定资产清理"科目核算，而发生的净损益应列入"营业外收入"或"营业外支出"科目核算。

[例67]　烽火集团公司出售固定资产目录所列2×10年购入并已使用过的汽车1辆，原值110 000元，已提折旧10 000元，支付清理费用1 000元，售价104 000元，均通过银行收付。试计算增值税销项税额，并作有关分录。

（1）注销固定资产时：
　　借：固定资产清理　　　　　　　　　　　　　　　　　　100 000
　　　　累计折旧　　　　　　　　　　　　　　　　　　　　　10 000
　　　　贷：固定资产　　　　　　　　　　　　　　　　　　　110 000
（2）支付清理费用时：
　　借：固定资产清理　　　　　　　　　　　　　　　　　　　1 000
　　　　贷：银行存款　　　　　　　　　　　　　　　　　　　　1 000

(3) 收到出售价款时：
借：银行存款 104 000
　　贷：固定资产清理 102 000
　　　　应交税费——应交增值税（销项税额）2 000(104 000÷(1+4%)×2%)
(4) 结转出售净收益时：
借：固定资产清理 1 000
　　贷：营业外收入 1 000

八、增值税直接减免的税务会计处理

《增值税暂行条例》第十六条规定的七个免税项目，以及若干政策性临时免税项目和减半征税项目（详见本章第三节第四部分）均属于增值税直接减免的范畴。

企业直接减免的增值税，其应纳税款不需上交国库，但必须按规定在"应交税费——应交增值税"科目下增设"减免税款"专栏，并按不同用途分别进行核算。

（一）专用性减免税，作为国家投资处理

所谓专用性减免税，是指按规定用于经济建设等指定用途的直接减免的增值税。

若用于新建项目，则直接转作国家资本金，应在享受减免税款时，借记"应交税费——应交增值税（减免税款）"科目，贷记"实收资本——国家资本金"科目。

若用于改扩建和技术改造项目，则视同国家专项拨款处理，应在享受减免税款时，借记"应交税费——应交增值税（减免税款）"科目，贷记"专项应付款"科目。

（二）一般性减免税，作为补贴收入处理

所谓一般性减免税，是指按规定用于弥补亏损或没有规定专门用途的直接减免的增值税。其账务处理为借记"应交税费——应交增值税（减免税款）"科目，贷记"营业外收入"科目。

[**例68**] 新农化肥公司为增值税一般纳税人。2×05年7月销售尿素56.5万元（含税价），货款已从银行收讫。根据国家税收政策规定，自2×05年7月1日起，尿素的增值税暂免征收。当期销售尿素共耗用原材料的进项税额2.5万元。尿素法定增值税税率为13%。试计算实际享受的减免税额，并作有关分录。

增值税销项税额=565 000÷(1+13%)×13%=65 000（元）

实际享受的减免税额=65 000－25 000=40 000（元）

(1) 销货并收款时：
借：银行存款 565 000
　　贷：主营业务收入 500 000
　　　　应交税费——应交增值税（销项税额） 65 000
(2) 结转免税产品应分摊的进项税额时：
借：主营业务成本 25 000

  贷:应交税费——应交增值税(进项税额转出)   25 000

  (3)享受直接减免时:

  借:应交税费——应交增值税(减免税额)   65 000

    贷:营业外收入   65 000

九、增值税先征后返或即征即退的税务会计处理

  享受增值税先征后返或即征即退优惠政策的项目详见本章第三节第四部分。其实先征后返或即征即退,不管是税务返还,还是财政退还,实质上是一种税收减免或财政补贴。由于先征后返或即征即退的应交税款都必须上交国库,所以在"应交税费——应交增值税"科目下不必增设"减免税款"专栏,但也需按不同用途分别进行核算。

  (一)专用性减免税,作为国家投资处理

  若用于新建项目,则直接转作国家资本金,应在实际收到返还增值税款时,借记"银行存款"科目,贷记"实收资本——国家资本金"科目。

  若用于改扩建和技术改造,则视同国家专项拨款处理,应在实际收到返还增值税款时,借记"银行存款"科目,贷记"专项应付款"科目。

  若用于按原规定归还长期借款,则全部转作国家资本金,应在实际收到返还增值税款时,借记"长期借款"科目,贷记"实收资本——国家资本金"科目。

  (二)一般性减免税,作为补贴收入处理

  用于没有规定用途的一般退还(返还)的增值税(如福利企业、软件产品生产企业等),应在实际收到返还的增值税款时,借记"银行存款"科目,贷记"营业外收入"科目。

  [例69] 鹏程软件开发公司2×09年10月销售自行开发生产的某财务软件产品,价款50万元,销项税额8.5万元,均通过银行收妥。国家规定对软件产品实际增值税负担率超过3%部分实行即征即退。该企业先按规定税率计算交税,本月缴纳增值税为7万元。试计算实际返还的减免税额,并作有关分录。

  (1)销货并收款时:

  借:银行存款   585 000

    贷:主营业务收入   500 000

      应交税费——应交增值税(销项税额)   85 000

  (2)月底结转当月应缴税金时:

  借:应交税费——应交增值税(转出未交增值税)   70 000

    贷:应交税费——未交增值税   70 000

  (3)下月初上缴本月税金时:

  借:应交税费——未交增值税   70 000

    贷:银行存款   70 000

  (4)按规定返还税款时:

借:银行存款(70 000—500 000×3%)　　　　　　　　　　55 000
　　贷:营业外收入　　　　　　　　　　　　　　　　　　　55 000

[本章小结]

2009年1月1日施行的增值税新条例标志着我国执行15年之久的生产型增值税开始向消费型增值税转变,动产类固定资产被允许纳入了进项税抵扣范围,从而使得增值税链条更加完整,减少了重复征税,更好地体现了增值税中性税收的优点。

增值税是以商品(劳务)流转过程中的增值额为课税依据,对一般纳税人实行进销抵扣计算,对小规模纳税人实行简易征收计算。增值税专用发票作为"防伪税控"的组成部分,现行税法对它的开具要求、使用范围和日常管理规范作出了严格的规定。增值税会计的基本内容包括:进项税额和销项税额的确认、应纳税额的计算以及有关会计处理等。其中,进项税额在确认和计量时,应当注意其不得用于抵扣和后续需要转出的特殊情况;销项税额在确认和计量时,应当注意价外费用(尤其是包装物租金、押金)、视同销售等特殊情况;应纳税额的计算应当注意区分正常税率、优惠税率和征收率,以及税收减免等情况;增值税会计处理应当注意销售退回及折让、委(受)托代销等特殊情况。

我国税法是有选择地对劳务征收增值税的,虽然税法补充了许多关于混合销售和兼营业务的纳税操作细则,但是,仍不可避免地在一定程度上造成了增值税与营业税的界限混淆,也造成了行业之间的税负不均衡。未来我国增值税改革必将进一步扩大征税范围,完善征收方法,并最终取代营业税达到简化税制、公平税负,提振消费、扩大内需和调整产业结构、推动经济健康发展之目的。

[相关法规链接]

1.《中华人民共和国增值税暂行条例》(1993年12月13日中华人民共和国国务院令第134号发布,2008年11月5日国务院第34次常务会议修订通过,自2009年1月1日起施行)

2.《中华人民共和国增值税暂行条例实施细则》(2008年12月18日财政部 国家税务总局令第50号公布,自2009年1月1日起施行)

3.《财政部 国家税务总局关于固定资产进项税额抵扣问题的通知》(财税〔2009〕113号)(2009年9月9日财政部 国家税务总局发布并施行)

4.《财政部 国家税务总局关于全国实施增值税转型改革若干问题的通知》(财税〔2008〕170号)(2008年12月19日财政部 国家税务总局发布,自2009年1月1日起施行)

[**本章复习题**]

1. 简述增值税的性质、类型及其特点,我国目前实行何种类型的增值税?
2. 采用增值税专用发票办法对增值税的征收管理有何利弊?
3. 对增值税专用发票实行"防伪税控"有何意义?对纳税人有何具体要求?
4. 增值税纳税义务发生时间是如何规定的?
5. 作为增值税计税依据的"价外收入"应包括哪些内容?不包括哪些项目?
6. 企业销售货物发生退还或折让时,开具红字增值税专用发票有哪些规定?
7. 在何种情况下,企业购进货物或应税劳务的进项税额不允许抵扣销项税额?
8. 增值税一般纳税人和小规模纳税人在增值税计算、核算及发票使用上有何异同?
9. 企业的哪些行为属于增值税的视同销售行为?这些行为可以分为哪几类?
10. 企业采用折扣方式销售货物时,对不同折扣形式在税务会计处理上如何区别处理?
11. 企业直接减免的增值税或收到退还的增值税应如何分别不同情况进行核算?

第四章 消费税会计

【本章导读】 消费税是世界各国广泛实行的税种,我国的消费税是1994年税制改革中新设置的税种,它由原产品税脱胎出来,与实行普遍调节的增值税配套,体现了国家对某些产品进行特殊调节。通过本章学习,应该了解消费税的特点,熟悉消费税的纳税义务人与征税范围,掌握消费税的计税依据、应纳税额的计算、纳税环节及消费税基本业务的税务会计处理原则等。

第一节 消费税概述

一、消费税的意义和特点

(一) 意义

消费税是就某些特定的应税消费品所课征的一种流转税,是我国1994年流转税制改革时新设置的一个税种。

税收政策改革以前,我国对一些特殊消费品如少数非生活必需的奢侈品、非再生性资源生产的消费品课以重税。通过对这些消费品在流转环节实行较高的税率,征收较高数额的税款,一方面可为国家筹集更多的财政资金,另一方面体现了"寓禁于征"的征税意识,即通过重税来适当限制这些特殊消费品的消费,进而限制其生产。1994年我国实行税制改革,消费税从原税制的产品税、增值税中分离出来,成为一个独立的税种。这是属于新老税制的转换,并不是额外向消费者再征收一道税。征收消费税的产品的价格中,过去就一直含有较高的产品税、增值税,而按照统一税率征收增值税以后,对这些产品征收的增值税比过去减少,把减少的税款通过设置消费税这个税种进行单独征收,并没有增加这些消费品的总体税负,也没有因此损害消费者利益。

开征消费税,具有十分重要的意义。首先,通过征收消费税,可以将一部分消费基金转化为财政资金,满足国家经济建设的需要;其次,通过征收消费税,可以正确引导消费方向,抑制超前消费和集团消费需求,控制消费膨胀,调整消费结构;再次,通过征收消费税可以调节收入,对高收入者征收个人所得税的同时,让这些人在进行高消费时承担部分消费税,以便调节其消费支出,适当解决社会中存在的分配不公、贫富分化的问题；最后，通过征收消费税，对一些特殊消费品的消费和生产加以限制，有利于合理使用有限的经济资源，促进资源在国民经济各部门的合理配置，在国家宏观经济调控中发挥杠杆作用。另外，通过对进口应税消费品征收消费税，对出口应税消费品免征消费税，有利于促进我国对外贸易的健康发展。

（二）特点

征收消费税，集中体现了我国的产业政策和消费政策，为国家对国民经济进行宏观调控提供了必要的手段。我国现行消费税制度，既不同于西方国家的消费税制度，也不同于原有的产品税制度，有其自身的特点，主要表现在：

（1）消费税属于特殊调节税种（原产品税集普通调节和特殊调节于一身）。我国目前实行的是以增值税作为普通税种对生产经营活动实行普遍征收，辅之以消费税作为特殊调节税种选择部分消费品实行交叉征收的双重调节。

（2）消费税的课税对象范围较小，具有明确的选择性。消费税的课税对象主要选择部分非生活必需的最终消费品。例如，纳税人自产自用的应税消费品，用于连续生产应税消费品的不纳税；委托加工的应税消费品，委托方用于连续生产应税消费品的，所纳税款准予按规定抵扣。

（3）消费税以生产环节为主要课税环节。消费税最终是由消费者承担的，体现于应纳消费品的价格之中，但为了减少纳税中间环节和纳税人数量，防止税款流失，降低征管费用，消费税的纳税环节除个别应税消费品外确定在生产环节，而不是在流通或者消费环节。

（4）消费税属于价内税。我国消费税选择价内征收的模式，即价格中含有消费税，而增值税则属于价外税。

（5）消费税在征收方法上，实行从价定率和从量定额相结合，在选择从价定率征收的同时，扩大了从量定额征收的适用范围。

二、消费税的纳税人和课税对象

（一）纳税人

在中华人民共和国境内从事生产、委托加工和进口应税消费品以及从事金银首饰零售业务和卷烟批发业务的单位和个人，均为消费税的纳税义务人。委托加工、委托代销金银首饰的，受托方也是纳税人。

"在中华人民共和国境内"是指生产、委托加工和进口、零售、批发属于应当征收消费税的消费品的起运地或所在地在境内。

"单位"是指企业、行政单位、事业单位、军事单位、社会团体及其他单位。

"个人"是指个体工商户及其他个人。

消费税的纳税义务人不分经济性质、不分行业、不分所在地区。

(二) 课税对象

消费税以需要进行特殊调节的部分最终消费品为课税对象,带有明显的选择性。其依据主要是考虑我国目前的社会经济发展现状和目标,我国总体消费结构和消费政策,人民群众的消费水平以及增加财政收入的需要,同时也借鉴了国外一些成功的经验和通行做法。

消费税的纳税对象大致有以下五类:

(1) 过度消费会对人类健康、社会秩序、生态环境等方面造成危害的特殊消费品,如烟、酒类、焰火、鞭炮、木制一次性筷子、实木地板等;

(2) 奢侈品或非生活必需品,如贵重首饰及珠宝玉石、高尔夫球及球具、高档手表、游艇等;

(3) 高能耗及高档消费品,如小汽车、摩托车等;

(4) 不可再生或替代的稀缺资源类消费品,如成品油等;

(5) 具有一定财政意义的消费品,如汽车轮胎、化妆品等。

随着国民经济的发展变化,消费税的课税对象也会作相应的调整,以适应不断变化的情况。消费税课税对象的调整一般基于以下考虑:

(1) 随着经济形势的发展和人们生活水平的提高,对消费品需要重新确定鼓励发展或限制发展的对象,一些消费品已成为人们的日常生活必需品,不再需要抑制,而另一些却有必要加以控制。

(2) 随着资源和环境的压力与日俱增,对高能耗、高污染、高消耗不可再生资源的消费品必须加以限制。

第二节 消费税应纳税额的计算和缴纳

一、消费税的计算要素

(一) 税目、税率(税额)

现行的消费税的税目、税率(税额),已对1994年开始实施的《消费税暂行条例》所附的《消费税税目税率(税额)表》的内容作了一系列调整。《消费税税目税率(税额)表》(见表4-1)中所列应税消费品的具体征收范围,依据《消费税实施细则》、《财政部 国家税务总局关于调整和完善消费税政策的通知》(财税〔2006〕33号)所附《消费税征收范围注释》及相关调整文件执行。消费税税目、税率(税额)的调整,由国务院决定,自2009年1月1日起执行。消费税共设14个税目。

表 4-1　现行消费税税目税率(税额)表

税　目	征税范围(环节)	计税单位	税率/税额
一、烟			
1. 卷烟生产(含进口)	每标准条调拨价 70 元以上(含)	标准箱	56%加 0.003 元/支
	每标准条调拨价 70 元以下	标准箱	36%加 0.003 元/支
2. 雪茄烟生产(含进口)			36%
3. 烟丝			30%
4. 卷烟批发			5%
二、酒及酒精			
1. 白酒		斤(500 克)	20%加 0.5 元/斤(或
		斤(500 克)	500 毫升)
2. 黄酒		吨	240 元
3. 啤酒	销售价在 3 000 元/吨以上(含)	吨	250 元
	销售价在 3 000 元/吨以下	吨	220 元
	娱乐业、饮食业自制啤酒	吨	250 元
4. 其他酒			10%
5. 酒精			5%
三、化妆品	含成套和高档护肤类化妆品		30%
四、贵重首饰及珠宝玉石	包括各种金、银、珠宝玉石		10%
其中:金银首饰、铂金首饰和钻石及钻石饰品	(零售环节)		5%
五、鞭炮、焰火			15%
六、成品油			
1. 汽油	含铅汽油	升	1.40 元
	无铅汽油	升	1.00 元
2. 柴油		升	0.80 元
3. 石脑油		升	1.00 元
4. 溶剂油		升	1.00 元
5. 润滑油		升	1.00 元
6. 燃料油		升	0.80 元
7. 航空煤油		升	0.80 元
七、汽车轮胎			3%
八、摩托车	气缸容量在 250 毫升(含)以下		3%
	气缸容量在 250 毫升以上		10%
九、小汽车			
1. 乘用车	气缸容量(排气量,下同)在 1.0 升(含)以下的乘用车		1%
	气缸容量在 1.0 升以上至 1.5 升(含)的乘用车		3%

续表

税 目	征税范围(环节)	计税单位	税率/税额
	气缸容量在1.5升以上至2.0升（含）的乘用车		5%
	气缸容量在2.0升以上至2.5升（含）的乘用车		9%
	气缸容量在2.5升以上至3.0升（含）的乘用车		12%
	气缸容量在3.0升以上至4.0升（含）的乘用车		25%
	气缸容量在4.0升以上的乘用车		40%
2. 中轻型商用客车			5%
十、高尔夫球及球具			10%
十一、高档手表			20%
十二、游艇			10%
十三、木制一次性筷子			5%
十四、实木地板			5%

（二）计税依据

实行从价定率征收的消费税的计税依据为含消费税而未含增值税的销售额，实行从量定额征收的消费税的计税依据为应税消费品的销售数量，实行复合方式征收（如卷烟、白酒等）的消费税的计税依据为前两者相加。

1. 实行从价定率办法征收消费税的计税依据

（1）纳税人生产销售的应税消费品的计税依据。纳税人生产销售应税消费品的，按照纳税人应税消费的销售额计算纳税。在确定销售额时，应注意计税销售额与会计销售不完全相同，具体表现为：

① 应税消费品的计税销售额，为纳税人销售应税消费品向购买方收取的全部价款和价外费用，但不包括应向购买方收取的增值税税额。

这里的"价外费用"，是指价外向购买方收取的手续费、补贴、基金、集资费、返还利润、奖励费、违约金、滞纳金、延期付款利息、赔偿金、代收款项、代垫款项、包装费、包装物租金、储备费、优质费、运输装卸费以及其他各种性质的价外收费。但同时符合下列条件的代垫运费不包括在内：

1）承运部门的运费发票开具给购买方的；
2）纳税人将该项发票转交给购货方的。

其他价外费用，无论是否属于纳税人的收入，均应并入销售额计算征税。

如果纳税人应税消费品的销售额中包含增值税的，应换算为不含增值税税额的计

税销售额,其换算公式为:

$$应税消费品的销售额 = \frac{含增值税销售额}{1+增值税率或征收率}$$

② 实行从价定率办法计算应纳税额的应税消费品连同包装物销售的,无论包装物是否单独计价以及在会计上如何核算,均应并入应税消费品的销售额中缴纳消费税。如果包装物不作价随同产品销售,而是收取押金,此项押金则不应并入应税消费品的销售额中征税。但对因逾期未收回的包装物不再退还的或者已收取的时间超过12个月的押金,应并入应税消费品的销售额,按照应税消费品的适用税率缴纳消费税。

从1995年6月1日起,对生产销售酒类产品(除啤酒、黄酒外)而收取的包装物押金,不论是否返还及财务上如何核算,一律并入产品销售额中,依酒类产品适用税率计征消费税。

对既作价随同应税消费品销售,又另外收取押金的包装物的押金,凡纳税人在规定的期限内不予退还的,均应并入应税消费品的销售额,按照应税消费品的适用税率征收消费税。

③ 纳税人销售的应税消费品,以人民币以外的货币结算销售额的,其销售额的人民币折合率可以选择销售额发生的当天或者当月1日的人民币汇率中间价。纳税人应在事先确定采用何种折合率,确定后1年内不得变更。

④ 纳税人用外购已税消费品为原料继续生产应税消费品,其生产的应税消费品可以扣除外购消费品的已纳消费税额后的余额计征消费税,即"扣税法"。具体包括:

1) 外购已税烟丝生产的卷烟;
2) 外购已税化妆品生产的化妆品;
3) 外购已税珠宝玉石生产的贵重首饰及珠宝玉石;
4) 外购已税鞭炮焰火生产的鞭炮焰火;
5) 外购的已税汽车轮胎(内胎或外胎)生产的汽车轮胎;
6) 外购的已税摩托车生产的摩托车;
7) 外购的已税杆头、杆身和握把为原料生产的高尔夫球杆;
8) 外购的已税木制一次性筷子为原料生产的木制一次性筷子;
9) 外购的已税实木地板为原料生产的实木地板;
10) 外购的已税石脑油为原料生产的应税消费品;
11) 外购的已税润滑油为原料生产的润滑油。

自2001年5月1日起,对外购酒及酒精产品已纳消费税进行扣除的政策已停止执行。金银首饰、铂金首饰、钻石首饰消费税改变纳税环节以后,用已税珠宝玉石生产的镶嵌首饰,在计征时一律不得扣除已纳的消费税税款。卷烟批发环节计算消费税时不得扣除已含的生产环节的消费税。

"扣税法"计算公式如下：

当期准予扣除的外购应税消费品的已纳税款＝当期准予扣除的外购应税消费品的买价×外购应税消费品的适用税率

当期准予扣除的外购应税消费品的买价＝期初库存的外购应税消费品的买价＋当期购进的应税消费品的买价－期末库存的外购应税消费品的买价

上述外购已税消费品的买价是指购货发票（含销货清单）上注明的销售额（不包括增值税额）。

纳税人从增值税一般纳税人（仅限生产企业，下同）购进应税消费品，外购应税消费品的抵扣凭证为销售方开具的增值税专用发票（含销货清单）。纳税人未提供发票和销货清单的不予扣除外购应税消费品已纳消费税。纳税人从增值税小规模纳税人购进应税消费品，外购应税消费品的抵扣凭证为主管税务机关代开的增值税专用发票。进口应税消费品的抵扣凭证为《海关进口消费税专用缴款书》，纳税人不提供《海关进口消费税专用缴款书》的，不予抵扣进口应税消费品已缴纳的消费税。

⑤ 纳税人通过自设非独立核算门市部销售的自产消费品，应当按照门市部对外销售额或销量征收消费税。"非独立核算门市部"涵盖所有生产企业自设的非独立核算的应税消费品销售单位。

⑥ 纳税人将自产的应税消费品与外购或者自产的非应税消费品组成套装销售的，以套装产品的销售额（不含增值税）为计税依据。

⑦ 金银首饰与其他产品组成成套消费品销售的，应按销售额全额征收消费税。对既销售金银首饰，又销售非金银首饰的生产、经营单位，应将两类商品划分清楚，分别核算销售额。凡划分不清楚或不能分别核算时，在生产环节销售的，一律从高适用税率征收消费税；在零售环节销售的，一律按金银首饰征收消费税。

⑧ 金银首饰的销售方式采用以旧换新（含翻新改制）的，可以按实际收取的不含增值税的全部价款确定计税依据征收消费税。

⑨ 金银首饰的零售业务是指将金银首饰销售给金银首饰生产、加工、批发、零售单位（以下简称经营单位）以外的单位和个人的业务。

下列行为视同零售业务：

1) 为经营单位以外的单位和个人加工金银首饰，加工包括带料加工、翻新改制、以旧换新等业务，不包括修理、清洗业务；

2) 经营单位将金银首饰用于馈赠、赞助、广告、样品、职工福利、奖励等方面；

3) 经营单位兼营生产、加工、批发、零售业务的，应分别核算销售额，未分别核算销售额或者划分不清的，一律视同零售征收消费税。

⑩ 对啤酒生产企业销售的啤酒，不得以向其关联企业的啤酒销售公司销售的价格作为确定消费税（单位）税额的标准，而应当以其关联企业的啤酒销售公司对外的销售

价格(含包装物及包装物押金)作为确定消费税(单位)税额的标准。

(2) 纳税人自产自用的应税消费品的计税依据：

① 纳税人自产自用的应税消费品,或者生产、批发、零售单位用于馈赠、赞助、集资、广告、样品、职工福利、奖励等方面的金银首饰,按纳税人生产或销售的同类消费品的销售价格计算纳税;没有同类消费品销售价格的,按照组成计税价格计算纳税。组成计税价格计算公式为：

$$组成计税价格 = \frac{成本 \times (1+利润率)}{1-消费税税率}$$

这里的"同类消费品的销售价格",是指纳税人当月销售的同类消费品的销售价格,如果当月同类消费品各批销售价格高低不同,应按销售数量加权平均计算。但是,销售的应税消费品有下列情况之一的,不得列入加权平均计算：

1) 销售价格明显偏低又无正当理由的;
2) 无销售价格的。

若当月无销售或者当月未完结,应按同类消费品上月或最近月份的销售价格计算纳税。

上述公式中的"成本",是指应税消费品的产品生产成本或者金银首饰的购进原价;"利润率"是指应税消费品全国平均成本利润率,由国家税务总局确定如下：

甲类卷烟	10%
乙类卷烟	5%
雪茄烟	5%
烟丝	5%
粮食白酒	10%
薯类白酒	5%
其他酒	5%
酒精	5%
化妆品	5%
护肤护发品	5%
贵重金首饰及珠宝玉石	6%
鞭炮、焰火	5%
汽车轮胎	5%
摩托车	6%
高尔夫球及球具	10%
高档手表	20%
游艇	10%

木制一次性筷子	5%
实木地板	5%
乘用车	8%
中轻型商用客车	5%

② 纳税人用于换取生产资料和消费资料、投资入股和抵偿债务等方面的应税消费品,应当以纳税人同类应税消费品的最高销售价格为计税依据计算消费税。

③ 生产企业将自产石脑油用于本企业连续生产汽油等应税消费品的,不缴纳消费税;用于连续生产乙烯等非应税消费品或其他方面的,于移送使用时缴纳消费税。

(3) 委托加工的应税消费品的计税依据:

① 纳税人委托加工的应税消费品或者带料加工的金银首饰,应按受托方同类消费品或金银首饰的销售价格计算纳税。没有同类消费品或同类金银首饰销售价格的,按组成计税价格计算纳税。组成计税价格的计算公式为:

$$组成计税价格 = \frac{材料成本 + 加工费}{1 - 消费税税率}$$

式中,"材料成本"是指委托方所提供加工材料的实际成本(委托加工应税消费品的纳税人,必须在委托加工合同上如实注明或以其他方式提供材料成本,凡未提供材料成本的,受托方主管税务机关有权核定其材料成本);"加工费"是指受托方加工应税消费品向委托方所收取的全部费用,包括代垫辅助材料的实际成本,但不包括向委托方收取的增值税。

② 对消费者个人委托加工的金银首饰及珠宝玉石,可暂按加工费征收消费税。

③ 纳税人用收回委托加工的已税消费品为原料,连续生产应税消费品,其生产的应税消费品在计征消费税时可以扣除原料中所包含的消费税。具体包括:

1) 以委托加工收回的已税烟丝为原料生产的卷烟;

2) 以委托加工收回的已税化妆品为原料生产的化妆品;

3) 以委托加工收回的已税珠宝玉石为原料生产的贵重首饰及珠宝玉石;

4) 以委托加工收回的已税鞭炮焰火为原料生产的鞭炮焰火;

5) 以委托加工收回的已税汽车轮胎为原料生产的汽车轮胎;

6) 以委托加工收回的已税摩托车为原料生产的摩托车;

7) 以委托加工收回的已税杆头、杆身和握把为原料生产的高尔夫球杆;

8) 以委托加工收回的已税木制一次性筷子为原料生产的木制一次性筷子;

9) 以委托加工收回的已税实木地板为原料生产的实木地板;

10) 以委托加工收回的已税石脑油为原料生产的应税消费品;

11) 以委托加工收回的已税润滑油为原料生产的润滑油。

自 2001 年 5 月 1 日起,对委托加工酒及酒精产品已纳消费税抵扣的政策已停止执行。

用收回委托加工的已税消费品为原料,连续生产应税消费品,准予从应纳消费税税额中按当期生产领用数量计算扣除其已纳的消费税款。计算公式如下:

当期准予扣除的委托加工应税消费品已纳税款＝期初库存的委托加工应税消费品已纳税款＋当期收回的委托加工应税消费品已纳税款－期末库存的委托加工应税消费品已纳税款

委托加工应税消费品已纳税款为代扣代收税款凭证注明的受托方代收代缴的消费税。委托加工收回应税消费品的抵扣凭证为《代扣代收税款凭证》。纳税人未提供《代扣代收税款凭证》的,不予扣除受托方代收代缴的消费税。

(4) 进口的应税消费品的计税依据:

纳税人进口应税消费品,实行从价定率办法计算应纳税额的,按照组成计税价格计算纳税。组成计税价格计算公式:

$$组成计税价格＝(关税完税价格＋关税)÷(1－消费税税率)$$

式中,"关税完税价格"是指由海关核定的关税计税价格。

(5) 在实行从价定率办法计算应纳消费税额时,纳税人应税消费品的计税价格明显偏低又无正当理由的,由主管税务机关核定其计税价格。应税消费品计税价格的核定权限如下:

① 卷烟、白酒和小汽车的计税价格由国家税务总局核定,送财政部备案;
② 其他应税消费品的计税价格由省、自治区和直辖市国家税务局核定;
③ 进口的应税消费品的计税价格由海关核定。

2. 实行从量定额征收消费税的计税依据

实行从量定额征收消费税的计税依据为应税消费品的销售数量。具体为:

(1) 销售应税消费品的,为应税消费品的销售数量;
(2) 自产自用应税消费的,为应税消费品的移送使用数量;
(3) 委托加工应税消费品的,为纳税人收回的应税消费品数量;
(4) 进口的应税消费品,为海关核定的应税消费品的进口征税数量。

对实行从量定额办法计算应纳税额的应税消费品,如果销售数量的计量单位与计税单位不一致,应按核算标准换算计量单位。计量单位的换算标准如下:

啤酒 1 吨＝988 升　　　　　黄酒 1 吨＝962 升
汽油 1 吨＝1 388 升　　　　 柴油 1 吨＝1 176 升
卷烟标准箱＝50 000 支　　　卷烟标准条＝200 支
石脑油 1 吨＝1 385 升　　　 溶剂油 1 吨＝1 282 升
润滑油 1 吨＝1 126 升　　　 燃料油 1 吨＝1015 升
航空煤油 1 吨＝1 246 升

以外购或者委托加工收回的已税石脑油、润滑油、燃料油为原料生产的应税消费品,准予从消费税应纳税额中扣除原料已纳的消费税税款。抵扣税款的计算公式为:

当期准予扣除的外购应税消费品已纳税款＝当期准予扣除外购应税消费品数量×外购应税消费品单位税额

当期准予扣除外购应税消费品数量＝期初库存外购应税消费品数量＋当期购进外购应税消费品数量－期末库存外购应税消费品数量

外购应税消费品数量为发票(含销货清单)注明的应税消费品的销售数量。

二、消费税的计算方法

消费税实行从价定率、从量定额以及复合计征三种办法计算应纳税额。

实行从价定率办法计算的应纳税额＝销售额×适用税率

实行从量定额办法计算的应纳税额＝销售数量×单位税额

实行复合计征办法计算的应纳税额＝销售额×适用税率＋销售数量×单位税额

（一）生产、销售白酒应纳税款计算

白酒企业从事白酒的生产、销售活动,在缴纳增值税的同时,又因白酒是特定消费品,属国家抑制消费的产品,故还应缴纳消费税。

企业从农民手中直接购进免税农产品作为原材料时,按增值税税法规定允许按照买价和13％的扣除率计算其准予抵扣的增值税进项税额。企业外购货物或销售货物(包括机器设备类固定资产)时发生的由本企业承担的运输费按税法规定允许按7％的扣除率计算增值税进项税额。

粮食白酒、薯类白酒采用从量定额和从价定率相结合的复合计税办法。适用消费税比例税率统一为20％,定额税率为0.5元/斤(500克)或0.5元/500毫升。从量定额税的计量单位按实际销售商品重量确定,如果实际销售商品是按体积标注计量单位的,应按500毫升为1斤换算,不得按酒度折算。

[例1] 黄河酒厂3月8日从农民手中购入粮食10吨,每吨收购价为1 000元,运输单位发票上注明运费1 700元、建设基金300元、保险费150元、装卸费250元,粮食验收入库,款项已付。26日销售用8日购进的粮食生产的白酒15吨,单位不含税售价为50 000元/吨,收到货款。试计算该厂本月应纳增值税额和消费税额及其相关税额。

(1) 3月8日:

原材料价值＝1 000×10×87％＋(1 700＋300)×(1－7％)＋150＋250

   ＝10 960(元)

增值税进项税额＝1 000×10×13％＋(1 700＋300)×7％＝1 440(元)

(2) 3月26日:

增值税销项税额＝50 000×15×17％＝127 500(元)

从价定率计算的消费税＝50 000×15×20％＝150 000(元)

从量定额计算的消费税=15×2 000×0.5=15 000(元)
应交消费税额=150 000+15 000=165 000(元)

(3) 3月31日结转相关税金:

应交增值税(转出未交增值税)=127 500−1 440=126 060(元)
城市维护建设税=(126 060+165 000)×7%=20 374.20(元)
教育费附加=(126 060+165 000)×3%=8 731.80(元)

(二) 生产、销售卷烟应纳税款计算

实行消费税以来,国家对卷烟的税率作了五次调整。按照目前规定计算卷烟消费税时,比例税率的确定是重要环节。按"每标准箱"销售的要换算成"每标准条",计算出每标准条的调拨价或核定价(进口卷烟),以确定比例税率。每标准箱为50 000支,每标准条为200支,则每标准箱有250条卷烟。

[例2] 虎丘卷烟厂是增值税一般纳税人,生产销售卷烟和烟丝。3月自产烟丝15吨,用于生产卷烟8吨。3月15日销售黄虎卷烟10箱,每箱调拨价20 000元;3月20日销售红虎卷烟18箱,每箱调拨价8 750元;3月29日销售烟丝5吨,每吨不含税售价50 000元。试计算该厂本月销售卷烟的增值税销项税额和应纳消费税额。

生产卷烟以自产烟丝为原料,领用的烟丝不用缴纳消费税。

(1) 3月15日销售黄虎卷烟:

每一标准条调拨价=20 000÷250=80(元);80元>70元,适用税率为56%。
从价定率计算的消费税=销售额×比例税率=20 000×10×56%=112 000(元)
从量定额计算的消费税=销售数量×定额税率=150×10=1 500(元)
应纳消费税额=112 000+1 500=113 500(元)
增值税销项税额=20 000×10×17%=34 000(元)

(2) 3月20日销售红虎卷烟:

每一标准条调拨价=8 750÷250=35(元);35元<70元,适用税率为36%。
从价定率计算的消费税=8 750×18×36%=56 700(元)
从量定额计算的消费税=150×18=2 700(元)
应纳消费税额=56 700+2 700=59 400(元)
增值税销项税额=8 750×18×17%=26 775(元)

(3) 3月29日销售烟丝:

对外销售自产烟丝时应计缴消费税。烟丝仅采用从价定率方法计算消费税,即
应纳消费税额=50 000×5×30%=75 000(元)
增值税销项税额=50 000×5×17%=42 500(元)

三、消费税的缴纳

（一）纳税时间

1. 纳税义务发生时间

（1）纳税人销售应税消费品的，按不同的销售结算方式分别为：

① 采取赊销和分期收款结算方式的，为书面合同约定的收款日期的当天，书面合同没有约定收款日期或者无书面合同的，为发出应税消费品的当天。

② 采取预收货款结算方式的，为发出应税消费品的当天。

③ 采取托收承付和委托银行收款方式的，为发出应税消费品并办妥托收手续的当天。

④ 采取其他结算方式的，为收讫销售款或者取得索取销售款凭据的当天。

（2）纳税人自产自用应税消费品的，为移送使用的当天。

（3）纳税人委托加工应税消费品的，为纳税人提货的当天。

（4）纳税人进口应税消费品的，为报关进口的当天。

（5）纳税人销售金银首饰，其纳税义务发生时间为收讫销货款或取得索取销货款凭证的当天；用于馈赠、赞助、集资、广告、样品、职工福利、奖励等方面的金银首饰，其纳税义务发生时间为移送的当天；带料加工、翻新改制的金银首饰，其纳税义务发生时间为受托方交货的当天。

2. 纳税期限

消费税的纳税期限分别为1日、3日、5日、10日、15日、1个月或者1个季度。纳税人的具体纳税期限，由主管税务机关根据纳税人应纳税额的大小分别核定；不能按照固定期限纳税的，可以按次纳税。

3. 报缴税款期限

纳税人以1个月或者1个季度为1个纳税期的，自期满之日起15日内申报纳税；以1日、3日、5日、10日或者15日为1个纳税期的，自期满之日起5日内预缴税款，于次月1日起15日内申报纳税并结清上月应纳税款。

纳税人进口应税消费品，应当自海关填发海关进口消费税专用缴款书之日起15日内缴纳税款。

（二）纳税人报缴税款的办法

纳税人报缴税款的办法，可采用"电子申报"和"上门申报"两种办法向主管税务机关办理：

（1）电子申报是指纳税人不必到税务机关的办税窗口，而是自行将申报数据录入专门的申报软件，通过网络将信息传递到税务机关，经审核确认，完成申报。税款由税务机关通知代理银行自动扣缴，并将电子扣款凭证返还给纳税人。

（2）上门申报是指纳税人按期向税务机关填报纳税申报表，由税务机关审核后填发缴款书,按期缴纳。

(三) 纳税地点

(1) 纳税人销售的应税消费品,以及自产自用的应税消费品,除国务院财政、税务主管部门另有规定外,应当向纳税人机构所在地或者居住地的主管税务机关申报纳税。纳税人到外县(市)销售或者委托外县(市)代销自产应税消费品的,于应税消费品销售后,向机构所在地或者居住地主管税务机关申报纳税。

纳税人的总机构与分支机构不在同一县(市)的,应当分别向各自机构所在地的主管税务机关申报纳税;经财政部、国家税务总局或者其授权的财政、税务机关批准,可以由总机构汇总向总机构所在地的主管税务机关申报纳税。

(2) 委托加工的应税消费品,除受托方为个人外,由受托方向机构所在地或者居住地的主管税务机关解缴消费税税款。委托个人加工的应税消费品,由委托方向其机构所在地或者居住地主管税务机关申报纳税。

(3) 进口的应税消费品,由进口人或者其代理人向报关地海关申报纳税。

(四) 纳税环节

(1) 纳税人生产的应税消费品,于销售时纳税。纳税人生产的,于销售时纳税的应税消费品,是指有偿转让应税消费品的所有权,即以从受让方取得货币、货物或其他经济利益为条件的转让的应税消费品。生产销售的应税消费品还包括纳税人用于换取生产资料和消费资料、抵偿债务、支付代购手续费或者销售回扣以及在销售数量之外另外付给购买方或中间人作为奖励和报酬的应税消费品。

(2) 纳税人自产自用的应税消费品,用于连续生产的不纳税;用于其他方面的,于移送使用时纳税。纳税人自产自用的应税消费品,用于连续生产的应税消费品,是指纳税人将自产自用的应税消费品作为直接材料生产最终应税消费品,自产自用应税消费品构成最终应税消费品的实体。用于其他方面的应税消费品,是指纳税人将自产自用应税消费品用于生产非应税消费品、在建工程、管理部门、非生产机构、提供劳务、馈赠、赞助、集资、广告、样品、职工福利、奖励等方面。

(2) 委托加工的应税消费品,除受托方为个人外,由受托方在向委托方交货时代收代缴税款。委托加工的应税消费品,是指由委托方提供原料和主要材料,受托方只收取加工费和代垫部分辅助材料加工的应税消费品。对于由受托方提供原材料生产的应税消费品,或者受托方先将原材料卖给委托方,然后再接受加工的应税消费品,以及由受托方以委托方名义购进原材料生产的应税消费品,不论在财务上是否作销售处理,都不得作为委托加工应税消费品,而应当按照销售自制应税消费品缴纳消费税。委托加工的应税消费品直接出售的,不再征收消费税。

(4) 进口的应税消费品,由进口者于报关进口时纳税。

(5) 金银首饰、铂金首饰、钻石和钻石饰品消费税在零售环节征收。零售环节征收消费税的金银首饰范围仅限于金、银和金基、银基合金首饰,以及金、银和金基、银基合金的镶嵌首饰,不包括镀金(银)、包金(银)首饰,以及镀金(银)、包金(银)的镶嵌首饰。经营单位进口金银首饰在进口环节不缴纳消费税,在零售环节缴纳。

纳税人销售(指零售,下同)的金银首饰(含以旧换新),于销售时纳税;用于馈赠、赞助、集资、广告、样品、职工福利、奖励等方面的金银首饰,于移送时纳税;带料加工、翻新改制的金银首饰,于受托方交货时纳税。

(6) 在卷烟批发环节增加一道从价税。纳税人(指卷烟批发环节消费税纳税人,下同)销售给纳税人以外的单位和个人的卷烟,于销售时纳税。纳税人之间销售卷烟不缴纳消费税。

四、消费税的减免和返还

(1) 金银首饰、铂金首饰、钻石和钻石饰品减按5%的税率征收消费税。

(2) 航空煤油暂缓征收消费税。

(3) 子午线轮胎免征消费税。

(4) 纳税人生产出口的应税消费品,除国家限制出口的应税消费品外,原则上免征消费税。免征办法有两种:

① 直接免税。生产企业直接出口或委托外贸企业出口应税消费品的,由于一般不存在转为内销的可能,可以在出口时直接予以免税。

② 先征后退。外贸企业出口应税消费品的,应由生产企业先交消费税,待外贸企业办理出口后再向税务机关申请退税,由外贸企业将所退税款退还生产企业。退税后又发生退关或退货的,外贸企业应及时向主管税务机关申报补交已退的消费税税款。

先征后退办法的理由是,消费税在生产环节征收,产品一旦出了生产环节,进入流通领域,即不再征收消费税。生产企业将产品卖给外贸企业,由外贸企业自营出口,税务机关无法确定该产品是否一定能出口。如果产品未出口而由外贸企业转作内销,外贸企业是不需要缴纳消费税的,这样就可能使应征的税收流失。因此,为了加强税源控制,规定产品流出生产环节时先由生产企业交纳消费税,待产品确实出口后再予以退税。同样道理,退税后又发生退关或退货的,外贸企业应及时补交消费税。

出口金银首饰不退消费税。

除以上规定的免、退税以外,消费税一律不得减税、免税。

第三节 消费税基本业务的税务会计处理

一、消费税核算科目的设置和运用

为了反映消费税的计算和交纳情况,需要交纳消费税的企业应在"应交税费"科目下增设"应交消费税"明细科目进行会计核算。本明细科目采用三栏式账户记账,借方登记实际交纳的消费税或待扣的消费税,贷方登记按规定应交纳的消费税,期末贷方余额表示尚未交纳的消费税,借方余额表示多交的消费税或尚待抵扣的消费税。

企业因销售应税消费品而交纳消费税,由于消费税是价内税,售价包含消费税,因而交纳的消费税应记入"营业税金及附加"科目,由销售收入补偿。

企业销售应税消费品,在销售收入实现时,消费税税务会计处理的基本核算模式如下:

(1) 按规定计算消费税时,应作分录:

借:营业税金及附加

　　贷:应交税费——应交消费税

(2) 在实际交纳消费税时,应作分录:

借:应交税费——应交消费税

　　贷:银行存款

事实上,在核算消费税进行账户处理时,涉及的科目和运用比较多,这里不一一列举,在下面论及消费税的税务会计处理时将逐一介绍。

二、生产销售应税消费品应纳消费税的税务会计处理

纳税人生产的,于销售时纳税的应税消费品,是指有偿转让应税消费品的所有权,即以受让方取得货币、货物或其他经济利益为条件转让应税消费品所有权的行为。

(一) 不同销售和结算方式下销售应税消费品

纳税人对外出售应税消费品时,由于销售方式和货款结算方式不同,所以销售收入实现的时间和价款也不一样,其纳税义务发生的时间也不同。当销售实现时,应据销售额和规定税率计算应纳消费税额。

(1) 纳税人采用现销或提货制结算方式时,其实现销售收入和承担纳税义务的时间为购买方付清全部货款(包括增值税),应税消费品已交给购买方或提货单已交给购买方。

[例3] 福灵汽车公司1月销售给某汽车经销商小轿车10辆,开具增值税专用发票,汽车货款300万元,增值税51万元,货款以转账支票当即付清,汽车已交给买方,未发生其他价外费用。该型号小轿车的气缸容量为2.0升,消费税率为5%。试计算增值税销项税额及应交消费税额,并作有关分录。

应纳消费税 = 3 000 000 × 5% = 150 000(元)

① 收到货款时:

借:银行存款　　　　　　　　　　　　　　　　　　　　　　　　3 510 000

　　贷:主营业务收入　　　　　　　　　　　　　　　　　　　　3 000 000

　　　　应交税费——应交增值税(销项税额)　　　　　　　　　510 000

② 计算应纳消费税时：

借：营业税金及附加　　　　　　　　　　　　　　　　　150 000
　　贷：应交税费——应交消费税　　　　　　　　　　　　　　150 000

(2) 纳税人采用赊销和分期收款结算方式时，其实现销售收入和承担纳税义务的时间为销售合同规定的收款日期的当天。

[例4]　光达摩托车公司3月20日与某商业企业签订合同，以分期收款结算方式销售摩托车(气缸容量300毫升)100辆，合同规定光达摩托车公司于4月1日发出摩托车100辆，合同价款5 000元/辆，增值税850元/辆，4月1日购买方付清全部货款(含增值税)的25%，其余货款分别于5月1日、6月1日、7月1日分三次各付25%。该摩托车单位成本为4 000元/辆，光达摩托车公司承担运费2 000元，取得运输发票。试计算增值税销项税额及应交消费税额，并作有关分录。

① 4月1日发出货物时：

发出总成本＝4 000×100＝400 000(元)

借：发出商品　　　　　　　　　　　　　　　　　　　　400 000
　　贷：库存商品　　　　　　　　　　　　　　　　　　　　400 000

② 4月1日发生运费时：

借：销售费用　　　　　　　　　　　　　　　　　　　　1 860
　　应交税费——应交增值税(进项税额)　　　　140(2 000×7%)
　　贷：银行存款　　　　　　　　　　　　　　　　　　　　2 000

③ 4月1日实现销售时：

销售收入＝5 000×100×25%＝125 000(元)

销项税额＝850×100×25%＝21 250(元)

借：银行存款　　　　　　　　　　　　　　　　　　　　146 250
　　贷：主营业务收入　　　　　　　　　　　　　　　　　　125 000
　　　　应交税费——应交增值税(销项税额)　　　　　　　　21 250

④ 4月1日计算消费税时：

应交消费税额＝125 000×10%＝12 500(元)

借：营业税金及附加　　　　　　　　　　　　　　　　　12 500
　　贷：应交税费——应交消费税　　　　　　　　　　　　　12 500

⑤ 4月1日结转销售成本时：

销售成本＝4 000×100×25%＝100 000(元)

借：主营业务成本　　　　　　　　　　　　　　　　　　100 000
　　贷：发出商品　　　　　　　　　　　　　　　　　　　　100 000

5月1日、6月1日、7月1日分次实现销售收入，计算应纳消费税，结转主营业务成本，其账务处理方法与 4 月 1 日相同。若购买方在合同规定的付款日期没有付款，则仍应作为销售收入的实现，并计算应纳消费税，结转主营业务成本，只是不能借记"银行存款"科目，而应借记"应收账款"科目。

（3）纳税人采用预收货款结算方式销售货物时，其实现销售收入和承担纳税义务的时间为发出应税消费品的当天。

[例 5] 太湖卷烟公司于 3 月 11 日收到某烟草专卖公司预付的 100 箱（标准箱）卷烟款 50 万元，合同规定太湖卷烟公司在 5 月 11 日前交货，由烟草专卖公司上门提货。5 月 10 日，100 箱卷烟交货，太湖卷烟厂开具的增值税专用发票上价款为 45 万元，增值税额为 7.65 万元，购买方当即补付 2.65 万元。试计算增值税销项税额及应交消费税额，并作有关分录。

首先应判断该批卷烟销售的消费税适用税率。

因：每标准条的售价＝450 000÷(100×每箱 250 条)＝18(元)＜70 元；

故：适用税率为 36%。

① 3 月 11 日，收到预付货款时：

借：银行存款	500 000
贷：预收账款	500 000

② 5 月 10 日实现销售收入时：

借：预收账款	526 500
贷：主营业务收入	450 000
应交税费——应交增值税（销项税款）	76 500

③ 5 月 10 日计算消费税时：

应交消费税额＝450 000×36%＋100×150＝177 000(元)

借：营业税金及附加	177 000
贷：应交税费——应交消费税	177 000

④ 补收预付货款不足部分时：

借：银行存款	26 500
贷：预收账款	26 500

（4）纳税人采用托收承付和委托银行收款方式时，其实现销售收入和承担纳税义务的时间为发出应税消费品并办妥托收手续的当天，即在发出应税消费品，并将有关凭证、单据交给开户银行办妥托收手续的当天。

[例 6] 东吴啤酒公司 6 月 5 日销售瓶装啤酒 100 箱，每箱 20 瓶，每瓶瓶重 750 克，每箱单价 40 元，增值税率 17%；代垫运费 300 元，运费发票开具给购买方，采用托收承付结算方式，并已办妥托收手续。增值税专用发票上的货款为 4 000 元，增值税额为 680 元。包装箱和啤酒瓶随同产品销售，不单独计价。试计算增值税销项税额及应

交消费税额,并作有关分录。

首先判断该批啤酒销售的消费税适用单位税额。

因:换算每吨销售价格=40÷(20×750÷1 000 000)=2 666.67(元)<3 000 元

故:适用单位税额为220元/吨。

② 6月5日,将销货发票及托运单据交银行办妥托收手续时:

借:应收账款   4 980
 贷:主营业务收入   4 000
  应交税费——应交增值税(销项税额)   680
  银行存款   300

② 销售啤酒时:

啤酒总重量=100×20×750=1 500 000(克)=1.5 吨

应交纳消费税=1.5 吨×220 元/吨=330(元)

借:营业税金及附加   330
 贷:应交税费——应交消费税   330

(5) 纳税人采用委托代销方式时,其实现销售收入和承担纳税义务的时间为委托方收到受托方送来的代销清单的当天。

[例 7] 光彩鞭炮公司委托某土特产公司销售鞭炮、烟花。1月20日发给土特产公司鞭炮、烟花共计成本1.5万元,合同规定总售价为2.34万元,其中含增值税3 400元,按总售价的5%作为受托方的代销手续费。2月10日,收到土特产公司汇来的货款2.223万元,已扣除代销手续费1 170元。试计算增值税销项税额及应交消费税额,并作有关分录。

① 1月20日发出代销商品时:

借:发出商品   15 000
 贷:库存商品   15 000

② 2月10日,收到代销清单时:

借:应收账款   23 400
 贷:主营业务收入   20 000
  应交税费——应交增值税(销项税额) 3 400

③ 2月10日,计算消费税时:

应交纳消费税=20 000×15%=3 000(元)

借:营业税金及附加   3 000
 贷:应交税费——应交消费税   3 000

④ 2月10日,结转主营业务成本时:

借:主营业务成本   15 000

贷：发出商品	15 000

⑤ 2月15日，收到货款并承担代销手续费时：

借：银行存款	22 230
销售费用	1 170
贷：应收账款	23 400

（二）开具普通发票，价税合并收取情况下销售应税消费品

小规模纳税人销售货物或应税劳务应当开具普通发票，不得自行开具增值税专用发票。一般纳税人在下列情况下，也不得开具增值税专用发票：销售免税项目（特殊规定除外），销售报关出口的货物，在境外提供应税劳务，将货物用于非应税项目，将货物用于集体福利或个人消费，将货物无偿赠送他人，提供非增值税应税劳务，转让无形资产或销售不动产等。销售方开具普通发票，货款和增值税额合并在一起，在这种情况下，如果销售的是应税消费品，在计算应纳税额时，首先应将含增值税的销售收入换算成不含增值税的销售收入，然后以不含增值税的销售收入作为消费税的计税依据乘以应税消费品的适用税率，计算出应交纳的消费税。

如应税消费品采用从量定额计算方法计算应纳消费税额则不存在上述问题。

[例8] 金鸡酿酒公司11月27日销售粮食白酒1 000瓶给个体工商户，开具普通发票，价款共计1.17万元，货款当日收到。假设每瓶酒重量为1斤（500克）。试计算增值税销项税额及应交消费税额，并作有关分录。

不含增值税的销售收入 = 11 700 ÷ (1 + 17%) = 10 000（元）

增值税销项税额 = 10 000 × 17% = 1 700（元）

应纳消费税额 = 10 000 × 20% + 1 000 × 0.5 = 2 000 + 500 = 2 500（元）

有关账务处理如下：

借：库存现金	11 700
贷：主营业务收入	10 000
应交税费——应交增值税（销项税额）	1 700
借：营业税金及附加	2 500
贷：应交税费——应交消费税	2 500

（三）发生销货退回及折让时的处理

纳税人销售的应税消费品，若因质量、规格、品种等原因被购买方退回，应按规定向购买方索取其主管税务机关出具的《开具红字发票通知单》，开具红字发票，并在当期冲销增值税的销项税额和应纳消费税额。月度终了，如果"应交税费——应交消费税"科目有借方余额，且确实为多交消费税的，可以向主管税务机关申请退还多缴税款。

[例9] 艳丽烟花公司于1月10日收到客户通知，该客户于上年12月12日购买的烟花价值2.34万元（含增值税），经有关部门检查为不合格产品，要求退货。1月15

日,客户将有关单证及全部货物退还给烟花公司,运费由客户承担。艳丽烟花公司取得对方税务机关出具的《开具红字发票通知单》,并开具红字增值税专用发票。该批烟花的成本为1.2万元,已缴纳的消费税为3 000元。试计算增值税销项税额及应交消费税额,并作有关分录。

(1) 在收到退货时:
借:库存商品   12 000
  贷:主营业务成本   12 000

(2) 退回货款,冲减销售收入和销项税款时:
借:主营业务收入   20 000
  应交税费——应交增值税(销项税额)   3 400
  贷:银行存款   23 400

(3) 冲销相应消费税额时:
借:应交税费——应交消费税   3 000
  贷:营业税金及附加   3 000

(4) 月度终了收到税务机关批准退回的多缴消费税款时:
借:银行存款   3 000
  贷:应交税费——应交消费税   3 000

三、自产自用应税消费品应交消费税的税务会计处理

(一) 自产自用应税消费品用于连续生产

1. 用于连续生产应税消费品

自产自用应税消费品用于连续生产应税消费品的,按规定不纳消费税,待最终的应税消费品销售时计算并交纳消费税。自产自用的应税消费品先入库再用于连续生产应税消费品的,应通过"库存商品——自制半成品"科目核算;自产自用的应税消费品不入库而在不同车间之间转移的,应通过"生产成本"科目的明细分类科目核算;自产自用的应税消费品在同一车间连续生产应税消费品的不需要作任何账务处理。

[例10] 承例2。假设价款均以银行汇票结算。试作有关分录。

(1) 3月15日销售卷烟:
借:银行存款   234 000
  贷:主营业务收入   200 000
    应交税费——应交增值税(销项税额)   34 000
借:营业税金及附加   113 500
  贷:应交税费——应交消费税   113 500

(2) 3月20日销售卷烟:
借:银行存款   184 275

```
    贷:主营业务收入                                    157 500
        应交税费——应交增值税(销项税额)                  26 775
    借:营业税金及附加                                   59 400
        贷:应交税费——应交消费税                        59 400
```

(3) 3月29日销售烟丝:

生产卷烟以自产烟丝为原料,领用的烟丝不用缴纳消费税,但对外销售自产的烟丝时应计缴消费税(若是将外购已税烟丝直接对外销售,则不计征消费税)。

```
    借:银行存款                                        292 500
        贷:主营业务收入                                250 000
            应交税费——应交增值税(销项税额)            42 500
    借:营业税金及附加                                   75 000
        贷:应交税费——应交消费税                        75 000
```

2. 用于连续生产非应税消费品

自产自用应税消费品用于连续生产非应税消费品,应当于移送使用时纳税。

[例11] 大力拖拉机公司11月20日用本厂生产的轮胎2 000只装配手扶拖拉机,该轮胎单位成本为180元,全国平均成本利润率为5%。试计算增值税销项税额及应交消费税额,并作有关分录。

组成计税价格=180×2 000×(1+5%)÷(1-3%)=389 690.72(元)

应纳消费税额=389 690.72×3%=11 690.72(元)

领用该批轮胎时:

```
    借:生产成本——手扶拖拉机                           371 690.72
        贷:库存商品——自制半成品(轮胎)                 360 000
            应交税费——应交消费税                       11 690.72
```

(二) 自产自用应税消费品用于非连续生产

自产自用的应税消费品,用于连续生产应税消费品的,不纳消费税;但用于非连续生产的其他方面的,于移送使用时交纳消费税。

用于其他方面的应税消费品主要包括纳税人将自产自用应税消费品用于生产非应税消费品、在建工程、管理部门、非生产机构、提供劳务、馈赠、赞助、集资、广告、样品、职工福利、奖励等方面。

企业以自产应税消费品用于馈赠、赞助外的其他方面,如同在第五章第四节中所述的那样,属于反映企业内部经济关系的视同销售行为,在会计上表现为一种企业内部结算关系,并不具备真正意义上的销售的各个特征。为此,须先按自产货物的成本和销项税额之和,借记"在建工程"(基建及专项工程领用)、"财务费用"(筹资领用)、"销售费用"(广告、样品领用)、"应付职工薪酬"(职工福利领用、奖励领用)、"固定资产"(领用小汽车)、"管理费用"(管理部门、非生产机构领用)等科目,按所用货物的成本,贷记"库存商品"科目,按同类货物的售价或组成计税价格与适用的增值税税率计算的销项税额,贷记"应交税费——应交增值税(销项税目)"科目;再按该货物的应税销售额和适用的税率计算的应纳消费税,借记"在建工程"、"财务费用"、"销售费用"、"应付职工薪酬"、"固定资产"、"管理费用"等科目,贷记"应交税费——应交消费税"科目。

至于企业将自产的商品、产品用于馈赠、赞助等方面时,由于并没有增加现金流入量,如果视同销售处理,那么只会使企业虚增一块利润,对企业的资金周转产生不利影响。因此,为避免这种弊端,税法允许按成本转账。这时,按同类货物的售价或组成计税价格与适用税率(增值税税率和消费税税率)计算的销项税额和应纳消费税税额及该货物成本一起,借记"营业外支出"科目,按所用货物的成本贷记"库存商品"科目,按增值税额和消费税额分别贷记"应交税费——应交增值税(销项税额)"科目和"应交税费——应交消费税"科目。

总之,对于将自产应税消费品用于非连续生产的其他方面,在税务会计上是否作销售收入处理,应以税法为准。另外,企业所得税法规定,纳税人在基本建设、专项工程及职工福利等方面使用本企业的商品、产品的,应作为收入处理。

1. 用于在建工程、管理部门、非生产机构及提供劳务等方面
(1) 用于在建工程:

[例 12] 炼油公司 11 月 30 日将自产 93# 无铅汽油 1 吨用于在建的新厂房工程使用。汽油对外售价为 7.5 元/升(不含增值税),成本价为 5 元/升,1 吨=1 388 升,消费税单位税额为 0.2 元/升。试计算增值税销项税额及应交消费税额,并作有关分录。

① 在建工程领用时:

不含税销售收入=1×1 388×7.5=10 410(元)
增值税销项税额=10 410×17%=1 769.70(元)
汽油账面价值=1×1 388×5=6 940(元)

借:在建工程   8 709.70
    贷:库存商品   6 940.00
        应交税费——应交增值税(销项税额)   1 769.70

② 计算消费税时:

应交消费税额=1×1 388×1.0=1 388(元)

借:在建工程   1 388
    贷:应交税费——应交消费税   1 388

若按所得税法的规定,则作为收入处理。相应的分录如下:

① 在建工程领用时:

借:在建工程   12 179.70

贷：主营业务收入　　　　　　　　　　　　　　　　　　　10 410.00
　　　　应交税费——应交增值税（销项税额）　　　　　　　　1 769.70
② 计算消费税时：
借：营业税金及附加　　　　　　　　　　　　　　　　　　　　1 388
　　贷：应交税费——应交消费税　　　　　　　　　　　　　　　　1 388

（2）用于管理部门：

[例13] 光亮焰火公司11月6日庆祝建厂10周年，领用并燃放本公司生产的焰火200只，该焰火对外销售单价10元/只（不含增值税），成本价5元/只，消费税税率为15%。试计算增值税销项税额及应交消费税额，并作有关分录。

① 管理部门领用时：

不含税销售收入＝200×10＝2 000（元）

增值税销项税额＝2 000×17%＝340（元）

焰火账面价值＝200×5＝1 000（元）

借：管理费用　　　　　　　　　　　　　　　　　　　　　　　1 340
　　贷：库存商品　　　　　　　　　　　　　　　　　　　　　　　1 000
　　　　应交税费——应交增值税（销项税额）　　　　　　　　　　340

② 计算消费税时：

应交消费税额＝2000×15%＝300（元）

借：管理费用　　　　　　　　　　　　　　　　　　　　　　　300
　　贷：应交税费——应交消费税　　　　　　　　　　　　　　　　300

2. 用于馈赠、赞助、集资、广告、样品、职工福利、奖励等方面

（1）用于职工福利、奖励、集资、广告、样品等。

[例14] 家家日用化工公司12月将自产的化妆品1 000盒作为职工福利发放给职工，该化妆品出厂价为16元/盒（不含增值税），成本价8元/盒，消费税税率为30%。试计算增值税销项税额和应交消费税额，并作有关分录。

① 职工福利领用时：

不含税销售收入＝1 000×16＝16 000（元）

增值税销项税额＝16 000×17%＝2 720（元）

化妆品账面价值＝1 000×8＝8 000（元）

借：应付职工薪酬——应付福利费　　　　　　　　　　　　　10 720
　　贷：库存商品　　　　　　　　　　　　　　　　　　　　　　　8 000
　　　　应交税费——应交增值税（销项税额）　　　　　　　　　2 720

② 计算消费税额时：

应交消费税额＝16 000×30%＝4 800（元）

| 借:应付职工薪酬——应付福利费 | 4 800 | |
| 贷:应交税费——应交消费税 | | 4 800 |

若按所得税法的规定,则作为收入处理。相应的分录如下:
① 职工福利领用时:

借:应付职工薪酬——应付福利费	18 720	
贷:主营业务收入		16 000
应交税费——应交增值税(销项税额)		2 720

② 计算消费税额时:

| 借:营业税金及附加 | 4 800 | |
| 贷:应交税费——应交消费税 | | 4 800 |

(2) 用于馈赠、赞助。

[例15] 佳丽化妆品公司在公司内召开产品订货会,会后以200套化妆品作为礼品送给与会代表。该种化妆品的加权平均销售价格为100元/套(不含增值税),销售成本为60元/套,消费税率为30%。试计算增值税销项税额和应交消费税额,并作有关分录。

领用并分送时:
增值税销项税额=200×100×17%=3 400(元)
应交消费税额=200×100×30%=6 000(元)
化妆品账面价值=200×60=12 000(元)
会计分录如下:

借:营业外支出	21 400	
贷:库存商品		12 000
应交税费——应交增值税(销项税额)		3 400
应交税费——应交消费税		6 000

四、应税消费品的包装物应交消费税的税务会计处理

实行从价定率办法计算应纳税额的应税消费品连同包装物销售的,无论包装物是否单独计价,均应并入应税消费品的销售额中交纳消费税。对于出租出借包装物收取的押金或包装物已作价随同应税消费品销售又另外加收的押金,因逾期未收回包装物而没收的部分,也应并入应税消费品的销售额中交纳消费税。

从1995年6月1日起,对销售除啤酒、黄酒外的其他酒类产品收取的包装物押金,无论是否返还以及会计上如何核算,均应并入当期销售额征收增值税。销售啤酒、黄酒所收取的押金单独记账核算的,不并入当期销售额征税,但对于逾期未收回包装物不再退还的押金,应按所包装货物的适用税率计算销项税额;对收取12个月以上的押金,无论是否退还均并入销售额计算销项税额。对销售酒类收取包装物押金征收消费税时,

应在收到时立即借记"银行存款"科目,贷记"其他应付款"科目,同时,借记"其他业务成本",贷记"应交税费——应交消费税"科目。啤酒、黄酒消费税因实行从量定额征收,故其包装物押金不涉及消费税。

(一) 随同应税消费品销售且不单独计价的包装物

若随同应税消费品销售且不单独计价的包装物,则其收入随同所销售应税消费品一起计入主营业务收入。因此,包装物销售应交纳的消费税与应税消费品销售应交的消费税一同计入"营业税金及附加"科目。

[例16] 清泉白酒公司本月销售粮食白酒10吨,每吨不含税售价(含包装物)40 000元,开具的增值税专用发票上注明价款400 000元,税金68 000元;收到购方出具、承兑的商业汇票。本月准予抵扣的进项税额为30 000元。试计算本月应交增值税额及应交消费税,并作有关分录。

(1) 计算销项税额时:

借:应收票据 468 000
  贷:主营业务收入 400 000
    应交税费——应交增值税(销项税额) 68 000

(2) 计算消费税额时:

应交消费税额=400 000×20%+2 000×0.5×10=90 000(元)

借:营业税金及附加 90 000
  贷:应交税费——应交消费税 90 000

(3) 月末结转有关税金时:

本月应缴增值税=68 000-30 000=38 000(元)

借:应交税费——应交增值税(转出未交增值税) 38 000
  贷:应交税费——未交增值税 38 000

本月应缴城市维护建设税=(38 000+90 000)×7%=8 960(元)
本月应交教育费附加=(38 000+90 000)×3%=3 840(元)

借:营业税金及附加 12 800
  贷:应交税费——应交城市维护建设税 8 960
        ——教育费附加 3 840

(二) 随同应税消费品销售并单独计价的包装物

随同应税消费品销售但单独计价的包装物,其收入贷记"其他业务收入"科目,应交纳的消费税借记"其他业务成本"科目。

[例17] 春风酒精公司于4月1日销售10吨工业用酒精给客户,酒精每吨售价5 000元,共计货款5万元(不含增值税),另外全部酒精桶作价2 000元(不含增值税),货款及包装物均未收到。试计算增值税销项税额及应交消费税,并作有关分录。

(1) 计算增值税销项税额时：

增值税销项税额＝(50 000＋2 000)×17％＝8 840(元)

借：应收账款	60 840
贷：主营业务收入	50 000
其他业务收入	2 000
应交税费——应交增值税(销项税额)	8 840

(2) 计算应纳消费税额时：

酒精应纳消费税＝50 000×5％＝2 500(元)

包装物应纳消费税额＝2 000×5％＝100(元)

借：营业税金及附加	2 500
其他业务成本	100
贷：应交税费——应交消费税	2 600

(二) 出租出借包装物收取的押金，逾期未退回包装物被没收和已收取12个月以上的押金

出租、出借包装物收取的押金，借记"银行存款"科目，贷记"其他应付款"科目；待包装物逾期收不回来而将押金没收时，借记"其他应付款"科目，贷记"其他业务收入"科目；这部分押金收入应交纳的消费税，借记"其他业务成本"科目，贷记"应交税费——应交消费税"科目。

[例18] 光达摩托车公司4月1日销售摩托车(气缸容量300毫升)10辆，每辆售价8 000元(不含增值税)，摩托车包装塑料薄膜随同产品销售，不单独计价，包装塑料薄膜成本已领用时计入摩托车生产成本，但10只摩托车专用包装箱每只收取押金234元，约定3个月内退还包装箱并退还押金，假设7月1日仍未收到退还的包装物，没收押金。试计算增值税销项税额及应交消费税，并作有关分录。

(1) 4月1日计算增值税销项税额时：

不含税销售收入＝10×8 000＝80 000(元)

增值税销项税额＝80 000×17％＝13 600(元)

收取包装物押金＝10×234＝2 340(元)

借：银行存款	95 940
贷：主营业务收入	80 000
其他应付款	2 340
应交税费——应交增值税(销项税额)	13 600

(2) 4月1日计算消费税额时：

应交消费税额＝80 000×10％＝8 000(元)

借：营业税金及附加	8 000

贷：应交税费——应交消费税　　　　　　　　　　　　　　　　　　8 000

（3）7月1日没收包装物押金时：

计算增值税销项税额＝10×234÷(1＋17％)×17％＝340(元)

（4）7月1日没收包装物押金时：

计算应纳消费税额＝10×234÷(1＋17％)×10％＝200(元)

（5）没收押金的会计分录：

借：其他应付款　　　　　　　　　　　　　　　　　　　　　　　2 340
　　贷：其他业务收入　　　　　　　　　　　　　　　　　　　　　　2 000
　　　　应交税费——应交增值税(销项税额)　　　　　　　　　　　　340
借：其他业务成本　　　　　　　　　　　　　　　　　　　　　　　200
　　贷：应交税费——应交消费税　　　　　　　　　　　　　　　　　200

已收取12个月以上的应税消费品包装物押金按上述同样办法计算应交消费税和增值税销项税额。

在应税消费品实行从量定额办法计算应纳消费税时，对逾期未归还的押金只计算增值税，不计算消费税。

（三）既作价随同应税消费品销售，又另外加收押金的包装物逾期未退还没收的押金

包装物已作价随同应税消费品销售，但为促使购买方将包装物退回而另外加收的押金，借记"银行存款"科目，贷记"其他应付款"科目；包装物逾期未收回，押金没收，没收的押金应交纳的消费税应先自"其他应付款"科目中冲抵，即借记"其他应付款"科目，贷记"应交税费——应交消费税"科目，冲抵后的净额自"其他应付款"科目转入"营业外收入"科目。

[**例19**]　春风酒精公司4月1日销售酒精100桶，每桶117元（含增值税），每只桶作价3.51元，两项合计每桶120.51元。另外，每只桶又收取4.68元押金，约定3个月内退还酒精桶，返还押金。酒精的消费税率为5％。试计算增值税销项税额及应交消费税，并作有关分录。

（1）计算酒精销项税额时：

不含税销售收入＝100×(117＋3.51)÷(1＋17％)＝10 300(元)

增值税销项税额＝10 300×17％＝1 751(元)

借：银行存款　　　　　　　　　　　　　　　　　　　　　　　　12 051
　　贷：主营业务收入　　　　　　　　　　　　　　　　　　　　　10 000
　　　　其他业务收入　　　　　　　　　　　　　　　　　　　　　　300
　　　　应交税费——应交增值税(销项税额)　　　　　　　　　　　1 751

（2）计算酒精消费税额时：

应纳消费税额＝10 300×5％＝515(元)

借:营业税金及附加　　　　　　　　　　　　　　500
　　其他业务成本　　　　　　　　　　　　　　　15
　　贷:应交税费——应交消费税　　　　　　　　　　　515

(3) 4月1日,收取押金,并计算包装物押金销项税额和消费税额时:

增值税销项税额＝100×4.68÷(1＋17％)×17％＝68(元)

应交消费税额＝(468－68)×5％＝20(元)

借:银行存款　　　　　　　　　　　　　　　　　468
　　贷:其他应付款　　　　　　　　　　　　　　　　400
　　　　应交税费——应交增值税(销项税额)　　　　　68

借:营业外支出　　　　　　　　　　　　　　　　20
　　贷:应交税费——应交消费税　　　　　　　　　　20

(4) 逾期未退还没收的押金时:

借:其他应付款　　　　　　　　　　　　　　　　400
　　贷:营业外收入　　　　　　　　　　　　　　　　400

五、金银首饰零售业务应纳消费税的税务会计处理

(一) 一般纳税人金银首饰零售业务

[例20]　龙凤金店12月1日共销售黄金首饰1 200克,每克售价390元(含增值税),黄金首饰消费税率为5％。试计算当天增值税销项税额和应纳消费税额,并作有关分录。

(1) 计算销项税额时:

不含税销售收入＝1 200×390÷(1＋17％)＝400 000(元)

当天增值税销项税额＝400 000×17％＝68 000(元)

借:库存现金　　　　　　　　　　　　　　　　　468 000
　　贷:主营业务收入　　　　　　　　　　　　　　　400 000
　　　　应交税费——应交增值税(销项税额)　　　　　68 000

(2) 计算应纳消费税额时:

应纳消费税额＝400 000×5％＝20 000(元)

借:营业税金及附加　　　　　　　　　　　　　　20 000
　　贷:应交税费——应交消费税　　　　　　　　　　20 000

(二) 小规模纳税人金银首饰零售业务

[例21]　祥云首饰店10月份金银首饰零售业务取得收入60 000元,以旧换新业务取得收入49 207元,其中收回的旧金银首饰作价30 000元,实收金额19 207元,均以现金结算。收回的旧金银首饰按原材料管理。试计算10月份应纳增值税额和消费

税额,并作有关分录。

(1) 计算销项税额时:

不含税销售额=(60 000+19 207)÷(1+3%)=76 900(元)

应交增值税额=76 900×3%=2 307(元)

借:库存现金　　　　　　　　　　　　　　　　　　　79 207
　　原材料——旧金银首饰　　　　　　　　　　　　　30 000
　　贷:主营业务收入　　　　　　　　　　　　　　　　106 900
　　　　应交税费——应交增值税　　　　　　　　　　　2 307

(2) 计算应纳消费税额时:

应纳消费税额=76 900×5%=3 845(元)

借:营业税金及附加　　　　　　　　　　　　　　　　3 845
　　贷:应交税费——应交消费税　　　　　　　　　　　3 845

第四节　消费税特殊业务的税务会计处理

一、视同销售应税消费品应纳消费税的税务会计处理

(一) 以应税消费品换取生产资料、消费资料或抵偿债务(支付费用)

纳税人以应税消费品换取生产资料和消费资料、抵偿债务(支付费用),应视同销售交纳消费税。按同类应税消费品的平均售价(加权平均)确定销售收入,计算缴纳增值税,并按最高售价计算消费税。

1. 换取生产资料

[例22]　胜利炼油公司于8月7日以自产的97#无铅汽油200吨与某炼油设备公司换取生产设备1台,公允价值不能可靠计量,无补价。97#无铅汽油的账面价值每升4.80元,同类汽油每升不含税市价7.80元,1吨汽油=1 388升,无铅汽油的单位税额为1.0元/升。假设以上经济业务没有发生除增值税、消费税外的相关税费,交换双方均为一般纳税人。试计算增值税销项税额和应交消费税额,并作有关分录。

此项业务属企业之间用自产产品交换固定资产,不具有商业实质,采用成本模式核算。

(1) 换取汽车时:

换出汽油不含税市场价格(公允价值)=200×1 388×7.80=2 165 280(元)

换出汽油增值税销项税额=2 165 280×17%=368 097.60(元)

换出汽油账面价值=200×1 388×4.80=1 332 480(元)

借:固定资产——设备　　　　　　　　　　　　　　　1 332 480

应交税费——应交增值税(进项税额)　　　　　　　　368 097.60
　　　贷:应交税费——应交增值税(销项税额)　　　　　　　　368 097.60
　　　　库存商品——97#无铅汽油　　　　　　　　　　　　1 332 480

(2) 计算消费税额时:

应纳消费税额=200×1 388×1.0=277 600(元)

借:固定资产——小汽车　　　　　　　　　　　　　　　277 600
　　贷:应交税费——应交消费税　　　　　　　　　　　　　277 600

2. 换取消费资料

[例23] 艳丽化妆品公司以外购的成套化妆品100套换取某食品公司植物油200瓶作为福利发给职工。成套化妆品账面价值为60元/套,同类化妆品平均销售市价为117元/套,最高售价为128.70元/套;植物油公允价值(不含税)10 000元。该化妆品的消费税税率为30%。假设以上经济业务没有发生除增值税、消费税外的相关税费,交换双方均为一般纳税人。试计算增值税销项税额和应交消费税额,并作有关分录。

此项业务属企业之间用产品交换产品,且交易双方交换的资产均能可靠计量公允价值,具有商业实质,不需补价,采用公允价值模式核算。

(1) 换取植物油时:

换出化妆品含税市场价格=100×117=11 700(元)

换出化妆品不含税市场价格=11 700÷(1+17%)=10 000(元)

换出化妆品增值税销项税额=10 000×17%=1 700(元)

换出化妆品账面价值=100×60=6 000(元)

(2) 按平均售价确定销售额时:

借:应付职工薪酬——应付福利费　　　　　　　　　　　11 700
　　贷:主营业务收入　　　　　　　　　　　　　　　　　10 000
　　　　应交税费——应交增值税(进项税额转出)　　　　　 1 700
借:主营业务成本　　　　　　　　　　　　　　　　　　 6 000
　　贷:库存商品——化妆品　　　　　　　　　　　　　　　6 000

(3) 按最高售价计算消费税时:

应交消费税额=100×128.7÷(1+17%)×30%=11 000×30%=3 300(元)

借:应付职工薪酬——应付福利费　　　　　　　　　　　 3 300
　　贷:应交税费——应交消费税　　　　　　　　　　　　　3 300

3. 抵偿债务

[例24] 光达摩托车公司欠某摩托车配件公司货款27 000万元,因资金紧张,双方达成债务重组协议,以4辆摩托车抵偿所欠债务。该摩托车账面价值5 000元/辆,平均销售市价为7 020元/辆,最高售价为7 605元,摩托车适用的消费税率为10%。

假设以上经济业务没有发生除增值税、消费税外的相关税费,债权债务双方均为一般纳税人。试计算增值税销项税额和应交消费税额,并作有关分录。

此项业务属企业之间用产品抵偿债务,且债权债务双方抵债资产公允价值与债务价值相等,不需补价。

(1) 按平均售价计算销项税额时:

抵债摩托车含税市场价格＝7 020×4＝28 080(元)

抵债摩托车不含税市场价格＝28 080÷(1＋17%)＝24 000(元)

抵债摩托车增值税销项税额＝24 000×17%＝4 080(元)

抵债摩托车应交纳消费税额＝4×7605÷(1＋17%)×10%＝26 000×10%＝2 600(元)

抵债摩托车账面价值＝5 000×4＝20 000(元)

债务重组时:

债务重组利得＝27 000－20 000－4 080－2 600＝320(元)

借:应付账款　　　　　　　　　　　　　　　　　27 000
　　贷:库存商品——摩托车　　　　　　　　　　　　20 000
　　　　应交税费——应交增值税(销项税额)　　　　　4 080
　　　　应交税费——应交消费税　　　　　　　　　　2 600
　　　　营业外收入——债务重组利得　　　　　　　　　320

(二) 以应税消费品换入投资

纳税人以自产的应税消费品对外投资,应按同类应税消费品的最高销售价格缴纳消费税,并按实际生产成本结转。企业在投资时,应按应税消费品的账面成本加支付的相关税费及可能支付的补价,借记"长期股权投资"科目,按该应税消费品的账面成本,贷记"库存商品"科目,按规定计算的增值税销项税额和应交消费税额,贷记"应交税费——应交增值税(销项税项)"和"应交税费——应交消费税"科目;如有支付的相关费用,则借记相关费用科目,贷记"银行存款"等科目。

[例25] 大福汽车公司11月30日将自产的两辆小轿车向某公司换入一项长期股权投资,并按双方协商意见另以银行存款6万元支付补价。交换日,每辆小轿车账面成本为8.5万元,同类汽车每辆平均不含税市价为12万元,最高不含税售价为12.25万元,适用消费税率为5%。假设以上经济业务没有发生除增值税、消费税外的相关税费,非货币性交易双方均为一般纳税人。试计算增值税销项税额和应交消费税额,并作有关分录。

此项业务属企业之间用非货币性资产交换投资,且交易双方应税消费品公允价值与长期股权投资价值不等,需要补价。

(1) 按平均售价计算销项税额时:

不含税市场价格=120 000×2=240 000(元)
增值税销项税额=240 000×17%=40 800(元)
支付的货币性资产占换出资产公允价值与支付的货币性资产之和的比例
=60 000÷(60 000+240 000)=20%<25%,该项交换属于非货币性交易。
(2) 按最高售价计算消费税时：
应交消费税额=122 500×2×5%=245 000×5%=12 250(元)
(3) 小轿车账面成本=85 000×2=170 000(元)
(4) 长期股权投资入账价值=170 000+60 000+40 800+12 250
=283 050(元)

借:长期股权投资	283 050
贷:库存商品	170 000
应交税费——应交增值税(销项税项)	40 800
应交税费——应交消费税	12 250
银行存款	60 000

二、委托加工应税消费品应纳消费税的税务会计处理

(一) 委托加工的应税消费品提回后直接用于销售

委托加工的应税消费品,于委托方提货时由受托方代扣代交消费税。委托加工的应税消费品收回后直接用于销售的,在销售时不再交纳消费税。因此,委托方应将受托方代扣代交的消费税随同应支付的加工费一并计入委托加工的应税消费品的成本。

委托方在委托加工时发出的货物,以及委托方向受托方提货时,按应支付的加工费和受托方代扣代交的消费税,借记"委托加工物资"等科目,贷记"原材料"、"应付账款"或"银行存款"等科目。

[例 26] A 公司委托 B 公司加工应税消费品,A 公司提供原材料成本为 4 万元,并承担加工费 2 万元(不含增值税),委托加工应税消费品的消费税率为 5%,A 公司为一般纳税人,增值税率为 17%;B 公司为小规模纳税人,增值税征收率为 3%。假定 A 公司收回货物后直接用于销售。试分别计算 A、B 公司增值税和消费税,并作有关分录。

1. B 公司作为受托方
(1) 应税消费品组成计税价格=(40 000+20 000)÷(1-5%)=63 157.89(元)
(2) 应代扣代缴消费税=63 157.89×5%=3 157.89(元)
(3) 加工费收入应纳增值税=20 000×3%=600(元)

借:应收账款——A 公司	23 757.89
贷:主营业务收入	20 000.00
应交税费——应交消费税	3 157.89
应交税费——应交增值税	600.00

2. A公司作为委托方

由于B公司为小规模纳税人,A公司未能取得进项税额抵扣,又由于A公司收回货物后直接用于销售,所以承担消费税直接计入委托加工货物的成本。

(1) A公司发出材料委托加工时:

借:委托加工物资　　　　　　　　　　　　　　　　　40 000
　　贷:原材料　　　　　　　　　　　　　　　　　　　　　　40 000

(2) A公司承担加工费、增值税、消费税时:

借:委托加工物资　　　　　　　　　　　　　　　　　23 757.89
　　贷:应付账款——B公司　　　　　　　　　　　　　　　23 757.89

(3) A公司收回委托加工的货物时:

借:原材料　　　　　　　　　　　　　　　　　　　　63 757.89
　　贷:委托加工物资　　　　　　　　　　　　　　　　　63 757.89

(二) 委托加工的应税消费品收回后用于连续生产应税消费品

委托加工的应税消费品收回后用于连续生产应税消费品的,已纳税款按规定准予抵扣。因此,委托方应将受托方代扣代交的消费税记入"待扣税金——待扣消费税"科目的借方,待最终的应税消费品交纳消费税时按实际领用数计算抵扣,而不是计入委托加工应税消费品的成本中。

委托方向受托方提货时,按应支付的加工费和受托方代扣代交的消费税,借记"委托加工物资"及"待扣税金——待扣消费税"科目,贷记"应付账款"或"银行存款"科目。

待加工成最终应税消费品销售时,按规定计算应交纳的消费税,借记"营业税金及附加"科目,贷记"应交税费——应交消费税"科目;同时,按实际领用数计算准予抵扣的消费税额,借记"应交税费——应交消费税"科目,贷记"待扣税金——待扣消费税"科目。

"应交税费——应交消费税"科目中这两笔借贷方发生额的差额即为实际应交消费税。

[例27] A卷烟公司本月委托B卷烟公司加工生产烟丝5吨,全部材料由A公司提供,烟叶成本为6.8万元,每吨需支付加工费2 000元(不含增值税),烟丝消费税率为30%,B卷烟公司没有同类烟丝的售价。A、B均为一般纳税人,加工费及有关税金均已支付,A卷烟公司将委托加工烟丝提回后继续生产卷烟对外销售。当月销售卷烟6箱,不含增值税销售额为100 000元,卷烟消费税适用税率为56%,月初库存委托加工烟丝已纳消费税7 000元,期末库存委托加工应税烟丝已纳消费税3 000.57元。试分别计算A、B公司增值税和消费税,并作有关分录。

1. B厂作为受托方

(1) 增值税销项税额=2 000×5×17%=1 700(元)

(2) 消费税组成计税价格=(68 000+2 000×5)÷(1-30%)=111 428.57(元)
(3) 应代扣代缴的消费税=111 428.57×30%=33 428.57(元)

借:银行存款　　　　　　　　　　　　　　　　　　45 128.57
　　贷:主营业务收入　　　　　　　　　　　　　　　　10 000
　　　　应交税费——应交消费税　　　　　　　　　　33 428.57
　　　　应交税费——应交增值税(销项税额)　　　　　 1 700

2. A厂作为委托方
(1) 发出材料,委托加工时:
借:委托加工物资　　　　　　　　　　　　　　　　68 000
　　贷:原材料　　　　　　　　　　　　　　　　　　68 000
(2) 支付加工费时:
借:委托加工物资　　　　　　　　　　　　　　　　10 000
　　应交税费——应交增值税(进项税额)　　　　　　1 700
　　贷:银行存款　　　　　　　　　　　　　　　　　11 700
(3) 支付代扣代缴消费税时:
按现行税法规定采用"生产实耗扣税法",为了在会计上清晰反映其抵扣过程,可设"待扣税金"科目进行核算。

借:待扣税金——待扣消费税　　　　　　　　　　　33 428.57
　　贷:银行存款　　　　　　　　　　　　　　　　　33 428.57
(4) 收回委托加工烟丝时:
借:原材料——烟丝　　　　　　　　　　　　　　　78 000
　　贷:委托加工物资　　　　　　　　　　　　　　　78 000
(5) 销售卷烟取得收入时:
借:银行存款　　　　　　　　　　　　　　　　　　117 000
　　贷:主营业务收入　　　　　　　　　　　　　　　100 000
　　　　应交税费——应交增值税(销项税额)　　　　　17 000
(6) 销售卷烟计算消费税时:
应纳消费税额=100 000×56%+6×150(每箱单位税额)=56 900(元)。
借:营业税金及附加　　　　　　　　　　　　　　　56 900
　　贷:应交税费——应交消费税　　　　　　　　　　56 900
(7) 计算当期准予扣除的收回委托加工烟丝已纳消费税时:
在计算当期准予扣除的收回委托加工烟丝已纳消费税时,应按实际耗用数计算出的消费税额。具体计算时可用下列公式倒推:
当期准予扣除的委托加工应税消费品已纳税款=期初库存的委托加工应税消费品

已纳税款＋当期收回的委托加工应税消费品已纳税款—期末库存的委托加工应税消费品已纳税款＝7 000＋33 428.57－3 000.57＝37 428(元)。

  借:应交税费——应交消费税   37 428
   贷:待扣税金——待扣消费税   37 428

(8) 下月初实际上缴消费税时:

应纳消费税额＝56 900－37 428＝8 472(元)

  借:应交税费——应交消费税   19 472
   贷:银行存款   19 472

三、进口应税消费品应纳消费税税务会计处理

进口应税消费品,应在进口时由进口者交纳消费税,交纳的消费税应计入进口应税消费品的成本。

企业进口应税消费品可能是固定资产、原材料或商品流通企业的商品,因此在进口时应按应税消费品的进口成本连同消费税,借记"固定资产"、"材料采购"等科目,按应交纳的消费税,贷记"银行存款"等科目。

[例29] W公司从国外进口小轿车一辆,不含税价2万美元,当天外汇牌价中间价为1美元兑换6.35元人民币,报关时海关核定的关税完税价格为12.7万元,关税总额为19.92万元,该小轿车的消费税率为5%,增值税率为17%。试计算应承担的增值税额和应交消费税额,并作有关分录。由于该小轿车属于应征消费税的汽车,按照增值税税法规定,其进项税额不能抵扣,承担的增值税全部计入固定资产原值。

计算增值税和消费税时:

组成计税价格＝(20 000×6.35＋199 200)÷(1－5%)＝343 368.42(元)

应承担的增值税额＝343 368.42×17%＝58 372.63(元)

应纳消费税额＝343 368.42×5%＝17 168.42(元)

  借:固定资产   343 368.42
   应交税费——应交增值税(进项税额)   58 372.63
   贷:银行存款——美元   127 000.00
    银行存款——人民币   274 741.05

[本章小结]

消费税是对我国境内从事生产、委托加工和进口应税消费品的单位和个人,就其销售额或销售数量在特定环节征收的一种税。它主要是为了调节产品结构,节约有限资源,引导消费方向,保证国家财政收入。现行消费税的征收范围主要包括:烟,酒及酒精,鞭炮,焰火,化妆品,成品油,贵重首饰及珠宝玉石,高尔夫球及球具,高档手表,游

艇,木制一次性筷子,实木地板,汽车轮胎,摩托车,小汽车等税目,有的税目还进一步划分为若干子目。

消费税属于价内税,实行从价定率和从量定额相结合的征收方式。消费税的计税方法有从价定率、从量定额以及复合计征三种方式。

需要交纳消费税的企业应在"应交税费"科目下增设"应交消费税"明细科目进行会计核算。企业因销售应税消费品而交纳消费税,应记入"营业税金及附加"科目。企业应根据应税消费品销售方式的不同,正确核算消费税的缴纳情况。

[相关法规链接]

1.《中华人民共和国消费税暂行条例》(2008年11月5日国务院第34次常务会议修订通过,自2009年1月1日起施行)

2.《中华人民共和国消费税暂行条例实施细则》(财政部 国家税务总局第51号令,自2009年1月1日起施行)

3.《财政部 国家税务总局关于调整烟产品消费税政策的通知》(财税〔2009〕84号)

4.《财政部 国家税务总局关于调整和完善消费税政策的通知》(财税〔2006〕33号)

5.《国家税务总局关于加强白酒消费税征收管理的通知》(国税函〔2009〕380号)

[本章复习题]

1. 开征消费税具有哪些重要意义?
2. 试述消费税的主要特点。
3. 消费税的纳税义务人有哪些?
4. 试述消费税的纳税对象。
5. 消费税的纳税环节有哪些?
6. 纳税人生产销售应税消费品如何计算其应纳消费税额?
7. 纳税人自产自用应税消费品按规定需要纳税的,如何计算其应纳消费税额?
8. 委托加工应税消费品应纳消费税额如何计算?
9. 如何计算进口应税消费品的应纳消费税额?
10. 消费税免征、退税有哪些具体规定?

第五章 出口货物退(免)税会计

【本章导读】 出口货物退(免)税是增值税和消费税核算的一个重要内容,由于其核算的特殊性而单独形成一章。出口货物退(免)税会计的主要任务是对出口货物所含增值税、消费税的免、抵和退进行计算与记录。通过本章学习,应该熟悉出口货物退(免)税的特点、作用、原则、方法和范围等,掌握外贸企业、生产企业一般贸易出口、进料加工出口和委托加工出口等的增值税、消费税"抵"、"免"、"退"的计算方法和会计处理。

第一节 出口货物退(免)税概述

一、出口货物退(免)税的特点及作用

(一) 出口货物退(免)税的特点

出口货物退(免)税是指在国际贸易中对报关出口的应税货物退还或免征国内生产环节和流转环节按税法规定征收的增值税和消费税的制度。它是国际贸易中通常采用的并为各国接受的、旨在鼓励本国出口货物公平竞争的一种税收措施。其主要特点是:

1. 出口货物退(免)税是一种收入退付行为

出口货物退(免)税作为税收的一种具体制度,不仅与税收的一般特性,即强制性、无偿性、固定性完全不同,而且与税收依法从国民收入中筹集资金的目的也恰恰相反。它是货物出口后,将其在国内各环节征收的间接税自动退还给税收负担者的一种收入退付行为。

2. 出口货物退(免)税具有调节职能的单一性

出口货物退(免)税是使我国出口货物以不含税价的成本参与国际市场竞争的一项政策性措施。它与其他征收制度鼓励与限制并存、收入与减免并存的双向调节职能比较,具有鼓励和减免的单一调节职能的特点。

3. 出口货物退(免)税是间接税范畴的一项国际惯例

出口货物退(免)税通常被称为对出口货物免征或退还在国内已缴纳的间接税。尽管各国的具体做法不尽相同,有的采用免税制度,有的采用退税制度,有的退、免税制度

并存,但就间接税制度中出口零税率而言,各国是一致的,而且目的都是对出口货物退还或免征间接税,以达到按不含间接税税负的出口货物价格参与国际市场竞争。由于这项制度比较公平合理,因此,它已成为国际社会通行的惯例。

(二)出口货物退(免)税的作用

1. 出口货物退(免)税是出口货物参与国际竞争、增强竞争能力的通行做法

我国对出口货物实行退(免)税政策符合国际惯例,它对促进我国市场经济的发展,推进中国与国际经济大循环一体化的进程,以及在使出口货物以不含税价格进入国际市场,增强出口货物的竞争能力和调动外贸企业出口积极性,大幅度增长出口贸易额等方面都具有十分重要的意义。

2. 出口货物退(免)税是配合外贸体制改革、提高进出口企业经济效益的有力措施

始终走在经济体制改革前列的外贸体制改革,逐渐理顺了国家与企业的关系,打破了"大锅饭"体制,促进外贸企业向自主经营、自负盈亏、自我发展、自我约束经营机制的转变。在实施外贸企业股份制、代理制和发展生产企业自营进出口等新的外贸体制下,由于外贸企业的生存和发展与经济效益息息相关,因此,税法规定对进口货物征税,对出口货物退(免)税,无疑是促进外贸企业扩大进出口规模,提高经济效益的十分有力的措施。

3. 进出口税收政策是国家调节宏观经济、推动国民经济发展的重要手段

进出口税收政策在各个时期对国民经济有着不同的调节作用。特别是近几年在应对金融危机、执行稳健财政政策等方面都及时对进出口税收政策进行了重大调整,在增加外汇储备、抑制通货膨胀、稳定经济局势以及拉动经济增长、鼓励引进先进技术和设备、促进产业和产品结构的升级换代等方面发挥了十分重要的作用。

二、出口货物退(免)税的基本原则和方法

(一)出口货物退(免)税的基本原则

出口货物退(免)税是国家总体税制的一个组成部分,其政策框架的确立离不开总体税制确立的基本原则,包括税收的效率原则,即税收要促进国民经济有效运作;公平原则,即税收要促进国民收入再分配公平公正;财政原则,即税收要保证国家政府财政收入;法制原则,税收要遵循法制化的途径和方式。但是,出口退税由于其本身的局限性和侧重点,所以又具有自身固有的原则,其主要包括:

1. 国际惯例原则,也称公平税负原则

所谓国际惯例原则,指的是一主权国家在参加国际经贸活动与国际分工时,为促进本国涉外经贸活动的发展,所执行的某项政策措施符合一定的国际准则。由于各国政治、经济、历史和传统的差异,所以各国的税收制度也是不尽相同的。有的国家以直接税为主体税种,有的国家以间接税为主体税种,而有的国家不实行间接税制度,同一货物在不同国家的税收负担也有高有低。这种国际间的税收差异,对于国际贸易来说,必

然造成出口货物成本的税负不同,因而使各国产品在国际市场上无法公平竞争。要消除这一影响,就必须按照国际惯例,对出口货物退(免)本国已征收的间接税。

2. 属地管理原则

所谓属地管理原则,又称领土原则,是指一国对其领土(领域)范围内发生的经济行为,有权按照本国的税收法律实行管辖,这种以地域概念来确定管辖所行使范围的原则称为属地管理原则。一个独立的主权国家,在税收上享有完全的自主权,包括课税权和减免税权。对出口的货物,在不损害别国利益的前提下,一国有权决定对该项目出口货物退还或免征在国内缴纳的税款。这是国家主权的具体体现,国际社会对此必须尊重。世界各国的流转税均是按属地管理的原则来制定各项规定的。我国增值税和消费税条例中所作的征免税规定只适用于中国境内,而不适用于境外。因此,相应的出口退税也当然通用属地管理原则。

3. 征多少、退多少的原则

所谓征多少、退多少,就是将出口退税货物所含流转税税负全部退还给出口商,因为如果征多退少,没有彻底退税,那就会影响我国货物在国际市场上的竞争能力,不利于货物出口;反过来,如果征少退多,出口退税又成为变相的财政补贴,那就会失去出口退税原有的意义,同时还会引起国际间的贸易纠纷,招致国外报复,同样不利于我国货物出口。因此,确立这一原则等于对出口退税的金额确定了一个数量界限。根据这一原则,实际税率可能低于名义税率。

4. 宏观调控原则

国家在制定出口货物退(免)税政策时,既要符合出口货物退(免)税的国际惯例,又必须体现国家的经济政策,即通过税收的职能作用体现宏观调控的原则。如对少数因国际、国内差价较大而出口获利较多的货物和国际限制或禁止出口的货物,以及没有纳入出口企业财务管理的个人携带出境的货物等则不予退税,以调节出口货物的利润和防止资源外流。

(二) 出口货物退(免)税的方法

在我国现行出口货物退(免)税管理中,对不同类型的企业实行不同的计算方法,其中又分为应退(免)增值税的计算方法和应退(免)消费税的计算方法。

1. 出口货物退(免)增值税的方法

现行出口货物增值税的退(免)税方法主要有三种:

(1) "免、退"税,即对出口环节增值部分免税,进项税额退税。该方法适用于外贸、物资、供销等商业流通企业。

(2) "免、抵、退"税,即对出口环节增值部分免税,进项税额准予抵扣的部分在内销货物的应纳税额中抵扣,不足抵扣的部分实行退税。该方法适用于生产型企业。

(3) 免税,即对出口货物直接免征增值税。该方法适用于来料加工复出口等贸易形式和出口有单项特殊规定的指定货物,如卷烟、军品,以及国家统一规定的其他免税货物。

2. 出口货物退(免)消费税的方法

从2002年1月1日起,出口除不退税的应税消费品外,分别采取退税和免税两种办法。

(1) 退税,即对外贸、物资、供销等商业流通企业收购后出口的应税消费品实行退税。其计算公式是:

从价定率征收:应退消费税＝外贸收购不含增值税购进金额×消费税税率

从量定额征收:应退消费税＝出口销售数量×消费税单位税额

复合征收:应免消费税＝外贸收购不含增值税购进金额×消费税税率＋出口销售数量×消费税单位税额

(2) 免税,对生产企业不再区分是否具有出口经营权,其自营出口或委托外贸企业代理出口的自产消费税应税货物,一律实行免税方法。其计算公式是:

从价定率征收:应免消费税＝出口销售收入×消费税税率

从量定额征收:应免消费税＝出口销售数量×消费税单位税额

复合征收:应免消费税＝出口销售收入×消费税税率＋出口销售数量×消费税单位税额

三、出口货物退(免)税的范围

(一) 出口货物退(免)税的企业范围

所谓出口企业,一般是指对外贸易经济合作部及其授权单位批准,享有进出口经营权的企业和委托外贸企业代理出口自产货物的生产企业。现行享受退(免)税的企业包括两大类,一是有进出口经营权的企业,主要有外贸企业、工贸企业、内资生产企业、外商投资企业、特准退(免)税企业;二是无出口经营权委托外贸企业代理出口货物的企业,目前仅指内资生产企业。

小规模纳税人自营或委托外贸企业代理出口的货物实行免税。

享受退(免)税的企业必须按规定办理工商营业执照、税务登记证和出口企业退(免)税认定。

(二) 出口货物退(免)税的货物范围

确定出口退(免)税的货物范围,是正确执行国家出口货物退(免)税政策的基本要求。我国出口货物在现阶段的退(免)税是以海关报关出口的增值税、消费税应税货物为主要对象的,但考虑到国家宏观调控的需要和与国际惯例接轨,对一些非海关报关出口的特定货物也实行了退(免)税。这里主要介绍一般出口退(免)税的货物范围。

按照现行出口货物退(免)税政策规定,一般出口退(免)税的货物必须同时具备以下四个必要条件才能向税务部门申报办理退税;否则,不予办理退税。这四个必要条件是：

(1) 必须是属于增值税、消费税征税范围的货物。这两种税的具体征收范围及其划分，《中华人民共和国增值税暂行条例》和《中华人民共和国消费税暂行条例》均已明确。强调要具备这一条件，主要是考虑退税必须以征税为基本前提，退税只能是对已征收增值税和消费税的出口货物退还其已征的税额，不征税的出口货物则不存在退税问题。

(2) 必须是报关离境的货物。所谓报关离境，即出口，就是货物输出关口，这是区别货物是否应退（免）税的主要标志之一。凡报关不离境的货物，不论企业是以外汇结算还是以人民币结算，也不论企业在财务上如何处理，均不能视为出口货物予以退（免）税。需要说明的是，这里的"境"是指"关境"，进入出口加工区、保税物流中心（B型）、保税港区、综合保税区、出口监管仓库等海关特殊监管区域的货物，也视为离境。

(3) 必须是在财务上作销售处理的货物。出口货物只有在财务上做销售后才能办理退税，因为我国目前对出口货物退（免）税的规定只适用于贸易性质的出口货物，非贸易性质的出口货物，如向国外捐赠的货物、个人国内购买自带出境的货物等是不予退（免）税的。

(4) 必须是出口收汇并已核销的货物。一般出口退（免）税的货物办理退（免）税除必须具备以上四个必要条件外，还要求出口企业在申请退（免）税时具备"两单、三票"的充分条件，即根据自己的企业类型报送相应的出口退税单证。其中，"两单"是指出口货物报关单（或代理出口证明）和出口收汇核销单；"三票"是指购进出口货物的进货发票（商业流通企业提供）、出口货物专用税票（仅限于商业流通企业购进应税消费品出口时提供）和出口发票。若单证票据不全，则税务机关不予退税。

四、出口货物退（免）税的期限和地点、预算级次及违章处理

（一）出口货物退（免）税的期限和地点

退税期限是指货物出口的行为发生后，申报办理出口退税的时间要求。根据现行规定，出口企业应在货物报关出口之日（以出口货物报关单《出口退税专用》上注明的出口日期为准）起90天后第一个增值税纳税申报期截止之前办理退税手续。

退税地点是企业按规定申报退（免）税的所在地，一般为所在地主管出口退（免）税的税务机关。

（二）出口货物退（免）税的预算级次

以2003年底各地实际退税为基数，基数部分的出口退增值税和消费税全部由中央财政负担，超基数部分由中央、地方共同分担。

（三）出口货物退（免）税的违章处理

出口企业或当事人在办理出口货物退（免）税过程中，违反国家法律、法规、规章，相关的国家行政机关和司法部门依法给予处罚。

第二节　出口货物退(免)税的计算

一、出口货物退(免)税的税种和退税率

我国出口货物退(免)税仅限于间接税中的增值税和消费税。

退税率是出口货物的实际退税额与计税依据之间的比例。它是出口退税的中心环节，体现国家在一定时期的经济政策，反映出口货物实际征税水平。退税率是根据出口货物的实际整体税负确定的，同时，也是零税率原则和宏观调控原则相结合的产物。

"征多少，退多少，未征不退"是制定出口货物退税率的基本原则。从1994年实行新税制后，出口货物的增值税退税率进行了多次调整，使之大体上符合国家经济发展的总体要求。

（一）增值税退税率

目前，增值税出口货物退(免)税税率是随国家宏观调控的改变而作相应的调整。例如，从2008年下半年至今，我国增值税退税率就至少经历了十次调整。

（二）消费税退税率

目前，消费税出口货物退(免)税税率是随其征税率的改变而作相应的调整。具体按照调整后的《消费税税目税率(税额)表》执行。

二、出口货物退(免)税的计税依据

出口货物退(免)税的计税依据是具体计算应退(免)税税额的税基和标准。现行出口退(免)税政策对出口货物退(免)税的计税依据作了如下规定：

（一）外贸企业出口货物退(免)税的计税依据

1. 外贸企业出口货物退(免)增值税的计税依据

（1）以购进出口货物取得的增值税专用发票列明的进项金额为计税依据；

（2）购进原材料委托生产企业加工收回后出口的，以购买加工货物的原材料、支付加工货物的工价费等专用发票所列明的进项金额为计税依据。

2. 外贸企业出口货物退(免)消费税的计税依据

凡属从价定率计征消费税的货物，以外贸企业从工厂购进货物时征收消费税的价格为依据；凡属从量定额计征消费税的货物，以货物购进或报关出口数量为依据；复合计征消费税的货物，以外贸企业从工厂购进货物时征收消费税的价格、货物购进或报关出口数量为依据。

（二）生产企业出口货物退(免)税的计税依据

1. 生产企业出口货物退(免)增值税的计税依据

（1）出口货物的离岸价(FOB)；

(2) 对以 FOB 以外的价格,如成本加运费价(CFR)、成本、保险费加运费价(CIF)等成交的,应为扣除运费、保险费和佣金等国外费用后的余额。

2. 生产企业出口货物退(免)消费税的计税依据

生产企业自营出口或委托外贸企业代理出口的消费税应税货物,一律实行免税方法。从价定率计征的,以实际出口货物的离岸价为依据;从量定额计征的,以实际出口数量为依据;复合计征的,以实际出口货物的离岸价和实际出口数量为依据。

三、外贸企业"免、退"税计算

(一) 外贸企业一般贸易出口货物应退增值税的计算

外贸企业出口货物增值税的计算应依据购进出口货物增值税专用发票上所注明的进项金额和退税率计算。其基本计算公式如下:

应退税额=外贸收购不含增值税购进金额×退税率

或=出口货物数量×加权平均不含增值税单价×退税率

其中,从小规模纳税人购进的出口货物退税率的确定原则:若法定退税率高于征收率(3%),则按照征收率计算退税;若法定退税率小于等于征收率,则按照法定退税率计算退税。

[例1] 四通进出口公司 2×11 年 2 月申报出口退税情况如下(单位:元):

(1) 关联号:UUU

退税申报:

商品名称	商品代码	出口数量
ABC	20030200	4 000 只

退税进货:

商品名称	商品代码	数量	单价	计税金额	退税率	可退税额
ABC	0030200	4 000 只	22	88 000	13%	11 440

(2) 关联号:VVV

退税申报:

商品名称	商品代码	出口数量
①ABD	20031200	1 000 只
②ABD	20031200	2 000 只
③ABD	20031200	3 000 只

退税进货:

商品名称	商品代码	数量	单价	计税金额	退税率	可退税额
ABD	20031200	6 000 只	30	180 000	13%	23 400

要求:计算该公司 2 月份出口应退税额。

关联号 UUU：应退税额＝4 000×22×13％＝11 440(元)
关联号 VVV：应退税额＝(1 000＋2 000＋3 000)×30×13％＝23 400(元)
2月份应退税额合计＝11 440＋23 400＝34 840(元)

[例2] 八达进出口公司2×11年3月申报出口退税情况如下(单位:元)：
关联号：WWW
退税申报：

商品名称	商品代码	出口数量
BCD	20030300	9 000 盒

退税进货：

商品名称	商品代码	数量	单价	计税金额	退税率	可退税额
①BCD	20030300	2 000 盒	60	120 000	17％	20 400
②BCD	20030300	3 000 盒	80	240 000	17％	40 800
③BCD	20030300	4 000 盒	90	360 000	17％	61 200

要求：计算该公司3月份应退税额。
关联号加权平均单价＝(120 000＋240 000＋360 000)÷(2 000＋3 000＋4 000)
　　　　　　　　　＝80(元)
3月份应退税额＝9 000×80×17％＝122 400(元)

[例3] 大洋外贸公司2×10年11月份出口从小规模纳税人(生产企业)处购进服装1 000件(法定退税率15％)，国税机关代开的增值税专用发票列明的单价为100元，金额为100 000元。试计算该公司出口应退税额。

应退增值税额＝购进价格×征收率＝100 000×3％＝3 000(元)

(二) 外贸企业进料加工贸易作价加工复出口货物应退增值税的计算

出口企业将经主管出口退税税务机关签章的申报表报送主管征税税务机关，征税税务机关据此可按规定税率计算销售料件的税款，但增值税专用发票上注明的应交税款不计征入库，而由主管退税税务机关在出口企业办理出口货物退税时，在其应退税额中抵扣。因为退税率会有调整，导致征、退税率有差异，所以现行政策规定，凡进口料件征税税率小于或等于复出口货物退税税率的，按进口料件的征税税率计算抵扣；凡进口料件征税税率大于复出口货物退税税率的，按复出口货物的退税税率计算抵扣。从而保证进料加工业务在国内加工生产环节能按照增值税的原理计征经加工增值部分的增值税款。同时也保证出口企业将进料加工复出口货物按一般贸易的原理作自营销售后，其进口料件已减免税部分不再计算退税。

外贸企业进料加工计算公式为：

应退税额＝出口货物数量×加权平均进价×退税率－销售进口料件的应抵扣税额

销售进口料件应抵扣税额＝销售进口料件金额×复出口货物退税率与进口料件征税率之低者－进口料件海关实征增值税税款

（三）外贸企业委托加工出口货物应退增值税的计算

外贸企业委托生产企业加工收回后报关出口的货物，按购进国内原辅材料的增值税专用发票上注明的进项金额，依原辅材料的退税率计算原辅材料应退税额。支付的加工费，依出口货物的退税率计算加工费的应退税额。进料加工贸易进口料件海关代征增值税税款按实退还。

应退税额＝原辅材料的增值税专用发票上注明的进项金额×原辅材料的退税率＋加工费增值税专用发票上注明的进项金额×出口货物的退税率＋进口料件海关实征增值税税款

（四）外贸企业出口应税消费品应退消费税的计算

（1）外贸企业收购应税消费品出口，除退还其已纳的增值税外，还应退还其已纳的消费税。消费税的退税办法分别依据该消费品的征税办法确定，即退还该消费品在生产环节实际缴纳的消费税。计算公式分别为：

① 实行从价定率征收办法：

应退税款＝购进出口货物的进货金额×消费税税率

② 实行从量定额征收办法：

应退税款＝出口数量×单位税额

③ 实行从价定率和从量定额复合计税征收办法：

应退税款＝购进出口货物的进货金额×消费税税率＋出口数量×单位税额

（2）外贸企业采用委托加工收回的应税消费品出口，其应退消费税按上述公式计算确定。

[例4] 长征外贸公司从某汽车厂购进20辆小轿车并全部出口，购进单价（不含增值税）为15万元，增值税税额510 000元，退税凭证齐全。该小轿车的消费税税率为5%，试计算该批小轿车的应退消费税税额。

应退消费税额＝购进出口货物的进货金额×消费税税率
　　　　　　＝20×150 000×5%＝150 000(元)

四、生产企业"免、抵、退"税计算

（一）退（免）税政策的沿革

随着国家经济形势的变化和经济体制改革的深化，生产企业出口货物的退（免）税政策也在相应地调整。

1994年新税制实施后，国家税务总局对不同性质的企业规定了不同的退（免）税方法。按照国税发[1994]031号和[1995]012号两个文件的规定，内资生产企业和1994年1月1日以后设立的外商投资企业采取"免、抵、退"办法；而1993年12月31日以前

设立的外商投资企业采取免税办法。

1995年7月1日之后,根据财税字[1995]92号文件的有关规定,对生产型企业已按规定采取"免、抵、退"办法的,在1995年7月1日以后生产出口的货物,继续采用"免、抵、退"办法;未按"免、抵、退"办法办理的,一律按照先征后退的办法执行。1993年12月31日以前设立的外商投资企业,从2001年1月1日起按上述办法计算出口退税。

2002年1月,财政部、国家税务总局财税[2002]7号《关于进一步推进出口货物实行免抵退税办法的通知》规定,从2002年1月1日起,生产企业自营或委托外贸企业代理出口(以下简称生产企业出口)自产货物,除另有规定者外,增值税一律实行"免、抵、退"税管理办法,并纳入国家出口退税计划管理。该办法适用于能够独立核算、具有增值税一般纳税人资格并且具有实际生产能力的企业和企业集团。

2006年7月,《国家税务总局关于出口货物退(免)税若干问题的通知》(国税发〔2006〕第102号)规定,退税审核期为12个月的新发生出口业务的企业和小型出口企业,在审核期期间出口的货物,应统一的按月计算免、抵、退税的办法分别计算免抵税额和应退税额。税务机关对审核无误的免抵税额可按现行规定办理调库手续,对审核无误的应退税额暂不办理退库。对小型出口企业各月累计的应退税款,可在次年1月一次性办理退税;对新发生出口业务的企业的应退税款,可在退税审核期期满后的当月对上述各月审核无误的应退税额一次性退给企业。原审核期期间只免抵不退税的税收处理办法停止执行。

(二)"免、抵、退"税办法解析

1."免、抵、退"税的含义

实行"免、抵、退"税办法中的"免"税,是指对生产企业出口的自产货物,免征本企业生产销售环节增值税;"抵"税,是指生产企业出口自产货物所耗用原材料、零部件、燃料、动力等应予退还的进项税额,抵顶内销货物的应纳税额;"退"税,是指生产企业出口的自产货物在当月内应抵顶的进项税额大于应纳税额时,对未抵顶完的部分予以退税。

上述自产货物是指生产企业购进原辅材料,经过本企业加工生产的货物,包括视同自产产品。现行税收法规中,明确了四类视同自产产品的界定问题,具体如下:

(1)生产企业出口外购的与本企业所生产的产品名称、性能相同,且使用本企业或外商提供给本企业使用的商标和出口给进口本企业自产产品的外商的产品。

(2)生产企业外购的与本企业所生产的产品配套并出口给进口本企业自产产品的外商,用于维修本企业出口的自产产品的工具、零部件、配件或不经过本企业加工或组装,出口后能直接与本企业自产产品组合成成套产品的产品。

(3)集团公司(或总厂,下同)收购经县级以上政府主管部门批准的集团成员企业(或分厂,下同)或由集团公司控股的生产企业生产的产品。同时要求:集团公司及其成员企业必须执行生产企业财务会计制度;集团公司必须将有关成员企业的证明材料报送给主管出口退税的税务机关。

(4) 生产企业因出口给进口本企业自产产品的外商而委托加工、收回与本企业生产的产品名称、性能相同,或者是用本企业生产的产品再委托深加工的产品。同时要求:委托方必须执行生产企业财务会计制度;委托方与受托方必须签订委托加工协议;主要原材料必须由委托方提供;受托方不垫付资金,只收取加工费,开具加工费(含代垫的辅助材料)的增值税专用发票。

2. 出口货物"免、抵、退"税的计算

实行"免、抵、退"税办法,按照出口货物的离岸价(FOB)和现行的退税率计算"免、抵、退"税额。具体计算公式如下:

(1)当期应纳税额的计算:

当期应纳税额＝当期内销货物的销项税额－(当期进项税额
－当期免抵退税不得免征和抵扣税额＋上期留抵税款)

当期免抵退税不得免征和抵扣税额＝(当期出口货物离岸价×外汇人民币牌价－免税购进原材料价格)×(出口货物征税率－出口货物退税率)

(2)当期免抵退税额的计算:

当期免抵退税额＝(当期出口货物离岸价×外汇人民币牌价－免税购进原材料价格)×出口货物退税率

出口货物离岸价(FOB)以出口发票计算的离岸价为准。出口发票不能如实反映离岸价的,企业必须按照实际离岸价向主管国税机关进行申报,同时主管国税机关有权依照《中华人民共和国税收征收管理法》、《中华人民共和国增值税暂行条例》等有关规定予以核定。

免税购进原材料＝国内购进免税原材料＋进料加工免税进口料件

国内购进免税原材料是指购进的属于《增值税暂行条例》及其实施细则中列名的且不能按规定计提进项税额的免税货物。

进料加工免税进口料件＝自营进口用于复出口的进口料件＋代理进口用于复出口的进口料件＋用于复出口的深加工结转的进口料件

进料加工免税进口料件按组成计税价格计算确定。

组成计税价格＝货物到岸价＋海关实征关税＋实征消费税

(3)当期应退税额和免抵税额的计算:

① 若当期期末留抵税额≤当期免抵退税额,则

当期应退税额＝当期期末留抵税额

当期免抵税额＝当期免抵退税额－当期应退税额

② 若当期期末留抵税额＞当期免抵退税额,则

当期应退税额＝当期免抵退税额
当期免抵税额＝0
当期期末留抵税额根据当期《增值税纳税申报表》中"期末留抵税额"确定。

"免、抵、退"税计算时,首先应准确计算该企业当期内销货物的销项税额;其次是正确计算该企业当期不予抵扣和退税的税额,这一步骤是实行"免、抵、退"税出口企业应退税额正确计算的重要环节;再次是正确计算"免、抵、退"税企业当期应退税额和当期应免抵税额。下面举例说明。

[例 5] 飞达公司是具有进出口经营权的生产企业,对自产货物经营出口销售及国内销售。该企业 2×11 年 10 月份用 400 万元购进所需原材料等货物,允许抵扣的进项税额 68 万元,内销产品取得销售额 300 万元,出口产品离岸价折合人民币 1 000 万元。假设上期留抵税款 2 万元,增值税税率 17％,退税率 13％。试计算本月应纳或应退增值税额。

第一步:计算当期内销货物销项税额。
(1) 当期产品内销销项税额＝300×17％＝51(万元)
(2) 当期产品外销销项税额＝0(免征)
第二步:计算当期产品外销(征税率 17％,退税率 13％)不予抵扣和退税税额。
(3) 当期产品外销销售额＝当期出口货物离岸价×人民币外汇牌价
$$=1\ 000(万元)$$
(4) 当期产品外销不予抵扣和退税税额＝当期产品外销销售额
$$×(征税率-退税率)$$
$$=1\ 000×(17％-13％)$$
$$=40(万元)$$
第三步:计算当期应纳税额。
(5) 当期应纳税额＝当期内销货物销项税额－(当期全部进项税额
－当期不予抵扣和退税税额＋上期留抵税款)
$$=51-(68-40+2)$$
$$=21(万元)$$
由于应纳税额大于零,所以说明当期应纳税额为 21 万元,无应退税额。

[例 6] 承例 5。若本期外购货物的进项税额为 220 万元,其他资料不变,则计算本月应纳或应退增值税额。
第一步和第二步同例 7。
第三步:计算当期应纳税额。
(5) 当期应纳税额＝当期内销货物销项税额－(当期全部进项税额
－当期不予抵扣和退税税额＋上期留抵税款)

$$=51-(220-40+2)$$
$$=-131(万元)$$

由于应纳税额小于零,所以说明当期"期末留抵税额"为131万元。

第四步:计算当期应退税额。

(6) 当期期末留抵税额＝｜当期应纳税额｜＝131(万元)

(7) 当期免、抵、退税额＝当期产品外销销售额×退税率
$$=1\,000×13\%=130(万元)$$

可见,当期期末留抵税额＞当期免、抵、退税额。

(8) 当期应退税额＝当期免、抵、退税额＝130(万元)

第五步:计算当期应免、抵税额。

(9) 当期免、抵税额＝当期免、抵、退税额－当期应退税额
$$=130-130=0$$

第六步:计算结果验证。

实行"免、抵、退"税出口企业当期不予抵扣和退税税额、当期应退税额和当期应免抵税额计算完毕后,应对其计算结果进行验证,以检验计算是否正确。其验证方法是:

$\sum$(当期各种出口货物销售额×退税率)＝当期应免、抵税额＋当期应退税额

若等式成立,则计算正确;否则,计算错误。经过计算:

等式左边:$1\,000×13\%=130(万元)$

等式右边:$0+130=130(万元)$

等式左右两边相等,说明计算正确。

[例7] 永进公司是自营出口生产企业,本月外购原材料、动能费等支付价款700万元,支付进项税额119万元,本月海关核销免税进口料件价格100万元,本月内销货物销售额500万元,自营进料加工复出口货物折合人民币金额600万元(按离岸价计算),该企业内、外销货物适用增值税税率17%(非应税消费品),复出口货物的退税率为13%。假设上期无留抵税款,本月未发生其他进项税额。试计算本月应纳或应退增值税额。

第一步:计算当期内销货物销项税额。

(1) 当期内销货物销项税额＝$500×17\%=85(万元)$

(2) 当期复出口货物销项税额＝0(免征)

第二步:计算当期复出口货物(征税率17%,退税率13%)不予抵扣和退税税额。

(3) 当期复出口货物销售额＝当期复出口货物离岸价×人民币外汇牌价＝600(万元)

(4) 当期复出口货物不予免征和抵扣税额
＝当期复出口货物销售额×(征税率－退税率)

－免税进口料件价格×(征税率－退税率)
=600×(17%－13%)－100×(17%－13%)
=20(万元)

第三步：计算当期应纳税额。

(5) 当期应纳税额＝当期内销货物销项税额－(当期全部进项税额
　　　　　　　　－当期不予抵扣和退税税额＋上期留抵税款)
　　　　　　　＝85－(119－20)
　　　　　　　＝－14(万元)

第四步：计算当期应退税额。

(6) 当期期末留抵税额＝│当期应纳税额│＝14(万元)

(7) 当期免、抵、退税额抵减额＝免税进口料件价格×退税率
　　　　　　　　　　　　　　＝100×13%
　　　　　　　　　　　　　　＝13(万元)

(8) 当期免、抵、退税额＝当期复出口货物销售额×退税率
　　　　　　　　　　　－当期免抵退税额抵减额
　　　　　　　　　　　＝600×13%－13
　　　　　　　　　　　＝65(万元)

可见，当期期末留抵税额≤当期免、抵、退税额。

(9) 当期应退税额＝当期期末留抵税额＝14(万元)

第五步：计算当期应免、抵税额。

(10) 当期免、抵税额＝当期免、抵、退税额－当期应退税额
　　　　　　　　　＝65－14
　　　　　　　　　＝51(万元)

第六步：计算结果验证。

验证方法：Σ(当期各种出口货物销售额×退税率)＝当期应免、抵税额＋当期海关核销进口料件组成计税价格×退税率＋当期应退税额

若等式成立，则计算正确；否则，计算错误。经过计算：

等式左边：600×13%＝78(元)

等式右边：51＋13＋14＝78(元)

等式左右两边相等，说明计算正确。

[例8] 东吴食品有限公司2×11年1月份由国内购进原材料，取得当期全部进项税额74万元；国外进口料件组成计税价格130万元；内销鲜果0.3万元(征税率13%)；内销果脯2万元(征税率17%)；外销鲜果收入90万美元，该货物征税率13%，退税率5%。其中：国外运保费支出55万元；外销果脯收入28万美元，该货物征税率

17%,退税率13%;进口料件复出口销售果脯60万美元,该货物征税率17%,退税率13%;其中国外运保费支出60万元。试计算本月应纳或应退增值税额。(当期1月1日美元对人民币汇率为1∶6.5)

第一步:计算当期内销货物销项税额。
(1) 当期内销鲜果销项税额=0.3×13%=0.039(万元)
(2) 当期内销果脯销项税额=2×17%=0.34(万元)
当期内销货物销项税额合计=0.039+0.34=0.379(万元)

第二步:计算当期不予抵扣和退税税额。
(1) 当期外销鲜果(征税率13%,退税率5%)不予抵扣和退税的税额的计算:
① 当期外销鲜果销售额=90×6.5-55=530(万元)
② 当期外销鲜果不予抵扣和退税税额=530×(13%-5%)=42.4(万元)
(2) 当期外销果脯(征税率17%,退税率13%)不予抵扣和退税税额的计算:
当期外销果脯不予抵扣和退税税额=28×6.5×(17%-13%)
$$=182×4\%=7.28(万元)$$
(3) 计算进口料件复出口销售果脯(征税率17%,退税率13%)不予抵扣和退税税额:
① 当期进口料件复出口销售果脯的销售额=60×6.5-60=330(万元)
② 当期进口料件复出口销售果脯不予抵扣和退税税额=当期进口料件复出口销售果脯的销售额×(增值税暂行条例规定的征税率-出口货物退税率)-当期海关核销免税进口料件组成计税价格×(征税率-退税率)
=330×(17%-13%)-130×(17%-13%)=8(万元)
该公司当期不予抵扣和退税的税额合计=42.4+7.28+8=57.68(万元)

说明:同一种出口货物,《增值税暂行条例》规定的征税率相同,出口货物的退税率也必然相同。因此,为了计算简便,可合并计算。如例中的(2)和(3),将当期外销果脯销售额和当期进口料件复出口销售果脯销售额合并后,减去国外销售货物运保费,作为外销果脯销售额,再按进口料件复出口计算公式计算不予抵扣和退税税额。此种计算方法结果与前面(2)+(3)之和相同。

第三步:计算当期应纳税额。
当期应纳税额=当期内销货物销项税额-(当期全部进项税额-当期不予抵扣和退税税额+上期未抵扣完的税额)
$$=0.379-(74-57.68)=-15.941(万元)$$

第四步:计算当期应退税额。
|当期应纳税额|≤当期出口货物销售额×退税率-海关核销进口料件组成计税价格×退税率

即 $|-15.941| \leqslant 530 \times 5\% + 182 \times 13\% + 330 \times 13\% - 130 \times 13\% = 76.16$（万元）

当期应退税额＝｜当期应纳税额｜＝15.941（万元）

第五步：计算当期应免、抵税额。

（1）当期外销鲜果应免、抵税额的计算：

当期外销鲜果应免、抵税额＝外销鲜果销售额×退税率
$$=530 \times 5\% = 26.5（万元）$$

（2）当期外销果脯应免、抵税额的计算：

因为涉及外销果脯和进口料件复出口销售果脯，应考虑两种因素。

当期外销果脯应免、抵税额＝外销果脯销售额×退税率－当期海关核销免税进口料件组成计税价格×退税率－当期已退税额
$$=182 \times 13\% + 330 \times 13\% - 130 \times 13\% - 15.941$$
$$=33.719（万元）$$

该公司当期应免、抵税额＝26.5＋33.719＝60.219（万元）

注意：征税率和退税率不同的货物，不能合并核算；否则，将影响出口货物"免、抵、退"税数额的正确性。

第六步：计算结果验证。

验证方法：Σ（当期各种出口货物销售额×退税率）＝当期应免、抵税额＋当期海关核销进口料件组成计税价格×退税率＋当期应退税额

若等式成立，则计算正确；否则，计算错误。经过计算：

等式左边：$530 \times 5\% + 182 \times 13\% + 330 \times 13\% = 93.06$（万元）

等式右边：$60.219 + 130 \times 13\% + 15.941 = 93.06$（万元）

等式左右两边相等，说明计算正确。

第三节 出口货物退（免）增值税的税务会计处理

一、外贸企业收购出口货物退（免）增值税的税务会计处理

外贸企业收购出口货物，在购进时取得增值税专用发票的，应按照专用发票上注明的增值税额为进项税额。

退税率按上节"一、出口货物退（免）税的税种和退税率"的规定确定。

外贸企业购进货物的进项税额借记"应交税费——应交增值税（进项税额）"科目，按照增值税专用发票上记载的价款或普通发票票面金额与确定的进项税额之差，以及实际发生的采购费用应计入采购成本，借记"材料采购"科目，按照应付或实际支付的金

额贷记"应付账款"、"应付票据"、"银行存款"等科目。

货物出口销售后,结转主营业务成本时,借记"主营业务成本"科目,贷记"库存商品"科目;按照购进货物的进项税额与按规定退税率计算的应退增值税额的差额,借记"主营业务成本",贷记"应交税费——应交增值税(进项税额转出)科目。

外贸企业按照规定的退税率计算出应收的出口退税,借记"应收出口退税"科目,贷记"应交税费——应交增值税(出口退税)"科目;收到出口退税款时,借记"银行存款"科目,贷记"应收出口退税"科目。

外贸企业已退税的出口货物发生退关、退货的,应及时到其所在地主管出口退税的税务机关申请办理《出口商品退运已补税证明》,交纳已退的税款。并作相反的会计分录冲减销售收入和销售成本。

[例9] 飞达外贸公司本期购进出口商品二批,一批取得的增值税专用发票上注明的商品价款300万元,增值税额51万元;另一批为从小规模纳税人(征收率3%)购进同类货物,增值税专用发票上注明销售金额10万元。二批商品本期已全部办理了出口报关手续,并已收到销货款55万美元,当天市场汇价1:6.30。出口商品的退税率为13%。试计算本期应纳或应退增值税额,并作有关分录。

(1) 购进出口商品时:

进项税额=510 000+3 000=513 000(元)

借:材料采购——出口材料采购	3 100 000
应交税费——应交增值税(进项税额)	513 000
贷:银行存款	3 613 000

(2) 商品验收入库时:

借:库存商品——库存出口商品	3 100 000
贷:材料采购——出口材料采购	3 100 000

(3) 收到出口货款时:

折合人民币收入金额=550 000×6.30=3 465 000(元)

外销收入销项税额=0(免税)

借:银行存款	3 465 000
贷:主营业务收入——出口主营业务收入	3 465 000

(4) 结转出口商品成本时:

借:主营业务成本——出口主营业务成本	3 100 000
贷:库存商品——库存出口商品	3 100 000

(5) 调整出口商品成本时:

调整金额=3 000 000×(17%−13%)=120 000(元)

借:主营业务成本——出口主营业务成本	120 000

贷：应交税费——应交增值税（进项税额转出）		120 000

（6）计算应收的出口退税时：

出口退税额＝3 000 000×13％＋100 000×3％＝393 000（元）

借：应收出口退税　　　　　　　　　　　　　　　　　393 000
　　贷：应交税费——应交增值税（出口退税）　　　　　　　　393 000

（7）收到出口退税款时：

借：银行存款　　　　　　　　　　　　　　　　　　　393 000
　　贷：应收出口退税　　　　　　　　　　　　　　　　　　393 000

二、生产企业出口货物退（免）增值税的税务会计处理

实行"免、抵、退"办法的企业，购进用于加工出口货物的材料价款、运杂费等借记"材料采购"科目，按增值税专用发票上注明的进项税额借记"应交税费——应交增值税（进项税额）"科目，按照应付或实际支付的金额贷记"应付账款"、"应付票据"、"银行存款"等科目。对可抵扣的运费金额按7％计算的进项税额，借记"应交税费——应交增值税（进项税额）"科目，贷记"材料采购"科目。

加工货物出口销售后，结转主营业务成本时，借记"主营业务成本"科目，贷记"库存商品"科目；企业按规定的增值税征收率与退税率之差计算的出口货物不得免征和抵扣税额，借记"主营业务成本"科目，贷记"应交税费——应交增值税（进项税额转出）"科目；用全部进项税额中剔除出口货物不得免征和抵扣税额后的余额去抵减内销货物的销项税额，即为当期应纳税额或当期留抵税额。月末对当期应纳税额，借记"应交税费——转出未交增值税"科目，贷记"应交税费——未交增值税"科目；申报入库时借记"应交税费——未交增值税"科目，贷记"银行存款"科目。

对按规定计算出的当期应退税额借记"应收出口退税"科目，当期免抵税额借记"应交税费——应交增值税（出口抵减内销应纳税额）"科目，按当期计算的免抵退税额贷记"应交税费——应交增值税（出口退税）"科目。收到税务机关退回的增值税税额借记"银行存款"科目，贷记"应收出口退税"科目。

生产企业已办理退税和免抵税的出口货物发生退关、退货的，应及时到其所在地主管出口退税的税务机关申请办理《出口货物退运已办结税务证明》，交纳已退的税款，调整已免抵税额。并作相反的会计分录冲减销售收入和销售成本，调整"不得免征和抵扣税额"。

[例10] 金龙公司生产销售甲产品。8月购入原材料一批取得的增值税专用发票上注明的材料价款为50万元，增值税额为8.5万元；本月内销收入为120万元，外销收入按当日市场汇价折合人民币金额为180万元。增值税征收率和退税率分别为17％和13％，本月已销产品的生产成本为180万元，无上期留抵税额。购销业务均以银行存款收付。试计算本期应纳或应退增值税额，并作会计分录。

(1) 购入原材料时：

借：材料采购或原材料　　　　　　　　　　　　　　　　500 000
　　应交税费——应交增值税(进项税额)　　　　　　　　85 000
　　贷：银行存款　　　　　　　　　　　　　　　　　　585 000

(2) 实现销售收入时：

内销收入销项税额＝1 200 000×17％＝204 000(元)

外销收入销项税额＝0(免税)

借：银行存款　　　　　　　　　　　　　　　　　　　3 204 000
　　贷：应交税费——应交增值税(销项税额)　　　　　　204 000
　　　　主营业务收入——内销业务收入　　　　　　　1 200 000
　　　　　　　　　　——外销业务收入　　　　　　　1 800 000

(3) 结转主营业务成本时：

内销产品分摊成本＝1 800 000×1 200 000÷(1 200 000＋1 800 000)
　　　　　　　　＝1 800 000×40％＝720 000(元)

外销产品分摊成本＝1 800 000×1 800 000÷(1 200 000＋1 800 000)
　　　　　　　　＝1 800 000×60％＝1 080 000(元)

借：主营业务成本——内销业务成本　　　　　　　　　　720 000
　　　　　　　　——外销业务成本　　　　　　　　　1 080 000
　　贷：库存商品　　　　　　　　　　　　　　　　　1 800 000

(4) 计算出口货物不得免征和抵扣税额，调整出口货物主营业务成本时：

不得免征和抵扣税额＝1 800 000×(17％－13％)＝72 000(元)

借：主营业务成本——外销业务成本　　　　　　　　　　72 000
　　贷：应交税费——应交增值税(进项税额转出)　　　　72 000

(5) 月末计算应纳税额时：

应纳税额＝204 000－(85 000－72 000)＝191 000(元)

借：应交税费——应交增值税(转出未交增值税)　　　　　191 000
　　贷：应交税费——未交增值税　　　　　　　　　　　191 000

(6) 下月交纳入库时：

借：应交税费——未交增值税　　　　　　　　　　　　　191 000
　　贷：银行存款　　　　　　　　　　　　　　　　　　191 000

(7) 计算当月免抵退税额、应退税额、免抵税额时：

当期免抵退税额＝1 800 000×13％＝234 000(元)

当期应退税额＝0

当期免抵税额＝234 000－0＝234 000(元)

借：应交税费——应交增值税（出口抵减内销应纳税额） 234 000
　　贷：应交税费——应交增值税（出口退税） 234 000

对出口企业按规定计算缴纳增值税、消费税的出口货物，不再办理退税。对已计算免抵退税的，生产企业应在申报纳税当月冲减调整免抵退税额；对已办理出口退税的，外贸企业应在申报纳税当月向税务机关补缴已退税款。

三、进料加工复出口货物退增值税的税务会计处理

进料加工业务是指出口企业为加工出口产品而自行（或委托其他单位）从国外进口原辅材料、零部件，通过自行加工或以委托、作价形式加工成品后再行复出口的业务。进料加工复出口货物的退税就退税环节来看，退税办法与一般贸易出口货物退税办法基本一致，但由于进料加工复出口货物在料件的进口环节存在着不同的减免税，因此，为了使复出口货物的退税额与国内实际征收的税额保持一致，在计算复出口货物的退税时，必须对减免税的进口料件实行进项扣税。现行的税收政策按照不同的企业类型，对进料加工业务规定不同的处理方法。总的原则体现了对进口料件部分采取"不征不退"的政策。

（一）外贸企业进料加工复出口货物退增值税

1. 进口料件采取作价加工方式

外贸企业将减免税的进口料件转售给其他企业加工生产出口货物的，可凭主管退税机关出具的《进料加工贸易免税证明》，对其进口料件作价销售的应纳税额不纳税，而按销售料件的征税率与复出口货物的退税率孰低的原则确定抵扣税率计算出口货物应抵扣的退税额，并在进口料件作价销售当期的应退税额中一次性予以扣回的方法。其计算公式为：

应退税额＝出口货物的应退税额－出口货物应抵扣退税额
出口货物应抵扣退税额＝进口料件的作价销售收入×抵扣税率
　　　　　　　　　　－海关已对进口料件实征的增值税税额

外贸企业以进料加工贸易方式购进料件时，按购进料件的金额借记"材料采购"科目，贷记"银行存款"、"应付账款"等科目；按实际交纳的关税、消费税税额借记"材料采购"科目，按实际交纳的增值税税额借记"应交税费——应交增值税（进项税额）"科目，按进口环节实际交纳的税金总额贷记"银行存款"科目（有时交纳的关税和消费税也通过"应交税费"科目）。进口料件验收入库后，按实际进口成本借记"原材料"科目，贷记"材料采购"科目。

外贸企业销售料件时，按增值税专用发票所列价税合计借记"应收账款"科目，按增值税专用发票所列价款贷记"其他业务收入"科目，按增值税专用发票所列销项税额贷记"应交税费——应交增值税（销项税额）"科目。结转成本时，借记"其他业务成本"科目，贷记"原材料"科目。

抵扣当期退税额时,按销项税额借记"应交税费——应交增值税(减免税款)"科目,按计算出的应抵扣退税额贷记"应收出口退税"科目,按销项税额与应抵扣退税额之差贷记"其他业务成本"科目。加工货物的收回以及收回后出口的核算同本节"一、外贸企业收购出口货物退(免)增值税的税务会计处理"中的有关内容。

出口企业不得将"进料加工"贸易方式进口料件取得的海关征收增值税完税凭证交主管征税税务机关作为计算当期进项税额的依据,而应交主管退税税务机关作为计算退税的依据。对从事进料加工贸易方式的外贸企业对其保税进口料件采取作价加工方式,未按规定向主管退税税务机关申请办理《进料加工贸易免税证明》的,主管征税税务机关应按规定的增值税税率计征销售料件的增值税。

2. 进口料件采取委托加工方式

外贸企业将进口料件采取委托加工方式收回出口货物的退税,按购进国内原辅材料增值税专用发票上注明的进项金额,依原辅材料适用的退税率计算原辅材料的应退税额;支付的加工费,凭受托方开具的增值税专用发票上注明的加工费金额,依复出口货物的退税率计算加工费的应退税额;对进口料件实征的进口环节增值税,凭海关完税凭证计算调整进口料件的应退税额。其计算公式为:

应退税额=原辅材料增值税专用发票上注明的进项金额×原辅材料的退税率+增值税专用发票上注明的加工费金额×复出口货物的退税率+海关已对进口料件实征的增值税税额。

以进料加工贸易方式购进料件的核算同上。

发出料件加工时,按发出料件的成本借记"委托加工物资"科目,贷记"原材料"科目。支付加工单位加工费时,根据加工单位开具的增值税专用发票列明的内容,借记"委托加工物资"、"应交税费——应交增值税(进项税额)"科目,贷记"银行存款"等科目。

收回加工成品时,按加工成品的实际成本借记"库存商品"科目,贷记"委托加工物资"科目。收回后出口的核算同本节"一、外贸企业收购出口货物退(免)增值税的税务会计处理"中的有关内容。

(二)生产企业进料加工复出口货物的退增值税

生产企业以"进料加工"贸易方式进口料件加工货物复出口的,对其进口料件应计算当期不得免征和抵扣税额抵减额、当期免抵退税额抵减额,并调整计算当期不得免征和抵扣税额、当期免抵退税额。具体计算如下:

1. 免抵退税不得免征和抵扣税额的调整计算

当期不得免征和抵扣税额=当期出口货物离岸价×外汇人民币牌价×(出口货物征税率-出口货物退税率)-当期不得免征和抵扣税额抵减额

当期不得免征和抵扣税额抵减额=进料加工免税进口料件组成计税价格

$$\times (出口货物征税率 - 出口货物退税率)$$

2. 免抵退税额的调整计算

当期免抵退税额＝当期出口货物离岸价×外汇人民币牌价×出口货物退税率
　　　　　　　－当期免抵退税额抵减额

当期免抵退税额抵减额＝进料加工免税进口料件组成计税价格×出口货物退税率

3. 免税进口料件组成计税价格的计算

进料加工免税进口料件组成计税价格＝货物到岸价＋海关实征关税和消费税

当期应纳税额、应退税额、免抵税额计算公式、具体步骤及账务处理同本节"二、生产企业出口货物退(免)增值税的税务会计处理"的有关内容。

四、来料加工、来件装配复出口货物免增值税的税务会计处理

来料加工、来件装配业务一般由外商提供一定的原材料、半成品、零部件、元器件(必要时也提供一些技术设备)，由中方加工企业根据外商的要求进行加工，成品交外商销售，中方收取加工费的一种贸易方式。

来料加工、来件装配一般是外商在交付原材料、半成品、零部件、元器件、设备时，中方开出远期信用证，加工成品交外商，外商开出即期信用证，两信用证金额之差即为中方收取的加工费。

现行的出口退税管理办法明确规定，出口企业以来料加工、来件装配贸易方式免税进口的原材料、半成品、零部件、元器件，凭海关核签的来料加工进口料件报关单和来料加工登记手册向主管出口退税的税务机关申请办理《来料加工贸易免税证明》，持此证明向主管征税税务机关申报办理免征其加工或委托加工货物加工费的增值税、消费税。

出口企业在来料加工、来件装配的货物全部复出口后，必须及时凭来料加工出口货物报关单和海关已核销的来料加工登记手册、收汇凭证向主管出口退税的税务机关办理核销手续，逾期未核销的，主管出口退税的税务机关将会同海关和主管征税税务机关对其补税和处罚。

来料加工、来件装配出口货物所耗用的国内货物以及国内配套的原材料等所支付的进项税额不得抵扣，转入加工货物的成本。

第四节　出口货物退(免)消费税的税务会计处理

一、外贸企业出口应纳消费税货物退消费税的税务会计处理

生产企业将产品销售给外贸企业由外贸企业自营出口，生产企业视同内销，外贸企业从生产企业购入产品时，借记"材料采购"(含消费税、不含增值税)和"应交税费——应交增值税(进项税额)"科目，贷记"应付账款"或"银行存款"等科目；商品入库时，借记

"库存商品"科目,贷记"材料采购"科目。

外贸企业在办妥出口报关手续即作为销售实现后,除进行有关销售的会计处理外,还应将退回的消费税冲减主营业务成本,借记"应收出口退税"科目,贷记"主营业务成本"科目;在实际收到税务机关退税时,借记"银行存款"科目,贷记"应收出口退税"科目。

根据规定,出口企业已办妥退税的出口货物发生退关、退货的,应及时向其所在地主管出口退税的税务机关申请办理《出口商品退运已补税证明》,交纳已退的消费税税款。进行会计处理时,应按补交的消费税增加主营业务成本,借记"主营业务成本"科目,贷记"应收出口退税"科目;在实际补交税款时,借记"应收出口退税"科目,贷记"银行存款"科目,同时冲减销售收入和销售成本。

[例11] 2×11年8月1日,A外商投资企业将1 000套化妆品销售给B外贸公司,由B公司自营出口,每套售价100元(不含增值税),消费税率为30%,3月20日B公司将全部化妆品出口,售价为每套20美元,当月1日美元汇价为1∶6.30,并向税务机关申请退税,4月18日收到税务机关退税款(不考虑退增值税部分)。试计算本期应退消费税额,并作会计分录。

(1) B公司购入商品时:

借:材料采购	100 000	
应交税费——应交增值税(进项税额)	17 000	
贷:银行存款		117 000

(2) 购入商品验收入库时:

借:库存商品	100 000	
贷:材料采购		100 000

(3) B公司出口商品时:

出口商品销售额=1 000×20×6.30=126 000(元)

借:应收账款	126 000	
贷:主营业务收入		126 000

(4) 结转销售成本时:

借:主营业务成本	100 000	
贷:库存商品		100 000

(5) 计算出口化妆品应退的消费税,并凭有关出口单证向主管退税税务机关申报时:

应退消费税=100 000×30%=30 000(元)

借:应收出口退税	30 000	
贷:主营业务成本		30 000

(6) 收到主管出口退税的税务机关退还的消费税时：

借：银行存款　　　　　　　　　　　　　　　　　　　　　　30 000
　　贷：应收出口退税　　　　　　　　　　　　　　　　　　　　30 000

[例12]　承例11。假设B公司出口的化妆品4月25日因质量原因全部退货，4月30日向税务机关补交该退货的消费税。试计算本期补交消费税额，并作会计分录。

(1) 冲销销售收入时：

借：主营业务收入　　　　　　　　　　　　　　　　　　　　126 000
　　贷：应收账款　　　　　　　　　　　　　　　　　　　　　126 000

(2) 冲减退货成本时：

借：库存商品　　　　　　　　　　　　　　　　　　　　　　100 000
　　贷：主营业务成本　　　　　　　　　　　　　　　　　　　100 000

(3) 计算应退回税务部门的税款时：

应补交退货消费税额＝100 000×30％＝30 000(元)

借：主营业务成本　　　　　　　　　　　　　　　　　　　　　30 000
　　贷：应收出口退税　　　　　　　　　　　　　　　　　　　　30 000

(4) 将税款退回税务机关时：

借：应收出口退税　　　　　　　　　　　　　　　　　　　　　30 000
　　贷：银行存款　　　　　　　　　　　　　　　　　　　　　　30 000

二、生产企业出口应纳消费税货物退消费税的税务会计处理

现行政策规定，生产企业自营出口或委托外贸企业代理出口的自产应纳消费税货物，可以在出口时直接予以免税。免税后如发生退关或退货的，也可以暂不办理补税，待其转为国内销售时，再申报交纳消费税。

对出口货物未在规定期限进行退税申报补征消费税的税务会计处理，可按补征的消费税税额借记"主营业务税金及附加"科目，贷记"应交税费——应交消费税"科目；税款入库后，借记"应交税费——应交消费税"科目，贷记"银行存款"科目。

[例13]　假设2×11年3月1日A生产企业委托B外贸公司代理出口自产粮食白酒1 000箱(每箱6千克)，价款折合人民币10万元，产品成本5万元。B公司按销售收入的10％收取代销手续费1万元，产品出口以后，将销售货款扣除代销手续费后退还给A企业9万元。试计算本期应退消费税额，并作会计分录。

A企业：

(1) 在收到B公司的代理出口粮食白酒的清单和出口单证并确认销售收入时：

借：应收账款——B　　　　　　　　　　　　　　　　　　　100 000
　　贷：主营业务收入　　　　　　　　　　　　　　　　　　　100 000

(2) 结转产品成本时：

借:主营业务成本 50 000
　　贷:库存商品 50 000

同时,免征出口粮食白酒的消费税,不进行会计处理。

免征出口白酒消费税=1 000×6×2×0.5+100 000×20%=26 000(元)

(3) 在收到B公司代理出口粮食白酒的销售款项(扣除代理费用)时:

借:银行存款 90 000
　　销售费用 10 000
　　贷:应收账款——B 100 000

B公司:

(1) 在报关出口后,按应收取的手续费时:

借:应收账款——A 10 000
　　贷:其他业务收入 10 000

(2) 收到国外客户价款时:

借:银行存款 100 000
　　贷:应付账款——A 100 000

(3) 将货款扣除代销手续费,并付给A企业时:

借:应付账款——A 100 000
　　贷:应收账款——A 10 000
　　　　银行存款 90 000

[例14] 承例13。假设上述出口的粮食白酒因规格与合同不符,遂发生退关、退货。

(1) 若退关或退货的粮食白酒暂无买主,在未实现销售前暂不计算消费税额,并作会计分录。

(2) 若退关或退货的粮食白酒销售给国内C企业,且售价不变,则计算本期应交消费税额,并作会计分录。

(1) 暂无买主,不计算退关、退货的消费税:

B公司:

① 对外支付退货款时:

借:应收账款——A 100 000
　　贷:银行存款 100 000

② 收到A企业退还的货款时:

借:银行存款 100 000
　　贷:应收账款——A 100 000

A企业:

① 收到退回的粮食白酒时：

借：库存商品 50 000
　　贷：主营业务成本 50 000
借：主营业务收入 100 000
　　贷：应付账款——B 100 000

② 向B公司支付退货款时：

借：应付账款——B 100 000
　　贷：银行存款 100 000

(2) 售给国内C企业：

B公司：

① 对外支付退货款时：

借：应收账款——A 100 000
　　贷：银行存款 100 000

② 收到A企业退还的货款时：

借：银行存款 100 000
　　贷：应收账款——A 100 000

A企业：

① 收到退回的粮食白酒时：

借：库存商品 50 000
　　贷：主营业务成本 50 000
借：主营业务收入 100 000
　　贷：应付账款——B 100 000

② 向B公司支付退货款时：

借：应付账款——B 100 000
　　贷：银行存款 100 000

③ 销售给C企业时：

借：应收账款——C 117 000
　　贷：主营业务收入 100 000
　　　　应交税费——应交增值税（销项税额） 17 000

④ 结转产品成本时：

借：主营业务成本 50 000
　　贷：库存商品 50 000

⑤ 计算应缴纳消费税时：

应缴纳消费税＝1 000×6×2×0.5＋100 000×20％＝26 000（元）

借：营业税金及附加 26 000
　　贷：应交税费——应交消费税 26 000
⑥ 实际交纳消费税时：
借：应交税费——应交消费税 26 000
　　贷：银行存款 26 000

[本章小结]

出口货物退（免）税是一种收入退付行为，具有鼓励和减免的单一职能，因而在税制中具有特殊地位和作用。它是调节宏观经济、增强竞争力的重要手段，也是促进对外贸易发展，参与国际竞争的通行做法。

出口货物退（免）税的主体可以分为贸易型企业和生产型企业两大类，税种可以分为增值税和消费税，业务类型可以分为一般贸易出口、进料加工出口和委托加工出口。根据"征多少，退多少，未征不退"的原则，外贸型企业实行"免、退"税，生产型企业实行"免、抵、退"税。出口货物退（免）税的会计处理中，通过设置"应收出口退税"科目核算国家退还的税款，对于生产型企业增值税的不得免征和抵扣税额，可以计入"主营业务成本"。出口货物退（免）税的核算和会计处理相对于税法中的其他内容复杂得多，在学习过程中需要仔细加以比较和理解。

[相关法规链接]

1.《中华人民共和国增值税暂行条例》(1993年12月13日中华人民共和国国务院令第134号发布，2008年11月5日国务院第34次常务会议修订通过，自2009年1月1日起施行)

2.《中华人民共和国消费税暂行条例》(1993年12月13日中华人民共和国国务院令第135号发布，2008年11月5日国务院第34次常务会议修订通过，自2009年1月1日起施行)

3.《中华人民共和国税收征收管理法》(2001年4月28日第九届全国人民代表大会常务委员会第二十一次会议修订，自2001年5月1日起施行)

4.《国家税务总局关于印发〈保税物流中心（B型）税收管理办法〉的通知》(国税发〔2004〕150号)(2004年11月15日国家税务总局发布并施行)

5.《国务院关于完善中央与地方出口退税负担机制的通知》(国发〔2005〕25号)(2005年8月1日国务院发布，自2005年1月1日起施行)

6.《关于出口产品视同自产产品退税有关问题的通知》(国税函〔2002〕1170号)(2002年12月17日国家税务总局发布并施行)

[**本章复习题**]

1. 出口退税的概念是什么？它包括哪些基本要素？
2. 出口货物退(免)税企业范围有哪些？
3. 一般出口退(免)税的货物必须同时具备哪四个条件？为什么？
4. 简述出口货物退(免)税的方法及适用范围。
5. 企业出口退(免)税的计税依据是如何规定的？
6. "进料加工"业务在税务会计上是如何处理的？为什么？

第六章 营业税会计

【本章导读】 营业税是世界各国普遍征收的一种税收,是对企业商品和劳务的收入额课征的税收,一般着眼于营业行为,只要纳税人发生了营业行为,就要对其征收营业税。通过本章学习,可明确营业税纳税人、征税范围、计税依据、税率、计税方法等有关规定,掌握营业税的计算与核算、增值税与营业税征税范围的划分、税收优惠、不同性质企业营业税会计核算模型等。

第一节 营业税概述

一、营业税的意义和特点

(一) 意义

营业税是对我国境内提供应税劳务、转让无形资产或者销售不动产的单位和个人,就其取得的营业额征收的一种流转税。建国初期,营业税属于工商业税的一部分,1958年与商品流转税、货物税、印花税一起合并为工商统一税。在 1973 年的税制改革中它又进一步与企业缴纳的房产税等合并为工商税。直到 1984 年 10 月第二步利改税时,为使税制适应国民经济发展的需要,充分发挥各个税种的不同作用,我国把对营业额收入的征税从原工商税中分离出来,使其成为一种独立税种。1984 年建立的营业税是对商品批发、商品零售和服务性业务收入征收的一种税,与同时从工商税中分解出来的产品税和增值税共同构成了我国原流转税的三大主要税种。这对于税收筹集资金和调节经济发挥了极大的作用。但是,随着社会主义市场经济体制的建立,营业税在征税范围、税目设置等方面已不能完全适应市场经济发展的需要。为此,国家本着统一税法、简化税制和公平税负的原则,建立了新的营业税。国务院于 1993 年 12 月 13 日发布了《中华人民共和国营业税暂行条例》(1994 年 1 月 1 日起实施,2008 年 11 月 5 日修订)。改革后的新营业税和原营业税相比,在纳税、征税范围、税目税率等方面都作了重要调整,使我国营业税逐步走向规范化。新的营业税仍是我国流转税制的三大主要税种之一,在促进第三产业公平竞争、组织财政收入方面发挥着重要作用。

（二）特点

营业税除具有对流转额征税的一般特征外，与增值税、消费税相比，还具有以下特点：

1. 征收面广，税源普遍

营业税的征收范围，除了商品流通企业外几乎涉及整个第三产业，从交通运输到建筑安装，从金融保险到邮电通信，从文化体育到各种服务性行业，凡是取得应税收入的单位和个人，不分其经济性质，也不分是固定业户还是临时经营，都要按规定缴纳营业税。

2. 税负较低，简征易行

营业税的征收对象，由于同生产、生活密切相关，所以税负较低，多数行业税率为3%或5%，体现了国家产业政策，也易为纳税人所接受，其征收方法也很简便，税率档次较少，便于征纳双方计算掌握。

3. 按行业设计税目税率

营业税对同一行业，不论经营方式和经济性质，均按同一税率纳税，税负合理，便于经营者在平等条件下开展竞争。另外，根据不同行业的特点，适当分档制定税率，以便区别对待。

二、营业税的纳税人和课税对象

（一）纳税人

按照《营业税暂行条例》规定，在中华人民共和国境内提供应税劳务、转让无形资产或者销售不动产的单位和个人，均为营业税的纳税义务人。

（1）单位。负有营业税纳税义务的单位是指发生应税行为，并向对方收取货币、货物和其他经济利益的单位，包括独立核算单位和不独立核算的单位。它们有国有企业、集体企业、私有企业、股份制企业、其他企业和行政单位、事业单位、军事单位、社会团体及其他单位。从事《营业税暂行条例》规定的应税项目的外商投资企业和外国企业也是营业税纳税义务人。

（2）个人。即个体工商户及其他的经营行为者。包括在中国境内有经营行为的外籍个人。值得注意的是，单位和个体户的员工、雇工在为本单位或雇主提供劳务时，不构成纳税人。

（3）承租人或承包人。即租赁或承包企业者。

（二）扣缴义务人

为了加强对税收源泉的控制，简化征收手续，《营业税暂行条例》规定了对某些单位和个人在纳税人发生应税行为时，负有代扣代缴、代收代缴营业税的义务。这些单位和个人就是营业税的扣缴义务人。具体规定如下：

（1）境外的单位或者个人在境内提供应税劳务、转让无形资产或者销售不动产，在境内未设有经营机构的,以其境内代理人为扣缴义务人;在境内没有代理人的,以受让方或者购买方为扣缴义务人。

(2) 国务院财政、税务主管部门规定的其他扣缴义务人。

(三) 课税对象

营业税的课税对象是纳税人在我国境内提供应税劳务、转让无形资产或者销售不动产的营业额,其中"境内"的含义是指:

(1) 提供或接受税法规定劳务的单位和个人在境内。

(2) 所转让的无形资产(不含土地使用权)的接受单位或个人在境内。

(3) 所转让或出租土地使用权的土地在境内。

(4) 所销售或出租的不动产在境内。

营业税具体征税范围包括:

1. 提供应税劳务

提供应税劳务是指属于交通运输业、建筑业、金融保险业、邮电通信业、文化体育业、娱乐业、服务业税目征收范围的劳务。

(1) 交通运输业的征收范围包括陆路运输、水路运输、航空运输、管道运输、其他交通运输业及交通运输辅助业(如装卸搬运业、港口业、机场及航空运输辅助业等)。

(2) 建筑业的征收范围包括建筑、安装、修缮、装饰和其他工程作业,如水利工程、道路修建等。

(3) 金融保险业的征收范围包括贷款、融资租赁、金融商品转让、金融经纪业、其他金融业务和保险业务,但金融机构往来利息收入及保险公司的摊回分保收入不征营业税。

(4) 邮电通信业的征收范围包括传递函件或包件、邮汇、报刊发行、邮务物品的销售、邮政储蓄等邮政业务和电报、电传、电话、电话机安装、电信物品销售及其他电信业务;单位和个人从事快递业务按此税目征税。

(5) 文化体育业的征收范围包括表演、播映等文化活动和举办各种体育比赛或为体育比赛、体育活动提供场所的业务,但有线电视台收取的"初装费"、广告的播映及以租赁方式为文化活动、体育比赛提供场所的不属于文体体育业税目的征收范围。

(6) 娱乐业的征收范围包括经营歌厅、舞厅、卡拉 OK 歌舞厅、音乐茶座、台球、高尔夫球、保龄球、游艺、网吧等娱乐场所以及娱乐场所为顾客进行娱乐活动提供服务的业务。

(7) 服务业的征收范围包括代理业(代购代销货物、代办进出口、介绍服务和其他代理业务)、旅店业、饮食业、旅游业、仓储业、租赁业、广告业和其他服务业;但金融经纪业、邮电部门的报刊发行业务、饮食服务场所为顾客在就餐的同时进行的自娱自乐形式的歌舞活动所提供的服务、融资租赁业务不属于服务业税目的征收范围。

2. 转让无形资产

转让无形资产是指转让无形资产的所有权或使用权的行为,其征收范围包括转让土地使用权、转让商标权、转让专利权、转让非专利技术、出租电影拷贝、转让著作权和转让商誉。但是,土地所有者出让土地使用权和土地使用者得将土地使用权归还土地所有者的行为,不属于营业税的征收范围。自 2003 年 1 月 1 日起,《关于股权转让有关营业税问题的通知》(财税〔2002〕191 号)规定,以无形资产投资入股,参与接受投资方的利润分配、共同承担投资风险的行为,不征营业税。在投资后转让其股权的也不征营业税。

3. 销售不动产

销售不动产是指有偿转让不动产所有权的行为,其征收范围包括有偿转让建筑物或构筑物和其他土地附着物所有权的行为。在销售不动产时连同不动产所占土地的使用权一并转让的行为,比照销售不动产征收营业税。

单位或者个人将不动产或者土地使用权无偿赠送其他单位或者个人,视同发生应税行为按规定征收营业税,但个人无偿赠与不动产、土地使用权,属于下列情形之一的,暂免征收营业税:(1) 离婚财产分割;(2) 无偿赠与配偶、父母、子女、祖父母、外祖父母、孙子女、外孙子女、兄弟姐妹;(3) 无偿赠与对其承担直接抚养或者赡养义务的抚养人或者赡养人;(4) 房屋产权所有人死亡,依法取得房屋产权的法定继承人、遗嘱继承人或者受遗赠人。单位或者个人将自己新建(又下简称自建)建筑物后销售,其自建行为应按建筑业缴纳营业税,再按销售不动产征收营业税。

自 2003 年 1 月 1 日起,《关于股权转让有关营业税问题的通知》(财税〔2002〕191 号)规定,以不动产投资入股,参与接受投资方的利润分配、共同承担投资风险的行为,不征营业税。在投资后转让其股权的也不征营业税。

值得注意的是,转让已完成土地前期开发或正在进行土地前期开发,但尚未进入施工阶段的在建项目,按"转让无形资产"税目征收营业税,而转让已进行建筑物施工阶段的在建项目,按"销售不动产"税目征收营业税。

转让企业产权属于整体转让企业资产、债权、债务及劳动力的行为,其转让价格不仅是由资产价值决定的,而且与企业销售不动产、转让无形资产的行为完全不同。因此,转让企业产权的行为不属于营业税的征收范围,不应征收营业税。

顺便指出,转让企业全部产权涉及的应税货物的转让,不属于增值税的征收范围,也不征收增值税。

(四) 增值税与营业税征税范围的划分

营业税属于流转税的税种,与增值税一样在商品生产、流通过程中发挥作用。尽管税法已经明确划分了营业税和增值税的征收范围,但是在实际经营活动中有些行为还是很难分清的,对于纳税人既涉及货物销售,又涉及提供营业税劳务的,则容易出现征税范围的交叉或界限不清问题。为此,正确处理不同经营活动的税收问题是维护税法严肃性的需要,也是保护纳税人合法利益的客观要求。

1. 混合销售行为

现行税法规定,一项销售行为如果既涉及应税劳务又涉及货物,为混合销售行为。从事货物的生产、批发或零售的企业、企业性单位及个体经营者的混合销售行为视为销售货物,应缴纳增值税,不缴纳营业税;其他单位和个人的混合销售行为,视为提供应税劳务,应缴纳营业税,不缴纳增值税。但从事运输业务的单位与个人,发生销售货物并负责运输所销售货物的混合销售行为,缴纳增值税,不缴纳营业税。

纳税人提供建筑业劳务的同时销售自产货物的行为以及财政部、国家税务总局规定的其他情形,应当分别核算应税劳务的营业额和货物的销售额,其应税劳务的营业额缴纳营业税,货物销售额缴纳增值税;未分别核算的,由主管税务机关核定其应税劳务的营业额。

2. "既加工,又销售"行为

现行税法规定,房地产开发公司销售房屋只缴纳营业税,不缴纳增值税,因为砖瓦、水泥、钢材等是商品,用这些建材建成的房屋也是商品;餐馆的经营业务应按饮食服务业征收营业税,因为餐馆里销售的米饭、菜肴是由大米、荤菜、蔬菜加工制作的另一种与之不同的商品。显然,这里的"销售"和"加工"属于同一项经济行为,与一般意义的"销售货物"不同,实质上属于提供"劳务"。因此,这不能成为缴纳增值税的理由。

3. "只销售食品,非现场消费"行为

根据《国家税务总局关于旅店业和饮食业纳税人销售食品有关税收问题的公告》(2011年第62号)规定,从2012年1月1日起,旅店业和饮食业纳税人销售非现场消费的食品应当缴纳增值税,不缴纳营业税。

第二节 营业税应纳税额的计算和缴纳

一、营业税的计算要素

(一) 税率

营业税税率是指按照征税对象的数额计算征收营业税的法定比例。营业税设置分档比例的税率,大部分的税率为5%,交通运输业、建筑业、邮电通信业、文化体育业的税率为3%,娱乐业规定5%至20%的幅度税率。纳税人兼有不同税目应税行为的,应当分别核算不同税目的营业额、转让额、销售额;不能分别核算的,从高适用税率纳税。

营业税税目税率见表6-1。

表 6-1　营业税现行税目税率表

序号	税目	征收范围	税率
一	交通运输业	陆路运输、水路运输、航空运输、管道运输、装卸搬运	3%
二	建筑业	建筑、安装、修缮、装饰及其他工程作业	3%
三	金融保险业	金融业、保险业	5%
四	邮电通信业	邮政业、电信业	3%
五	文化体育业	文化业、体育业	3%
六	娱乐业	歌厅、舞厅、卡拉OK歌舞厅（包括夜总会、练歌房）、音乐茶座（包括酒吧）、台（桌）球、高尔夫球、保龄球、游艺（如射击、狩猎、跑马、游戏机、蹦极、卡丁车、热气球、动力伞、射箭、飞镖等）、网吧	5%~20%
七	服务业	代理业、旅店业、饮食业、旅游业、仓储业、租赁业、广告业及其他服务业	5%
八	转让无形资产	转让土地使用权、专利权、非专利技术、商标权、著作权、商誉	5%
九	销售不动产	销售建筑物及其他土地附着物	5%

注：江苏省规定，从 2010 年 1 月 1 日起，高尔夫球适用 10% 税率，其他娱乐项目适用 5% 税率。

（二）计税依据

营业税的计税依据是据以计算营业税应纳税额的法定基数，是指纳税人提供应税劳务、转让无形资产或者销售不动产，向对方收取的全部价款和价外费用（《营业税暂行条例》有特殊规定的除外）。价外费用包括收取的手续费、补贴、基金、集资费、返还利润、奖励费、违约金、滞纳金、延期付款利息、赔偿金、代收款项、代垫款项、罚息及其他各种性质的价外收费。凡价外费用，无论会计如何核算，均应并入营业额计征应纳税额。

纳税人提供应税劳务、转让无形资产或销售不动产价格明显偏低而无正当理由的，按下列顺序确定其营业额：(1) 按纳税人最近时期发生同类应税行为的平均价格核定；(2) 按其他纳税人最近时期发生同类应税行为的平均价格核定；(3) 按下列公式核定：营业额＝营业成本或者工程成本×(1＋成本利润率)÷(1－营业税税率)，其中成本利润率由省、自治区、直辖市税务局确定。

就一般经营业务而言，作为营业税计税依据的营业额就是纳税人向对方收取的全部价款和价外费用。此外，单位和个人提供营业税应税劳务、转让无形资产和销售不动产时，若将价款与折扣额在同一张发票上注明的，则以折扣后的价款为营业额；若将折扣额另开发票的，不论其在财务上如何处理，则均不得从营业额中扣除。由于经营业务有不同的特点，因而对某些特殊行业或经营业务，需要专门规定其计税营业额的构成。这些规定包括：

1. 交通运输业

运输企业从事联运业务的营业额为其实际取得的收入,即联运收入减去联运支出;运输企业自境内运输旅客或者货物出境,在境外改由其他运输企业承运乘客或者货物的,以全程运费减去付给该承运企业的运费后的余额为营业额,但对中华人民共和国境内单位或者个人提供的国际运输劳务,自2010年1月1日起,免征营业税;运输企业将承揽的运输业务分给其他单位或者个人并由其统一收取价款的,以其收取的全部收入减去支付给其他单位或者个人的运费后的余额为营业额。

2. 建筑业

税法规定,建筑业营业税的营业额为承包建筑、修缮、安装、装饰和其他工程作业取得的营业收入额,建筑安装企业向建设单位收取的工程价款(即工程造价)及工程价款之外收取的各种费用。纳税人从事建筑劳务(不含装饰劳务)的,其营业额应当包括工程所用原材料、设备及其他物资和动力的价款在内,但不包括建设方提供设备的价款。

建筑业的总承包人将工程分包给其他单位的,以其取得的全部价款和价外费用扣除其支付给其他单位的分包款后的余额为营业额。对于分包人销售自产货物同时提供建筑业劳务的,须向建筑业劳务发生地主管地方税务机关提供其机构所在地主管国家税务机关出具的属于从事货物生产的单位或个人的证明,总承包人以扣除分包建筑业应税劳务及增值税应税劳务后的余额为营业额。

3. 金融保险业

(1) 从事金融保险业务所取得的营业收入,包括利息收入、保费收入、融资租赁收入、金融商品转让收入、金融经纪人手续费收入以及从事银行结算、票据贴现等其他金融业务所得的收入。一般贷款业务的营业额为贷款利息收入;对人民银行向金融机构的贷款业务不征收营业税,但对人民银行向企业贷款或委托金融机构贷款的业务所取得的利息收入应当征收营业税。

(2) 金融机构从事外汇、有价证券、非货物期货买卖业务的,以卖出价减去买入价后的余额为营业额,计算缴纳营业税;对从事货物期货买卖业务的不征收营业税,而应征收增值税。对于转让金融商品业务在确定营业额时,将其分为股票、债券、外汇和其他金融商品交易4大类,每类金融商品买卖中发生的正负差,可在一个会计年度内相抵,但不属于同一类的金融商品的正负差,以及不属于同一个会计年度的正负差不得相抵。

(3) 金融企业从事受托收款业务,如代收电话费、水电煤气费、信息费、学杂费、寻呼费、社保统筹费、交通违章罚款、税款等,以全部收入减去支付给委托方价款后的余额为营业额。

(4) 融资租赁是一种特殊形式的贷款业务,经中国人民银行、外经贸部(现商务部)和国家经贸委批准经营融资租赁业务的单位,以其向承租者收取的全部价款和价外费用(包括残值)减去出租方承担的出租货物的实际成本后的余额,以直线法折算出本期的营业额。计算方法为：

本期营业额=(应收取的全部价款和价外费用-实际成本)×(本期天数÷总天数)

实际成本=货物购入原价+关税+增值税+消费税+运杂费+安装费+保险费+支付的贷款利息(包括外汇借款和人民币借款利息)

(5)保险业,原则上也是按收入的全额为营业额征收营业税的,但对于以储金方式(即以被保险人所交保险资金的利息收入作为保费收入,保险期满后将保险资金的本金返还被保险人)开展的保险业务,其营业额为纳税人在纳税期内的储金平均余额乘以中国人民银行公布的一年期存款的月利率；保险企业开展无赔款奖励业务,以向投保人实际收取的保费为营业额,不得扣除无赔款奖励支出；分保业务以初保人收取的保费收入全额作为营业额；境内的保险人将其承保的以境内标的物为保险标的的保险业务向境外再保险人办理分保的,以全部保费收入减去分保保费后的余额为营业额。

4. 邮电通信业

(1)邮政电信单位与其他单位合作,共同为用户提供邮政电信业务及其他服务并由邮政电信单位统一收取价款的,以全部收入减去支付给合作方价款后的余额为营业额。

(2)邮政企业举办的邮政储蓄业务,其利差收入,即从人民银行取得的利息收入减去付给储户的利息支出的余额为营业额。

(3)中国移动通信集团公司通过手机短信公益特服号"88588"为中国儿童少年基金会接受捐款业务,以全部收入减去支付给中国儿童少年基金会的价款后的余额为营业额。

5. 文化体育业

文化体育业的营业额为单位或个人进行演出收取的全部价款和价外费用。原《营业税暂行条例实施细则》第二十二条规定："单位或个人进行演出,以全部票价收入或者包场收入减去付给提供演出场所的单位、演出公司或者经纪人的费用后的余额为营业额。"该条款目前已废止。

6. 娱乐业

娱乐业的营业额为经营娱乐业收取的全部价款和价外费用,包括门票收费、台位费、点歌费、烟酒、饮料、茶水、鲜花、小吃等收费及经营娱乐业的其他各项收费。

7. 服务业

(1)旅游企业组团到境外或境内旅游,无论在境外或境内改由其他旅游企业接团,应以全部收费减去代旅游者付给其他单位的食宿、交通和门票等费用,以及付给该接团企业的旅游费后的余额为营业税。

(2)从事广告代理业务的,以其全部收入减去支付给其他广告公司或广告发布者

(包括媒体、载体)的广告发布费后的余额为营业额。

(3)物业管理单位，向业主收取服务费用，其中包含替有关单位代收代缴水费、电费、燃(煤)气费以及房租等公众代办性质的费用，若是统一收取，统一支付给收费单位的，则应以当期向业主收取的实际费用扣除实际支付给收费单位费用后的余额为营业额，按代理服务业计税。

(4)劳务公司接受用工单位的委托，为其安排劳动力，凡用工单位将其应支付给劳动力的工资和为劳动力上交的社会保险(包括养老保险金、医疗保险、失业保险、工伤保险等，下同)以及住房公积金统一交给劳务公司代为发放或办理的，以劳务公司从用工单位收取的全部价款减去代收转付给劳动力的工资和为劳动力办理社会保险及住房公积金后的余额为营业额。

(5)纳税人从事无船承运业务，以其向委托人收取的全部价款和价外费用扣除其支付的海运费及报关、港杂、装卸费用后的余额为计税营业额申报缴纳营业税；纳税人从事无船承运业务，应按照其从事无船承运业务取得的全部价款和价外费用向委托人开具发票，同时应凭其取得的开具给本纳税人的发票或其他合法有效凭证作为差额缴纳营业税的扣除凭证。

8. 销售不动产

个人将购买不足5年的住房对外销售的，全额征收营业税；个人将购买超过5年(含5年)的非普通住房对外销售的，按照其销售收入减去购买房屋的价款后的差额征收营业税；个人将购买超过5年(含5年)的普通住房对外销售的，免征营业税。

单位和个人销售其购置的不动产，以全部收入减去不动产购置原价后的余额为营业额。

单位和个人销售抵债所得的不动产，以全部收入减去抵债时该项不动产作价后的余额为营业额。

9. 转让无形资产

单位和个人转让土地使用权，以全部收入减去土地使用权受让原价后的余额为营业额。

单位和个人转让抵债所得的土地使用权，以全部收入减去抵债时该土地使用权作价后的余额为营业额。

二、营业税计算举例

营业税的计算方法比较简单，应纳营业税额的计算公式是：

应纳税额＝营业额×税率

应纳税额以人民币计算。《营业税暂行条例实施细则》第二十一条规定：纳税人以人民币以外的货币结算营业额的，其营业额的人民币折合率可以选择营业额发生的当天或者当月1日的人民币汇率中间价。纳税人应当在事先确定采用何种折合率，确定后 1 年内不得变更。

下面举例说明：

[例1] 个体户王某在商场大厅租赁摊位和桌椅供顾客现场消费，以 1 台雪泥机制作冷饮、1 台果汁机榨制鲜果汁为顾客提供服务。其 2×12 年 1—12 月共取得营业额 6 万元。

要求：说明王某应纳增值税还是营业税的理由，并计算其应纳税额。

因王某既销售饮品又属现场消费，故征收营业税，不征增值税。

王某 2×12 年度应纳营业税＝60 000×5％＝3 000(元)

[例2] A 建筑企业总承包一项工程，承包合同记载总承包金额为 600 万元，又将总承包额的 200 万元分包给 B 企业(具备建筑资质)，分包合同中 80 万元为建筑劳务费，120 万元为 B 企业自产货物，并能提供主管国家税务机关出具的属于从事货物生产的单位的证明。

要求：分别计算 A 企业和 B 企业营业税应纳税额。

(1) A 企业作为总承包人将工程分包给 B 企业，以其取得的全部价款和价外费用扣除其支付给 B 企业的分包款后的余额为营业额，同时 B 企业能够提供主管国家税务机关出具的属于从事货物生产的单位的证明，因此 B 企业的自产货物部分也可以从 A 企业的总承包金额中扣除，A 企业营业税应纳税额为：(600－200)×3％＝12(万元)。

(2) B 企业提供的劳务中，120 万元为增值税应税劳务，应缴纳增值税，无须缴纳营业税；80 万元为建筑业劳务，应缴纳营业税：80×3％＝2.4(万元)。

[例3] 东吴财务咨询公司于 2×12 年 12 月 1 日开张，主要从事财务、税务咨询及财税培训等业务。2×12 年 12 月份发生业务如下：

(1) 取得咨询服务收入 150 000 元。

(2) 独立举办财税培训班一期，取得收入 160 000 元，其中包含培训资料收入 50 000 元。

(3) 与某会计师事务所合作共同举办财税培训班。协议规定，对其培训费收入总额扣除办班所耗成本(广告费、资料费、会场费、讲课费、餐费、税金等)后双方五五分成。发票由会计师事务所统一开具。收入总额 230 000 元，扣除各项成本 180 000 元后，财务公司分得收入 25 000 元。

要求：计算本月应纳营业税额。

(1) 咨询费收入应纳营业税＝150 000×5％＝7 500(元)。

(2) 财务公司向学员收取培训收入中既包括提供培训劳务收入，也包括培训资料的销售收入，属于营业税业务的混合销售行为，应按规定缴纳营业税，不征增值税。同时，对文化培训应按"文化体育业"而不能按"服务业"税目征税，其适用税率为 3％。

培训费收入应纳营业税＝160 000×3％＝4 800(元)

(3) 财务公司取得的已纳税的培训费分成收入不再缴纳营业税。

财务公司应纳营业税合计 = 7 500 + 4 800 = 12 300(元)

[例 4] 某境内运输公司某月运营售票收入总额为 300 万元,从中支付境内联运业务的金额为 100 万元,能够提供合法有效凭证。

要求:计算该运输公司应缴纳的营业税税额。

运输企业从事境内联运业务的营业额为其实际取得的收入,即联运收入减去联运支出。

该运输公司应纳营业税 = (售票收入总额 − 联运业务支出) × 3%
$$= (300 − 100) × 3\% = 6(万元)$$

三、营业税的缴纳

(一) 纳税时间

营业税纳税义务发生时间为纳税人收讫营业收入款项或者取得索取营业收入款项凭据的当天。所称"收讫营业收入款项",是指纳税人应税行为发生过程中或者完成后收取的款项,而"取得索取营业收入款项凭据的当天",为书面合同确定的付款日期的当天;未签订书面合同或者书面合同未确定付款日期的,为应税行为完成的当天。具体纳税时间:

(1) 纳税人转让土地使用权或者销售不动产,采取预收款方式的,其纳税义务发生时间为收到预收款的当天。

(2) 纳税人提供建筑业或者租赁业劳务,采取预收款方式的,其纳税义务发生时间为收到预收款的当天。

(3) 纳税人将不动产或者土地使用权无偿赠送其他单位或者个人的,其纳税义务发生时间为不动产所有权、土地使用权转移的当天。

(4) 纳税人发生自建行为的,其纳税义务发生时间为销售自建建筑物的纳税义务发生时间。

纳税人应当向应税劳务发生地、土地或者不动产所在地的主管税务机关申报纳税,而自应当申报纳税之月起超过 6 个月没有申报纳税的,由其机构所在地或者居住地的主管税务机关补征税款。

(二) 纳税期限

营业税的纳税期限分别为 5 日、10 日、15 日、1 个月或者 1 个季度。纳税人的具体纳税期限,由主管税务机关根据纳税人应纳税额的大小分别核定;不能按照固定期限纳税的,可以按次纳税。纳税人以 1 个月或者 1 个季度为一个纳税期的,自期满之日起 15 日内申报纳税;以 5 日、10 日或者 15 日为一个纳税期的,自期满之日起 5 日内预缴税款,于次月 1 日起 15 日内申报纳税并结清上月应纳税款。

扣缴义务人解缴税款的期限,依照以上规定执行。

银行、财务公司、信托投资公司、信用社、外国企业常驻代表机构的纳税期限为1个季度。保险业的纳税期限为1个月。

（三）纳税地点

营业税纳税人应根据不同的应税行为来确定其营业税申报纳税地点，具体为：

（1）纳税人提供应税劳务应当向其机构所在地或者居住地的主管税务机关申报纳税。但是，纳税人提供的建筑业劳务以及国务院财政、税务主管部门规定的其他应税劳务，应当向应税劳务发生地的主管税务机关申报纳税。

（2）纳税人转让无形资产应当向其机构所在地或者居住地的主管税务机关申报纳税。但是，纳税人转让、出租土地使用权，应当向土地所在地的主管税务机关申报纳税。

（3）纳税人销售、出租不动产应当向不动产所在地的主管税务机关申报纳税。

扣缴义务人应当向其机构所在地或者居住地的主管税务机关申报缴纳其扣缴的税款。

四、营业税的减免和起征点

（一）减税免税

根据《营业税暂行条例》及其《细则》和有关文件规定，对下列项目免征营业税：

（1）托儿所、幼儿园、养老院、残疾人福利机构提供的育养服务，婚姻介绍，殡葬服务，免征营业税。

（2）残疾人员个人提供的劳务，免征营业税。

（3）医院、诊所和其他医疗机构提供的医疗服务，免征营业税。

（4）学校和其他教育机构提供的教育劳务，学生勤工俭学提供的劳务，免征营业税。

（5）农业机耕、排灌、病虫害防治、植物保护、农牧保险以及相关技术培训业务，家禽、牲畜、水生动物的配种和疾病防治，免征营业税。

（6）纪念馆、博物馆、文化馆、文物保护单位管理机构、美术馆、展览馆、书画院、图书馆举办文化活动的门票收入，宗教场所举办文化、宗教活动的门票收入，免征营业税。

（7）境内保险机构为出口货物提供的保险产品，免征营业税。

（8）对保险公司开展的1年期以上返回性人身保险业务的保费收入，免征营业税。

（9）个人转让著作权，免征营业税。

（10）将土地使用权转让给农业生产者用于农业生产，免征营业税。

（11）单位和个人（包括外商投资企业、外商投资设立的研究开发中心、外国企业和外籍个人）从事技术转让、技术开发业务和与之相关的技术咨询、技术服务业务取得的收入，免征营业税。

（12）从2011年1月1日至2013年12月31日，对商贸企业、服务型企业（除广告业、房屋中介、典当、桑拿、按摩、氧吧外）、劳动就业服务企业中的加工型企业和街道社区具有加工性质的小型企业实体,在新增加的岗位中,当年新招用持《就业失业登记证》(注明"企业吸纳税收政策")人员,与其签订1年以上期限劳动合同并依法缴纳社会保险费的,在3年内按实际招用人数予以定额依次扣减营业税、城市维护建设税、教育费附加和企业所得税优惠。定额标准为每人每年4 000元,可上下浮动20%,由各省、自治区、直辖市人民政府根据本地区实际情况在此幅度内确定具体定额标准,并报财政部和国家税务总局备案。

从2011年1月1日至2013年12月31日,对持《就业失业登记证》(注明"自主创业税收政策"或附《高校毕业生自主创业证》)人员从事个体经营(除建筑业、娱乐业以及销售不动产、转让土地使用权、广告业、房屋中介、桑拿、按摩、网吧、氧吧外)的,在3年内按每户每年8 000元为限额依次扣减其当年实际应缴纳的营业税、城市维护建设税、教育费附加和个人所得税。纳税人年度应缴纳税款小于上述扣减限额的,以其实际缴纳的税款为限;大于上述扣减限额的,应以上述扣减限额为限。

(13) 对中国境外单位或个人在境外向境内单位或者个人提供的服务业中的旅店业、饮食业、仓储业,以及其他服务业中的沐浴、理发、洗染、裱画、誊写、镌刻、复印、打包劳务,不征收营业税。

(14) 自2010年1月1日起,个人将购买超过5年(含5年)的普通住房对外销售的,免征营业税。

个人无偿赠与不动产、土地使用权,属于下列情形之一的,暂免征收营业税:① 离婚财产分割;② 无偿赠与配偶、父母、子女、祖父母、外祖父母、孙子女、外孙子女、兄弟姐妹;③ 无偿赠与对其承担直接抚养或者赡养义务的抚养人或者赡养人;④ 房屋产权所有人死亡,依法取得房屋产权的法定继承人、遗嘱继承人或者受遗赠人。

(15) 对1998年以后年度专项国债转贷取得利息收入,免征营业税。

(16) 对金融机构的出纳长款收入,不征收营业税。

(17) 对人民银行提供给地方商业银行,由地方商业银行转贷给地方政府用于清偿农村合作基金债务的专项贷款利息收入,免征营业税。

(18) 对中国邮政集团公司及其所属邮政企业为中国邮政储蓄银行及其所属分行、支行代办金融业务取得的代理金融业务收入,自2011年1月1日至2012年12月31日免征营业税。

营业税的免税、减税项目由国务院规定,任何地区、部门均不得规定免税、减税项目。

(二) 起征点

纳税人营业额未达到财政部规定的营业税起征点的,免征营业税。自2011年11月1日起,营业税起征点的幅度规定为:

(1) 按期纳税的,为月营业额5 000~20 000元;

(2) 按次纳税的,为每次(日)营业额 300～500 元。

具体起征点,由省级税务机关在上述规定幅度内,根据实际情况确定,并报国家税务总局备案。

需要指出的是,营业税的起征点的适用范围仅限于个人。起征点不同于免征额,纳税人营业额达到起征点的,应按营业额全部计算应纳税额。

第三节　营业税的税务会计处理

一、营业税的核算科目及一般核算模型

(一)营业税的核算科目

企业营业税的核算需要专门设置"应交税费——应交营业税"科目。该科目用来核算企业营业税的交纳情况,其贷方登记企业按规定计算的应交营业税、应代扣代交营业税及收到退回营业税;其借方登记企业实际交纳营业税、补交营业税及结转退回营业税;期末贷方余额为应交未交营业税,期末借方余额为多交营业税。

营业税和消费税、城市维护建设税、资源税、土地增值税及教育费附加等相关税费一样都是价内税,势必会涉及"营业税金及附加"、"其他业务成本"等科目。

(二)营业税核算的一般模型

营业税的税务会计处理主要包括营业税应交税费的计算、代扣税金的计算和应交税费的缴纳等,具体包括:

(1) 企业取得主营业务收入应交营业税:

借:营业税金及附加
　　贷:应交税费——应交营业税

(2) 企业按规定代扣营业税:

借:应付账款
　　贷:应交税费——应交营业税

(3) 企业销售不动产,按销售额计算应交营业税:

借:固定资产清理
　　贷:应交税费——应交营业税

(4) 企业取得其他业务收入应交营业税:

借:其他业务成本
　　贷:应交税费——应交营业税

(5) 企业上交营业税:

借:应交税费——应交营业税

贷:银行存款

二、金融保险企业应缴营业税的税务会计处理

(一) 金融企业应缴营业税

金融企业的营业税,通过"营业税金及附加"科目进行核算。该科目借方登记应由企业营业收入负担的营业税金及附加,贷方登记期末结转"本年利润"科目的数额。

[例5]　金光银行4月份获得营业收入情况如下:办理金融业务的手续费收入5.83万元,将吸收的单位和个人存款或者自有资金发放的贷款利息收入128万元,金融经纪业务(如代理发行企业债券等)收入24.38万元。试计算、交纳本月应交营业税,并作有关分录。

应交营业税额=(58 300+128 0000+243 800)×5%=79 105(元)

(1) 计算应交营业税时:

借:营业税金及附加　　　　　　　　　　　　　　　　　79 105
　　贷:应交税费——应交营业税　　　　　　　　　　　　　79 105

(2) 上交营业税时:

借:应交税费——应交营业税　　　　　　　　　　　　　79 105
　　贷:银行存款　　　　　　　　　　　　　　　　　　　79 105

[例6]　信托投资公司6月份从人民银行获得贷款500万,借入月息12‰,计6万元,贷出月息14‰,计7万元;此外,该公司从证券市场买入债券40万元,卖出价43.5万元。试计算、交纳本月应交营业税,并作有关分录。

应交营业税额=[700 00+(435 000—400 000)]×5%=5 250(元)

(1) 计算应交营业税时:

借:营业税金及附加　　　　　　　　　　　　　　　　　5 250
　　贷:应交税费——应交营业税　　　　　　　　　　　　　5 250

(2) 上交营业税时:

借:应交税费——应交营业税　　　　　　　　　　　　　5 250
　　贷:银行存款　　　　　　　　　　　　　　　　　　　5 250

(二) 保险企业应缴营业税

[例7]　东方保险公司6月份实际收到应征税险种的保险费42万元,其中2万元系实行分保业务收入,发生分保费支出5 000元,支付无赔偿奖励3万元。试计算本月应交营业税,并作有关分录。

应交营业税额=420 000×5%=21 000(元)

(1) 计算应交营业税时:

借:营业税金及附加　　　　　　　　　　　　　　　　　21 000
　　贷:应交税费——应交营业税　　　　　　　　　　　　　21 000

(2) 上交营业税时：

借：应交税费——应交营业税　　　　　　　　　　　　21 000
　　贷：银行存款　　　　　　　　　　　　　　　　　　　　21 000

三、旅游饮服企业、邮电通信企业应交营业税的税务会计处理

(一) 旅游饮服企业应交营业税

旅游饮服企业包括旅行社、饭店(宾馆、酒店)、度假村、游乐场、歌舞厅、餐馆、酒楼、旅店、仓储、代理、租赁、广告、理发、浴池、照相、洗染、修理、咨询等各类服务企业。这类企业主要涉及营业税的两个税目，即娱乐业税目和服务业税目。旅游饮服企业类型的多种多样，决定了其营业额的具体内容也有所不同。例如，饭店、宾馆、旅店的营业收入包括客房收入、餐饮收入、商品部收入、车队收入、其他收入等，旅行社的营业收入包括综合服务收入、组团外联收入、零星服务收入、劳务收入、票务收入、旅游及加项收入、其他收入等，酒楼、餐馆等饮食服务企业的营业收入，包括餐费收入、冷热饮收入、服务收入等。

[例8]　姑苏国际旅行社10月份境内旅游收入为人民币58.7万元，美元25.3万元，其中付给其他单位食、宿、门票等费用为人民币23.46万元；境外旅游收入人民币78.64万元，其中支付境外接团旅行社美元4.2万元。当月1日银行外汇汇率为1∶6.47。试计算本月应交营业税，并作有关分录。

应交营业税 = [(587 000 + 253 000 × 6.47 − 234 600) + (786 400 − 42 000 × 6.47)]
　　　　　　× 5%
　　　　　= (1 989 310 + 514 660) × 5% = 125 198.50(元)

(1) 计算应交营业税时：

借：营业税金及附加　　　　　　　　　　　　　　　　125 198.50
　　贷：应交税费——应交营业税　　　　　　　　　　　125 198.50

(2) 上交营业税时：

借：应交税费——应交营业税　　　　　　　　　　　　125 198.50
　　贷：银行存款　　　　　　　　　　　　　　　　　　125 198.50

[例9]　太湖大酒店本月主营业务收入73.43万元，另为顾客提供高尔夫球服务收费2.352万元。试计算本月应交营业税，并作有关分录。

饭店主营业务收入应交营业税 = 73.43 × 5% = 3.671 5(万元)

高尔夫球服务收入应交营业税 = 2.352 × 10% = 0.235 2(万元)

应交纳营业税合计 = 3.671 5 + 0.235 2 = 3.906 7(万元)

(1) 计算应交营业税时：

借：营业税金及附加　　　　　　　　　　　　　　　　　36 715
　　其他业务成本　　　　　　　　　　　　　　　　　　 2 352

贷：应交税费——应交营业税　　　　　　　　　　　　　　　　　　39 067
　（2）上交营业税时：
　　借：应交税费——应交营业税　　　　　　　　　　　　　　　　　39 067
　　　贷：银行存款　　　　　　　　　　　　　　　　　　　　　　　　39 067

（二）邮电通信企业应缴营业税

邮电通信企业营业收入包括函件、包件、汇费、集邮收入、邮务物品销售收入、发行报刊收入、电报、电传、电话收入、电话安装收入、电信物品销售收入及邮政储蓄收入等。

[**例10**]　快达电信公司6月份取得电报、电传、电话等业务收入320万元，邮政储蓄收入180万元，报刊发行收入108万元。试计算本月应交营业税，并作有关分录。

　（1）计算应交营业税时：

应交营业税额＝(3 200 000＋1 800 000＋1 080 000)×3％＝182 400(元)

　　借：营业税金及附加　　　　　　　　　　　　　　　　　　　　　182 400
　　　贷：应交税费——应交营业税　　　　　　　　　　　　　　　　　182 400
　（2）上交营业税时：
　　借：应交税费——应交营业税　　　　　　　　　　　　　　　　　182 400
　　　贷：银行存款　　　　　　　　　　　　　　　　　　　　　　　　182 400

四、文化体育业和娱乐业应缴营业税的税务会计处理

（一）文化体育业应缴营业税

文化体育业是指经营文化活动的业务，包括表演、播映、其他文化业以及举办各种体育比赛和体育活动提供场所的业务，其营业额包括电影院、剧院、影剧院及其他放映、演出场所售票收入，举办体育比赛售票收入，公园、动(植)物园及其他游览场所门票收入等。

[**例11**]　光明影院本月放映门票收入28万元，出租场地收入2.4万元。试计算本月应交营业税，并作有关分录。

按税法规定，以租赁方式为文化活动、体育比赛提供场所的业务不按文化体育业纳税，而应按租赁业纳税。

应交纳营业税＝280 000×3％＋24 000×5％＝9 600(元)

　（1）计算应交营业税时：
　　借：营业税金及附加　　　　　　　　　　　　　　　　　　　　　　9 600
　　　贷：应交税费——应交营业税　　　　　　　　　　　　　　　　　　9 600
　（2）上交营业税时：
　　借：应交税费——应交营业税　　　　　　　　　　　　　　　　　　9 600
　　　贷：银行存款　　　　　　　　　　　　　　　　　　　　　　　　　9 600

[**例12**]　新苏滑稽剧团于3月4日至10日租赁剧院场所演出文艺节目，其票价

收入共计 200 万元,支付剧院场租费 5 万元,经纪人费用 15 万元。试计算本月应交营业税,并作有关分录。

按税法规定,单位和个人进行文艺演出,以全部票价收入或包场收入为营业额交纳营业税。

应交纳营业税 = 2 000 000 × 3% = 60 000(元)

(1) 计算应交纳营业税时:

借:营业税金及附加　　　　　　　　　　　　　　60 000
　　贷:应交税费——应交营业税　　　　　　　　　　　60 000

(2) 交纳营业税时:

借:应交税费——应交营业税　　　　　　　　　　60 000
　　贷:银行存款　　　　　　　　　　　　　　　　　　60 000

(二) 娱乐业应缴营业税

娱乐业是指为娱乐活动提供场所和服务的业务,其营业额包括歌厅、舞厅、卡拉 OK 歌舞厅、音乐茶座、台球、高尔夫球、保龄球、游艺场的门票收入、点歌收入、自唱收入、台位收入和烟酒饮料等收费。

[例 13] 菲菲歌舞厅本月份取得门票收入 8.2 万元,点歌费收入 4.4 万元,销售烟酒、饮料收入 38 万元。假设营业税税率 20%。试计算本月应交营业税,并作有关分录。

(1) 计算应交营业税时:

应交纳营业税 = (82 000 + 44 000 + 380 000) × 20% = 101 200(元)

借:营业税金及附加　　　　　　　　　　　　　　101 200
　　贷:应交税费——应交营业税　　　　　　　　　　101 200

(2) 交纳营业税时:

借:应交税费——应交营业税　　　　　　　　　　101 200
　　贷:银行存款　　　　　　　　　　　　　　　　　101 200

五、房地产开发企业和建筑施工企业应缴营业税的税务会计处理

(一) 房地产开发企业应缴营业税

房地产开发企业是指经营房地产买卖业务的企业。房地产开发企业的房地产开发、销售产品以及提供劳务而取得的经营收入应按《营业税暂行条例》规定交纳营业税。房地产开发企业经营收入,包括商品房销售收入、出租房租金收入、代建工程收入、土地转让收入等。

房地产开发企业自建自售建筑物时,其自建行为按建筑业 3% 税率计算营业税,出售建筑物按 5% 的税率("销售不动产"税目)计算营业税。

房地产开发企业以经营房地产为其主要业务,其税款缴纳办法可以采用按上月实

缴额预缴,月初结清上月税款的办法。

纳税人转让土地使用权或者销售不动产,采取预收款方式的,其纳税义务发生时间为收到预收款的当天。如果要求对预收账款缴纳营业税,那么税金与收入就无法实现配比原则。

对转让土地使用权或销售不动产取得预收款计征营业税的账务处理一般有两种做法:

(1) 在实际缴纳时,借记"应交税费——应交营业税"科目,贷记"银行存款"科目。根据配比原则,对这部分税款暂不结转,留待营业收入确认时,再结转"营业税金及附加"科目。这种方法虽然操作性强,但是存在弊端,即资产负债表上反映的应交税费是一个负数,造成企业多缴了营业税的假象。

(2) 增设"待摊税金及附加"科目,在收到预收账款时,按照应纳的各项税费,借记"待摊税金及附加"科目,贷记"应交税费——应交营业税"等科目,实际缴纳时,借记"应交税费——应交营业税"等科目,贷记"银行存款"科目。当会计上确认营业收入时,按照营业收入应纳的各项税费,借记"营业税金及附加"科目,贷记"待摊税金及附加",按其差额,贷记"应交税费——应交营业税"等科目。

显然,第二种方法不仅具有可操作性,而且可以弥补第一种方法的不足。

[例14] 光大房地产公司本月竣工住宅楼一栋,建造成本320万元,出售商品房2 000平方米,商品房价款共700万元,其中200万元已于上年度预收。假定建筑施工成本利润率为15%。试计算本月应交营业税,并作有关分录。

建筑业应纳税所得额=营业成本或者工程成本×(1+成本利润率)÷(1-营业税税率)

$$=3\,200\,000\times(1+15\%)\div(1-3\%)=3\,793\,814.43(元)$$

应交建筑业营业税额=3 793 814.43×3%=113 814.43(元)

应交售房营业税额=(7 000 000-2 000 000)×5%=250 000(元)

应交纳营业税合计=113 814.43+250 000=363 814.43(元)

(1) 计算应交营业税时:

借:营业税金及附加　　　　　　　　　　　　　　　363 814.43
　　贷:应交税费——应交营业税　　　　　　　　　363 814.43

(2) 交纳营业税时:

借:应交税费——应交营业税　　　　　　　　　　363 814.43
　　贷:银行存款　　　　　　　　　　　　　　　　363 814.43

[例15] 博大房地产公司8月份商品房销售收入1 100 000元,配套设施销售收入260 000元,代建工程结算收入200 000元,租金收入140 000元。上月营业税税款为48 000元,纳税期限为10天。试计算本月应交营业税,并作有关分录。

(1) 平时每期预缴税款时：
借：应交税费——应交营业税　　　　　　　　　　　　16 000
　　贷：银行存款　　　　　　　　　　　　　　　　　　　　　　16 000
(2) 月末计算营业税款时：
① 商品房销售、配套设施销售，因属"销售不动产"，故应按5％的税率计算：
应纳营业税额＝(1 100 000＋260 000)×5％＝68 000(元)
② 代建工程结算收入，因属"建筑业"，故应按3％的税率计算：
应纳营业税额＝200 000×3％＝6 000(元)
③ 出租产品收入，因属"服务业"，故应按5％的税率计算：
应纳营业税额＝140 000×5％＝7 000(元)
④ 本月应纳营业税额合计＝68 000＋6 000＋7 000＝81 000(元)
借：营业税金及附加　　　　　　　　　　　　　　　　81 000
　　贷：应交税费——应交营业税　　　　　　　　　　　　　　81 000
(3) 交纳营业税时：
应补缴税款＝81 000－48 000＝33 000(元)
借：应交税费——应交营业税　　　　　　　　　　　　33 000
　　贷：银行存款　　　　　　　　　　　　　　　　　　　　　　33 000

[例16] 新兴房地产开发公司经国家土地管理部门批准，以1 200万元取得20亩土地的土地使用权60年，经开发后将其中10亩以800万元的价格转让给一工厂。试计算本月应交营业税，并作有关分录。

应交纳营业税＝8 000 000×5％＝400 000(元)
(1) 计算应交营业税时：
借：营业税金及附加　　　　　　　　　　　　　　　　400 000
　　贷：应交税费——应交营业税　　　　　　　　　　　　　　400 000
(2) 交纳营业税时：
借：应交税费——应交营业税　　　　　　　　　　　　400 000
　　贷：银行存款　　　　　　　　　　　　　　　　　　　　　　400 000

[例17] 四方房地产开发公司预售商品房一批，收到预收房款600万元(按总售价1 000万元的60％一次性收取)。余款在交付商品房时再结算。试计算本月应交营业税，并作有关分录。

第一种方法：
(1) 收到预收款时：
借：银行存款　　　　　　　　　　　　　　　　　　　6 000 000
　　贷：预收账款　　　　　　　　　　　　　　　　　　　　　　6 000 000

(2) 按预收款上缴营业税时：

应交营业税＝6 000 000×5％＝300 000(元)

借：应交税费——应交营业税	300 000
贷：银行存款	300 000

(3) 交付商品房后销售收入实现时：

借：应收账款	10 000 000
贷：主营业务收入	10 000 000

(4) 计提应交营业税时：

应交税费＝10 000 000×5％＝500 000(元)

借：营业税金及附加	500 000
贷：应交税费——应交营业税	500 000

(5) 结转预收账款时：

借：预收账款	6 000 000
贷：应收账款	6 000 000

(6) 清缴营业税时：

清缴营业税 500 000－300 000＝200 000(元)

借：应交税费——应交营业税	200 000
贷：银行存款	200 000

第二种方法：

(1) 收到预收款时：

借：银行存款	6 000 000
贷：预收账款	6 000 000

(2) 按预收款计算应交营业税时：

应交营业税＝6 000 000×5％＝300 000(元)

借：待摊税金及附加	300 000
贷：应交税费——应交营业税	300 000

(3) 上缴营业税时：

借：应交税费——应交营业税	300 000
贷：银行存款	300 000

(4) 交付商品房后销售收入实现时：

借：应收账款	10 000 000
贷：主营业务收入	10 000 000

(5) 计提应交营业税时：

应交营业税额＝10 000 000×5％＝500 000(元)

借：营业税金及附加　　　　　　　　　　　　　　　500 000
　　贷：待摊税金及附加　　　　　　　　　　　　　　300 000
　　　　应交税费——应交营业税　　　　　　　　　 200 000
（6）结转预收账款时：
借：预收账款　　　　　　　　　　　　　　　　　6 000 000
　　贷：应收账款　　　　　　　　　　　　　　　　6 000 000
（7）清缴营业税时：
借：应交税费——应交营业税　　　　　　　　　　 200 000
　　贷：银行存款　　　　　　　　　　　　　　　　 200 000

（二）建筑施工企业应缴营业税

建筑施工企业是专门从事建筑安装工程的生产单位，其业务主要包括新建、改建、扩建各种建筑物和构筑物的工程作业（建筑）；对各种设备进行装配、安置工程作业（安装）；对建筑物、构筑物进行修补、加固、养护、改善，使之恢复原来的使用价值，或延长其使用期限的工程作业（修缮）；对建筑物、构筑物进行修饰，使之美观或具有特定用途的工程作业（装饰）；以及其他工程作业，如代办电信工程、水利工程、道路修建、疏浚、钻井、拆除建筑物、平整土地、爆破等工程作业。

建筑施工企业的主营业务收入包括因承包工程实现的工程价款结算收入，向发包单位收取的临时设施费、劳动保险费、施工机械迁移费以及向发包单位收取的各种索赔款等。按《营业税暂行条例实施细则》规定，纳税人提供建筑业劳务（不含装饰劳务）的，其营业额应当包括工程所用原材料、设备及其他物资和动力价款在内，但不包括建设方提供的设备的价款。即使由对方（甲方）提供材料，在工程结算收入中未包括材料成本，但计算时材料成本仍应包括在营业额中。

根据《营业税暂行条例》规定，纳税人将建筑工程分包给其他单位的，无须代扣代缴营业税。总承包人收到承包款项时，借记"银行存款"科目，以工程的全部承包额扣除应付给分包人或者转包人的价款后的余额为营业额，贷记"主营业务收入"科目，应付给分包人或转包人的价款，贷记"应付账款"科目，根据总承包金额扣除分包款后的余额计算应交营业税金，借记"营业税金及附加"科目，贷记"应交税费——应交营业税"科目。

[例18]　鲁班建筑公司承包一商业大楼，结算工程价款2 200万元（含工程所用原材料及其他物资和动力价款1 600万元）。试计算本月应交营业税，并作有关分录。

应交纳营业税＝2 200×3％＝66（万元）

（1）计算应交营业税时：
借：营业税金及附加　　　　　　　　　　　　　　　660 000
　　贷：应交税费——应交营业税　　　　　　　　　 660 000
（2）交纳营业税时：

借:应交税费——应交营业税　　　　　　　　　　　　　　　660 000
　　　贷:银行存款　　　　　　　　　　　　　　　　　　　　　660 000

[例19]　第一建筑工程公司承建市四中教学实验大楼工程。工程竣工,决算造价为175.322 909万元,其中水电安装工程分包给某水电安装队施工,分包款为18.3万元。试计算本月应交营业税,并作有关分录。

　　应交纳营业税=(1 753 229.09—183 000)×3%=47 106.87(元)

　　第一建筑工程公司无须为水电安装工程公司代扣代缴营业税,水电安装公司分包款由其自行缴纳营业税。

　　(1)工程竣工决算,收到工程价款或冲减预收款时:
　　借:银行存款(或预收账款)　　　　　　　　　　　　　　1 753 229.09
　　　贷:主营业务收入　　　　　　　　　　　　　　　　　　1 570 229.09
　　　　应付账款——应付分包单位款　　　　　　　　　　　　183 000.00
　　(2)计算工程结算收入应交营业税时:
　　借:营业税金及附加　　　　　　　　　　　　　　　　　　47 106.87
　　　贷:应交税费——应交营业税　　　　　　　　　　　　　47 106.87
　　(3)交纳营业税时:
　　借:应交税费——应交营业税　　　　　　　　　　　　　　47 106.87
　　　贷:银行存款　　　　　　　　　　　　　　　　　　　　47 106.87

[例20]　第二建筑工程公司5月份工程承包收入2 000 000元;其中支付给某工程队分包工程价款100 000元,对方(甲方)提供材料200 000元;另外,取得机械作业收入150 000元。试计算本月应交营业税,并作有关分录。

　　(1)计算公司应交营业税时:
　　应交纳主营收入营业税=(2 000 000—100 000+200 000)×3%=63 000(元)
　　应交纳其他收入营业税=150 000×3%=4 500(元)
　　借:营业税金及附加　　　　　　　　　　　　　　　　　　63 000
　　　　其他业务成本　　　　　　　　　　　　　　　　　　　4 500
　　　贷:应交税费——应交营业税　　　　　　　　　　　　　67 500
　　(2)交纳营业税时:
　　借:应交税费——应交营业税　　　　　　　　　　　　　　67 500
　　　贷:银行存款　　　　　　　　　　　　　　　　　　　　67 500

六、运输企业应交营业税的税务会计处理

　　交通运输企业是指以使用运输工具或人力、畜力将货物或旅客送达目的地,使其空间位置得到转移为业务的企业。按《营业税暂行条例》规定,从事陆路运输、水路运输、航空运输、管道运输、装卸搬运等与营运有关的各项劳务活动均属营业税的征税范围,计算应纳营业税。

(一) 公路运输企业应缴营业税

公路运输企业包括长途公路运输企业、城市公共汽(电)车企业、出租汽车企业等,按其服务或承运对象来分,可分为客运企业和货运企业两大类。其收入主要包括客运收入、货物收入、堆存收入、装卸收入等。运输企业在从事客货运输业务活动中取得的收入,在业务结束时以取得营运票据作为客货运输的业务凭证。营运票据包括客运票据、货运票据和其他票据。这些营运票据是企业核算营运收入和计算应交营业税的主要依据。

[例 21] 捷达汽车运输公司本月份客货运输收入为334.102 5万元,该收入内含手续费、公路建设基金等价外费用3.182万元。另有汽车租赁收入1.65万元,装卸搬运收入2.4万元。试计算本月应交营业税,并作有关分录。

按《营业税暂行条例》规定,运输企业向旅客和货主收取的全部价款和价外费用均应交纳营业税,所以客货运收入中内含的手续费、公路建设基金应交纳营业税,不得从中扣除;另外,汽车租赁收入不应按交通运输业税率交纳营业税,而应按租赁业5%的税率交纳营业税。

应交纳营业税=(3 341 025+24 000)×3‰+16 500×5%=101 775.75(元)

(1) 计算应交营业税时:

借:营业税金及附加　　　　　　　　　　　　101 775.75
　　贷:应交税费——应交营业税　　　　　　　　　　　101 775.75

(2) 交纳营业税时:

借:应交税费——应交营业税　　　　　　　　101 775.75
　　贷:银行存款　　　　　　　　　　　　　　　　　　101 775.75

(二) 铁路运输企业应缴营业税

从目前体制看,铁路运输分为中央铁路、合资铁路、地方铁路、独立核算的企业专用铁路和基建临管线。按《营业税暂行条例》规定,中央铁路运营业务的营业额应纳的营业税,由铁道部汇总集中向国家税务总局缴纳,合资铁路运营业务的营运收入应纳营业税由合资铁路公司缴纳,地方铁路和基建临管线运营收入应纳营业税由其管理机构交纳。

[例 22] 某地方铁路运输企业本月份发售旅客车票收入125万元,行李包裹运费收入18万元,货物运输收入24万元,向旅客收取的订票手续费、携带超重罚款等收入2万元。试计算本月应交营业税,并作有关分录。

应交营业税额=(1 250 000+180 000+240 000+20 000)×3%=50 700(元)

(1) 计算应交营业税时:

借:营业税金及附加　　　　　　　　　　　　50 700
　　贷:应交税费——应交营业税　　　　　　　　　　　50 700

(2) 交纳营业税时：

借：应交税费——应交营业税　　　　　　　　　　　　　　50 700
　　贷：银行存款　　　　　　　　　　　　　　　　　　　　　　　50 700

（三）水路运输企业应缴营业税

水路运输是指通过江、河、湖、川等天然、人工水道或海洋航道运送货物或旅客的运输业务。水路运输企业可分为船舶运输企业和港口企业。船舶运输企业又可分为内河运输企业、沿海运输企业和远洋运输企业。

水路运输企业的收入包括客运收入、货运收入、港口企业从事装卸堆存业务及港务管理收入；海洋运输企业，凡起运地在国外的，其收入不属于境内提供劳务，不纳营业税；对于自境内运输旅客或货物出境，在境外改由其他运输企业承运旅客或者货物的，以全程运费减去付给该承运企业的运费后的余额为营业额。

[例23]　某海洋运输公司承运 A 公司一批集装箱货物到美国，收取全部运费及其他附加费12万美元。该批集装箱运达美国港口后转交美国某公司转运至目的地，需支付运费1.4万美元。返回途中，受国外 B 公司委托从美国运回一批集装箱收取8万美元。假设人民币对美元的汇率为1:6.35。试计算本月应交营业税，并作有关分录。

(1) 按运输收入12万美元扣除支付给国外承运单位运费1.4万美元后的余额计算应交营业税。返回途中收取的运费免交营业税。

应交营业税＝(120 000－14 000)× 6.35×3‰＝20 193(元)

借：营业税金及附加　　　　　　　　　　　　　　　　　　20 193
　　贷：应交税费——应交营业税　　　　　　　　　　　　　　　20 193

(3) 交纳营业税时：

借：应交税费——应交营业税　　　　　　　　　　　　　　20 193
　　贷：银行存款　　　　　　　　　　　　　　　　　　　　　　　20 193

（四）航空运输企业应缴营业税

航空运输企业是指通过空中航线从事运送货物或旅客运输业务的企业以及为从事航空摄影、航空测量等专业工作提供飞行服务的通用航空企业和从事为飞机提供导航等劳务性地面服务业务的企业。航空运输企业营业收入包括从事航空运输客、货、邮和专包机运输业务收入，通用航空业务收入，地面服务收入及其他业务收入。国际航线在境内载运旅客、货物出境，按取得的运输收入（即扣除支付给承运单位的费用后的余额）计算交纳营业税。

中国国际航空股份有限公司（简称国航）与中国国际货运航空有限公司（简称货航）开展客运飞机腹舱联动业务时，国航以收到的腹舱收入为营业额；货航以其收到的货运收入扣除支付给国航的腹舱收入的余额为营业额，营业额扣除凭证为国航开具的"航空货运单"。

[例24] 某民航企业本月份取得运输收入1 580万元,其中以美元40万元(汇率1:6.32)支付境外承运航空企业运费;通用航空收入48万元,机场服务收入150万元,代理保险手续费收入6万元。试计算本月应交营业税,并作有关分录。

该企业运输收入应按扣除支付境外承运航空企业的运费后的余额和通用航空收入、地面服务收入交纳运输业3%的税率的营业税,而代理保险手续费收入应按代理业5%税率交纳营业税。

应交营业税额=[(15 800 000-400 000×6.32)+480 000+1 500 000]
　　　　　　　×3‰+60 000×5%=460 560(元)

(1) 计算本月应交营业税时:

借:营业税金及附加　　　　　　　　　　　　　　　460 560
　　贷:应交税费——应交营业税　　　　　　　　　　　　460 560

(2) 交纳营业税时:

借:应交税费——应交营业税　　　　　　　　　　　　460 560
　　贷:银行存款　　　　　　　　　　　　　　　　　　460 560

七、工商企业应缴营业税的税务会计处理

工业企业和商品流通企业其交纳流转税的主要税种是增值税,但它们在业务经营中同样会涉及应交营业税的应税劳务、转让无形资产和销售不动产等行为。工商企业交纳营业税的收入主要包括其他业务收入、代购代销收入和销售不动产、转让无形资产收入等。

(一) 工商企业运输及其他劳务收入应纳营业税

前面已指出,工商企业一项销售行为如果涉及增值税应税货物又涉及营业税应税劳务的,属混合销售行为。对此项混合销售行为,在纳税时应视做销售货物,交纳增值税;但对工商企业兼营运输、建筑、安装、装饰、代理、租赁等劳务,与货物销售并无直接联系,且能分别核算货物的销售额和运输等劳务收入的,则应按适用税率交纳营业税。工商企业取得上述收入时记入"其他业务收入"科目,计算应交营业税时,记入"其他业务成本"科目,月末转入"本年利润"科目。

[例25] 某工业企业附属不独立核算车队,既为本厂货物销售提供运输劳务,同时又承接外单位的货物运输业务,并分别核算其运输收入额。该车队本月份为本厂产品销售提供运输劳务而向购货单位收取运输费14.2万元,单独承接外单位委托提供运输服务收取运输费8.86万元。试计算本月应交营业税,并作有关分录。

该企业对于上述运输收入,前者应按《增值税暂行条例》规定与货物一起交纳增值税,后者则应按《营业税暂行条例》规定交纳营业税。

应交营业税额=88 600×3%=2 658(元)

(1) 提供运输劳务,取得劳务收入时:

借:银行存款		88 600
贷:其他业务收入		88 600

(2) 计算应交营业税时:

借:其他业务成本		2 658
贷:应交税费——应交营业税		2 658

(3) 交纳营业税时:

借:应交税费——应交营业税		2 658
贷:银行存款		2 658

(二) 工商企业代购代销收入应缴营业税

工商企业接受其他单位委托代理购买货物或代理销售货物,应向委托单位按代购或代销额进行结算并收取手续费,这种代购代销行为应按《营业税暂行条例》规定交纳营业税,税率为 5%;但如果商品流通企业将从事的代销业务视同自购自销的,则应按《增值税暂行条例》的规定交纳增值税。也就是说,只有以收取手续费形式的代购代销业务才是营业税的纳税项目。

[例26] 某商场接受电视机厂的委托代销电视机 100 台。代销合同规定,每台电视机成本为 800 元,零售价为 1 146.6 元,代销手续费按零售价的 4% 从货款中扣除。假设不考虑增值税及相关其他税费。试计算本月应交营业税,并作有关分录。

(1) 计算代销手续费时:

代销手续费 = 114 660 × 4% = 4 586.40(元)

借:应付账款——××电视机厂		4 586.40
贷:其他业务收入		4 586.40

(2) 计算应交营业税时:

应交营业税额 = 4 586.40 × 5% = 229.32(元)

借:其他业务成本		229.32
贷:应交税费——应交营业税		229.32

(6) 交纳营业税时:

借:应交税费——应交营业税		229.32
贷:银行存款		229.32

(三) 工商企业转让无形资产和销售不动产应缴营业税

工商企业转让土地使用权、专利权、非专利技术、商标权、著作权、商誉等无形资产时,通过"其他业务收入"科目核算,按其取得的收入计算应纳营业税时记入"其他业务成本"科目;销售建筑物以及其他土地附着物,则其收入及按其收入计算交纳的营业税应通过"固定资产清理"科目核算。

[例27] 某公司出售一项专利权给外单位,价款为 50 万元。该项专利权账面原

价 40 万元,累计摊销 10 万元。假设不考虑其他相关费用,试计算本月应交营业税,并作有关分录。

应交营业税额 = 500 000 × 5% = 25 000(元)

(1) 计算应交营业税时:

借:银行存款	500 000
累计摊销	100 000
贷:营业外收入——处置非流动资产收益	175 000
应交税费——应交营业税	25 000
无形资产	400 000

(2) 交纳营业税时:

借:应交税费——应交营业税	25 000
贷:银行存款	25 000

[例 28] 某工厂将临街一座大楼出售给某商业企业作商业用房,取得价款 240 万元,已存入银行。该大楼原价 200 万元,已累计提取折旧 36 万元。假设不考虑其他相关费用。试计算本月应交营业税,并作有关分录。

应交营业税额 = 2 400 000 × 5% = 120 000(元)

(1) 计算应交营业税时:

借:固定资产清理	120 000
贷:应交税费——应交营业税	120 000

(2) 交纳营业税时:

借:应交税费——应交营业税	120 000
贷:银行存款	120 000

[本章小结]

2009 年为了适应经济形势发展和增值税转型改革的需要,《营业税暂行条例》进行了修订。其主要内容是调减了按照差额征收营业税的项目,同时,明确了交易价格明显偏低的处理规定,规范了营业税扣缴义务人的规定,调整了部分营业税纳税地点,延长了营业税的申报缴纳期限,使营业税制度的规定更加规范和严谨。2011 年财政部第 65 号令对《营业税暂行条例》中的起征点又进行了调整。

本章根据《营业税暂行条例》及其《实施细则》的规定,对部分因政策调整带来的营业税税务会计处理进行了更新,如金融业委托贷款利息收入、建筑分包业务等,按新政策均未要求金融企业、总承包方代扣代缴税款,由此带来税务会计处理上的相应变化,在学习的过程中应注意掌握。同时,在会计核算中,不同性质业务收入的营业税会计处理方式也有差异,只要能够掌握相应的核算模型,在实务操作中便能得心应手地正确进行税务会计处理。

[相关法规链接]

1.《中华人民共和国营业税暂行条例》(国务院令〔2008〕540号)

2.《中华人民共和国营业税暂行条例实施细则》 财政部(国家税务总局〔2008〕52号令)

3. 关于印发《营业税税目注释》(试行稿)的通知 (国税发〔1993〕149号)

4. 关于纳税人销售自产货物并同时提供建筑业劳务有关税收问题的公告 (国税总局公告〔2011〕23号)

5. 关于调整个人住房转让营业税政策的通知 (财税〔2011〕12号)

6. 关于个人金融商品买卖等营业税若干免税政策的通知 (财税〔2009〕111号)

7. 关于营业税若干政策问题的通知 (财税〔2003〕16号)

8. 关于支持和促进就业有关税收政策的通知 (财税〔2010〕84号)

9.《企业会计准则》财政部令第33号

10.《企业会计准则—应用指南》(财会〔2006〕18号)

[本章复习题]

1. 解释下列概念:
营业税　　营业税征税范围　　混合销售行为
2. 简述营业税的计税依据。
3. 什么是营业税的起征点?现行政策对起征点是如何规定的?
4.《营业税暂行条例》对旅游企业的计税依据是如何规定的?
5. 转让无形资产的业务,其营业税的会计处理是怎样的?

第七章 企业所得税会计

【本章导读】 企业所得税是我国税制体系中的一个重要税种,其主要任务是对企业所得税的计算、记录、缴纳和跨期摊配。跨期摊配问题的实质是对税前会计利润和纳税所得之间暂时性差异所造成的纳税影响的会计处理。通过本章学习,应该了解企业所得税的纳税义务人与征税对象、资产负债表债务法的理论基础,熟悉企业所得税的源泉扣缴、特别纳税调整、征收管理和所得税会计的一般程序,掌握企业所得税的税率、税收优惠、资产的税务处理、应纳税所得额和应纳税额的计算,资产、负债的计税基础及暂时性差异,递延所得税负债及递延所得税资产的确认和所得税费用的确认与计量等。

第一节 企业所得税概述

一、企业所得税的意义和特点

（一）意义

企业所得税法是指国家制定的用以调整企业所得税征收与缴纳之间权力及义务关系的法律规范。现行企业所得税法的基本规范,是 2007 年 3 月 16 日第十届全国人民代表大会第五次全体会议通过的《中华人民共和国企业所得税法》和 2007 年 11 月 28 日国务院 197 次常务会议通过的《中华人民共和国企业所得税法实施条例》。原来施行的《中华人民共和国企业所得税暂行条例》与《中华人民共和国外商投资企业和外国企业所得税法》于 2008 年 1 月 1 日起作废。

企业所得税是对我国境内企业和其他取得收入的组织的生产经营所得和其他所得所征收的一种税收。就其计税原理而言,所得税的意义在于:

1. 促进企业改善经营活动,提高盈利能力

企业所得税主要针对利润,采用比例税率征税,因此,投资能力和盈利能力越强,税收负担能力就越强,相对地降低了企业的税负水平,也相对地增加了企业的税后利润。并且,在征税过程中,税务机关对企业收入、成本、费用等进行检查,对企业的经营管理活动和财务管理活动开展监督,都能促使企业改善经营管理活动,提高盈利能力。

2. 调节产业结构,促进经济发展

虽然企业所得税的比例税率在一定程度上削弱了所得税的调控功能,但是,在税制设计上,各国往往通过实施各项税收优惠政策,发挥企业所得税对纳税人投资、产业机构调整、区域发展及环境治理等方面的调控作用。

3. 为国家建设筹集财政资金

税收的首要职能就是筹集财政收入。随着我们收入向企业和居民分配的倾斜,随着经济发展和企业盈利能力的提高,企业所得税占全部税收收入的比重会越来越高。

企业所得税法的实施是我国税制改革的一项重要举措,也是宏观经济政策的一项重要调整,必将对我国的国民经济和社会发展产生重要而深远的影响。企业所得税法的出台,有利于进一步完善我国社会主义市场经济体制,有利于转变经济增长方式,有利于产业结构升级,有利于促进区域经济协调发展,有利于提高我国利用外资的质量和水平,有利于推动我国税制的现代化建设,是适应我国社会主义市场经济发展新阶段的一项重要制度创新,是我国经济制度更加成熟和规范的标志性进程之一。

(二) 特点

企业所得税是规范和处理国家与企业分配关系的重要形式,具有与商品劳务税不同的性质。其特点主要有以下四个方面:

1. 将企业划分为居民企业和非居民企业

现行企业所得税将企业划分为居民企业和非居民企业两大类:居民企业负无限纳税义务;非居民企业负有限纳税义务。

2. 征税对象为应纳税所得额

企业所得税以应纳税所得额为课税对象,应纳税所得额是指企业每一纳税年度的收入总额,减除不征税收入、免税收入、各项扣除以及允许弥补的以前年度亏损后的余额,而不是依据会计制度的规定计算出来的利润总额。

3. 征税以量能负担为原则

企业所得税以企业的生产、经营所得和其他所得为征税对象,所得多的多缴税,所得少的少缴税,没有所得的不缴税,充分体现税收的公平负担原则,不同于流转税,不论盈利还是亏损,只要取得收入就应缴税。

4. 实行按年计征、分期预缴的办法

企业所得税以企业一个纳税年度的应纳税所得额为计算依据,按月或按季预缴,年度终了后汇算清缴,多退少补。

二、企业所得税的纳税义务人和课税对象

(一) 纳税义务人

企业所得税的纳税义务人是指在中华人民共和国境内的企业和其他取得收入的组织。《中华人民共和国企业所得税法》第一条规定,除个人独资企业、合伙企业不适用企业所得税法外,凡在我国境内,企业和其他取得收入的组织(以下统称企业)为企业所得税的纳税人,依照本法规定缴纳企业所得税。

企业所得税的纳税人分为居民企业和非居民企业,这是根据企业纳税义务范围的宽窄确定的分类方法,不同的企业在向我国政府缴纳所得税时,纳税义务不同。把企业分为居民企业和非居民企业,是为了更好地保障我国税收管辖权的有效行使。税收管辖权是一国政府在征税方面的主权,是国家主权的重要组成部分。根据国际上的通行做法,我国选择了地域管辖权和居民管辖权的双重管辖权标准,最大限度地维护我国的税收利益。

1. 居民企业

居民企业是指依法在中国境内成立,或者依照外国(地区)法律成立但实际管理机构在中国境内的企业。

2. 非居民企业

非居民企业是指依照外国(地区)法律成立且实际管理机构不在中国境内,但在中国境内设立机构、场所的,或者在中国境内未设立机构、场所,但有来源于中国境内所得的企业。

上述所称机构、场所是指在中国境内从事生产经营活动的机构、场所,包括:

(1) 管理机构、营业机构、办事机构;

(2) 工厂、农场、开采自然资源的场所;

(3) 提供劳务的场所;

(4) 从事建筑、安装、装配、修理、勘探等工程作业的场所;

(5) 其他从事生产经营活动的机构、场所。

非居民企业委托营业代理人在中国境内从事生产经营活动的,包括委托单位或者个人经常代其签订合同,或者储存、交付货物等,该营业代理人视为非居民企业在中国境内设立的机构、场所。

(二) 课税对象

企业所得税的课税对象是指企业的生产经营所得、其他所得和清算所得。

1. 居民企业的课税对象

居民企业应就来源于中国境内、境外的所得作为征税对象。所得,包括销售货物所得、提供劳务所得、转让财产所得、股息红利等权益性投资所得,以及利息所得、租金所得、特许权使用费所得、接受捐赠所得和其他所得。

2. 非居民企业的课税对象

非居民企业在中国境内设立机构、场所的,应当就其所设机构、场所取得的来源于中国境内的所得,以及发生在中国境外但与其所设机构、场所有实际联系的所得,缴纳企业所得税,非居民企业在中国境内未设立机构、场所的,或者虽设立机构、场所但取得的所得与其所设机构、场所没有实际联系的,应当就其来源于中国境内的所得缴纳企业所得税。

上述所称实际联系,是指非居民企业在中国境内设立的机构、场所拥有的据以取得所得的股权、债权,以及拥有、管理、控制据以取得所得的财产。

3. 所得来源的确定

(1) 销售货物所得,按照交易活动发生地确定。

(2) 提供劳务所得,按照劳务发生地确定。

(3) 转让财产所得,不动产转让所得按照不动产所在地确定,动产转让所得按照转让动产的企业或者机构、场所所在地确定,权益性投资资产转让所得按照被投资企业所在地确定。

(4) 股息、红利等权益性投资所得,按照分配所得的企业所在地确定。

(5) 利息所得、租金所得、特许权使用费所得,按照负担、支付所得的企业或者机构、场所所在地确定,或者按照负担、支付所得的个人的住所地确定。

(6) 其他所得,由国务院财政、税务主管部门确定。

三、企业所得税的计算要素

(一) 税率

(1) 基本税率为25%。适用于居民企业和在中国境内设有机构、场所且所得与机构、场所有关联的非居民企业。

(2) 低税率为20%。适用于在中国境内未设立机构、场所的,或者虽设立机构、场所但取得的所得与其所设机构、场所没有实际联系的非居民企业来源于中国境内的所得。

(二) 计税依据

企业所得税的计税依据是企业应纳税所得额,即企业每一纳税年度的收入总额,减除不征税收入、免税收入、各项扣除以及允许弥补的以前年度亏损后的余额,为应纳税所得额。计算公式:

应纳税所得额=收入总额-不征税收入-免税收入-各项扣除-以前年度亏损

第二节 企业所得税应纳税所得额的确定

一、应纳税所得额

与会计利润相比,应纳税所得额是一个税收概念,而非会计概念,但是两者既有区别又有联系。

应纳税所得额是根据企业所得税法按照一定的标准计算确定的、纳税人在一个时期内的计税所得,也称应税利润,包括企业来源于中国境内、境外的全部生产经营所得和其他所得。

会计利润则是一个财务会计概念,是按会计准则计算的企业在一定期间内的全部成果。企业利润的实现,表明其生产耗费得到了补偿,并取得了盈利,它综合反映了企业的管理水平。会计利润是计算应纳税所得额的基础,但是,不能等同于应纳税所得额。

企业应纳税所得额一般是在会计利润的基础上对会计准则与税法规定不一致的项目进行调整确定的。当按照会计准则计算的会计利润与按照税法规定计算的应纳税所得额不一致时,应按税法规定对会计利润进行调整后计算缴纳所得税。

企业所得税法对应纳税所得额计算做了明确规定。主要内容包括收入总额、扣除范围和标准、资产的税务处理、亏损弥补等。

二、收入总额

企业的收入总额包括以货币形式和非货币形式从各种来源取得的收入,具体有销售货物收入、提供劳务收入、转让财产收入、股息、红利等权益性投资收益,以及利息收入、租金收入、特许权使用费收入、接受捐赠收入、其他收入。

企业取得收入的货币形式,包括现金、存款、应收账款、应收票据、准备持有至到期的债券投资以及债务的豁免等;纳税人以非货币形式取得的收入,包括固定资产、生物资产、无形资产、股权投资、存货、不准备持有至到期的债券投资、劳务以及有关权益等,这些非货币资产应当按照公允价值确定收入额,公允价值是指按照市场价格确定的价值。收入的具体构成为:

(一)一般收入的确认

(1)销售货物收入。它是指企业销售商品、产品、原材料、包装物、低值易耗品以及其他存货取得的收入。

(2)劳务收入。它是指企业从事建筑安装、修理修配、交通运输、仓储租赁、金融保险、邮电通信、咨询经纪、文化体育、科学研究、技术服务、教育培训、餐饮住宿、中介代理、卫生保健、社区服务、旅游、娱乐、加工以及其他劳务服务活动取得的收入。

(3)转让财产收入。是指企业转让固定资产、生物资产、无形资产、股权、债权等财产取得的收入。

(4)股息、红利等权益性投资收益。它是指企业因权益性投资从被投资方取得的收入。股息、红利等权益性投资收益,除国务院财政、税务主管部门另有规定外,按照被投资方做出利润分配决定的日期确认收入的实现。

(5)利息收入。它是指企业将资金提供他人使用但不构成权益性投资,或者因他人占用企业资金取得的收入,包括存款利息、贷款利息、债券利息、欠款利息等收入。利息收入,按照合同约定的债务人应付利息的日期确认收入的实现。

(6) 租金收入。它是指企业提供固定资产、包装物或者及其他有形财产人使用权取得的收入。租金收入,按照合同约定的承租人应付租金的日期确认收入的实现。

(7) 特许权使用费收入。它是指企业提供专利权、非专利技术、商标权、著作权以及其他特许权的使用权而取得的收入。特许权使用费收入,按照合同约定的特许权使用人应付特许权使用费的日期确认收入的实现。

(8) 接受捐赠收入。它是指企业接受的来自其他企业、组织或者个人无偿给予的货币性资产、非货币性资产。接受捐赠收入,按照实际收到的捐赠资产的日期确认收入的实现。

(9) 其他收入。它是指企业取得的除以上收入外的其他收入,包括企业资产溢余收入、逾期未退包装物押金收入、确实无法偿付的应付款项、已做坏账损失处理后又收回的应收款项、债务重组收入、补贴收入、违约金收入、汇兑收益等。

(二) 特殊收入的确认

(1) 以分期收款方式销售货物的,按照合同约定的收款日期确认收入的实现。

(2) 企业受托加工制造大型机械设备、船舶、飞机,以及从事建筑、安装、装配工程业务或者提供其他劳务等,持续时间超过12个月的,按照纳税年度内完工进度或者完成的工作量确认收入的实现。

(3) 采取产品分成方式取得收入的,按照企业分得产品的日期确认收入的实现,其收入额按照产品的公允价值确定。

(4) 企业发生非货币性资产交换,以及将货物、财产、劳务用于捐赠、偿债、赞助、集资、广告、样品、职工福利或者利润分配等用途的,应当视同销售货物、转让财产或者提供劳务,但国务院财政、税务主管部门另有规定的除外。

(三) 处置资产收入的确认

根据《中华人民共和国企业所得税法实施条例》第二十五条规定,企业处置资产的所得税处理按以下规定执行:该规定自2008年1月1日起执行,对2008年1月1日以前发生的处置资产,2008年1月1日以后尚未进行税务处理的,也按该规定执行。

(1) 企业发生下列情形的处置资产,除将资产转移至境外以外,由于资产所有权属在形式和实质上均不发生改变,可作为内部处置资产,不视同销售确认收入,相关资产的计税基础延续计算。

① 将资产用于生产、制造、加工另一产品;
② 改变资产形状、结构或性能;
③ 改变资产用途(如自建商品房转为自用或经营);
④ 将资产在总机构及其分支机构之间转移;
⑤ 上述两种或两种以上情形的混合;
⑥ 其他不改变资产所有权属的用途。

(2) 企业将资产移送他人的下列情形,因资产所有权属已发生改变而不属于内部处置资产,应按规定视同销售确定收入:

① 用于市场推广或销售;
② 用于交际应酬;
③ 用于职工奖励或福利;
④ 用于股息分配;
⑤ 用于对外捐赠;
⑥ 其他改变资产所有权属的用途。

(3) 企业发生上述(2)规定情形时,属于企业自制的资产,应按企业同类资产同期对外销售价格确定销售收入;属于外购的资产,可按购入时的价格确定销售收入。

三、不征税收入和免税收入

国家为了扶持和鼓励某些特殊的纳税人和特定的项目,或者避免因征税影响企业的正常经营,对企业取得的某些收入予以不征税或免税的特殊政策,以减轻企业的负担,促进经济的协调发展;或准予抵扣应纳税所得额,或者是对专项用途的资金作为非税收入处理,减轻企业的税负,增加企业可用资金。

(一) 不征税收入

(1) 财政拨款。是指各级人民政府对纳入预算管理的事业单位、社会团体等组织拨付的财政资金,但国务院和国务院财政、税务主管部门另有规定的除外。

(2) 依法收取并纳入财政管理的行政事业性收费、政府性基金,是指依照法律法规等有关规定,按照国务院规定程序批准,在实施社会公共管理,以及在向公民、法人或者其他组织提供特定公共服务过程中,向特定对象收取并纳入财政管理的费用。政府性基金,是指企业依照法律、行政法规等有关规定,代政府收取的具有专项用途的财政资金。

(3) 国务院规定的其他不征税收入,是指企业取得的,由国务院财政、税务主管部门规定专项用途并经国务院批准的财政性资金。

财政性资金,是指企业取得的来源于政府及其有关部门的财政补助、补贴、贷款贴息,以及其他各类财政专项资金,包括直接减免的增值税和即征即退、先征后退、先征后返的各种税收。但不包括企业按规定取得的出口退税款。

值得注意的是:企业的不征税收入用于支出所形成的费用,不得在计算应纳税所得额时扣除;企业的不征税收入用于支出所形成的资产,其计算的折旧、摊销不得在计算应纳税所得额时扣除。

企业从县级以上各级人民政府财政部门及其他部门取得的应计入收入总额的财政性资金,凡同时符合以下条件的,可作为不征税收入,在计算应纳税所得额时从收入总额中减除:

(1) 企业能够提供规定资金专项用途的资金拨付文件；

(2) 财政部门或其他拨付资金政府部门对该资金有专门资金管理办法或具体管理要求；

(3) 企业对该资金以及以该资金发生的支出单独进行核算。

企业将符合上述规定条件的财政性资金作不征税收入处理后，在5年（60个月）内未发生支出且未缴回财政部门或其他拨付资金政府部门的部分，应计入取得该资金第六年的应税收入总额；计入应税收入总额的财政性资金发生的支出，允许在计算应纳税所得额时扣除。

（二）免税收入

(1) 国债利息收入。为鼓励企业积极购买国债，支援国家建设项目，税法规定，企业因购买国债所得的利息收入，免征企业所得税。

(2) 符合条件的居民企业之间的股息、红利等权益性收益。是指居民企业直接投资于其他居民企业取得的投资收益。

(3) 在中国境内设立机构、场所的非居民企业从居民企业取得与该机构、场所有实际联系的股息、红利等权益性投资收益。该收益不包括连续持有居民企业公开发行并上市流通的股票不足12个月取得的投资收益。

(4) 符合条件的非营利组织的收入。

非营利组织的下列收入为免税收入：

① 接受其他单位或者个人捐赠的收入；

② 除《企业所得税法》第七条规定的财政拨款以外的其他政府补助收入，但不包括因政府购买服务取得的收入；

③ 按照省级以上民政、财政部门规定收入的会费；

④ 不征税收入和免税收入孳生的银行存款利息收入；

⑤ 财政部、国家税务总局规定的其他收入。

四、扣除原则和范围

（一）税前扣除项目的原则

企业申报的扣除项目和金额要真实、合法。所谓真实是指能提供证明有关支出确属已经实际发生；合法是指符合国家税法的规定，若其他法规规定与税收法规规定不一致的，应以税收法规的规定为标准。除税收法规另有规定外，税前扣除一般应遵循以下原则：

(1) 权责发生制原则。它是指企业费用应在发生的所属期扣除，而不是在实际支付时确认扣除。

(2) 配比原则。它是指企业发生的费用应当与收入配比扣除。除特殊规定外，企业发生的费用不得提前或滞后申报扣除。

(3) 相关性原则。企业可扣除的费用从性质和根源上必须与取得应税收入直接相关。

(4) 确定性原则。即企业可扣除的费用不论何时支付,其金额必须是确定的。

(5) 合理性原则。符合生产经营活动常规,应当计入当期损益或者有关资产成本的必要和正常的支出。

(二) 扣除项目的范围

企业所得税法规定,企业实际发生的与取得收入有关的、合理的支出,包括成本、费用、税金、损失其他支出,准予在计算应纳税所得额时扣除。在实际中,计算应纳税所得额时还应注意三方面的内容:(1)企业发生的支出应当区分收益性支出和资本性支出。收益性支出在发生当期直接扣除;资本性支出应当分期扣除或者计入有关资产成本,不得在发生当期直接扣除。(2)企业的不征税收入用于支出所形成的费用或者财产,不得扣除或者计算对应的折旧、摊销扣除。(3)除企业所得税法及其条例另有规定外,企业实际发生的成本、费用、税金、损失和其他支出,不得重复扣除。

1. 成本

它是指企业在生产经营活动中发生的销售成本、销货成本、业务支出,以及其他耗费,即企业销售商品(产品、材料、下脚料、废料、废旧物资等)、提供劳务、转让固定资产、无形资产(包括技术转让)的成本。

企业必须将经营活动中发生的成本合理划分为直接成本和间接成本。直接成本是指可直接计入有关成本计算对象或劳务的经营成本中的直接材料、直接人工等。间接成本是指多个部门为同一成本对象提供服务的共同成本,或者同一种投入可以制造、提供两种或两种以上的产品或劳务的联合成本。

直接成本可根据有关会计凭证、记录直接计入有关成本计算对象或劳务的经营成本中。间接成本必须根据与成本计算对象之间的因果关系、成本计算对象的产量等,以合理的方法分配计入有关成本计算对象中。

2. 费用

它是指企业每一个纳税年度为生产、经营商品和提供劳务等所发生的销售费用、管理费用和财务费用。已计入成本的有关费用除外。

销售费用是指应由企业负担的为销售商品而发生的费用,包括广告费、运输费、装卸费、包装费、展览费、保险费、销售佣金(能直接认定的进口佣金调整商品进价成本)、代销手续费、经营性租赁费及销售部门发生的差旅费、工资、福利费等费用。

管理费用是指企业的行政管理部门为管理组织经营活动提供各项支援性服务而发生的费用。

财务费用是指企业筹集经营性资金而发生的费用,包括利息净支出、汇兑净损失、金融机构手续费以及其他非资本化支出。

3. 税金

它是指企业发生的除企业所得税和允许抵扣的增值税以外的企业缴纳的各项税金及其附加,即企业按规定缴纳的消费税、营业税、城市维护建设税、关税、资源税、土地增值税、教育费附加等营业税金及附加。准许扣除的税金有两种方式:一是在发生当期扣除;二是在发生当期计入相关资产的成本,在以后各期分摊扣除。而房产税、车船税、土地使用税、印花税应列入上述费用。

4. 损失

它是指企业在生产经营活动中发生的固定资产和存货的盘亏、毁损、报废损失,转让财产损失,呆账损失,坏账损失,自然灾害等不可抗力因素造成的损失以及其他损失。

企业发生的损失减除责任人赔偿和保险赔款后的余额,依照国务院财政、税务主管部门的规定扣除。

企业已经作为损失处理的资产,在以后纳税年度又全部收回或者部分收回时,应当计入当期收入。

5. 扣除的其他支出

它是指除成本、费用、税金、损失外,企业在生产经营活动中发生的与生产经营活动有关的、合理的支出。

(三) 扣除项目的标准

在计算应纳税所得额时,下列项目可按照实际发生额或规定的标准扣除:

1. 工资、薪金支出

企业发生的合理的工资、薪金支出准予据实扣除。工资、薪金支出是企业每一纳税年度支付给本企业任职或与其有雇佣关系的员工的所有现金或非现金形式的劳动报酬,包括基本工资、资金、津贴、补贴、年终加薪、加班工资,以及与任职或者是受雇有关的其他支出。

合理的工资、薪金,是指根据同业或相似行业的合理水平,制定统一依据和标准后实际发放的薪金。

2. 职工福利费、工会经费、职工教育经费

企业发生的职工福利费、工会经费、职工教育经费按标准扣除,未超过标准的按实际数扣除,超过标准的只能按标准扣除。

(1) 企业发生的职工福利费支出,不超过工资、薪金总额14%的部分准予扣除。

(2) 企业拨缴的工会经费,不超过工资、薪金总额2%的部分准予扣除。

(3) 除国务院财政、税务主管部门另有规定外,企业发生的职工教育经费支出,不超过工资、薪金总额2.5%的部分准予扣除,超过部分准予结转以后纳税年度扣除。

3. 社会保险费

(1) 企业依照国务院有关主管部门或者省级人民政府规定的范围和标准为职工缴

纳的"五险一金",即基本养老保险费、基本医疗保险费、失业保险费、工伤保险费、生育保险费等基本社会保险费和住房公积金,准予扣除。

(2)企业为在本企业任职或者受雇的全体员工支付的补充养老保险费、补充医疗保险费,分别在不超过职工工资总额5%标准内的部分,准予扣除。超过部分,不得扣除。企业依照国家有关规定为特殊工种职工支付的人身安全保险费和符合国务院财政、税务主管部门规定可以扣除的商业保险费准予扣除。

(3)企业参加财产保险,按照规定缴纳的保险费,准予扣除。企业为投资者或者职工支付的商业保险费,不得扣除。

4. 利息费用

企业在生产、经营活动中发生的利息费用,按下列规定扣除:

(1)非金融企业向金融企业借款的利息支出、金融企业的各项存款利息支出和同业拆借利息支出、企业经批准发行债券的利息支出可据实扣除。

(2)非金融企业向非金融企业借款的利息支出,不超过按照金融企业同期同类贷款利率计算的数额的部分可据实扣除,超过部分不许扣除。

(3)关联企业利息费用的扣除。企业从其关联方接受的债权性投资与权益性投资的比例超过规定标准而发生的利息支出,不得在计算应纳税所得额时扣除。

(4)企业向自然人借款的利息支出在企业所得税税前的扣除。

① 企业向股东或其他与企业有关联关系的自然人借款的利息支出,应根据《企业所得税法》第四十六条及《财政部 国家税务总局关于企业关联方利息支出税前扣除标准有关税收政策问题的通知》(财税〔2008〕121号)规定的条件,计算企业所得税扣除额。

② 企业向除①规定以外的内部职工或其他人员借款的利息支出,其借款情况同时符合以下条件的,其利息支出在不超过按照金融企业同期同类贷款利率计算的数额的部分,准予扣除:

条件一:企业与个人之间的借贷是真实、合法、有效的,并且不具有非法集资目的或其他违反法律、法规的行为;

条件二:企业与个人之间签订了借款合同。

5. 借款费用

(1)企业在生产经营活动中发生的合理的不需要资本化的借款费用,准予扣除。

(2)企业为购置、建造固定资产、无形资产和经过12个月以上的建造才能达到预定可销售状态的存货发生的借款的,在有关资产购置、建造期间发生的合理的借款费用,应予以资本化,作为资本性支出计入有关资产的成本;有关资产交付使用后发生的借款利息,可在发生当期扣除。

6. 汇兑损失

企业在货币交易中,以及纳税年度终了时将人民币以外的货币性资产、负债按照期末即期人民币汇率中间价折算为人民币时产生的汇兑损失,除已经计入有关资产成本以及与向所有者进行利润分配相关的部分外,准予扣除。

7. 业务招待费

企业发生的与其生产、经营业务有关的业务招待费支出,按照发生额的60%扣除,但最高不得超过当年销售(营业)收入的5‰。当年销售(营业)收入包括实施条例第二十五条规定的视同销售(营业)收入额。

对从事股权投资业务的企业(包括集团公司总部、创业投资企业等),其从被投资企业所分配的股息、红利以及股权转让收入,可以按规定的比例计算业务招待费扣除限额。

8. 广告费和业务宣传费

企业发生的符合条件的广告费和业务宣传费支出,除国务院财政、税务主管部门另有规定外,不超过当年销售(营业)收入15%的部分,准予扣除;超过部分,准予结转以后纳税年度扣除。当年销售(营业)收入包括实施条例第二十五条规定的视同销售(营业)收入额。

企业申报扣除的广告费支出应与赞助支出严格区分。

9. 环境保护专项资金

企业依照法律、行政法规有关规定提取的用于环境保护、生态恢复等方面的专项资金,准予扣除。上述专项资金提取后改变用途的,不得扣除。

10. 租赁费

企业根据生产经营需要租入固定资产支付的租赁费,按照以下方法扣除:

(1)以经营租赁方式租入固定资产发生的租赁费支出,按照租赁期限均匀扣除。经营性租赁是指所有权不转移的租赁。

(2)以融资租赁方式租入固定资产发生的租赁费支出,按照规定构成融资租入固定资产价值的部分应当提取折旧费用,分期扣除。融资租赁是指在实质上转移与一项资产所有权有关的全部风险和报酬的一种租赁。

11. 劳动保护费

企业发生的合理的劳动保护支出,准予扣除。

12. 公益性捐赠支出

公益性捐赠,是指企业通过公益性社会团体或者县级以上人民政府及其部门,用于《中华人民共和国公益事业捐赠法》内定的公益事业的捐赠。

企业发生的公益性捐赠支出,不超过年度利润总额12%的部分,准予扣除。年度利润总额,是指企业依照国家统一会计制度的规定计算的年度会计利润。

13. 有关资产的费用

企业转让各类固定资产发生的费用,允许扣除。企业按规定计算的固定资产折旧费、无形资产和递延资产的摊销费,准予扣除。

14. 总机构分摊的费用

非居民企业在中国境内设立的机构、场所,就其中国境外总机构发生的与该机构、场所生产经营有关的费用,能够提供总机构出具的费用汇集范围、定额、分配依据和方法等证明文件,并合理分摊的,准予扣除。

15. 资产损失

企业当期发生的固定资产和流动资产盘亏、毁损净损失,由其提供清查盘存资料经主管税务机关审核后,准予扣除;企业因存货盘亏、毁损、报废等原因不得从销项税金中抵扣的进项税金,应视同企业财产损失,准予与存货损失一起在所得税前按规定扣除。

16. 依照有关法律、行政法规和国家有关税法规定准予扣除的其他项目

如会员费、合理的会议费、差旅费、违约金、诉讼费等。

17. 手续费及佣金支出

企业发生与生产经营有关的手续费及佣金支出,不超过以下规定计算限额以内的部分准予扣除;超过部分,不得扣除:

(1) 保险企业:财产保险企业按当年全部保费收入扣除退保金等后余额的15%(含本数,下同)计算限额;人身保险企业按当年全部保费收入扣除退保金等后余额的10%计算限额。

(2) 其他企业:按与具有合法经营资格中介服务机构或个人(不含交易双方及其雇员、代理人和代表人等)所签订服务协议或合同确认的收入金额的5%计算限额。

五、不得扣除的项目

在计算应纳税所得额时,下列支出不得扣除:

(1) 向投资者支付的股息、红利等权益性投资收益款项。

(2) 企业所得税税款。

(3) 税收滞纳金,是指纳税人违反税收法规,被税务机关处以的滞纳金。

(4) 罚金、罚款和被没收财物的损失,是指纳税人违反国家有关法律、法规规定,被有关部门处以的罚款,以及被司法机关处以的罚金和被没收财物。

(5) 超过规定标准的捐赠支出。

(6) 赞助支出,是指企业发生的与生产经营活动无关的各种非广告性质支出。

(7) 未经核定的准备金支出,是指不符合国务院财政、税务主管部门规定的各项资产减值准备、风险准备等准备金支出。

(8) 企业之间支付的管理费、企业内营业机构之间支付的租金和特许权使用费,以及非银行企业内营业机构之间支付的利息,不得扣除。

（9）与取得收入无关的其他支出。

六、亏损弥补

亏损是指企业依照《企业所得税法》及其实施条例的规定，将每一纳税年度的收入总额减除不征税收入、免税收入和各项扣除后小于零的数额。税法规定，企业某一纳税年度发生的亏损可以用下一年度的所得弥补，下一年度的所得不足以弥补的，可以逐年延续弥补，但最长不得超过5年。而且，企业在汇总计算缴纳企业所得税时，其境外营业机构的亏损不得抵减境内营业机构的盈利。

[例1] 某企业10年经营盈亏情况如表7-1。假设该企业一直执行5年亏损弥补期，无其他纳税调整事项。试分步说明如何弥补亏损，并计算各年的应纳税所得额。

表7-1　某企业2×01—2×10年盈亏情况表　　　　　　　　单位：万元

年度	2×01	2×02	2×03	2×04	2×05	2×06	2×07	2×08	2×09	2×10
盈亏情况	90	−60	−80	−30	50	10	30	30	80	120

2×01年应纳税所得额=90(万元)；

2×02年亏损60万元，5年亏损弥补期为2×03—2×07年，由2×05年到2×06年的所得刚好弥补完；

2×03年亏损80万元，5年亏损弥补期为2×04—2×08年，由2×08年所得未能弥补完，自2×09年起不能再在税前弥补；

2×04年亏损30万元，5年亏损弥补期为2×05—2×09年，由2×09年所得弥补完后，尚剩余50万元，即

2×09年应纳税所得额=80−30=50(万元)，不得弥补超过5年的未弥补完的亏损；

2×10年应纳税所得额=120(万元)，不得弥补超过5年的未弥补完的亏损；

2×02—2×08年应纳税所得额均为0。

第三节　企业所得税应纳税额的计算与缴纳

一、居民企业应纳税额的计算

居民企业应纳税额等于应纳税所得额乘以适用税率，基本计算公式为：

居民企业应纳税额=应纳税所得额×适用税率−减免税额−抵免税额

根据计算公式可以看出，居民企业应纳税额的多少，取决于应纳税所得额和适用税率两个因素。在实际过程中，应纳税所得额的计算一般有两种方法。

（一）直接计算法

在直接计算法下,居民企业每一纳税年度的收入总额减除不征税收入、免税收入、各项扣除以及允许弥补的以前年度亏损后的余额为应纳税所得额。计算公式与前述相同,即

应纳税所得额＝收入总额－不征税收入－免税收入－各项扣除金额－弥补亏损

（二）间接计算法

在间接计算法下,是在会计利润总额的基础上加或减按照税法规定调整的项目金额后,即为应纳税所得额。计算公式为：

应纳税所得额＝会计利润总额±纳税调整项目金额

税收调整项目金额包括两方面的内容：一是企业会计准则和税收规定不一致的应予以调整的金额；二是企业按税法规定准予扣除的税收金额。

[例2] 假定某企业为居民企业,2×10年经营业务如下：

(1) 取得产品销售收入4 000万元。

(2) 发生产品销售成本2 600万元。

(3) 发生销售费用770万元(其中广告费650万元)；管理费用480万元(其中业务招待费25万元,新技术开发费用40万元)；财务费用60万元。

(4) 销售税金160万元(含增值税120万元)。

(5) 营业外收入80万元,营业外支出50万元(含通过公益性社会团体向贫困山区捐款30万元,支付税收滞纳金6万元)。

(6) 计入成本、费用中的实发工资总额200万元、拨缴职工工会经费5万元、支出职工福利费31万元,发生职工教育经费7万元。

要求：计算该企业2×10年度实际应纳的企业所得税,并写出与企业所得税相关的会计分录。

(1) 会计利润总额＝4 000＋80－2 600－770－480－60－(160－120)－50＝80(万元)

(2) 广告费和业务宣传费调增所得额＝650－4 000×15％＝650－600＝50(万元)

(3) 业务招待费调增所得额＝25－25×60％＝25－15＝10(万元)

4 000×5‰＝20(万元)＞25×60％＝15(万元)

(4) 新技术开发费用应调减所得额＝40×50％＝20(万元)

(5) 捐赠支出应调增所得额＝30－80×12％＝20.4(万元)

(6) 支付税收滞纳金应调增所得额＝6(万元)

(7) 工会经费应调增所得额＝5－200×2％＝1(万元)

(8) 职工福利费应调增所得额＝31－200×14％＝3(万元)

(9) 职工教育费应调增所得额＝7－200×2.5％＝2(万元)

(10) 应纳税所得额＝80＋50＋10－20＋20.4＋6＋1＋3＋2＝152.4(万元)

(11) 2×10 年应缴企业所得税＝152.4×25％＝38.1(万元)

借:所得税费用　　　　　　　　　　　　　　　　　　　　381 000
　　贷:应交税费——应交所得税　　　　　　　　　　　　　　　　381 000

[例 3]　某工业企业为居民企业,假定 2×10 年经营业务如下:

产品销售收入为 5 600 万元,产品销售成本 4 000 万元;其他业务收入 800 万元,其他业务成本 660 万元;取得购买国债的利息收入 40 万元;缴纳非增值税销售税金及附加 300 万元;发生的管理费用 760 万元,其中新技术的研究开发费用为 60 万元,业务招待费用 70 万元;发生财务费用 200 万元;取得直接投资其他居民企业的权益性收益 30 万元(已在投资方所在地按 15％的税率缴纳了所得税);取得营业外收入 100 万元,发生营业外支出 250 万元(其中含公益性捐赠 38 万元)。

要求:计算该企业 2×10 年应纳的企业所得税,并写出与企业所得税相关的会计分录。

(1) 利润总额＝5 600＋800＋40＋30＋100－4 000－660－300－760－200－250＝400(万元)

(2) 国债利息收入免征企业所得税,应调减所得额 40 万元。

(3) 技术开发费调减所得额＝60×50％＝30(万元)

(4) 按实际发生业务招待费的 60％计算＝70×60％＝42(万元)

按销售(营业)收入的 5‰计算＝(5 600＋800)×5‰＝32(万元)

按照规定税前扣除限额应为 32 万元,实际应调增应纳税所得额＝70－32＝38(万元)

(5) 取得直接投资其他居民企业的权益性收益属于免税收入,应调减应纳税所得额 30 万元。

(6) 捐赠扣除标准＝400×12％＝48(万元)

实际捐赠额 38 万元小于扣除标准 48 万元,可按实际捐赠额扣除,不做纳税调整。

(7) 应纳税所得额＝400－40－30＋38－30＝338(万元)

(8) 该企业 2×10 年应缴企业所得税＝338×25％＝84.5(万元)

借:所得税费用　　　　　　　　　　　　　　　　　　　　845 000
　　贷:应交税费——应交所得税　　　　　　　　　　　　　　　　845 000

二、境外所得抵免税额的计算

企业取得的下列所得已在境外缴纳的所得税税额,可以从其当期应纳税额中抵免,抵免限额为该项所得依照本法规定计算的应纳税额;超过抵免限额的部分,可以在以后 5 个年度内,用每年度抵免限额抵免当年应抵税额后的余额进行抵补:

(1) 居民企业来源于中国境外的应税所得。

(2) 非居民企业在中国境内设立机构、场所,取得发生在中国境外但与该机构、场所有实际联系的应税所得。

居民企业从其直接或者间接控制的外国企业分得的来源于中国境外的股息、红利等权益性投资收益,外国企业在境外实际缴纳的所得税税额中属于该项所得负担的部分,可以作为该居民企业的可抵免境外所得税税额,在企业所得税税法规定的抵免限额内抵免。

上述所称直接控制,是指居民企业直接持有外国企业20%以上股份。

上述所称间接控制,是指居民企业以间接持股方式持有外国企业20%以上股份,具体认定办法由国务院财政、税务主管部门另行制定。

已在境外缴纳的所得税税额,是指企业来源于中国境外的所得依照中国境外税收法律以及相关规定应当缴纳并已经实际缴纳的企业所得税性质的税款。企业依照企业所得税法的规定抵免企业所得税税额时,应当提供中国境外税务机关出具的税款所属年度的有关纳税凭证。

抵免限额,是指企业来源于中国境外的所得,依照企业所得税法和本条例的规定计算的应纳税额。除国务院财政、税务主管部门另有规定外,该抵免限额应当分国(地区)不分项计算,计算公式为:

抵免限额=中国境内、境外所得依照企业所得税法和条例规定计算的应纳税总额×来源于某国(地区)的应纳税所得额÷中国境内、境外应纳税所得总额

前述5个年度,是指从企业取得的来源于中国境外的所得,已经在中国境外缴纳的企业所得税性质的税额超过抵免限额的当年的次年起连续5个纳税年度。

[例4] 某企业2×10年度境内应纳税所得额为100万元,适用25%的企业所得税税率。另外,该企业分别在A、B两国设有分支机构(我国与A、B两国已经缔结避免双重征税协定),在A国分支机构的应纳税所得额为50万元,A国企业所得税税率为20%;在B国分支机构的应纳税所得额为30万元,B国企业所得税税率为30%。假设该企业在A、B两国所得按我国税法计算的应纳税所得额和按A、B两国税法计算的应纳税所得额一致,两个分支机构在A、B两国分别缴纳了10万元和9万元的企业所得税。上述金额均已折合为人民币。

要求:计算该企业汇总时在我国应缴纳的企业所得税税额,并写出相关的会计分录。

(1) 该企业按我国税法计算的境内、境外所得的应纳税额。

应纳税额=(100+50+30)×25%=45(万元)

(2) A、B两国的抵免限额。

A国抵免限额=45×[50÷(100+50+30)]=12.5(万元)

B国抵免限额=45×[30÷(100+50+30)]=7.5(万元)

在 A 国缴纳的所得税为 10 万元,低于抵免限额 12.5 万元,可全额抵免。

在 B 国缴纳的所得税为 9 万元,高于抵免限额 7.5 万元,其超过抵免限额的部分 1.5 万元当年不能扣除。

(3) 汇总时在我国应缴纳的所得税=45-10-7.5=27.5(万元)

借:所得税费用　　　　　　　　　　　　　　　　　　　275 000
　　贷:应交税费——应交所得税　　　　　　　　　　　　275 000

上述计算过程是根据定义来计算抵免限额的,即根据企业来自国内外的应纳税所得总额,按照我国企业所得税税率计算出应纳税总额。然后再按照来自某一国的应纳税所得额占来自境内外应纳税所得总额的比例来计算可抵扣的限额。从计算结果来看,还可以用来自于某外国的应纳税所得额直接乘以我国企业所得税法规定的税率来计算来自于该国的应纳税所得额可抵扣的限额。这样,本题的计算过程是:

(1) 该企业按我国税法计算的境内、境外所得的应纳税额。

应纳税额=(100+50+30)×25%=45(万元)

(2) A、B 两国的抵免限额。

A 国抵免限额=50×25%=12.5(万元)

B 国抵免限额=30×25%=7.5(万元)

在 A 国缴纳的所得税为 10 万元,低于抵免限额 12.5 万元,可全额抵免。

在 B 国缴纳的所得税为 9 万元,高于抵免限额 7.5 万元,其超过抵免限额的部分 1.5 万元当年不能扣除。

(3) 汇总时在我国应缴纳的所得税=45-10-7.5=27.5(万元)

借:所得税费用　　　　　　　　　　　　　　　　　　　275 000
　　贷:应交税费——应交所得税　　　　　　　　　　　　275 000

三、居民企业核定征收应纳税额的计算

为了加强企业所得税征收管理,规范核定征收企业所得税工作,保障国家税款及时足额入库,维护纳税人合法权益,根据《中华人民共和国企业所得税法》及其实施条例、《中华人民共和国税收征收管理法》及其实施细则,以及核定征收企业所得税的有关规定如下:

(一) 核定征收企业所得税的范围

本办法适用于居民企业纳税人,纳税人具有下列情形之一的,核定征收企业所得税:

(1) 依照法律、行政法规的规定可以不设置账簿的。

(2) 依照法律、行政法规的规定应当设置但未设置账簿的。

(3) 擅自销毁账簿或者拒不提供纳税资料的。

(4) 虽设置账簿,但账目混乱或者成本资料、收入凭证、费用凭证残缺不全,难以查

账的。

（5）发生纳税义务，未按照规定的期限办理纳税申报，经税务机关责令限期申报，逾期仍不申报的。

（6）申报的计税依据明显偏低，又无正当理由的。

特殊行业、特殊类型的纳税人和一定规模以上的纳税人不适用本办法。上述特定纳税人由国家税务总局另行明确。

（二）核定征收的办法

税务机关应根据纳税人具体情况，对核定征收企业所得税的纳税人，核定应税所得率或者核定应纳所得税额。

（1）具有下列情形之一的，核定其应税所得率：

① 能正确核算（查实）收入总额，但不能正确核算（查实）成本费用总额的。

② 能正确核算（查实）成本费用总额，但不能正确核算（查实）收入总额的。

③ 通过合理方法，能计算和推定纳税人收入总额或成本费用总额的。

纳税人不属于以上情形的，核定其应纳所得税额。

（2）税务机关采用下列方法核定征收企业所得税：

① 参照当地同类行业或类似行业中经营规模和收入水平相近的纳税人税负水平核定。

② 按照应税收入额或成本费用支出额定率核定。

③ 按照耗用的原材料、燃料、动力等推算或测算核定。

④ 按照其他合理方法核定。

采用前款所列一种方法不足以正确核定应纳税所得额或应纳税额的，可以同时采用两种以上方法核定。采用两种以上方法测算的应纳税额不一致时，可按测算的应纳税额从高核定。

采用应税所得率方式核定征收企业所得税的，应纳所得税额计算公式如下：

应纳所得税额＝应纳税所得额×适用税率

应纳税所得额＝应税收入额×应税所得率

或：应纳税所得额＝成本（费用）支出额÷(1－应税所得率)×应税所得率

实行应税所得率方式核定征收企业所得税的纳税人，经营多业的，无论其经营项目是否单独核算，均由税务机关根据其主营项目确定适用的应税所得率。

主营项目应为纳税人所有经营项目中，收入总额或者成本（费用）支出额或者耗用原材料、燃料、动力数量所占比重最大的项目。

应税所得率按表 7-2 规定的幅度标准确定。

表 7-2 应税所得率幅度标准

行业	应税所得率(%)	行业	应税所得率(%)
农、林、牧、渔业	3~10	建筑业	8~20
制造业	5~15	饮食业	8~25
批发和零售贸易业	4~15	娱乐业	15~30
交通运输业	7~15	其他行业	10~30

纳税人的生产经营范围、主营业务发生重大变化,或者应纳税所得额或应纳税额增减变化达到20%的,应及时向税务机关申报调整已确定的应纳税额或应税所得率。

四、非居民企业应纳税额的计算

对于在中国境内未设立机构、场所,或者虽设立机构、场所但取得的所得与其所设机构、场所没有实际联系的非居民企业的所得,按照下列方法计算应纳税所得额:

(1) 股息、红利等权益性投资收益和利息、租金、特许权使用费所得,以收入全额为应纳税所得额。

(2) 转让财产所得,以收入全额减除财产净值后的余额为应纳税所得额。

(3) 其他所得,参照前两项规定的方法计算应纳税所得额。

财产净值是指财产的计税基础减除已经按照规定扣除的折旧、折耗、摊销、准备金等后的余额。

扣缴义务人在每次向非居民企业支付或者到期应支付所得时,应从支付或者到期应支付的款项中扣缴企业所得税。到期应支付的款项,是指支付人按照权责发生制原则应当计入相关成本、费用的应付款项。

扣缴企业所得税应纳税额计算公式如下:

扣缴企业所得税应纳税额=应纳税所得额×实际征收率

应纳税所得额的计算,按上述(1)~(3)项的规定为标准;实际征收率是指《企业所得税法》及其实施条例等相关法律法规规定的税率,或者税收协定规定的更低的税率。

五、非居民企业所得税核定征收办法

非居民企业因会计账簿不健全,资料残缺难以查账,或者其他原因不能准确计算并据实申报其应纳税所得额的,税务机关有权采取以下方法核定其应纳税所得额:

(1) 按收入总额核定应纳税所得额:适用于能够正确核算收入或通过合理方法推定收入总额,但不能正确核算成本费用的非居民企业。计算公式如下:

应纳税所得额=收入总额×经税务机关核定的利润率

(2) 按成本费用核定应纳税所得额:适用于能够正确核算成本费用,但不能正确核算收入总额的非居民企业。计算公式如下:

应纳税所得额＝成本费用总额/(1－经税务机关核定的利润率)
　　　　　　×经税务机关核定的利润率

(3) 按经费支出换算收入核定应纳税所得额：适用于能够正确核算经费支出总额，但不能正确核算收入总额和成本费用的非居民企业。计算公式如下：

应纳税所得额＝经费支出总额/(1－经税务机关核定的利润率－营业税税率)
　　　　　　×经税务机关核定的利润率

(4) 税务机关可按照以下标准确定非居民企业的利润率：

① 从事承包工程作业、设计和咨询劳务的，利润率为15%～30%；

② 从事管理服务的，利润率为30%～50%；

③ 从事其他劳务或劳务以外经营活动的，利润率不低于15%。

税务机关有根据认为非居民企业的实际利润率明显高于上述标准的，可以按照比上述标准更高的利润率核定其应纳税所得额。

六、企业所得税的缴纳

(一) 纳税地点

(1) 除税收法律、行政法规另有规定外，居民企业以企业登记注册地为纳税地点；但登记注册地在境外的，以实际管理机构所在地为纳税地点。企业注册登记地，是指企业依照国家有关规定登记注册的住所地。

(2) 居民企业在中国境内设立不具有法人资格的营业机构的，应当汇总计算并缴纳企业所得税。企业汇总计算并缴纳企业所得税时，应当统一核算应纳税所得额，具体办法由国务院财政、税务主管部门另行制定。

(3) 非居民企业在中国境内设立机构、场所的，应当就其所设机构、场所取得的来源于中国境内的所得，以及发生在中国境外但与其所设机构、场所有实际联系的所得，以机构、场所所在地为纳税地点。非居民企业在中国境内设立两个或者两个以上机构、场所的，经税务机关审核批准，可以选择由其主要机构、场所汇总缴纳企业所得税。非居民企业经批准汇总缴纳企业所得税后，需要增设、合并、迁移、关闭机构、场所或者停止机构、场所业务的，应当事先由负责汇总申报缴纳企业所得税的主要机构、场所向其所在地税务机关报告；需要变更汇总缴纳企业所得税的主要机构、场所的，依照前款规定办理。

(4) 非居民企业在中国境内未设立机构、场所的，或者虽设立机构、场所但取得的所得与其所设机构、场所没有实际联系的所得，以扣缴义务人所在地为纳税地点。

(5) 除国务院另有规定外，企业之间不得合并缴纳企业所得税。

(二) 纳税期限

企业所得税按年计征，分月或者分季预缴，年终汇算清缴，多退少补。

企业所得税的纳税年度，自公历每年1月1日起至12月31日止。企业在一个纳税年度的中间开业,或者由于合并、关闭等原因终止经营活动,使该纳税年度的实际经营期不足 12 个月的,应当以其实际经营期为一个纳税年度。企业清算时,应当以清算期间作为一个纳税年度。企业应当自清算结束之日起 15 日内,向主管税务机关报送企业所得税纳税申报表,并结清税款。

正常情况下,企业自年度终了之日起 5 个月内,向税务机关报送年度企业所得税纳税申报表,并汇算清缴,结清应缴应退税款。企业在年度中间终止经营活动的,应当自实际经营终止之日起 60 日内,向税务机关办理当期企业所得税汇算清缴。

(三) 纳税申报

按月或按季预缴的,应当自月份或者季度终了之日起 15 日内,向税务机关报送预缴企业所得税纳税申报表,预缴税款。

企业在报送企业所得税纳税申报表时,应按照规定附送财务会计报告和其他有关资料。

企业应当在办理注销登记前,就其清算所得向税务机关申报并依法缴纳企业所得税。

依照企业所得税法缴纳的企业所得税,以人民币计算。所得以人民币以外的货币计算的,应当折合成人民币计算并缴纳税款。

企业在纳税年度内无论盈利或者亏损,都应当依照企业所得税法第五十四条规定的期限,向税务机关报送预缴企业所得税纳税申报表、年度企业所得税纳税申报表、财务会计报告和税务机关规定应当报送的其他有关资料。

(四) 跨地区经营汇总纳税企业所得税征收管理

1. 基本原则与适用范围

为加强跨地区经营汇总纳税企业所得税征收管理,根据《企业所得税法》及其实施条例、《税收征管法》及其实施细则和《财政部 国家税务总局 中国人民银行关于印发〈跨省市总分机构企业所得税分配及预算管理暂行办法〉的通知》(财预〔2008〕10 号),规定如下:

(1) 居民企业在中国境内跨地区(指跨省、自治区、直辖市和计划单列市,下同)设立不具有法人资格的营业机构、场所(以下称分支机构)的,该居民企业为汇总纳税企业。

(2) 企业实行"统一计算、分级管理、就地预缴、汇总清算、财政调库"的企业所得税征收管理办法。

(3) 总机构和具有主体生产经营职能的二级分支机构,就地分期预缴企业所得税。

上年度认定为小型微利企业的,其分支机构不就地预缴企业所得税。

新设立的分支机构,设立当年不就地预缴企业所得税。

撤销的分支机构,撤销当年剩余期限内应分摊的企业所得税款由总机构缴入中央国库。

企业在中国境外设立的不具有法人资格的营业机构,不就地预缴企业所得税。

(4) 企业计算分期预缴的所得税时,其实际利润额、应纳税额及分摊因素数额,均不包括其在中国境外设立的营业机构。

(5) 总机构和分支机构处于不同税率地区的,先由总机构统一计算全部应纳税所得额,然后依照规定的比例、因素及其权重,计算划分不同税率地区机构的应纳税所得额后,再分别按总机构和分支机构所在地的适用税率计算应纳税额。

(6) 总机构和分支机构2007年及以前年度按独立纳税人计缴所得税尚未弥补完的亏损,允许在法定剩余年限内继续弥补。

2. 税款预缴和汇算清缴

(1) 企业应根据当期实际利润额,按照规定的预缴分摊方法计算总机构和分支机构的企业所得税预缴额,分别由总机构和分支机构分月或者分季就地预缴。

(2) 总机构和分支机构应分期预缴的企业所得税,50%在各分支机构间分摊预缴,50%由总机构预缴。总机构预缴的部分,其中25%就地入库,25%预缴入中央国库,按照财预[2008]10号文件的有关规定进行分配。

3. 分支机构分摊税款比例

总机构应按照以前年度(1—6月份按上上年度,7—12月份按上年度)分支机构的经营收入、职工工资和资产总额三个因素计算各分支机构应分摊所得税款的比例,三因素的权重依次为0.35、0.35、0.30。计算公式如下：

某分支机构分摊比例＝0.35×(该分支机构营业收入/各分支机构营业收入之和)
　　　　　　　　　＋0.35×(该分支机构工资总额/各分支机构工资总额之和)
　　　　　　　　　＋0.30×(该分支机构资产总额/各分支机构资产总额之和)

式中,分支机构仅指需要就地预缴的分支机构。

(五) 合伙企业所得税的征收管理

自2008年1月1日起,合伙企业缴纳的所得税按下列规定处理,此前规定与下列规定有抵触的,以下列规定为准：

(1) 合伙企业以每一个合伙人为纳税义务人。合伙企业合伙人是自然人的,缴纳个人所得税；合伙人是法人和其他组织的,缴纳企业所得税。

(2) 合伙企业生产经营所得和其他所得采取"先分后税"的原则。具体应纳税所得额的计算按照《关于个人独资企业和合伙企业投资者征收个人所得税的规定》(财税〔2000〕91号)及《财政部国家税务总局关于调整个体工商户个人独资企业和合伙企业个人所得税税前扣除标准有关问题的通知》(财税〔2008〕65号)的有关规定执行。

前款所称生产经营所得和其他所得,包括合伙企业分配给所有合伙人的所得和企业当年留存的所得(利润)。

(3) 合伙企业的合伙人按照下列原则确定应纳税所得额：

① 合伙企业的合伙人以合伙企业的生产经营所得和其他所得，按照合伙协议约定的分配比例确定应纳税所得额。

② 合伙协议未约定或者约定不明确的，以全部生产经营所得和其他所得，按照合伙人协商决定的分配比例确定应纳税所得额。

③ 协商不成的，以全部生产经营所得和其他所得，按照合伙人实缴出资比例确定应纳税所得额。

④ 无法确定出资比例的，以全部生产经营所得和其他所得，按照合伙人数量平均计算每个合伙人的应纳税所得额。

合伙协议不得约定将全部利润分配给部分合伙人。

(4) 合伙企业的合伙人是法人和其他组织的，合伙人在计算其缴纳企业所得税时，不得用合伙企业的亏损抵减其盈利。

(六) 新增企业所得税征管范围调整

自 2009 年 1 月 1 日起，新增企业所得税纳税人中，应缴纳增值税的企业，其企业所得税由国税局管理；应缴纳营业税的企业，其企业所得税由地税局管理。以 2008 年为基年，2008 年年底之前国税局、地税局各自管理的企业所得税纳税人不做调整。

从 2009 年起，企业所得税全额为中央收入的企业和在国家税务局缴纳营业税的企业，其企业所得税由国税局管理。银行（信用社）、保险公司的企业所得税由国税局管理。除前述规定外的其他各类金融企业的企业所得税由地税局管理。外商投资企业和外国企业常驻代表机构的企业所得税仍由国税局管理。

如 2008 年年底之前已成立跨区经营汇总纳税企业，从 2009 年起新设立的分支机构，其企业所得税的征管部门应与总机构企业所得税征管部门相一致；从 2009 年起新增跨区经营汇总纳税企业，总机构按基本规定确定的原则划分征管归属，其分支机构企业所得税的管理部门也应与总机构企业所得税管理部门相一致。按税法规定免缴流转税的企业，按其免缴的流转税税种确定企业所得税征管归属；既不缴纳增值税，也不缴纳营业税的企业，其企业所得税暂由地税局管理。既缴纳增值税又缴纳营业税的企业，原则上按照其税务登记时自行申报的主营业务应缴纳的流转税税种确定征管归属；企业税务登记时无法确定主营业务的，一般以工商登记注明的第一项业务为准；一经确定，原则上不再调整。

七、源泉扣缴

(一) 扣缴义务人

(1) 对非居民企业在中国境内未设立机构、场所的，或者虽设立机构、场所但取得的所得与其所设机构、场所没有实际联系的所得应缴纳的所得税实行源泉扣缴，以支付人为扣缴义务人。税款由扣缴义务人在每次支付或者到期应支付时，从支付或者到期应支付的款项中扣缴。

(2) 对非居民企业在中国境内取得工程作业和劳务所得应缴纳的所得税,税务机关可以指定工程价款或者劳务费的支付人为扣缴义务人。

(二) 扣缴方法

(1) 扣缴义务人扣缴税款时,按本节"四、非居民企业应纳税额的计算"进行。

(2) 应当扣缴的所得税,扣缴义务人未依法扣缴或者无法履行扣缴义务的,由企业在所得发生地缴纳。企业未依法缴纳的,税务机关可以从该企业在中国境内其他收入项目的支付人应付的款项中,追缴该企业的应纳税款。

(3) 税务机关在追缴该企业应纳税款时,应当将追缴理由、追缴数额、缴纳期限和缴纳方式等告知该企业。

(4) 扣缴义务人每次代扣的税款,应当自代扣之日起7日内缴入国库,并向所在地的税务机关报送扣缴企业所得税报告表。

第四节 税收优惠与特别纳税调整

一、税收优惠

税收优惠,是指国家运用税收政策在税收法律、行政法规中规定对某一部分特定企业和课税对象给予减轻或免除税收负担的一种措施。税法规定的企业所得税的税收优惠方式包括免税、减税、加计扣除、加速折旧、减计收入、税额抵免等。

(一) 免征与减征优惠

企业的下列所得,可以免征、减征企业所得税。企业如果从事国家限制和禁止发展的项目,不得享受企业所得税优惠。

1. 从事农、林、牧、渔业项目的所得

企业从事农、林、牧、渔业项目的所得,包括免征和减征两部分。

(1) 企业从事下列项目的所得,免征企业所得税:蔬菜、谷物、薯类、油料、豆类、棉花、麻类、糖料、水果、坚果的种植;农作物新品种的选育;中药材的种植;林木的培育和种植;牲畜、家禽的饲养;林产品的采集;灌溉、农产品初加工、兽医、农技推广、农机作业和维修等农、林、牧、渔服务业项目;远洋捕捞;"公司+农户"经营模式从事农、林、牧、渔业项目生产的企业。

(2) 企业从事下列项目的所得,减半征收企业所得税:花卉、茶以及其他饮料作物和香料作物的种植;海水养殖、内陆养殖。

2. 从事国家重点扶持的公共基础设施项目投资经营的所得

企业所得税法所称国家重点扶持的公共基础设施项目,是指《公共基础设施项目企业所得税优惠目录》规定的港口码头、机场、铁路、公路、电力、水利等项目。

企业从事国家重点扶持的公共基础设施项目的投资经营的所得,自项目取得第一笔生产经营收入所属纳税年度起,第一年至第三年免征企业所得税,第四年至第六年减半征收企业所得税。

企业承包经营、承包建设和内部自建自用本条规定的项目,不得享受上述所得税优惠。

3. 从事符合条件的环境保护、节能节水项目的所得

环境保护、节能节水项目的所得,自项目取得第一笔生产经营收入所属纳税年度起,第一年至第三年免征企业所得税,第四年至第六年减半征收企业所得税。

4. 符合条件的技术转让所得

企业所得税法所称符合条件的技术转让所得免征、减征企业所得税,是指一个纳税年度内,居民企业转让技术所有权所得不超过500万元的部分,免征企业所得税;超过500万元的部分,减半征收企业所得税。

(二) 高新技术企业优惠

1. 国家需要重点扶持的高新技术企业税收优惠

国家需要重点扶持的高新技术企业减按15%的税率征收企业所得税。

2. 经济特区和上海浦东新区新设立高新技术企业过渡性税收优惠

(1) 对经济特区和上海浦东新区内在2008年1月1日(含)之后完成登记注册的国家需要重点扶持的高新技术企业(以下简称新设高新技术企业),在经济特区和上海浦东新区内取得的所得,自取得第一笔生产经营收入所属纳税年度起,第一年至第二年免征企业所得税,第三年至第五年按照25%的法定税率减半征收企业所得税。

(2) 经济特区和上海浦东新区内新设高新技术企业同时在经济特区和上海浦东新区以外的地区从事生产经营的,应当单独计算其在经济特区和上海浦东新区内取得的所得,并合理分摊企业的期间费用;没有单独计算的,不得享受企业所得税优惠。

(3) 经济特区和上海浦东新区内新设高新技术企业在按照本通知的规定享受过渡性税收优惠期间,由于复审或抽查不合格而不再具有高新技术企业资格的,从其不再具有高新技术企业资格年度起,停止享受过渡性税收优惠;以后再次被认定为高新技术企业的,不得继续享受或者重新享受过渡性税收优惠。

(三) 小型微利企业优惠

符合条件的小型微利企业减按20%的税率征收企业所得税。

自2012年1月1日至2015年12月31日,对年应纳税所得额低于6万元(含6万元)的小型微利企业,其所得减按50%计入应纳税所得额,按20%的税率缴纳企业所得税。

符合条件的小型微利企业,是指从事国家非限制和禁止行业,并符合下列条件的

企业：

(1) 工业企业,年度应纳税所得额不超过 30 万元,从业人数不超过 100 人,资产总额不超过 3 000 万元；

(2) 其他企业,年度应纳税所得额不超过 30 万元,从业人数不超过 80 人,资产总额不超过 1 000 万元。

（四）加计扣除优惠

加计扣除优惠包括以下两项内容：

1. 研究开发费

研究开发费,是指企业为开发新技术、新产品、新工艺发生的研究开发费用,未形成无形资产计入当期损益的,在按照规定据实扣除的基础上,按照研究开发费用的 50% 加计扣除；形成无形资产的,按照无形资产成本的 150% 摊销。

企业根据财务会计核算和研发项目的实际情况,对发生的研发费用进行收益化或资本化处理的,可按上述规定计算加计扣除：

(1) 研发费用计入当期损益未形成无形资产的,允许再按其当年研发费用实际发生额的 50%,直接抵扣当年的应纳税所得额。

(2) 研发费用形成无形资产的,按照该无形资产成本的 150% 在税前摊销。除法律另有规定外,摊销年限不得低于 10 年。

企业必须对研究开发费用实行专账管理,同时必须按照本办法附表的规定项目,准确归集填写年度可加计扣除的各项研究开发费用实际发生金额。企业应于年度汇算清缴所得税申报时向主管税务机关报送本办法规定的相应资料。申报的研究开发费用不真实或者资料不齐全的,不得享受研究开发费用加计扣除,主管税务机关有权对企业申报的结果进行合理调整。

企业在一个纳税年度内进行多个研究开发活动的,应按照不同开发项目分别归集可加计扣除的研究开发费用额。

2. 企业安置残疾人员所支付的工资

企业安置残疾人员所支付工资费用的加计扣除,是指企业安置残疾人员的,在按照支付给残疾职工工资据实扣除的基础上,按照支付给残疾职工工资的 100% 加计扣除。

（五）创投企业优惠

创业投资企业从事国家需要重点扶持和鼓励的创业投资,可以按投资额的一定比例抵扣应纳税所得额。

创投企业优惠是指创业投资企业采取股权投资方式投资于未上市的中小高新技术企业 2 年以上的,可以按照其投资额的 70% 在股权持有满 2 年的当年抵扣该创业投资企业的应纳税所得额,当年不足抵扣的,可以在以后纳税年度结转抵扣。

例如:A 企业 2×09 年 1 月 1 日向 B 企业（未上市的中小高新技术企业）投资 100

万元,股权持有到 2×10 年 12 月 31 日。A 企业 2×10 年度可抵扣的应纳税所得额为 70 万元。

（六）加速折旧优惠

企业的固定资产由于技术进步等原因,确需加速折旧的,可以缩短折旧年限或者采取加速折旧的方法。可采用以上折旧方法的固定资产是指：

(1) 由于技术进步,产品更新换代较快的固定资产。

(2) 常年处于强震动、高腐蚀状态的固定资产。

采取缩短折旧年限方法的,最低折旧年限不得低于规定折旧年限的 60%；采取加速折旧方法的,可以采取双倍余额递减法或者年数总和法。

（七）减计收入优惠

减计收入优惠,是企业综合利用资源,生产符合国家产业政策规定的产品所取得的收入,可以在计算应纳税所得额时减计收入。

综合利用资源,是指企业以《资源综合利用企业所得税优惠目录》规定的资源作为主要原材料,生产国家非限制和禁止并符合国家和行业相关标准的产品取得的收入,减按 90% 计入收入总额。

（八）税额抵免优惠

税额抵免,是指企业购置并实际使用《环境保护专用设备企业所得税优惠目录》、《节能节水专用设备企业所得税优惠目录》和安全生产专用设备企业所得税优惠目录》规定的环境保护、节能节水、安全生产等专用设备的,该专用设备的投资额的 10% 可以从企业当年的应纳税额中抵免；当年不足抵免的,可以在以后 5 个纳税年度结转抵免。

享受上述企业所得税优惠的企业,应当实际购置并自身实际投入使用前款规定的专用设备；企业购置上述专用设备在 5 年内转让、出租的,应当停止享受企业所得税优惠,并补缴已经抵免的企业所得税税款。转让的受让方可以按照该专用设备投资额的 10% 抵免当年企业所得税应纳税额；当年应纳税额不足抵免的,可以在以后 5 个纳税年度结转抵免。

企业同时从事适用不同企业所得税待遇的项目的,其优惠项目应当单独计算所得,并合理分摊企业的期间费用；没有单独计算的,不得享受企业所得税优惠。

（九）民族自治地方的优惠

民族自治地方的自治机关对本民族自治地方的企业应缴纳的企业所得税中属于地方分享的部分,可以决定减征或者免征。自治州、自治县决定减征或者免征的,须报省、自治区、直辖市人民政府批准。

对民族自治地方内国家限制和禁止行业的企业,不得减征或者免征企业所得税。

（十）非居民企业优惠

非居民企业减按 10% 的所得税税率征收企业所得税。这里的非居民企业,是指在中国境内未设立机构、场所的,或者虽设立机构、场所但取得的所得与其所设机构、场所没有实际联系的企业。该类非居民企业取得下列所得免征企业所得税:

(1) 外国政府向中国政府提供贷款取得的利息所得。

(2) 国际金融组织向中国政府和居民企业提供优惠贷款取得的利息所得。

(3) 经国务院批准的其他所得。

(十一) 鼓励软件产业和集成电路产业及证券投资基金的优惠

1. 关于鼓励软件产业和集成电路产业发展的优惠政策

《国务院关于印发进一步鼓励软件产业和集成电路产业发展若干政策的通知》(国发〔2011〕4号)中相关规定如下:

(1) 对集成电路线宽小于0.8微米(含)的集成电路生产企业,经认定后,自获利年度起,第一年至第二年免征企业所得税,第三年至第五年按照25%的法定税率减半征收企业所得税(以下简称企业所得税"两免三减半"优惠政策)。

(2) 对集成电路线宽小于0.25微米或投资额超过80亿元的集成电路生产企业,经认定后,减按15%的税率征收企业所得税,其中经营期在15年以上的,自获利年度起,第一年至第五年免征企业所得税,第六年至第十年按照25%的法定税率减半征收企业所得税(以下简称企业所得税"五免五减半"优惠政策)。

(3) 对我国境内新办集成电路设计企业和符合条件的软件企业,经认定后,自获利年度起,享受企业所得税"两免三减半"优惠政策。经认定的集成电路设计企业和符合条件的软件企业的进口料件,符合现行法律法规规定的,可享受保税政策。

(4) 国家规划布局内的集成电路设计企业符合相关条件的,可比照国发〔2000〕18号文件享受国家规划布局内重点软件企业所得税优惠政策。具体办法由发展改革委会同有关部门制定。

(5) 为完善集成电路产业链,对符合条件的集成电路封装、测试、关键专用材料企业以及集成电路专用设备相关企业给予企业所得税优惠。具体办法由财政部、税务总局会同有关部门制定。

(6) 国家对集成电路企业实施的所得税优惠政策,根据产业技术进步情况实行动态调整。符合条件的软件企业和集成电路企业享受企业所得税"两免三减半"、"五免五减半"优惠政策,在2017年12月31日前自获利年度起计算优惠期,并享受至期满为止。符合条件的软件企业和集成电路企业所得税优惠政策与企业所得税其他优惠政策存在交叉的,由企业选择一项最优惠政策执行,不叠加享受。

2. 关于鼓励证券投资基金发展的优惠政策

(1) 对证券投资基金从证券市场中取得的收入,包括买卖股票、债券的差价收入,股权的股息、红利收入,债券的利息收入及其他收入,暂不征收企业所得税。

(2) 对投资者从证券投资基金分配中取得的收入,暂不征收企业所得税。

(3) 对证券投资基金管理人运用基金买卖股票、债券差价收入,暂不征收企业所得税。

(十二) 其他优惠

企业所得税法公布前(2007 年 3 月 16 日)已经批准设立(已经完成工商登记注册)的企业,依照当时的税收法律、行政法规规定,享受低税率优惠的,按照国务院规定,可以在企业所得税法施行后 5 年内,逐步过渡到新企业所得税法规定的税率;享受定期减免税优惠的,按照国务院规定,可以在企业所得税法施行后继续享受到期满为止,但因未获利而尚未享受优惠的,优惠期限从企业所得税法施行年度起计算。具体规定如下:

1. 低税率优惠过渡政策

自 2008 年 1 月 1 日起,原享受低税率优惠政策的企业,在新税法施行后 5 年内逐步过渡到法定税率。其中:享受企业所得税 15% 税率的企业,2008 年按 18% 税率执行;2009 年按 20% 税率执行;2010 年按 22% 税率执行;2011 年按 24% 税率执行;2012 年按 25% 税率执行。原执行 24% 税率的企业,2008 年起按 25% 税率执行。

2. "两免三减半"、"五免五减半"过渡政策

自 2008 年 1 月 1 日起,原享受企业所得税"两免三减半"、"五免五减半"等定期减免税优惠的企业,新税法施行后继续按原税收法律、行政法规及相关文件规定的优惠办法及年限享受至期满为止。

但因未获利而尚未享受税收优惠的,其优惠期限从 2008 年度起计算。

适用 15% 企业所得税税率并享受企业所得税定期减半优惠过渡的企业,应一律按照规定的过渡税率计算的应纳税额实行减半征税,即 2008 年按 18% 税率计算的应纳税额实行减半征税,2009 年按 20% 税率计算的应纳税额实行减半征税,2010 年按 22% 税率计算的应纳税额实行减半征税,2011 年按 24% 税率计算的应纳税额实行减半征税,2012 年及以后年度按 25% 税率计算的应纳税额实行减半征税。

对原适用 24% 或 33% 企业所得税税率并享受国发[2007]39 号文件规定企业所得税定期减半优惠过渡的企业,2008 年及以后年度一律按 25% 税率计算的应纳税额实行减半征税。

3. 原外商投资企业税收优惠的处理

(1) 2008 年 1 月 1 日之前外商投资企业形成的累积未分配利润,在 2008 年以后分配给外国投资者的,免征企业所得税;2008 年及以后年度外商投资企业新增利润分配给外国投资者的,依法缴纳企业所得税。

(2) 外国投资者从外商投资企业取得的税后利润直接再投资本企业增加注册资本,或者作为资本投资开办其他外商投资企业,凡在 2007 年年底以前完成再投资事项,并在国家工商管理部门完成变更或注册登记的,可以按照《中华人民共和国外商投资企业和外国企业所得税法》及其有关规定,给予办理再投资退税。对在 2007 年年底以前

用2007年度预分配利润进行再投资的,不给予退税。

(3) 外国企业向我国转让专有技术或提供贷款等取得所得,凡上述事项所涉及的合同是在2007年年底以前签订,且符合《中华人民共和国外商投资企业和外国企业所得税法》规定免税条件,经税务机关批准给予免税的,在合同有效期内可继续给予免税,但不包括延期、补充合同或扩大的条款。各主管税务机关应做好合同执行跟踪管理工作,及时开具完税证明。

(4) 外商投资企业按照《中华人民共和国外商投资企业和外国企业所得税法》规定享受定期减免税优惠,2008年后,企业生产经营业务性质或经营期发生变化,导致其不符合《中华人民共和国外商投资企业和外国企业所得税法》规定条件的,仍应依据《中华人民共和国外商投资企业和外国企业所得税法》规定补缴其此前(包括在优惠过渡期内)已经享受的定期减免税税款。各主管税务机关在每年对这类企业进行汇算清缴时,应对其经营业务内容和经营期限等变化情况进行审核。

4. 西部大开发税收优惠

(1) 适用范围。本政策的适用范围包括重庆市、四川省、贵州省、云南省、西藏自治区、陕西省、甘肃省、宁夏回族自治区、青海省、新疆维吾尔自治区、新疆生产建设兵团、内蒙古自治区和广西壮族自治区(上述地区统称"西部地区")。湖南省湘西土家族苗族自治州、湖北省恩施土家族苗族自治州、吉林省延边朝鲜族自治州,可以比照西部地区的税收优惠政策执行。

(2) 具体内容。自2011年1月1日至2020年12月31日,对设在西部地区的鼓励类产业企业减按15%的税率征收企业所得税。

上述鼓励类产业企业是指以《西部地区鼓励类产业目录》中规定的产业项目为主营业务,且其主营业务收入占企业收入总额70%以上的企业。

二、特别纳税调整

特别纳税调整是指企业与其关联方之间的业务往来,不符合独立交易原则而减少企业或者其关联方应纳税收入或者所得额的,税务机关有权按照合理方法调整。企业与其关联方共同开发、受让无形资产,或者共同提供、接受劳务发生的成本,在计算应纳税所得额时应当按照独立交易原则进行分摊。

(一) 关联业务的税务处理

(1) 由居民企业,或者由居民企业和中国居民控制的设立在实际税负明显低于25%的税率水平的国家(地区)的企业,并非由于合理的经营需要而对利润不作分配或者减少分配的,上述利润中应归属于该居民企业的部分,应当计入该居民企业的当期收入。

(2) 企业从其关联方接受的债权性投资与权益性投资的比例超过规定标准而发生的利息支出,不得在计算应纳税所得额时扣除。

(3) 母子公司间提供服务支付费用有关企业所得税的处理。

① 母公司为其子公司提供各种服务而发生的费用,应按照独立企业之间公平交易原则确定服务的价格,作为企业正常的劳务费用进行税务处理。

母子公司未按照独立企业之间的业务往来收取价款的,税务机关有权予以调整。

② 母公司向其子公司提供各项服务,双方应签订服务合同或协议,明确规定提供服务的内容、收费标准及金额等。凡按上述合同或协议规定所发生的服务费,母公司应作为营业收入申报纳税,子公司作为成本费用在税前扣除。

③ 母公司向其多个子公司提供同类项服务,其收取的服务费可以采取分项签订合同或协议收取;也可以采取服务分摊协议的方式,即由母公司与各子公司签订服务费用分摊合同或协议,以母公司为其子公司提供服务所发生的实际费用并附加一定比例利润作为向子公司收取的总服务费,在各服务受益子公司(包括盈利企业、亏损企业和享受减免税企业)之间按《企业所得税法》第四十一条第二款的规定合理分摊。

④ 母公司以管理费形式向子公司提取费用,子公司因此支付给母公司的管理费,不得在税前扣除。

⑤ 子公司申报税前扣除向母公司支付的服务费用,应向主管税务机关提供与母公司签订的服务合同或者协议等与税前扣除该项费用相关的材料。不能提供相关材料的,支付的服务费用不得税前扣除。

(二) 特别纳税调整管理的内容

依据国税发[2009]2号文件,《特别纳税调整实施办法(试行)》适用于税务机关对企业的转让定价、预约定价安排、成本分摊协议、受控外国企业、资本弱化以及一般反避税等特别纳税调整事项的管理。

(1) 转让定价管理。转让定价管理是指税务机关按照《企业所得税法》第六章和《税收征管法》第三十六条的有关规定,对企业与其关联方之间的业务往来是否符合独立交易原则进行审核评估和调查调整等工作的总称。

(2) 预约定价安排管理。预约定价安排管理是指税务机关按照《企业所得税法》第四十二条和《税收征管法实施细则》第五十三条的规定,对企业提出的未来年度关联交易的定价原则和计算方法进行审核评估,并与企业协商达成预约定价安排等工作的总称。

(3) 成本分摊协议管理。成本分摊协议管理是指税务机关按照《企业所得税法》第四十一条第二款的规定,对企业与其关联方签署的成本分摊协议是否符合独立交易原则进行审核评估和调查调整等工作的总称。

(4) 受控外国企业管理。受控外国企业管理是指税务机关按照《企业所得税法》第四十五条的规定,对受控外国企业不作利润分配或减少分配进行审核评估和调查,并对归属于中国居民企业所得进行调整等工作的总称。

（5）资本弱化管理。资本弱化管理是指税务机关按照《企业所得税法》第四十六条的规定，对企业接受关联方债权性投资与企业接受的权益性投资的比例是否符合规定比例或独立交易原则进行审核评估和调查调整等工作的总称。

（6）一般反避税管理。一般反避税管理是指税务机关按照《企业所得税法》第四十七条的规定，对企业实施其他不具有合理商业目的的安排而减少其应纳税收入或所得额进行审核评估和调查调整等工作的总称。

第五节 企业所得税的税务会计处理

2006年2月15日，财政部颁发的《企业会计准则第18号——企业所得税》是企业会计准则体系中的一个标志性变化，也是所得税会计的一次重大改革。该准则废止了应付税款法等我国现行会计事务所采用的方法，要求改用资产负债表债务法，运用暂时性差异概念，实现了与国际会计惯例的趋同，客观公允地反映了企业的所得税资产和负债，提供了更多决策有用的会计信息。2007年1月1日起，上市公司范围内率先施行新准则，执行新的企业所得税会计准则后，我国企业所得税会计的理论与实务产生了重大转变。

一、所得税会计概述

我国所得税会计采用了资产负债表债务法，要求企业从资产负债表出发，通过比较资产负债表上列示的资产、负债按照会计准则规定确定的账面价值与按照税法规定确定的计税基础，对于两者之间的差异分别应纳税暂时性差异与可抵扣暂时性差异，确认相关的递延所得税负债与递延所得税资产，并在此基础上确定每一会计期间利润表中的所得税费用。

（一）资产负债表债务法的理论基础

资产负债表债务法在所得税的会计核算方面贯彻了资产、负债的界定。从资产负债角度考虑，资产的账面价值代表的是某项资产在持续持有及最终处置的一定期间内为企业带来未来经济利益的总额，而其计税基础代表的是该期间内按照税法规定就该项资产可以税前扣除的总额。资产的账面价值小于其计税基础的，表明该项资产于未来期间产生的经济利益流入低于按照税法规定允许税前扣除的金额，产生可抵减未来期间应纳税所得额的因素，减少未来期间以所得税税款的方式流出企业的经济利益，应确认为递延所得税资产。反之，一项资产的账面价值大于其计税基础的，两者之间的差额会增加企业于未来期间应纳税所得额及应交所得税，对企业形成经济利益流出的义务，应确认为递延所得税负债。

（二）所得税会计的一般程序

采用资产负债表债务法核算所得税的情况下，企业一般应于每一资产负债表日进行所得税的核算。企业合并等特殊交易或事项发生时,在确认因交易或事项取得的资产、负债时即应确认相关的所得税影响。企业进行所得税核算一般应遵循以下程序:

(1) 按照相关会计准则规定确定资产负债表中除递延所得税资产和递延所得税负债以外的其他资产和负债项目的账面价值。资产、负债的账面价值,是指企业按照相关会计准则的规定进行核算后在资产负债表中列示的金额。对于计提了减值准备的各项资产,是指其账面余额减去已计提的减值准备后的金额。例如,企业持有的应收账款账面余额为1 000万元,企业对该应收账款计提了50万元的坏账准备,其账面价值为950万元。

(2) 按照会计准则中对于资产和负债计税基础的确定方法,以适用的税收法规为基础,确定资产负债表中有关资产、负债项目的计税基础。

(3) 比较资产、负债的账面价值与其计税基础,对于两者之间存在差异的,分析其性质,除准则中规定的特殊情况外,分别应纳税暂时性差异与可抵扣暂时性差异,确定资产负债表日递延所得税负债和递延所得税资产的应有金额,并与期初递延所得税资产和递延所得税负债的余额相比,确定当期应予进一步确认的递延所得税资产和递延所得税负债金额或应予转销的金额,作为递延所得税。

(4) 就企业当期发生的交易或事项,按照适用的税法规定计算确定当期应纳税所得额,将应纳税所得额与适用的所得税税率计算的结果确认为当期应交所得税,作为当期所得税。

(5) 确定利润表中的所得税费用。利润表中的所得税费用包括当期所得税(当期应交所得税)和递延所得税两个组成部分,企业在计算确定了当期所得税和递延所得税后,两者之和(或之差),是利润表中的所得税费用。

二、资产、负债的计税基础及暂时性差异

所得税会计的关键在于确定资产、负债的计税基础。在确定资产、负债的计税基础时,应严格遵循税收法规中对于资产的税务处理以及可税前扣除的费用等的规定进行。

(一) 资产的计税基础

资产的计税基础,是指企业收回资产账面价值过程中,计算应纳税所得额时按照税法规定可以自应税经济利益中抵扣的金额,即某一项资产在未来期间计税时按照税法规定可以税前扣除的金额。

资产在初始确认时,其计税基础一般为取得成本,即企业为取得某项资产支付的成本在未来期间准予税前扣除。在资产持续持有的过程中,其计税基础是指资产的取得成本减去以前期间按照税法规定已经税前扣除的金额后的余额。如固定资产、无形资产等长期资产在某一资产负债表日的计税基础是指其成本扣除按照税法规定已在以前期间税前扣除的累计折旧额或累计摊销额后的金额。

现举例说明部分资产项目计税基础的确定。

1. 固定资产

以各种方式取得的固定资产，初始确认时按照会计准则规定确定的入账价值基本上是被税法认可的，即取得时其账面价值一般等于计税基础。

固定资产在持有期间进行后续计量时，由于会计与税法规定就折旧方法、折旧年限以及固定资产减值准备的提取等处理的不同，可能造成固定资产的账面价值与计税基础的差异。

（1）折旧方法、折旧年限的差异。会计准则规定，企业应当根据与固定资产有关的经济利益的预期实现方式合理选择折旧方法，如可以按年限平均法计提折旧，也可以按照双倍余额递减法、年数总和法等计提折旧。税法中除某些规定允许加速折旧的情况外，只允许按照年限平均法计提的折旧可以在税前扣除；另外，税法还就每一类固定资产的最低折旧年限作出了规定，而会计准则规定折旧年限是由企业根据固定资产的性质和使用情况合理确定的。如企业进行会计处理时确定的折旧年限与税法规定不同，也会产生固定资产持有期间账面价值与计税基础的差异。

（2）因计提固定资产减值准备产生的差异。持有固定资产的期间内，在对固定资产计提了减值准备以后，因税法规定企业计提的资产减值准备在发生实质性损失前不允许税前扣除，也会造成固定资产的账面价值与计税基础的差异。

[例5] A企业于2×08年12月20日取得的某项固定资产，原价为1 000万元，使用年限为10年，会计上采用年限平均法计提折旧，净残值为零。税法规定该类（由于技术进步、产品更新换代较快的）固定资产采用加速折旧法计提的折旧可予税前扣除，该企业在计税时采用双倍余额递减法计列折旧，净残值为零。2×10年12月31日，企业估计该项固定资产的可收回金额为700万元。

分析：

2×10年12月31日，该项固定资产的账面余额＝1 000－100×2＝800（万元），该账面余额大于其可收回金额700万元，两者之间的差额应计提100万元的固定资产减值准备。

2×10年12月31日，该项固定资产的账面价值＝1 000－100×2－100＝700（万元）

其计税基础＝1 000－1 000×20％－800×20％＝640（万元）

该项固定资产的账面价值700万元与其计税基础640万元之间的60万元差额，将于未来期间计入企业的应纳税所得额。

[例6] B企业于2×08年年末以1 000万元购入一项生产用固定资产，按照该项固定资产的预计使用情况，B企业在会计核算时估计其使用寿命为5年。计税时，按照适用税法规定，其最低折旧年限为10年，该企业计税时按照10年计算确定可税前扣除的折旧额。假定会计与税法规定均按年限平均法计列折旧，净残值均为零。2×10年

该项固定资产按照12个月计提折旧。本例中假定固定资产未发生减值。

分析：

该项固定资产在2×09年12月31日的账面价值＝1 000－1 000÷5＝800（万元）

该项固定资产在2×10年12月31日的计税基础＝1 000－1 000÷10＝900（万元）

该项固定资产的账面价值800万元与其计税基础900万元之间产生的100万元差额，在未来期间会减少企业的应纳税所得额。

2. 无形资产

除内部研究开发形成的无形资产以外，其他方式取得的无形资产，初始确认时按照会计准则规定确定的入账价值与按照税法规定确定的计税基础之间一般不存在差异。无形资产的差异主要产生于内部研究开发形成的无形资产以及使用寿命不确定的无形资产。

（1）内部研究开发形成的无形资产，其成本为开发阶段符合资本化条件以后至达到预定用途前发生的支出，除此之外，研究开发过程中发生的其他支出应予费用化计入损益；税法规定，自行开发的无形资产，以开发过程中该资产符合资本化条件后至达到预定用途前发生的支出为计税基础。另外，对于研究开发费用的加计扣除，税法中规定企业为开发新技术、新产品、新工艺发生的研究开发费用，未形成无形资产计入当期损益的，在按照规定据实扣除的基础上，按照研究开发费用的50%加计扣除；形成无形资产的，按照无形资产成本的150%摊销。如该无形资产的确认不是产生于企业合并交易、同时在确认时既不影响会计利润也不影响应纳税所得额，按照所得税会计准则的规定，不确认该暂时性差异的所得税影响。

[例7] A企业当期为开发新技术发生研究开发支出计2 000万元，其中研究阶段支出500万元，开发阶段符合资本化条件前发生的支出为600万元，符合资本化条件后至达到预定用途前发生的支出为900万元。税法规定，企业为开发新技术、新产品、新工艺发生的研究开发费用，未形成无形资产计入当期损益的，按照研究开发费用的50%加计扣除；形成无形资产的，按照无形资产成本的150%摊销。假定开发形成的无形资产在当期期末已达到预定用途（尚未开始摊销）。

分析：

A企业当期发生的研究开发支出中，按照会计准则规定应予费用化的金额为1 100万元，形成无形资产的成本为900万元，即期末所形成无形资产的账面价值为900万元。

A企业当期发生的2 000万元研究开发支出，按照税法规定可在当期税前扣除的金额为900万元。所形成无形资产在未来期间可予税前扣除的金额为1 350万元，其计税基础为1 350万元，形成暂时性差异450万元。

（2）无形资产在后续计量时，会计与税法的差异主要产生于是否需要摊销及无形资产减值准备的提取。

会计准则规定,应根据无形资产的使用寿命情况,区分为使用寿命有限的无形资产与使用寿命不确定的无形资产。对于使用寿命不确定的无形资产,不要求摊销,但持有期间每年应进行减值测试。税法规定,企业取得的无形资产成本(外购商誉除外),应在一定期限内摊销。对于使用寿命不确定的无形资产,会计处理时不予摊销,但计税时按照税法规定确定的摊销额允许税前扣除,造成该类无形资产账面价值与计税基础的差异。

在对无形资产计提减值准备的情况下,因税法规定计提的无形资产减值准备在转变为实质性损失前不允许税前扣除,即无形资产的计税基础不会随减值准备的提取发生变化,从而造成无形资产的账面价值与计税基础的差异。

[例8] A企业于2×10年1月1日取得的某项无形资产,取得成本为2 000万元,取得该项无形资产后,根据各方面情况判断,A企业无法合理预计其使用期限,将其作为使用寿命不确定的无形资产。2×10年12月31日,对该项无形资产进行减值测试表明其未发生减值。企业在计税时,对该项无形资产按照10年的期限采用直线法摊销,摊销金额允许税前扣除。

分析:

会计上将该项无形资产作为使用寿命不确定的无形资产,因未发生减值,其在2×10年12月31日的账面价值为取得成本2 000万元。

该项无形资产在2×10年12月31日的计税基础为1 800(成本2 000-按照税法规定可予税前扣除的摊销额200)万元。

该项无形资产的账面价值2 000万元与其计税基础1 800万元之间的差额200万元将计入未来期间企业的应纳税所得额。

3. 以公允价值计量且其变动计入当期损益的金融资产

按照《企业会计准则第22号——金融工具确认和计量》的规定,以公允价值计量且其变动计入当期损益的金融资产于某一会计期末的账面价值为其公允价值。税法规定,企业以公允价值计量的金融资产、金融负债以及投资性房地产等,持有期间公允价值的变动不计入应纳税所得额,在实际处置或结算时,处置取得的价款扣除其历史成本后的差额应计入处置或结算期间的应纳税所得额。按照该规定,以公允价值计量的金融资产在持有期间市价的波动在计税时不予考虑,有关金融资产在某一会计期末的计税基础为其取得成本,从而造成在公允价值变动的情况下,对以公允价值计量的金融资产账面价值与计税基础之间的差异。

企业持有的可供出售金融资产计税基础的确定,与以公允价值计量且其变动计入当期损益的金融资产类似,可比照处理。

[例9] 2×10年10月20日,A公司自公开市场取得一项权益性投资,支付价款

5 000万元,作为交易性金融资产核算。2×10年12月31日,该投资的市价为5 400万元。

分析:

该项交易性金融资产的期末市价为5 400万元,其按照会计准则规定进行核算的在2×10年资产负债表日的账面价值为5 400万元。

因税法规定以公允价值计量的金融资产在持有期间公允价值的变动不计入应纳税所得额,其在2×10年资产负债表日的计税基础应维持原取得成本不变,为5 000万元。

该交易性金融资产的账面价值5 400万元与其计税基础5 000万元之间产生了400万元的暂时性差异,该暂时性差异在未来期间转回时会增加未来期间的应纳税所得额。

[例10] 2×10年11月8日,B公司自公开的市场上取得一项基金投资,作为可供出售金融资产核算。该投资的成本为2 000万元。2×10年12月31日,其市价为2 300万元。

分析:

按照会计准则规定,该项金融资产在会计期末应以公允价值计量,其账面价值应为期末公允价值2 300万元。

因税法规定资产在持有期间公允价值变动不计入应纳税所得额,则该项可供出售金融资产的期末计税基础应维持其原取得成本不变,为2 000万元。

该金融资产在2×10年资产负债表日的账面价值2 300万元与其计税基础2 000万元之间产生的300万元暂时性差异,将会增加未来该资产处置期间的应纳税所得额。

4. 其他资产

因会计准则规定与税法规定不同,企业持有的其他资产,可能造成其账面价值与计税基础之间存在差异的,如:

(1) 投资性房地产,企业持有的投资性房地产进行后续计量时,会计准则规定可以采用两种模式:一种是成本模式,采用该种模式计量的投资性房地产,其账面价值与计税基础的确定与固定资产、无形资产相同;另一种是在符合规定条件的情况下,可以采用公允价值模式对投资性房地产进行后续计量。对于采用公允价值模式进行后续计量的投资性房地产,其计税基础的确定类似于固定资产或无形资产计税基础的确定。

[例11] A公司于2×10年1月1日将其某自用房屋用于对外出租,该房屋的成本为1 000万元,预计使用年限为20年。转为投资性房地产之前,已使用4年,企业按照年限平均法计提折旧,预计净残值为零。转为投资性房地产核算后,预计能够持续可靠取得该投资性房地产的公允价值,A公司采用公允价值对该投资性房地产进行后续计量。假定税法规定的折旧方法、折旧年限及净残值与会计规定相同。同时,税法规定

资产在持有期间公允价值的变动不计入应纳税所得额,待处置时一并计算确定应计入应纳税所得额的金额。该项投资性房地产在 2×10 年 12 月 31 日的公允价值为 800 万元。

分析:

该投资性房地产在 2×10 年 12 月 31 日的账面价值为其公允价值 800 万元,其计税基础为取得成本扣除按照税法规定允许税前扣除的折旧额后的金额,即其计税基础=1 000−1 000÷20×5= 750(万元)。

该项投资性房地产的账面价值 800 万元与其计税基础 750 万元之间产生了 50 万元的暂时性差异,会增加企业在未来期间的应纳税所得额。

(2) 其他计提了资产减值准备的各项资产。有关资产计提了减值准备后,其账面价值会随之下降,而税法规定资产在发生实质性损失之前,不允许税前扣除,即其计税基础不会因减值准备的提取而变化,造成在计提资产减值准备以后,资产的账面价值与计税基础之间的差异。

[例 12] A 公司 2×10 年购入原材料成本为 9 000 万元,因部分生产线停工,当年未领用任何原材料,2×10 年资产负债表日估计该原材料的可变现净值为 8 000 万元。假定该原材料在 2×10 年的期初余额为零。

分析:

该项原材料因期末可变现净值低于成本,应计提的存货跌价准备=9 000−8 000=1 000(万元)。计提该存货跌价准备后,该项原材料的账面价值为 8 000 万元。

该项原材料的计税基础不会因存货跌价准备的提取而发生变化,其计税基础为 9 000 万元不变。

该存货的账面价值 8 000 万元与其计税基础 9 000 万元之间产生了 1 000 万元的暂时性差异,该差异会减少企业在未来期间的应纳税所得额。

[例 13] B 公司 2×10 年 12 月 31 日应收账款余额为 7 000 万元,该公司期末对应收账款计提了 500 万元的坏账准备。税法规定,不符合国务院财政、税务主管部门规定的各项资产减值准备不允许税前扣除。假定该公司应收账款及坏账准备的期初余额均为零。

该项应收账款在 2×10 年资产负债表日的账面价值为 6 500(7 000−500)万元,因有关的坏账准备不允许税前扣除,其计税基础为 7 000 万元,该计税基础与其账面价值之间产生 500 万元暂时性差异,在应收账款发生实质性损失时,会减少未来期间的应纳税所得额和应交所得税。

(二) 负债的计税基础

负债的计税基础,是指负债的账面价值减去未来期间计算应纳税所得额时按照税法规定可予抵扣的金额。用公式表示为:

负债的计税基础＝账面价值－未来期间按照税法规定可予税前扣除的金额

负债的确认与偿还一般不会影响企业的损益,也不会影响其应纳税所得额,未来期间计算应纳税所得额时按照税法规定可予抵扣的金额为零,计税基础即为账面价值。但是,某些情况下,负债的确认可能会影响企业的损益,进而影响不同期间的应纳税所得额,使得其计税基础与账面价值之间产生差额,如按照会计规定确认的某些预计负债。

1. 企业因销售商品提供售后服务等原因确认的预计负债

按照或有事项准则规定,企业对于预计提供售后服务将发生的支出在满足有关确认条件时,销售当期即应确认为费用,同时确认预计负债。如果税法规定,与销售产品相关的支出应于发生时税前扣除。因该类事项产生的预计负债在期末的计税基础为其账面价值与未来期间可税前扣除的金额之间的差额,即为零。

其他交易或事项中确认的预计负债,应按照税法规定的计税原则确定其计税基础。某些情况下,因有些事项确认的预计负债,税法规定其支出无论是否实际发生均不允许税前扣除,即未来期间按照税法规定可予抵扣的金额为零,账面价值等于计税基础。

[例14] A 企业 2×10 年因销售产品承诺提供 3 年的保修服务,在当年度利润表中确认了 500 万元的销售费用,同时确认为预计负债,当年度未发生任何保修支出。假定按照税法规定,与产品售后服务相关的费用在实际发生时允许税前扣除。

分析:

该项预计负债在 A 企业 2×10 年 12 月 31 日资产负债表中的账面价值为 500 万元。

该项预计负债的计税基础＝账面价值－未来期间计算应纳税所得额时按照税法规定可予抵扣的金额＝ 500 万元－500 万元＝0

2. 预收账款

企业在收到客户预付的款项时,因不符合收入确认条件,会计上将其确认为负债。税法中对于收入的确认原则一般与会计规定相同,即会计上未确认收入时,计税时一般亦不计入应纳税所得额,该部分经济利益在未来期间计税时可予税前扣除的金额为零,计税基础等于账面价值。

某些情况下,因不符合会计准则规定的收入确认条件,未确认为收入的预收款项,按照税法规定应计入当期应纳税所得额时,有关预收账款的计税基础为零,即因其产生时已经计算缴纳所得税,未来期间可全额税前扣除。

[例15] A 公司于 2×10 年 12 月 20 日自客户收到一笔合同预付款,金额为 3 000 万元,作为预收账款核算。按照适用税法规定,该款项应计入取得当期应纳税所得额计算缴纳所得税。

分析:

该预收账款在 A 公司 2×10 年 12 月 31 日资产负债表中的账面价值为 3 000 万元。

该预收账款的计税基础＝账面价值 3 000 万元－未来期间计算应纳税所得额时按照税法规定可予抵扣的金额 3 000 万元＝0

该项负债的账面价值 3 000 万元与其计税基础零之间产生的 3 000 万元暂时性差异,会减少企业于未来期间的应纳税所得额。

3. 应付职工薪酬

会计准则规定,企业为获得职工提供的服务给予的各种形式的报酬以及其他相关支出均应作为企业的成本费用,在未支付之前确认为负债。税法中对于合理的职工薪酬基本允许税前扣除,但税法中如果规定了税前扣除标准的,按照会计准则规定计入成本费用支出的金额超过规定标准部分,应进行纳税调整。因超过部分在发生当期不允许税前扣除,在以后期间也不允许税前扣除,即该部分差额对未来期间计税不产生影响,所产生应付职工薪酬负债的账面价值等于计税基础。

[例 16] A 公司 2×10 年 12 月计入成本费用的职工工资总额为 4 000 万元,至 2×10 年 12 月 31 日尚未支付。按照适用税法规定,当期计入成本费用的 4 000 万元工资支出中,可予税前扣除的合理部分为 3 000 万元。

分析:

该项应付职工薪酬负债于 2×10 年 12 月 31 日的账面价值为 4 000 万元。

该项应付职工薪酬负债于 2×10 年 12 月 31 日的计税基础＝账面价值 4 000 万元－未来期间计算应纳税所得额时按照税法规定可予抵扣的金额 0＝4 000 万元

该项负债的账面价值 4 000 万元与其计税基础 4 000 万元相同,不形成暂时性差异。

4. 其他负债

其他负债如企业应交的罚款和滞纳金等,在尚未支付之前按照会计规定确认为费用,同时作为负债反映。税法规定,罚款和滞纳金不能税前扣除,即该部分费用无论是在发生当期还是在以后期间均不允许税前扣除,其计税基础为账面价值减去未来期间计税时可予税前扣除的金额零之间的差额,即计税基础等于账面价值。

其他交易或事项产生的负债,其计税基础的确定应当遵从适用税法的相关规定。

[例 17] A 公司 2×10 年 12 月因违反当地有关环保法规的规定,接到环保部门的处罚通知,要求其支付罚款 500 万元。税法规定,企业因违反国家有关法律法规支付的罚款和滞纳金,计算应纳税所得额时不允许税前扣除。至 2×10 年 12 月 31 日,该项罚款尚未支付。

分析:

应支付罚款产生的负债账面价值为 500 万元。

该项负债的计税基础=账面价值500万元-未来期间计算应纳税所得额时按照税法规定可予抵扣的金额0=500万元

该项负债的账面价值500万元与其计税基础500万元相同,不形成暂时性差异。

(三) 特殊交易或事项中产生资产、负债计税基础的确定

除企业在正常生产经营活动过程中取得的资产和负债以外,对于某些特殊交易中产生的资产、负债,其计税基础的确定应遵从税法规定,如企业合并过程中取得资产、负债计税基础的确定。

《企业会计准则第20号——企业合并》中,视参与合并各方在合并前后是否为同一方或相同的多方最终控制,分为同一控制下的企业合并与非同一控制下的企业合并两种类型。同一控制下的企业合并,合并中取得的有关资产、负债基本上维持其原账面价值不变,合并中不产生新的资产和负债;对于非同一控制下的企业合并,合并中取得的有关资产、负债应按其在购买日的公允价值计量,企业合并成本大于合并中取得可辨认净资产公允价值的份额部分确认为商誉,企业合并成本小于合并中取得可辨认净资产公允价值的份额部分计入合并当期损益。

对于企业合并的税收处理,通常情况下被合并企业应视为按公允价值转让、处置全部资产,计算资产的转让所得,依法缴纳所得税。合并企业接受被合并企业的有关资产,计税时可以按经评估确认的价值确定计税基础。另外,在考虑有关企业合并是应税合并还是免税合并时,某些情况下还需要考虑在合并中涉及的获取资产或股权的比例、非股权支付额的比例,具体划分标准和条件应遵从税法规定。

由于会计准则与税收法规对企业合并的划分标准不同,处理原则不同,某些情况下,会造成企业合并中取得的有关资产、负债的入账价值与其计税基础的差异。

(四) 暂时性差异

暂时性差异是指资产、负债的账面价值与其计税基础不同产生的差额。因资产、负债的账面价值与其计税基础不同,产生了在未来收回资产或清偿负债的期间内,应纳税所得额增加或减少并导致未来期间应交所得税增加或减少的情况,形成企业的资产和负债,在有关暂时性差异发生当期,符合确认条件的情况下,应当确认相关的递延所得税负债或递延所得税资产。

根据暂时性差异对未来期间应纳税所得额的影响,分为应纳税暂时性差异和可抵扣暂时性差异。

除因资产、负债的账面价值与其计税基础不同产生的暂时性差异以外,按照税法规定可以结转以后年度的未弥补亏损和税款抵减,也视同可抵扣暂时性差异处理。

1. 应纳税暂时性差异

应纳税暂时性差异,是指在确定未来收回资产或清偿负债期间的应纳税所得额时,将导致产生应税金额的暂时性差异,即在未来期间不考虑该事项影响的应纳税所得额

的基础上,由于该暂时性差异的转回,会进一步增加转回期间的应纳税所得额和应交所得税金额,在其产生当期应当确认相关的递延所得税负债。

应纳税暂时性差异通常产生于以下情况:

(1) 资产的账面价值大于其计税基础。资产的账面价值代表的是企业在持续使用或最终出售该项资产时将取得的经济利益的总额,而计税基础代表的是资产在未来期间可予税前扣除的总金额。资产的账面价值大于其计税基础,该项资产未来期间产生的经济利益不能全部税前抵扣,两者之间的差额需要交税,产生应纳税暂时性差异。例如,一项资产的账面价值为500万元,计税基础如为375万元,两者之间的差额会造成未来期间应纳税所得额和应交所得税的增加,在其产生当期,应确认相关的递延所得税负债。

(2) 负债的账面价值小于其计税基础。负债的账面价值为企业预计在未来期间清偿该项负债时的经济利益流出,而其计税基础代表的是账面价值在扣除税法规定未来期间允许税前扣除的金额之后的差额。负债的账面价值与其计税基础不同产生的暂时性差异,实质上是税法规定就该项负债在未来期间可以税前扣除的金额(即与该项负债相关的费用支出在未来期间可予税前扣除的金额)。负债的账面价值小于其计税基础,则意味着就该项负债在未来期间可以税前抵扣的金额为负数,即应在未来期间应纳税所得额的基础上调增,增加未来期间应纳税所得额和应交所得税金额,产生应纳税暂时性差异,应确认相关的递延所得税负债。

2. 可抵扣暂时性差异

可抵扣暂时性差异是指在确定未来收回资产或清偿负债期间的应纳税所得额时,将导致产生可抵扣金额的暂时性差异。该差异在未来期间转回时会减少转回期间的应纳税所得额,减少未来期间的应交所得税。在可抵扣暂时性差异产生当期,符合确认条件时,应当确认相关的递延所得税资产。

可抵扣暂时性差异一般产生于以下情况:

(1) 资产的账面价值小于其计税基础,意味着资产在未来期间产生的经济利益少,按照税法规定允许税前扣除的金额多,两者之间的差额可以减少企业在未来期间的应纳税所得额并减少应交所得税,符合有关条件时,应当确认相关的递延所得税资产。例如,一项资产的账面价值为500万元,计税基础为650万元,则企业在未来期间就该项资产可以在其自身取得经济利益的基础上多扣除150万元,未来期间应纳税所得额会减少,应交所得税也会减少,形成可抵扣暂时性差异。

(2) 负债的账面价值大于其计税基础,负债产生的暂时性差异实质上是税法规定就该项负债可以在未来期间税前扣除的金额。即

负债产生的暂时性差异＝账面价值－计税基础

＝账面价值－(账面价值未来期间计税时按照税法规定可

予税前扣除的金额)

＝未来期间计税时按照税法规定可予税前扣除的金额

负债的账面价值大于其计税基础,意味着未来期间按照税法规定与负债相关的全部或部分支出可以自未来应税经济利益中扣除,减少未来期间的应纳税所得额和应交所得税。符合有关确认条件时,应确认相关的递延所得税资产。

3. 特殊项目产生的暂时性差异

(1) 未作为资产、负债确认的项目产生的暂时性差异。某些交易或事项发生以后,因为不符合资产、负债确认条件而未体现为资产负债表中的资产或负债,但按照税法规定能够确定其计税基础的,其账面价值零与计税基础之间的差异也构成暂时性差异。如企业发生的符合条件的广告费和业务宣传费支出,除另有规定外,不超过当年销售收入 15% 的部分准予扣除;超过部分准予在以后纳税年度结转扣除。该类费用在发生时按照会计准则规定即计入当期损益,不形成资产负债表中的资产,但按照税法规定可以确定其计税基础的,两者之间的差异也形成暂时性差异。

[例 18] A 公司 2×10 年发生了 2 000 万元广告费支出,发生时已作为销售费用计入当期损益。税法规定,该类支出不超过当年销售收入 15% 的部分允许当期税前扣除,超过部分允许向以后年度结转税前扣除。A 公司 2×10 年实现销售收入 10 000 万元。

该广告费支出因按照会计准则规定在发生时已计入当期损益,不体现为期末资产负债表中的资产,如果将其视为资产,其账面价值为 0。

因按照税法规定,该类支出税前列支有一定的标准限制,根据当期 A 公司销售收入 15% 计算,当期可予税前扣除 1 500(10 000×15%)万元,当期未予税前扣除的 500 万元可以向以后年度结转,其计税基础为 500 万元。

该项资产的账面价值 0 与其计税基础 500 万元之间产生了 500 万元的暂时性差异,该暂时性差异在未来期间可减少企业的应纳税所得额,为可抵扣暂时性差异,符合确认条件时,应确认相关的递延所得税资产。

(2) 可抵扣亏损及税款抵减产生的暂时性差异。按照税法规定可以结转以后年度的未弥补亏损及税款抵减,虽不是因资产、负债的账面价值与计税基础不同产生的,但与可抵扣暂时性差异具有同样的作用,均能够减少未来期间的应纳税所得额,进而减少未来期间的应交所得税,会计处理上视同可抵扣暂时性差异,符合条件的情况下,应确认与其相关的递延所得税资产。

[例 19] A 公司于 2×10 年因政策性原因发生经营亏损 2 000 万元,按照税法规定,该亏损可用于抵减以后 5 个年度的应纳税所得额。该公司预计其于未来 5 年期间能够产生足够的应纳税所得额弥补该亏损。

分析:

该经营亏损不是资产、负债的账面价值与其计税基础不同产生的,但从性质上可以减少未来期间企业的应纳税所得额和应交所得税,属于可抵扣暂时性差异。企业预计未来期间能够产生足够的应纳税所得额利用该可抵扣亏损时,应确认相关的递延所得税资产。

三、递延所得税负债及递延所得税资产的确认

企业在计算确定了应纳税暂时性差异与可抵扣暂时性差异后,应当按照所得税会计准则规定的原则确认相关的递延所得税负债以及递延所得税资产。

(一)递延所得税负债的确认和计量

1. 递延所得税负债的确认

企业在确认因应纳税暂时性差异产生的递延所得税负债时,应遵循以下原则:

(1)除所得税准则中明确规定可不确认递延所得税负债的情况以外,企业对于所有的应纳税暂时性差异均应确认相关的递延所得税负债。除与直接计入所有者权益的交易或事项以及企业合并中取得资产、负债相关的以外,在确认递延所得税负债的同时,应增加利润表中的所得税费用。

[例20] A企业于2×09年12月6日购入某项设备,取得成本为1 000万元,会计上采用年限平均法计提折旧,使用年限为10年,净残值为零,因该资产常年处于强震动状态,计税时按双倍余额递减法计提折旧,使用年限及净残值与会计相同。A企业适用的所得税税率为25%。假定该企业不存在其他会计与税收处理的差异。

分析:

2×10年资产负债表日,该项固定资产按照会计规定计提的折旧额为100万元,计税时允许扣除的折旧额为200万元,则该固定资产的账面价值900万元与其计税基础800万元的差额构成应纳税暂时性差异,企业应确认相关的递延所得税负债。

[例21] A公司于2×04年12月底购入一台机器设备,成本为525 000元,预计使用年限为6年,预计净残值为零。会计上按直线法计提折旧,因该设备符合税法规定的税收优惠条件,计税时可采用年数总和法计提折旧,假定税法规定的使用年限及净残值均与会计相同。本例中假定该公司各会计期间均未对固定资产计提减值准备,除该项固定资产产生的会计与税法之间的差异外,不存在其他会计与税收的差异。

该公司每年因固定资产账面价值与计税基础不同应予确认的递延所得税情况如表7-3所示。

表 7-3 单位:元

	2×05年	2×06年	2×07年	2×08年	2×09年	2×10年
实际成本	525 000	525 000	525 000	525 000	525 000	525 000
累计会计折旧	87 500	175 000	262 500	350 000	437 500	525 000

续表

	2×05年	2×06年	2×07年	2×08年	2×09年	2×10年
账面价值	437 500	350 000	262 500	175 000	87 500	0
累计计税折旧	150 000	275 000	375 000	450 000	500 000	525 000
计税基础	375 000	250 000	150 000	75 000	25 000	0
暂时性差异	62 500	100 000	112 500	100 000	62 500	0
适用税率	25%	25%	25%	25%	25%	25%
递延所得税负债余额	15 625	25 000	28 125	25 000	15 625	0

分析：

该项固定资产各年度账面价值与计税基础确定如下：

① 2×05年资产负债表日：

账面价值＝实际成本－会计折旧＝525 000－87 500＝437 500（元）

计税基础＝实际成本－税前扣除的折旧额

＝525 000－150 000＝375 000（元）

因账面价值437 500元大于其计税基础375 000元，两者之间产生的62 500元差异会增加未来期间的应纳税所得额和应交所得税，属于应纳税暂时性差异，应确认与其相关的递延所得税负债15 625（62 500×25%）元。账务处理如下：

借：所得税费用　　　　　　　　　　　　　　　　　　　　15 625
　　贷：递延所得税负债　　　　　　　　　　　　　　　　　　15 625

② 2×06年资产负债表日：

账面价值＝525 000－175 000＝350 000（元）

计税基础＝实际成本－累计已税前扣除的折旧额

＝525 000－275 000＝250 000（元）

因资产的账面价值350 000元大于其计税基础100 000元，两者之间的差异为应纳税暂时性差异，应确认与其相关的递延所得税负债25 000元，但递延所得税负债的期初余额为15 625元，当期应进一步确认递延所得税负债9 375元。账务处理如下：

借：所得税费用　　　　　　　　　　　　　　　　　　　　9 375
　　贷：递延所得税负债　　　　　　　　　　　　　　　　　　9 375

③ 2×07年资产负债表日：

账面价值＝525 000－262 500＝262 500（元）

计税基础＝525 000－375 000＝150 000（元）

因账面价值262 500元大于其计税基础150 000元，两者之间为应纳税暂时性差异，应确认与其相关的递延所得税负债28 125元，但递延所得税负债的期初余额为

25 000元,当期应进一步确认递延所得税负债3 125元。账务处理如下:

　　借:所得税费用　　　　　　　　　　　　　　　　　　　　3 125
　　　　贷:递延所得税负债　　　　　　　　　　　　　　　　　　　3 125
　④ 2×08年资产负债表日:
　账面价值=525 000-350 000=175 000(元)
　计税基础=525 000-450 000=75 000(元)

因其账面价值175 000元大于计税基础75 000元,两者之间为应纳税暂时性差异,应确认与其相关的递延所得税负债25 000元,但递延所得税负债的期初余额为28 125元,当期应转回原已确认的递延所得税负债3 125元。账务处理如下:

　　借:递延所得税负债　　　　　　　　　　　　　　　　　　　3 125
　　　　贷:所得税费用　　　　　　　　　　　　　　　　　　　　　3 125
　⑤ 2×09年资产负债表日:
　账面价值= 525 000-437 500= 87 500(元)
　计税基础=525 000-500 000 =25 000(元)

因其账面价值87 500元大于计税基础25 000元,两者之间的差异为应纳税暂时性差异,应确认与其相关的递延所得税负债15 625元,但递延所得税负债的期初余额为25 000元,当期应转回递延所得税负债9 375元。账务处理如下:

　　借:递延所得税负债　　　　　　　　　　　　　　　　　　　9 375
　　　　贷:所得税费用　　　　　　　　　　　　　　　　　　　　　9 375
　⑥ 2×10年资产负债表日:

该项固定资产的账面价值及计税基础均为零,两者之间不存在暂时性差异,原已确认的与该项资产相关的递延所得税负债应予全额转回。账务处理如下:

　　借:递延所得税负债　　　　　　　　　　　　　　　　　　　15 625
　　　　贷:所得税费用　　　　　　　　　　　　　　　　　　　　　15 625

(2) 不确认递延所得税负债的特殊情况。有些情况下,虽然资产、负债的账面价值与其计税基础不同,产生了应纳税暂时性差异,但出于各方面考虑,所得税准则中规定不确认相应的递延所得税负债。主要包括:

① 商誉的初始确认。非同一控制下的企业合并中,企业合并成本大于合并中取得的被购买方可辨认净资产公允价值份额的差额,按照会计准则规定应确认为商誉。因会计与税收的划分标准不同,会计上作为非同一控制下的企业合并,但如果按照税法规定计税时作为免税合并的情况下,商誉的计税基础为零,其账面价值与计税基础形成应纳税暂时性差异,准则中规定不确认与其相关的递延所得税负债。

[例22] A企业以增发市场价值为15 000万元的自身普通股为对价购入B企业100%的净资产,对B企业进行吸收合并,合并前A企业与B企业不存在任何关联方关

系。假定该项合并符合税法规定的免税合并条件,交易各方选择进行免税处理,购买日B企业各项可辨认资产、负债的公允价值及其计税基础如表7-4所示。

表7-4　　　　　　　　　　　　　　　　　　　　单位:万元

	公允价值	计税基础	暂时性差异
固定资产	6 750	3 875	2 875
应收账款	5 250	5 250	—
存货	4 350	3 100	1 250
其他应付款	−750	0	−750
应付账款	(3 000)	(3 000)	0
不包括递延所得税的可辨认资产、负债的公允价值	12 600	9 225	3 375

分析:

B企业适用的所得税税率为25%,预期在未来期间不会发生变化,该项交易中应确认递延所得税负债及商誉的金额计算如下:

可辨认净资产公允价值		12 600
递延所得税资产	(750×25%)	187.5
递延所得税负债	(4 125×25%)	1 031.25
考虑递延所得税后		
可辨认资产、负债的公允价值		11 756.25
商誉		243.75
企业合并成本		15 000

因该项合并符合税法规定的免税合并条件,当事各方选择进行免税处理的情况下,购买方在免税合并中取得的被购买方有关资产、负债应维持其原计税基础不变。被购买方原账面上未确认商誉,即商誉的计税基础为零。

该项合并中所确认的商誉金额3 243.75万元与其计税基础零之间产生的应纳税暂时性差异,按照准则中规定,不再进一步确认相关的所得税影响。

应予说明的是,按照会计准则规定在非同一控制下企业合并中确认了商誉,并且按照所得税法规的规定商誉在初始确认时计税基础等于账面价值的,该商誉在后续计量过程中因会计准则与税法规定不同产生暂时性差异的,应当确认相关的所得税影响。

② 除企业合并以外的其他交易或事项中,如果该项交易或事项发生时既不影响会计利润,也不影响应纳税所得额,则所产生的资产、负债的初始确认金额与其计税基础不同,形成应纳税暂时性差异的,交易或事项发生时不确认相应的递延所得税负债。该

规定主要是考虑到由于交易发生时既不影响会计利润,也不影响应纳税所得额,确认递延所得税负债的直接结果是增加有关资产的账面价值或是降低所确认负债的账面价值,使得资产、负债在初始确认时,违背历史成本原则,影响会计信息的可靠性。

③ 与子公司、联营企业、合营企业投资等相关的应纳税暂时性差异,一般应确认相应的递延所得税负债,但同时满足以下两个条件的除外:一是投资企业能够控制暂时性差异转回的时间;二是该暂时性差异在可预见的未来很可能不会转回。满足上述条件时,投资企业可以运用自身的影响力决定暂时性差异的转回,如果不希望其转回,则在可预见的未来该项暂时性差异即不会转回,对未来期间计税不产生影响,从而无须确认相应的递延所得税负债。

对于采用权益法核算的长期股权投资,其账面价值与计税基础产生的有关暂时性差异是否应确认相关的所得税影响,应当考虑该项投资的持有意图:

① 对于采用权益法核算的长期股权投资,若企业拟长期持有,则因初始投资成本的调整产生的暂时性差异预计未来期间不会转回,对未来期间没有所得税影响;因确认投资损益产生的暂时性差异,如果在未来期间逐期分回现金股利或利润时免税,也不存在对未来期间的所得税影响;因确认应享有被投资单位其他权益变动而产生的暂时性差异,在长期持有的情况下预计未来期间也不会转回。因此,在准备长期持有的情况下,对于采用权益法核算的长期股权投资账面价值与计税基础之间的差异,投资企业一般不确认相关的所得税影响。

② 对于采用权益法核算的长期股权投资,如果投资企业改变持有意图拟对外出售的情况下,按照税法规定,企业在转让或者处置投资资产时,投资资产的成本准予扣除。在持有意图由长期持有转变为拟近期出售的情况下,因长期股权投资的账面价值与计税基础不同产生的有关暂时性差异,均应确认相关的所得税影响。

2. 计量

所得税准则规定,资产负债表日,对于递延所得税负债,应当根据适用税法规定,按照预期收回该资产或清偿该负债期间的适用税率计量。即递延所得税负债应以相关应纳税暂时性差异转回期间按照税法规定适用的所得税税率计量。无论应纳税暂时性差异的转回期间如何,相关的递延所得税负债不要求折现。

(二)递延所得税资产的确认和计量

1. 递延所得税资产的确认

(1)确认的一般原则。递延所得税资产产生于可抵扣暂时性差异。确认因可抵扣暂时性差异产生的递延所得税资产应以未来期间可能取得的应纳税所得额为限。在可抵扣暂时性差异转回的未来期间内,企业无法产生足够的应纳税所得额用以利用可抵扣暂时性差异的影响,使得与可抵扣暂时性差异相关的经济利益无法实现的,不应确认递延所得税资产;企业有明确的证据表明其于可抵扣暂时性差异转回的未来期间能够产生足够的应纳税所得额,进而利用可抵扣暂时性差异的,则应以可能取得的应纳税所得额为限,确认相关的递延所得税资产。

在判断企业于可抵扣暂时性差异转回的未来期间是否能够产生足够的应纳税所得额时,应考虑企业在未来期间通过正常的生产经营活动能够实现的应纳税所得额以及以前期间产生的应纳税暂时性差异在未来期间转回时将增加的应纳税所得额。

① 对与子公司、联营企业、合营企业的投资相关的可抵扣暂时性差异,同时满足下列条件的,应当确认相关的递延所得税资产:一是暂时性差异在可预见的未来很可能转回;二是未来很可能获得用来抵扣可抵扣暂时性差异的应纳税所得额。

对联营企业和合营企业等的投资产生的可抵扣暂时性差异,主要产生于权益法下被投资单位发生亏损时,投资企业按照持股比例确认应予承担的部分相应减少长期股权投资的账面价值,但税法规定长期股权投资的成本在持有期间不发生变化,造成长期股权投资的账面价值小于其计税基础,产生可抵扣暂时性差异。

投资企业对有关投资计提减值准备的情况下,也会产生可抵扣暂时性差异。

② 对于按照税法规定可以结转以后年度的未弥补亏损和税款抵减,应视同可抵扣暂时性差异处理。在有关的亏损或税款抵减金额得到税务部门的认可或预计能够得到税务部门的认可且预计可利用未弥补亏损或税款抵减的未来期间内能够取得足够的应纳税所得额时,除准则中规定不予确认的情况外,应当以很可能取得的应纳税所得额为限,确认相应的递延所得税资产,同时减少确认当期的所得税费用。

(2) 不确认递延所得税资产的情况。某些情况下,企业发生的某项交易或事项不属于企业合并,并且交易发生时既不影响会计利润也不影响应纳税所得额,且该项交易中产生的资产、负债的初始确认金额与其计税基础不同,产生可抵扣暂时性差异的,所得税准则中规定在交易或事项发生时不确认相应的递延所得税资产。

[例23] 承[例7],A企业进行内部研究开发所形成的无形资产成本为900万元,因按照税法规定可于未来期间税前扣除的金额为1 350万元,其计税基础为1 350万元。

该项无形资产并非产生于企业合并,同时在初始确认时既不影响会计利润也不影响应纳税所得额,确认其账面价值与计税基础之间产生暂时性差异的所得税影响需要调整该项资产的历史成本,准则规定该种情况下不确认相关的递延所得税资产。

2. 计量

同递延所得税负债的计量原则相一致,确认递延所得税资产时,应当以预期收回该资产期间的适用所得税税率为基础计算确定。无论相关的可抵扣暂时性差异转回期间如何,递延所得税资产均不要求折现。

企业在确认了递延所得税资产以后,资产负债表日,应当对递延所得税资产的账面价值进行复核。如果未来期间很可能无法取得足够的应纳税所得额用以利用可抵扣暂时性差异带来的利益,应当减记递延所得税资产的账面价值。减记的递延所得税资产,除原确认时计入所有者权益的,其减记金额亦应计入所有者权益外,其他的情况均应增加所得税费用。

因无法取得足够的应纳税所得额利用可抵扣暂时性差异减记递延所得税资产账面价值的,以后期间根据新的环境和情况判断能够产生足够的应纳税所得额利用可抵扣暂时性差异,使得递延所得税资产包含的经济利益能够实现的,应相应恢复递延所得税资产的账面价值。

另外,无论是递延所得税资产还是递延所得税负债的计量,均应考虑资产负债表日企业预期收回资产或清偿负债方式的所得税影响,在计量递延所得税资产和递延所得税负债时,应当采用与收回资产或清偿债务的预期方式相一致的税率和计税基础。例如,企业持有的某项固定资产,一般情况下是为企业的正常生产经营活动提供必要的生产条件,但在某一时点上,企业决定将该固定资产对外出售,实现其为企业带来的未来经济利益,且假定税法规定长期资产处置时适用的所得税税率与一般情况不同的,则企业在计量因该资产产生的应纳税暂时性差异或可抵扣暂时性差异的所得税影响时,应考虑该资产带来的经济利益预期实现方式的影响。

(三)特殊交易或事项中涉及递延所得税的确认

1. 与直接计入所有者权益的交易或事项相关的所得税

与当期及以前期间直接计入所有者权益的交易或有事项相关的当期所得税从递延所得税应当计入所有者权益。直接计入所有者的交易或事项主要有:会计政策变更采用追溯调整法或对前期差错更正采用追溯重述调整期初留存收益、可供出售金融资产公允价值的变动计入所有者权益、同时包含负债及权益成分的金融工具在期初确认时计入所有者权益等。

2. 与企业合并相关的递延所得税

在企业合并中,购买方取得的可抵扣暂时性差异,比如,购买日取得被购买方在以前期间发生的未弥补亏损等可抵扣暂时性差异,按照税法规定可以用来抵减以后年度应纳税所得额,但在购买日不符合递延所得税资产确认条件而不予以确认。购买日后12个月内,如取得新的或进一步的信息表明购买日的相关情况已经存在,预期被购买方在购买日可抵扣暂时性差异带来的经济利益能够实现的,应当确认相关递延所得税资产,同时减少商誉,商誉不足冲减的,差额部分确认为当期损益;除上述情况以外,确认与企业合并相关的递延所得税资产,应当计入当期损益。

[例24] 甲公司于2×10年1月1日购买乙公司80%股权,形成非同一控制下企业合并。因会计准则规定与适用税法规定处理方法不同,在购买日产生可抵扣暂时性差异300万元。假定购买日及未来期间企业适用的所得税税率为25%。

购买日,因预计未来期间无法取得足够的应纳税所得额,未确认与可抵扣暂时性差异相关的递延所得税资产 75 万元。购买日确认商誉为 50 万元。

在购买日后 6 个月,甲公司预计能够产生足够的应纳税所得额用以抵扣企业合并时产生的可抵扣暂时性差异 300 万元,且该事实于购买日已经存在,则甲公司应作如下会计处理:

借:递延所得税资产　　　　　　　　　　　　　　　750 000
　　贷:商誉　　　　　　　　　　　　　　　　　　　　　500 000
　　　　所得税费用　　　　　　　　　　　　　　　　　250 000

假定,在购买日后 6 个月,甲公司根据新的事实预计能够产生足够的应纳税所得额用于抵扣企业合并时产生的可抵扣暂时性差异 300 万元,且该新的事实于购买日并不存在,则甲公司应作如下会计处理:

借:递延所得税资产　　　　　　　　　　　　　　　750 000
　　贷:所得税费用　　　　　　　　　　　　　　　　　750 000

(四)适用税率变化对已确认递延所得税资产和递延所得税负债的影响

因税收法规的变化,导致企业在某一会计期间适用的所得税税率发生变化的,企业应对已确认的递延所得税资产和递延所得税负债按照新的税率进行重新计量。递延所得税资产和递延所得税负债的金额代表的是有关可抵扣暂时性差异或应纳税暂时性差异于未来期间转回时,导致企业应交所得税金额的减少或增加的情况。适用税率变动的情况下,应对原已确认的递延所得税资产及递延所得税负债的金额进行调整,反映税率变化带来的影响。

除直接计入所有者权益的交易或事项产生的递延所得税资产及递延所得税负债,相关的调整金额应计入所有者权益以外,其他情况下因税率变化产生的调整金额应确认为税率变化当期的所得税费用(或收益)。

四、所得税费用的确认和计量

所得税会计的主要目的之一是为了确定当期应交所得税以及利润表中的所得税费用。在按照资产负债表债务法核算所得税的情况下,利润表中的所得税费用包括当期所得税和递延所得税两个部分。

(一)当期所得税

当期所得税是指企业按照税法规定计算确定的针对当期发生的交易和事项,应缴纳给税务部门的所得税金额,即当期应交所得税。

企业在确定当期应交所得税时,对于当期发生的交易或事项,会计处理与税法处理不同的,应在会计利润的基础上,按照适用税收法规的规定进行调整,计算出当期应纳税所得额,按照应纳税所得额与适用所得税税率计算确定当期应交所得税。一般情况下,应纳税所得额可在会计利润的基础上,考虑会计与税收法规之间的差异,按照以下公式计算确定:

应纳税所得额=会计利润+按照会计准则规定计入利润表但计税时不允许税前扣除的费用±计入利润表的费用与按照税法规定可予税前扣除的金额之间的差额±计入利润表的收入与按照税法规定应计入应纳税所得额的收入之间的差额-税法规定的不征税收入±其他需要调整的因素

（二）递延所得税

递延所得税是指按照所得税准则规定当期应予确认的递延所得税资产和递延所得税负债金额，即递延所得税资产及递延所得税负债当期发生额的综合结果，但不包括计入所有者权益交易或事项的所得税影响。用公式表示为：

递延所得税=（递延所得税负债的期末余额-递延所得税负债的期初余额）-（递延所得税资产的期末余额-递延所得税资产的期初余额）

应予说明的是，企业因确认递延所得税资产和递延所得税负债产生的递延所得税，一般应当计入所得税费用，但以下两种情况除外：

一是某项交易或事项按照会计准则规定应计入所有者权益的，由该交易或事项产生的递延所得税资产或递延所得税负债及其变化亦应计入所有者权益，不构成利润表中的递延所得税费用（或收益）。

[例25] A企业持有的某项可供出售金融资产，成本为800万元，会计期末，其公允价值为900万元，该企业适用的所得税税率为25%。除该事项外，该企业不存在其他会计与税收法规之间的差异，且递延所得税资产和递延所得税负债不存在期初余额。

会计期末在确认100万元的公允价值变动时，账务处理为：

借：可供出售金融资产　　　　　　　　　　　　1 000 000
　　贷：资本公积——其他资本公积　　　　　　　　　　　1 000 000

确认应纳税暂时性差异的所得税影响时，账务处理为：

借：资本公积——其他资本公积　　　　　　　　250 000
　　贷：递延所得税负债　　　　　　　　　　　　　　　　250 000

二是企业合并中取得的资产、负债，其账面价值与计税基础不同，应确认相关递延所得税的，该递延所得税的确认影响合并中产生的商誉或是计入当期损益的金额，不影响所得税费用，有关举例见[例22]。

（三）所得税费用

计算确定了当期所得税及递延所得税以后，利润表中应予确认的所得税费用为两者之和，即所得税费用=当期所得税+递延所得税

[例26] A公司2×10年度利润表中利润总额为3 000万元，该公司适用的所得税税率为25%。递延所得税资产及递延所得税负债不存在期初余额。与所得税核算有关的情况如下：

2×10年发生的有关交易和事项中，会计处理与税收处理存在差别的有：

① 2×10年1月开始计提折旧的一项固定资产,成本为1 500万元,使用年限为10年,净残值为0,会计处理按双倍余额递减法计提折旧,税收处理按直线法计提折旧。假定税法规定的使用年限及净残值与会计规定相同。

② 向关联企业捐赠现金500万元。假定按税法规定,企业向关联方捐赠不允许税前扣除。

③ 当期取得作为交易性金融资产核算的股票投资成本为800万元,2×10年12月31日的公允价值为1 200万元。税法规定,以公允价值计量的金融资产持有期间市价变动不计入应纳税所得额。

④ 违反环保法规定应支付罚款250万元。

⑤ 期末对持有的存货计提了75万元的存货跌价准备。

分析:

① 2×10年度当期应交所得税:

应纳税所得额=3 000+150+500−400+250+75=3 575(万元)

应交所得税=3 575×25%=893.75(万元)

② 2×10年度递延所得税:

递延所得税资产=225×25%=56.25(万元)

递延所得税负债=400×25%=100(万元)

递延所得税=100−56.25=43.75(万元)

③ 利润表中应确认的所得税费用:

所得税费用=893.75+43.75=937.5(万元)

确认所得税费用的账务处理如下:

借:所得税费用	9 375 000
递延所得税资产	562 500
贷:应交税费——应交所得税	8 937 500
递延所得税负债	1 000 000

该公司2×10年资产负债表相关项目金额及其计税基础如表7-5所示。

表7-5 单位:万元

项　　目	账面价值	计税基础	差　　异	
			应纳税暂时性差异	可抵扣暂时性差异
存货	2 000	2 075		75
固定资产				
固定资产原价	1 500	1 500		

续表

项　　目	账面价值	计税基础	差异	
			应纳税暂时性差异	可抵扣暂时性差异
减:累计折旧	300	150		
减:固定资产减值准备	0	0		
固定资产账面价值	1 200	1 350		150
交易性金融资产	1 200	800	400	
其他应付款	250	250		
总　　计			400	225

[例27] 承[例26]中有关资料,假定A公司2×10年当期应交所得税为1 155万元。资产负债表中有关资产、负债的账面价值与其计税基础相关资料如表7-6所示,除所列项目外,其他资产、负债项目不存在会计和税收的差异。

分析：

① 当期所得税＝当期应交所得税＝1 155(万元)

② 递延所得税：

  期末递延所得税负债　　　　　　　　　　(675×25%)　168.75

  期初递延所得税负债　　　　　　　　　　　　　　　100.00

  递延所得税负债增加　　　　　　　　　　　　　　　　68.75

  期末递延所得税资产　　　　　　　　　　(740×25%)　185.00

  期初递延所得税资产　　　　　　　　　　　　　　　　56.25

  递延所得税资产增加　　　　　　　　　　　　　　　　128.75

  递延所得税＝68.75－128.75＝－60(万元)(收益)

③ 确认所得税费用：

  所得税费用＝1 155－60＝1 095(万元)

确认所得税费用的账务处理如下：

借:所得税费用　　　　　　　　　　　　　　　　　10 950 000

  递延所得税资产　　　　　　　　　　　　　　　1 287 500

 贷:递延所得税负债　　　　　　　　　　　　　　　　687 500

  应交税费——应交所得税　　　　　　　　　　　11 550 000

表 7-6 单位:万元

项目	账面价值	计税基础	差异	
			应纳税暂时性差异	可抵扣暂时性差异
存货	4 000	4 200		200
固定资产				
固定资产原价	1 500	1 500		
减:累计折旧	540	300		
减:固定资产减值准备	50	0		
固定资产账面价值	910	1 200		290
交易性金融资产	1 675	1 000	675	
预计负债	250	0		250
总计			675	740

(四)合并财务报表中因抵消未实现内部销售损益产生的递延所得税

企业在编制合并财务报表时,因抵消未实现内部销售损益导致合并资产负债表中资产、负债的账面价值与其在纳入合并范围的企业按照适用税法规定确定的计税基础之间产生暂时性差异的,在合并资产负债表中应当确认递延所得税资产或递延所得税负债,同时调整合并利润表中的所得税费用,但与直接计入所有者权益的交易或事项及企业合并相关的递延所得税除外。

企业在编制合并财务报表时,按照合并报表的编制原则,应将纳入合并范围的企业之间发生的未实现内部交易损益予以抵消,因此对于所涉及的资产负债项目在合并资产负债表中列示的价值与其所属的企业个别资产负债表中的价值会不同,并进而可能产生与有关资产、负债所属个别纳税主体计税基础的不同,从合并财务报表作为一个完整经济主体的角度,应当确认该暂时性差异的所得税影响。

[例28] A公司拥有B公司80%有表决权股份,能够控制B公司的生产经营决策。2×10年9月A公司以800万元将自产产品一批销售给B公司,该批产品在A公司的生产成本为500万元。至2×10年12月31日,B公司尚未对外销售该批商品。假定涉及商品未发生减值。A、B公司适用的所得税税率均为25%,且在未来期间预计不会发生变化。税法规定,企业的存货以历史成本作为计税基础。

A公司在编制合并财务报表时,对于与B公司发生的内部交易应进行以下抵消处理:

借:营业收入　　　　　　　　　　　　　　　　　　　　8 000 000
　　贷:营业成本　　　　　　　　　　　　　　　　　　　　　　5 000 000

存货　　　　　　　　　　　　　　　　　　　　　　　　　　　3 000 000

经过上述抵消处理后,该项内部交易中涉及的存货在合并资产负债表中体现的价值为 500 万元,即未发生减值的情况下,为出售方的成本,其计税基础为 800 万元,两者之间产生了 300 万元可抵扣暂时性差异,与该暂时性差异相关的递延所得税在 B 公司并未确认,为此在合并财务报表中应进行以下处理:

借:递延所得税资产　　　　　　　　　　　　　　　　　　　750 000
　　贷:所得税费用　　　　　　　　　　　　　　　　　　　　750 000

[例 29] A 公司于 2×10 年 1 月设立,采用资产负债表债务法核算所得税费用,适用的所得税税率为 25%。该公司 2×10 年利润总额为 6 000 万元,当年发生的交易或事项中,会计规定与税法规定存在差异的项目如下:

(1) 2×10 年 2 月 1 日至 7 月 1 日,A 公司研究开发一项专利技术,共发生研究开发支出 500 万元,其中符合资本化条件的开发支出共计 360 万元。7 月 1 日,该专利技术达到预定用途,会计和税法均采用直线法按 10 年摊销。假定税法规定,企业为开发新技术、新产品、新工艺发生的研究开发费用,未形成无形资产计入当期损益的,在按照规定据实扣除的基础上,按照研究开发费用的 50% 加计扣除;形成无形资产的,按照无形资产成本的 150% 摊销。

(2) 按照销售合同规定,长江公司承诺对销售的 X 产品提供 3 年免费售后服务。长江公司 2×10 年销售的 X 产品预计在售后服务期间将发生的费用为 200 万元,已计入当期损益。税法规定,与产品售后服务相关的支出在实际发生时允许税前扣除。长江公司 2×10 年实际发生售后服务支出 50 万元。

(3) 长江公司 2×10 年以 1 000 万元取得一项到期还本付息的国债投资,作为持有至到期投资核算。该投资实际利率与票面利率相差较小,长江公司采用票面利率计算确认利息收入,当年确认国债利息收入 50 万元,计入持有至到期投资账面价值,该国债投资在持有期间未发生减值。税法规定,国债利息收入免征所得税。

(4) 2×10 年 12 月 31 日,长江公司对大海公司长期股权投资按权益法核算确认的投资收益为 100 万元,该项投资于 2×10 年 3 月 1 日取得,取得时成本为 1 000 万元(税法认定的取得成本也为 1 000 万元),该项长期股权投资 2×10 年持有期间除确认投资收益外,未发生其他增减变动事项。假定长江公司和大海公司适用的所得税税率相同。长江公司没有出售该长期股权投资的计划。

(5) 2×10 年 4 月,长江公司自公开市场购入基金,作为交易性金融资产核算,取得成本为 500 万元;2×10 年 12 月 31 日该基金的公允价值为 400 万元,公允价值相对账面价值的变动已计入当期损益,持有期间基金未进行分配。税法规定,该类资产在持有期间公允价值变动不计入应纳税所得额,待处置时一并计算应计入应纳税所得额的金额。

(6) 2×10年5月,长江公司自公开市场购入W公司股票,作为可供出售金融资产核算,取得成本为1 000万元;2×10年12月31日该股票公允价值为1 100万元,公允价值相对账面价值的变动已计入所有者权益,持有期间股票未进行分配。税法规定,该类资产在持有期间公允价值变动不计入应纳税所得额,待处置时一并计算应计入应纳税所得额的金额。

(7) 2×10年3月1日,长江公司向高级管理人员授予现金股票增值权,2×10年12月31日此项确认的应付职工薪酬余额为300万元。税法规定,实际支付时可计入应纳税所得额。

其他相关资料:

(1) 假定预期未来期间长江公司适用的所得税税率不发生变化。

(2) 长江公司预计未来期间能够产生足够的应纳税所得额以抵扣可抵扣暂时性差异。

要求:

(1) 确定长江公司上述交易或事项中资产、负债在2×10年12月31日的计税基础,同时比较其账面价值与计税基础,计算所产生的应纳税暂时性差异或可抵扣暂时性差异金额。

(2) 计算长江公司2×10年应纳税所得额、应交所得税、递延所得税和所得税费用。

(3) 编制长江公司2×10年确认所得税费用的会计分录。

分析:

(1):

① 无形资产账面价值=360-360÷10×6/12=342(万元)

无形资产计税基础=342×150%=513(万元)

无形资产形成的可抵扣暂时性差异=513-342=171(万元)

注:此项可抵扣暂时性差异不符合确认递延所得税资产条件,不能确认递延所得税资产。

② 预计负债账面价值=200-50=150(万元)

预计负债计税基础=150-150=0

预计负债形成的可抵扣暂时性差异=150(万元)

③ 持有至到期投资账面价值=1 050(万元)

计税基础=1 050(万元)

国债利息收入形成的暂时性差异=0

④ 长期股权投资账面价值=1 000+100=1 100(万元)

因没有出售长期股权投资的计划,所以:

长期股权投资计税基础＝1 100(万元)

此项不产生暂时性差异。

⑤ 交易性金融资产账面价值＝400(万元)

交易性金融资产计税基础＝500(万元)

交易性金融资产形成的可抵扣暂时性差异＝500－400＝100(万元)

⑥ 可供出售金融资产账面价值＝1 100 万元

可供出售金融资产计税基础＝1 000 万元

可供出售金融资产形成的应纳税暂时性差异＝1 100－1 000＝100(万元)

⑦ 应付职工薪酬账面价值＝300 万元

应付职工薪酬计税基础＝300－300＝0

应付职工薪酬产生可抵扣暂时性差异＝300(万元)

(2):

① 应纳税所得额＝6 000－(500－360)×50%－360÷10×6/12×50%＋150－50－100＋100＋300＝6 321(万元)

② 应交所得税＝6 321×25%＝1 580.25(万元)

③ 递延所得税：

递延所得税资产＝(150＋100＋300)×25%＝137.5(万元)

递延所得税负债＝100×25%＝25(万元)

递延所得税＝25－137.5＝－112.5(万元)

④ 所得税费用＝1 580.25－137.5＝1 442.75(万元)

(3) 分录：

借：所得税费用　　　　　　　　　　　　　　　　1 442.75
　　递延所得税资产　　　　　　　　　　　　　　　137.50
　　资本公积——其他资本公积　　　　　　　　　　25.00
贷：应交税费——应交所得税　　　　　　　　　　1 580.25
　　递延所得税负债　　　　　　　　　　　　　　　25

[例30] 大海公司 2×07 年 1 月 1 日递延所得税资产为 66 万元,递延所得税负债为 99 万元,适用的所得税税率为 33%。根据 2×07 年颁布的新税法规定,自 2×08 年 1 月 1 日起,该公司适用的所得税税率变更为 25%。

该公司 2×07 年利润总额为 4 960 万元,涉及所得税会计的交易或事项如下：

(1) 2×07 年 1 月 1 日,以 2 000 万元自证券市场购入当日发行的一项 3 年期到期还本付息国债。该国债票面金额为 2 000 万元,票面年利率和实际利率均为 5%,到期日为 2×09 年 12 月 31 日。大海公司将该国债作为持有至到期投资核算。

税法规定,国债利息收入免交所得税。

(2) 2×06年12月15日,大海公司购入一项管理用设备,支付购买价款、运输费、安装费等共计1 200万元。12月26日,该设备经安装达到预定可使用状态。大海公司预计该设备使用年限为10年,预计净残值为零,采用年限平均法计提折旧。

税法规定,该类固定资产的折旧年限为20年。假定大海公司该设备预计净残值和采用的折旧方法符合税法规定。

(3) 2×07年6月20日,大海公司因废水超标排放被环保部门处以100万元罚款,罚款已用银行存款支付。

税法规定,企业违反国家法规所支付的罚款不允许在税前扣除。

(4) 2×07年9月12日,大海公司自证券市场购入某股票,支付价款200万元(假定不考虑交易费用)。大海公司将该股票作为交易性金融资产核算。12月31日,该股票的公允价值为220万元。

假定税法规定,交易性金融资产持有期间公允价值变动金额不计入应纳税所得额,待出售时一并计入应纳税所得额。

(5) 2×07年10月10日,大海公司由于为B公司银行借款提供担保,B公司未如期偿还借款,而被银行提起诉讼,要求其履行担保责任。12月31日,该诉讼尚未审结。大海公司预计履行该担保责任很可能支出的金额为1 000万元。

税法规定,企业为其他单位债务提供担保发生的损失不允许在税前扣除。

(6) 其他有关资料如下:

① 大海公司预计2×07年1月1日存在的暂时性差异将在2×08年1月1日以后转回。

② 大海公司上述交易或事项均按照企业会计准则的规定进行了处理。

③ 大海公司预计在未来期间有足够的应纳税所得额用于抵扣可抵扣暂时性差异。

要求:

(1) 根据上述交易或事项,填列"大海公司2×07年12月31日暂时性差异计算表"。

大海公司2×07年12月31日暂时性差异计算表 单位:万元

项目	账面价值	计税基础	暂时性差异	
			应纳税暂时性差异	可抵扣暂时性差异
持有至到期投资				
固定资产				
交易性金融资产				
预计负债				

(2) 计算大海公司 2×07 年应纳税所得额和应交所得税。
(3) 计算大海公司 2×07 年应确认的递延所得税和所得税费用。
(4) 编制大海公司 2×07 年确认所得税费用的相关会计分录。

分析：

(1) 大海公司 2×07 年 12 月 31 日暂时性差异计算表填列：

单位：万元

项目	账面价值	计税基础	暂时性差异	
			应纳税暂时性差异	可抵扣暂时性差异
持有至到期投资	2 100	2 100		
固定资产	1 080	1 140		60
交易性金融资产	220	200	20	
预计负债	1 000	1 000		

① 持有至到期投资账面价值＝2 000×(1＋5％)＝2 100(万元)，因国债利息免税，所以其计税基础与其账面价值相等。

② 固定资产账面价值＝1 200－1 200÷10＝1 080 万元，计税基础＝1 200－1 200÷20＝1 140(万元)。

③ 交易性金融资产账面价值＝220(万元)，计税基础＝200(万元)。

④ 预计负债的账面价值＝1 000(万元)，计税基础＝1 000(万元)。

(2)：

税前会计利润	4 960
加：本期多计提折旧	60
罚款	100
预计负债	1 000
减：国债利息收入	100
公允价值变动损益	20
应纳税所得额	6 000

应交所得税＝6 000×33％＝1 980(万元)

(3)：

大海公司 2×07 年应确认的递延所得税负债＝(99÷33％＋20)×25％－99＝－19 (万元)

大海公司 2×07 年应确认的递延所得税资产＝(66÷33％＋60)×25％－66＝－1 (万元)

大海公司 2×07 年应确认的递延所得税＝－19－(－1)＝－18(万元)

大海公司 2×07 年应确认的所得税费用＝1 980＋(－18)＝1 962(万元)

(4):

借:所得税费用　　　　　　　　　　　　　　　　　　1 962
　　递延所得税负债　　　　　　　　　　　　　　　　　　19
　贷:应交税费——应交所得税　　　　　　　　　　　　　　　　1 980
　　　递延所得税资产　　　　　　　　　　　　　　　　　　　　　1

(五) 所得税的列报

企业对所得税的核算结果,除利润表中列示的所得税费用以外,在资产负债表中形成的应交税费(应交所得税)以及递延所得税资产和递延所得税负债应当遵循准则规定列报。其中,递延所得税资产和递延所得税负债一般应当分别作为非流动资产和非流动负债在资产负债表中列示,所得税费用应当在利润表中单独列示,同时还应在附注中披露与所得税有关的信息。

一般情况下,在个别财务报表中,当期所得税资产与负债及递延所得税资产及递延所得税负债可以以抵消后的净额列示。在合并财务报表中,纳入合并范围的企业中,一方的当期所得税资产或递延所得税资产与另一方的当期所得税负债或递延所得税负债一般不能予以抵消,除非所涉及的企业具有以净额结算的法定权利并且意图以净额结算。

[本章小结]

新企业所得税法按照"简税制、宽税基、低税率、严征管"的要求,并按照贯彻公平税负、落实科学发展观、发挥调控作用、参照国际惯例、理顺分配关系、有利于征收管理的原则,在税制基本要素的设计、优惠政策的安排、征管措施的制定等方面,更加科学、规范、合理。

新企业所得税会计准则引入了两个重要概念,即"计税基础"和"暂时性差异",这也是所得税会计准则的核心要点。新准则将计税差异对所得税的影响额,赋予了真实内涵,即"递延所得税资产"和"递延所得税负债"。因其来源于资产负债表,产生于资产或负债的账面价值与其计税基础之差,必然更加符合资产和负债的涵义,其所反映的纳税影响也与当前和今后的现金流量相关,所提供的财务信息也更为有用,在资产负债表中列示亦更具有实际意义。这明显区别于旧准则中的递延所得税借项或贷项,因其来源于利润表,仅是会计利润乘以税率与应交所得税倒轧出的一种纯粹递延调节项目,既非资产,也非负债。

新准则体现了目前国际上通行的"资产负债表观",与以收入费用为重心的旧准则

"利润表观"截然不同。与旧准则相比较,新准则不仅要求确认和计量计税差异对所得税费用和净利润的影响,而且还要求确认和计量其对资产负债表项目的影响,即递延所得税资产或递延所得税负债,其会计处理相对要复杂得多。

[相关法规链接]

1.《中华人民共和国企业所得税法》(2007年3月16日第十届全国人民代表大会第五次会议发布,自2008年1月1日起施行)

2.《中华人民共和国企业所得税法实施条例》(2007年12月6日国务院令第512号发布,自2008年1月1日起施行)

3.《中华人民共和国税收征收管理法》(2001年4月28日第九届全国人民代表大会常务委员会第二十一次会议修订,自2001年5月1日起施行)

4.《中华人民共和国税收征收管理法实施细则》(2002年9月7日国务院发布,自2002年10月15日起施行)

5.《企业所得税核定征收办法》(试行)(2008年3月6日国家税务总局发布,自2008年1月1日起施行)

6.《企业会计准则》(2006年2月15日财政部发布,自2007年1月1日起施行)

7.《企业会计准则——应用指南》(2006年10月30日财政部发布,自2007年1月1日起施行)

8.《企业会计准则第18号——所得税》(2006年2月15日财政部发布,自2007年1月1日起施行)

[本章复习题]

1. 解释下列名词概念:
资产负债表债务法　资产的计税基础　负债的计税基础　应纳税暂时性差异　可抵扣暂时性差异

2. 简述企业所得税的计税依据。

3. 简述会计利润与应纳税所得额的联系和区别。

4. 计算应纳税所得额时,哪些支出不得扣除?

5. 所得税会计的一般程序是什么?

第八章 个人所得税会计

【本章导读】 个人所得税是我国的主体税种之一,对筹集财政收入、调节个人收入分配起着重要的作用。本章主要介绍我国现行个人所得税的主要课征制度和对个人所得税的会计核算方法。通过本章的学习,主要了解我国个人所得税的立法意义和税制特点,掌握个人所得税的主要课征制度和应纳税额的计算方法,掌握个人所得税的会计核算等内容。

第一节 个人所得税概述

一、个人所得税的意义和特点

(一)意义

个人所得税是对在中国境内有住所,或无住所而在境内居住满一年的个人从中国境内和境外取得的所得以及对在中国境内无住所又不居住或者无住所而在境内居住不满一年的个人,从中国境内取得的所得征收的一种税。我国现行的个人所得税是在原个人所得税、个人收入调节税和城乡个体工商业户所得税的基础上修改合并而成的,从1994年1月1日起施行。

在社会主义市场经济条件下,个人所得税的意义主要是:

(1)有利于调节公民个人间收入的过分悬殊,贯彻社会主义分配原则;
(2)有利于经济体制改革的顺利进行,促进社会主义市场经济的发展;
(3)有利于引导和促进个体工商业户的健康发展;
(4)有利于保护国家权益,贯彻对外开放方针;
(5)有利于增强公民的纳税意识,保证财政收入。

(二)特点

我国现行的《个人所得税法》是在"统一税法,简化税制,公平税负,合理负担"的原则下,参照国际惯例,经过科学认证修改而成的。它与修改前的《个人所得税法》相比,有如下特点:

(1)参照国际惯例实行居民管辖权;

(2) 采用分项所得税制；

(3) 加大了费用扣除额，规定了附加减除费用；

(4) 减轻了个体经营者的税收负担；

(5) 加大了对高收入者的税收调节力度；

(6) 扩大了免税项目的范围，增加了减税条款；

(7) 增加了捐赠扣除内容。

二、个人所得税的纳税人和课税对象

(一) 纳税人

个人所得税的纳税人包括中国公民、个体工商业户和在中国有所得的外籍人员（包括无国籍人员，下同）、华侨以及香港、澳门、台湾同胞。

上述纳税人，要按照国际通常做法，依据住所和居住时间两个标准，划分为居民和非居民，分别承担不同的纳税义务。

1. 居民纳税人

居民纳税人负有无限纳税义务。其所取得的应税所得，无论是来源于中国境内还是中国境外任何地方，都要在中国缴纳个人所得税。根据《个人所得税法》规定，居民纳税人是指在中国境内有住所，或者无住所而在中国境内居住满一年的个人。它包括以下两类：

(1) 在中国境内定居的中国公民和外国侨民，但不包括虽有中国国籍，却并没有在中国大陆定居，而是侨居海外或港澳台且在中国境内居住不满一年的华侨和香港、澳门、台湾同胞；

(2) 从公历1月1日起至12月31日止，在中国境内居住满一年的外国人、海外侨胞和香港、澳门、台湾同胞。

2. 非居民纳税人

非居民纳税人，是指不符合居民纳税人判定标准（条件）的纳税人。非居民纳税人承担有限的纳税义务，就其来源于中国境内的所得，向中国缴纳个人所得税。根据我国《个人所得税法》规定，非居民纳税人是在中国境内无住所又不居住，或无住所且居住不满一年的个人。也就是说，非居民纳税人，是指习惯性居住地不在中国境内，而且不在中国居住，或者在一个纳税年度内，在中国境内居住不满一年的个人。

(二) 课税对象

下列各项个人所得，应纳个人所得税：

(1) 工资、薪金所得；

(2) 个体工商户的生产经营所得；

(3) 对企事业单位的承包经营、承租经营所得；

(4) 劳务报酬所得；

(5) 稿酬所得；

(6) 特许权使用费所得；

(7) 利息、股息、红利所得；

(8) 财产租赁所得；

(9) 财产转让所得；

(10) 偶然所得；

(11) 经国务院财政部门确定征税的其他所得。

个人取得的所得，难以界定应税所得项目的，由主管税务机关确定。

第二节 个人和个体工商户应纳个人所得税额的计算和缴纳

一、个人所得税的税率

个人所得税由于实行按所得项目分项征税，因此，根据纳税人取得的所得项目不同分别设置了不同税率，采取不同的征税方法。目前个人所得税的税率设置有比例税率和超额累进税率两种形式。

(1) 工资、薪金所得，适用七级超额累进税率，税率为3％～45％，见表8-1。

表 8-1　工资、薪金所得适用税率表

级数	全月应纳税所得额		税率（％）	速算扣除数
	含税级距	不含税级距		
1	不超过1 500元的	不超过1 455元的	3	0
2	超过1 500元至4 500元的部分	超过1 455元至4 155元的部分	10	105
3	超过4 500元至9 000元的部分	超过4 155元至7 755元的部分	20	555
4	超过9 000元至35 000元的部分	超过7 755元至27 255元的部分	25	1 005
5	超过35 000元至55 000元的部分	超过27 255元至41 255元的部分	30	2 755
6	超过55 000元至80 000元的部分	超过41 255元至57 505元的部分	35	5 505
7	超过80 000元的部分	超过57 505元的部分	45	13 505

注：① 本表所列含税级距与不含税级距，均为按照税法规定减除有关费用后的所得额。

② 含税级距适用于由纳税人负担税款的工资、薪金所得；不含税级距适用于由他人（单位）代付税款的工资、薪金所得。

(2) 个体工商户的生产经营所得和对企事业单位承包经营、承租经营所得，适用五级超额累进税率，税率为5％～35％，见表8-2。

表 8-2 个体工商户的生产经营所得和对企事业单位承包经营、承租经营所得税率表

级数	全月应纳税所得额 含税级距	全月应纳税所得额 不含税级距	税率（％）	速算扣除数
1	不超过 15 000 元的	不超过 14 250 元的	5	0
2	超过 15 000 元至 30 000 元的部分	超过 14 250 元至 27 750 元的部分	10	750
3	超过 30 000 元至 60 000 元的部分	超过 27 750 元至 51 750 元的部分	20	3 750
4	超过 60 000 元至 100 000 元的部分	超过 51 750 元至 79 750 元的部分	30	9 750
5	超过 100 000 元的部分	超过 79 750 元的部分	35	14 750

注：① 本表所列含税级距与不含税级距，均为按照税法规定以每一纳税年度的收入总额减除成本、费用以及损失后的所得额。

② 含税级距适用于个体工商户的生产、经营所得和由纳税人负担税款的对企事业单位的承包经营、承租经营所得；不含税级距适用于由他人（单位）代付税款的对企事业单位的承包经营、承租经营所得。

（3）稿酬所得，适用比例税率，税率为 20％，并按应纳税额减征 30％，故实际税率为 14％。

（4）劳务报酬所得，适用比例税率，税率为 20％。对劳务报酬所得一次收入畸高的，可以实行加成征收。所谓劳务报酬所得一次收入畸高，是指个人一次取得劳务报酬，其应纳税所得额超过 2 万元。对应纳税所得额超过 2 万元至 5 万元的部分，依照税法规定计算应纳税额后再按应纳税额加征五成；超过 5 万元的部分，加征十成。因此，劳务报酬所得实际上适用 20％、30％、40％的三级超额累进税率。见表 8-3。

表 8-3 劳务报酬所得适用税率表

级数	每次应纳税所得额	每次不含税劳务报酬收入额	税率（％）	速算扣除数
1	不超过 3 200 元	未超过 3 360 元的部分	20	0
	超过 3 200 元至 20 000 元的部分	超过 3 360 元至 21 000 元的部分	20	0
2	超过 20 000 元至 50 000 元的部分	超过 21 000 元至 49 500 元的部分	30	2 000
3	超过 50 000 元的部分	超过 49 500 元的部分	40	7 000

（5）特许权使用费所得，利息、股息、红利所得，财产租赁所得，财产转让所得，偶然所得和其他所得，适用比例税率，税率为 20％。

（6）为配合住房制度改革，从 2001 年 1 月 1 日起，对个人出租住房取得的所得暂减按 10％的税率征收个人所得税。自 2008 年 10 月 9 日起暂免征收储蓄存款利息的个人所得税。

二、个人所得税的计税依据

由于个人所得税的应税项目不同,并且取得某项所得所需费用也不相同,因此个人所得税的计税依据——应纳税所得额,需按不同应税项目分项计算,以某项应税项目的收入额减去税法规定的该项费用减除标准后的余额为该项所得的应纳税所得额。

(一) 费用减除标准

(1) 工资、薪金所得,以每月收入额减除费用扣除标准后的余额,为应纳税所得额。从2011年9月1日起费用扣除标准为每月3 500元(2011年9月1日前为每月2 000元)。

应纳税所得额的计算公式:

应纳税所得额＝每月收入额－费用扣除标准－法定准予扣除项目金额

(2) 实行查账征收的个体工商户的生产经营所得,以每一纳税年度的收入总额,减除成本、费用以及损失后的余额,为应纳税所得额。

在具体计算查账征收的个体工商户生产、经营所得的应纳税所得额时,应注意以下几个问题:

① 对个体工商户业主的费用扣除标准统一确定为42 000元/年(3 500元/月),向其从业人员实际支付的合理的工资、薪金支出,允许在税前据实扣除。

② 个体工商户在生产、经营期间借款的利息支出,凡有合法证明的,不高于按金融机构同期、同类贷款利率计算的数额的部分,准予扣除。

③ 个体工商户的年度经营如发生亏损的,其亏损经申报主管税务机关审核后,允许用下一年度经营所得弥补,下一年度所得不足弥补的,允许逐年延续弥补,但最长不得超过五年。

从2000年1月起,个人独资企业和合伙企业不再缴纳企业所得税,只对投资者取得的生产经营所得比照"个体工商户的生产经营所得"项目征收个人所得税。

应纳税所得额的计算公式:

查账征收的:应纳税所得额＝纳税年度收入总额－成本、费用、损失

核定征收的:应纳税所得额＝收入总额×应税所得率

或应纳税所得额＝成本费用支出额÷(1－应税所得率)×应税所得率

(3) 对企事业单位的承包经营、承租经营所得,以每一纳税年度的收入总额,减除必要费用后的余额,为应纳税所得额。

个人对企业、事业单位的承包、承租经营形式较多,分配方式也不尽相同,大体可分为两类:

第一类:个人对企事业单位承包、承租经营后,工商登记改变为个体工商户的,应按个体工商户的生产、经营所得项目征收个人所得税,不再征收企业所得税。

第二类:个人对企事业单位承包、承租经营后,工商登记仍为企业的,不论其分配方

式如何,均应先按照企业所得税的有关规定缴纳企业所得税,然后根据承包、承租合同(协议)规定取得的所得,依照个人所得税法的有关规定缴纳个人所得税,具体为:

① 承包、承租人对企业经营成果不拥有所有权,仅按合同(协议)规定取得一定所得的,应按工资、薪金所得项目征收个人所得税。

② 承包、承租人按协议只向发包方、出租人交纳一定的费用,交纳承包、承租费后的企业的经营成果归承包、承租人所有的,其取得的所得,按企事业单位承包、承租经营所得项目征收个人所得税。

每一纳税年度的收入总额,是指纳税人按照承包经营、承租经营合同规定分得的经营利润和工资、薪金性质的所得;减除必要费用是指按月减除工资薪金所得的费用扣除标准,即2011年9月1日起为每月3 500元。

实行承包、承租经营的纳税人,应以每一纳税年度取得的承包、承租经营所得计算纳税,在一个纳税年度内,承包、承租经营不足12个月的,以其实际承包、承租经营的月份数为一个纳税年度计算纳税。

应纳税所得额的计算公式:

应纳税所得额＝纳税年度收入总额－经营月份数×费用扣除标准

个体工商户、实行承包、承租经营的企事业单位,不能提供完整、准确的纳税资料,不能正确计算应纳税所得额的,可由主管税务机关核定其应纳税所得额。

(4) 劳务报酬、稿酬所得、特许权使用费所得、财产租赁所得,每次收入不超过4 000元的,减除费用800元;每次收入为4 000元以上的,减除20%的费用,其余额为应纳税所得额。

纳税人出租财产取得财产租赁收入,在计算征税时,可扣除税法规定减除费用,凭完税凭证,扣除出租财产过程中缴纳的税金、教育费附加;凭有效、准确凭证,证明由纳税人负担的该出租财产实际开支的修缮费用,允许扣除修缮费用,以每次800元为限,一次扣除不完,准予下次继续扣除,直至扣完为止。

应纳税所得额的计算公式:

每次收入不超过4 000元的:应纳税所得额＝每次收入额－准予扣除项目－800元

每次收入超过4 000元的:应纳税所得额＝(每次收入额－准予扣除项目)×(1－20%)

(5) 财产转让所得,以转让财产的收入额减除财产原值和合理费用后的余额,为应纳税所得额。

① 财产原值是指:有价证券,为买入价以及买入时按照规定缴纳的有关费用;建筑物,为建造费或者购进价格以及其他有关费用;土地使用权,为取得土地使用权所支付的金额、开发土地的费用以及其他有关费用;机器设备、车船,为购进价格、运输费、安装费以及其他有关费用;其他财产,参照以上方法确定。纳税人未提供完整、准确的财产

原值凭证,不能正确计算财产原值的,由主管税务机关核定其财产原值。

② 合理费用是指卖出财产时按照规定支付的有关费用。

财产转让所得应纳税所得额的计算公式:

应纳税所得额＝每次收入额－财产原值－合理费用

(6) 利息、股息、红利所得、偶然所得和其他所得,以每次收入额为应纳税所得额。

① 股份制企业在分配股息、红利时,以股票形式向股东个人支付应得的股息、红利(即派发红股),应以派发红股的股票票面金额为收入额,按"股息、利息、红利所得"项目计征个人所得税。对个人投资者从上市公司(是指在上交所、深交所挂牌交易的)取得的股息、红利所得,自2005年6月13日起暂减按50%计入个人应纳税所得额,依现行税法规定计征个人所得税。

② 个人购买社会福利有奖募捐券,一次中奖收入不超过1万元的,暂免征税;超过1万元的,按税法规定全额征税。

应纳税所得额的计算公式:

应纳税所得额＝每次收入额×20%

(二) 附加减除费用适用的范围和标准

(1) 附加减除费用的适用范围,包括:

① 在中国境内的外商投资企业和外国企业中工作取得工资、薪金所得的外籍人员;

② 应聘在中国境内的企业、事业单位、社会团体、国家机关中工作取得工资、薪金所得的外籍专家;

③ 在中国境内有住所而在中国境外任职或者受雇取得工资、薪金所得的个人;

④ 财政部确定的取得工资、薪金所得的其他人员。

(2) 附加减除费用标准。上述适用范围内的人员每月工资、薪金所得在减除3 500元费用的基础上,再减除费用1 300元,合计减除4 800元。

(3) 华侨和香港、澳门、台湾同胞参照上述附加减除费用标准执行。

(三) 每次收入的确定

《个人所得税法》对纳税人取得的劳务报酬所得、稿酬所得、特许权使用费所得、财产租赁所得、财产转让所得、利息股息红利所得、偶然所得和其他所得等七项所得,都明确规定应该按次计算纳税。由于扣除费用依据每次收入额的大小,分别规定了定额和定率两种标准。因此,无论是从正确贯彻税法的立法精神,维护纳税人的合法权益方面来看,还是从避免税收漏洞,防止税款流失,保证国家税收收入方面来看,如何准确划分"次",都是十分重要的。劳务报酬所得等七个项目的"次",个人所得税法实施细则中作出了明确规定。具体是:

(1) 劳务报酬所得,根据不同劳务项目的特点,分别规定为:

① 只有一次性收入的,以取得该项收入为一次。
② 属于同一事项连续取得收入的,以1个月内取得的收入为一次。
(2) 稿酬所得。以每次出版、发表取得的收入为一次。具体又可分为:
① 同一作品再版取得的所得,应视作另一次稿酬所得计征个人所得税。
② 同一作品先在报刊上连载,然后再出版,或先出版,再在报刊上连载的,应视为两次稿酬所得征税。即连载作为一次,出版作为另一次。
③ 同一作品在报刊上连载取得收入的,以连载完成后取得的所有收入合并为一次,计征个人所得税。
④ 同一作品在发表和出版时,以预付稿酬或分次支付稿酬等形式取得的稿酬收入,应合并计算为一次。
⑤ 同一作品在出版、发表后,因添加印数而追加稿酬的,应与以前出版、发表时取得的稿酬合并计算为一次,计征个人所得税。
(3) 特许权使用费所得,以某项使用权的一次转让所取得的收入为一次。
(4) 财产租赁所得,以1个月内取得的收入为一次。
(5) 利息、股息、红利所得,以支付利息、股息、红利时取得的收入为一次。
(6) 偶然所得,以每次收入为一次。
(7) 其他所得,以每次收入为一次。
(四) 应纳税所得额的其他规定
(1) 个人将其所得通过中国境内的社会团体、国家机关向教育和其他社会公益事业以及遭受严重自然灾害地区、贫困地区捐赠,捐赠额未超过纳税人申报的应纳税所得额30%的部分,可以从其应纳税所得额中扣除。

个人通过非营利性的社会团体和国家机关向红十字事业、公益性青少年活动场所、农村义务教育、福利性和非营利性老年服务机构的捐赠,在计算缴纳个人所得税时准予全额扣除。

(2) 个人取得的应税所得,包括库存现金、实物和有价证券。所得为实物的,应当按照取得的凭证上所注明的价格计算应纳税所得额;无凭证的实物或者凭证上所注明的价格明显偏低,由主管税务机关参照当地的市场价格核定应纳税所得额;所得为有价证券的,由主管税务机关根据票面价格和市场价格核定应纳税所得额。

三、个人所得税应纳税额的计算
(一) 工资、薪金所得应纳税额的计算
工薪所得应纳税额的一般计算公式为:
应纳税额＝应纳税所得额×适用税率－速算扣除数
在计算工薪所得应纳个人所得税的税额时还需注意如下事项:
(1) 在实际工作中,有的单位或个人常常为纳税人负担税款,即支付给纳税人的报酬（包括工资、薪金、劳务报酬等所得）是不含税的净所得或称税后所得，纳税人的应纳税额由单位或个人缴纳。在这种情况下，就不能以纳税人实际取得的收入直接乘以适用税率计算，否则，就会缩小税基，还可能降低适用税率。正确的方法是将纳税人的不含税收入换算为应纳税所得额，即含税收入，然后再计算应纳税额，其计算公式为：

① 应纳税所得额＝（不含税收入额－费用扣除标准－速算扣除数）÷（1－税率）

② 应纳税额＝应纳税所得额×适用税率－速算扣除数

上述公式①中的税率，是指不含税所得所对应的税率，公式②中的适用税率，是含税所得（应纳税所得额）所对应的税率。

（2）对在中国境内有住所的个人取得全年一次性奖金（包括年终加薪、实行年薪制和绩效工资办法的单位根据考核情况兑现的年薪和绩效工资）的计算征税。对上述全年一次性奖金，先除以12个月，按其商数确定适用税率和速算扣除数；如果纳税人取得上述奖金的当月工资、薪金所得不足费用扣除额的，可将奖金收入减除"当月工薪与费用扣除额的差额"后的余额按上述办法确定适用税率和速算扣除数，再将雇员取得的全年一次性奖金按上述确定的适用税率和速算扣除数计算征税。

（3）个人因公务用车和通讯制度改革而取得的公务用车、通讯补贴收入。按月发放的，并入当月"工资、薪金所得"计征个人所得税；不按月发放的，分解到所属月份并与该月份"工资、薪金所得"合并后计征个人所得税。

现举例说明如下：

[例1] 职工丁某于2×11年12月份取得工资、薪金及各项补助收入3 800元。其中包括：(1) 按当地财政部门规定发放的差旅费津贴200元；(2) 以误餐补助名义发放现金180元；(3) 企业以库存现金形式发给丁某的住房补贴1 000元，医疗补助费400元。不包括已按政府规定代扣的下列项目：(1) 住房公积金56元；(2) 医疗保险金28元；(3) 基本养老保险金84元；(4) 失业保险金56元。试计算该企业本月应为丁某代扣代缴的个人所得税额。

应代扣代缴个人所得税＝(3 800－3 500－200)×3％－0＝3（元）。

（二）个体工商户的生产经营所得应纳税额的计算

个体工商户的生产经营所得应纳税额的计算公式为：

应纳税额＝应纳税所得额×适用税率－速算扣除数

现举例说明如下：

[例2] 黄医生经某市卫生部门批准，领取个体工商户营业执照专门从事医疗服务。2×12年1月1日，诊所正式开张营业。2×12年1月至12月，取得营业收入120 000元，成本、费用65 000元（包含黄医生每月领取的本人工资3 000元）。试计算张医生2×12年度应纳个人所得税额。

在计算"生产、经营所得"项目个人所得税时，应当注意，业主的工资不得在税前扣除,但可以按照规定的标准扣除业主的费用。

应纳税所得额＝120 000－65 000＋(3 000×12－3 500×12)＝49 000(元)

黄医生应纳税额＝49 000×20％－3 750＝6 050(元)

(三) 对企事业单位承包、承租经营所得应纳税额的计算

对企事业单位的承包经营、承租经营所得,其个人所得税应纳税额的计算公式为:

应纳税额＝应纳税所得额×适用税率－速算扣除数

现举例说明如下:

[例3] 某村卫生室共有甲、乙两名医务人员,该村村委会与甲签订承包协议,协议规定,由甲承包该村卫生室,乙的工资由甲按每月4 500元的工资标准发放。甲每年上交承包费50 000元,其余收入均归甲所有。2×12年度,甲取得营业收入260 000元,扣除各项成本、费用、税金及承包费后,实际获得经营成果85 000元。试计算2×12年度甲、乙各应交纳的个人所得税额。

根据《关于个人从事医疗服务活动征收个人所得税问题的通知》规定,对于由集体、合伙或个人出资的乡村卫生室(站),由医生承包经营,经营成果归医生个人所有,承包人取得的所得,比照"对企事业单位的承包经营、承租经营所得"应税项目缴纳个人所得税。

甲应纳税额＝(85 000－3 500×12)×20％－3 750＝4 850(元)

乡村卫生室(站)的医务人员取得的所得,按照"工资、薪金所得"应税项目缴纳个人所得税。

乙应纳税额＝[(4 500－3 500)×3％－0]×12＝360(元)

(四) 劳务报酬所得应纳税额的计算

由于劳务报酬所得对一次性收入畸高者要实行加成征收,所以计算起来较麻烦,本节前面已将加成征收幅度进行了换算,求出了相应级距的税率和速算扣除数,列出了税率表。劳务报酬所得应纳税额的计算公式为:

应纳税额＝应纳税所得额×适用税率－速算扣除数

对个人兼有不同项目劳务报酬所得,应当分别减除费用,计算纳税。

现举例说明如下:

[例4] 乔医生家有祖传秘方,退休后受某医院临时聘请坐堂门诊并售药,医院每月支付报酬2 000元,乔医生售药的收入与医院按4∶6的比例分成。2×11年10月售药收入(扣除成本、费用后)3 200元,乔医生按比例得到1 280元。此外,乔医生当月还领取原单位发放的退休工资1 700元。试计算乔医生2×11年10月份应纳个人所得税额。

乔医生的退休工资按照《个人所得税法》第四条的规定应免征个人所得税。应当注意,退休工资是单位按照国家统一规定发给本单位干部、职工的,与退休后是否工作无

关。乔医生并不是医院的职工,医院支付给乔医生的报酬是其工作所得,并不是退休工资。根据《关于个人从事医疗服务活动征收个人所得税问题的通知》规定,受医疗机构临时聘请坐堂门诊及售药,由该医疗机构支付报酬,或收入与该医疗机构按比例分成的人员,其取得的所得,按照"劳务报酬所得"应税项目缴纳个人所得税,以一个月内取得的所得为一次,税款由该医疗机构代扣代缴。

乔医生当月应纳税所得额=(2 000+1 280)-800=2 480(元)。

应纳税额=2 480×20%-0=496(元)

(五)稿酬所得、特许权使用费所得和财产租赁所得应纳税额的计算

上述三项所得在应纳税额计算时都适用比例税率,费用扣除标准是一致的,计算公式为:

应纳税额=应纳税所得额×比例税率(20%)

稿酬所得应纳税额根据税法规定还可以减征30%:

稿酬所得的应纳税额=应纳税所得额×20%×(1-30%)

=应纳税所得额×14%

现举例说明如下:

[例5] 敬兵有临街住房一套对外出租,2×11年10月获得月租金6 000元,缴纳当月营业税90元、城建税和教育费附加9元、房产税240元,支出房屋修缮费900元。试计算敬兵10月份应缴纳的个人所得税。

根据《个人所得税法》规定,对财产租赁收入,可以扣除租赁财产过程中缴纳的税金,允许扣除修缮费用,以每次800元为限,剩余部分下次继续扣除。

应纳税所得额=[每次(月)收入额-准予扣除项目-修缮费(800元为限)]
　　　　　　×(1-20%)
　　　　　=(6 000-90-9-240-800)×(1-20%)=3 888.8(元)

应纳个人所得税额=3 888.8×10%=388.88(元)

(六)财产转让所得应纳税额的计算

财产转让所得适用比例税率,其应纳税额的计算公式为:

应纳税额=应纳税所得额×20%

现举例说明如下:

[例6] 管某2×07年建房一栋,造价360 000元,支付有关税费20 000元。2×11年管某转让此栋房屋,售价600 000元,在卖房过程中按规定支付有关税费25 000元。试计算管某转让房屋应纳的个人所得税。

应纳税所得额=600 000-(360 000+20 000)-25 000=195 000(元)

转让房屋应纳税额=195 000×20%=39 000(元)

（七）利息、股息、红利所得，偶然所得和其他所得应纳税额的计算

上述三项所得计算应纳税额时均适用比例税率，且都不作费用扣除。其应纳税额的计算公式：

应纳税额＝应纳税所得额×20%

现举例说明如下：

[例7] A 股份制企业由甲、乙、丙3个自然人投资设立，投资比例为 5：3：2。为了扩大资本总额，决定用企业盈余公积金和资本公积金转增资本。其账务处理如下：

借：盈余公积——法定盈余公积　　　　　　　　600 000
　　资本公积——资本溢价　　　　　　　　　　300 000
　　贷：实收资本——甲　　　　　　　　　　　　450 000
　　　　实收资本——乙　　　　　　　　　　　　270 000
　　　　实收资本——丙　　　　　　　　　　　　180 000

要求：分别计算甲、乙、丙应纳个人所得税额。

根据国税发[1997] 198号文件规定，股份制企业用资本公积金转增股本不属于股息、红利性质的分配，对个人取得的转增股本数额，不作为个人所得，不征收个人所得税。这里所说的资本公积金仅指股份制企业股票发行收入所形成的资本公积（国税函〔1998〕289号）；股份制企业用盈余公积金派发红股属于股息、红利性质的分配，对个人取得的红利数额，应作为个人所得征税。

股东甲应纳个人所得税＝600 000×50%×20%＝60 000(元)

股东乙应纳个人所得税＝600 000×30%×20%＝36 000(元)

股东丙应纳个人所得税＝600 000×20%×20%＝24 000(元)

上述税款由派发红股的 A 公司代扣代缴。

（八）境外所得的税额扣除

在对纳税人的境外所得征税时，会存在其境外所得已在来源国或者地区缴税的实际情况。基于国家之间对同一所得应避免双重征税的原则，我国在对纳税人的境外所得行使税收管辖权时，对该所得在境外已纳税额采取了分不同情况从应征税额中予以扣除的做法。

税法规定，纳税人从中国境外取得的所得，准予在其应纳税额中扣除已在境外缴纳的个人所得税税额，但扣除额不得超过纳税人境外所得依照我国税法规定计算的应纳税额。

对这条规定需要解释的是：

(1) 税法所说的已在境外缴纳的个人所得税税额，是指纳税人从中国境外取得的所得，依照该所得来源国或者地区的法律应当缴纳并实际已经缴纳的税额。

(2) 税法所说的依照本法规定计算的应纳税额，是指纳税人从中国境外取得的所

得,区别不同国家或者地区和不同应税项目,依照我国税法规定的费用扣除标准和适用税率计算的应纳税额;同一国家或地区不同的应税项目,依照我国税法计算的应纳税之和,为该国或地区的扣除限额。

纳税人在中国境外一个国家或地区实际已经缴纳的个人所得税税额,低于依照上述规定计算出的该国或地区扣除限额的,应当在中国缴纳差额部分的税款;超过该国或地区扣除限额的,其超过部分不得在本纳税年度的应纳税额中扣除,但是可以在以后纳税年度的该国或地区扣除限额的余额中补扣,补扣期限最长不得超过 5 年。

[例 8] 公民蒋某 2×11 年 1 月至 12 月在 A 国取得工薪收入 72 000 元(人民币,下同),每月工资额相同,特许权使用费收入 7 000 元,同时,又在 B 国取得利息收入 1 000 元;蒋某已分别按 A 国和 B 国税法规定,缴纳了个人所得税 1 150 元和 250 元。试计算蒋某在 A、B 两国的收入应在我国缴纳的个人所得税。

(1) 按我国税法规定计算在 A 国所得已纳税款的扣除额:

工薪所得应纳税额=$[(72\,000÷12-4\,800)×3\%-0]×12=432$(元)

特许权使用费所得应纳税额=$7\,000×(1-20\%)×20\%=1\,120$(元)

在 A 国的扣除限额=$432+1\,120=1\,552$(元)>在 A 国缴纳的个人所得税 1 150 元,因此,允许全额抵扣,并需在中国补缴税款:

应补缴税款=$1\,552-1\,150=402$(元)

(2) 按我国税法规定计算在 B 国所得已纳税款的扣除额:

利息所得应纳税额=$1\,000×20\%=200$(元)

在 B 国的扣除限额=200(元)<在 B 国缴纳的个人所得税 250 元,因此,只能在限额内抵扣 200 元,未抵扣完的 50 元,可在以后 5 年内该纳税人从 B 国取得的所得中的征税扣除限额有余额时补扣。

四、个人所得税的缴纳

(一) 纳税方法

个人所得税的纳税方法,有自行申报纳税和代扣代缴两种。

自行申报纳税,是指纳税人自己在税法规定的纳税期限内,向税务机关申报取得的应税所得项目和数额,如实填写个人所得税纳税申报表,并按照税法规定计算应纳税额,据此缴纳个人所得税的一种方法。纳税人自行申报纳税的方法,主要适用于年所得 12 万元以上的、在两处或两处以上取得工资、薪金所得的、从中国境外取得所得的和取得应税所得且没有扣缴义务人的情况。

代扣代缴,是指按照税法规定负有扣缴义务的单位或者个人,在向个人支付应纳税所得时,从其所得中扣除并缴入国库,同时向税务机关报送扣缴个人所得税报告表。这种方法,有利于控制税源、防止漏税和逃税。扣缴义务人代扣代缴的方法,主要适用于支付所得的单位或个人的库存现金支付、汇拨支付、转账支付和以有价证券和实物以及其他支付形式向个人支付应税款项的情况。

(二) 纳税地点

自行申报缴纳个人所得税的纳税人,应当在取得所得的所在地主管税务机关申报纳税,纳税人在中国境内两处或两处以上取得所得的,可由纳税人选择并固定向其中一处主管税务机关申报纳税;从中国境外取得的,可由纳税人选择向境内户籍所在地或经常居住地主管税务机关申报纳税。纳税人要求变更申报纳税地点的,须经原主管税务机关备案。

(三) 纳税期限

扣缴义务人每月应代扣的税款,自行申报纳税人每月应纳的税款,都应当在次月15日内缴入国库,并向税务机关报送纳税申报表。

工资、薪金所得应纳的税款,按月计征,由扣缴义务人或者纳税人在次月15日内缴入国库,并向税务机关报送纳税申报表。特定行业(即采掘业、远洋运输业、远洋捕捞业以及国务院财政部门确定的其他行业)的工资、薪金所得应纳的税款,可实行按年计算、分月预缴的方式计征,在年度终了后30日内,合计其全年工资、薪金所得,然后按12个月平均并计算实际应纳税额,多退少补。

实行查账征收的个体工商户的生产经营所得应纳的税款,按年计算,分月预缴,由纳税人在次月15日内预缴,在年度终了后3个月内汇算清缴,多退少补。

对企事业单位承包经营、承租经营所得应纳税款,按年计算,平时没有取得而在年终一次性取得承包经营、承租经营所得的纳税人,应当在年度终了后30日内将应纳税款缴入国库,并向税务机关报送纳税申报表。纳税人在一年内分次取得承包经营、承租经营所得的,应当在取得每次所得后的15日内预缴,年度终了后3个月内汇算清缴,多退少补。

纳税人来源于中国境外的应税所得,在境外以纳税年度计算缴纳个人所得税的,应在所得来源国的纳税年度终了结清税款后的30日内,向中国税务机关申报缴纳个人所得税。

五、个人所得税的减税免税

(一) 免税范围

个人所得税法规定,对下列个人所得免征个人所得税:

(1) 省级人民政府、国务院各部委和中国人民解放军军以上单位以及外国组织、国际组织颁发的科学、技术、文化、卫生、体育、环境保护等方面的奖金。

(2) 国债和国家发行的金融债券利息。

(3) 按照国家统一规定发给的补贴、津贴,即按国务院规定发给的政府特殊津贴和国务院规定免纳个人所得税的补贴、津贴。

(4) 福利费、抚恤金、救济金。

(5) 保险赔款。

(6) 军人的转业费、复员费。

(7) 按照国家统一规定发给干部、职工的安家费、退职费、退休工资、离休工资、离休生活补助费。

(8) 依照《中华人民共和国外交特权与豁免条例》和《中华人民共和国领事特权与豁免条例》规定免税的各国驻华使馆、领事馆的外交代表、领事馆员和其他人员的所得。

(9) 中国政府参加的国际公约、签订的协议中规定的免税所得。

(10) 对外籍个人取得的探亲费免征个人所得税。可以享受免征个人所得税优惠待遇的探亲费,仅限于外籍个人在我国的受雇地与其家庭所在地(包括配偶或父母居住地)之间搭乘交通工具且每年不超过2次的费用。

(11) 对学生个人参与"长江小小科学家"活动并获得的奖金,免予征收个人所得税。

(12) 经国务院财政部门批准免税的所得。

(二) 减征范围

个人所得税法规定对有下列情形之一的,经批准可以减征个人所得税:

(1) 残疾、孤老人员和烈属的所得。

(2) 因严重自然灾害造成重大损失的。

以上两项的减征幅度和期限由省级人民政府规定。

(3) 其他经国务院财政部门批准减税的。

第三节 个人独资企业和合伙企业投资者应纳个人所得税额的计算

一、纳税人和税率

(一) 纳税人

个人独资企业和合伙企业是指依法成立的,具有独资、合伙性质的机构或组织。

个人独资企业以投资者为纳税义务人,合伙企业以每一个合伙人为纳税义务人(以下简称投资者)。

(二) 税率

实行查账征税办法的,税率比照"个体工商户的生产经营所得",适用5%～35%的五级超额累进税率;实行核定应税所得率征收方式的,先按照应税所得率计算应纳税所得额,再按其应纳税所得额的大小,适用5%～35%的五级超额累进税率计算征收个人所得税。

二、查账征收应纳个人所得税额的计算

个人独资企业和合伙企业(以下简称企业)的应纳税所得额,等于每一纳税年度的收入总额减除成本、费用以及损失后的余额。

(一)收入总额

收入总额是指企业从事生产经营以及与生产经营有关的活动所取得的各项收入,包括商品(产品)销售收入、营运收入、劳务服务收入、工程价款收入、财产出租或转让收入、利息收入、其他业务收入和营业外收入。

个人独资企业的投资者以全部生产经营所得为应纳税所得额;合伙企业的投资者按照合伙企业的全部生产经营所得和合伙协议约定的分配比例确定应纳税所得额,合伙协议没有约定分配比例的,以全部生产经营所得和合伙人数量平均计算每个投资者的应纳税所得额。

生产经营所得,包括企业分配给投资者个人的所得和企业当年留存的所得(利润)。

(二)扣除项目

扣除项目比照《个体工商户个人所得税计税办法(试行)》(国税发〔1997〕43号)的规定确定。但下列项目的扣除依照以下规定执行:

(1)投资者的费用扣除标准,由各省、自治区、直辖市地方税务局参照个人所得税法"工资、薪金所得"项目的费用扣除标准确定。投资者的工资不得在税前扣除。

投资者兴办两个或两个以上企业的,其费用扣除标准由投资者选择在其中一个企业的生产经营所得中扣除。

这一规定的意义是:投资者的工资、薪金收入不再按照工资、薪金的规定单独征税,而是将其并入生产、经营所得一并计算,但可按照工资、薪金征税的规定计算扣除相应的费用。个人独资企业和合伙企业投资者本人的费用扣除标准统一确定为42 000元/年(3 500元/月)。

(2)个人独资企业和合伙企业向其从业人员实际支付的合理的工资、薪金支出,允许在税前据实扣除。

(3)投资者及其家庭发生的生活费用与企业生产经营费用混合在一起,并且难以划分的,全部视为投资者个人及其家庭发生的生活费用,不允许在税前扣除。

(4)企业生产经营和投资者及其家庭生活共用的固定资产,难以划分的,由主管税务机关根据企业的生产经营类型、规模等具体情况,核定准予在税前扣除的折旧费用的数额或比例。

(5)个人独资企业和合伙企业拨缴的工会经费、发生的职工福利费、职工教育经费支出分别在工资薪金总额2%、14%、2.5%的标准内据实扣除。

(6)个人独资企业和合伙企业每一纳税年度发生的广告费和业务宣传费用不超过当年销售(营业)收入15%的部分,可据实扣除;超过部分,准予在以后纳税年度结转

扣除。

(7) 个人独资企业和合伙企业每一纳税年度发生的与其生产经营业务直接相关的业务招待费支出,按照发生额的60%扣除,但最高不得超过当年销售(营业)收入的5‰。

(8) 计提的各种准备金不得扣除。

(9) 企业与其关联企业之间的业务往来,应当按照独立企业之间的业务往来收取或者支付价款、费用,未按照独立企业之间的业务往来收取或支付价款、费用的,而减少其应纳税所得额的,主管税务机关有权进行合理调整。

所称关联企业,其认定条件及税务机关调整其价款、费用的方法,按照《中华人民共和国税收征收管理法》及其实施细则的有关规定执行。

(10) 应纳税额的具体计算方法为:汇总其投资兴办的所有企业的经营所得作为应纳税所得额,以此确定适用税率,计算出全年经营所得的应纳税款,再按各企业经营所得的比重,分别计算出每个企业的应纳税额和应补缴税额。计算公式如下:

① 应纳税所得额＝Σ各个企业的经营所得

② 应纳税额＝应纳税所得额×税率－速算扣除数

③ 本企业应纳税额＝应纳税额×本企业的经营所得÷Σ各个企业的经营所得－本企业预缴的税额。

(三) 亏损弥补

(1) 企业的年度亏损,允许用本企业下一年度的生产经营所得弥补,下一年度所得不足弥补的,允许逐年延续弥补,但最长不得超过5年。

(2) 投资者兴办两个或两个以上企业的,企业的年度经营亏损不能跨企业弥补。

(3) 实行查账征税方式的个人独资企业和合伙企业改为核定征税方式后,在查账征税方式下认定的年度经营亏损未弥补完的部分,不得再继续弥补。

(四) 境外所得和清算所得

(1) 投资者来源于中国境外的生产经营所得,已在境外缴纳所得税的,可以按照个人所得税法的有关规定计算扣除已在境外缴纳的所得税。

(2) 企业进行清算时,投资者应当在注销工商登记之前,向主管税务机关结清有关税务事宜。企业的清算所得应当视为年度生产经营所得,由投资者依法缴纳个人所得税。

清算所得是指企业清算时的全部资产或者财产的公允价值扣除各项清算费用、损失、负债、以前年度留存的利润后,超过实缴资本的部分。

(五) 对外投资分回的利息或者股息、红利

个人独资企业和合伙企业对外投资分回的利息或者股息、红利,不并入企业的收入,而应单独作为投资者个人取得的利息、股息、红利所得,按"利息、股息、红利所得"应税项目计算缴纳个人所得税。以合伙企业名义对外投资分回利息或者股息、红利的,应

按比例确定各个投资者的利息、股息、红利所得,分别按"利息、股息、红利所得"应税项目计算缴纳个人所得税。

三、核定征收应纳个人所得税额的计算

(一)核定征收的范围

有下列情形之一的,主管税务机关应采取核定征收方式征收个人所得税:

(1)企业依照国家有关规定应当设置但未设置账簿的;

(2)企业虽设置账簿,但账目混乱或者成本资料、收入凭证、费用凭证残缺不全,难以查账的;

(3)纳税人发生纳税义务,未按照规定的期限办理纳税申报,经税务机关责令限期申报,逾期仍不申报的。

(二)核定征收方式

核定征收方式,包括定额征收、核定应税所得率征收以及其他合理的征收方式。

实行核定应税所得率征收方式的,应纳所得税额的计算公式如下:

(1)应纳所得税额=应纳税所得额×适用税率

(2)应纳税所得额=收入总额×应税所得率

或:成本费用支出额÷(1-应税所得率)×应税所得率

应税所得率见表8-4。

表8-4 应税所得率表

行业	应税所得率(%)
工业、商业、交通运输业	5～20
建筑业、房地产开发业	7～20
饮食服务业	7～25
娱乐业	20～40
其他行业	10～30

企业经营多业的,无论其经营项目是否单独核算,均应根据其主营项目确定其适用应税所得率。

四、税收优惠

(1)残疾人员投资兴办或参与投资兴办个人独资企业和合伙企业的,残疾人员取得的生产经营所得,符合各省、自治区、直辖市人民政府规定的减征个人所得税条件的,经本人申请,主管税务机关审核批准,可按各省、自治区、直辖市人民政府规定减征的范围和幅度,减征个人所得税。

(2)实行核定征税的投资者,不能享受个人所得税的优惠政策。

第四节 个人所得税的税务会计处理

一、个人所得税的核算科目

与其他所得税相比,个人所得税的纳税依据、税率等较为繁杂,而且除个体工商户外,个人所得税的纳税人大多通过代扣代缴方式实现纳税义务。个体工商户、个人独资企业和合伙企业缴纳所得税的核算程序、基本内容,与内资企业基本相同。其他个人所得税的纳税人如果按照规定可以直接向税务机关申报缴纳的,那么企事业单位不必对其进行核算;如果按规定是由单位代扣代缴的,那么企事业单位作为扣缴义务人,应对扣缴的税款进行税务会计处理。

个体工商户、个人独资企业和合伙企业的个人所得税作为其实现利润的一种费用与企业所得税的核算基本相同,通过"所得税费用"科目借方归集,贷方应记入"应交税费——应交个人所得税"科目进行核算。

企事业单位作为扣缴义务人扣缴的工资、薪金所得税税款,实际上是纳税人所得工资、薪金的一部分,对其核算同工资、薪金核算一样,通过"应付职工薪酬"科目进行核算,扣缴的税款通过"应交税费——应交个人所得税"科目进行核算。扣缴义务人扣缴税款取得的2%的手续费,作为扣缴义务人的营业外收入。

二、个人所得税的账务处理

按现行会计制度规定,个体工商户、个人独资企业和合伙企业在发生个人所得税时,借记"所得税费用"科目,贷记"应交税费——应交个人所得税"科目;在实际缴纳时,借记"应交税费——应交个人所得税"科目,贷记"银行存款"科目。"应交税费——应交个人所得税"科目期末借方余额反映预缴或多缴的个人所得税,期末贷方余额反映未缴或少缴的个人所得税。

企事业单位代扣代缴工资、薪金所得的个人所得税,借记"应付职工薪酬"科目,贷记"应交税费——应交个人所得税"科目;在实际缴纳时,借记"应交税费——应交个人所得税"科目,贷记"银行存款"科目;在实际取得代扣税款的手续费时,借记"银行存款"科目,贷记"营业外收入"科目。

本节对个人所得税账务处理的介绍将重点放在企事业单位作为扣缴义务人代扣代缴个人所得税方面,而对个体工商户、个人独资企业和合伙企业的个人所得税的账务处理完全可以参照本书第七章"企业所得税会计"中的相关内容进行学习和运用。

(一)工资、薪金所得应纳个人所得税额

[例9] 某企业聘请一外籍专家来华工作两年,7月份来华,月薪7 000元,12月末该企业发放季度奖金6 000元。该企业每月发放工资。试计算7月至11月每月应代

扣代缴该专家的个人所得税及 12 月份应代扣代缴该专家的个人所得税,并作有关分录。

(1) 月薪 7 000 元,7 月至 11 月每月应缴纳个人所得税时:

应代扣代缴个人所得税 =(7 000－4 800)×10%－105=115(元)

借:应付职工薪酬　　　　　　　　　　　　　　　　　7 000
　　贷:库存现金(或银行存款)　　　　　　　　　　　　　6 885
　　　　应交税费——应交个人所得税　　　　　　　　　　　115

同时,每月企业向税务机关实际缴纳税款时:

借:应交税费——应交个人所得税　　　　　　　　　　115
　　贷:银行存款　　　　　　　　　　　　　　　　　　　115

(2) 12 月末发放的季度奖金应作为工薪所得的一部分,12 月份应缴纳个人所得税时:

应代扣代缴个人所得税 =(7 000+6 000－4 800)×20%－555=1 085(元)

借:应付职工薪酬　　　　　　　　　　　　　　　　　13 000
　　贷:库存现金或银行存款　　　　　　　　　　　　　11 915
　　　　应交税费——应交个人所得税　　　　　　　　　　1 085

(二)个体工商户的生产经营所得应纳个人所得税额

[例 10] 某个体运输户 2×12 年度的有关经营数据资料如下:本年度耗用燃料 28 万元,购置轮胎费 1.2 万元,计提折旧 4 万元,车辆保修费 2.6 万元,缴纳养路费 1.44 万元,缴纳车船使用税 4 800 元,支付司机工资、福利 2.28 万元,支付其他管理费 4 200 元,行车事故损失 3.75 万元,获得保险公司赔偿金 2.25 万元,全年实现运输收入 54 万元,缴纳税金及附加 18 684 元,营业外收入 4.3 万元,营业外支出 2.8 万元,2×11 年度亏损 7 116 元,2×12 年度每月预缴个人所得税 600 元。试计算 2×12 年度应纳个人所得税税额和年终补缴税额,并作有关分录。

(1) 计算营运成本时:

营运成本=燃料费+轮胎费+保修费+折旧费+养路费+工资+福利费
　　　　　+行车事故损失－保险赔偿
　　　　=280 000+12 000+26 000+40 000+14 400+22 800+37 500－22 500
　　　　=410 200(元)

(2) 计算营运利润时:

营运利润=营运收入－营运成本－营运税金及附加
　　　　=540 000－410 200－18 684=111 116(元)

(3) 计算利润总额时:

利润总额=营运利润－管理费用－财务费用+营业外收入－营业外支出

$$=111\ 116-(4\ 800+4\ 200)+43\ 000-28\ 000=117\ 116(元)$$

(4) 计算应纳税所得额时:

应纳税所得额＝利润总额－允许扣除的经营亏损－业主生计费用
$$=117\ 116-7\ 116-42\ 000=68\ 000(元)$$

(5) 计算应纳税额时:

应纳税额＝$68\ 000\times30\%-9\ 750=10\ 650(元)$

(6) 计算应补税款时:

应补税额＝全年应纳税额－全年已预缴税额
$$=10\ 650-600\times12=3\ 450(元)$$

① 个体运输户每月预缴个人所得税时:

借:所得税费用　　　　　　　　　　　　　　　　　　600
　　贷:应交税费——应交个人所得税　　　　　　　　　　600

② 实际向税务机关预缴时:

借:应交税费——应交个人所得税　　　　　　　　　600
　　贷:银行存款　　　　　　　　　　　　　　　　　　　600

③ 年终汇算清缴,应补缴税款时:

借:所得税费用　　　　　　　　　　　　　　　　　　3 450
　　贷:应交税费——应交个人所得税　　　　　　　　　3 450
借:应交税费——应交个人所得税　　　　　　　　　3 450
　　贷:银行存款　　　　　　　　　　　　　　　　　　3 450

因此,该户全年应纳税款 10 650 元,年终应补纳税款 3 450 元。

(三) 对企事业单位承包、承租经营所得应纳个人所得税额

[**例 11**] 2×12 年初,李林与某市一事业单位签订了承包经营该单位招待所的承包合同,合同规定李林预缴 8 000 元的风险抵押金,每月工资固定为 600 元,年终盈利部分承包人和被承包人实行四六分成。2×12 年度终了后,经审查,该招待所共实现利润总额 199 000 元。李林按承包合同取得 79 600 元收入。试计算承包人李林该年度应交的个人所得税税额,并作有关分录。

(1) 计算应纳税所得额时:

应纳税所得额＝承包经营分得的利润＋全年工资收入－每月应减除费用合计
$$=79\ 600+600\times12-3\ 500\times12=44\ 800(元)$$

(2) 计算应代扣代缴个人所得税时:

应纳税额＝$44\ 800\times20\%-3\ 750=5\ 210(元)$

借:应付利润　　　　　　　　　　　　　　　　　　79 600
　　贷:库存现金(或银行存款)　　　　　　　　　　　74 390

　　　　应交税费——应交个人所得税　　　　　　　　　　　　　　　　　　　5 210

(四) 劳务报酬所得应纳个人所得税额

[例12] 某歌唱演员于2×11年某月在甲地演出3天,共取得演出收入35 000元;在乙地演出2天,取得演出收入18 000元。该演员还为某企业拍广告,取得广告收入12 000元。计算该演员应缴纳的个人所得税,并作有关分录。

(1) 计算甲地演出收入应纳的个人所得税时：

应纳税所得额＝35 000×(1－20%)＝28 000(元)

应纳税额＝28 000×30%－2 000＝6 400(元)

借:管理费用　　　　　　　　　　　　　　　　　　　　　　　　35 000
　　贷:库存现金(或银行存款)　　　　　　　　　　　　　　　　　28 600
　　　　应交税费——应交个人所得税　　　　　　　　　　　　　　 6 400

(2) 计算乙地演出收入应纳的个人所得税时：

应纳税所得额＝18 000×(1－20%)＝14 400(元)

应纳税额＝14 400×20%－0＝2 880(元)

借:管理费用　　　　　　　　　　　　　　　　　　　　　　　　18 000
　　贷:库存现金(或银行存款)　　　　　　　　　　　　　　　　　15 120
　　　　应交税费——应交个人所得税　　　　　　　　　　　　　　 2 880

(3) 计算广告收入应纳的个人所得税时：

应纳税所得额＝12 000×(1－20%)＝9 600(元)

应纳税额＝9 600×20%－0＝1 920(元)

借:管理费用　　　　　　　　　　　　　　　　　　　　　　　　12 000
　　贷:库存现金(或银行存款)　　　　　　　　　　　　　　　　　10 080
　　　　应交税费——应交个人所得税　　　　　　　　　　　　　　 1 920

因此,该演员合计应纳税额＝6 400＋2 880＋1 920＝11 200(元)。

(五) 稿酬所得、特许权使用费所得和财产租赁所得应纳个人所得税额

[例13] 青年作家武江的一部长篇小说在《啄木鸟》杂志上分3期连载,杂志社第一次付给稿酬4 000元,第二次付给稿酬5 000元,第三次付给稿酬3 000元;之后,武江的这部小说又在华夏出版社以单行本发行,首先预付稿费8 000元,发行后又支付稿费14 000元。试计算杂志社和出版社应扣缴武江的个人所得税,并作有关分录。

(1) 计算连载作品,《啄木鸟》杂志社应扣缴的个人所得税时：

应纳税所得额＝(4 000＋5 000＋3 000)×(1－20%)＝9 600(元)

应纳税额＝9 600×14%＝1 344(元)

借:其他应付款　　　　　　　　　　　　　　　　　　　　　　　 3 000

  贷:库存现金(或银行存款)   1 656
    应交税费——应交个人所得税   1 344

(2)计算出版单行本,华夏出版社应扣缴的个人所得税时:

应纳税所得额=(8 000+14 000)×(1-20%)=17 600(元)

应纳税额=17 600×14%=2 464(元)

华夏出版社应扣缴个人所得税款的会计分录同上。

武江的同一作品连载和出版单行本应纳税额合计=1 344+2 464=3 808(元)

(六)财产转让所得应纳个人所得税额

[例14] 杨光和赵亮共同发明一件实用新产品,并报批了专利权。某月,两人共同决定将拥有专利权的这项小发明的专利使用权提供给一企业,该企业付给他们两人专利权使用费9 000元。杨光和赵亮两人依贡献分别获得5 500元和3 500元。试计算该企业应代扣代缴杨光和赵亮的个人所得税,并作有关分录。

(1)计算应扣缴杨光的个人所得税时:

应纳税所得额=5 500×(1-20%)=4 400(元)

应纳税额=4 400×20%=880(元)

(2)计算应扣缴赵亮的个人所得税时:

应纳税所得额=3 500-800=2 700(元)

应纳税额=2 700×20%=540(元)

杨光和赵亮共应缴纳个人所得税=880+540=1 420(元)

  借:无形资产   9 000
   贷:库存现金(或银行存款)   7 580
    应交税费——应交个人所得税   1 420

(七)利息、股息、红利所得,偶然所得和其他所得应纳个人所得税额

[例15] 桂某持有A公司发行的长期债券30张,已到期,债券面值1 000元,年利率15%。试计算支付桂某利息时应扣缴的个人所得税,并作有关分录。

应纳税所得额(应付利息)=1 000×30×15%=4 500(元)

应代扣代缴税额=4 500×20%=900(元)

  借:应付债券——应计利息   4 500
   贷:库存现金(或银行存款)   3 600
    应交税费——应交个人所得税   900

[本章小结]

个人所得是对在中国境内有住所,或无住所而在境内居住满一年的个人从中国境

内和境外取得的所得以及对在中国境内无住所又不居住或者无住所而在境内居住不满一年的个人,从中国境内取得的所得征收的一种税。征税对象包括工资、薪金所得,企事业单位承包承租经营所得,劳务报酬所得等在内的11项所得。个人所得税针对不同所得项目,规定了超额累进税率和比例税率两种形式,同时为了体现国家政策,对有关所得项目规定予以减征或加成征收。对于某些所得项目,目前个人所得税法还作出了免税、减税的优惠规定。

个人所得税的计税依据是纳税人取得的应纳税所得额,它是个人取得的各项收入减去税法规定的扣除项目或法定扣除金额之后的余额。由于个人所得税采取分项计税的方法,每项个人收入的扣除范围和扣除标准不尽相同,应纳税所得额的计算方法存在差异。我国个人所得税采取源泉扣缴税款和自行申报纳税两种纳税方法。申报纳税地点一般为收入来源地的税务机关。除特殊情况外,纳税人应在取得应税所得的次月15日内向主管税务机关申报所得并缴纳税款。

个体工商户、个人独资企业和合伙企业的个人所得税作为其实现利润的一种费用与企业所得税的核算基本相同,通过"所得税费用"科目借方归集,但贷方应记入"应交税费——应交个人所得税"科目进行核算。企事业单位作为扣缴义务人扣缴的工资、薪金所得税税款,实际上是纳税人所得工资、薪金的一部分,对其核算同工资、薪金核算一样,通过"应付职工薪酬"科目进行核算,扣缴的税款通过"应交税费——应交个人所得税"科目进行核算。

[相关法规链接]

1.《中华人民共和国个人所得税法》(2011年6月30日第十一届全国人民代表大会常务委员会第二十一次会议《关于修改〈中华人民共和国个人所得税法〉的决定》第六次修正)

2.《中华人民共和国个人所得税法实施条例》(1994年1月28日 国务院令142号发布,2011年7月19日《国务院关于修改〈中华人民共和国个人所得税法实施条例〉的决定》第三次修订)

3.《个人所得税管理办法》(2005年7月6日 国税发〔2005〕120号)

4.《对储蓄存款利息所得征收个人所得税的实施办法》(2007年7月20日 国务院令502号)

5.《财政部 国家税务总局关于调整个体工商户业主 个人独资企业和合伙企业自然人投资者个人所得税费用扣除标准的通知》(财税〔2011〕62号)

[本章复习题]

1. 在我国,个人所得税的意义是什么?

2. 个人所得税的纳税人有哪些？怎样判定居民纳税人和非居民纳税人？
3. 个人所得税的税率是如何设置的？
4. 个人所得税的纳税方法有哪两种？
5. 个人所得税法对境外所得的税额扣除是怎样规定的？

第九章　资源财产税会计

【本章导读】　本章主要介绍现行的各类资源财产税及其会计处理,主要包括资源税、城镇土地使用税、耕地占用税、土地增值税、房产税、车船税、烟叶税等。通过本章学习,应该了解各税种的特点,熟悉其纳税义务人与征税范围,掌握各税种应纳税额的计算、纳税环节及基本业务税务会计处理等。

第一节　资源税会计

一、资源税概述

（一）资源税的意义和特点

1. 意义

资源税是对在我国境内从事国有资源开发,因资源贮存和开发条件差异而形成的级差收入征收的一种税。

资源税在我国于1984年起正式开征。当时征税范围较小,只限于原油、天然气、煤炭,以及金属矿产品和其他非金属矿产品。其中,金属矿产品和其他非金属矿产品截至1991年尚未开征,而盐税则已作为独立税种进行征管。1994年税制改革,发布了《中华人民共和国资源税暂行条例》,对矿产品和盐征收资源税,扩大了资源税的征税范围,同时提高征收税额,进一步扩大了资源税的调节范围。其主要作用是:

(1) 维护和促进国有资源合理开发和使用,防止经营者乱挖滥采,减少资源损失浪费;

(2) 有效调节资源级差收入,创造公平合理的外部环境,鼓励经营者公平竞争,强化管理,提高经济效益;

(3) 正确处理国家、企业和个人之间的分配关系,避免因级差收入而形成的分配悬殊、苦乐不均现象;

(4) 适当增加国家的财政收入,同时在一定程度上弥补了增值税调节作用之不足。

2010年,根据中央新疆工作座谈会精神,经国务院批准,财政部、国家税务总局制定了《新疆原油、天然气资源税改革若干问题的规定》(财税〔2010〕54号),并于2010

6月1日起施行。资源税费改革率先在新疆进行,标志着我国资源税改革迈出了坚实的一步。2011年9月21日,经国务院第173次常务会议通过,公布了《国务院关于修改〈中华人民共和国资源税暂行条例〉的决定》,并自2011年11月1日起施行。

2. 特点

资源税的特点主要有:

(1) 作为征税对象的资源是具有商品属性的资源,即是具有使用价值和交换价值的资源;

(2) 纳入征税范围的资源均属国有资源,不仅有相对的稀有性和耗竭性,而且与社会再生产和人民生活有重大关系;

(3) 采取从量定额征税,力求简化征纳手续;

(4) 征税定额的制定,因纳税人而异,因产区而异,因产品而异,因等级而异,总之,定额高低,因户而定。

(二) 资源税的纳税人和课税对象

1. 纳税人

在中华人民共和国领域及管辖海域开采《中华人民共和国资源税暂行条例》规定的矿产品或者生产盐(以下称开采或者生产应税产品)的单位和个人,为资源税的纳税人,应当依照本条例缴纳资源税。所称"单位",是指国有企业、集体企业、私有企业、股份制企业、其他企业和行政单位、事业单位、军事单位、社会团体及其他单位;所称"个人"是指个体经营者及其他个人。

另外,从1994年1月1日起,我国规定,外国企业、中外合资企业也是资源税纳税人。

为了加强资源税的征管,适应税源小、零散,不定期开采,易漏税等情况,我国税法规定收购未税矿产品的单位为资源税的扣缴义务人,包括独立矿山、联合企业以及其他收购未税矿产品的单位。

独立矿山,是指只有采矿或只有采矿和选矿、独立核算、自负盈亏的单位。其生产的原矿和精矿主要用于对外销售。

联合企业是指采矿、选矿、冶炼(或加工)连续生产的企业或采矿、冶炼(或加工)连续生产的企业。其采矿单位,一般是该企业的二级或二级以下核算单位。

2. 课税对象

资源,一般是指自然界存在的天然物质财富。它包括的范围很广,如矿产资源、土地资源、动物资源、植物资源、海洋资源、太阳能资源、水利资源等。

资源税的征税对象从理论上讲,应当包括一切可供开发和利用的国有资源,但目前只对矿产品和盐征税。具体包括:

(1) 矿产品是指原油、天然气、煤炭、金属矿产品和其他非金属矿产品等。

① 原油,指开采的天然原油,不包括人造石油;原油中的稠油、高凝油与稀油划分不清或不易划分的,一律按原油的数量课税。

② 天然气,指专门开采或与原油同时开采的天然气,不包括煤矿生产的天然气。

③ 煤炭,指原煤,不包括洗煤、选煤及其他煤炭制品。

④ 金属矿产品,指有色、黑色金属矿原矿。

⑤ 其他非金属矿原矿,指上列产品和井矿盐以外的非金属矿原矿。

(2) 盐是指固体盐、液体盐。

① 固体盐,指海盐原盐、湖盐原盐和井矿盐。

② 液体盐,指卤水。纳税人以自产的液体盐加工固体盐,按固体盐税额征税,以加工的固体盐数量为课税数量。纳税人以外购的液体盐加工固体盐,其加工固体盐所耗用液体盐的已纳税额准予抵扣。

二、资源税应纳税额的计算和缴纳

(一) 资源税的计算要素

1. 税率

(1) 税率设计原则。为了使资源税调节级差收入的幅度在一定时期内相对稳定,并便于操作,自1986年1月1日起,资源税税率由超率累进税率改为从量定额税率,即以吨或千立方米或立方米为课税单位规定税额。每一课税单位量的税款,本着资源条件好的税额高些、资源条件差的税额低些的原则确定。2011年9月21日,国务院第173次常务会议通过《国务院关于修改〈中华人民共和国资源税暂行条例〉的决定》,对资源税进行了改革,对资源税的税率及计税方法作了修订,并自2011年11月1日起施行。

(2) 资源税的税目、税率,依照《资源税税目税率表》及财政部的有关规定执行。资源税的税目税额幅度如表9-1所示。

表9-1 资源税税目税率表

税 目		税 率
一、原油		销售额的5%～10%
二、天然气		销售额的5%～10%
三、煤炭	焦煤	每吨8～20元
	其他煤炭	每吨0.3～5元
四、其他非金属矿原矿	普通非金属矿原矿	每吨或者每立方米0.5～20元
	贵重非金属矿原矿	每千克或者每克拉0.5～20元
五、黑色金属矿原矿		每吨2～30元

续表

税　　目		税　　率
六、有色金属矿原矿	稀土矿	每吨 0.4～60 元
	其他有色金属矿原矿	每吨 0.4～30 元
七、盐	固体盐	每吨 10～60 元
	液体盐	每吨 2～10 元

① 税目、税率的部分调整,由国务院决定。

② 纳税人具体适用的税率,在所附《资源税税目税率表》规定的税率幅度内,根据纳税人所开采或者生产应税产品的资源品位、开采条件等情况,由财政部商国务院有关部门确定;财政部未列举名称且未确定具体适用税率的其他非金属矿原矿和有色金属矿原矿,由省(自治区、直辖市)人民政府根据实际情况确定,报财政部和国家税务总局备案。

③ 矿产品等级的划分,按《几个主要品种的矿山资源等级表》执行。

④ 扣缴义务人适用的税额:

1) 独立矿山、联合企业收购未税资源税应税产品的单位,按照本单位应税产品税额(率)标准,依据收购的数量(金额)代扣代缴资源税;

2) 其他收购单位收购的未税资源税应税产品,按主管税务机关核定的应税产品税额(率)标准,依据收购的数量(金额)代扣代缴资源税。

收购数量(金额)的确定比照课税数量(销售额)的规定执行。

扣缴义务人代扣代缴资源税的纳税义务发生时间为支付首笔货款或首次开具支付货款凭据的当天。

2. 计税依据

资源税以销售额或销售数量为计税依据。

(1) 销售额为纳税人销售应税产品向购买方收取的全部价款和价外费用,但不包括收取的增值税销项税额。

价外费用,包括价外向购买方收取的手续费、补贴、基金、集资费、返还利润、奖励费、违约金、滞纳金、延期付款利息、赔偿金、代收款项、代垫款项、包装费、包装物租金、储备费、优质费、运输装卸费以及其他各种性质的价外收费。但下列项目不包括在内:

① 同时符合以下条件的代垫运输费用:

1) 承运部门的运输费用发票开具给购买方的;

2) 纳税人将该项发票转交给购买方的。

② 同时符合以下条件代为收取的政府性基金或者行政事业性收费:

1) 由国务院或者财政部批准设立的政府性基金,由国务院或者省级人民政府及其财政、价格主管部门批准设立的行政事业性收费；

2）收取时开具省级以上财政部门印制的财政票据；

3）所收款项全额上缴财政。

（2）销售数量，包括纳税人开采或者生产应税产品的实际销售数量和视同销售的自用数量。纳税人不能准确提供应税产品销售数量的，以应税产品的产量或者主管税务机关确定的折算比换算成的数量为计征资源税的销售数量。

（二）资源税的计算方法

资源税的应纳税额，按照从价定率或者从量定额的办法，分别以应税产品的销售额乘以纳税人具体适用的比例税率或者以应税产品的销售数量乘以纳税人具体适用的定额税率计算。应纳税额计算公式：

应纳税额＝销售额×比例税率

或：应纳税额＝销售数量×单位税额

纳税人开采或者生产不同税目应税产品的，应当分别核算不同税目应税产品的销售额或者销售数量；未分别核算或者不能准确提供不同税目应税产品的销售额或者销售数量的，从高适用税率。

纳税人开采或者生产应税产品，自用于连续生产应税产品的，不缴纳资源税；自用于其他方面的，视同销售，依照规定缴纳资源税。

1. 一些特殊情况销售额的确定

纳税人开采应税产品由其关联单位对外销售的，按其关联单位的销售额征收资源税。

纳税人既有对外销售应税产品，又有将应税产品自用于除连续生产应税产品以外的其他方面的，则自用的这部分应税产品，按纳税人对外销售应税产品的平均价格计算销售额征收资源税。

纳税人将其开采的应税产品直接出口的，按其离岸价格（不含增值税）计算销售额征收资源税。

纳税人申报的应税产品销售额明显偏低并且无正当理由的、有视同销售应税产品行为而无销售额的，除财政部、国家税务总局另有规定外，按下列顺序确定销售额：

（1）按纳税人最近时期同类产品的平均销售价格确定。

（2）按其他纳税人最近时期同类产品的平均销售价格确定。

（3）按组成计税价格确定。组成计税价格为：

组成计税价格＝成本×（1＋成本利润率）÷（1－税率）

公式中的成本是指应税产品的实际生产成本。公式中的成本利润率由省、自治区、直辖市税务机关确定。

2. 自产自用产品的课税数量的规定

资源税纳税人自产自用应税产品(包括用于非生产项目和生产非应税产品),因无法准确提供移送使用量而采取折算比换算课税数量办法的,具体规定如下:

煤炭,对于连续加工前无法正确计算原煤移送使用量的,可按加工产品的综合回收率,将加工产品实际销量和自用量折算成的原煤数量作为课税数量。

金属和非金属矿产品原矿,因无法准确掌握纳税人移送使用原矿数量的,可将其精矿按选矿比折算成的原矿数量作为课税数量。

(三) 资源税的缴纳

1. 纳税时间

(1) 纳税人销售应税产品,其纳税义务发生时间:

① 纳税人采取分期收款结算方式的,其纳税义务发生时间,为销售合同规定的收款日期的当天;

② 纳税人采取预收货款结算方式的,其纳税义务发生时间,为发出应税产品的当天;

③ 纳税人采取其他结算方式的,其纳税义务发生时间,为收讫销售款或者取得索取销售凭据的当天。

(2) 纳税人自产自用应税产品的纳税义务发生时间,为移送使用应税产品的当天。

(3) 扣缴义务人代扣代缴税款的纳税义务发生时间,为支付货款的当天。

2. 纳税期限

纳税人的纳税期限为1日、3日、5日、10日、15日或者1个月,由主管税务机关根据纳税人或者扣缴人应纳税额的大小分别核定。不能按国家期限计算纳税的,可按次计算纳税。

以1个月为1期的纳税人或者扣缴人,于期满后10日申报纳税;以1日、3日、5日、10日、15日为1期的纳税人或者扣缴人,纳税期满后5日内预缴税款,于次月1日起10日内申报纳税并结清上月税款。

3. 纳税地点

(1) 纳税人应纳的资源税,应当向应税产品的开采或者生产所在地主管税务机关缴纳。纳税人在本省(自治区、直辖市)范围内开采或者生产应税产品,其纳税地点需要调整的,由省(自治区、直辖市)税务机关决定。

(2) 资源税纳税地点规定在开采或者生产所在地。在具体实施时,跨省开采资源税应税产品的单位,其下属生产单位与核算单位不在同一省(自治区、直辖市)的,对其开采的矿产品,一律在开采地纳税,其应纳税款由独立核算、自负盈亏的单位,按照开采地的实际销售量及适用的单位税额计算划拨。

(3) 扣缴义务人代扣代缴的资源税,应当向收购地主管税务机关缴纳。

(4) 盐的资源税一律在出场(厂)环节由生产者缴纳。

(四) 资源税的减免

(1) 开采原油过程中用于加热、修井的原油,免税。

(2) 纳税人开采或者生产应税产品过程中,因意外事故或者自然灾害等原因遭受重大损失的,由省(自治区、直辖市)人民政府酌情决定减税或者免税。

(3) 国务院规定的其他减税、免税项目。

纳税人的减税、免税项目,应当单独核算课税数量;未单独核算或者不能准确提供课税数量的,不予减税或者免税。

三、资源税的税务会计处理

(一) 资源税的核算科目

企业交纳的资源税,通过"应交税费——应交资源税"科目核算。其贷方登记应交纳的资源税税额,借方登记实际交纳的资源税税额,贷方余额表示应交但尚未交纳的资源税税额。

(二) 资源税的账务处理

(1) 企业计算出自产销售的应税产品应交纳的资源税,借记"营业税金及附加"等科目,贷记"应交税费——应交资源税"科目;在上交资源税时,借记"应交税费——应交资源税"科目,贷记"银行存款"科目。

[例1] 铁人油田本月开采原油 5 000 吨,对外销售原油 3 000 吨,每吨 980 元(不含增值税)。根据税务部门核定,该油田原油税率为 5%,增值税率为 17%,假设该油田进项税额为零。试计算本月应纳资源税税额,并作有关分录。

应纳资源税税额 = 3 000 × 980 × 5% = 147 000(元)

应纳增值税税额 = 3 000 × 980 × 17% = 499 800(元)

借:营业税金及附加	147 000
贷:应交税费——应交资源税	147 000
借:银行存款或应收账款等	3 439 800
贷:主营业务收入	2 940 000
应交税费——应交增值税	499 800

按《增值税暂行条例》规定,增值税应税产品应包括资源税应税产品,即资源纳税人同时也是增值税纳税人(下同)。

(2) 企业计算出自产自用的应税产品应交纳的资源税,借记"生产成本"、"制造费用"等科目,贷记"应交税费——应交资源税"科目;在上交资源税时,借记"应交税费——应交资源税"科目,贷记"银行存款"科目。

[例2] 某煤矿本月份开采原煤 8 万吨,本矿职工食堂耗用 200 吨。根据税务部门核定,该煤矿原煤定额税额为每吨 1 元。试计算本月应纳资源税税额,并作有关分录。

应纳资源税税额=200×1=200(元)

借:管理费用　　　　　　　　　　　　　　　　　　　　　　200
　　贷:应交税费——应交资源税　　　　　　　　　　　　　　　　200

[例3] 河北盐场本月份生产海盐500吨,本场生产烧碱耗用100吨,该盐场海盐定额税额为20元/吨。试计算本月应纳资源税税额,并作有关分录。

应纳资源税税额=100×20=2 000(元)

借:生产成本　　　　　　　　　　　　　　　　　　　　　2 000
　　贷:应交税费——应交资源税　　　　　　　　　　　　　　　2 000

(3)企业收购未税矿产品,按实际支付收购款,借记"材料采购"等科目,贷记"银行存款"等项目;按代扣代缴资源税,借记"材料采购"等科目,贷记"应交税费——应交资源税"科目;上交资源税时,借记"应交税费——应交资源税"科目,贷记"银行存款"科目。

[例4] 某国有矿场收购本地乡镇企业开采的矿石,实际支付收购款7 000元,应纳资源税500元,税款由矿场代扣代缴。试计算本月应纳资源税税额,并作有关分录。

① 收购、支付货款时:

借:材料采购　　　　　　　　　　　　　　　　　　　　　7 500
　　贷:应交税费——应交资源税　　　　　　　　　　　　　　　500
　　　　银行存款　　　　　　　　　　　　　　　　　　　7 000

② 解缴代扣税款时:

借:应交税费——应交资源税　　　　　　　　　　　　　　　500
　　贷:银行存款　　　　　　　　　　　　　　　　　　　　500

(4)企业外购液体盐加工固体盐,在购入液体盐时,按所允许抵扣的资源税借记"应交税费——应交资源税"科目,按外购价款扣除允许抵扣资源税后的数额借记"材料采购"等科目,按应支付的全部价款贷记"银行存款"、"应付账款"等科目;企业加工成固体盐后,在销售时按计算出的销售固体盐应交的资源税,借记"营业税金及附加"科目,贷记"应交税费——应交资源税"科目;将销售固体盐应纳资源税扣抵液体盐已纳资源税后的差额上交时,借记"应交税费——应交资源税"科目,贷记"银行存款"科目。

[例5] 某盐场购进液体盐80吨,加工后生产出40吨固体盐并已对外出售。液体盐定额税额为3元/吨,固体盐定额税额20元/吨。试计算本月应纳资源税税额,并作有关分录。

应交资源税税款=40×20-80×3=560(元)

① 收购液体盐时:

借:应交税费——应交资源税　　　　　　　　　　　　　　　240
　　贷:银行存款　　　　　　　　　　　　　　　　　　　　240

② 加工固体盐出售时：
借：营业税金及附加　　　　　　　　　　　　　　　800
　　贷：应交税费——应交资源税　　　　　　　　　　　800
③ 解缴入库时：
应按销售固体盐应纳资源税税额抵扣收购液体盐已纳资源税税额后的余额。
借：应交税费——应交资源税　　　　　　　　　　　560
　　贷：银行存款　　　　　　　　　　　　　　　　　560

第二节　城镇土地使用税会计

一、城镇土地使用税概述

（一）城镇土地使用税的意义和特点

1. 意义

城镇土地使用税（简称土地使用税）是对中华人民共和国境内使用土地的单位和个人按使用土地面积定额征收的一种税。

我国人多地少，可利用的土地资源十分紧缺；珍惜土地，合理使用每一寸土地，是我国的一项基本国策。开征土地使用税的根本目的是为了调节城镇土地的级差收入。其作用是：

（1）有利于促进单位和个人合理利用、节约使用城镇土地。

（2）有利于企业加强经济核算，有利于理顺国家与土地使用者之间的分配关系，适应经济体制改革的需要。

（3）有利于充实地方财政收入，促进地方税制体系的建立和完善。

2006年12月，国务院修改并颁布了《中华人民共和国城镇土地使用税暂行条例》，并自2007年1月1日起施行。

2. 特点

土地使用税属资源类税种，与其他税种相比，具有以下特点：

（1）土地使用税只对规定范围内的土地计征土地使用税。土地使用税的征税范围只限于城市、县城、建制镇、工矿区的国有土地及集体土地。

（2）土地使用税的税率采用幅度定额税率。其他税种的税率在设计上一般采用从价定率或从量定额进行计征，土地使用税则根据纳税人实际使用土地的所属区域等情况，规定单位面积的差别税额加以计征。

（3）土地使用税单位面积适用税额具有较强的灵活性和适用性。各级人民政府可在授权的范围内根据本地区的城乡建设、经济发达程度等具体情况，确定所辖地区的适用税额幅度,具有较强的灵活性和针对性。

(二)城镇土地使用税的纳税人和课税对象

1. 纳税人

凡在城市、县城、建制镇、工矿区范围内使用土地的单位和个人,为土地使用税的纳税义务人(以下简称纳税人)。土地使用税由拥有土地使用权的单位和个人缴纳,拥有土地使用权的纳税人不在土地所在地的,由代管人或实际使用人纳税;土地使用权未确定或权属纠纷未解决的,由实际使用人缴纳;土地使用权共有的,由共有各方分别按其实际使用的土地面积占总面积的比例,分别计算纳税。

2. 课税对象

土地使用税的课税对象为城市、县城、建制镇、工矿区范围内的属于国家所有和集体所有的土地。

城市,包括大城市、中等城市、小城市等经国务院批准设立的市,其征税范围为市区和郊区。大、中、小城市的划分标准以公安部门登记在册的非农业正式户口人数为依据。现行城市的具体划分标准为:市区及郊区非农业人口总计在50万人以上的,为大城市;市区及郊区非农业人口总计在20万～50万人之间的,为中等城市;市区及郊区非农业人口总计在20万人以下的,为小城市。

县城,是指县人民政府所在地,其征税范围为县人民政府所在的城镇。

建制镇,是指经省(自治区、直辖市)人民政府批准设立的建制镇,其征税范围为镇人民政府所在地。

工矿区,是指工商业比较发达,人口比较集中,符合国务院规定的建制标准,但尚未设立镇建制的大中型工矿企业所在地;工矿区须经省(自治区、直辖市)人民政府批准。

总之,城市、县城、建制镇、工矿区的具体征税范围,由各省(自治区、直辖市)人民政府规定。

二、城镇土地使用税的应纳税额计算和缴纳

(一)城镇土地使用税的计算要素

1. 税率

土地使用税采用幅度定额税率,即根据征税范围的具体情况,分别规定单位面积的差别税额。

土地使用税每平方米年税额具体规定如下:

(1)大城市1.5元至30元。

(2)中等城市1.2元至24元。

(3)小城市0.9元至18元。

(4)县城、建制镇、工矿区0.6元至12元。

各省(自治区、直辖市)人民政府可在所列税额幅度内,根据城乡建设情况、经济繁荣程度等条件,确定所辖地区的适用税额幅度。市、县人民政府可根据实际情况,将本地区土地划分为若干等级,在省(自治区、直辖市)人民政府确定的税额幅度内,制定相应的适用税额标准,在报省(自治区、直辖市)人民政府批准后执行。

2. 计税依据

土地使用税以纳税人实际占用的土地面积为计税依据。纳税人实际占用的土地面积以省(自治区、直辖市)人民政府组织测量的土地面积为计税依据;尚未组织测量的,以政府部门核发的土地使用证书或土地管理部门提供的土地使用权属资料所确定的土地面积为计税依据;尚未核发土地使用证书或土地管理部门尚未提供土地权属资料的,暂以纳税人(或土地使用者)据实申报的土地面积为计税依据。

(二) 城镇土地使用税的计算方法

土地使用税按纳税人实际占用的土地面积,依照规定的税额计算征收。其计算公式如下：

年应纳土地使用税税额＝实际占用土地面积×单位适用税额

其中,土地面积的单位为平方米。

(三) 城镇土地使用税的缴纳

1. 纳税期限

城镇土地使用税实行按年计算、分期缴纳的征收方法,具体纳税期限由省(自治区、直辖市)人民政府确定。对于新征用的土地,为避免对一块土地同时征收土地使用税和耕地占用税,在土地使用税征收过程中,依照下列规定计征：

(1) 征用的耕地,自批准征用之日起满1年时开始征收土地使用税。

(2) 征用的非耕地,自批准征用次月起征收土地使用税。

2. 纳税地点

土地使用税的纳税地点是土地所在地,由土地所在地税务机关负责征收土地使用税。纳税人使用的土地不属同一省(自治区、直辖市)管辖范围内的,应由纳税人分别按各自占用土地面积的多少向土地所在地的税务机关缴纳土地使用税;在同一省(自治区、直辖市)管辖范围内的,纳税人跨地区使用的土地,如何确定纳税地点,由各省(自治区、直辖市)税务机关确定。

(四) 城镇土地使用税的减免

国家对下列使用的土地免缴土地使用税：

(1) 国家机关、人民团体、军队自用的办公用地和公务用地。其中"人民团体"是指经国务院授权的政府部门批准设立或登记备案并由国家拨付行政事业费的各种社会团体。

(2) 由国家财政部门拨付事业经费的单位自用的土地。企业办的学校、医院、托儿所、幼儿园,其用地能与企业其他用地明确区分的可比照事业单位,免征土地使用税。

(3) 宗教寺庙、公园、名胜古迹自用的土地。其中,"宗教寺庙"自用的土地指举行宗教仪式等的用地和寺庙内宗教人员生活用地;"公园、名胜古迹"自用的土地指供公众参观游览用地及其管理单位的办公用地。公园、名胜古迹内的索道公司经营用地,应按规定缴纳城镇土地使用税。

(4) 市政街道、广场、绿化地带等公共用地。

(5) 直接用于农、林、牧、渔业的生产用地。

(6) 经批准开山填海整治的土地和改造的废弃土地,从使用月份起免缴土地使用税 5 年至 10 年。

(7) 由财政部另行规定免税的能源、交通、水利设施用地和其他用地。

省(自治区、直辖市)税务局可对下列土地的税收征免作出决定:

(1) 个人所有的居住房屋及院落用地。

(2) 房产管理部门在房租调整改革前征租的居民住房用地。

(3) 免税单位职工家属的宿舍用地。

(4) 民政部门举办的安置残疾人员占一定比例的福利工厂用地。

(5) 集体和个人举办的各类学校、医院、托儿所、幼儿园用地。

三、城镇土地使用税的税务会计处理

(一)城镇土地使用税的核算科目

根据规定,企业交纳的土地使用税应设置"应交税费——应交土地使用税"明细科目进行核算。该科目借方反映企业已经缴纳的土地使用税,贷方反映企业应交的土地使用税,余额在贷方表示应交而未交的土地使用税。

(二)城镇土地使用税的账务处理

为正确核算企业的生产经营成果、正确反映税款的计提和解缴情况,根据财务会计制度,企业应缴纳的土地使用税采取按月提取,按照规定的纳税期限缴纳税款。

(1) 每月末,企业按规定计提应纳土地使用税时,作如下会计分录:

借:管理费用
　　贷:应交税费——应交土地使用税

(2) 企业缴纳税款时,作如下会计分录:

借:应交税费——应交土地使用税
　　贷:银行存款

[例 6] 合成化工厂 1 月生产经营占地共计 2 500 平方米,该厂占用土地的土地使用税单位税额为每年每平方米 6 元,按规定,该厂土地使用税实行按月计提,分季缴纳。试计算 1 季度土地使用税的应纳税额,并作有关分录。

按规定,土地使用税按年计算,分期缴纳。该厂占用的 2 500 平方米土地年应纳税额为:

年应纳税额＝2 500×6＝15 000(元)

月应纳税额＝1 5000÷12＝1 250(元)

(1) 1月末、2月末、3月末计提应纳土地使用税时：

借：管理费用　　　　　　　　　　　　　　　　　　　　1 250
　　贷：应交税费——应交土地使用税　　　　　　　　　　　　1 250

(2) 4月初,按规定的纳税期限缴纳1月至3月应纳土地使用税时：

应纳土地使用税税额＝1 250×3＝3 750(元)

借：应交税费——应交土地使用税　　　　　　　　　　　　3 750
　　贷：银行存款　　　　　　　　　　　　　　　　　　　　3 750

[例7] 中原公司2×04年1月实际占用土地3 500平方米,其中企业自办幼儿园占用500平方米。该企业2×04年3月份为扩大生产经营规模,在郊区新征土地2 000平方米,其中耕地1 400平方米,非耕地600平方米。该企业原占用土地的土地使用税年单位税额为8元/平方米,新征用的郊区土地规定的土地使用税年单位税额为4元/平方米。按规定,该企业的土地使用税实行按月计提,纳税期限为半年。试计算上半年应纳税额,并作有关分录。

(1) 按规定,企业自办的幼儿园,其用地能和企业生产经营用地明确区分的,免征土地使用税。则该企业应纳土地使用税的计算为：

应税土地面积＝3 500－500＝3 000(m²)

年应纳税额＝3 000×8＝24 000(元)

月应纳税额＝24 000÷12＝2 000(元)

1月末、2月末、3月末分别计提应纳土地使用税时：

借：管理费用　　　　　　　　　　　　　　　　　　　　2 000
　　贷：应交税费——应交土地使用税　　　　　　　　　　　　2 000

(2) 按规定,征用的耕地自批准征用之日起满1年时开始征收土地使用税,不满1年时继续征收耕地占用税,耕地占用税的税务会计处理方法详见本章第三节,这里暂不作介绍。征用的非耕地自批准征用次月起征收土地使用税。

则从4月份起,企业征用的非耕地600平方米应计算纳税,该土地的应纳税额为：

年应纳税额＝600×4＝2 400(元)

月应纳税额＝2 400÷12＝200(元)

则从4月份起,该企业应纳土地使用税税额为：

应纳税额＝2 000＋200＝2 200(元)

4月末、5月末、6月末分别计提应纳土地使用税时：

借：管理费用　　　　　　　　　　　　　　　　　　　　2 200
　　贷：应交税费——应交土地使用税　　　　　　　　　　　　2 200

(3) 按规定,应于7月初在规定纳税期限内缴纳上半年应纳土地使用税税额时:

应纳税额＝2 000＋2 000＋2 000＋2 200＋2 200＋2 200＝12 600(元)

借:应交税费——应交土地使用税　　　　　　　　　　　　12 600
　　贷:银行存款　　　　　　　　　　　　　　　　　　　　12 600

第三节　耕地占用税会计

一、耕地占用税概述

(一)耕地占用税的意义和特点

1. 意义

耕地占用税,是对占用耕地建房或从事其他非农业建设的单位和个人,按其所占耕地面积征收的一种税。为保护耕地、促进合理利用土地资源,《中华人民共和国耕地占用税暂行条例》于1987年4月1日起实施。但随着经济的发展,原条例越来越不适应新形势的需要,保护耕地的作用日益弱化。2007年12月1日,国务院令第511号公布修订后的《中华人民共和国耕地占用税暂行条例》,并自2008年1月1日起施行。

我国人多地少,特别是耕地少。征收耕地占用税,一方面是配合土地管理,控制非农业占用耕地,保护农用土地资源,促使用地单位和个人从自身的经济利益考虑,注意节约用地;另一方面是为农业土地资源的开发建设提供资金。在耕地不断减少的情况下,要保证农业生产稳定发展,既要大力开发宜农荒地、滩涂草场,增加可耕地,也要积极改造中低产田,改善农田灌溉条件,不断提高土地质量,增加单位面积产量,这些都要资金投入。在国家预算安排资金不足的情况下,通过征收耕地占用税,将此项税收全部用于农业开发建设,增强农业基础产业的建设。

2. 特点

与其他各税相比,耕地占用税具有以下特点:

(1) 耕地占用税以用于建房或从事非农业建设的被占用的农用耕地为征税对象,具有资源税的属性。

(2) 耕地占用税以县为单位,以人均耕地面积为标准,分别规定单位税额;人均占有耕地面积越少,税额越高。

(3) 耕地占用税按规定的税额,对非农业占用耕地实行一次性征收,除占而不用超过2年者外,以后不再征税。

(二)耕地占用税的纳税人和课税对象

1. 纳税人

耕地占用税的纳税人,是占用耕地建房或从事非农业建设的单位和个人。

所称单位,包括国有企业、集体企业、私营企业、股份制企业、外商投资企业、外国企业以及其他企业和事业单位、社会团体、国家机关、军队以及其他单位;所称个人,包括个体工商户以及其他个人。

2. 课税对象

耕地占用税的课税对象包括纳税人为建房或从事其他非农业建设而占用的国家所有和集体所有的耕地。

所谓"耕地"是指种植农业作物的土地,包括菜地、园地。其中,园地包括花圃、苗圃、茶园、果园、桑园和其他种植经济林木的土地。

占用鱼塘及其他农用土地建房或从事其他非农业建设,也视同占用耕地,必须依法征收耕地占用税。占用已开发从事种植、养殖的滩涂、草场、水面和林地等从事非农业建设,由省(自治区、直辖市)本着有利于保护土地资源和生态平衡的原则,结合具体情况确定是否征收耕地占用税。

此外,在占用之前三年内属于上述范围的耕地或农用土地,也视为耕地。

二、耕地占用税应纳税额的计算和缴纳

(一)耕地占用税的计算要素

1. 税率

耕地占用税采用地区差别定额幅度税率,按人均占用耕地的多少划分为四类不同地区。统一规定的每平方米单位幅度税额如下:

(1)以县为单位(下同),人均耕地在1亩以下(含1亩)的地区,每平方米10元至50元。

(2)人均耕地在1亩至2亩(含2亩)的地区,每平方米8元至40元。

(3)人均耕地在2亩至3亩(含3亩)的地区,每平方米6元至30元。

(4)人均耕地在3亩以上的地区,每平方米5元至25元。

经济特区、经济技术开发区、经济发达和人均耕地特别少的地区,适用税率可以适当提高,但是最高不得超过上述规定税额的50%。(详见表9-2)

表9-2 各省(自治区、直辖市)耕地占用税平均税额

地　　区	平均税额(元)/每平方米
上海	45
北京	40
天津	35
江苏、浙江、福建、广东	30
辽宁、湖北、湖南	25
河北、安徽、江西、山东、河南、重庆、四川	22.5

续表

地　　区	平均税额(元)/每平方米
广西、海南、贵州、云南、陕西	20
山西、吉林、黑龙江	17.5
内蒙古、西藏、甘肃、青海、宁夏、新疆	12.5

2. 计税依据

耕地占用税以纳税人实际占用的耕地面积(平方米)为计税依据,从量定额征收。

(二) 耕地占用税的计算方法

耕地占用税以纳税人实际占用的耕地面积为计税依据,按照核定的税额征收。

计算公式如下:

应纳税额=实际占用耕地面积×所在地区相应税额(元/平方米)

[例8] 某单位建房,经批准占用耕地2万平方米。当地核定的单位税额为8元/平方米,该单位应缴纳耕地占用税为16万元。试计算应纳耕地占用税税额。

应纳税额=20 000×8=160 000(元)

(三) 耕地占用税的缴纳和减免

1. 纳税方式

耕地占用税由地方税务机关负责征收。土地管理部门在通知单位或者个人办理占用耕地手续时,应当同时通知耕地所在地同级地方税务机关。获准占用耕地的单位或者个人应当在收到土地管理部门的通知之日起30日内缴纳耕地占用税。土地管理部门凭耕地占用税完税凭证或者免税凭证和其他有关文件发放建设用地批准书。

纳税人临时占用耕地,应当依照本条例的规定缴纳耕地占用税。纳税人在批准临时占用耕地的期限内恢复所占用耕地原状的,全额退还已经缴纳的耕地占用税。

占用林地、牧草地、农田水利用地、养殖水面以及渔业水域滩涂等其他农用地建房或者从事非农业建设的,比照本条例的规定征收耕地占用税。建设直接为农业生产服务的生产设施占用规定的农用地的,不征收耕地占用税。

2. 减税免税

(1) 免征耕地占用税:

① 军事设施占用耕地。

② 学校、幼儿园、养老院、医院占用耕地。

(2) 减征耕地占用税:

① 铁路线路、公路线路、飞机场跑道、停机坪、港口、航道占用耕地,减按每平方米2元的税额征收耕地占用税。

根据实际需要,国务院财政、税务主管部门商国务院有关部门并报国务院批准后,可以对前款规定的情形免征或者减征耕地占用税。

② 农村居民占用耕地新建住宅,按照当地适用税额减半征收耕地占用税。

农村烈士家属、残疾军人、鳏寡孤独以及革命老根据地、少数民族聚居区和边远贫困山区生活困难的农村居民,在规定用地标准以内新建住宅缴纳耕地占用税确有困难的,经所在地乡(镇)人民政府审核,报经县级人民政府批准后,可以免征或者减征耕地占用税。

免征或者减征耕地占用税后,纳税人改变原占地用途,不再属于免征或者减征耕地占用税情形的,应当按照当地适用税额补缴耕地占用税。

三、耕地占用税的税务会计处理

(一) 耕地占用税的核算科目

按《耕地占用税暂行条例》规定,对非农业占用耕地实行一次性征收。因此,在缴纳时可直接通过"在建工程"科目或"长期待摊费用"科目和"应交税费——应交耕地占用税"科目或"银行存款"科目核算。

(二) 耕地占用税的账务处理

(1) 工业企业缴纳耕地占用税时:

借:在建工程
　　贷:应交税费——应交耕地占用税
　　　　银行存款

(2) 建设单位交纳耕地占用税时:

借:长期待摊费用
　　贷:应交税费——应交耕地占用税
　　　　银行存款

下面举例说明耕地占用税的核算方法。

[**例 9**] 某市一工业企业,经政府批准,需将郊区某村耕地 20 亩(每亩为 666.7 平方米),用于建设一个附属加工厂。根据税法规定,该地区 7 元/平方米。试计算应纳耕地占用税税额,并作有关分录。

应纳耕地占用税税额 $=20\times 666.7\times 7=93\,338$(元)

(1) 实际交纳时:

借:在建工程　　　　　　　　　　　　　　　　93 338
　　贷:银行存款　　　　　　　　　　　　　　　　93 338

(2) 资产交付使用时:

借:固定资产　　　　　　　　　　　　　　　　93 338
　　贷:在建工程　　　　　　　　　　　　　　　　93 338

第四节 土地增值税会计

一、土地增值税概述

(一) 土地增值税及其意义

1. 土地增值税的概念和特点

土地增值税,是国家凭借其政治上的强制权力,参与国有土地增值收益分配的一个税种。具体地讲,土地增值税是一种以纳税人转让国有土地使用权、地上的建筑物及其附着物(简称转让房地产)所取得的增值额为征税对象,依照规定税率征收的税种。

土地增值税作为财产税的一个税种,具有财产税的共性及自身的个性特点:

(1) 在征管上采用以房地产的评估价格作为一种客观的标准或参照的标准。

(2) 在房地产的转让环节征收,每转让一次就征收一次。

(3) 以转让房地产所取得的增值额为计税依据。

(4) 是国家利用税收杠杆对经济进行调节而开征的税种,又是一个特定目的税。

2. 土地增值税的理论依据

土地作为一种特殊的自然资源,其增值形式主要有这样四种:

(1) 土地的稀缺性所决定的土地增值。这是由于土地资源的有限性与社会发展和人口增长所导致社会对土地的需求的无限性的矛盾,不仅使土地有价,而且使土地价格不断上涨,出现了土地增值。

(2) 农业用地转为非农业用地引起的土地增值。农业自身特点决定了农业用土地的收益低于非农业用土地的收益,如果占用农业用土地改作工商业或其他产业用土地,其土地占用者必然会获得土地增值收益。

(3) 周围环境的改善而导致土地增值。当土地坐落地点的交通状况和经济状况得到改善和发展时,这里的土地必然会随之增值。

(4) 土地经营者对土地进行投资导致的土地增值。

按照约翰·穆勒等人建立起来的租税学说来解释,在上述四种形式的土地增值中,只有第四种形式的土地增值,完全是由于经营者对土地的投资带来的,收益应归经营者所有,而前三种形式的土地增值,与土地经营者的投资经营无关。对于这种基于社会经济的发展而增加的利益,不能听任地主坐享其成,应就其非因劳动和资本所致的增值部分,采取高税率加以征收,使其归国家所有,目的在于鼓励土地的改良,以资促进社会的利益。

由穆勒等人建立起来的租税学说,被世界上许多国家和地区所采纳。据了解,目前世界上有60多个国家和地区直接对土地(有的连同地上建筑物)转让收入课税。由于

各国土地制度及有关的法律规定不同,形成各自的土地税收制度。归纳起来,大体有以下三种情况:

(1) 对土地转让所得征税。如英国,对土地转让按其转让价格扣除原价和转让费用后的余额征收财产收益税,税率为30%。法国对销售土地(含建筑物)按包括费用和转让价格征登记税,税率为17.15%~18.2%;但又规定对建筑用地的资本利得征收25%的利得税。

(2) 对土地转让的收入额征税。它类同于我国的流转税。例如,墨西哥对转让不动产按评价协会评定的价额和实际交易额当中的最高额为征收对象,税率为1.5%~4%。

(3) 对土地转让的增值额征税。例如,意大利和韩国征收"土地增值税",按出让的价格扣除取得的价格和投资成本为计税依据。

租税学说的建立和它在许多国家被采用,对促进土地改良、发挥土地的资产效益等起了很大的作用。这一理论对我国现代土地税制度的建立不无影响作用。1928年,孙中山领导的广东革命政府就提出要实行按地价征税和土地涨价归公的主张,并在广州开征土地税。嗣后,国民党政府于1930年制定《土地法》并在部分城市和地区开征了地价税和土地增值税,当时由于战争的缘故,该税并未在全国普遍征收。

3. 我国开征土地增值税的现实意义

(1) 开征土地增值税,有利于推动国有土地使用制度改革。建国以来,我国实行了生产资料公有制,土地也变为国家所有和农村集体所有,土地公有制的建立,极大地促进了生产力的发展。但是,过去只强调了土地公有制的一面,而忽视了土地是商品的一面,造成了以行政划拨方式为主,单位、个人无偿使用国有土地的制度,导致土地配置不合理、土地资源极大浪费的状况。我国从20世纪80年代中期开始改革土地使用制度,明确规定国有土地使用权可以依法实行有偿出让、土地使用权进入市场,意味着单位和个人能通过土地使用权的转让获取土地的增值收益。在这种情况下,只有开征土地增值税,合理调节土地的增值收益,才能推动国有土地使用制度改革。

(2) 开征土地增值税,有利于抑制房地产的投机、炒卖活动,防止国有土地收益的流失。由于土地增值税以转让房地产收入的增值额为计税依据,并实行超率累进税率,对增值多的多征,对增值少的少征,就能在一定程度上抑制房地产的投机、炒卖,还因为在计算增值额时,对批租土地的出让金和用于改良土地的开发成本加以扣除,这既制约了任意降低出让金的行为,鼓励对国有土地的开发建设,同时又限制了炒卖地皮现象的发生。

(3) 开征土地增值税,有利于增加财政收入。税收除了要利用现有税种加强对现有税源的征管外,还应该把着眼点放在开辟新的税源上。第三产业作为我国今后在很长一段时间内要重点发展的产业,这无疑是一块有待开发的新税源;而在第三产业中,房地产业又是高附加值产业,其支柱产业的地位日益明显,这是我们应该引起足够重视的新税源中的重点。

(4) 开征土地增值税,有利于分税制的建立和实施。为了协调规范中央与地方的分配关系,我国从1994年1月1日起实施分税制。分税制在对税种的划分上分三类:中央税、中央与地方共享税和地方税。土地增值税作为地方税的一个税种,其潜力很大,必将在地方税收和地方财政中发挥重要作用。因此,开征土地增值税,既符合税制改革的总体部署,也符合建立分税制财政体制改革的要求。

(二) 土地增值税的纳税人和课税对象

1. 纳税人

土地增值税的纳税人为有偿转让中华人民共和国国有土地使用权、地上建筑物及其附着物(简称转让房地产)并取得收入的单位和个人。其中所称"单位",是指各类企业单位、事业单位、国家机关和社会团体及其他组织;所称"个人",包括个体经营者。

2. 课税对象

土地增值税的征税对象为转让国有土地使用权、地上建筑物及其附着物所取得的土地增值额。所称"土地增值额",是指纳税人转让房地产所取得的收入减除《土地增值税暂行条例》规定的扣除项目金额的余额;"转让",是指以出售或者其他方式有偿转让房地产的行为,不包括以继承、赠予方式无偿转让房地产的行为;"国有土地",是指按国家法律规定属于国家所有的土地;"建筑物",是指建于土地上的一切建筑物,包括地上地下的各种附属设施;"附着物",是指附着土地上的不能移动、一经移动即遭破坏的物品;"收入",包括转让房地产的全部价款及有关的经济收益。

二、土地增值税应纳税额的计算和缴纳

(一) 土地增值税的计算要素

1. 税率

土地增值税的税率采用四级超率累进税率,最低税率为30%,最高税率为60%,其具体税率见表9-3。

表9-3 土地增值税税率表

级次	增值率($\frac{房地产增值额}{扣除项目金额} \times 100\%$)	税率	速算扣除数
1	增值率50%以下的部分	30%	0
2	增值率超过50%~100%的部分	40%	扣除项目金额×5%
3	增值率超过100%~200%的部分	50%	扣除项目金额×15%
4	增值率超过200%的部分	60%	扣除项目金额×35%

土地增值税税率表中的速算扣除数计算如下:

速算扣除数,是在采用超额(率)累进税率征税条件下,使用简便的计算方法计算应纳税款时,需要扣除的数据。更确切地讲,是由于将全部增值额都按最高一级税率计算,提高了低等级部分增值额的计算率而产生的差额。在超额(率)累进税率的级距和税率确定以后,各级速算扣除数或速算扣除系数便是一个常数,是固定不变的。

第2级,土地增值额未超过扣除项目金额50%以下的部分,税率为30%,土地增值额超过扣除项目金额50%至100%的部分,税率为40%,如果把全部增值额都按40%计算,那么将增值额未超过扣除项目金额50%的部分应按30%计算的部分也按40%计算了,即扣除项目金额的1/2多算了10%(40%−30%)的税率,因此应予以扣除。

第2级次速算扣除数=扣除项目金额×50%×10%

第3级,土地增值额超过扣除项目金额100%至200%的部分,税率为50%,如果把土地增值额全额都按50%计算,那么,不仅把增值额未超过扣除项目金额50%(即1/2扣除项目金额)的部分应按30%的税率计算的部分也按50%的税率计算了,即扣除项目金额的1/2多算了20%(50%−30%)的税率,而且将超过50%~100%的增值额应按40%的税率计算的部分也按50%的税率计算了,即扣除项目金额的1/2多算了10%(50%−40%)的税率,因此应予扣除。

第3级次速算扣除数=扣除项目金额×50%×20%+扣除项目金额×50%×10%
=扣除项目金额×15%

第4级,土地增值额超过扣除项目金额200%以上的部分,税率为60%,如果把土地增值额全额都按60%计算,那么就会出现将第1级次的增值额即1/2扣除项目金额多算了30%的税,将第2级次的增值额即1/2的扣除项目金额多算了20%的税,将第3级次的增值额即100%扣除项目金额多算了10%(60%−50%)的税,因此应予以扣除。

第4级次速算扣除数=扣除项目金额×50%×30%+扣除项目金额×50%×
20%+扣除项目金额×10%=扣除项目金额×35%

2. 计税依据

土地增值税的计税依据是土地增值额,即纳税人转让房地产所取得的收入减去法定扣除金额后的余额。其计算公式为:

土地增值额=转让房地产的总收入额−扣除项目金额

式中:

(1) 转让房地产收入包括以下几项:

① 货币收入,指纳税人在转让房地产时所取得的各种货币收入(包括各种汇票及各种信用票据和有价证券)。

② 实物收入,指纳税人在转让房地产时,取得的如房屋、土地、建材等实物。由于这种收入形式比较隐蔽,在确定其价值时,应进行评估,以评估价格来确定收入。

③ 其他收入,指纳税人在转让房地产时取得的包括无形资产等各种具有财产价格

的权利,如商誉、专有技术等。

(2) 扣除项目金额可分为一般规定和特殊规定。

① 扣除项目金额的一般规定:

1) 取得土地使用权所支付的金额,是指纳税人为取得土地使用权所支付的地价款和按国家统一规定交纳的有关费用。包括:(a) 以招标、拍卖或协议等方式取得土地使用权的,为纳税人所支付的全部土地出让金;(b) 以行政划拨方式取得土地使用权的,为纳税人在转让土地使用权时按有关规定向国家补交的土地出让金或在其征地时已支付的土地征用及拆迁补偿费用;(c) 转让从其他拥有土地使用权人那里取得土地使用权的,为纳税人向原拥有人实际支付的全部地价款;(d) 纳税人在取得土地使用权过程中所缴纳的各种手续费、契税等。

2) 开发土地的成本,指纳税人在受让土地使用权后为改良土地所支付的成本费用,如平整土地、修筑道路、通水、通电等所支付的成本费用,简称"三通一平"费用。

3) 新建房及配套设施的成本费用,指新建房本身的成本费用以及室内外配套设施的成本和费用。包括前期工程费、建筑安装工程费、基础设施费、公共配套设施费。

4) 房地产开发费用,指与房地产开发项目有关的销售费用、管理费用(指直接组织和管理开发项目发生的费用,包括工资、职工福利费、折旧费、修理费、办公费、劳保费、周转房摊销等)和财务费用(与新建房及配套设施建造期间直接有关的贷款利息支出),简称"三项费用"。按税法规定,"三项费用"不按实际发生额扣除,而是按房地产开发成本(即前三项之和)的 10% 计算扣除。

5) 旧房及建筑物(存量房地产)的评估价格,指在转让已使用的房屋及建筑物时,由政府批准设立的房地产评估机构评定的重置成本乘以成新度折扣率后的价格。评估价格经税务机关确定后,才能作为转让旧房及建筑物时的扣除项目金额。

6) 与房地产转让有关的税金,指在转让房地产时缴纳的营业税、城市维护建设税、印花税,因转让房地产交纳的教育费附加,也可视同税金予以扣除。

7) 财政部规定的其他扣除项目金额。考虑到正常房地产开发风险较大应予以适当的回报,结合国内外从事房地产开发的基本投资回报率及通货膨胀因素,对从事一般房地产开发经营的予以优惠照顾,对炒买炒卖房地产的从严征税、不予照顾,特别规定对从事房地产开发的纳税人可按取得土地使用权支付的金额与房地产开发成本之和加计 20% 进行扣除。

② 扣除项目金额的特殊规定:

1) 纳税人有下列情形之一的,须按房地产评估价格计算征税:(a) 隐瞒、虚报房地产成交价格的;(b) 提供扣除项目金额不实的;(c) 转让房地产成交价格低于房地产评估价格,又无正当理由的。所谓房地产评估价格,是指土地管理部门或房地产中介机构根据相同地段、同类土地和房产售价综合评定,并经当地税务机关确认的价格。

2) 纳税人成片受让土地使用权后分期分批开发、分块转让土地的,原则上按转让土地使用权的面积的比例计算分摊。若按此办法难以计算或明显不合理的,也可按建筑面积计算出比例,再去分摊允许扣除项目的金额。对项目完全竣工前无法按实际成本计算的,可先按建筑面积预算成本计算,待项目完工后再按实际发生数进行清算,多退少补。

(二) 土地增值税的计算方法

由于土地增值税实行超率累进税率,因此在计算应纳税额时,须先算出扣除项目金额和增值额的百分比(增值率),才能找到适用税率并据以计税。若增值额超过扣除项目金额的50%以上时,便同时适用二档或二档以上的税率,这时就需要分档计算。其计算公式如下:

应纳税额=∑(分级土地增值额×分级适用税率)

或

应纳税额=土地增值额×最高级次的适用税率−速算扣除数

[例10] 某单位(非房地产开发单位)出售房地产的收入为208万元,其扣除项目金额为80万元,试计算应纳土地增值税额。

(1) 土地增值额=2 080 000−800 000=1 280 000(元)

(2) 增值率=1 280 000÷800 000×100%=160%

(3) 应纳税额=1 280 000×50%−800 000×15%=520 000(元)

[例11] 某房地产开发企业2×03年8月受让国有土地使用权2万平方米,支付出让金1 500万元,用于土地"三通一平"的费用支出(即土地开发成本)为500万元,2×03年9月份开始首先对其中1万平方米进行开发建造商品房。建造普通标准住宅的房产开发成本为425万元,房地产开发费用按房地产开发成本的10%计算,出售该普通住宅2 500平方米取得收入930万元,应纳的营业税、城建税、教育费附加为51.15万元,印花税为0.46万元;建筑非普通标准住宅的房地产开发成本为1 825万元,房地产开发费用为按房地产开发成本的10%计算,出售该房屋7 500平方米取得收入5 321万元。应纳的营业税、城建税、教育费附加为292.65万元,印花税为2.66万元。试计算应纳土地增值税额。

税法规定纳税人成片受让土地使用权后分期分批开发、分块转让的,对允许扣除项目的金额,原则上按转让土地使用面积占总面积的比例计算分摊。若按此办法难以计算或明显不合理的,则可按建筑面积计算分摊允许扣除项目金额;对项目完全竣工前无法按实际成本来计算的,可先按建筑面积预算成本计算,待该项目完工后再按实际发生数进行清算,多退少补。其公式为:

$$实际扣除项目金额=分项允许扣除项目金额\times\frac{转让的土地(建筑)面积}{土地(建筑)总面积}$$

本例的扣除项目金额计算如下:

(1) 先对土地出让金及"三通一平"费用在开发的土地和未开发的土地之间,按实际开发面积占全部受让面积的比例进行分摊:

实际扣除的出让金及"三通一平"金额 $=(1\,500+500)\times\dfrac{10\,000}{20\,000}=1\,000$(万元)

(2) 对实际扣除的出让金及"三通一平"费用,按建筑面积在普通标准住宅和非普通标准住宅之间进行分摊:

普通住宅应分摊的出让金及"三通一平"金额 $=1\,000\times\dfrac{2\,500}{7\,500+2\,500}=250$(万元)

非普通住宅应分摊的出让金及"三通一平"金额 $=1\,000\times\dfrac{7\,500}{7\,500+2\,500}$
$=750$(万元)

(3) 应扣除的房地产开发费用:

普通住宅应扣除的房地产开发费用 $=(250+425)\times 10\%=67.5$(万元)

非普通住宅应扣除的房地产开发费用 $=(750+1\,825)\times 10\%=257.5$(万元)

(4) 计算增值额:

普通标准住宅扣除项目金额 $=(250+425)\times(1+20\%)+67.5+51.15=928.65$(万元)

普通标准住宅增值额 $=930-928.65=1.35$(万元)

非普通标准住宅扣除项目金额 $=(750+1\,825)\times(1+20\%)+257.5+292.65$
$=3\,640.15$(万元)

非普通标准住宅增值额 $=5\,321-3\,640.15=1\,680.85$(万元)

注:财务制度规定房地产开发企业交纳的印花税计入管理费用,故不得再计入扣除项目金额中。

(5) 计算增值率:

普通标准住宅的增值率 $=\dfrac{1.35}{928.65}\times 100\%=0.15\%$

非普通标准住宅的增值率 $=\dfrac{1\,680.85}{3\,640.15}\times 100\%=46.18\%$

(6) 确定适用税率并计算应纳税款:普通标准住宅由于增值额未超过扣除项目金额的20%,按税法规定免征土地增值税;非普通标准住宅的增值率小于50%,其适用税率为30%。因此:

应纳税款 $=1\,680.85\times 30\%=504.26$(万元)

[例12] 某房地产开发公司 2×02 年 8 月 8 日预售给平江公司商品房一幢,价款540万元,预售合同规定每隔4个月分三次支付,并在 8 月 8 日收到第一次预收款 216

万元,房屋预计在 2×03 年 8 月份交付使用,该房屋预算成本为 180 万元,应负担的房地产开发费用预计为 18 万元,应负担与房地产出售有关的各项税金为 12 万元。试计算应纳土地增值税额。

税法规定纳税人采用预售方式销售商品房的,以实际收到预收款的当天为纳税义务发生的时间,在计算应纳土地增值税时,可按买卖双方签订预售合同所载金额计算出应纳土地增值税税额,再根据每笔预收款占总售价款的比例计算分摊每次所需交纳的土地增值税税额,或者根据税款占总收入的比重确定一个缴税率。

预计土地增值额＝合同规定的房地产收入总额－预计的扣除项目金额
$$= 5\,400\,000 - [1\,800\,000 \times (1+20\%) + 180\,000 + 120\,000]$$
$$= 5\,400\,000 - 2\,460\,000$$
$$= 2\,940\,000(元)$$

增值率 $= 2\,940\,000 \div 2\,460\,000 \times 100\% = 120\%$

预计应纳税额＝预计土地增值额×最高级次适用税率－速算扣除数
$$= 2\,940\,000 \times 50\% - 2\,460\,000 \times 15\% = 1\,101\,000(元)$$

每次预收款应交税额＝预计应纳税额 $\times \dfrac{每次预收款金额}{合同总售价}$

$$= 1\,101\,000 \times \dfrac{2\,160\,000}{5\,400\,000} = 440\,400(元)$$

或

每次预收款应交税额＝每次预收款金额 $\times \dfrac{预计应纳税额}{合同总售价} \times 100\%$

$$= 2\,160\,000 \times \dfrac{1\,101\,000}{5\,400\,000} \times 100\%$$
$$= 2\,160\,000 \times 20.39\%(预缴率)$$
$$= 440\,400(元)$$

(三) 土地增值税的缴纳

1. 纳税时间

《土地增值税暂行条例》(简称《条例》)第十条规定:"纳税人应当自转让房地产合同签订之日起 7 日内向房地产所在地主管税务机关办理纳税申报,并在税务机关核定的期限内缴纳土地增值税。"

由于土地增值税是按转让房地产所取得的收益征税,在计税时要涉及房地产开发的成本和费用,有时还要进行房地产评估等,因此不可能像其他税种那样确定一个统一的纳税时间,而是根据房地产转让不同情况由主管税务机关具体确定。税务机关在确定纳税人缴纳土地增值税的具体时间时,可根据以下两种不同情况分别确定:

(1) 对于转让的房地产是一次性交割、付清价款的,主管税务机关可在其办理纳税申报后,根据其应纳税额的大小及向有关部门办理过户、登记手续的期限等情况,规定其在办理过户、登记手续前几日之内一次性缴纳全部土地增值税。

(2) 对于以分期收款方式转让房地产的,主管税务机关可根据合同规定的收款日期来确定具体的纳税期限。即先计算出土地增值税的总税额,再按总税额除以转让房地产的总收入,得出一个税额占收入的比例;在每次收到价款时,按收到价款的数额乘以这个比例来确定每次应纳的税额,并规定其应在每次收款后几日内缴纳土地增值税。

2. 预征问题

《土地增值税暂行条例实施细则》(简称《细则》)第十六条规定:"纳税人在项目全部竣工结算前转让房地产取得的收入,由于涉及成本确定或其他原因,而无法据以计算土地增值税的,可以预征土地增值税,待该项目全部竣工、办理结算后再进行清算,多退少补。具体办法由各省(自治区、直辖市)地方税务局根据当地情况制定。"

由于土地增值税是按房地产转让所取得的收益征税,因此只有当房地产项目全部竣工结算后才能计算出准确的土地增值税税额,但因房地产开发的周期一般都比较长,少则二三年,多的四五年甚至七八年,如果等到项目全部竣工后再计算征收土地增值税,既不利于企业资金的平衡,也不利于税款的均衡入库,对征收管理工作是很不利的。因此,《细则》规定可以在项目全部竣工结算前就其取得的转让房地产收入先预征土地增值税。这主要有两种情况,一种是进行小区开发建设的,其中一部分房地产项目先开发及转让出去了,但小区内有的配套设施是在转让后才建成的,这样在先转让的项目取得收入时,就可以先预征土地增值税;另一种是纳税人以预售方式转让房地产的,在办理结算及移交手续前就取得了收入,也可以先预征土地增值税。

预征的方法也可以分为两种情况:

(1) 对先转让了房地产项目,后又搞一些小区配套设施的,可以按转让项目实际发生的成本确定扣除金额,再加上按配套设施预计成本核定的该项目所应分摊的扣除项目金额,作为该转让项目的扣除项目金额,并据以计算征收土地增值税。

(2) 对预售房地产的,可以按交易双方签订预售合同中确定的转让收入作为计税收入,按房地产开发的预算成本先核定一个扣除项目金额,并以核定的扣除项目金额和转让收入为基数,计算出一个预征率,在每次预收售房款时,就先用这个预征率计算预征土地增值税。

凡采用预征方法征收土地增值税的,在该项目全部竣工办理结算时,对土地增值税要进行清算,根据应征税额和已征税额的数额进行结算,多退少补。

3. 纳税地点

《条例》第十条规定:"纳税人应当自转让房地产合同签订之日起7日内向房地产所在地主管税务机关办理纳税申报,并在税务机关核定的期限内缴纳土地增值税。"这就是说,土地增值税的纳税地点是房地产所在地。

《细则》第十七条规定:"条例第十条所称的房地产所在地,是指房地产的坐落地。纳税人转让房地产坐落在两个或两个以上地区的,应按房地产所在地分别申报纳税。"

4. 纳税环节

土地增值税的纳税环节是土地使用权变更的流转环节,土地使用权每变更一次,根据土地增值额的大小征收一次土地增值税。

(四)土地增值税的减免

(1)纳税人建造普通标准住宅,增值额未超过扣除项目金额百分之二十的。这里所说的普通标准住宅,一律按各省(自治区、直辖市)人民政府根据《国务院办公厅转发建设部等部门关于做好稳定住房价格工作意见的通知》(国办发〔2005〕26号)制定并对社会公布的"中小套型、中低价位普通住房"的标准执行。

(2)因国家建设需要依法征用、收回的房地产。这里指因城市市政规划、国家重点项目建设的需要而被政府征用的房地产或收回的土地使用权。

(3)个人因工作调动或改善居住条件而转让原自用住房,经向税务机关申报核准,凡居住满五年或五年以上的,免予征收土地增值税,居住满三年未满五年的,减半征收土地增值税,居住未满三年的按规定计征土地增值税。

三、土地增值税的税务会计处理

(一)土地增值税的核算科目

设置"应交税费——应交土地增值税"科目。其贷方登记应交纳的土地增值税税额,借方登记实际交纳的土地增值税税额,贷方余额表示应交但尚未交纳的土地增值税税款。

土地增值税与增值税不同,它属于价内税。计提的土地增值税税额,应按不同的行业和不同的内容分别记入"营业税金及附加"、"固定资产清理"、"其他业务成本"等科目借方,从而抵减本期营业收入或其他业务收入。

(二)土地增值税的账务处理

1. 房地产销售的账务处理

(1)转让房地产销售收入。转让房地产所取得的收入,包括货币收入、实物收入和其他收入。

纳税人转让、销售土地和商品房,应在土地和商品房已经转移,并将发票结算单送交买主时,作为销售实现。按实际结算价款,借记"银行存款"、"库存现金"或"应收账款"科目,贷记"主营业务收入"科目。

[例13] 某房地产开发公司,销售写字楼2幢,共计面积2.5万平方米,售价4 000元/平方米,已将发票结算账单送交给买主并收到款项1亿元。试作有关分录。

借:银行存款　　　　　　　　　　　　　　　　100 000 000
　　贷:主营业务收入——商品房销售收入　　　　　100 000 000

(2) 转让房地产销售成本。

[例14] 某房地产开发公司销售写字楼2幢,开发产品成本经计算为2 625元/平方米,总计销售成本为5 250万元。试作有关分录。

借:主营业务成本 52 500 000
 贷:库存商品——房屋(写字楼) 52 500 000

(3) 转让房地产有关税金。

转让房地产有关的税金包括:土地使用税、营业税、城市维护建设税、教育费附加等。

[例15] 某房地产开发公司所开发的地段按该省人民政府规定单位税额为4元/平方米。该公司年应纳土地使用税为8万(2万平方米×4)元。试作有关分录。

借:管理费用——土地使用税 80 000
 贷:应交税费——应交土地使用税 80 000

[例16] 根据销售2幢写字楼的销售收入1亿元的5%计算并结转应交营业税500万元。试作有关分录。

借:营业税金及附加 5 000 000
 贷:应交税费——应交营业税 5 000 000

[例17] 按该公司应纳营业税的7%计算并结转城市维护建设税35万(5 000 000×7%)元。试作有关分录。

借:营业税金及附加 350 000
 贷:应交税费——应交城建税 350 000

[例18] 按该公司应纳营业税的3%计算结转应交教育费附加15万(5 000 000×3%)元。试作有关分录。

借:营业税金及附加 150 000
 贷:应交税费——应交教育费附加 150 000

(4) 土地增值税应纳税金的账务处理。

承上述各例。经查,"主营业务收入——商品房销售收入(写字楼)"科目贷方发生额为1亿元,"主营业务成本"科目借方发生额为5 250万元,"营业税金及附加"科目借方发生额为550(5 000 000+350 000+150 000)万元,应负担的"三项费用"按房地产开发成本5 250万元的10%计算为525万元,因此,该公司的土地增值额为:

土地增值额=100 000 000−[52 500 000×(1+20%)+5 500 000+5 250 000]
   =100 000 000−73 750 000
   =26 250 000(元)

土地增值额占扣除项目金额的百分比=$\frac{26\ 250\ 000}{73\ 750\ 000}\times 100\%=35.6\%<50\%$

确定的适用税率为 30%。

应纳税额 = 26 250 000 × 30% = 7 875 000(元)

借:营业税金及附加　　　　　　　　　　　　　　　　7 875 000
　　贷:应交税费——应交土地增值税　　　　　　　　　　　7 875 000

[例 19]　某工业企业因搬迁新址,将原办公楼及厂房转让,共取得转让收入为 2 800 万元。当时造价为 800 万元,若按重置完全价值,则为 3 000 万元。根据有关规定转让旧房需补交出让金 120 万元。现在该房子为五成新。试作有关分录。

(1) 确定转让房产的评估价格:

30 000 000 × 50% = 15 000 000(元)

(2) 计算转让房产的有关税金(税率及附加率同上例):

28 000 000 × 5% × (1 + 7% + 3%) = 1 540 000(元)

(3) 计算应交印花税税额(按产权转移书据记载金额的 0.5‰ 贴花):

28 000 000 × 0.5‰ = 14 000(元)

(4) 扣除项目金额:

1 200 000 + 15 000 000 + 1 540 000 + 14 000 = 17 754 000(元)

(5) 计算转让房地产增值额:

28 000 000 − 17 754 000 = 10 246 000(元)

(6) 计算增值额与扣除项目金额比率为:

$$\frac{10\ 246\ 000}{17\ 754\ 000} \times 100\% = 57.7\% > 50\%$$

确定的适用税率为 30%,速算扣除项目适用扣除率为 40%。

计算应纳土地增值税税额:

17 754 000 × 30% × 50% + 17 754 000 × 40% × (57.7% − 50%) = 3 210 000(元)

或

计算应纳土地增值税税额:

10 246 000 × 40% − 17 754 000 × 5% = 3 210 000(元)

借:固定资产清理　　　　　　　　　　　　　　　　　3 210 000
　　贷:应交税费——应交土地增值税　　　　　　　　　　　3 210 000

[例 20]　某非主营房地产的公司取得一块土地使用权支付的地价款为 400 万元,建造普通标准住宅所需成本为 2 400 万元,假定该公司不能提供金融机构证明,整栋房子卖出共收入 4 400 万元。试作有关分录。

(1) 购买土地使用权款项:4 000 000 元。

(2) 房地产开发成本:24 000 000 元。

(3) 房地产开发费用扣除额(扣除比例设定为 10%):

$(4\ 000\ 000+24\ 000\ 000)\times10\%=2\ 800\ 000(元)$

(4) 从事房地产开发可加计扣除额：

$(4\ 000\ 000+24\ 000\ 000)\times20\%=5\ 600\ 000(元)$

(5) 转让房地产的有关税金（税率及附加率同上例）：

$44\ 000\ 000\times5\%\times(1+7\%+3\%)=2\ 420\ 000(元)$

(6) 扣除项目金额：

$4\ 000\ 000+24\ 000\ 000+2\ 800\ 000+5\ 600\ 000+2\ 420\ 000=38\ 820\ 000(元)$

(7) 转让房地产增值额：

$44\ 000\ 000-38\ 820\ 000=5\ 180\ 000(元)$

增值额与扣除项目金额比率为：

$\dfrac{5\ 180\ 000}{38\ 820\ 000}\times100\%=13\%<20\%$

由于是建造的普通标准住宅出售，所以增值额未超过扣除项目金额20%，根据《土地增值税暂行条例》第八条第一款，可以免缴土地增值税。如果本例是建造的高标准住宅出售，那么不管其增值额所占扣除项目金额比率有多少，都应按规定计缴土地增值税。则本例中：

应纳土地增值税税额 = $5\ 180\ 000\times30\%=1\ 554\ 000(元)$

借：其他业务成本　　　　　　　　　　　　　　1 554 000
　　贷：应交税费——应交土地增值税　　　　　　　　1 554 000

特别需要指出的是，对取得土地或取得房地产使用权后未进行开发即转让的，计算其增值额时，不得加计扣除20%，以抑制炒买、炒卖房地产的行为。

第五节　房产税会计

一、房产税概述

（一）房产税及其意义

房产税是以房产为课税对象，按照房屋的计税价值或租金收入为计税依据，向拥有房屋产权的单位或个人征收的一种税。

目前执行的《中华人民共和国房产税暂行条例》是在1986年9月15日由国务院发布，并自同年10月1日起在中国内资企业和公民范围内施行。外商投资企业、外国企业和组织以及外籍个人原实行的城市房地产税，自2009年1月1日起，统一执行《中华人民共和国房产税暂行条例》，缴纳房产税。征收房产税的意义在于：

(1) 有利于运用税收经济杠杆加强对房屋的管理，提高房屋的使用效益。

(2) 有利于控制固定资产投资规模和配合国家产业政策的贯彻。

(3) 有利于调节收入,适应分税制的财政管理体制。

(二) 房产税的纳税人和课税对象

1. 纳税人

房产税由产权所有人缴纳。《房产税暂行条例》规定,凡在中华人民共和国境内拥有房屋产权的单位和个人均为房产税的纳税义务人。即产权属于全民所有制的,其经营管理单位和个人为纳税义务人;产权出典的,承典人为纳税义务人;产权所有人、承典人不在房产所在地的或产权未确定及租典纠纷未解决的,房产代管人或使用人为纳税义务人。

2. 课税对象

房产税的课税对象是房产,具体范围包括在城市(含郊县)、县城、建制镇和工矿区的房产。

房产是以房屋形态表现的财产。独立于房屋之外的建筑物,如围墙、烟囱、水塔等不属于房产。

二、房产税应纳税额的计算和缴纳

(一) 房产税的计算要素

1. 税率

房产税采用比例税率,根据房产税的计税依据分为两种:依据房产计税余额计税的,税率为1.2%;依据房产租金收入计税的,税率为12%。

从2001年1月1日起,对个人按市场价格出租的居民住房,用于居住的,可暂减按4%的税率征收房产税。

从2008年3月1日起,对个人出租住房,不区分用途,按4%的税率征收房产税。对企事业单位、社会团体以及其他组织按市场价格向个人出租用于居住的住房,减按4%的税率征收房产税。

2. 计税依据

(1) 房产以原值为计税依据:房产税依照房产原值一次减除10%～30%后的余值计算缴纳。具体减除幅度,由省(自治区、直辖市)人民政府规定。

没有房产原值的,由房产所在地税务机关会同建行、城建、房管等有关部门参考当地同类房产核定。

房产原值是指纳税人按照会计制度规定,登记在"固定资产"科目中的房屋原价。对纳税人未按会计制度规定记载的,在计征房产税时,应按规定调整房产原值,对房产原值明显不合理的,应重新评估。

对超过使用年限继续使用的房产,仍应按其账面原来记载的房产原值按规定计算征收。

(2) 房产出租以租金为计税依据：房产出租的，以房产租金收入为房产税的计税依据。

无租使用其他单位房产的应税单位和个人，依照房产余值代缴房产税。

(3) 融资租赁房屋的计税依据：对于融资租赁房屋的情况，由于租赁费包括购进房屋的价款、手续费、借款利息等，与一般房屋出租的租金内涵不同，且租赁期满后，当承租方偿还最后一笔租赁费时，房屋产权要转移到承租方，这实际上是一种变相的分期付款购买固定资产的形式，所以在计征房产税时应以房产余值计算征收。

(4) 投资联营房产的计税依据：对于投资联营的房产，应根据投资联营的具体情况，在计征房产税时予以区别对待。对于以房产投资联营，投资者参与投资利润分红、共担风险的情况，按房产原值估为计税依据计征房产税；对于房产投资，收取固定收入、不承担联营风险的情况，实际上是以联营名义取得房产的租金，因此应由出租方按租金收入计缴房产税。

（二）房产税的计算方法

1. 从价计征

年应纳税额＝房产账面原价×（1－10％至30％）×1.2％

2. 从租计征

年应纳税额＝年租金收入×12％（或4％）

（三）房产税的缴纳和减免

1. 房产税的缴纳

(1) 纳税期限：房产税按年征收、分期缴纳。具体纳税期限由省（自治区、直辖市）人民政府确定。

(2) 纳税时间：

纳税人将原有房产用于生产经营，从生产经营之月起缴纳房产税。

纳税人自行新建房屋用于生产经营，从建成之次月起缴纳房产税。

纳税人委托施工企业建设的房屋，从办理验收手续之次月起缴纳房产税。

纳税人购置新建商品房，自房屋交付使用之次月起缴纳房产税。

纳税人购置存量房，自办理房屋权属转移、变更登记手续，房地产权属登记机关签发房屋权属证书之次月起，缴纳房产税。

纳税人出租、出借房产，自交付出租、出借房产之次月起，缴纳房产税。

房地产开发企业自用、出租、出借本企业建造的商品房，自房屋使用或交付之次月起，缴纳房产税。

融资租赁的房产，由承租人自融资租赁合同约定开始日的次月起缴纳房产税。合同未约定开始日的，由承租人自合同签订的次月起缴纳房产税。

自2009年1月1日起，纳税人因房产的实物或权利状态发生变化而依法终止房产税纳税义务的,其应纳税款的计算应截止到房产的实物或权利状态发生变化的当月末。

(3) 纳税地点:房产税由房产所在地的税务机关征收。房产不在一地的纳税人,应按房产的坐落地点,分别向房产所在地的税务机关缴纳房产税。

2. 房产税的减免

按照税法规定,下列房产免纳房产税:

(1) 国家机关、人民团体、军队自用的房产。

(2) 由国家财政部门拨付事业经费的单位自用的房产。

(3) 宗教寺庙、公园、名胜古迹自用的房产。

(4) 个人所有非营业用的房产。

(5) 对行使国家行政管理职能的中国人民银行总行(含国家外汇管理局)所属分支机构自用的房产。

(6) 经财政部批准免税的其他房产。

对实行总额预算管理的事业单位,也属于是由国家财政部门拨付事业经费的单位,对其本身自有的房产免征房产税。

企业办的各类学校、医院、托儿所、幼儿园自用的房产,可以比照由国家财政部门拨付事业经费的单位自用的房产,免征房产税。

三、房产税的税务会计处理

(一) 房产税的核算科目

房产税应纳税额,通过"应交税费——应交房产税"科目进行核算。该科目借方反映企业实际已经缴纳的房产税,贷方反映企业应交纳的房产税,余额在贷方反映企业应交而未交的房产税。

(二) 房产税的账务处理

计提本期应缴纳房产税时,借记"管理费用——房产税"科目,贷记本科目。缴纳房产税时借记本科目,贷记"库存现金"、"银行存款"等科目。

[例21] 某居民甲于 2×02 年 7 月将自有房屋出租给乙用于居住,月租金 500 元,租期半年至 2×02 年年底;2×03 年元月将该房屋出租给某公司用于经营,月租金 2 000 元,租期 1 年。试计算 2×02 年下半年、2×03 年应纳房产税额。

2×02 年下半年应纳房产税 $=500\times6\times4\%=120$(元)

2×03 年应纳房产税 $=2\,000\times12\times12\%=2\,880$(元)

[例22] 某公司有房产账面原值(未评估)1 000 万元。其中自用房产 800 万元,出租房产 200 万元,年租金收入 30 万元,扣除比例及税率同上例,自用房产按月缴纳房产税。试作会计分录。

按《房产税暂行条例》规定,应分别计算自用和出租两部分房产的应纳房产税。

(1) 自用房产按从价计征:

年应纳房产税税额＝8 000 000×(1－30％)×1.2％＝67 200(元)
月应纳房产税税额＝67 200÷12＝5 600(元)

借：管理费用——房产税　　　　　　　　　　　　　　　　　5 600
　　贷：应交税费——应交房产税　　　　　　　　　　　　　　　　5 600
缴纳房产税时：
借：应交税费——应交房产税　　　　　　　　　　　　　　　　5 600
　　贷：银行存款　　　　　　　　　　　　　　　　　　　　　　　5 600

(2) 出租房产按从租计征：
年应纳房产税税额＝300 000×12％＝36 000(元)
应在收取租金或取得索取租金的权力后的10日内申报纳税。
借：管理费用——房产税　　　　　　　　　　　　　　　　　36 000
　　贷：应交税费——应交房产税　　　　　　　　　　　　　　　　36 000

[例23] 某企业集团共有房产账面原值1 500万元，其中生产用房1 000万元，办公用房及辅助用房300万元，厂办学校用房150万元，幼儿园用房50万元，该集团年初计提应纳房产税，扣除比例及税率同上例。试作有关分录。

按税法规定，应纳房产税项目有：厂房、办公用房及辅助用房。学校用房、幼儿园用房则可以免税。

年应纳房产税税额＝13 000 000×(1－30％)×1.2％＝109 200(元)
月应纳房产税税额＝109 200÷12＝9 100(元)
借：管理费用——房产税　　　　　　　　　　　　　　　　　9 100
　　贷：应交税费——应交房产税　　　　　　　　　　　　　　　　9 100

第六节　车船税会计

一、车船税概述

(一) 车船税及其意义

车船税是对在中华人民共和国境内的车辆、船舶(以下简称车船)的所有人或者管理人征收的一种税。2006年12月29日，国务院颁布第482号令，公布了《中华人民共和国车船税暂行条例》，从2007年1月1日起施行。《车船税暂行条例》是在原车船使用税和车船使用牌照税的基础上合并修订而成的。

2011年2月25日，中华人民共和国主席颁布第43号令，公布了《中华人民共和国车船税法》，并从2012年1月1日起施行，原《车船税暂行条例》同时废止。与原政策相比，出台《车船税法》的意义在于：

（1）推进节能减排战略。首次明确了车船税征收与乘用车排量挂钩,设计七个梯度按照排量进行征税,通过差额税率来引导购车趋势。新政明确表达了鼓励发展小排量汽车,引导消费者节能减排的趋势。

（2）调整汽车产业结构。在鼓励节能减排的同时,鼓励小排量汽车是新政的目的之一,加大传统汽车的使用成本,也是鼓励节能和新能源汽车发展的表现。

（3）引导消费观念改变。更为重要的是,必将引导消费者消费观念的改变,增强人们的节能和环保意识,尤其改变消费者追求大排量汽车的从众心理,在全社会形成一个理性的汽车消费习惯。

（4）体现效率与公平兼顾。对传统汽车的税费进行调整,加重大排量汽车的税负,将与新能源汽车(如纯电动车、充电式混合动力汽车等)的减免车辆购置税、车船税等税鼓励政策形成巨大的合力。这种效率与公平兼顾的政策支持,必将为新能源汽车发展带来更好的效果。

（二）车船税的纳税人和课税对象

1. 纳税人

在中华人民共和国境内属于《中华人民共和国车船税法》所附《车船税税目税额表》规定的车辆、船舶(以下简称车船)的所有人或者管理人,为车船税的纳税人。管理人是指对车船具有管理使用权,不具有所有权的单位和个人。

2. 课税对象

车船税的课税对象是车辆和船舶。

车船税的征税范围是在中华人民共和国境内依法应当在车船管理部门登记的车船。车船管理部门是指公安、交通、农业、渔业、军事等依法具有车船管理职能的部门。

在机场、港口以及其他企业内部场所行驶或者作业,并在车船管理部门登记的车船,应当缴纳车船税。

二、车船税应纳税额的计算和缴纳

（一）车船税的计算要素

1. 税率

车船的适用税额依照《中华人民共和国车船税法》所附《车船税税目税额表》执行。

车辆的具体适用税额由省(自治区、直辖市)人民政府依照《车船税税目税额表》规定的税额幅度和国务院的规定确定。

船舶的具体适用税额由国务院在《车船税税目税额表》规定的税额幅度内确定。其具体税额如表 9-4 所示。

表 9-4　车船税税目税额表

税　目		计税单位	年基准税额	备　注
乘用车[按发动机汽缸容量(排气量)分档]	1.0升(含)以下	每辆	60元至360元	核定载客人数9人(含)以下
	1.0升以上至1.6升(含)		300元至540元	
	1.6升以上至2.0升(含)		360元至660元	
	2.0升以上至2.5升(含)		660元至1 200元	
	2.5升以上至3.0升(含)		1 200元至2 400元	
	3.0升以上至4.0升(含)		2 400元至3 600元	
	4.0升以上		3 600元至5 400元	
商用车	客　车	每辆	480元至1 440元	核定载客人数9人以上,包括电车
	货　车	整备质量每吨	16元至120元	包括半挂牵引车、三轮汽车和低速载货汽车等
挂车		整备质量每吨	按照货车税额的50%计算	
其他车辆	专用作业车	整备质量每吨	16元至120元	不包括拖拉机
	轮式专用机械车		16元至120元	
摩托车		每辆	36元至180元	
机动船舶拖船*	200吨(含)以下	净吨位每吨	3元	拖船、非机动驳船分别按照机动船舶税额的50%计算
	200吨以上至2 000吨(含)		4元	
	2 000吨以上至10 000吨(含)		5元	
	10 000吨以上		6元	
游艇		艇身长度每米	600元至2 000元	

* 拖船,按发动机功率每1千瓦折合净吨位0.67吨计算征收车船税。

2. 计税依据

载客汽车、乘用车、摩托车,以每辆为计税依据。

载货汽车、挂车、其他车辆按整备质量每吨为计税依据。

机动船舶(含拖船),按净吨位每吨为计税依据。

游艇,以艇身长度每米为计税依据。

纳税人在购买机动车交通事故责任强制保险时,应当向扣缴义务人提供地方税务机关出具的本年度车船税的完税凭证或者减免税证明。不能提供完税凭证或者减免税证明的,应当在购买保险时按照当地的车船税税额标准计算缴纳车船税。

(二)车船税的计算方法

载客汽车、乘用车、摩托车的应纳税额=辆数×年基准税额

载货汽车、挂车、其他车辆的应纳税额=整备质量吨数×年基准税额

机动船舶的应纳税额=净吨位数×年基准税额

拖船和非机动驳船的应纳税额=净吨位数×年基准税额×50%

(三)车船税的缴纳和减免

1. 车船税的缴纳

(1)纳税期限:车船税按年申报缴纳。具体申报纳税期限由省(自治区、直辖市)人民政府规定。

(2)纳税时间:车船税纳税义务发生时间为取得车船所有权或者管理权的当月。

(3)纳税地点:车船税的纳税地点为车船的登记地或者车船税扣缴义务人所在地。依法不需要办理登记的车船,车船税的纳税地点为车船的所有人或者管理人所在地。

2. 车船税的减免

下列车船免征车船税。

(1)捕捞、养殖渔船。

(2)军队、武装警察部队专用的车船。

(3)警用车船。

(4)依照法律规定应当予以免税的外国驻华使领馆、国际组织驻华代表机构及其有关人员的车船。

对节约能源、使用新能源的车船可以减征或者免征车船税;对受严重自然灾害影响纳税困难以及有其他特殊原因确需减税、免税的,可以减征或者免征车船税。具体办法由国务院规定,并报全国人民代表大会常务委员会备案。

省(自治区、直辖市)人民政府根据当地实际情况,可以对公共交通车船,农村居民拥有并主要在农村地区使用的摩托车、三轮汽车和低速载货汽车定期减征或者免征车船税。

三、车船税的税务会计处理

(一)车船税的核算科目

车船税应纳税额,通过"应交税费——应交车船税"科目进行核算。该科目借方反映企业实际已经缴纳的车船税,贷方反映企业应交纳的车船税,余额在贷方反映企业应交而未交的车船税。

(二)车船税的账务处理

计提本期应缴纳车船税时,借记"管理费用——车船税"科目,贷记本科目。缴纳车

船税时借记本科目,贷记"库存现金"、"银行存款"等科目。

[例24] 某航运公司2×09年拥有机动船4艘,每艘净吨位为3 000吨,拖船1艘,每艘净吨位为900吨。其所在省车船税计税标准为净吨位2 000以下的,每吨4元;2 000~10 000吨的,每吨5元。试计算该航运公司2×09年应缴纳的车船税。

2×09年车船税应纳税额=4×3 000×5+900×4×50%=61 800(元)

[例25] 同上例,试作该航运公司车船税的会计分录。(假定该地按季预缴车船税)

季度终了,计算应交纳的车船税税额:61 800/4=15 450(元)

借:管理费用	15 450
贷:应交税费——应交车船税	15 450

按规定,车船税按年征收,分期交纳。具体纳税期限由省(自治区、直辖市)人民政府规定。企业按季缴纳税款时:

借:应交税费——应交车船税	15 450
贷:银行存款	15 450

第七节　烟叶税会计

一、烟叶税概述

(一)烟叶税及其意义

烟叶税是向收购烟叶产品的单位按照收购金额的一定比例征收的一个税种,税负由烟草公司负担。1994年税制改革前,对烟叶征税曾是工商统一税、产品税中的一个品目,之后,又将它划为农业特产税中的一个品目。2005年12月29日,第十届全国人大常委会第十九次会议决定废止《中华人民共和国农业税条例》。这样,烟叶税赖以栖身的农业特产税不存在了,当然,其立法依据也就失去了。

2006年4月28日实施的《中华人民共和国烟叶税暂行条例》是"寓征于禁"政策的延续。与原政策相比,征收烟叶税的意义在于:

(1)烟叶税独立征收后,其性质由农业税变为商品税,烟叶收购中所开具的发票成为增值税抵扣的依据,使烟叶税与增值税的征收紧密相连,但它又延续了烟叶特产税的税收分配办法,其收入全部归地方政府。这不但起到稳定地方财政收入的效果,也有利于充分调动地方政府发展特色经济的积极性。

(2)烟叶种植主要分布在贫困的边远山区,这些地区商品经济发展滞后,工业基础薄弱,且引资能力较差,传统的商品税难以发展成为地方支柱税种。烟草制品的市场需求弹性较小,烟叶需求量能够长期保持稳定。烟叶税是增加地方政府财政收入的有效方式,既有助于缓解地方财政的压力,也有利于地方经济健康发展。

(3)烟叶税的征收成本低,有利于税收的征管。烟叶税的开征并没有明显增加地方税务局的行政成本,地方税务机关并没有因新税种的开征而另设机构。由于烟叶收购期、收购点都较为集中,因此,地方税务机关也能够及时、准确地掌握税源情况,并组织人员进行征收。

(二)烟叶税的纳税人和课税对象

1. 纳税人

在中华人民共和国境内收购烟叶的单位为烟叶税的纳税人。纳税人应当依照《中华人民共和国烟叶税暂行条例》规定缴纳烟叶税。

"收购烟叶的单位",是指依照《中华人民共和国烟草专卖法》的规定有权收购烟叶的烟草公司或者受其委托收购烟叶的单位。依照《中华人民共和国烟草专卖法》查处没收的违法收购的烟叶,由收购罚没烟叶的单位按照购买金额计算缴纳烟叶税。

2. 课税对象

烟叶税的课税对象是烟叶。烟叶是指晾晒烟叶、烤烟叶。"晾晒烟叶",包括列入名晾晒烟名录的晾晒烟叶和未列入名晾晒烟名录的其他晾晒烟叶。

二、烟叶税应纳税额的计算和缴纳

(一)烟叶税的计算要素

1. 税率

烟叶税实行统一比例税率,税率为20%。其税率的调整,由国务院决定。

2. 计税依据

烟叶税的计税依据是收购金额,而不是收购价款。

"收购金额",包括纳税人支付给烟叶销售者的烟叶收购价款和价外补贴。按照简化手续、方便征收的原则,对价外补贴统一暂按烟叶收购价款的10%计入收购金额征税。收购金额计算公式如下:

收购金额=收购价款×(1+10%)

(二)烟叶税的计算方法

烟叶税的应纳税额按照纳税人收购烟叶的收购金额和规定的税率计算。应纳税额的计算公式为:

应纳税额=烟叶收购金额×税率

(三)烟叶税的缴纳

1. 纳税期限

纳税人应当自纳税义务发生之日起30日内申报纳税。具体纳税期限由主管税务机关核定。

2. 纳税时间

烟叶税的纳税义务发生时间为纳税人收购烟叶的当天。"收购烟叶的当天",是指纳税人向烟叶销售者付讫收购烟叶款项或者开具收购烟叶凭据的当天。

3. 纳税地点

纳税人收购烟叶,应当向烟叶收购地的主管税务机关申报纳税。

对烟叶税纳税人按规定缴纳的烟叶税,准予并入烟叶产品的买价计算增值税的进项税额,并在计算缴纳增值税时予以抵扣。即购进烟叶准予抵扣的增值税进项税额,按照《中华人民共和国烟叶税暂行条例》及《财政部 国家税务总局印发〈关于烟叶税若干具体问题的规定〉的通知》(财税〔2006〕64号)规定的烟叶收购金额和烟叶税及法定扣除率计算。烟叶收购金额包括纳税人支付给烟叶销售者的烟叶收购价款和价外补贴,价外补贴统一暂按烟叶收购价款的10%计算,即烟叶收购金额=烟叶收购价款×(1+10%)。

三、烟叶税的税务会计处理

(一) 烟叶税的核算科目

烟叶税应纳税额,通过"应交税费——应交烟叶税"科目进行核算。该科目借方反映企业实际已经缴纳的烟叶税,贷方反映企业应交纳的烟叶税,余额在贷方反映企业应交而未交的烟叶税。

(二) 烟叶税的账务处理

计算本期应缴纳烟叶税时,借记"在途物资"、"材料采购"等科目,贷记本科目。缴纳烟叶税时借记本科目,贷记"库存现金"、"银行存款"等科目。

[例26] 某卷烟厂8月份收购烟叶20 000元,向产农开出专用收购发票。计算该卷烟厂应缴纳的烟叶税并作出会计分录。

收购金额=20 000×(1+10%)=22 000(元)

应交烟叶税=22 000×20%=4 400(元)

可抵扣进项税额=(20 000+4 400)×13%=3 172(元)

付款时:

借:在途物资	24 400	
贷:银行存款		20 000
应交税费——应交烟叶税		4 400

上缴烟叶税时:

借:应交税费——应交烟叶税	4 400	
贷:银行存款		4 400

入库时:

借:原材料	21 228	
应交税费——应交增值税(进项税额)	3 172	
贷:在途物资		24 400

[本章小结]

本章资源财产税主要介绍了资源税、城镇土地使用税、耕地占用税、土地增值税、房产税、车船税、烟叶税等税种及其税务会计处理。

资源税主要是对在我国境内从事国有资源开发，因资源贮存和开发条件差异而形成的级差收入征收的一种税。其应纳税额按照应税产品的销售额和比例税率或销售数量和规定的单位税额计算。企业交纳的资源税，通过"应交税费——应交资源税"科目核算，并根据不同业务进行相应处理。

城镇土地使用税是对中华人民共和国境内使用土地的单位和个人按使用土地面积定额征收的一种税。其应纳税额按纳税人实际占用的土地面积，依照规定的定额税率计算征收。企业交纳的土地使用税，通过"应交税费——应交土地使用税"科目核算，并计入管理费用。

耕地占用税，是对占用耕地建房或从事其他非农业建设的单位和个人，按其所占耕地面积征收的一种税。它以纳税人实际占用的耕地面积为计税依据，从量定额征收。企业在缴纳耕地占用税时可直接通过"在建工程"科目或"长期待摊费用"科目和"应交税费——应交耕地占用税"科目或"银行存款"科目核算。

土地增值税是对土地使用权转让及出售建筑物时所产生的价格增值额征收的税种。土地增值额是指转让房地产取得的收入减除规定的开发成本、费用等支出后的余额。土地增值税实行四级超额累进税率。企业应设置"应交税费——应交土地增值税"科目进行核算。

房产税是以房屋为征税对象，按房屋的计税余值或租金收入为计税依据，向产权所有人征收的一种财产税。房产税应纳税额，通过"应交税费——应交房产税"科目进行核算，并计入管理费用。

车船税是对在中华人民共和国境内的车辆、船舶的所有人或者管理人征收的一种税。车船税应纳税额，通过"应交税费——应交车船税"科目进行核算，并计入管理费用。

烟叶税是对在中华人民共和国境内收购烟叶的单位征收的一种税。烟叶税应纳税额，通过"应交税费——应交烟叶税"科目进行核算，并计入材料成本。

[相关法规链接]

1. 《中华人民共和国资源税暂行条例》(国务院令第605号)
2. 《中华人民共和国资源税暂行条例实施细则》(财政部令第66号)
3. 国务院关于修改《中华人民共和国城镇土地使用税暂行条例》的决定
4. 《中华人民共和国耕地占用税暂行条例》(国务院2007年12月1日修改公布)

5.《中华人民共和国耕地占用税暂行条例实施细则》(国家税务总局 2008 年 2 月 26 日公布)

6.《中华人民共和国土地增值税暂行条例》国务院令〔1993〕第 138 号

7.《中华人民共和国土地增值税暂行条例实施细则》(财法字〔1995〕006 号)

8.《中华人民共和国房产税暂行条例》(国发〔1986〕第 90 号)

9.《国家税务总局关于房产税、城镇土地使用税有关问题的通知》(财税〔2009〕128 号)

10.《中华人民共和国车船税法》(中华人民共和国主席令第 43 号)

11.《中华人民共和国烟叶税暂行条例》(中华人民共和国国务院令第 464 号)

[本章复习题]

1. 如何正确理解资源税税额的计算要素?
2. 对资源税的减免有何规定?
3. 自产应税产品在销售或自用时,其资源税的账务处理如何?
4. 土地使用税的纳税人是怎样规定的?纳税人应如何计算缴纳土地使用税?
5. 如何理解土地增值税的纳税环节和征收范围?
6. 如何确定土地增值税的计税依据和税率?
7. 什么是耕地占用税?其纳税人是谁?
8. 房产税的纳税义务人和课税对象是如何规定的?
9. 简述房产税的计税方法。
10. 什么是车船税,其纳税人是谁?
11. 简述烟叶税的计算方法。

第十章　目的行为税会计

【本章导读】 目的行为税是指为实现特定目的而针对某些特定行为所征收的一系列税种，主要包括城市维护建设税、印花税、契税、车辆购置税、关税、船舶吨税等。与其他税种相比，目的行为税具有较强的灵活性、征收范围小、征税对象限定、政策目的性强、税源分散、税收收入小且不稳定、征收管理难度大等特点。目的行为税会计的主要任务是对相关税种进行计算和会计处理。通过本章学习，应该了解相关税种的特点，熟悉其纳税义务人、征税范围与优惠政策，掌握相关税种应纳税额的计算方法和纳税环节以及基本业务税务会计处理等。

第一节　城市维护建设税会计

一、城市维护建设税概述

（一）城市维护建设税的意义和特点

1. 意义

城市维护建设税（简称城建税）是向缴纳增值税、消费税、营业税的单位和个人，以其实际缴纳的上述三税之和为计税依据，征收的专用于城市建设的一种税。1985年，国务院发布了《中华人民共和国城市维护建设税暂行条例》，并自同年1月1日起施行。2010年，国务院下发了《国务院关于统一内外资企业和个人城市维护建设税和教育费附加制度的通知》，决定自2010年12月1日起，对外商投资企业、外国企业及外籍个人（以下简称外资企业）征收城市维护建设税和教育费附加。

开征城市维护建设税的意义在于：

（1）扩大和稳定城市建设的资金来源。

（2）加快城市维护和建设。

（3）改善城镇居民的生活环境。

2. 特点

城建税作为一种非独立税种，与其他税种相比，有以下特点：

(1) 城建税以纳税人实交的增值税、消费税和营业税税额为计税依据,本身并无特定的征税对象,它是税上加税,具有明显的附加税的特点。

(2) 从管理使用来看,它必须专项用于城市的公用事业、公共设施的维护建设,与一般税收由国家统一安排使用的情况不同,具有专款专用、按特点用途使用的性质。我国目前的城镇,其税款基本上来自纳税人的所在地,同时又用于当地的市政建设,具有明显的地方税的特点。

(3) 从税收与纳税人的利益关系来看,我国社会主义税收都是"取之于民,用之于民"的,但是城镇建设的好坏,与纳税人利益更为直接。由此可见,它又具有一种受益税的特点。

(二) 城市维护建设税的纳税人和征收范围

1. 纳税人

城市维护建设税纳税人是缴纳增值税、消费税和营业税的单位和个人,包括外资企业(只针对2010年12月1日(含)之后发生纳税义务的增值税、消费税和营业税)、国有企业、集体企业、个体经营者、机关、团体、学校、部队等各种单位和个人。

2. 征收范围

城市维护建设税在全国各地区普遍征收,重点在城市、县和镇。至于纳税人不在市区、县城或镇的,也要缴纳一定数额的城市维护建设税,用于乡镇一些公用事业、公共设施的维护和建设。

二、城市维护建设税应纳税额的计算和缴纳

(一) 城市维护建设税的计算要素

1. 税率

城市维护建设税根据受益与负担一致的原则和区别对待、合理负担的政策精神,采用地区差别比例税率,即对不同地区的纳税人规定不同的税率。具体税率如下:

(1) 税人所在地在市区的,税率为7%。

(2) 税人所在地在县城、镇的,税率为5%。

(3) 纳税人所在地不在市区、县城或镇的,税率为1%。

对郊区的乡镇企业,经市、县人民政府批准,可减按5%或1%的税率征收。

对在建制镇所属行政村范围内的企业,应按建制镇的适用税率征收城建税。

城市维护建设税的适用税率,应按纳税人所在地的规定税率执行。如果纳税人所在地为工矿区的,应根据行政划分分别按照上述税率征收城市维护建设税;县政府设在城市区的,其在市区办的企业,按市区的规定税率计算纳税;由受托方代征代扣增值税、消费税、营业税的,按受托方所在地规定的税率计算纳税;流动经营的单位和个人,按经营地的规定税率计算纳税。

2. 计税依据

城建税以实际缴纳的增值税、消费税和营业税"三税"税额为计税依据。

纳税人在被查补增值税、消费税、营业税和被处以罚款时,依照城市维护建设税规定,应同时对其偷漏的城市维护建设税进行补税和罚款。

生产企业出口货物实行免、抵、退税办法后,经国税局正式审核批准的当期免抵的增值税额也应纳入城建税征税范围。

(二) 城市维护建设税的计算方法

城市维护建设税应纳税额的计算公式如下:

应纳城市维护建设税税额＝(实纳增值税税额＋实纳消费税税额＋实纳营业税税额)×适用税率

(三) 城市维护建设税的缴纳和减免

1. 纳税期限

企业在申报缴纳增值税、消费税、营业税时,应同时申报缴纳城市维护建设税。但是,对小型企业(包括个体工商户)因征收城市维护建设税税额较小,可否按季或按期征收城市维护建设税,由各市、县地方税务局根据实际情况研究决定。若某些原因造成增值税、消费税、营业税多缴或少缴的,则在清理退补税款(包括减免税而发生的退税)的同时,应按实际退补的税额为依据,清理退补城市维护建设税。

2. 纳税地点

城建税的纳税地点是纳税人所在地,由纳税人所在地税务机关负责征收。

当发生两地纳税时,营业户所在地城建税税率低于销售地城建税税率的,则固定业户在销地被征收的城建税,回所在地只允许从其应纳的城建税中抵扣按所在地城建税税率计算的部分,其差额部分不再予以抵扣;营业户所在地城建税税率高于销售地城建税税率的,对固定业户在所在地已缴的外出销售商品应纳的城建税全部退还。

纳税人所在地与缴纳"三税"所在地城建税税率不一致的,以城建税实际纳税地的适用税率为准,无需回纳税人所在地办理补税或退税手续。

3. 减免

(1) 海关进口产品不征城建税。

(2) 与增值税、消费税、营业税同减同免。

三、城市维护建设税的税务会计处理

(一) 城市维护建设税的核算科目

根据规定,对企业交纳的城市维护建设税应设置"应交税费——应交城市维护建设税"明细科目进行核算。该科目贷方反映应交的城建税,借方反映已经缴纳的城建税,余额在贷方表示应交而未交的城建税。

(二) 城市维护建设税的账务处理

按增值税、消费税、营业税税额为依据计算应交的城市维护建设税税金时,应从销售收入或营业收入中列支,记入"营业税金及附加"、"其他业务成本"、"固定资产清理"等科目。当计算出应缴税金时,应借记"营业税金及附加"等科目,贷记"应交税费——应交城市维护建设税"科目;实际缴纳税款时,应借记"应交税费——应交城市维护建设税"科目,贷记"银行存款"科目。

企业被批准减、免城市维护建设税,在办理了退税手续收到退还的税款时,应借记"银行存款"科目,贷记"应交税费——应交城市维护建设税"科目;同时将退税进行转账,借记"应交税费——应交城市维护建设税"科目,贷记"营业税金及附加"等有关科目。

企业因计算错误等原因多交税款而造成退税,在收到退税款时,应用红字借记"应交税费——应交城市维护建设税"科目,贷记"银行存款"科目;同时用红字结转所退税款,借记"营业税金及附加"等有关科目(红字),贷记"应交税费——应交城市维护建设税"科目(红字)。若为补交少交税款时,应借记"应交税费——应交城市维护建设税"科目,贷记"银行存款"科目;同时结转补交税款,借记"营业税金及附加"等有关科目,贷记"应交税费——应交城市维护建设税"科目。

[例1] 假定A工厂位于县城,城建税税率为5%,某月份产品销售业务应交增值税8.4416万元,转让一项专利权应交营业税2 000元,出售一幢房屋应交营业税5万元。增值税、营业税按月计缴。试计算本月应交城建税税额,并作有关分录。

(1) 月末计算本月应交城建税时:

本月应交城建税额 = 84 416×5% + 2 000×5% + 50 000×5%
= 4 220.80 + 100 + 2 500 = 6 820.80(元)

借:营业税金及附加	4 220.80
贷:应交税费——应交城建税	4 220.80
借:营业税金及附加	100.00
贷:应交税费——应交城建税	100.00
借:固定资产清理	2 500.00
贷:应交税费——应交城建税	2 500.00

(2) 下月初,实际交纳税金时:

借:应交税费——应交增值税	84 416.00
——应交营业税	52 000.00
——应交城建税	6 820.80
贷:银行存款	143 236.80

[例2] 甲公司为批发企业,位于市区,城建税税率为7%。假设甲公司交给乙工

厂(位于郊区,城建税税率核定为1%)烟叶10吨,成本500元/吨,委托加工成烟丝,收回烟丝时以转账支票支付加工费3 000元和增值税510元。假设甲、乙均为增值税一般纳税人,增值税税率为17%,消费税税率为30%;又根据规定,消费税、城建税由乙工厂代扣代缴。试计算增值税、消费税、城建税,并作有关分录。

(1) 受托方——乙工厂。

① 烟丝加工结束后交还甲公司,收到加工费和增值税时:

借:银行存款　　　　　　　　　　　　　　　　　　　　　3 510
　贷:主营业务收入　　　　　　　　　　　　　　　　　　　　3 000
　　　应交税费——应交增值税(销项税额)　　　　　　　　　　510

② 烟丝加工结束后交还甲公司,计算应代扣代缴消费税额和城建税额时:

组成计税价格=(500×10+3 000)÷[1−30%×(1+1%)]
　　　　　=11 477.76(元)

代扣代缴消费税额=11 477.76×30%=3 443.33(元)

代扣代缴城建税额=3 443.33×1%=34.43(元)

借:应收账款——甲公司　　　　　　　　　　　　　　　　3 477.76
　贷:应交税费——应交消费税　　　　　　　　　　　　　　3 443.33
　　　　　　　——应交城建税　　　　　　　　　　　　　　　34.43

③ 缴纳代扣代缴消费税和城建税时:

借:应交税费——应交消费税　　　　　　　　　　　　　　3 443.33
　　　　　　——应交城建税　　　　　　　　　　　　　　　34.43
　贷:银行存款　　　　　　　　　　　　　　　　　　　　3 477.76

(2) 委托方——甲公司。

① 发出烟叶时:

借:委托加工物资——烟丝　　　　　　　　　　　　　　　5 000
　贷:原材料——烟叶　　　　　　　　　　　　　　　　　　5 000

② 支付加工费时:

借:委托加工物资——烟丝　　　　　　　　　　　　　　　3 000
　　应交税费——应交增值税(进项税额)　　　　　　　　　　510
　贷:银行存款　　　　　　　　　　　　　　　　　　　　3 510

③ 应付代扣代缴消费税和城建税时:

借:委托加工物资——烟丝　　　　　　　　　　　　　　　3 477.76
　贷:应付账款——乙工厂　　　　　　　　　　　　　　　　3 477.76

④ 将加工好的烟丝全部取回入库,以备对外销售时:

烟丝成本=5 000+3 000+3 443.33+34.43=11 477.76(元)

借:库存商品——烟丝　　　　　　　　　　　　11 477.76
　　贷:委托加工物资——烟丝　　　　　　　　　　11 477.76

第二节　印花税会计

一、印花税概述

(一) 印花税的意义和特点

1. 意义

印花税是对经济活动和经济交往中书立、领受的凭证征收的一种税。

印花税是具有悠久历史的税种,1624年始创于荷兰。此后西班牙、丹麦、法国、德国等欧洲国家相继开征印花税。据不完全统计,目前世界上有近百个国家和地区开征印花税。

在我国,印花税始征于1913年北洋政府统治时期,国民党政府也一直将其作为一个重要税种。新中国成立以后,印花税被保留下来。几经修改和调整后,国务院于1988年8月6日发布了《中华人民共和国印花税暂行条例》,并从同年10月1日起在全国范围内恢复征收印花税。

开征印花税的意义在于:

(1) 税负轻,征收面广,有利于为社会主义建设积累资金。

(2) 对应税凭证贴花和检查,有利于加强对其他税种的征管,促进市场经济的建立和完善。

(3) 纳税人自行贴花完税,并实行轻税重罚的措施,有利于提高纳税人自觉纳税的法制观念。

(4) 印花税属于国际性税种,我国开征印花税,有利于维护我国的经济权益。

(5) 印花税作为地方税收,增辟了新的地方财源,有利于地方税制体系的建立和分税制的实行。

2. 特点

印花税与已开征的其他税种相比,具有以下特点:

(1) 对经济凭证采取正列举的方法征税。即凡是对列入印花税税目税率的经济凭证征税,不列入的不征税。

(2) 由纳税人自行粘贴印花税票,自行注销完税,征管简便易行。

(3) 内外资企业和个人均适用。不论是企业还是个人,也不分内资企业或外资企业,只要发生应税行为均要依法交纳印花税。

(二)印花税的纳税人和课税对象

1. 纳税人

印花税的纳税人是指在中华人民共和国境内书立、领受《暂行条例》所举凭证的单位和个人。

根据书立、领受应纳税凭证不同,其纳税人可分别为立合同人、立账簿人、立据人和领受人。对合同书据等,凡是由两方或两方以上当事人共同书立的凭证,其当事人各方都是纳税人。

在代理经济业务中,若由代理人代办经济凭证,则凭证当事人的代理人具有代理纳税义务。代理纳税人与纳税人具有同等税收法律的义务和责任。

2. 课税对象

印花税的课税对象是应税凭证。

应税凭证的具体范围包括:

(1) 购销合同、加工承揽合同、建设工程承包合同、建设工程勘察设计合同、财产租赁合同、货物运输合同、仓储保管合同、借款合同、财产保险合同、技术合同或者具有合同性质的凭证。

(2) 产权转移书据,包括财产所有权和版权、商标专用权、专利权、非专利技术使用权等转移书据。

(3) 营业账簿,包括单位和个人从事生产经营活动所建立的各种账册。

(4) 权利许可证照,包括房屋产权证、工商营业执照、商标注册证、专利证、土地使用证。

(5) 经财政部确定征税的其他凭证。

由于目前同一性质的凭证名称名异,不够统一,因此对不论以何种形式或名称书立,只要其性质属于《暂行条例》中列举的征税范围的,均应照章纳税。

二、印花税应纳税额的计算和缴纳

(一)印花税的计算要素

1. 税率

印花税采用比例和定额两种税率。比例税率主要适用于各类经济合同及合同性质的凭证、记载资金的账簿、产权转移书据;定额税率主要适用于其他营业账簿和权利许可证照等,因为这些凭证不属资金账或没有金额记载,规定按件定额纳税。

纳税人根据应纳税凭证的性质,分别按比例税率或者按件定额计算应纳税额。对于载有一个经济事项,同时适用两个以上税目税率的凭证,应按其中一个较高的税率计算纳税。具体税率税额的确定,详见表10-1。

表 10-1　印花税税目税率表

税　目	范　围	税　率	纳税义务人	说　明
1. 购销合同	包括供应、预购、采购、购销结合及协作、调剂、补偿、易货等合同	按购销金额万分之三贴花	立合同人	
2. 加工承揽合同	包括加工、定做、修缮、修理、印刷、广告、测绘、测试等合同	按加工或承揽收入万分之五贴花	立合同人	
3. 建设工程勘察设计合同	包括勘察、设计合同	按收取费用万分之五贴花	立合同人	
4. 建筑安装工程承包合同	包括建筑、安装工程承包合同	按承包金额万分之三贴花	立合同人	
5. 财产租赁合同	包括租赁房屋、船舶、飞机、机动车辆、机械、器具、设备等合同	按租金千分之一贴花,税额不足一元的按一元贴花	立合同人	
6. 货物运输合同	包括民用航空、铁路运输、海上运输、内河运输、公路运输和联运合同	按运输费用万分之五贴花	立合同人	单据作为合同使用的,按合同贴花
7. 仓储保管合同	包括仓储、保管合同	按仓储保管费用千分之一贴花	立合同人	仓单或栈单作合同使用的,按合同贴花
8. 借款合同	银行及其他金融组织和借款人(不包括银行同业拆借)所签订的借款合同	按借款金额万分之零点五贴花	立合同人	单据作为合同使用的,按合同贴花
9. 财产保险合同	包括财产、责任、保证、信用等保险合同	按支付(收取)的保险费金额千分之一贴花	立合同人	单据作为合同使用的,按合同贴花
10. 技术合同	包括技术开发、转让、咨询、服务等合同	按所载金额万分之三贴花	立合同人	
11. 产权转移书据	包括财产所有权和版权商标专用权、专利权、专有技术使用权等转移书据	按所载金额万分之五贴花	立据人	
12. 营业账簿	生产经营用账册	记载资金的账簿,按固定资产原值和自有流动资金总额万分之五贴花,其他账簿按件贴花5元	立账簿人	
13. 权利、许可证照	包括政府部门发给的房屋产权证、工商营业执照、商标注册证、专利证、土地使用证	按件贴花5元	领受人	

注:股份制企业向社会公开发行的股票,因购买、继承、赠与所书立的股权转让书据,均依书立时证券市场当日实际成交价格计算的金额,从2007年5月30日起,由立据双方当事人分别按3‰的税率缴纳印花税(包括A股和B股)。2008年4月23日,财政部宣布证券交易印花税税率从4月24日起由3‰下调至1‰。2008年9月19日,证券交易印花税实行单边收取。

2. 计税依据

(1) 生产经营单位执行《企业会计准则》后,其"记载资金的账簿"印花税计税依据改为"实收资本"与"资本公积"两项合计金额,以后年度均以年初"实收资本"与"资本公积"两项合计金额计算,大于原已贴花资金的,就增加的部分补贴印花。

(2) 购销合同的计税依据为购销金额,不得作任何扣除。采用以货换货方式进行商品交易签订的合同,是既购又销双重经济行为的合同,应按购、销金额合计数计税贴花,合同未列明金额的,应按合同所载购、销数量,依照国家牌价或市场价格计算应纳税额。

(3) 加工承揽合同的计税依据是加工或承揽收入的金额。

对于由受托方提供原材料的加工、定做合同,凡在合同中分别记载加工费金额和原材料金额的,应分别按"加工承揽合同"、"购销合同"计税,两项税额相加,即为合同应贴印花,若合同中未分别记载,则应就全部金额依加工承揽合同计税贴花。

对于由委托方提供主要材料或原料,受托方只提供辅助材料的加工合同,无论加工费和辅助材料金额是否分别记载,均以辅助材料与加工费的合计数,依照加工承揽合同计税贴花,对委托方提供的主要材料、原材料金额不计税贴花。

(4) 建设工程勘察设计合同的计税依据为勘察、设计收取的费用(即勘察、设计收入)。

(5) 建筑安装工程承包合同的计税依据为承包金额,不得剔除任何费用。

(6) 财产租赁合同的计税依据为租赁金额(即租金收入)。

(7) 货物运输合同的计税依据为取得的运输费金额(即运费收入),不包括所运货物的金额、装卸费和保险费等。

(8) 仓储合同的计税依据为仓储保管的费用(即保管费收入)。

(9) 借款合同的计税依据为借款金额。

(10) 财产保险合同的计税依据为支付(收取)的保险费金额,不包括所保财产的金额。

(11) 技术合同的计税依据为合同所载的价款、报酬或使用费。为了鼓励技术研究开发,对技术开发合同,只就合同所载的报酬金额计税,研究开发经费不作为计税依据,但对合同约定按研究开发经费一定比例作为报酬的,应按一定比例的报酬金额贴花。

(12) 产权转移书据以书据中所载的金额为计税依据。

(二) 印花税的计算方法

印花税应纳税额的计算采用从价定率和从量定额两种方法。

(1) 从价定率方法的计算公式为:

应纳税额=凭证所载金额×税率

(2) 从量定额方法的计算公式为:

应纳税额＝权利许可证照和账簿件数×税额

按比例税率计算纳税而应纳税额又不足1角的,免纳印花税;应纳税额在1角以上的,其税额尾数不满5分的不计,满5分的按1角计算贴花。对财产租赁合同的应纳税额超过1角但不足1元的,按1元贴花。

(三) 印花税的缴纳和减免

1. 纳税方式

印花税实行由纳税人根据规定自行计算应纳税额,自行购花并一次贴足印花税票,而后自行销花的缴纳方法。

为简化贴花手续,应纳税额较大或者贴花次数频繁的,纳税人可向税务机关提出申请,采取以缴款书代替贴花或者按期汇总缴纳的办法。

2. 纳税时间

印花税在应税凭证的书立或领受时贴花纳税。即:

(1) 各种合同,应于合同正式签订时贴花。

(2) 各种产权转移书据,应于书据立据时贴花。

(3) 各种营业账簿,应于账簿正式启用时贴花。

(4) 各种权利许可证照,应于证照领用时贴花。

3. 减税免税

税法规定,对下列凭证免征印花税:

(1) 已缴纳印花税的凭证的副本或抄本。

(2) 财产所有人将财产赠给政府、社会福利单位、学校所立的书据。

(3) 国家指定的收购部门和村民委员会、农民个人书立的农副产品收购合同。

(4) 无息、贴息贷款合同。

(5) 外国政府或者国际金融组织向我国政府及国家金融机构提供优惠贷款所书立的合同。

(6) 房地产管理部门与个人订立的用于生活居住的租赁合同。

(7) 军事物资运输凭证、抢险救灾物资运输凭证和新建铁路临管线运输等的特殊货运凭证。

(8) 对国家邮政局及所属各级邮政企业,从1999年1月1日起独立运营新设立的资金账簿,凡属在邮电管理局分营前已贴花的资金免征印花税,1999年1月1日以后增加的资金按规定贴花。

(9) 对经国务院和省级人民政府决定或批准进行的国有(含国有控股)企业改组改制而发生的上市公司国有股权无偿转让行为,暂不征收证券(股票)交易印花税。对不属于上述情况的上市公司国有股权无偿转让行为,仍应征收证券(股票)交易印花税。

(10) 经县级以上人民政府及企业主管部门批准改制的企业改制前签订但尚未履

行完的各类应税合同,改制后需要变更执行主体的,对仅改变执行主体、其余条款未作变动且改制前已贴花的,不再贴花。

(11) 经县级以上政府及企业主管部门批准改制的企业因改制签订的产权转移书据免予贴花。

(12) 对投资者(包括个人和机构)买卖封闭式证券投资基金免征印花税。

(13) 对国家石油储备基地第一期项目建设过程中涉及的印花税予以免征。

(14) 证券投资者保护基金有限责任公司发生下列凭证和产权转移书据享受印花税优惠政策:

① 新设立的资金账簿免征印花税。

② 与人民银行签订的再贷款合同、与证券公司行政清算机构签订的借款合同,免征印花税。

③ 接收被处置证券公司财产签订的产权转移书据,免征印花税。

④ 以保护基金自有财产和接收的受偿资产与保险公司签订的财产保险合同,免征印花税。

(15) 对廉租住房、经济适用住房经营管理单位与廉租住房、经济适用住房相关的印花税以及廉租住房承租人、经济适用住房购买人涉及的印花税予以免征。

(16) 自2010年9月27日起三年内,对公租房经营管理单位建造公租房涉及的印花税予以免征。在其他住房项目中配套建设公租房,依据政府部门出具的相关材料,可按公租房建筑面积占总建筑面积的比例免征建造、管理公租房涉及的印花税。对公租房经营管理单位购买住房作为公租房,免征印花税;对公租房租赁双方签订租赁协议涉及的印花税予以免征。

(17) 自2009年1月1日至2012年12月31日,对与高校学生签订的高校学生公寓租赁合同,免征印花税。

(18) 自2011年11月1日起至2014年10月31日止,对金融机构与小型、微型企业签订的借款合同免征印花税。

三、印花税的税务会计处理

(一) 印花税的核算科目

"管理费用——印花税"科目,核算企业在书立、领受应纳印花税凭证时发生的缴纳印花税支出。但投资时所发生的印花税不在本科目核算,应资本化计入投资成本。

企业纳税贴花时,由于是按照规定的税额一次性自行粘贴的,不存在与税务机关结算或清算的问题,因此,不需要通过"应交税费"科目核算,借记"管理费用——印花税"科目,贷记"库存现金"、"银行存款"科目。

(二) 印花税的账务处理

[例3] 某企业签订购销合同一份,在某公司购买原材料1.3万元。试计算应纳

印花税税额,并作有关分录。

购销合同适用印花税税率为0.3‰,则:

应纳税额=13 000×0.3‰=3.90(元)

按规定购买印花税票并粘贴于合同凭证上,本例因税额较小,可直接记入费用:

借:管理费用——印花税　　　　　　　　　　　　　　　3.90
　　贷:库存现金　　　　　　　　　　　　　　　　　　　　3.90

[例4] 某开发公司因配套需要,委托某电力设备厂制作电力设备一套,并要求制作方负责安装。双方签订制作、安装合同一份,总金额360万元,其中制作费300万元,安装费60万元。试计算应纳印花税税额,并作有关分录。

该份合同包含两类经济事项,涉及两种税目及不同的税率,应分别计算应纳税额时:

制作部门:其税率为0.5‰,即:

应纳税额=3 000 000×0.5‰=1 500(元)

安装部分:其税率为0.3‰,即:

应纳税额=600 000×0.3‰=180(元)

本项合同应纳印花税合计=1 500+180=1 680(元)

本合同应纳税额超过500元,合同双方可向当地税务机关申请填写缴款书或完税单缴纳,由税务机关在合同凭证上加注完税标记代替贴花。

借:管理费用——印花税　　　　　　　　　　　　　　　1 680
　　贷:银行存款　　　　　　　　　　　　　　　　　　　　1 680

[例5] 某企业向银行借款100万元,试计算应纳印花税税额,并作有关分录。

借款合同适用税率为0.05‰,则:

应纳税额=1 000 000×0.05‰=50(元)

借:管理费用——印花税　　　　　　　　　　　　　　　50
　　贷:库存现金　　　　　　　　　　　　　　　　　　　　50

上述合同均双方签订,根据《暂行条例》规定各方均按所持凭证记载金额贴花纳税。

[例6] 某新建公司向市工商行政管理局申请注册登记,领取营业执照。该公司注册资金5 000万元全部到账,建立企业账册5本,其中资金账册2本。试计算该企业应纳印花税,并作有关分录。

(1)计算应纳印花税额时:该企业为新建企业,其应纳印花税项目为领受的营业执照、注册资金(实收资本)、经营账册。根据《印花税暂行条例》规定,营业执照、经营账册(资金账除外),按件纳税,每件5元;资金账册按实收资本和资本公积两项之和适用0.5‰税率纳税。故该公司应纳印花税额为:

经营账册应纳税额=3×5=15(元)

营业执照应纳税额=1×5=5(元)

资金账册(实收资本)应纳税额=50 000 000×0.5‰=25 000(元)
应纳印花税总额=15+5+25 000=25 020(元)
由于新建企业尚未正式经营,所以其交纳的印花税额应计入开办费:

借:长期待摊费用——开办费　　　　　　　　　　25 020
　贷:库存现金　　　　　　　　　　　　　　　　　　25 020

(2)待企业正常经营后,再将开办费逐期分摊到各期费用中去。若5年分摊完,则每年分摊时:

借:管理费用——印花税　　　　　　　　　　　　5 004
　贷:长期待摊费用——开办费　　　　　　　　　　5 004

第三节　契税会计

一、契税概述

(一)契税的意义和特点

1. 意义

契税是在土地、房屋权属转移时,国家按照当事人双方签订的合同(契约)以及所确定价格的一定比例,向承受权属者一次性征收的一种行为税。契税是我国一个很古老的税种,最早起源于东晋时期,至今已有一千六百多年的历史。1950年4月3日政务院颁布、1954年6月11日财政部经政务院批准修改《契税暂行条例》。1997年10月1日起,国家重新施行《中华人民共和国契税暂行条例》。

征收契税的意义在于:

(1)有利于调控房地产交易价格,加强房地产市场管理,促进房地产市场的健康发展。房地产市场的发展与供需关系和市场价格有着紧密的联系,征收契税对房地产交易价格能起一定的规范作用。

(2)有利于适当调节预算外资金,缓解分配不公的矛盾。对一些单位用预算外资金购买土地使用权、房屋所有权的,通过征收契税可以将一部分预算外资金转为预算内资金。

(3)有利于减轻纳税人的总体负担水平。目前,我国有多种经济成分,企业、事业单位效益有好有坏,经济实力不一,个人收入水平高低不等,地区发展程度有很大差别,能购买土地使用权、房屋所有权的一般是较为富裕的单位和个人,对其承受土地房屋权属征收契税,有利于调节经济收入,有利于公平税负。从某种意义上来说,还能减轻纳税人的总体负担水平。

(4)有利于增加地方财政收入。契税同其他税种一样具有积累资金的职能,已成为地方财政的固定收入。随着契税政策的调整和房地产市场的发展,税源不断增加,加之征管制度的完善,契税收入越来越多,对平衡地方财政收支有着重要作用,也将为地方经济建设筹集大量资金。

2. 特点

契税除与其他税种有相同的特征外,还有自身的特点:

(1) 契税是一种由土地、房屋权属转移的承受方缴纳的行为税。契税以承受土地、房屋权属转移的单位和个人作为纳税人,以土地、房屋权属转移行为作为征收对象,体现了在土地、房屋权属转移中政府与权属承受人之间经济利益的分配关系,国家通过征收契税,调节社会经济分配结构,积累地方经济建设资金。

(2) 采取了幅度比例税率。我国幅员广大,地域经济水平差异也大,为了充分照顾各地经济和房地产发展的不平衡现状,根据中央统一税政的要求,适当下放税收管理权限,以充分发挥和调动地方管理税收的积极性。条例规定,契税税率为 3%～5%;省(自治区、直辖市)人民政府在条例规定的税率幅度内,确定统一的适用税率。采取幅度比例税率,有利于地方政府从本地经济和房地产市场发展的实际出发,通过税收手段调控房地产市场的发展。

(3) 按权属转移的不同方式,确定计税依据。计税依据有三种:一是国有土地使用权出让、土地使用权转让和房屋买卖,按照成交价格计算征税;二是土地使用权赠与、房屋赠与,由征收机关参照土地使用权出售、房屋买卖的市场价格核定;三是土地使用权交换、房屋交换,按照所交换土地使用权、房屋的价格差额计算征税。

(4) 减税、免税政策的确定,基本上是以土地、房屋的用途来划定。条例明确,对城镇职工第一次购买公有住房,免征契税,表明国家在税收政策上,大力支持住房制度的改革。

(二) 契税的纳税人和课税对象

1. 纳税人

在我国境内承受土地、房屋权属转移的单位和个人,为契税的纳税义务人。所称单位是指企业单位、事业单位、国家机关、军事单位、社会团体及其他组织;所称个人是指个体经营者、城乡居民个人、外国人及其他个人。

土地、房屋权属交换是指土地使用者之间、房屋所有者之间互相交换土地使用权或房屋所有权,交换双方土地、房屋权属均发生转移,并且都是权属的承受者,因此都是契税纳税人。在确定计算征收税额时,是按照差额计算征收。交换价格不相等的,由多交付货币、实物、无形资产或者其他经济利益的一方缴纳契税。交换价格相等的,双方均免纳契税。

2. 课税对象

契税的课税对象是土地、房屋权属转移的行为。土地权属转移是指国有土地使用权出让和土地使用权转让,包括土地使用权出售、土地使用权赠与和土地使用权交换,但不包括农村集体土地承包经营权的转移。房屋权属转移是指房屋买卖、房屋赠与、房屋交换。

国有土地使用权出让,是指土地使用者向国家交付土地使用权出让费用,国家将国有土地使用权在一定年限内让与使用者的行为。土地使用权转让,是指土地使用者以出售、赠与、交换或者其他方式将土地使用权转移给其他单位和个人的行为。房屋买卖,是指房屋所有者将其房屋出售,由承受者交付货币、实物、无形资产或者其他经济利益的行为。房屋赠与,是指房屋所有者将其房屋无偿转让给受赠者的行为。房屋交换,是指房屋所有者之间相互交换房屋的行为。

契税的征税范围,具体有以下几个方面:(1)国有土地使用权出让;(2)土地使用权转让,包括出售、赠与和交换;(3)房屋买卖;(4)房屋赠与;(5)房屋交换。

土地、房屋权属以下列方式转移的,视同土地使用权转让、房屋买卖或者房屋赠与征收契税:(1)以土地、房屋权属作价投资、入股;(2)以土地、房屋权属抵债;(3)以获奖方式承受土地、房屋权属;(4)以预购方式或者以预付集资建房款方式承受土地、房屋权属;(5)财政部根据条例确定的其他转移土地、房屋权属行为。

二、契税应纳税额的计算和缴纳

(一)契税的计算要素

1. 税率

契税采取幅度比例税率,税率幅度为3%~5%。具体执行税率由各省(自治区、直辖市)人民政府在规定的幅度内,根据本地区实际情况确定。从2010年10月1日起,对个人购买90平方米以下且属家庭唯一住房的普通住房,减按1%税率征收契税。

2. 计税依据

契税以土地、房屋权属转移当事人签订的合同成交价格或市场价格作为计税依据。具体有:

(1)国有土地使用权出让、土地使用权出售、房屋买卖的计税依据为成交价格,即土地、房屋权属转移合同确定的价格,包括承受者应支付的货币、实物、无形资产或者其他经济利益。纳税人以分期付款方式承受土地、房屋权属的,按全额成交价格一次征收契税。变卖抵押的土地、房屋按变卖价或者拍卖价作为成交价。

(2)土地使用权赠与、房屋赠与,由征收机关参照土地使用权出售、房屋买卖市场价格核定。这是因为土地使用权赠与、房屋赠与属于特殊的转移形式,不需要交付货币、实物、无形资产及其他经济利益,在计算征税时只能参照市场上同类土地、房屋的价格计算征税。

(3)土地、房屋权属作价投资入股,以土地、房屋权属抵债,以无形资产方式、获奖方式转移土地、房屋权属的,由征收机关参照土地使用权出售、房屋买卖的市场价格核定。

（4）土地使用权交换、房屋交换的计税依据，为所交换土地使用权、房屋的价格差额，由多支付货币、实物、无形资产或者其他经济利益的一方交纳税款。土地使用权与房屋所有权之间交换，视同土地使用权或者房屋所有权的交换。

（5）通过划拨方式取得土地使用权，经批准转让房地产时应由房地产转让者补交契税，其计税依据为补交的土地使用权出让费用或土地收益。

对于成交价格明显低于市场价格并无正当理由的，或者所交换土地使用权、房屋价格的差额明显不合理并无正当理由的，由征收机关参照市场价格核定。

（二）契税的计算方法

契税应纳税额按照条例规定的税率和计税依据计算征收。应纳税额计算公式为：

应纳税额＝计税依据×税率

应纳税额以人民币计算。转移土地、房屋权属以外汇结算的，应当按照纳税义务发生之日中国人民银行公布的人民币市场汇率中间价折合成人民币计算。

分期支付土地、房屋成交价格，应按合同规定的总支付金额一次性交纳契税。因为：(1) 权属转移行为在合同生效的同时即已发生，与付款方式无关。(2) 契税以转移行为为征收对象，发生一次权属转移即应征收一次契税。采取分期付款方式，无论付款行为多少期次，都是一次权属转移，应在合同生效时一次性征收契税。(3) 按合同规定的价款总额一次性征收契税，简便易行。

在房地产交易中，房屋所有权转移时，土地使用权同时转移，或土地使用权转移时，土地上附属的房屋所有权也随之转移。在这种情况下，土地使用权转移和房屋所有权转移同时发生，均为契税的征收对象。为了简便征收，以房屋所有权转移为主，连带土地使用权转移的，按照房屋所有权和土地使用权转移的全部价款计征；以土地使用权转移为主，连带房屋所有权转移的，按照土地使用权转移征收，但计税依据应按土地使用权和房屋所有权转移的全部价款征收。

（三）契税的缴纳和减免

1. 纳税期限

契税的征收机关为土地、房屋所在地的财政征收机关或地方税务机关。纳税人向土地、房产所在地的契税征收机关办理纳税申报之后，征收机关根据省（自治区、直辖市）人民政府规定的纳税期限，确定纳税人缴纳的具体期限。

2. 纳税义务发生时间

契税的纳税义务发生时间，为纳税人签订土地、房屋权属转移合同的当天，或者纳税人取得其他具有权属转移性质凭证的当天。

纳税人因改变土地、房屋用途应当补缴已经减征、免征契税的，纳税义务发生时间为改变土地、房屋用途的当天。

纳税人应在纳税义务发生之日起10日内，向征收机关办理纳税申报，并在征收机关核定的期限内缴纳契税。

契税纳税人在签订土地、房屋权属转移合同后10日内，未经财政部门批准而不办理契税纳税申报手续的，财政部门应责令其限期改正，同时可以对其处以二千元以下的罚款；逾期仍不改正的，可以对其处以二千元以上一万元以下的罚款。

3. 纳税环节

契税的纳税环节是在签订土地、房屋权属转移合同或者纳税人取得其他土地、房屋权属转移合同性质凭证之后，办理土地使用权证、房屋产权证之前。

4. 契税减免的基本规定

(1) 国家机关、事业单位、社会团体、军事单位承受土地、房屋用于办公、教学、医疗、科研和军事设施的，免征契税。

(2) 城镇职工按规定第一次购买公有住房的，免征契税。

(3) 因不可抗力灭失住房而重新购买住房的，酌情准予减征或免征契税。

(4) 土地、房屋被县级以上人民政府征用、占用后，重新承受土地、房屋权属的，由省级人民政府确定是否减免。

(5) 承受荒山、荒沟、荒丘、荒滩土地使用权，并用于农、林、牧、渔业生产的，免征契税。

(6) 经外交部确认，依照我国有关法律规定以及我国缔结或参加的双边和多边条约或协定的规定，应当予以免税的外国驻华使馆、领事馆、联合国驻华机构及其外交代表、领事官员和其他外交人员承受土地、房屋权属的，免征契税。

(7) 对国有控股公司以部分资产投资组建新公司，且该国有控股公司占新公司股份85%以上的，对新公司承受该国有控股公司的土地、房屋权属免征契税。

5. 财政部规定的其他减征、免征契税的项目

(1) 对拆迁居民因拆迁重新购置住房的，对购房成交价格中相当于拆迁补偿款的部分免征契税，成交价格超过拆迁补偿款的，对超过部分征收契税。

(2) 对国家石油储备基地第一期项目建设过程中涉及的契税予以免征。

(3) 对廉租住房经营管理单位购买住房作为廉租住房、经济适用住房，经营管理单位回购经济适用住房继续作为经济适用住房房源的，免征契税。对个人购买经济适用住房，在法定税率基础上减半征收契税。自2010年10月1日起，个人购买属家庭唯一住房的普通住房，才能享受契税减半征收的优惠政策。

(4) 自2010年4月1日至2011年12月31日，事业单位改制有关契税政策如下：事业单位按照国家有关规定改制为企业的过程中，投资主体没有发生变化的，对改制后的企业承受原事业单位土地、房屋权属，免征契税。投资主体发生变化的，改制后的企业按照《中华人民共和国劳动法》等有关法律法规妥善安置原事业单位全部职工，其中

与原事业单位全部职工签订服务年限不少于三年劳动用工合同的,对其承受原事业单位的土地、房屋权属,免征契税;与原事业单位30%以上职工签订服务年限不少于三年劳动用工合同的,对其承受原事业单位的土地、房屋权属,减半征收契税。事业单位改制过程中,改制后的企业以出让或国家作价出资(入股)方式取得原国有划拨土地使用权的,不属于契税减免税范围,应按规定缴纳契税。

(5) 自2010年9月27日起三年内,对公租房经营管理单位购买住房作为公租房,免征契税。

(6) 自2011年8月31日起,婚姻关系存续期间,房屋、土地权属原归夫妻一方所有,变更为夫妻双方共有的,免征契税。

三、契税的税务会计处理

企业和事业单位取得土地使用权、房屋按规定交纳的契税,应计入所取得土地使用权和房屋的成本。

若按照规定的税额一次性征收,则不需要通过"应交税费——应交契税"科目核算;否则,可以设置"应交税费——应交契税"科目核算。企业取得土地使用权、房屋按规定交纳的契税,借记"固定资产"、"无形资产"等科目,贷记"银行存款"或"应交税费——应交契税"科目。

[例7] AB公司用银行存款支付:(1)购买未达使用条件的办公大楼一栋,价款5 000万元,契税税率4%;(2)取得商业用地一块,价款2亿元,契税税率3%。试计算该企业应纳契税,并作有关分录。

(1) 购买未达使用条件的办公大楼时:

应纳契税=50 000 000×4%=2 000 000(元)

借:在建工程——办公楼　　　　　　　　　　　　52 000 000
　　贷:银行存款　　　　　　　　　　　　　　　　　　52 000 000

(2) 取得商业用地时:

应纳契税=200 000 000×3%=6 000 000(元)

借:无形资产——土地使用权　　　　　　　　　　206 000 000
　　贷:银行存款　　　　　　　　　　　　　　　　　　206 000 000

[例8] QS公司接受朋友赠与仓库一幢,评估价值(假设即计税基础)为1 000万元,契税税率4%,企业所得税税率25%。试计算该企业应纳契税,并作有关分录。

应交契税=10 000 000×4%=400 000(元)

递延所得税负债=10 000 000×25%=2 500 000(元)

(1) 计提税金时:

借:固定资产　　　　　　　　　　　　　　　　　　10 400 000
　　贷:营业外收入　　　　　　　　　　　　　　　　　7 500 000

递延所得税负债	2 500 000
应交税费——应交契税	400 000

（2）上交契税时：

借：应交税费——应交契税　　　　　　　　　　　　400 000
　　贷：银行存款　　　　　　　　　　　　　　　　　　400 000

第四节　车辆购置税会计

一、车辆购置税概述

（一）车辆购置税的意义和特点

1. 意义

车辆购置税是对在我国境内购置规定车辆的单位和个人征收的一种税，它由车辆购置附加费演变而来。2000年10月22日，国务院颁布《中华人民共和国车辆购置税暂行条例》，规定取消车辆购置附加费，从2001年1月1日起开始征收车辆购置税。至此，由交通管理部门征收15年的车辆购置附加费被国税部门的车辆购置税所取代，其间经历了从"费"到"税"、从车辆生产厂和海关征收到交通部门代征再到最后由国税部门直接征收的过程。

开征车辆购置税的意义在于：

（1）有利于合理筹集建设资金，积累国家财政收入，促进交通基础设施建设事业的健康发展。

（2）有利于规范政府行为，理顺税费关系，深化和完善财税制度改革。

（3）有利于调节收入差别，缓解社会分配不公的矛盾。

（4）有利于配合打击走私，保护民族工业，维护国家权益。

2. 特点

车辆购置税是以在中国境内购置规定的车辆为课税对象，在特定的环节向车辆购置者征收的一种税。车辆购置税除具有税收的共同特点外，还有其自身独立的特点：

（1）征收范围单一。作为财产税的车辆购置税，是以购置的特定车辆为课税对象，而不是对所有的财产或消费财产征税，范围窄，是一种特种财产税。

（2）征收环节单一。车辆购置税实行一次课征制，它不是在生产、经营和消费的每一环节实行道道征收，而只是在退出流通进入消费领域的特定环节征收。

（3）税率单一。车辆购置税只确定一个统一比例税率征收，税率具有不随课税对象数额变动的特点，计征简便、负担稳定，有利于依法治税。

（4）征收方法单一。车辆购置税根据纳税人购置应税车辆的计税价格实行从价计征,以价格为计税标准,课税与价值直接发生关系,价值高者多征税,价值低者少征税。

(5) 征税具有特定目的。车辆购置税具有专门用途,由中央财政根据国家交通建设投资计划,统筹安排。这种特定目的的税收,可以保证国家财政支出的需要,既有利于统筹合理地安排资金,又有利于保证特定事业和建设支出的需要。

(6) 价外征收,税负不发生转嫁。车辆购置税的计税依据中不包含车辆购置税税额,车辆购置税税额是附加在价格之外的,且纳税人即为负税人,税负不发生转嫁。

(二) 车辆购置税的纳税人和课税对象

1. 纳税人

车辆购置税的纳税人是指在中华人民共和国境内购置应税车辆的单位和个人。其中购置是指购买使用行为、进口使用行为、受赠使用行为、自产自用行为、获奖使用行为以及以拍卖、抵债、走私、罚没等方式取得并使用的行为,这些行为都属于车辆购置税的应税行为。

车辆购置税的纳税人具体是指:所称单位,包括国有企业、集体企业、私营企业、股份制企业、外商投资企业、外国企业以及其他企业,事业单位、社会团体、国家机关、部队以及其他单位;所称个人,包括个体工商户及其他个人,既包括中国公民又包括外国公民。

2. 课税对象

车辆购置税以列举的车辆作为征税对象,未列举的车辆不纳税。具体范围按照《车辆购置税征收范围表》执行,详见表10-2。

表 10-2　车辆购置税征收范围表

应税车辆	具体范围	注　释
汽车	各类汽车	
摩托车	轻便摩托车	最高设计车速不大于 50 km/h,发动机汽缸总排量不大于 50 cm^3 的两个或者三个车轮的机动车
摩托车	二轮摩托车	最高设计车速大于 50 km/h,或者发动机汽缸总排量大于 50 cm^3 的两个车轮的机动车
摩托车	三轮摩托车	最高设计车速大于 50 km/h,或者发动机汽缸总排量大于 50 cm^3,空车重量不大于 400 kg 的三个车轮的机动车
电车	无轨电车	以电能为动力,由专用输电电缆线供电的轮式公共车辆
电车	有轨电车	以电能为动力,在轨道上行驶的公共车辆
挂车	全挂车	无动力设备,独立承载,由牵引车辆牵引行驶的车辆
挂车	半挂车	无动力设备,与牵引车辆共同承载,由牵引车辆牵引行驶的车辆

续表

应税车辆	具体范围	注释
农用运输车	三轮农用运输车	柴油发动机,功率不大于运输车 7.4 kw,载重量不大于 500 kg,最高车速不大于 40 km/h 的三个车轮的机动车(三轮农用运输车,自 2004 年 10 月 1 日起免征车辆购置税)
	四轮农用运输车	柴油发动机,功率不大于运输车 28 kw,载重量不大于 1 500 kg,最高车速不大于 50 km/h 的四个车轮的机动车

注:表中 50 cm^3 = 50 立方厘米。

为了体现税法的统一性、固定性、强制性和法律的严肃性特征,车辆购置税征收范围的调整,由国务院决定,其他任何部门、单位和个人无权擅自扩大或缩小车辆购置税的征税范围。

二、车辆购置税应纳税额的计算和缴纳

(一)车辆购置税的计算要素

1. 税率

我国车辆购置税实行统一比例税率,税率为 10%。

2. 计税依据

车辆购置税以应税车辆为征税对象,考虑到我国车辆市场供求的矛盾,价格差异变化、计量单位不规范以及征收车辆购置附加费时的做法,实行从价定率、价外征收的方法计算应纳税额,应税车辆的价格即计税价格就成为车辆购置税的计税依据。但是,由于应税车辆购置的来源不同,应税行为的发生不同,计税价格的组成也就不一样,因此,车辆购置税计税依据的构成也就不同。

(1)购买自用应税车辆计税依据的确定。纳税人购买自用的应税车辆以计税价格为计税依据。计税价格的组成为纳税人购买应税车辆而支付给销售者的全部价款和价外费用(不包括增值税税款)。

"购买自用的应税车辆",包括购买自用的国产应税车辆和购买自用的进口应税车辆,如从国内汽车市场、汽车贸易公司购买自用的进口应税车辆等。

"价外费用"是指,销售方价外向购买方收取的基金、集资费、返还利润、补贴、违约金(延期付款利息)和手续费、包装费、储存费、优质费、运输装卸费、保管费、代收款项、代垫款项以及其他各种性质的价外收费。

由于纳税人购买自用的应税车辆是按不含增值税的计税价格征收车辆购置税的,因此,当纳税人购买车票的价格未扣除增值税税款,或者因不得不开具机动车辆销售统一发票(或开具其他普通票据)而发生价款与增值税税款合并收取的,在确定车辆购置税计税依据时,应将其换算为不含增值税的销售价格。其换算公式为:

计税价格=含增值税的销售价格/(1+增值税税率或征收率)

主管税务机关在计征车辆购置税确定计税依据时,计算车辆不含增值税价格的方法:

不含税价=(全部价款+价外费用)/(1+增值税税率或征收率)

(2) 进口自用应税车辆计税依据的确定。纳税人进口自用应税车辆以组成计税价格为计税依据。计税价格的计算公式为:

计税价格=关税完税价格+关税+消费税

式中,消费税是指进口车辆应由海关代征的消费税。计算公式为:

应纳消费税=组成计税价格×消费税税率

组成计税价格=(关税完税价格+关税)/(1-消费税税率)

进口自用应税车辆计税价格,应根据纳税人提供的经海关审查确认的有关完税证明资料确定。

(3) 其他自用应税车辆计税依据的确定。纳税人自产、受赠、获奖或者以其他方式取得并自用的应税车辆的计税价格,按购置该型号车辆的价格的确认不能取得购置价格的,则由主管税务机关参照国家税务总局核定的应税车辆最低计税价格核定。

(4) 以最低计税价格为计税依据的确定。现行政策规定:纳税人购买自用或者进口自用应税车辆,申报的计税价格低于同类型应税车辆的最低计税价格,又无正当理由的,计税依据为最低计税价格。最低计税价格由国家税务总局制定。

最低计税价格是指国家税务总局依据车辆生产企业提供的车辆价格信息并参照市场平均交易价格核定的车辆购置税计税价格。

申报的计税价格低于同类型应税车辆的最低计税价格,又无正当理由的,是指纳税人申报的车辆计税价格低于出厂价或进口自用车辆的计税价格。

根据纳税人购置应税车辆的不同情况,国家税务总局对以下几种特殊情形应税车辆的最低计税价格规定如下:

① 底盘(车架)发生更换车辆。计税价格为最新核发的同类型车辆最低计税价格的70%。同类型车辆是指同国别、同排量、同车长、同吨位、配置近似等。

② 免税条件消失车辆。自初次办理纳税申报之日起,使用年限未满10年的,计税依据为最新核发的同类型车辆最低计税价格按每满一年扣减10%;超过10年的,计税价格为零。未满一年的应税车辆计税依据为最新核发的同类型车辆最低计税价格。

③ 对于国家税务总局未核定最低计税价格的车辆,计税依据为已核定的同类型车辆最低计税价格。同类型车辆是指同国别、同排量、同车长、同吨位、配置近似等。

④ 进口旧车、因不可抗力因素导致受损的车辆、库存超过三年的车辆、行驶8万公里以上的试验车辆、国家税务总局规定的其他车辆,凡纳税人能出具有效证明的,计税依据为纳税人提供的统一发票或有效凭证注明的计税价格。

(5) 已使用未完税车辆计税依据的确定。对已使用未完税车辆,主管税务机关应按照《车辆购置税条例》第六条规定确定计税价格。

对于已使用未完税的免税车辆,免税条件消失后,纳税人依照《征管办法》的规定,重新办理纳税申报时,其提供的《机动车行驶证》上标注的车辆登记日期视同初次办理纳税申报日期。主管税务机关据此确定车辆使用年限和计税依据。

对于国家授权的执法部门没收的走私车辆、被司法机关和行政执法部门依法没收并拍卖的车辆,其库存(或使用)年限超过3年或行驶里程超过8万公里以上的,主管税务机关依据纳税人提供的统一发票或有效证明注明的价格确定计税依据。

(二)车辆购置税的计算方法

车辆购置税实行从价定率的办法计算应纳税额。应纳税额的计算公式为:

应纳税额＝计税价格×税率

由于应税车辆购置来源、应税车辆行为发生以及计税价格组成不同,车辆购置税应纳税额的计算方法也有区别。

1. 购买自用应税车辆应纳税额的计算

纳税人购买自用的应税车辆,其计税价格由纳税人支付给销售者的全部价款(不包括增值税税款)和价外费用组成。

(1)购买自用国产应税车辆应纳税额的计算。

[例9] 张某2×10年12月8日从上海大众汽车有限公司购买了一辆桑塔纳的轿车供自己使用,支付含增值税车价款106 000元,另支付代收临时牌照费150元,代收保险费352元,支付购买工具件和零配件价款2 035元,车辆装饰费250元。支付的各项价款费均由上海大众汽车有限公司开具"机动车销售统一发票"和有关票据。试计算车辆购置税应纳税额。

计税价格＝(106 000＋150＋352＋2 035＋250)÷(1＋17%)＝92 980.34(元)

应纳税额＝92 980.34×10%＝9 298.03(元)

(2)购买自用进口应税车辆应纳税额的计算。

[例10] 某环保局于2×10年12月19日从江南汽车贸易中心(增值税一般纳税人)购买某品牌轿车一辆。该环保局按江南汽车贸易中心开具的"机动车销售统一发票"金额支付价款371 000元,支付控购部门控购费44 520元,并取得收款收据。江南汽车贸易中心开展"一条龙"销售服务,代环保局办理车辆上牌等事宜,并向环保局开票收取新车登记费、上牌办证费、代办手续费、仓储保管费、送车费等共计36 000元。试计算应纳汽车购置税税额。

支付的控购费,是政府部门的行政性收费,不属于销售者的价外费用范围,不应并入计税价格计税。

应纳税额＝(371 000＋36 000)÷(1＋17%)×10%
　　　　＝347 863.25×10%＝34 786.33(元)

2. 进口自用应税车辆应纳税额的计算

纳税人进口自用的应税车辆以组成计税价格为计税依据。计税价格的计算公式为：

计税价格＝关税完税价格＋关税＋消费税

[例11] 某外贸进出口公司2×10年11月12日从国外进口10辆某品牌小轿车。该公司报关进口这批小轿车时，经报关地口岸海关对有关报关资料的审查，确定关税计税价格为198 000元/辆（人民币），海关按关税政策规定课征关税217 800元/辆，并按消费税、增值税有关规定分别代征进口消费税21 884元/辆，增值税74 406元/辆。由于业务工作的需要，该公司将两辆小汽车用于本单位使用。试根据纳税人提供的有关报关进口资料和经海关审查确认的有关完税证明资料，计算应纳车辆购置税税额。

组成计税价格＝关税完税价格＋关税＋消费税
$$=198\,000+217\,800+21\,884=437\,684(元)$$

应纳税额＝自用数量×组成计税价格×税率
$$=2\times 437\,684\times 10\%=87\,536.8(元)$$

3. 其他自用应税车辆应纳税额的计算

纳税人自产自用、受赠使用、获奖使用和以其他方式取得并自用应税车辆的，凡不能取得该型车辆的购置价格，或者低于最低计税价格的，以国家税务总局核定的最低计税价格为计税依据计算征收车辆购置税。

(1) 自产自用应税车辆应纳税额的计算。

[例12] 某客车制造厂将自产的一辆客车用于本场后勤生活服务，该厂在办理车辆上牌落籍前，出具该车的发票注明金额为44 300元，并按此金额向主管税务机关申报纳税。经审核，国家税务总局对该车同类型车辆核定的最低计税价格为47 000元。该厂对作价问题提不出正当理由。计算该车应纳的车辆购置税税额。

应纳税额＝47 000×10％＝4 700(元)

(2) 受赠自用应税车辆应纳税额的计算。

[例13] 国内某汽车制造厂为支持体育事业的发展，将自产的5辆新式旅行车赞助给市城市运动会，供市体育部门举办运动会使用。该种车只对本厂原生产旅行车在造型款式、内外装饰方面作了些改进，且属试产，尚未核定价格。经审查核实，该厂生产的型号为原旅行车核定的最低计税价格为107 600元。试计算这5辆旅行车上牌落籍前应缴纳的车辆购置税税额。

应税车辆在外形设计、内外装潢方面进行改进因而没有价格，为此应按最低计税价格征税。

应纳税额＝受赠数量×最低计税价格×税率＝5×107 600×10％＝53 800(元)

[例14] 某中美合资公司，将一辆富豪公司生产的小轿车赠送给我国某儿童基金会，经国家税务总局核定的最低计税价格为380 000元。试计算应纳的车辆购置税税额。

应纳税额＝最低计税价格×税率＝380 000×10％＝38 000(元)

(3) 获奖自用应税车辆应纳税额的计算。

[例15] 申某在某公司举办的有奖销售活动中,中奖一辆昌河 CH6328 型微型汽车,举办公司开具的销售发票金额为 68 700 元。申某申报纳税时,经主管税务机关核查,国家税务总局核定该车型的最低计税价格为 73 500 元。试计算申某应缴纳的车辆购置税税额。

应纳税额＝最低计税价格×税率＝73 500×10％＝7 350(元)

(4) 其他方式取得并自用应税车辆应纳税额的计算。其他方式是指除自产、受赠、获奖以外的方式,主要包括拍卖、抵债、走私、罚没等,这些方式取得并自用的应税车辆,也应按同类型车辆的最低计税价格计征车辆购置税。

[例16] 东吴有限公司因经营不善、资不抵债而宣告破产,法院等有关部门在清理资产过程中,组织有关单位对其资产进行拍卖,其中,由某拍卖公司拍卖的一辆小轿车成交价 95 000 元,拍卖公司按其成交价向竞买者开具发票并收取了价款。该车为未上牌新车,国家税务总局核定同类型车辆的最低计税价格为 130 000 元。试计算购买者申报纳税时应缴纳的车辆购置税税额。

通过拍卖公司拍卖的车辆,价格一般都较低,成交价只能是参考,不能作为计税的依据。

应纳税额＝最低计税价格×税率＝130 000×10％＝13 000(元)

抵债、走私、罚没车辆比照上述方法处理。

(三) 车辆购置税的缴纳

1. 纳税环节

车辆购置税是对应税车辆的购置行为课征,征税环节选择在使用环节。具体而言,纳税人应当在向公安机关等车辆管理机构办理车辆登记注册手续前,缴纳车辆购置税。即车辆购置税是在应税车辆上牌登记注册前的使用环节征收。

车辆购置税选择单一环节,实行一次课征制度,购置已征车辆购置税的车辆,不再征收车辆购置税。但减税、免税条件消失的车辆,即减税、免税车辆因转让、改制后改变了原减免税前提条件的,就不再属于免税、减税范围,应按规定缴纳车辆购置税。

2. 纳税期限

纳税人购买自用应税车辆的,应当自购买之日起 60 日内申报纳税;进口自用应税车辆的,应当自进口之日起 60 日内申报纳税;自产、受赠、获奖或者以其他方式取得并自用应税车辆的,应当自取得之日起 60 日内申报纳税。

车辆购置税税款于纳税人办理纳税申报时一次缴清。"购买之日"是指纳税人购车发票上注明的销售日期。"进口之日"是指纳税人报关进口的当天。

3. 纳税地点

纳税人购置应税车辆,应当向车辆登记注册地的主管税务机关申报纳税;购置不需办理车辆登记手续的应税车辆,应当向纳税人所在地的主管税务机关申报纳税。车辆登记注册地是指车辆的上牌落户籍地或落户地。

4. 车辆购置税的缴税方法

车辆购置税缴纳税款的方法主要有:自报核缴;集中征收缴纳;代征、代扣、代收。

5. 车辆购置税的退税制度

(1) 已经缴纳车辆购置税的车辆,发生下列情形之一的,纳税人应到车购办申请退税:

① 因质量原因,车辆被退回生产企业或者经销商的。

② 应当办理车辆登记注册的车辆,公安机关车辆管理机构不予办理车辆登记注册的。

(2) 退税款的计算:

① 因质量原因,车辆被退回生产企业或者经销商的,自纳税人办理纳税申报之日起,按已缴纳税款每满1年扣减10%计算退税额。未满一年的按已缴税款额退税。

② 对公安机关车辆管理机构不予办理车辆登记注册手续的车辆,退还全部已缴税款。

(四) 车辆购置税的减免

我国车辆购置税实行法定减免税。减税免税范围的具体规定是:

(1) 外国驻华使馆、领事馆和国际组织驻华机构及其外交人员自用的车辆免税。

(2) 中国人民解放军和中国人民武装警察部队列入军队武器装备订货计划的车辆免税。

(3) 设有固定装置的非运输车辆免税。

(4) 防汛部门和森林消防部门用于指挥、检查、调度、报汛(警)、联络的由指定厂家生产的设有固定装置的指定型号的车辆。

(5) 回国服务的在外留学人员用现汇购买1辆个人自用国产小汽车。

(6) 长期来华定居专家进口1辆自用小汽车。

(7) 自2004年10月1日起,对农用三轮车免征车辆购置税。农用三轮车是指:柴油发动机,功率不大于7.4 kw,载重量不大于500 kg,最高车速不大于40 km/h的三个车轮的机动车。

(8) 有国务院规定予以免税或者减税的其他情形的,按照规定免税或者减税。

三、车辆购置税的税务会计处理

(一) 车辆购置税的核算科目

由于车辆购置税是一次性缴纳,因此,企业交纳的车辆购置税,可以不通过"应交税费"账户进行核算,直接作为所购置车辆的成本。在具体进行会计核算时,对于企业实际缴纳的车辆购置税,应借记"固定资产"科目,贷记"银行存款"等科目。

(二)车辆购置税的账务处理

(1)企业购置(包括购买、进口、自产、受赠、获奖或者以其他方式取得并自用)应税车辆,按规定交纳的车辆购置税,借记"固定资产"等科目,贷记"银行存款"科目。

[例17] 接[例11],试作该企业购买车辆的相关会计分录。

固定资产入账价值$=(198\,000+217\,800+21\,884)\times 10+87\,536.8$
$=4\,464\,376.80(元)$

借:固定资产   4 464 376.80
 贷:银行存款   4 464 376.80

(2)企业购置的减税、免税车辆改制后用途发生变化的,按规定应补交的车辆购置税额,借记"固定资产"科目,贷记"银行存款"科目。

[例18] 某部队在更新武器装备过程中,将设有雷达装置车辆进行更换。该车使用年限为10年,已使用4年,属列入军队武器装备计划的免税车辆,部队更换时将雷达装置拆除,并将其改制为后勤用车。经审核,该车的性能技术数据与东风EQ1092F202型5吨汽车的性能数据相近,东风EQ1092F202型5吨汽车核定的最低计税价格为56 000元。试计算改制的这辆汽车应纳的车辆购置税税额,并作相关会计分录。

应纳税额=同类型新车最低计税价格×[1-(已使用年限/规定使用年限)]
    ×100%×税率
  =56 000×[1-(4/10)]×100%×10%=3 360(元)

借:固定资产   3 360
 贷:银行存款   3 360

第四节 关税会计

一、关税概述

(一)关税的意义和特点

1. 意义

关税是一个国家税收的重要组成部分,是由海关代表国家按照国家制定的关税政策和有关法律法规,对准许进出关境的货物和物品向纳税人征收的一种税,通常归属流转税。考虑到关税的主导目的是独立自主地保护国内生产,本书又未单独设章,故将其归入本章。此外,进出境货品在海关征收关税后,根据国民待遇原则应与本国产品同等对待,在其进入进口国内流通时,应当征收与进口国本国产品相同的国内税费。通常,这些国内税费由海关在进口环节与关税一并征收。

海关征收关税的领域叫关境或关税领域,在世界海关组织主持编写出版的《国际海关术语汇编》中,关境一词系指一个国家的海关法得以全部实施的区域。一般说来,关境和国境是一致的。但是,有些国家在国境内设有自由港、自由贸易区和出口加工区等经济特区,这些地区不属于关境范围之内,这时关境小于国境;有些国家缔结成关税同盟,参加关税同盟的国家领土即成为统一的关境,这时关境大于国境。

随着社会生产力的发展,很早就出现了商品生产和商品交换。关税是随着商品交换和流通领域的不断扩大以及国际贸易的不断发展而产生和逐步发展的。在我国,西周时期(约公元前十一世纪至公元前771年)就在边境设立关卡,有了"关市之征"的记载。公元前五世纪时,欧洲古希腊、雅典时代就有征收关税之事。但是,在以自然经济为主要特征的社会里,税收征纳双方一般只限于一国范围之内,即使有少量的贸易越出国境,其关税的数量也是极有限的,而且这时少量的关税也不产生国与国之间的利益关系。随着经济的发展,商品流通超出国境向国际化发展,各国为增加财政收入,保护民族经济,纷纷对商品征收关税,自由港、自由贸易区等大量出现,国家地区性的经济一体化、关境同盟的成立成为国际新潮流。

关税种类繁多,按照不同的标准,可分为若干种。按征收对象分,主要有进口税、出口税;按征收目的分,有财政关税和保护关税;按征收标准分,有从量税、从价税、复合税、滑准税;按税率的制定分,有自主关税和协定关税等。这里仅介绍按征收对象的分类。

(1)进口税。进口税是一国海关对其进口货物和物品所征收的关税。它是关税中最主要的一种,还可分为进口正税和进口附加税。进口正税的税目税率是在进口税则中公布实施的,一般需要国家立法程序制定,具有相对稳定性。进口附加税是因某种原因,在征收正税的基础上额外加征的关税,通常属于临时性的限制进口措施。例如,反倾销税是为了对付和抑制外国货物倾销而征收的一种附加税,可有效地保护本国市场。再如,反补贴税又称补偿和抵消关税,是对于接受出口补贴的外国商品在进口时所征收的一种附加税。此外,还有保障措施关税和报复性关税等。

(2)出口税。以出口货物和物品为课税对象的关税叫出口税。目前大多数国家对绝大部分商品都不征收出口税,因为征收这种税势必提高本国在国外市场的销售价格,降低商品的竞争能力,不利于扩大出口。

关税的作用除了能通过经济手段直接影响本国的对外经济贸易外,还能在一定程度上影响本国经济的其他方面。我国关税在国民经济建设和对外贸易活动中主要发挥着三大作用——保护作用、调节作用和财政作用。

(1)保护作用。这是我国关税的主导作用,具体表现为:进口方面,对必需品进口制定较低税率,甚至减免有关关税;对非必需品,特别是高档消费品,规定较高税率。出口方面,对绝大多数商品不征关税,增强我国商品在国际市场上的竞争能力;对国内生产必需的原材料和盈利较高、大量出口在国际市场容易造成削价竞销的商品,适当开征出口关税。这样通过关税保护,保护国内生产。

(2) 调节作用。它包括两个方面:① 调节国家对外经济贸易关系。我国进口关税税率设有最惠国税率、协定税率、特惠税率、普通税率、关税配额税率等种类。原产于共同适用最惠国待遇条款的世界贸易组织成员的进口货物,原产于与中华人民共和国签订含有相互给予最惠国待遇条款的双边贸易协定的国家或者地区的进口货物,以及原产于中华人民共和国境内的进口货物,适用最惠国税率。原产于与中华人民共和国签订含有关税优惠条款的区域性贸易协定的国家或者地区的进口货物,适用协定税率。原产于与中华人民共和国签订含有特殊关税优惠条款的贸易协定的国家或者地区的进口货物,适用特惠税率。上述之外的国家或者地区的进口货物,以及原产地不明的进口货物,适用普通税率。② 调节对外经济贸易活动的方向。在生产领域,不同的税率和关税待遇能鼓励引进国外先进技术和机器设备,进口生产必需而国内又短缺的原材料,促进国内生产;在分配领域,征收关税,能促进出口企业加强经营管理,合理地调整国家、进出口商和消费者之间的经济利益;在消费领域,关税鼓励必需品进口,弥补国内短缺,满足和改善人民生活,等等。随着改革开放政策的不断深入,关税的调节作用越来越显得重要。

(3) 财政作用。关税是国家财政资金的重要来源,为社会主义现代化建设积累了大量资金。

关税发挥作用必须有客观条件,什么是它基本的客观条件?过去的关税理论中虽曾涉及这个问题,但是很少作过专题探讨。从近几十年来的关税实践中人们对这个问题有了一些认识。关税能发挥作用的基本条件就是这个国家的市场经济体制。只有在市场经济中,市场机制或价格机制能调节整个经济活动,能对生产、消费、分配等要素产生影响,关税才能发挥其各种功能和作用。

市场经济体制对关税作用有决定性影响,我国加入世界贸易组织这个现实情况可以充分说明。世界贸易组织所有的运行原则,都是建立在市场经济基础上的。我国要求加入世界贸易组织是以允诺承担关税减让义务为三条件之一的。我们要求享受其他缔约方给予我国出口货物关税减让的权利,也要承担给予自其他缔约方进口货物关税减让的义务。这就很清楚地说明关税的(调节)作用只有在市场经济体制这个基本前提下才能生效。

除了上面所说的关税能发挥作用的基本条件外,影响关税作用的还有一些其他客观条件。例如,国家的存在、各国经济发展的具体情况及国际间的经济、政治关系等。几个国家实行经济一体化,组成关税同盟,这些盟国之间就可以取消关税。关税必须在一定的客观条件下才能发挥它预期的效益,它能发挥的作用受到很多因素制约,是有局限性的。并且,它既不是唯一的财政收入手段,也不是唯一的保护手段和调控手段。

因此,我们不能过分夸大关税的作用。但这并不是说要轻视关税的作用,而是应该对它有客观的正确认识,才能更好地、更有效地去运用它,充分发挥它的作用。

2. 特点

关税除了具有税收的一般属性外,还具有自己的特性:

(1) 关税的课税对象仅为进出境货物和物品。以课税对象作为区分此种税与彼种税是税收划分的主要标准,因此,关税的特性首先是它与其他税种的课税对象的区别。

(2) 关税通常具有保护作用。课税对象的特殊性使其具有一定的保护作用。关税包括进口税和出口税,但各国对绝大部分出口货品都不征收关税,故关税的保护作用主要是指进口关税具有保护作用,进口国通过对进口货品征收关税,提高进口品在境内的销售价格,抑制外国货品的进口,增强本国产品的竞争力。

(3) 关税具有涉外性。关税是专门对来自或输往外国的商品而设置的税种。关税的征与否、税率高低都会影响到贸易对方的国家利益。这个特点使关税不但是本国经济的调节工具,而且是国际间经济合作与斗争的重要工具和手段,成为国际经济谈判和协定的一项重要内容。关税具有涉外性,但一般不将其列为国际税收,关税只在一国之内有征纳关系。不存在进口国与跨国纳税人的税收征纳关系。

(4) 关税具有对外统一性。现代关税的目的之一是建立、保护统一的国内市场,通过资源在统一的国内市场中自由流动形成资源的合理配置。进口货品在征收关税后即应享受进口国国产品所享有的同样待遇,即"国民待遇",在境内自由流通。因此,关税必须在国境或关境统一征收。否则,势必造成货品从征税较低的口岸进口,然后再自由流通到境内其他地区,即所谓"税往低处流"。这样,国家的关税政策会遭到破坏,国家关税收入就没有保障。

(5) 关税的征收机关是海关。与其他税种不同的是,其他种类的税都是由国家税务部门征收的,而关税由海关代表国家征收。由于各国海关在行政管理体制上的隶属关系不同,大多数国家的海关隶属于国家财政部,某些国内税也由海关征收。但无一例外的是关税都由海关征收。

(二) 关税的纳税人和课税对象

1. 纳税义务人

关税纳税义务人,亦称关税纳税人,是依法负有直接向国家缴纳关税义务的法人和自然人。我国关税的纳税义务人是进口货物的收货人、出口货物的发货人、进(出)境的物品的所有人。

2. 课税对象

关税课税对象是法律规定征收关税的标的物,亦称关税课税客体。它是关税纳税义务成立的物质基础,是关税制度的最基本要素。

我国海关法规定的关税课税对象是进出中国关境的货物和物品(以下简称货品)

（《海关法》第 53 条）。所谓进出境物品是指供个人使用的东西。所谓进出境货物是指除进出境物品外的、非个人使用的东西。进口关税课税对象是进境供境内消费的货品，其本质是在境外物化了的劳动。首先，课税对象必须是物化了的劳动。其次，课税对象的物化过程必须是发生在境外的。认识关税课税对象的本质对于理解、分析、研究海关估价等问题有重要的理论意义。

（三）我国的关税制度

关税是一个历史悠久的税种。我国早在周代就对通过关卡和上市的商品征收"关市之赋"，它具有内地关税的性质。自唐代开始，就设有专门机构负责管理进出国境的船舶、商品并征收关税。

鸦片战争后，自 1842 年签订《南京条约》起，到新中国成立止，我国关税制度属半殖民地性质，关税是不能自主的；关税失去了保护本国经济发展的作用，帝国主义就疯狂掠夺中国财富。

新中国成立后，党和政府立即取缔了帝国主义在关税方面的特权，废除了一切不平等条约。1949 年 1 月，中央人民政府设立海关总署，由它统一领导全国海关机构和业务。1951 年政务院发布《关于关税政策和海关工作的决定》，宣布我国实行独立自主的关税保护政策。1951 年 5 月 16 日我国公布了近代史上第一部独立自主地保护国内生产的《中华人民共和国海关进出口税则》。

党的十一届三中全会后，随着对外开放和对内搞活政策的贯彻执行，1985 年国务院重新修订发布了《中华人民共和国海关进出口关税条例》（下称《关税条例》）和《中华人民共和国海关进出口税则》（下称《进出口税则》）。之后，于 1987 年 1 月 22 日第六届全国人大通过了《中华人民共和国海关法》（下称《海关法》），同年 9 月国务院根据《海关法》修订了《关税条例》。1992 年第 2 次修订了《关税条例》。总之，自新中国成立以来，我国一直执行社会主义性质的、独立自主地保护和促进生产的关税政策。《关税条例》是建国以来的第一部较完整、系统的关税立法，是关税工作的基本法律依据。《海关法》是《关税条例》的母法，但对进出口货物的关税征收原则按《关税条例》的规定办理。

2001 年 1 月 1 日，《中华人民共和国海关法》经全国人大重新修改后正式实施，为我国加入 WTO 和实行 WTO 规则创造了条件。2003 年 11 月 23 日，新修改的《中华人民共和国进出口关税条例》以国务院第 392 号令公布，并于 2004 年 1 月 1 日起正式实施。其结构和内容包括总则、进出口货物关税税率的设置和适用、进出口货物完税价格的确定、进出口货物关税的征收、进境物品进口税的征收和附则等 6 章，共 67 条。

《进出口税则》是《关税条例》的组成部分，是根据国家关税政策和经济政策，通过一定的国家立法程序制定公布实施的、对进出口的应税和免税商品加以系统分类的一览表，一般每年发布。其内容一般包括：(1) 国家实施该税则的法令；(2) 税则的归类总原则；(3) 各类、各章和税目的注释；(4) 税目表，包括商品分类目录和税率栏两大部分。商品先分类,再分章,章以下分税目,税目下再分子目,并且将每项商品按顺序编税号。税率栏按商品分类目录的顺序,逐项列出商品各自的税率。

二、关税应纳税额的计算和缴纳

(一)关税的计算要素

1. 税目、税率

(1)税目:我国现行《2011年进出口税则》的分类方法是以《商品名称及编码协调制度》为基础,结合我国进出口商品的实际而编排的。全部应税商品共分为22大类。

22大类商品分别是:

第一类:活动物、动物产品;

第二类:植物产品;

第三类:动植物油、脂及其分解产品,精制的食用油脂,动、植物蜡;

第四类:食品、饮料、酒及醋、烟草及烟草代用品的制品;

第五类:矿产品;

第六类:化学工业及相关工业的产品;

第七类:塑料及其制品,橡胶及其制品;

第八类:生皮、皮革、毛皮及其制品,鞍具及挽具,旅行用品,手提包及类似容器,动物肠线(蚕胶丝除外)制品;

第九类:木及木制品,木炭,软木及软木制品,稻草、秸秆、针茅或其他编结材料制品,篮筐及柳条编结品;

第十类:木浆及其他纤维素浆,回收(废碎)纸或纸板,纸、纸板及其制品;

第十一类:纺织原料及纺织制品;

第十二类:鞋、帽、伞、杖、鞭及其零件,已加工的羽毛及其制品,人造花,人发制品;

第十三类:石料、石膏、水泥、石棉、云母及类似材料的制品,陶瓷产品,玻璃及其制品;

第十四类:天然或养殖珍珠,宝石或半宝石,贵金属,包指贵金属及其制品,仿首饰,硬币;

第十五类:贱金属及其制品;

第十六类:机器,机械器具,电气设备及其零件,录音机及放声机,电视图像、声音的录制和重放设备及其零件、附件;

第十七类:车辆、航空器、船舶及有关运输设备;

第十八类:光学、照相、电影、计量、检验、医疗或外科用仪器及设备,精密仪器设备,钟表,乐器,上述物品的零件、附件;

第十九类:武器、弹药及其零件、附件;

第二十类:杂项制品;

第二十一类：艺术品、收藏品及古物；

第二十二类：特殊交易品及未分类商品。

(2) 税率：

① 进口货物的税率。在《进出口税则》列名的全部税目中除免税之外，都要征收进口关税，进口税则的税率实行自主协定的复式税则制，分设最惠国税率、协定税率、特惠税率、普通税率、关税配额税率等税率。为了进一步扩大开放，促进对外贸易和国民经济的发展，鼓励我国企业参加国际竞争，我国分别于 1985 年、1987 年、1992 年、1993 年和 1996 年大范围降低税率。中国加入世贸组织之后，我国又进一步降低了进口关税，关税算术平均总水平由 2002 年的 12% 降低到 2008 年的 9.8% 并渐趋稳定，3 000 多个税目有不同程度的降低。

为积极扩大进口，满足国内经济社会发展及消费需求，2012 年我国将对 730 多种商品实施较低的进口暂定税率，平均税率为 4.4%，比最惠国税率低 50% 以上。这些商品主要分为五大类，一是能源资源性产品，包括煤炭、焦炭、成品油、大理石、花岗岩、天然橡胶、稀土、铜、铝、镍等；二是发展高端装备制造、新一代信息技术、新能源汽车等战略性新兴产业所需的关键设备和零部件，包括喷气织机、涡轮轴航空发动机、高压输电线、手机用摄像组件、高清摄像头、小轿车车身冲压件用关键模具等；三是农业生产资料，包括大马力拖拉机、大型收割机、乳品加工机、种用鲸、农药原料、化肥、动物饲料等；四是用于促进消费和改善民生的日用品，包括冷冻海鱼、特殊配方婴幼儿奶粉、婴儿食品、护肤品、烫发剂、餐具、厨房用具等；五是与公共卫生相关的产品，包括疫苗、血清、人工耳蜗、X 光片等。此外，为推动社会主义文化事业大繁荣大发展，满足人民群众精神文化需求，2012 年新增对数字电影放映机、各类画作原件以及雕塑品原件实施进口暂定税率。

对于同时适用多种税率的进口货物，在选择适用的税率时，基本的原则是"从低适用"，特殊情况除外。原产于共同适用最惠国待遇条款的世界贸易组织成员的进口货物，原产于与中华人民共和国签订含有相互给予最惠国待遇条款的双边贸易协定的国家或者地区的进口货物，以及原产于中华人民共和国境内的进口货物，适用最惠国税率。原产于与中华人民共和国签订含有关税优惠条款的区域性贸易协定的国家或者地区的进口货物，适用协定税率。原产于与中华人民共和国签订含有特殊关税优惠条款的贸易协定的国家或者地区的进口货物，适用特惠税率。上述之外的国家或者地区的进口货物以及原产地不明的进口货物，适用普通税率。

适用最惠国税率的进口货物有暂定税率的，应当适用暂定税率；适用协定税率、特惠税率的进口货物有暂定税率的，应当从低适用税率；适用普通税率的进口货物，不适用暂定税率。适用出口税率的出口货物有暂定税率的，应当适用暂定税率。

为扩大多边、双边经贸合作，推动区域经济一体化更好更快发展，依据与有关国家或地区签署的自由贸易协定或关税优惠协定，2012年我国继续对原产于东盟各国、智利、巴基斯坦、新西兰、秘鲁、哥斯达黎加、韩国、印度、斯里兰卡、孟加拉等国家的部分进口产品实施协定税率，其中产品范围将进一步扩大，税率水平进一步降低。在内地与香港、澳门更紧密经贸关系安排框架下，对原产于港澳地区且已制定原产地优惠标准的产品实施零关税。根据海峡两岸经济合作框架协议，对原产于台湾的部分产品实施包括零关税在内的协定税率。继续对原产于老挝、苏丹、也门等40个最不发达国家的部分产品实施特惠税率。

按照国家规定实行关税配额管理的进口货物，关税配额内的，适用关税配额税率；关税配额外的，其税率的适用按照前述规定执行。

2012年继续对小麦等7种农产品和尿素等3种化肥的进口实施关税配额管理，并对尿素等3种化肥实施1%的暂定配额税率。对关税配额外进口一定数量的棉花继续实施滑准税，并适当调整了滑准税计税公式，效果是进口价格越高，适用税率越低。继续对冻鸡等52种产品实施从量税或复合税。

按照有关法律、行政法规的规定对进口货物采取反倾销、反补贴、保障措施的，其税率的适用按照《中华人民共和国反倾销条例》、《中华人民共和国反补贴条例》和《中华人民共和国保障措施条例》的有关规定执行。

任何国家或者地区违反与中华人民共和国签订或者共同参加的贸易协定及相关协定，对中华人民共和国在贸易方面采取禁止、限制、加征关税或者其他影响正常贸易的措施的，对原产于该国家或者地区的进口货物可以征收报复性关税，适用报复性关税税率。

② 出口货物税率。对于出口货物，在计算出口关税时，出口暂定税率的执行优先于出口税率。为促进经济可持续发展，推动资源节约型、环境友好型社会建设，2012年我国继续以暂定税率的形式对煤炭、原油、化肥、铁合金等"两高一资"产品征收出口关税。

2012年进出口税则税目根据世界海关组织统一规定进行修订；为适应经济社会发展、科学技术进步、加强进出口管理及应对国际贸易争端的需要，增列了柔性印刷版、堆取料机械、血管支架、无线耳机等税目。调整后，我国2012年进出口税目总数将由2011年的7 977个增至8 194个。

2. 计税依据

目前，我国关税稽征主要依据是从价标准。

计征关税时用来作为计税的依据而使用的同一标准，称为计征标准。标准不同，计算税款的方法就不同。

(1) 从价税：凡以货物的价格作为计征标准而征收的关税为从价税。从价税首先要审定货物的完税价格。从价计征关税的计算公式为：

应纳税额＝进口货物的完税价格×进口从价税税率

（2）从量税：凡按货物的计量单位（重量、长度、面积、容量、数量等）作为计征标准而征收的关税称为从量税。目前单纯采取从量税的国家已很少见。从量计征关税的计算公式为：

应纳税额＝进口货物数量×单位关税税额

（3）复合税：税则的同一税目，订有从价和从量两种税率，并在征税时同时采用两种税率计税的关税称为复合税。复合计征关税的计算公式为：

应纳税额＝进口货物数量×单位关税税额＋进口货物的完税价格×进口从价税税率

（4）滑准税：滑准税是在《进出口税则》中预先按产品的价格高低分档制定若干不同的税率，然后根据进口商品价格的变动而增减进口税率的一种关税。当商品价格上涨时采用较低税率，当商品价格下跌时则采用较高税率，其目的是使该种商品的国内市场价格保持稳定。实行滑准税的商品很少，2008年我国曾对关税配额外进口的一定数量的棉花实行5%～40%的滑准税。

（二）关税的计算方法

1. 进出口货物完税价格的确定

计算关税税额首先必须计算和审定关税的完税价格。进出口货物完税价格是海关对进出口货物征收从价税时审查估定的应税价格，是凭以计征进出口货物关税及进口环节代征税税额的基础。《海关法》第五十五条规定，进出口货物的完税价格，由海关以该货物的成交价格为基础审查确定。成交价格不能确定时，完税价格由海关估定。

进口货物完税价格的审定包括一般进口货物完税价格的审定和特殊进口货物完税价格的审定两方面内容。

（1）一般进口货物完税价格的审定。海关确定进口货物完税价格共有进口货物成交价格法、相同货物成交价格法、类似货物成交价格法、倒扣价格法、计算价格法、合理方法等六种估价方法。上述估价方法应当依次采用，但如果进口货物纳税义务人提出要求，并提供相关资料，经海关同意，可以颠倒倒扣价格法、计算价格法的适用次序。

① 进口货物成交价格法。即进口货物的完税价格应首先以成交价格估价方法审查确定。

成交价格是进口货物的买方为购买该货物向卖方支付或应当支付的价格。我国海关计税时使用以成交价格为基础的审查确定完税价格，并应包括货物运抵中华人民共和国境内输入地点起卸前的运输及其相关费用、保险费。

若由买方支付，必须计入完税价格的项目有：除购货佣金以外的佣金和经纪费、与进口货物作为一个整体的容器费、包装费、协助的价值、特许权使用费、返回给卖方的转售权益。

进口货物的价款中单独列明的下列税收、费用,不计入该货物的完税价格:

1) 厂房、机械或者设备等货物进口后发生的建设、安装、装配、维修或者技术援助费用,但是保修费用除外。

2) 进口货物运抵中华人民共和国境内输入地点起卸后发生的运输及其相关费用、保险费。

3) 进口关税、进口环节海关代征税及其他国内税。

4) 为在境内复制进口货物而支付的费用。

5) 境内外技术培训及境外考察费用。

同时符合下列条件的利息费用不计入完税价格:

1) 利息费用是买方为购买进口货物而融资所产生的。

2) 有书面的融资协议的。

3) 利息费用单独列明的。

4) 纳税义务人可以证明有关利率不高于在融资当时当地此类交易通常应当具有的利率水平,且没有融资安排的相同或者类似进口货物的价格与进口货物的实付、应付价格非常接近的。

② 相同及类似货物成交价格法。即海关以与进口货物同时或者大约同时向中华人民共和国境内销售的相同及类似货物的成交价格为基础,审查确定进口货物的完税价格的估价方法。

按照相同或者类似货物成交价格估价方法的规定审查确定进口货物的完税价格时,应当使用与该货物具有相同商业水平且进口数量基本一致的相同或者类似货物的成交价格。使用上述价格时,应当以客观量化的数据资料,对该货物与相同或者类似货物之间由于运输距离和运输方式不同而在成本和其他费用方面产生的差异进行调整。

③ 倒扣价格法。即海关以进口货物、相同或者类似进口货物在境内的销售价格为基础,扣除境内发生的有关费用后,审查确定进口货物完税价格的估价方法。

该销售价格应当同时符合下列条件:

1) 是在该货物进口的同时或者大约同时,将该货物、相同或者类似进口货物在境内销售价格。

2) 是按照货物进口时的状态销售的价格。

3) 是在境内第一销售环节销售的价格。

4) 是向境内无特殊关系方销售的价格。

5) 按照该价格销售的货物合计销售总量最大。

④ 计算价格法。即海关以下列各项的总和为基础,审查确定进口货物完税价格的估价方法:

1) 生产该货物所使用的料件成本和加工费用。

2) 向境内销售同等级或者同种类货物通常的利润和一般费用(包括直接费用和间接费用)。

3) 该货物运抵境内输入地点起卸前的运输及相关费用、保险费。

⑤ 合理方法。即当海关不能根据成交价格估价方法、相同货物成交价格估价方法、类似货物成交价格估价方法、倒扣价格估价方法和计算价格估价方法确定完税价格时,海关根据客观、公平、统一的原则,以客观量化的数据资料为基础审查确定进口货物完税价格的估价方法。

(2) 特殊进口货物完税价格的审定。

① 加工贸易进口料件或者其制成品应当征税的,海关按照以下规定审查确定完税价格:进口时应当征税的进料加工进口料件,以该料件申报进口时的成交价格为基础审查确定完税价格;进料加工进口料件或者其制成品(包括残次品)内销时,海关以料件原进口成交价格为基础审查确定完税价格。料件原进口成交价格不能确定的,海关以接受内销申报的同时或者大约同时进口的与料件相同或者类似的货物的进口成交价格为基础审查确定完税价格;来料加工进口料件或者其制成品(包括残次品)内销时,海关以接受内销申报的同时或者大约同时进口的与料件相同或者类似的货物的进口成交价格为基础审查确定完税价格;加工企业内销加工过程中产生的边角料或者副产品,以海关审查确定的内销价格作为完税价格。

② 出口加工区内的加工企业内销的制成品(包括残次品),海关以接受内销申报的同时或者大约同时进口的相同或者类似货物的进口成交价格为基础审查确定完税价格;出口加工区内的加工企业内销加工过程中产生的边角料或者副产品,以海关审查确定的内销价格作为完税价格;出口加工区内的加工企业内销制成品(包括残次品)、边角料或者副产品的完税价格按照此前两种方法不能确定的,由海关按照合理的方法审查确定。

③ 保税区内的加工企业内销的进口料件或者其制成品(包括残次品),海关以接受内销申报的同时或者大约同时进口的相同或者类似货物的进口成交价格为基础审查确定完税价格;保税区内的加工企业内销的进料加工制成品中,如果含有从境内采购的料件,海关以制成品所含从境外购入的料件原进口成交价格为基础审查确定完税价格。料件原进口成交价格不能确定的,海关以接受内销申报的同时或者大约同时进口的与料件相同或者类似货物的进口成交价格为基础审查确定完税价格;保税区内的加工企业内销的来料加工制成品中,如果含有从境内采购的料件,海关以接受内销申报的同时或者大约同时进口的与制成品所含从境外购入的料件相同或者类似货物的进口成交价格为基础审查确定完税价格;保税区内的加工企业内销加工过程中产生的边角料或者副产品,以海关审查确定的内销价格作为完税价格。

④ 从保税区、出口加工区、保税物流园区、保税物流中心等区域、场所进入境内,需

要征税的货物,以从上述区域、场所进入境内的销售价格为基础审查确定完税价格,加工贸易进口料件及其制成品除外。

⑤ 运往境外修理的机械器具、运输工具或者其他货物。出境时已向海关报明并在海关规定期限内复运进境的,应以境外修理费和料件费为基础审查确定完税价格。

⑥ 运往境外加工的货物,出境时已向海关报明并在海关规定期限内复运进境的,应以境外加工费和料件费以及该货物复运进境的运输及其相关费用、保险费为基础审查确定完税价格。

⑦ 暂时进境货物,应当缴纳税款的,按照一般进口货物完税价格的规定审查完税价格。经海关批准留购的暂时进境货物,以海关审查确定的留购价格作为完税价格。

⑧ 租赁方式进口的货物,按照下列方法审查确定完税价格:以租金方式对外支付的租赁货物,在租赁期间以海关审查确定的租金作为完税价格,利息应当予以计入;留购的租赁货物以海关审查确定的留购价格作为完税价格;纳税义务人申请一次性缴纳税款的,可以按照海关审查确定的租金总额作为完税价格。

⑨ 减税或者免税进口的货物应当补税时,应当以海关审查确定的该货物原进口时的价格,扣除折旧部分价值作为完税价格。其计算公式如下:

完税价格＝海关审定的该货物原进口时的价格 $\times (1 - \dfrac{\text{补税时实际已进口的时间(月)}}{\text{监管年限} \times 12})$

⑩ 无成交价格货物,可经海关与纳税义务人进行价格磋商后,依照相同货物成交价格法、类似货物成交价格法、倒扣价格法、计算价格法、合理方法审查确定完税价格。

此外,进口载有专供数据处理设备用软件的介质,具有下列情形之一的,应当以介质本身的价值或者成本为基础审查确定完税价格:介质本身的价值或者成本与所载软件的价值分列;介质本身的价值或者成本与所载软件的价值虽未分列,但是纳税义务人能够提供介质本身的价值或者成本的证明文件,或者能提供所载软件价值的证明文件。含有美术、摄影、声音、图像、影视、游戏、电子出版物的介质不适用前款规定。

(3) 出口货物完税价格的审定。出口货物的完税价格由海关以该货物的成交价格为基础审查确定,并应当包括货物运至中华人民共和国境内输出地点装载前的运输及其相关费用、保险费。

出口货物的成交价格,是指该货物出口销售时,卖方为出口该货物应当向买方直接收取和间接收取的价款总额。

以下税收、费用不计入出口货物的完税价格:

① 出口关税。

② 在货物价款中单独列明的货物运至中华人民共和国境内输出地点装载后的运输及其相关费用、保险费。

③ 在货物价款中单独列明由卖方承担的佣金。

出口货物的成交价格不能确定的,海关经了解有关情况,并与纳税义务人进行价格磋商后,依次以下列价格审查确定该货物的完税价格:

① 同时或者大约同时向同一国家或者地区出口的相同货物的成交价格。

② 同时或者大约同时向同一国家或者地区出口的类似货物的成交价格。

③ 根据境内生产相同或者类似货物的成本、利润和一般费用(包括直接费用和间接费用)、境内发生的运输及其相关费用、保险费计算所得的价格。

④ 按照合理方法估定的价格。

2. 税款的计算

(1) 进口关税的计算。以从价税为例,进口关税是依据完税价格和适用税率计算的。计算公式为:

应纳进口关税＝进口货物的完税价格×进口从价税税率

(2) 出口关税的计算。出口关税是依据完税价格和适用税率计算的。其计算公式为:

应纳出口关税税额＝出口货物完税价格×出口关税税率

$$出口货物完税价格＝\frac{FOB(中国境内口岸)}{1+出口关税税率}$$

(3) 进口消费税税款的计算。以从价税为例:

$$消费税组成计税价格＝\frac{进口关税完税价格+进口关税税额}{1-消费税税率}$$

应纳税额＝消费税组成计税价格×消费税税率

(4) 进口增值税税款的计算。

应纳税额＝增值税组成计税价格×增值税税率

增值税组成计税价格＝进口关税完税价格＋进口关税税额＋消费税税额

(三) 关税的缴纳和减免

1. 纳税方式

关税一般由纳税人在进出口应税货物时,向海关缴纳,我国目前对关税施行口岸纳税。即由进出口纳税义务人向货物进出境地海关申报,海关对实际货物进行查验后,根据税则和完税价格计算应纳关税、进出环节代征税费,填税款缴款书,交由纳税义务人在规定的时间内向当地银行交纳,并由后者结缴中央金库。

根据《关税条例》的规定,进出口货物的纳税义务人,应当在海关填发税款缴款书的之日起 15 天内(星期天和法定节假日除外),向指定银行缴纳税款。纳税义务人未按期缴纳税款的,从滞纳税款之日起,按日加收滞纳税款万分之五的滞纳金。海关征收关税、滞纳金等,应当按人民币计征。

进出口货物放行后,海关发现少征或者漏征税款的,应当自缴纳税款或者货物放行之日起1年内,向纳税义务人补征税款。但因纳税义务人违反规定造成少征或者漏征税款的,海关可以自缴纳税款或者货物放行之日起3年内追征税款,并从缴纳税款或者货物放行之日起按日加收少征或者漏征税款万分之五的滞纳金。海关发现海关监管货物因纳税义务人违反规定造成少征或者漏征税款的,应当自纳税义务人应缴纳税款之日起3年内追征税款,并从应缴纳税款之日起按日加收少征或者漏征税款万分之五的滞纳金。

2. 减税免税

关税的减免主要可分法定减免税、特定减免税和临时减免税三种类型。

(1) 法定减免税。是指按照《海关法》、《关税条例》和其他法律、行政法规的规定,进出口货物可以享受的减免关税优惠。包括:纳税义务人进出口减免税货物,应当在货物进出口前,按照规定持有关文件向海关办理减免税审批手续。下列减免税进出口货物无需办理减免税审批手续:关税、进口环节增值税或者消费税税额在人民币50元以下的一票货物;无商业价值的广告品和货样;在海关放行前遭受损坏或者损失的货物;进出境运输工具装载的途中必需的燃料、物料和饮食用品;其他无需办理减免税审批手续的减征或者免征税款的货物。

(2) 特定减免税。是指海关根据国家规定,对特定地区、特定用途和特定企业给予的减免关税和进口环节海关代征税的优惠,也称政策性减免。目前实施特定减免税的项目主要有:外商投资项目投资额度内进口自用设备、外商投资企业投资总额外进口自用设备、国内投资项目进口自用设备、贷款项目进口物资、特定区域物资、科教用品、科技开发用品、残疾人专用品、救灾捐赠物资、扶贫慈善捐赠物资等。

(3) 临时减免税。是指法定减免税和特定减免税以外的其他减免税,国务院根据某个单位、某类商品、某个时期或某批货物的特殊情况和需要,给予特别的临时性减免税优惠,一般是"一案一批"。

三、关税的税务会计处理

(一) 关税的核算科目

企业按规定应缴的关税,通过"应缴税金"科目下设置"应缴关税"明细科目核算。"应缴关税"明细科目的借方发生额反映企业已缴纳的关税,其贷方发生额反映应缴的关税,期末借方余额反映多缴的关税,期末贷方余额反映尚未缴纳的关税。

(二) 关税的账务处理

1. 进口关税

由于进口关税是进口货物所必须发生的一种费用,因此将其作为进口货物成本的一部分,计入资产价值;通常将其计入"库存商品"科目借方,以便与其他归集的费用一并计算进口商品成本。

[例19] 某外贸公司进口 A 商品,商品到岸价为 12 万元,A 商品适用 20%的进口关税税率。试计算应纳关税,并作有关分录。

A 商品应纳关税＝120 000×20%＝24 000(元)

借:库存商品——A 商品　　　　　　　　　　　　24 000
　　贷:应交税费——应交关税　　　　　　　　　　　　　24 000

[例20] 某公司接受国内某企业的委托,代理进口一台设备。设备到岸价为 20 万元,适用关税税率为 8%。试计算应纳关税,并作有关分录。

(1) 计算应纳关税时:

应纳关税＝200 000×8%＝16 000(元)

借:应收账款　　　　　　　　　　　　　　　　　16 000
　　贷:应交税费——应交关税　　　　　　　　　　　　　16 000

(2) 收回垫付的款项时:

借:银行存款　　　　　　　　　　　　　　　　　16 000
　　贷:应收账款　　　　　　　　　　　　　　　　　　　16 000

2. 出口关税

出口商品一般都不征收关税。如需征出口税,则应视为企业只要实现了收入就应缴纳的税金,作为抵减收入的一种费用处理,记入"营业税金及附加"科目。

[例21] 某企业发生出口商品业务,商品离岸价为 12 万元,出口关税税率为 20%。试计算应纳关税,并作有关分录。

出口货物完税价格＝120 000/(1+20%)＝100 000(元)

应纳出口关税税额＝100 000×20%＝20 000(元)

借:营业税金及附加　　　　　　　　　　　　　　20 000
　　贷:应交税费——应交关税　　　　　　　　　　　　　20 000

第五节　船舶吨税会计

一、船舶吨税概述

(一) 船舶吨税的意义和特点

船舶吨税(以下简称吨税)是一国船舶使用了另一国的助航设施而向该国缴纳的一种税费,专项用于海上航标的维护、建设和管理。

《中华人民共和国船舶吨税暂行条例》(以下简称暂行条例)已由第 610 号国务院令发布,自 2012 年 1 月 1 日起施行。1952 年 9 月 16 日政务院财政经济委员会批准、1952 年 9 月 29 日海关总署发布的《中华人民共和国海关船舶吨税暂行办法》同时废止。

自中华人民共和国境外港口进入境内港口的船舶（以下称应税船舶），应当依据暂行条例缴纳吨税。吨税由海关代交通部门征收，征收后就地上缴中央国库。

与旧的吨税暂行办法相比，新的吨税暂行条例主要有以下三大特点：

第一，对缴纳吨税的对象、缴纳的过程、方式、因违反此条例而收到的处罚和海关征收此项税收的责任都有更明确和清楚的说明。

第二，在吨税的类别和缴纳期限上都与旧的吨税暂行办法有很大不同。旧的吨税暂行办法把对机动船的吨税征收分为5个等级，分别是500吨以下、501～1 500吨、1 501～3 000吨、3 001～10 000吨和10 001吨以上。但是，现代船的平均吨位应该远远大于60年前的船。因此，新的吨税暂行条例提高了每个等级的吨位范围。新的吨税暂行条例把征收对象划分为4个等级，最低级为2 000吨以下，最高级为50 000吨以上。新的吨税暂行条例对拖船和非机动驳船减免了吨税，至应缴吨税的50%。

第三，新的吨税暂行条例延长了吨税缴纳者的缴纳期限，从旧的吨税暂行办法的1个月和3个月的两种缴纳选择增至1个月、3个月和1年的三种选择，更加周到和人性化。

（二）船舶吨税的纳税人和课税对象

1. 纳税人

船舶吨税的纳税人为拥有或租有进出我国港口的国际航行船舶的单位和个人。

应纳吨税的船舶，在到达和驶离中国港口时，均应向海关申报并交验船舶国籍证书和吨税证书，由海关凭以征收吨税。

2. 课税对象

船舶吨税的课税对象是指进出我国港口的国际航行船舶。现行征收吨税的船舶范围包括：

（1）在我国港口行驶的外国籍船舶，外商租用的中国籍船舶。

（2）中外合营的海运企业自用或租用的中、外国籍船舶。

（3）我国租用（包括国外华商所有和租用的）航行国外及兼经营国内沿海贸易的外国籍船舶。

我国经营国际航行船舶不征吨税。

吨税的征收范围为在中华人民共和国港口行驶的外国船舶和外商租用的中国籍船舶以及中外合营企业使用的中国籍船舶。

二、船舶吨税应纳税额的计算和缴纳

（一）船舶吨税的计算要素

1. 税率

我国船舶吨税实行复式税率，分为两栏：一般吨税税率和优惠吨税税率，均为自主税率。对于应税船舶的船籍国与我国订有相互给予船舶吨税优惠条约或协定的，适用优惠税率;应税船舶的船籍国与我国未订有相互给予船舶吨税优惠待遇条约或协定的,适用一般税率。对中外合营的海运企业所有的船舶或租用的中国国际船舶和外商租用的中国籍船舶适用优惠税率。船舶吨税分为90天期和30天期两种,由纳税人于申请完税时自行选报。其税级、税率按机动船舶和非机动船舶分为两类,船舶吨位愈大,税率愈高,税率是以吨为单位规定的定额累进税率。

现将船舶吨税税目税率列于表10-4中。

表10-4 吨税税目税率表

税 目 (按船舶净吨位划分)	税率(元/净吨)						备 注
	普通税率 (按执照期限划分)			优惠税率 (按执照期限划分)			
	1年	90日	30日	1年	90日	30日	
不超过 2 000 净吨	12.6	4.2	2.1	9.0	3.0	1.5	拖船和非机动驳船分别按相同净吨位船舶税率的50%计征税款
超过 2 000 净吨,但不超过 10 000 净吨	24.0	8.0	4.0	17.4	5.8	2.9	
超过 10 000 净吨,但不超过 50 000 净吨	27.6	9.2	4.6	19.8	6.6	3.3	
超过 50 000 净吨	31.8	10.6	5.3	22.8	7.6	3.8	

2. 计税依据

船舶吨税有总吨位和净吨位之分,海关征收吨税以船舶净吨位为依据。目前国际吨位的丈量办法中有大、小吨位之分,对载有大吨位的船舶一律按大吨位计征吨税。

净吨位的尾数在半吨以下的免征其尾数,半吨及超过半吨则按1吨计征。

(二) 船舶吨税的计算方法

船舶吨税的计算公式为:

船舶吨税应纳税额=净吨位×吨税税率

现举例说明如下:

[例22] 巴拿马籍东海轮由香港载货于2×11年10月5日抵达我国港口上海,即申报进口。该轮船净吨位1 456.84吨,船方申请30天期吨税。试计算船舶吨税应纳税额。

(1) 巴拿马籍适用一般税率。

(2) 净吨位在501吨~1 500吨的30天期船舶,吨税税率为2.25元/吨。

(3) 净吨位1 456.84吨的小数点尾数超过半吨,可进位,即以1 457吨计算。

(4) 计算吨税:

应纳税额=2.25×1 457=3 278.25（元）

[例23] 日本籍东京号轮由天津装货后驶往上海，于2×11年7月20日抵吴淞口，22日靠岸卸货。该船舶净吨位1.142 849万吨，船方持有天津海关签发的吨税执照，其有效期为2×11年6月18日至2×11年7月18日，船方申请90天期吨税。试计算船舶吨税应纳税额。

（1）日本籍适用优惠吨税税率。

（2）净吨税在1.000 1万吨以上的90天期船舶，吨税税率为6.60元/吨。

（3）净吨位11 428.49吨的小数点尾数不足半吨，可舍去，即以1.142 8万吨计算。

（4）计算吨税：

应纳税额=6.60×11 428=75 424.80（元）

（三）船舶吨税的缴纳和减免优惠

1. 时效及展期

船舶吨税起征日为船舶直接抵达之日。进境后驶达锚地的，以船舶抵达锚地之日起计算；进境后直接靠泊的，以靠泊之日起计算。

填写"吨税执照"有效期限时，应以计征之日起，算足30天或90天。

在吨税执照期满前，船舶因修理吨位有所增减，税额可以暂不调整，在期满后缴纳下期吨税时应按吨位变更后的新吨位缴纳船舶吨税。

已完吨税船舶，如有下列情形之一的，海关得验凭所交港务机关证明文件，按其实际日数，将吨税执照有效日期，批准延长：

（1）船舶驶入我国港口避难、修理者。

（2）船舶因防疫隔离不能上下客货者。

（3）船舶经中央或地方人民政府征用或租用者。

2. 减免及优惠

符合下列情况的，可以免征吨税：

（1）与我国建立外交关系的国家大使馆、公使馆、领事馆使用的船舶。

（2）有当地港务机关证明的避难、修理、停驶或折毁的船舶，并不上下客货者。

（3）专供上下客货及存货的泊定趸船、浮桥趸船及浮船。

（4）中央或地方人民政府征用或租用的船舶。

（5）进口后24小时或停泊港口外48小时以内离港并未装卸任何客货，毋庸向海关办理申报进口的国际航行船舶。

（6）来我国港口专为添装船用燃料、物料，并符合第（5）项规定的国际航行船舶。

（7）国际航行船舶在吨税执照期满后24小时内不上下客货的，免予续征船舶吨税。

（8）我国造船厂代外国承造的，且在驶往国外时并不上下客货的空船。

吨税的优惠待遇,是以船舶的注册国籍为依据的,凡是船舶注册国家与我国订有互惠条约或协定并订明对船舶税、费互惠的,才给予优惠待遇,一般只订有进出口货物关税的互惠而未指出包括船舶税费的,就不给予吨税的优惠待遇。

[本章小结]

　　目的行为税中涉及的税种较多,要注意把握各税种的特点以及与其他税种之间的联系,如印花税的税率,契税的征税范围,船舶吨税的课税对象,城市维护建设税、车辆购置税和关税与增值税、消费税及营业税之间的关系,从而达到学习的目的。

　　城市维护建设税为了加强城市的维护建设,扩大和稳定城市维护建设资金的来源,而对有经营收入的单位和个人征收的一种税。计税依据是增值税、消费税和营业税的三税之和。原来只对内资企业和个人征收,从2010年12月1日起,对外商投资企业、外国企业及外籍个人(以下简称外资企业)也开始征收。

　　印花税是对经济活动和经济交往中书立、领受的凭证征收的一种税。印花税对经济凭证采取正列举的方法征税。凡是对列入印花税税目税率的经济凭证征税,不列入的不征税。不论是企业还是个人,也不分内资企业或外资企业,只要发生应税行为均要依法交纳印花税。

　　契税是在土地、房屋权属转移时,国家按照当事人双方签订的合同(契约)以及所确定价格的一定比例,向承受权属者一次性征收的一种税。契税的课税对象是土地、房屋权属转移的行为。

　　车辆购置税是以在中国境内购置规定的车辆为课税对象、在特定的环节向车辆购置者征收的一种税。实行统一比例税率从价定率计征。由于车辆购置税是一次性缴纳,因此,企业交纳的车辆购置税直接作为所购置车辆的成本。

　　关税是一个国家税收的重要组成部分,是由海关代表国家按照国家制定的关税政策和有关法律法规,对准许进出关境的货物和物品向纳税义务人征收的一种税。关税主要分为进口税和出口税。按照计征标准的不同,又可分为从价税、从量税、复合税、滑准税,其中最常见的是从价税。计算关税时,要确定进出口货物的完税价格及适用税率。

　　船舶吨税是海关代表国家交通管理部门在设关口岸对进出我国国境的船舶征收的用于航道设施建设的一种税。船舶吨税的课税对象是指进出我国港口的国际航行船舶。我国船舶吨税实行复式税率,分为一般吨税税率和优惠吨税税率两类,均为自主税率。税率是以吨为单位规定的定额累进税率。海关征收吨税以船舶净吨位为依据,结合税率计算出应纳税额。

[相关法规链接]

1.《中华人民共和国城市维护建设税暂行条例》国务院令[1985]第 19 号
2.《国务院关于统一内外资企业和个人城市维护建设税和教育费附加制度的通知》国发[2010]35 号
3.《中华人民共和国印花税暂行条例》国务院令[1988]第 11 号
4.《中华人民共和国印花税暂行条例实施细则》财税字[1988]第 255 号
5.《中华人民共和国契税暂行条例》国务院令第 224 号
6.《中华人民共和国契税暂行条例细则》财法字[1997] 52 号
7.《财政部关于印发〈车辆购置税会计处理规定〉的通知》财会[2000]18 号
8.《中华人民共和国车辆购置税暂行条例》国务院令第 294 号
9.《财政部 国家税务总局关于防汛专用等车辆免征车辆购置税的通知》财税[2001]39 号
10.《国家税务总局关于车辆购置税有关问题的通知》国税发[2002]118 号
11.《国家税务总局关于车辆购置税税收政策及征收管理有关问题的通知》国税发[2004]160 号
12.《财政部 国家税务总局关于农用三轮车免征车辆购置税的通知》财税[2004]66 号
13.《车辆购置税征收管理办法》国家税务总局令第 15 号(2005 年 10 月 25 日第 7 次局务会议审议通过,自 2006 年 1 月 1 日起施行)
14.《国家税务总局关于车辆购置税税收政策及征收管理有关问题的补充通知》国税发[2005]47 号
15.《中华人民共和国海关法》(1987 年 1 月 22 日第六届全国人民代表大会常务委员会第十九次会议通过;根据 2000 年 7 月 8 日第九届全国人民代表大会常务委员会第十六次会议《关于修改〈中华人民共和国海关法〉的决定》修正)
16.《中华人民共和国进出口关税条例》国务院令第 392 号
17.《中华人民共和国海关进出口货物征税管理办法》海关总署令第 124 号
18.《中华人民共和国海关审定进出口货物完税价格办法》海关总署令第 148 号
19.《中华人民共和国船舶吨税暂行条例》国务院令第 610 号

[本章复习题]

1. 城市维护建设税的特点是什么?
2. 印花税应税凭证的具体范围包括哪些?
3. 契税的征税范围具体包括哪几个方面?

4. 车辆购置税的计税依据是什么?
5. 关税的特点和作用是什么?简述关税的计征标准。
6. 船舶吨税的征收范围包括哪些?起征日应如何确定?

第十一章　税务会计报表

【本章导读】　财务会计发展至今,已经形成了一套以财务报表为核心的信息披露体系。但是,由于财务会计目标和原则与税务会计有很大差异,所以企业财务报表所反映的数据并不能直接用来作为计算税款的依据,而必须按照税法的相关规定进行纳税调整。为此,作为纳税人和税务机关在日常税收征纳过程中对税款进行计算、申报、缴纳的交流工具——一套专门的税务会计报表应运而生。

随着我国经济的快速发展,与此相适应的税收法规体系正在逐渐形成。不仅老税种日臻完善,新税种孕育推出,税种较来越多,而且各税种在不同纳税环境与条件下的征收管理方法也有差异,税务机关对不同情况下的涉税信息披露要求也有较大区别。因此,税务会计报表具有"种类繁多、结构复杂"的特点。通过本章学习,应该了解税务会计报表的作用、种类,熟悉各种税务会计报表的结构和内部勾稽关系,掌握各种税务会计报表所对应的税收政策及其相关的会计处理方法,以便能够准确运用税务会计报表完成税收的计算、申报和缴纳工作。

第一节　税务会计报表概述

一、税务会计报表的概念和分类

（一）税务会计报表的概念

税务会计报表是指纳税人、扣缴义务人为履行纳税义务,根据《中华人民共和国税收征收管理法》（以下简称《征管法》）的规定,在法定的申报期限内办理申报,向税务机关报送的纳税申报表、代扣（收）代缴税款报告表以及税务机关根据实际需要要求纳税人报送的其他纳税附列资料。

税务会计报表,对纳税人来说,是对其申报内容及申报真实程度承担法律责任的书面凭据;对税务机关来说,则是凭此办理征收业务,计算、核定应纳税额,并据此掌握经济信息,研究税源变化,加强税源管理的书面凭据。因此,税务会计报表体现着税制要素的完整结合。

(二)税务会计报表的分类

(1)根据纳税人性质的不同,税务会计报表具体可划分为纳税申报表、代扣(代收)代缴税款报告表和委托代征税款报告表,以及财务报表。

(2)根据税种的不同,税务会计报表可划分为流转税类申报表(如增值税申报表、营业税申报表、消费税申报表),所得税类申报表(如企业所得税申报表、个人所得税申报表),财产税类申报表(如房产税申报表),行为税类申报表(如印花税申报表),以及财务会计报表。

(3)根据纳税情况和税务机关的要求纳税人还应报送下列有关证件、资料:

① 财务报表及其说明材料;

② 与纳税有关的合同、协议书及凭证;

③ 税控装置的电子报税资料;

④ 外出经营活动税收管理证明和异地完税凭证;

⑤ 境内或者境外公证机构出具的有关证明文件;

⑥ 税务机关规定应当报送的其他有关证件、资料。

二、税务会计报表申报的对象、内容和方式

(一)税务会计报表申报的对象

按《征管法》规定,下列纳税人、扣缴义务人和代征人应当按期向主管税务机关办理纳税申报,提交代扣(代收)代缴税款报告和委托代征税款报告:

(1)依法应当向税务机关办理税务登记的纳税人具体包括:各项收入均应纳税的纳税人,全部产品、项目免税(部分产品、项目或税种享受减税、免税照顾)的纳税人,当期不够起征点或者没有营业额的纳税人,实行定期定额征收税款方式的纳税人。

(2)按规定不需办理税务登记,依法应当缴纳税收的纳税人以及在集贸市场内从事生产经营的纳税人。

(3)由税务机关确定得扣缴义务人、委托代征人(无论扣缴税款和委托代征税款期限内有无代扣、代收或代征税款)。

(4)需办理出口货物退(免)税的纳税人。

(二)税务会计报表申报的内容

纳税人、扣缴义务人的纳税申报或者代扣代缴、代收代缴税款报告表的主要内容包括:

(1)税种、税目。

(2)应纳税项目或者应代扣代缴、代收代缴税款项目。

(3)计税依据。

(4)扣除项目及标准。

(5) 适用税率或者单位税额。

(6) 应退税项目及税额、应减免税项目及税额。

(7) 应纳税额或者应代扣代缴、代收代缴税额。

(8) 税款所属期限、延期缴纳税款、欠税、滞纳金等。

(三) 税务会计报表申报的方式

根据《中华人民共和国税收征收管理法实施细则》(以下简称《实施细则》)的规定,税务机关应当建立、健全纳税人自行申报纳税制度。经税务机关批准,纳税人、扣缴义务人可以采取邮寄、数据电文方式办理纳税申报或者报送代扣代缴、代收代缴税款报告表。

(1) 自行申报:纳税人、扣缴义务人、代征人在纳税申报期限内主动到主管税务机关办理纳税申报。也可以委托税务代理人到主管税务机关办理纳税申报。

对偶尔或临时取得应税收入、所得的纳税人,应持有关收入、所得的凭证直接到所在地税务机关申报纳税。

(2) 邮寄申报:纳税人在经主管税务机关批准的条件下,由纳税人填报《邮寄申报申请表》报主管税务机关审批,也可以采取邮寄申报,以邮出地的邮戳日期为实际申报日期。对纳税人采取邮寄申报的,应在邮寄纳税资料的同时汇寄应纳税款。

(3) 数据电文申报:经税务机关批准,纳税人、扣缴义务人可以采取数据电文方式办理纳税申报或者报送代扣代缴、代收代缴税款报告表。数据电文方式,是指税务机关确定的电话语音、电子数据交换和网络传输等电子方式。目前申报方式以网络传输即网上申报为主。

三、税务会计报表的编制要求

税务会计报表既是纳税人在发生纳税义务后按税务机关规定的纳税期限向主管税务机关提交的书面报告,又是税务机关了解企业经营活动和履行纳税义务的重要途径。它是其他资料所不能代替的。

编制税务会计报表的基本要求:

(一) 完整性

税务会计报表必须按《征管法》及其《实施细则》规定的报表种类、格式和填报方法编报。报表指标无论是表内或表外项目,必须全部填列,并全部汇总编制所属各单位的申报表。

(二) 真实性

税务会计报表必须根据核对无误的账簿或企业财务报表记录编报。为确保税务会计报表真实、准确无误,首先必须做到账实相符、账证相符、账账相符和账表相符,应该分摊、调整的账项必须在编报税务会计报表以前完成。

(三) 及时性

税务会计报表必须在法定的报送期限内报出。纳税人、扣缴义务人应在规定的申报期限内向税务机关报送税务会计报表,各税种的纳税期限根据征收对象、计税环节的不同而不尽一致,同一税种落实到不同的纳税人也不一样。

纳税人、扣缴义务人、代征人必须根据各类税务会计报表申报的内容和要求正确填报;同时,按规定加盖印章。

第二节 流转税纳税申报表的编制方法

一、增值税纳税申报表的编制方法

增值税纳税申报表按纳税人性质的不同可分为适用于一般纳税人的增值税纳税申报表及其附表和适用于小规模纳税人的增值税纳税申报表。

(一)增值税一般纳税人需报送的纳税申报资料

1. 必报资料

纳税人在纳税申报期内,应及时将全部必报资料的电子数据报送主管税务机关,并在主管税务机关按照税法规定确定的期限内,报送纸介的必报资料。税务机关签收后,一份退还纳税人,其余留存。必报资料如下:

(1)《增值税纳税申报表(适用于增值税一般纳税人)》及其《增值税纳税申报表附列资料(表一)》(《表一》)、《增值税纳税申报表附列资料(表二)》(《表二》)、《固定资产进项税额抵扣情况表》;

(2)使用防伪税控系统的纳税人,必须报送记录当期纳税信息的 IC 卡(明细数据备份在软盘上的纳税人,还须报送备份数据软盘)、《增值税专用发票存根联明细表》及《增值税专用发票抵扣联明细表》;

(3)《资产负债表》和《损益表》;

(4)《成品油购销存情况明细表》(发生成品油零售业务的纳税人填报);

(5)主管税务机关规定的其他必报资料。

纳税申报实行电子信息采集的纳税人,除向主管税务机关报送上述必报资料的电子数据外,还须报送纸介的《增值税纳税申报表(适用于增值税一般纳税人)》(主表及附表)。

2. 备查资料

(1)已开具的增值税专用发票和普通发票存根联。

(2)符合抵扣条件并且在本期申报抵扣的增值税专用发票抵扣联。

(3)海关进口货物完税凭证、运输发票、购进农产品普通发票及购进废旧物资普通发票的复印件。

(4)收购凭证的存根联或报查联。

(5) 代扣代缴税款凭证存根联。

(6) 主管税务机关规定的其他备查资料。

备查资料是否需要在当期报送,由各省级国家税务局确定。纳税人在月度终了后,应将备查资料认真整理并装订成册。其具体装订要求如下:

(1) 属于整本开具的普通发票的存根联,按原顺序装订;开具的电脑版增值税专用发票,包括防伪税控系统开具的增值税专用发票的存根联,应按开票顺序号码每25份装订一册,不足25份的按实际开具份数装订。

(2) 对属于扣税凭证的单证,根据取得的时间顺序,按单证种类每25份装订一册,不足25份的按实际份数装订。

(3) 装订时,必须使用税务机关统一规定的《征税/扣税单证汇总簿封面》(以下简称"《封面》"),并按规定填写封面内容,由办税人员和财务人员审核签章。启用《封面》后,纳税人可不再填写原增值税专用发票的封面内容。

(4) 纳税人开具的普通发票及收购凭证在其整本使用完毕的当月,加装《封面》。

(5) 《封面》的内容包括纳税人单位名称、本册单证份数、金额、税额、本月此种单证总册数及本册单证编号、税款所属时间等,具体格式由各省一级国家税务局制定。

(二) 增值税纳税申报资料的填报要求

现将《增值税纳税申报表》(适用于增值税一般纳税人)及其附表编报要求说明如下:

1. 《增值税纳税申报表》的编制说明

《增值税纳税申报表》(如11-1表所示)适用于增值税一般纳税人填报。增值税一般纳税人销售按简易办法缴纳增值税的货物,也使用本表。

(1) 本表"税款所属时间"是指纳税人申报的增值税应纳税额的所属时间,应填写具体的起止年、月、日。

(2) 本表"填表日期"指纳税人填写本表的具体日期。

(3) 本表"纳税人识别号"栏,填写税务机关为纳税人确定的识别号,即税务登记证号码。

(4) 本表"所属行业"栏,按照国民经济行业分类与代码中的最细项(小类)进行填写(国民经济行业分类与代码附后),仅填写行业代码。

(5) 本表"纳税人名称"栏,填写纳税人单位名称全称,不得填写简称。

(6) 本表"法定代表人姓名"栏,填写纳税人法定代表人的姓名。

(7) 本表"注册地址"栏,填写纳税人税务登记证所注明的详细地址。

(8) 本表"营业地址"栏,填写纳税人营业地的详细地址。

(9) 本表"开户银行及账号"栏,填写纳税人开户银行的名称和纳税人在该银行的结算账户号码。

(10) 本表"企业登记注册类型"栏,按税务登记证填写。

(11) 本表"电话号码"栏,填写纳税人注册地和经营地的电话号码。

(12) 本表中"一般货物及劳务"是指享受即征即退的货物及劳务以外的其他货物及劳务。

(13) 本表中"即征即退货物及劳务"是指纳税人按照税法规定享受即征即退税收优惠政策的货物及劳务。

(14) 本表第1项"(一)按适用税率征税货物及劳务销售额"栏数据,填写纳税人本期按适用税率缴纳增值税的应税货物和应税劳务的销售额(销货退回的销售额用负数表示)。包括在财务上不作销售但按税法规定应缴纳增值税的视同销售货物和价外费用销售额,外贸企业作价销售进料加工复出口的货物,税务、财政、审计部门检查按适用税率计算调整的销售额。"一般货物及劳务"的"本月数"栏数据与"即征即退货物及劳务"的"本月数"栏数据之和,应等于《表一》第7栏的"小计"中的"销售额"数。"本年累计"栏数据,应为年度内各月数之和。

(15) 本表第2项"应税货物销售额"栏数据,填写纳税人本期按适用税率缴纳增值税的应税货物的销售额(销货退回的销售额用负数表示)。包括在财务上不作销售但按税法规定应缴纳增值税的视同销售货物和价外费用销售额,以及外贸企业作价销售进料加工复出口的货物。"一般货物及劳务"的"本月数"栏数据与"即征即退货物及劳务"的"本月数"栏数据之和,应等于《表一》第5栏的"应税货物"中17%税率"销售额"与13%税率"销售额"的合计数。"本年累计"栏数据,应为年度内各月数之和。

(16) 本表第3项"应税劳务销售额"栏数据,填写纳税人本期按适用税率缴纳增值税的应税劳务的销售额。"一般货物及劳务"的"本月数"栏数据与"即征即退货物及劳务"的"本月数"栏数据之和,应等于《表一》第5栏的"应税劳务"中的"销售额"数。"本年累计"栏数据,应为年度内各月数之和。

(17) 本表第4项"纳税检查调整的销售额"栏数据,填写纳税人本期收到税务、财政、审计部门检查处理决定后,按适用税率计算调整的应税货物和应税劳务的销售额。但享受即征即退税收优惠政策的货物及劳务经税务稽查发现偷税的,不得填入"即征即退货物及劳务"部分,而应将本部分销售额在"一般货物及劳务"栏中反映。"一般货物及劳务"的"本月数"栏数据与"即征即退货物及劳务"的"本月数"栏数据之和,应等于《表一》第6栏的"小计"中的"销售额"数。"本年累计"栏数据,应为年度内各月数之和。

(18) 本表第5项"按简易征收办法征税货物的销售额"栏数据,填写纳税人本期按简易征收办法征收增值税货物的销售额(销货退回的销售额用负数表示)。包括本期收到税务、财政、审计部门检查处理决定后,按简易征收办法计算调整的销售额。"一般货物及劳务"的"本月数"栏数据与"即征即退货物及劳务"的"本月数"栏数据之和,应等于《表一》第14栏的"小计"中的"销售额"数。"本年累计"栏数据,应为年度内各月数之和。

（19）本表第6项"其中：纳税检查调整的销售额"栏数据，填写纳税人本期收到税务、财政、审计部门检查处理决定后，按简易征收办法计算调整的销售额，但享受即征即退税收优惠政策的货物及劳务经税务稽查发现偷税的，不得填入"即征即退货物及劳务"部分，而应将本部分销售额在"一般货物及劳务"栏中反映。"一般货物及劳务"的"本月数"栏数据与"即征即退货物及劳务"的"本月数"栏数据之和，应等于《表一》第13栏的"小计"中的"销售额"数。"本年累计"栏数据，应为年度内各月数之和。

（20）本表第7项"免、抵、退办法出口货物销售额"栏数据，填写纳税人本期执行免、抵、退办法出口货物的销售额（销货退回的销售额用负数表示）。"本年累计"栏数据，应为年度内各月数之和。

（21）本表第8项"免税货物及劳务销售额"栏数据，填写纳税人本期按照税法规定直接免征增值税的货物及劳务的销售额及适用零税率的货物及劳务的销售额（销货退回的销售额用负数表示），但不包括适用免、抵、退办法出口货物的销售额。"一般货物及劳务"的"本月数"栏数据，应等于《表一》第18栏的"小计"中的"销售额"数。"本年累计"栏数据，应为年度内各月数之和。

（22）本表第9项"免税货物销售额"栏数据，填写纳税人本期按照税法规定直接免征增值税货物的销售额及适用零税率货物的销售额（销货退回的销售额用负数表示），但不包括适用免、抵、退办法出口货物的销售额。"一般货物及劳务"的"本月数"栏数据，应等于《表一》第18栏的"免税货物"中的"销售额"数。"本年累计"栏数据，应为年度内各月数之和。

（23）本表第10项"免税劳务销售额"栏数据，填写纳税人本期按照税法规定直接免征增值税劳务的销售额及适用零税率劳务的销售额（销货退回的销售额用负数表示）。"一般货物及劳务"的"本月数"栏数据，应等于《表一》第18栏的"免税劳务"中的"销售额"数。"本年累计"栏数据，应为年度内各月数之和。

（24）本表第11项"销项税额"栏数据，填写纳税人本期按适用税率计征的销项税额。该数据应与"应交税费——应交增值税"明细科目贷方"销项税额"专栏本期发生数一致。"一般货物及劳务"的"本月数"栏数据与"即征即退货物及劳务"的"本月数"栏数据之和，应等于《表一》第7栏的"小计"中的"销项税额"数。"本年累计"栏数据，应为年度内各月数之和。

（25）本表第12项"进项税额"栏数据，填写纳税人本期申报抵扣的进项税额。该数据应与"应交税费——应交增值税"明细科目借方"进项税额"专栏本期发生数一致。"一般货物及劳务"的"本月数"栏数据与"即征即退货物及劳务"的"本月数"栏数据之和，应等于《表二》第12栏中的"税额"数。"本年累计"栏数据，应为年度内各月数之和。

（26）本表第13项"上期留抵税额"栏数据，为纳税人前一申报期的"期末留抵税额"减去抵减欠税后的余额数,该数据应与"应交税费——应交增值税"明细科目借方月初余额一致。

(27) 本表第 14 项"进项税额转出"栏数据,填写纳税人已经抵扣但按税法规定应作进项税转出的进项税额总数,但不包括销售折扣、折让、销货退回等应负数冲减当期进项税额的数额。该数据应与"应交税费——应交增值税"明细科目贷方"进项税额转出"专栏本期发生数一致。"一般货物及劳务"的"本月数"栏数据与"即征即退货物及劳务"的"本月数"栏数据之和,应等于《表二》第 13 栏中的"税额"数。"本年累计"栏数据,应为年度内各月数之和。

(28) 本表第 15 项"免、抵、退货物应退税额"栏数据,填写退税机关按照出口货物免、抵、退办法审批的应退税额。"本年累计"栏数据,应为年度内各月数之和。

(29) 本表第 16 项"按适用税率计算的纳税检查应补缴税额"栏数据,按税务、财政、审计部门检查确定的应补税销售额和适用税率计算的纳税检查应补缴税额填写。"本年累计"栏数据,应为年度内各月数之和。

(30) 本表第 17 项"应抵扣税额合计"栏数据,填写纳税人本期应抵扣进项税额的合计数。

(31) 本表第 18 项"实际抵扣税额"栏数据,填写纳税人本期实际抵扣的进项税额。"本年累计"栏数据,应为年度内各月数之和。

(32) 本表第 19 项"按适用税率计算的应纳税额"栏数据,填写纳税人本期按适用税率计算并应缴纳的增值税额。"本年累计"栏数据,应为年度内各月数之和。

(33) 本表第 20 项"期末留抵税额"栏数据,为纳税人在本期销项税额中尚未抵扣完,留待下期继续抵扣的进项税额。该数据应与"应交税费——应交增值税"明细科目借方月末余额一致。

(34) 本表第 21 项"按简易征收办法计算的应纳税额"栏数据,填写纳税人本期按简易征收办法计算并应缴纳的增值税额,但不包括按简易征收办法计算的纳税检查应补缴税额。"一般货物及劳务"的"本月数"栏数据与"即征即退货物及劳务"的"本月数"栏数据之和,应等于《表一》第 12 栏的"小计"中的"应纳税额"数。"本年累计"栏数据,应为年度内各月数之和。

(35) 本表第 22 项"按简易征收办法计算的纳税检查应补缴税额"栏数据,填写纳税人本期收到税务、财政、审计部门检查处理决定后,按简易征收办法计算的纳税检查应补缴税额。"一般货物及劳务"的"本月数"栏数据与"即征即退货物及劳务"的"本月数"栏数据之和,应等于《表一》第 13 栏的"小计"中的"应纳税额"数。"本年累计"栏数据,应为年度内各月数之和。

(36) 本表第 23 项"应纳税额减征额"栏数据,填写纳税人本期按照税法规定减征的增值税应纳税额。"本年累计"栏数据,应为年度内各月数之和。

(37) 本表第 24 项"应纳税额合计"栏数据,填写纳税人本期应缴增值税的合计数。"本年累计"栏数据,应为年度内各月数之和。

(38) 本表第 25 项"期初未缴税额(多缴为负数)"栏数据,为纳税人前一申报期的"期末未缴税额(多缴为负数)"减去抵减欠税额后的余额数。

(39) 本表第 26 项"实收出口开具专用缴款书退税额"栏数据,填写纳税人本期实际收到税务机关退回的,因开具《出口货物税收专用缴款书》而多缴的增值税款。该数据应根据"应交税费——未交增值税"明细科目贷方本期发生额中"收到税务机关退回的多缴增值税款"数据填列。"本年累计"栏数据,为年度内各月数之和。

(40) 本表第 27 项"本期已缴税额"栏数据,是指纳税人本期实际缴纳的增值税额,但不包括本期入库的查补税款。"本年累计"栏数据,为年度内各月数之和。

(41) 本表第 28 项"① 分次预缴税额"栏数据,填写纳税人本期分次预缴的增值税额。

(42) 本表第 29 项"② 出口开具专用缴款书预缴税额"栏数据,填写纳税人本期销售出口货物而开具专用缴款书向主管税务机关预缴的增值税额。

(43) 本表第 30 项"③ 本期缴纳上期应纳税额"栏数据,填写纳税人本期上缴上期应缴未缴的增值税款,包括缴纳上期按简易征收办法计提的应缴未缴的增值税额。"本年累计"栏数据,为年度内各月数之和。

(44) 本表第 31 项"④ 本期缴纳欠缴税额"栏数据,填写纳税人本期实际缴纳的增值税欠税额及补申报增值税额,但不包括缴纳入库的查补增值税额。"本年累计"栏数据,为年度内各月数之和。

(45) 本表第 32 项"期末未交税额(多缴为负数)"栏数据,为纳税人本期期末应缴未缴的增值税额,但不包括纳税检查应缴未缴的税额。"本年累计"栏与"本月数"栏数据相同。

(46) 本表第 33 项"其中:欠缴税额(≥0)"栏数据,为纳税人按照税法规定已形成欠税的数额。

(47) 本表第 34 项"本期应补(退)税额"栏数据,为纳税人本期应纳税额中应补缴或应退回的数额。

(48) 本表第 35 项"即征即退实际退税额"栏数据,填写纳税人本期因符合增值税即征即退优惠政策规定,而实际收到的税务机关返还的增值税额。"本年累计"栏数据,为年度内各月数之和。

(49) 本表第 36 项"期初未缴查补税额"栏数据,为纳税人前一申报期的"期末未缴查补税额"。该数据与本表第 25 项"期初未缴税额(多缴为负数)"栏数据之和,应与"应交税费——未交增值税"明细科目期初余额一致。"本年累计"栏数据,应填写纳税人上年度末的"期末未缴查补税额"数。

(50) 本表第 37 项"本期入库查补税额"栏数据,填写纳税人本期因税务、财政、审计部门检查而实际入库的增值税款,包括:① 按适用税率计算并实际缴纳的查补增值税款;② 按简易征收办法计算并实际缴纳的查补增值税款。"本年累计"栏数据,为年度内各月数之和。

(51) 本表第 38 项"期末未缴查补税额"栏数据,为纳税人纳税检查本期期末应缴未缴的增值税额。该数据与本表第 32 项"期末未缴税额(多缴为负数)"栏数据之和,应与"应交税费——未交增值税"明细科目期初余额一致。"本年累计"栏与"本月数"栏数据相同。

2.《增值税纳税申报表附列资料(表一)》的编制说明

《增值税纳税申报表附列资料(表一)》(如表 11-2 所示)编表时有如下说明:

(1) 本表"税款所属时间"是指纳税人申报的增值税应纳税额的所属时间,应填写具体的起止年、月。

(2) 本表"填表日期"指纳税人填写本表的具体日期。

(3) 本表"纳税人名称"栏,应加盖纳税人单位公章。

(4) 本表第 1、8、15 栏均包含税控机具开具的机动车销售统一发票数据。

(5) 本表第 2、9 栏"非防伪税控系统开具的增值税专用发票"不再填写。

(6) 本表"一、按适用税率征收增值税货物及劳务的销售额和销项税额明细"和"二、简易征收办法征收增值税货物的销售额和应纳税额明细"部分中"防伪税控系统开具的增值税专用发票"、"开具普通发票"、"未开具发票"各栏数据均应包括销货退回或折让、视同销售货物、价外费用的销售额和销项税额,但不包括免税货物及劳务的销售额,出口执行免、抵、退办法的销售额以及税务、财政、审计部门检查并调整的销售额、销项税额或应纳税额。

(7) 本表"一、按适用税率征收增值税货物及劳务的销售额和销项税额明细"和"二、简易征收办法征收增值税货物的销售额和应纳税额明细"部分中"纳税检查调整"栏数据应填写纳税人本期因税务、财政、审计部门检查计算调整的应税货物、应税劳务的销售额、销项税额或应纳税额。

(8) 本表"三、免征增值税货物及劳务销售额明细"部分中"防伪税控系统开具的增值税专用发票"栏数据,填写本期因销售免税货物而使用防伪税控系统开具的增值税专用发票的份数、销售额和税额,包括国有粮食收储企业销售的免税粮食,政府储备食用植物油等。

3.《增值税纳税申报表附列资料(表二)》的编制说明

《增值税纳税申报表附列资料(表二)》(如表 11-3 所示)编表时有如下说明:

(1) 本表"税款所属时间"是指纳税人申报的增值税应纳税额的所属时间,应填写具体的起止年、月。

(2) 本表"填表日期"指纳税人填写本表的具体日期。

(3) 本表"纳税人名称"栏，应加盖纳税人单位公章。

(4) 本表第1～3、22～26、35栏均包含税控机具开具的机动车销售统一发票和税务机关代开的增值税专用发票数据。

(5) 本表"一、申报抵扣的进项税额"部分各栏数据，分别填写纳税人按税法规定符合抵扣条件，在本期申报抵扣的进项税额情况。

① 第1栏"(一)认证相符的防伪税控增值税专用发票"，填写本期申报抵扣的认证相符的防伪税控增值税专用发票、税控机具开具的机动车销售统一发票和税务机关代开的增值税专用发票数据，应等于第2栏"本期认证相符且本期申报抵扣"与第3栏"前期认证相符且本期申报抵扣"数据之和。

② 第2栏"本期认证相符且本期申报抵扣"，填写本期认证相符本期申报抵扣的防伪税控增值税专用发票、税控机具开具的机动车销售统一发票和税务机关代开的增值税专用发票数据，应与第35栏"本期认证相符的全部防伪税控增值税专用发票"减第24栏"本期已认证相符且本期未申报抵扣"后的数据相等。

③ 第3栏"前期认证相符且本期申报抵扣"，填写以前期认证相符本期申报抵扣的防伪税控增值税专用发票、税控机具开具的机动车销售统一发票和税务机关代开的增值税专用发票数据，辅导期纳税人填写由税务机关告知的稽核比对结果通知书及明细清单注明的稽核相符专用发票、机动车销售统一发票的份数、金额、税额。应与第23栏"期初已认证相符但未申报抵扣"加第24栏"本期已认证相符且本期未申报抵扣"减第25栏"期末已认证相符但未申报抵扣"后数据相等。

④ 第4栏"非防伪税控增值税专用发票及其他扣税凭证"，填写本期申报抵扣的非防伪税控增值税专用发票及其他扣税凭证情况，应等于第5栏至第10栏之和。其中，第7栏"废旧物资发票"自2009年5月1日起不再填写，第9栏"6%征收率及第10栏"4%征收率"不再填写。

⑤ 第5栏"海关进口增值税专用缴款书"填写本期申报抵扣的海关进口增值税专用缴款书的份数、金额、税额。辅导期纳税人应填写本月税务机关告知的稽核比对结果通知书及明细清单注明的稽核相符海关进口增值税专用缴款书的份数、金额、税额。

⑥ 第6栏"农产品收购发票或者销售发票"填写本期申报抵扣的农产品收购发票或者销售发票的份数、金额、税额。

⑦ 第8栏"运输费用结算单据"填写本期申报抵扣的运输费用结算单据的份数、金额、税额，辅导期纳税人应填写采用汇总申报抵扣的海洋运输、航空运输、管道运输、铁路运输发票及税务机关告知的稽核比对结果通知书及其明细清单注明的稽核相符的公路运输、内河运输、联运发票运输费用结算单据的份数、金额、税额。

⑧ 第11栏"外贸企业进项税额抵扣证明"，其"税额"栏填写税务机关出口退税部

门开具的《外贸企业出口视同内销征税货物进项税额抵扣证明》允许抵扣的进项税额。

⑨第12栏"当期申报抵扣进项税额合计"应等于第1栏、第4栏、第11栏之和。

(6) 本表"二、进项税额转出额"部分填写纳税人已经抵扣但按税法规定应作进项税额转出的明细情况,但不包括销售折扣、折让,销货退回等应负数冲减当期进项税额的情况。

第13栏"本期进项税转出额"应等于第14栏至第21栏之和。

第15栏"非应税项目用、集体福利、个人消费"填写用于非增值税应税项目、集体福利或者个人消费的购进货物或者应税劳务转出的进项税额。

第21栏"红字专用发票通知单注明的进项税额",填写纳税人按照税务机关开具的《开具红字增值税专用发票通知单》中"需要做进项税额转出"的税额。

(7) 本表"三、待抵扣进项税额"部分各栏数据,分别填写纳税人已经取得,但按税法规定不符合抵扣条件,暂不予在本期申报抵扣的进项税额情况及按照税法规定不允许抵扣的进项税额情况。

第30栏"废旧物资发票"自2009年5月1日起不再填写。第32栏"6%征收率"及第33栏"4%征收率"不再填写。

① 第23栏"期初已认证相符但未申报抵扣",填写以前期认证相符,但按照税法规定,暂不予抵扣,结存至本期的防伪税控增值税专用发票和税控机具开具的机动车销售统一发票数据;辅导期纳税人应填写认证相符但未收到稽核比对结果的防伪税控增值税专用发票(含税务机关代开的增值税专用发票)、机动车销售统一发票月初余额数。该项应与上期"期末已认证相符但未申报抵扣"栏数据相等。

② 第24栏"本期已认证相符且本期未申报抵扣",填写本期认证相符,但因按照税法规定暂不予抵扣及按照税法规定不允许抵扣,而未申报抵扣的防伪税控增值税专用发票和税控机具开具的机动车销售统一发票数据。包括外贸企业购进供出口的货物。辅导期纳税人填写本期已认证相符但未收到稽核比对结果的防伪税控增值税专用发票和税控机具开具的机动车销售统一发票数据。

③ 第25栏"期末已认证相符但未申报抵扣",填写截至本期期末,按照税法规定仍暂不予抵扣及按照税法规定不允许抵扣且已认证相符的防伪税控增值税专用发票和税控机具开具的机动车销售统一发票数据。辅导期纳税人应填写认证相符但未收到稽核比对结果的防伪税控增值税专用发票和税控机具开具的机动车销售统一发票月末余额数。

④ 第26栏"其中:按照税法规定不允许抵扣",填写期末已认证相符但未申报抵扣的防伪税控增值税专用发票和税控机具开具的机动车销售统一发票数据,按照税法规定不允许抵扣,而只能作为出口退税凭证或应列入成本、资产等项目的防伪税控增值税专用发票和税控机具开具的机动车销售统一发票。包括外贸出口企业用于出口而采购

货物的防伪税控增值税专用发票等。

⑤ 第28栏"海关进口增值税专用缴款书",填写按照税法规定暂不予抵扣及按照税法规定不允许抵扣的海关进口增值税专用缴款书。辅导期纳税人应填写未收到稽核比对结果的海关进口增值税专用缴款书月末余额数。

⑥ 第31栏"运输费用结算单据",填写按照税法规定暂不予抵扣及按照税法规定不允许抵扣的运输费用结算单据数据,辅导期纳税人应填写未收到稽核比对结果的运输费用结算单据数据。

(8)本表"四、其他"栏中"本期认证相符的全部防伪税控增值税专用发票"项指标,应与防伪税控认证子系统中的本期全部认证相符的防伪税控增值税专用发票(包含税控机具开具的机动车销售统一发票和税务机关代开的增值税专用发票)数据相同。"代扣代缴税额"项指标,填写纳税人根据《中华人民共和国增值税暂行条例》第十八条的规定扣缴的增值税额。

4.《固定资产进项税额抵扣情况表》的编制说明

《固定资产进项税额抵扣情况表》(如表11-4所示)的填表说明:符合固定资产抵扣条件的,分别按购进固定资产时取得的增值税专用发票、海关进口增值税专用缴款书注明的增值税税额填写。

[例1] 某服装企业为增值税一般纳税人,2×11年3月份发生下列业务:

(1)销售服装开具增值税专用发票20份,不含税销售收入为200万元,1至2月销售收入总计为300万元。

(2)经主管税务机关认证相符的增值税专用发票抵扣联为13份,进项税额为18万元,其中本月购进机器设备,取得增值税专用发票,进项税额为0.34万元,1至2月认证相符的进项税额为42万元(其中固定资产进项税额为1.7万元),假设取得的增值税发票税率都为17%。

(3)仓库因管理不善造成被盗窃,布料损失5万元。

要求:于2×11年4月6日财务人员根据相关数据,填列增值税申报表。(见表11-1、表11-2、表11-3、表11-4)

表 11-1 增值税纳税申报表

(适用于增值税一般纳税人)

根据《中华人民共和国增值税暂行条例》第二十二条和第二十三条的规定制定本表。纳税人不论有无销售额,均应按主管税务机关核定的纳税期限按期填报本表,并于次月 1 日起 15 日内,向当地税务机关申报。

税款所属时间:自 2×11 年 3 月 1 日至 2×11 年 3 月 31 日　　填表日期:2×11 年 4 月 6 日　　金额单位:元至角分

纳税人识别号				所属行业:	
纳税人名称	(公章)	法定代表人姓名		注册地址	
开户银行及帐号		企业登记注册类型		营业地址	
				电话号码	

	项　目	栏次	一般货物及劳务		即征即退货物及劳务	
			本月数	本年累计	本月数	本年累计
销售额	(一)按适用税率征货物及劳务销售额	1	2 000 000	5 000 000		
	其中:应税货物销售额	2	2 000 000	5 000 000		
	应税劳务销售额	3				
	纳税检查调整的销售额	4				
	(二)按简易征收办法征税货物销售额	5				
	其中:纳税检查调整的销售额	6				
	(三)免、抵、退办法出口货物销售额	7			—	—
	(四)免税货物及劳务销售额	8			—	—
	其中:免税货物销售额	9			—	—
	免税劳务销售额	10			—	—

续表

	项　目	栏次	一般货物及劳务		即征即退货物及劳务	
			本月数	本年累计	本月数	本年累计
税款计算	销项税额	11	340 000	850 000	—	—
	进项税额	12	180 000	600 000	—	—
	上期留抵税额	13		—		—
	进项税额转出	14	8 500	8 500		
	免抵退货物应退税额	15				
	按适用税率计算的纳税检查应补缴税额	16				
	应抵扣税额合计	17＝12＋13－14－15＋16	171 500	—		—
	实际抵扣税额	18（如17＜11,则为17,否则为11）				
	应纳税额	19＝11－18	168 500	258 500		
	期末留抵税额	20＝17－18		—		—
	简易征收办法计算的应纳税额	21				
	按简易征收办法计算的纳税检查应补缴税额	22				
	应纳税额减征额	23				
	应纳税额合计	24＝19＋21－23	168 500	258 500		
税款缴纳	期初未缴税额（多缴为负数）	25				
	实收出口具专用缴款书退税额	26				
	本期已缴税额	27＝28＋29＋30＋31		90 000		

第十一章 税务会计报表

续表

项目	栏次	一般货物及劳务 本月数	一般货物及劳务 本年累计	即征即退货物及劳务 本月数	即征即退货物及劳务 本年累计
税款缴纳 ①分次预缴税额	28			—	—
②出口开具专用缴款书预缴税额	29			—	—
③本期缴纳上期应纳税额	30			—	—
④本期缴纳欠缴税额	31			—	—
期末未缴税额（多缴为负数）	32＝24＋25＋26－27	168 500	168 500	—	—
其中：欠缴税额（≥0）	33＝25＋26－27			—	—
本期应补（退）税额	34＝24－28－29			—	—
即征即退实际退税额	35			—	—
期初未缴查补税额	36			—	—
本期入库查补税额	37			—	—
期末未缴查补税额	38＝16＋22＋36－37			—	—

申报人声明：此纳税申报表是根据《中华人民共和国增值税暂行条例》的规定填报的，我相信它是真实的、可靠的、完整的。

声明人签字：

授权声明：如果你已委托代理人申报，请填写下列资料：

为纳税人的代理人（地址）， 现授权为本代理一切税务事宜，代理人，任何与本申报表有关的往来文件，都可寄予此人。

授权人签字：

以下由税务机关填写：

收到日期： 接收人： 主管税务机关盖章：

表 11-2 增值税纳税申报表附列资料（表一）

（本期销售情况明细）

税款所属时间：2×11 年 3 月
填表日期：2×11 年 4 月 6 日

纳税人名称：（公章）　　　　　　　　　　　　　　　　　　　金额单位：元至角分

一、按适用税率征收增值税货物及劳务的销售额和销项税额明细

项目	栏次	应税货物 17%税率			应税货物 13%税率			应税劳务			小计		
		份数	销售额	销项税额	份数	销售额	销项税额	份数	销售额	销项税额	份数	销售额	销项税额
防伪税控系统开具的增值税专用发票	1	20	2 000 000	340 000							20	2 000 000	340 000
非防伪税控系统开具的增值税专用发票	2												
开具普通发票	3												
未开具发票	4												
小计	5＝1＋2＋3＋4												
纳税检查调整	6												
合计	7＝5＋6	20	2 000 000	340 000							20	2 000 000	340 000

二、简易征收办法征收增值税货物的销售额和应纳税额明细

项目	栏次	6%征收率			4%征收率			小计		
		份数	销售额	应纳税额	份数	销售额	应纳税额	份数	销售额	应纳税额
防伪税控系统开具的增值税专用发票	8									
非防伪税控系统开具的增值税专用发票	9									

续表

项目	栏次	6%征收率			4%征收率			小计		
		份数	销售额	应纳税额	份数	销售额	应纳税额	份数	销售额	应纳税额
开具普通发票	10									
未开具发票	11									
小计	12=8+9+10+11									
纳税检查调整	13									
合计	14=12+13									

三、免征增值税货物及劳务销售额明细

项目	栏次	免税货物			免税劳务			小计		
		份数	销售额	税额	份数	销售额	税额	份数	销售额	税额
防伪税控系统开具的增值税专用发票	15									
开具普通发票	16									
未开具发票	17									
合计	18=15+16+17									

表11-3　增值税纳税申报表附列资料(表二)

(本期进项税额明细)

税款所属时间：2×11年3月

纳税人名称：(公章)　　　　　填表日期：2×11年4月5日　　　　金额单位：元至角分

一、申报抵扣的进项税额				
项目	栏次	份数	金额	税额
(一)认证相符的防伪税控增值税专用发票	1	13	1 058 823.53	180 000.00
其中:本期认证相符且本期申报抵扣	2	13	1 058 823.53	180 000.00
前期认证相符且本期申报抵扣	3			
(二)非防伪税控增值税专用发票及其他扣税凭证	4			
其中:海关进口增值税专用缴款书	5			
农产品收购发票或者销售发票	6			
废旧物资发票	7			
运输费用结算单据	8			
6%征收率	9	——	——	——
4%征收率	10	——	——	——
(三)外贸企业进项税额抵扣证明	11	——		
当期申报抵扣进项税额合计	12			
二、进项税额转出额				
项目	栏次		税额	
本期进项税转出额	13		8 500.00	
其中:免税货物用	14			
非应税项目用、集体福利、个人消费	15			
非正常损失	16		8 500.00	
按简易征收办法征税货物用	17			
免抵退税办法出口货物不得抵扣进项税额	18			
纳税检查调减进项税额	19			
未经认证已抵扣的进项税额	20			
红字专用发票通知单注明的进项税额	21			

续表

三、待抵扣进项税额				
项目	栏次	份数	金额	税额
(一)认证相符的防伪税控增值税专用发票	22	——	——	——
期初已认证相符但未申报抵扣	23			
本期认证相符且本期未申报抵扣	24			
期末已认证相符但未申报抵扣	25			
其中:按照税法规定不允许抵扣	26			
(二)非防伪税控增值税专用发票及其他扣税凭证	27			
其中:海关进口增值税专用缴款书	28			
农产品收购发票或者销售发票	29			
废旧物资发票	30			
运输费用结算单据	31			
6%征收率	32	——	——	——
4%征收率	33	——	——	——
	34			

四、其他				
项目	栏次	份数	金额	税额
本期认证相符的全部防伪税控增值税专用发票	35	13	1 058 823.53	180 000.00
期初已征税款挂帐额	36	——	——	
期初已征税款余额	37	——	——	
代扣代缴税额	38	——	——	

注:第1栏=第2栏+第3栏=第23栏+第35栏-第25栏;第2栏=第35栏-第24栏;第3栏=第23栏+第24栏-第25栏;第4栏等于第5栏至第10栏之和;第12栏=第1栏+第4栏+第11栏;第13栏等于第14栏至第21栏之和;第27栏等于第28栏至第34栏之和。

表 11-4 固定资产进项税额抵扣情况表

纳税人识别号： 纳税人名称(公章)：

填表日期：2×11 年 4 月 6 日 金额单位：元 至角分

项目	当期申报抵扣的	当期申报抵扣的 固定资产进项税额累计
增值税专用发票	3 400	20 400
海关进口增值税专用缴款书		
合　　计	3 400	20 400

注：本表一式二份，一份纳税人留存，一份主管税务机关留存

（二）增值税小规模纳税人纳税申报表的编制

增值税小规模纳税人纳税申报，以及增值税一般纳税人销售使用过的固定资产、销售免税货物或提供免税劳务，都使用《增值税小规模纳税人纳税申报表》（如表 11-5 所示）。该表编制时有如下说明：

（1）本表"税款所属期"是指纳税人申报的增值税应纳税额的所属时间，应填写具体的起止年、月、日。

（2）"纳税人识别号"栏，填写税务机关为纳税人确定的识别号，即税务登记证号码。

（3）"纳税人名称"栏，填写纳税人单位名称全称，是纳税人依法工商注册登记的全称，不得填写简称。

（4）本表第 1 项"应征增值税货物及劳务不含税销售额"栏数据，填写应征增值税货物及劳务的不含税销售额，不包含销售使用过的固定资产应征增值税的不含税销售额、免税货物及劳务销售额、出口免税货物销售额、稽查查补销售额。

（5）本表第 2 项"税务机关代开的增值税专用发票不含税销售额"栏数据，填写税务机关代开的增值税专用发票的销售额合计。

本表为 A3 竖式一式三份，一份纳税人留存，一份主管税务机关留存，一份征收部门留存。

（6）本表第 3 栏"税控器具开具的普通发票不含税销售额"栏数据，填写税控器具开具的应征增值税货物及劳务的普通发票金额换算的不含税销售额。

（7）本表第 6 项"免税货物及劳务销售额"栏数据，填写销售免征增值税货物及劳务的销售额，包括销售使用过的、固定资产目录中所列的、售价未超过原值的固定资产的销售额。

（8）本表第 7 项"税控器具开具的普通发票销售额"栏数据，填写税控器具开具的销售免征增值税货物及劳务的普通发票金额。

(9) 本表第 8 项"出口免税货物销售额"栏数据,填写出口免税货物的销售额。

(10) 本表第 9 项"税控器具开具的普通发票销售额"栏数据,填写税控器具开具的出口免税货物的普通发票金额。

(11) 本表第 10 项"本期应纳税额"栏数据,填写本期按征收率计算缴纳的应纳税额。

(12) 本表第 11 项"本期应纳税额减征额"栏数据,填写数据是根据相关的增值税优惠政策计算的应纳税额减征额。

(13) 本表第 13 项"本期预缴税额"栏数据,填写纳税人本期预缴的增值税额,但不包括稽查补缴的增值税额。

[例 2] A 企业为增值税小规模纳税人,适用征收率 3%。2×11 年 6 月,该企业当月购入商品,共取得的增值税发票上注明价款 3 000 元,增值税 510 元。当月零售货物取得销售收入,自行开具普通发票 20 000 元;试计算该企业当月应纳增值税。假设 2×11 年 1—5 月营业收入为 130 000 元。

要求:于 2×11 年 7 月 10 日财务人员根据相关数据,填列增值税报表。(见表 11-5)

表 11-5　增值税纳税申报表

（适用小规模纳税人）

纳税人识别号:□□□□□□□□□□□□□□□
纳税人名称(公章):A 企业　　　　　　　　　　　金额单位:元(列至角分)
税款所属期:2×11 年 6 月 1 日至 2×11 年 6 月 30 日　　填表日期:2011 年 7 月 10 日

	项目	栏次	本期数	本年累计
一、计税依据	(一)应征增值税货物及劳务不含税销售额	1	19 417.48	145 631.07
	其中:税务机关代开的增值税专用发票不含税销售额	2		
	税控器具开具的普通发票不含税销售额	3	19 417.48	145 631.07
	(二)销售使用过的应税固定资产不含税销售额	4	——	——
	其中:税控器具开具的普通发票不含税销售额	5	——	——
	(三)免税货物及劳务销售额	6		
	其中:税控器具开具的普通发票销售额	7		
	(四)出口免税货物销售额	8		
	其中:税控器具开具的普通发票销售额	9		

续表

	项目	栏次	本期数	本年累计
二、税款计算	本期应纳税额	10	582.52	4 368.93
	本期应纳税额减征额	11		
	应纳税额合计	12=10-11	582.52	4 368.93
	本期预缴税额	13		3 786.41
	本期应补(退)税额	14=12-13	582.52	582.52

纳税人或代理人声明:此纳税申报表是根据国家税收法律的规定填报的,我确定它是真实的、可靠的、完整的。	如纳税人填报,由纳税人填写以下各栏:
	办税人员(签章); 　　　　　财务负责人(签章);
	法定代表人(签章); 　　　　　联系电话:
	如委托代理人填报,由代理人填写以下各栏:
	代理人名称: 　　经办人(签章); 　　联系电话:
	代理人(公章):

受理人: 　　受理日期: 　年　月　日　　　受理税务机关(签章):

本表为 A3 竖式一式三份,一份纳税人留存,一份主管税务机关留存,一份征收部门留存。

二、消费税纳税申报表的编制方法

消费税纳税申报表分为《烟类应税消费品消费税纳税申报表(生产)》及其附表、《烟类应税消费品消费税纳税申报表(批发)》、《酒及酒精消费税纳税申报表》及其附表、《成品油消费税纳税申报表》及其附表、《小汽车消费税纳税申报表》及其附表、《其他应税消费品消费税纳税申报表》及其附表等。

(一)《烟类应税消费品消费税纳税申报表(生产)》分为一主表、三附表

1. 主表(见表 11-6)填表说明

表 11-6　烟类应税消费品消费税纳税申报表

税款所属期:2×11 年 12 月 1 日至 2×11 年 12 月 31 日

纳税人名称(公章):　　　纳税人识别号:□□□□□□□□□□□□□□□

填表日期:2×11 年 1 月 5 日　　单位:卷烟万支;雪茄烟支;烟丝千克;金额单位:元(列至角分)

项目 应税消费品名称	适用税率		销售数量	销售额	应纳税额
	定额税率	比例税率			
卷烟	30 元/万支	56%	12	52 000	29 480
卷烟	30 元/万支	36%	24	72 000	26 640
雪茄烟	——	36%			
烟丝	——	30%			
合计	——	——	——	——	56 120.00

续表

本期准予扣除税额：	声明 　　此纳税申报表是根据国家税收法律的规定填报的,我确定它是真实的、可靠的、完整的。 　　　　经办人(签章)： 　　　　财务负责人(签章)： 　　　　联系电话：
本期减(免)税额：	
期初未缴税额：	
本期缴纳前期应纳税额：	(如果你已委托代理人申报,请填写) 　　　　授权声明 　　为代理一切税务事宜,现授权 _____ (地址)为本纳税人的代理申报人,任何与本申报表有关的往来文件,都可寄予此人。 　　　　授权人签章：
本期预缴税额：	
本期应补(退)税额：56 120.00	
期末未缴税额：	

以下由税务机关填写

受理人(签章)：　　　　受理日期：　年　月　日　　　　受理税务机关(章)：

(1) 本表仅限烟类消费税纳税人使用。

(2) 本表"销售数量"为《中华人民共和国消费税暂行条例》、《中华人民共和国消费税暂行条例实施细则》及其他法规、规章规定的当期应申报缴纳消费税的烟类应税消费品销售(不含出口免税)数量。

(3) 本表"销售额"为《中华人民共和国消费税暂行条例》、《中华人民共和国消费税暂行条例实施细则》及其他法规、规章规定的当期应申报缴纳消费税的烟类应税消费品销售(不含出口免税)收入。

(4) 根据《中华人民共和国消费税暂行条例》和《财政部国家税务总局关于调整烟类产品消费税政策的通知》(财税〔2001〕91号)的规定,本表"应纳税额"计算公式如下：

① 卷烟。

应纳税额＝销售数量×定额税率＋销售额×比例税率

② 雪茄烟、烟丝。

应纳税额＝销售额×比例税率

(5) 本表"本期准予扣除税额"按本表附件一的本期准予扣除税款合计金额填写。

(6) 本表"本期减(免)税额"不含出口退(免)税额。

(7) 本表"期初未缴税额"填写本期期初累计应缴未缴的消费税额,多缴为负数。

其数值等于上期"期末未缴税额"。

(8) 本表"本期缴纳前期应纳税额"填写本期实际缴纳入库的前期消费税额。

(9) 本表"本期预缴税额"填写纳税申报前已预先缴纳入库的本期消费税额。

(10) 本表"本期应补(退)税额"计算公式如下,多缴为负数:

本期应补(退)税额＝应纳税额(合计栏金额)－本期准予扣除税额－本期减(免)税额－本期预缴税额

(11) 本表"期末未缴税额"计算公式如下,多缴为负数:

期末未缴税额＝期初未缴税额＋本期应补(退)税额－本期缴纳前期应纳税额

(12) 本表为 A4 竖式,所有数字小数点后保留两位。一式二份,一份纳税人留存,一份税务机关留存。

2. 附表1《本期准予扣除税额计算表》(表 11-7)

表 11-7　本期准予扣除税额计算表

税款所属期：　年　月　日至　年　月　日

纳税人名称(公章)：　　　　　纳税人识别号：

填表日期：　年　月　日　　　　　　　　　金额单位:元(列至角分)

一、当期准予扣除的委托加工烟丝已纳税款计算
1. 期初库存委托加工烟丝已纳税款:
2. 当期收回委托加工烟丝已纳税款:
3. 期末库存委托加工烟丝已纳税款:
4. 当期准予扣除的委托加工烟丝已纳税款:
二、当期准予扣除的外购烟丝已纳税款计算
1. 期初库存外购烟丝买价:
2. 当期购进烟丝买价:
3. 期末库存外购烟丝买价:
4. 当期准予扣除的外购烟丝已纳税款:
三、本期准予扣除税款合计

填表说明:

(1) 本表作为《烟类应税消费品消费税纳税申报表》的附报资料,由外购或委托加工收回烟丝后连续生产卷烟的纳税人填报。

(2) 根据《国家税务总局关于用外购和委托加工收回的应税消费品连续生产应税消费品征收消费税问题的通知》(国税发〔1995〕94 号)的规定,本表"当期准予扣除的委托加工烟丝已纳税款"计算公式如下:

当期准予扣除的委托加工烟丝已纳税款＝期初库存委托加工烟丝已纳税款＋当期收回委托加工烟丝已纳税款－期末库存委托加工烟丝已纳税款

(3) 根据《国家税务总局关于用外购和委托加工收回的应税消费品连续生产应税消费品征收消费税问题的通知》(国税发〔1995〕94号)的规定,本表"当期准予扣除的外购烟丝已纳税款"计算公式如下：

当期准予扣除的外购烟丝已纳税款＝(期初库存外购烟丝买价＋当期购进烟丝买价－期末库存外购烟丝买价)×外购烟丝适用税率(30%)

(4) 本表"本期准予扣除税款合计"为本期外购及委托加工收回烟丝后连续生产卷烟准予扣除烟丝已纳税款的合计数,应与《烟类应税消费品消费税纳税申报表》中对应项目一致。

(5) 本表为A4竖式,所有数字小数点后保留两位。一式二份,一份纳税人留存,一份税务机关留存。

3. 附表2《本期代收代缴税额计算表》(表11-8)

表11-8　本期代收代缴税额计算表

税款所属期：　　　年　　月　　日至　　　年　　月　　日
纳税人名称(公章)：　　　　纳税人识别号：☐☐☐☐☐☐☐☐☐☐☐☐☐☐☐
填表日期：　　年　　月　　日　　　　　　　　　金额单位：元(列至角分)

项目\应税消费品名称		卷烟	卷烟	雪茄烟	烟丝	合计
适用税率	定额税率	30元/万支	30元/万支	——	——	——
	比例税率	56%	36%	36%	30%	——
受托加工数量						——
同类产品销售价格						——
材料成本						——
加工费						——
组成计税价格						——
本期代收代缴税款						

填表说明：

(1) 本表作为《烟类应税消费品消费税纳税申报表》的附报资料,由烟类应税消费品受托加工方填报。

(2) 本表"受托加工数量"的计量单位:卷烟为万支,雪茄烟为支,烟丝为千克。

(3) 本表"同类产品销售价格"为受托方同类产品销售价格。

(4) 根据《中华人民共和国消费税暂行条例》的规定,本表"组成计税价格"的计算公式如下:

组成计税价格＝(材料成本＋加工费)÷(1－消费税税率)

(5) 根据《中华人民共和国消费税暂行条例》的规定,本表"本期代收代缴税款"的计算公式如下:

① 当受托方有同类产品销售价格时:

本期代收代缴税款＝同类产品销售价格×受托加工数量×适用税率＋受托加工数量×适用税率

② 当受托方没有同类产品销售价格时:

本期代收代缴税款＝组成计税价格×适用税率＋受托加工数量×适用税率

(6) 本表为 A4 竖式,所有数字小数点后保留两位。一式二份,一份纳税人留存,一份税务机关留存。

4. 附表 3《卷烟销售明细表》(表 11-9)

表 11-9 卷烟销售明细表

所属期: 年 月 日 至 年 月 日

纳税人名称(公章): 纳税人识别号:

填表日期: 年 月 日

单位:万支、元、元/条(200 支)

卷烟牌号	烟支包装规格	产量	销量	消费税计税价格	销售额	备注
合计	—			—	—	—

填表说明：

(1) 本表为年报,作为《烟类应税消费品消费税纳税申报表》的附报资料,由卷烟消费税纳税人于年度终了后填写,次年1月份办理消费税纳税申报时报送。同时报送本表的 EXCEL 格式电子文件。

(2) 本表"消费税计税价格"为计算缴纳消费税的卷烟价格。已核定消费税计税价格的卷烟,实际销售价格高于核定消费税计税价格的,填写实际销售价格；实际销售价格低于核定消费税计税价格的,填写核定消费税计税价格；同时,在备注栏中填写核定消费税计税价格的文号。未核定消费税计税价格的,以及出口、委托加工收回后直接销售的卷烟,填写实际销售价格。在同一所属期内该栏数值发生变化的,应分行填写,并在备注栏中标注变动日期。

(3) 已核定消费税计税价格但已停产卷烟、新牌号新规格卷烟、交易价格变动牌号卷烟、出口卷烟、委托加工收回后直接销售卷烟分别在备注栏中注明"停产"、"新牌号"、"价格变动"、"出口"、"委托加工收回后直接销售"字样。新牌号新规格卷烟需同时在备注栏中注明投放市场的月份。委托加工收回后直接销售卷烟需同时注明受托加工方企业名称。

(4) 本表"销售额"按照以下公式计算填写：

销售额＝销量×消费税计税价格

(5) 本表为 A4 横式,所有数字小数点后保留两位。一式二份,一份纳税人留存,一份税务机关留存。

[例3] 某烟草生产企业是增值税一般纳税人,2×11 年 12 月销售 A 卷烟 600 标准条,取得含税销售额 60 840 元；销售 B 卷烟 1 200 标准条,取得增值税专用发票上注明的销售额 72 000 元。每条卷烟适用的定额税为 0.6 元。

要求：计算当月该烟草生产企业应缴纳的消费税,并填列相关申报表。

解析：

A 卷烟每标准条单价＝60 840÷(1＋17％)÷600＝86.67＞70,适用 56％的税率。

B 卷烟每标准条单价＝72 000÷1 200＝60＜70,适用 36％的税率。

应缴纳的消费税＝60 840÷(1＋17％)×56％＋72 000×36％＋(600＋1 200)×0.6＝56 120(元)。

当期填列的申报表参见表 11-6 和 11-8。

(二)《烟类应税消费品消费税纳税申报表(批发)》(表 11-10)

表 11-10　烟类应税消费品消费税纳税申报表(批发)

税款所属期：　　年　月　日至　　年　月　日

纳税人名称(公章)：　　　　纳税人识别号：□□□□□□□□□□□□□□□

填表日期：　年　月　日　　　　　　　单位：卷烟万支，金额单位：元(列至角分)

应税消费品名称＼项目	适用税率	销售数量	销售额	应纳税额
卷烟	5%			
合计	5%			

期初未缴税额：	声明 　此纳税申报表是根据国家税收法律的规定填报的，我确定它是真实的、可靠的、完整的。 　经办人(签章)： 　财务负责人(签章)： 　联系电话：
本期缴纳前期应纳税额：	
本期预缴税额：	(如果你已委托代理人申报，请填写) 授权声明 　为代理一切税务事宜，现授权 　_____(地址) 　_____为本纳税人的代理申报人，任何与本申报表有关的往来文件，都可寄予此人。
本期应补(退)税额：	
期末未缴税额：	授权人签章：

以下由税务机关填写

受理人(签章)：　　　受理日期：　年　月　日　　　受理税务机关(章)：

填表说明：

(1) 本表仅限批发卷烟的消费税纳税人使用。

(2) 本表"销售数量"为《中华人民共和国消费税暂行条例》、《中华人民共和国消费税暂行条例实施细则》及其他法规、规章规定的当期应申报缴纳消费税的卷烟批发销售数量。

(3) 本表"销售额"为《中华人民共和国消费税暂行条例》、《中华人民共和国消费税暂行条例实施细则》及其他法规、规章规定的当期应申报缴纳消费税的卷烟批发销售收入。

(4) 根据《中华人民共和国消费税暂行条例》、《中华人民共和国消费税暂行条例实施细则》及其他法规、规章规定,本表"应纳税额"计算公式如下:

应纳税额＝销售额×适用税率

(5) 本表"期初未缴税额"填写本期期初累计应缴未缴的消费税额,多缴为负数。其数值等于上期"期末未缴税额"。

(6) 本表"本期缴纳前期应纳税额"填写本期实际缴纳入库的前期消费税额。

(7) 本表"本期预缴税额"填写纳税申报前已预先缴纳入库的本期消费税额。

(8) 本表"本期应补(退)税额"计算公式如下,多缴为负数:

本期应补(退)税额＝应纳税额(合计栏金额)－本期预缴税额

(9) 本表"期末未缴税额"计算公式如下,多缴为负数:

期末未缴税额＝期初未缴税额＋本期应补(退)税额－本期缴纳前期应纳税额

(10) 本表为 A4 竖式,所有数字小数点后保留两位。一式二份,一份纳税人留存,一份税务机关留存。

(三)《酒及酒精消费税纳税申报表》分为一主表、三附表

1. 主表(表 11-11)填表说明

表 11-11 酒及酒精消费税纳税申报表

税款所属期:2×11 年 3 月 1 日 至 2×11 年 3 月 31 日

纳税人名称(公章): 　　纳税人识别号:

填表日期:2×11 年 4 月 5 日　　　　　　　　　　　　　　金额单位:元(列至角分)

项目 应税消费品名称	适用税率		销售数量	销售额	应纳税额
	定额税率	比例税率			
粮食白酒	0.5元/斤	20%	4 000	500 000.00	102 000.00
薯类白酒	0.5元/斤	20%			
啤酒	250元/吨	——	20		5 000.00
啤酒	220元/吨	——	10		2 200.00
黄酒	240元/吨				
其他酒		10%			
酒精	——	5%			
合计	——		——		109 200.00

续表

本期准予抵减税额：	声明
本期减(免)税额：	此纳税申报表是根据国家税收法律的规定填报的,我确定它是真实的、可靠的、完整的。
期初未缴税额：	经办人(签章)： 财务负责人(签章)： 联系电话：
本期缴纳前期应纳税额：	(如果你已委托代理人申报,请填写)
本期预缴税额：	授权声明 为代理一切税务事宜,现授权 _____ (地址) _____
本期应补(退)税额：109 200.00	为本纳税人的代理申报人,任何与本申报表有关的往来文件,都可寄予此人。
期末未缴税额：	授权人签章：

以下由税务机关填写

受理人(签章)： 　　　受理日期： 年 月 日 　　　受理税务机关(章)

(1) 本表仅限酒及酒精消费税纳税人使用。

(2) 本表"销售数量"为《中华人民共和国消费税暂行条例》、《中华人民共和国消费税暂行条例实施细则》及其他法规、规章规定的当期应申报缴纳消费税的酒及酒精销售(不含出口免税)数量。计量单位：粮食白酒和薯类白酒为斤(如果实际销售商品按照体积标注计量单位,应按 500 毫升为 1 斤换算),啤酒、黄酒、其他酒和酒精为吨。

(3) 本表"销售额"为《中华人民共和国消费税暂行条例》、《中华人民共和国消费税暂行条例实施细则》及其他法规、规章规定的当期应申报缴纳消费税的酒及酒精销售(不含出口免税)收入。

(4) 根据《中华人民共和国消费税暂行条例》和《财政部 国家税务总局关于调整酒类产品消费税政策的通知》(财税〔2001〕84 号)的规定,本表"应纳税额"计算公式如下：

① 粮食白酒、薯类白酒。

应纳税额＝销售数量×定额税率＋销售额×比例税率

② 啤酒、黄酒。

应纳税额＝销售数量×定额税率

③ 其他酒、酒精。

应纳税额＝销售额×比例税率

(5) 本表"本期准予抵减税额"按本表附件一的本期准予抵减税款合计金额填写。

(6) 本表"本期减(免)税额"不含出口退(免)税额。

(7) 本表"期初未缴税额"填写本期期初累计应缴未缴的消费税额,多缴为负数。其数值等于上期"期末未缴税额"。

(8) 本表"本期缴纳前期应纳税额"填写本期实际缴纳入库的前期消费税额。

(9) 本表"本期预缴税额"填写纳税申报前已预先缴纳入库的本期消费税额。

(10) 本表"本期应补(退)税额"计算公式如下,多缴为负数:

本期应补(退)税额＝应纳税额(合计栏金额)－本期准予抵减税额－本期减(免)税额－本期预缴税额

(11) 本表"期末未缴税额"计算公式如下,多缴为负数:

期末未缴税额＝期初未缴税额＋本期应补(退)税额－本期缴纳前期应纳税额

(12) 本表为 A4 竖式,所有数字小数点后保留两位。一式二份,一份纳税人留存,一份税务机关留存。

2. 附表1《本期准予抵减税额计算表》(表 11-12)

填表说明:

(1) 本表作为《酒及酒精消费税纳税申报表》的附报资料,由以外购啤酒液为原料连续生产啤酒的纳税人或以进口葡萄酒为原料连续生产葡萄酒的纳税人填报。

(2) 根据《国家税务总局关于用外购和委托加工收回的应税消费品连续生产应税消费品征收消费税问题的通知》(国税发〔1995〕94号)和《国家税务总局关于啤酒集团内部企业间销售(调拨)啤酒液征收消费税问题的批复》(国税函〔2003〕382号)的规定,本表"当期准予抵减的外购啤酒液已纳税款"计算公式如下:

当期准予抵减的外购啤酒液已纳税款＝(期初库存外购啤酒液数量＋当期购进啤酒液数量－期末库存外购啤酒液数量)×外购啤酒液适用定额税率

其中,外购啤酒液适用定额税率由购入方取得的销售方销售啤酒液所开具的增值税专用发票上记载的单价确定。适用定额税率不同的,应分别核算外购啤酒液数量和当期准予抵减的外购啤酒液已纳税款,并在表中填写合计数。

(3) 根据《国家税务总局关于印发〈葡萄酒消费税管理办法(试行)〉的通知》(国税发〔2006〕66号)的规定,本表"当期准予抵减的进口葡萄酒已纳税款"为纳税人进口葡萄酒取得的《海关进口消费税专用缴款书》注明的消费税款。

(4) 本表"本期准予抵减税款合计"应与《酒及酒精消费税纳税申报表》中对应项目一致。

(5) 以外购啤酒液为原料连续生产啤酒的纳税人应在"附:准予抵减消费税凭证明细"栏据实填写购入啤酒液取得的增值税专用发票上载明的"号码"、"开票日期"、"数量"、"单价"等项目内容。

表 11-12　本期准予抵减税额计算表

税款所属期：　　　年　月　日至　　　年　月　日

纳税人名称(公章)：　　　纳税人识别号：□□□□□□□□□□□□□□□

填表日期：　年　月　日　　　　　　　　　　　　　单位：吨、元(列至角分)

一、当期准予抵减的外购啤酒液已纳税款计算
1. 期初库存外购啤酒液数量：
2. 当期购进啤酒液数量：
3. 期末库存外购啤酒液数量：
4. 当期准予抵减的外购啤酒液已纳税款：
二、当期准予抵减的进口葡萄酒已纳税款
三、本期准予抵减税款合计

附：准予抵减消费税凭证明细

	号码	开票日期	数量	单价	定额税率(元/吨)
啤酒(增值税专用发票)					
	合计	——		——	
	号码	开票日期	数量	完税价格	税款金额
葡萄酒(海关进口消费税专用缴款书)					
	合计	——			

（6）以进口葡萄酒为原料连续生产葡萄酒的纳税人应在"附：准予抵减消费税凭证明细"栏据实填写进口消费税专用缴款书上载明的"号码"、"开票日期"、"数量"、"完税价格"、"税款金额"等项目内容。

（7）本表为A4竖式，所有数字小数点后保留两位。一式二份，一份纳税人留存，一份税务机关留存。

3. 附表2《本期代收代缴税额计算表》(表11-13)

表11-13　本期代收代缴税额计算表

2×11年3月1日至2×11年3月31日

纳税人名称(公章)：　　　　纳税人识别号：□□□□□□□□□□□□□□□

填表日期：2×11年4月5日　　　　　　　　　　　　金额单位：元(列至角分)

项目 应税消费品名称		粮食白酒	薯类白酒	啤酒	啤酒	黄酒	其他酒	酒精	合计
适用税率	定额税率	0.5元/斤	0.5元/斤	250元/吨	220元/吨	240元/吨			
	比例税率	20%	20%	——	——	——	10%	5%	
受托加工数量									——
同类产品销售价格									
材料成本									
加工费									
组成计税价格									
本期代收代缴税款									

填表说明：

(1) 本表作为《酒及酒精消费税纳税申报表》的附报资料，由酒及酒精受托加工方填报。

(2) 本表"受托加工数量"的计量单位是：粮食白酒和薯类白酒为斤(如果实际销售商品按照体积标注计量单位，应按500毫升为1斤换算)，啤酒、黄酒、其他酒和酒精为吨。

(3) 本表"同类产品销售价格"为受托方同类产品销售价格。

(4) 根据《中华人民共和国消费税暂行条例》的规定，本表"组成计税价格"的计算公式如下：

组成计税价格＝(材料成本＋加工费)÷(1－消费税税率)

(5) 根据《中华人民共和国消费税暂行条例》的规定，本表"本期代收代缴税款"的计算公式如下：

① 当受托方有同类产品销售价格时：

本期代收代缴税款＝同类产品销售价格×受托加工数量×适用税率＋受托加工数量×适用税率

② 当受托方没有同类产品销售价格时：

本期代收代缴税款＝组成计税价格×适用税率＋受托加工数量×适用税率

（6）本表为A4竖式，所有数字小数点后保留两位。一式二份，一份纳税人留存，一份税务机关留存。

4. 附表3《生产经营情况表》（表11-14）

表11-14 生产经营情况表

税款所属期： 年 月 日 至 年 月 日

纳税人名称（公章）： 纳税人识别号：

填表日期： 年 月 日 金额单位：元（列至角分）

项目 \ 应税消费品名称	粮食白酒	薯类白酒	啤酒（适用税率250元/吨）	啤酒（适用税率220元/吨）	黄酒	其他酒	酒精
生产数量							
销售数量							
委托加工收回酒及酒精直接销售数量							
委托加工收回酒及酒精直接销售额							
出口免税销售数量							
出口免税销售额							

填表说明：

（1）本表为年报，作为《酒及酒精消费税纳税申报表》的附报资料，由酒及酒精消费税纳税人于年度终了后填写，次年1月份办理消费税纳税申报时报送。

（2）本表"生产数量"，填写本期生产的产成品数量。

（3）本表"销售数量"填写要求同《酒及酒精消费税纳税申报表》。

（4）本表"出口免税销售数量"和"出口免税销售额"为享受出口免税政策的应税消费品销售数量和销售额。

（5）本表计量单位：粮食白酒和薯类白酒为斤（如果实际销售商品按照体积标注计量单位，应按500毫升为1斤换算），啤酒、黄酒、其他酒和酒精为吨。

（6）本表为A4竖式，所有数字小数点后保留两位。一式二份，一份纳税人留存，一份税务机关留存。

[例4] 某酒厂 2×11 年 3 月销售 A 类啤酒 20 吨,开具增值税专用发票,不含税销售收入为 60 000 元,收取包装物押金 5 000 元;销售 B 类啤酒 10 吨,开具普通发票,取得收入 33 000 元,收取包装物押金 1 000 元。销售粮食白酒 2 000 公斤,取得不含税价款 50 万元。

要求:计算该啤酒厂应缴纳的消费税,并填写相应报表栏目。

解析:A 类啤酒出厂价格(含包装物和包装物押金)= 60 000÷20+5 000÷(1+17%)÷20=3 213.68(元)>3 000(元),适用 250 元/吨的消费税定额税率;

B 类啤酒出厂价格(含包装物和包装物押金)=(33 000+1 000)÷(1+17%)÷10=2 905.98(元)<3 000(元),适用 220 元/吨的定额税率。

白酒应纳的消费税=500 000×20%+2 000×2×0.5=102 000(元)。

该酒厂应缴纳的消费税=20×250+10×220+102 000=109 200(元)。

企业当期申报表参见表 11-11 和 11-13。

(四)《成品油消费税纳税申报表》分为一主表、五附表

1. 主表(表 11-15)填表说明

表 11-15 成品油消费税纳税申报表

税款所属期: 　　年　月　日至　　年　月　日

纳税人名称(公章): 　　纳税人识别号:□□□□□□□□□□□□□□□

填表日期: 　年　月　日　　计量单位:升;　　金额单位:元(列至角分)

项目 应税消费品名称	适用税率(元/升)	销售数量	应纳税额
含铅汽油	1.4		
无铅汽油	1		
柴油	0.8		
石脑油	1		
溶剂油	1		
润滑油	1		
燃料油	0.8		
航空煤油	0.8		
合计	——		

续表

本期减(免)税额			声明
期初留抵税额			此纳税申报表是根据国家税收法律的规定填报的,我确定它是真实的、可靠的、完整的。 声明人签字：
本期准予扣除税额			
本期应抵扣税额			
期初未缴税额			
期末留抵税额			
本期实际抵扣税额			
本期缴纳前期应纳税额			(如果你已委托代理人申报,请填写) 授权声明 为代理一切税务事宜,现授权_____ _____（地址）_____ _____为本纳税人的代理申报人,任何与本申报表有关的往来文件,都可寄予此人。 授权人签字：
本期预缴税额			
本期应补(退)税额			
期末未缴税额			

以下由税务机关填写

受理人(签字)：　　　　　　受理日期：　年　月　日　　　　　受理税务机关(公章)：

(1) 本表仅限成品油消费品纳税人使用。

(2) 本表"销售数量"为当期应当申报缴纳消费税的成品油应税消费品销售数量。生产企业用自产汽油生产的乙醇汽油,销售数量为当期销售的乙醇汽油所耗用的汽油数量。

(3) 本表"应纳税额"计算公式如下：应纳税额＝销售数量×适用税率

(4) 本表"本期准予扣除税额"按本表附件一的本期准予扣除税款合计金额填写。

(5) 本表"本期减(免)税额"按本表附2的本期减(免)税额合计金额填写。不含暂缓征收的项目。

根据财税[2006]33号文件中"航空煤油暂缓征收消费税"的规定,航空煤油暂不申报消费税。

(6) 本表"期初未缴税额"填写本期期初应缴未缴的消费税额,多缴为负数。其数值等于上期"期末未缴税额"。

(7) 本表"本期缴纳前期应纳税额"填写本期实际入库的前期消费税税额。

(8) 本表"本期预缴税额"填写纳税申报前已预先缴纳入库的本期消费税额。

(9) 本表"本期应补(退)税额"计算公式如下,多缴为负数：

本期应补(退)税额＝应纳税额(合计栏金额)－本期减(免)税额－本期实际抵扣税额－本期预缴税额

(10) 本表"期末未缴税额"计算公式如下,多缴为负数:

期末未缴税额＝期初未缴税额＋本期应补(退)税额－本期缴纳前期应纳税额

(11) 本表为 A4 竖式,所有数字小数点后保留两位。一式二份,一份纳税人留存,一份税务机关留存。

2. 附表 1《本期准予扣除税额计算表》(表 11-16)

表 11-16 本期准予扣除税额计算表

税款所属期：　　年　月　日至　　年　月　日

纳税人名称(公章)：　　纳税人识别号：☐☐☐☐☐☐☐☐☐☐☐☐☐☐☐

填表日期：　年　月　日　计量单位:升;　　金额单位:元(列至角分)

应税消费品名称＼项目	含铅汽油	无铅汽油	柴油	石脑油	润滑油	燃料油
一、当期准予扣除的委托加工收回应税消费品已纳税款计算	——	——	——	——	——	——
1. 期初库存委托加工应税消费品已纳税款						
2. 当期收回委托加工应税消费品已纳税款						
3. 期末库存委托加工应税消费品已纳税款						
4. 当期准予扣除的委托加工应税消费品已纳税款						
二、当期准予扣除的外购应税消费品已纳税款计算						
1. 期初库存外购应税消费品数量						
2. 当期购进应税消费品数量						
3. 期末库存外购应税消费品数量						
4. 当期准予扣除的外购应税消费品数量						
5. 当期准予扣除的外购应税消费品税款						
三、当期准予扣除的进口应税消费品已纳税款计算	——	——	——	——	——	——
1. 期初库存进口应税消费品已纳税款						
2. 当期进口应税消费品已纳税款						
3. 期末库存进口应税消费品已纳税款						
4. 当期准予扣除的进口应税消费品已纳税款						
四、本期准予扣除税款合计						

填表说明：

(1) 本表作为《成品油消费税纳税申报表》的附报资料，由外购、进口或委托加工收回含铅汽油、无铅汽油、柴油、石脑油、润滑油、燃料油后连续生产应税成品油的纳税人填写。

(2) 本表"当期准予扣除的委托加工应税消费品已纳税款"计算公式如下：

当期准予扣除的委托加工含铅汽油、无铅汽油、柴油、石脑油、润滑油、燃料油已纳税款＝期初库存委托加工汽油、柴油、石脑油、润滑油、燃料油已纳税款＋当期委托加工收回汽油、柴油、石脑油、润滑油、燃料油已纳税款－期末库存委托加工汽油、柴油、石脑油、润滑油、燃料油已纳税款

(3) 本表"当期准予扣除的外购应税消费品已纳税款"计算公式如下：

当期准予扣除的含铅汽油、无铅汽油、柴油、石脑油、润滑油、燃料油已纳税款＝当期准予扣除外购汽油、柴油、石脑油、润滑油、燃料油数量×外购汽油、柴油、石脑油、润滑油、燃料油适用税率

当期准予扣除外购含铅汽油、无铅汽油、柴油、石脑油、润滑油、燃料油数量＝期初库存外购汽油、柴油、石脑油、润滑油、燃料油数量＋当期购进汽油、柴油、石脑油、润滑油、燃料油数量－期末库存外购汽油、柴油、石脑油、润滑、燃料油油数量

(4) 本表"当期准予扣除的进口应税消费品已纳税款"计算公式如下：

当期准予扣除的含铅汽油、无铅汽油、柴油、石脑油、润滑油、燃料油已纳税款＝期初库存进口汽油、柴油、石脑油、润滑油、燃料油已纳税款＋当期进口汽油、柴油、石脑油、润滑油、燃料油已纳税款－期末库存进口汽油、柴油、石脑油、润滑油、燃料油已纳税款

(5) 本表"本期准予扣除税款合计"为本期外购、进口或委托加工收回含铅汽油、无铅汽油、柴油、石脑油、润滑油、燃料油数量后连续生产应税消费品准予扣除含铅汽油、无铅汽油、柴油、石脑油、润滑油、燃料油已纳税款的合计数，即本表项目一＋项目二＋项目三，应与《成品油消费税纳税申报表》中对应项目一致。

(6) 本表为 A4 竖式，所有数字小数点后保留两位。一式二份，一份纳税人留存，一份税务机关留存。

3. 附表2《本期减(免)税额计算表》(表11-17)

表11-17 本期减(免)税额计算表

税款所属期: 　年　月　日至　年　月　日

纳税人名称(公章): 　　　纳税人识别号: □□□□□□□□□□□□□□□

填表日期: 　年　月　日　计量单位:升;　　　金额单位:元(列至角分)

项目 \ 应税消费品名称				合计
适用税率(元/升)				——
本期减(免)数量				——
本期减(免)税额				

填表说明:

(1) 本表作为《成品油消费税纳税申报表》的附报资料,由按照税法规定减免应税消费品消费税的纳税人填写。不含暂缓征收的项目。

(2) 本表"本期减(免)税额"计算公式如下:

本期减(免)税额=本期减(免)数量×适用税率

(3) 本表为A4竖式,所有数字小数点后保留两位。一式二份,一份纳税人留存,一份税务机关留存。

4. 附表3《成品油销售明细表》(表11-18)

表11-18 成品油销售明细表

所属期: 　年　月　日至　年　月　日

纳税人名称(公章): 　　　纳税人识别号: □□□□□□□□□□□□□□□

填表日期: 　年　月　日　数量单位:升　　　金额单位:元(列至角分)

成品油名称	发票代码	发票号码	开票日期	销量	销售额	购货方纳税人名称	购货方纳税人识别号	备注
合计	——					——		

填表说明：

(1) 本表为月报，作为《成品油消费税纳税申报表》的附报资料，由成品油类消费税纳税人在办理申报时提供，填写所属期内在国内销售的所有油品的发票明细。

(2) 本表"成品油名称"为销售货物发票上方注明的油品名称，同一油品集中填写，并有小计。

(3) 本表为 A4 横式，所有数字小数点后保留两位。一式二份，一份纳税人留存，一份税务机关留存。

5. 附表4《消费税扣税凭证明细表》(表 11-19)

表 11-19 消费税扣税凭证明细表

税款所属期：　　年　月　日至　　年　月　日

纳税人名称(公章)：　　　　纳税人识别号：☐☐☐☐☐☐☐☐☐☐☐☐☐☐☐

填表日期：　年　月　日　计量单位：升　　　　金额单位：元(列至角分)

应税消费品名称	凭证类别	凭证号码	开票日期	数量/升	金额	适用税率	消费税税额
合计	——						

填表说明：

(1) 本表作为《成品油消费税纳税申报表》的附报资料，由外购或委托加工收回应税消费品后连续生产应税消费品的纳税人填报。

(2) 本表"应税消费品名称"填写含铅汽油、无铅汽油、柴油、石脑油、润滑油、燃料油。

(3) 本表"凭证类别"填写允许扣除凭证名称，如增值税专用发票、海关进口消费税专用缴款书、代扣代收税款凭证。

(4)本表"凭证号码"填写允许扣除凭证的号码。

(5)本表"开票日期"填写允许扣除凭证的开票日期。

(6)本表"数量"填写允许扣除凭证载明的应税消费品数量。

(7)本表"金额"填写允许扣除凭证载明的应税消费品金额。

(8)本表"适用税率"填写应税消费品的适用税率。

(9)本表"消费税税额"填写凭该允许扣除凭证申报抵扣的消费税税额。

(10)本表为A4竖式。所有数字小数点后保留两位。一式二份,一份纳税人留存,一份税务机关留存。

6.附表5《代收代缴税款报告表》(表11-20)

表11-20 代收代缴税款报告表

税款所属期: 年 月 日 至 年 月 日

纳税人名称(公章): 纳税人识别号:☐☐☐☐☐☐☐☐☐☐☐☐☐☐☐

填表日期: 年 月 日 计量单位:升; 金额单位:元(列至角分)

项目＼应税消费品名称	含铅汽油	无铅汽油	柴油	石脑油	溶剂油	润滑油	燃料油	航空煤油	合计
适用税率(元/升)	1.4	1	0.8	1	1	1	0.8	0.8	——
受托加工数量									——
本期代收代缴税款									

(1)本表由成品油应税消费品受托加工方在实际业务发生时填写,委托方不填写。

(2)本表"本期代收代缴税款"计算公式为:

含铅汽油、无铅汽油、柴油、石脑油、溶剂油、润滑油、燃料油本期代收代缴税款＝受托加工数量×适用税率

(3)本表为A4竖式,所有数字小数点后保留两位。一式二份,一份纳税人留存,一份税务机关留存。

(五)《小汽车消费税纳税申报表》分为一主表、二附表

1. 主表(表 11-21)填表说明

表 11-21　小汽车消费税纳税申报表

税款所属期：　　年　月　日至　　年　月　日

纳税人名称(公章)：　　　　　纳税人识别号：☐☐☐☐☐☐☐☐☐☐☐☐☐☐☐

填表日期：　年　月　日　　　　　　　　　单位：辆、元(列至角分)

应税消费品名称	项目	适用税率	销售数量	销售额	应纳税额
乘用车	气缸容量≤1.0 升	1%			
	1.0 升<气缸容量≤1.5 升	3%			
	1.5 升<气缸容量≤2.0 升	5%			
	2.0 升<气缸容量≤2.5 升	9%			
	2.5 升<气缸容量≤3.0 升	12%			
	3.0 升<气缸容量≤4.0 升	25%			
	气缸容量>4.0 升	40%			
中轻型商用客车		5%			
合计		——			

本期准予扣除税额：	声明
本期减(免)税额：	此纳税申报表是根据国家税收法律的规定填报的，我确定它是真实的、可靠的、完整的。 经办人(签章)： 财务负责人(签章)： 联系电话：
期初未缴税额：	
本期缴纳前期应纳税额：	(如果你已委托代理人申报，请填写) 授权声明 为代理一切税务事宜，现授权_____ _____(地址)为本纳税人的代理申报人，任何与本申报表有关的往来文件，都可寄予此人。 授权人签章：
本期预缴税额：	
本期应补(退)税额：	
期末未缴税额：	

以下由税务机关填写

受理人(签章)：　　　　　　　　　　　　受理日期：　年　月　日

受理税务机关(章)：

(1) 本表仅限小汽车消费税纳税人使用。

(2) 纳税人生产的改装、改制车辆，应按照《财政部 国家税务总局关于调整和完善消费税政策的通知》(财税〔2006〕33 号)中规定的适用税目、税率填写本表。

(3) 本表"销售数量"为《中华人民共和国消费税暂行条例》、《中华人民共和国消费

税暂行条例实施细则》及其他法规、规章规定的当期应申报缴纳消费税的小汽车类应税消费品销售(不含出口免税)数量。

(4) 本表"销售额"为《中华人民共和国消费税暂行条例》、《中华人民共和国消费税暂行条例实施细则》及其他法规、规章规定的当期应申报缴纳消费税的小汽车类应税消费品销售(不含出口免税)收入。

(5) 根据《中华人民共和国消费税暂行条例》的规定,本表"应纳税额"计算公式如下:

应纳税额＝销售额×比例税率

(6) 本表"本期减(免)税额"不含出口退(免)税额。

(7) 本表"期初未缴税额"填写本期期初累计应缴未缴的消费税额,多缴为负数。其数值等于上期"期末未缴税额"。

(8) 本表"本期缴纳前期应纳税额"填写本期实际缴纳入库的前期消费税额。

(9) 本表"本期预缴税额"填写纳税申报前已预先缴纳入库的本期消费税额。

(10) 本表"本期应补(退)税额"计算公式如下,多缴为负数：

本期应补(退)税额＝应纳税额(合计栏金额)－本期减(免)税额－本期预缴税额

(11) 本表"期末未缴税额"计算公式如下,多缴为负数：

期末未缴税额＝期初未缴税额＋本期应补(退)税额－本期缴纳前期应纳税额

(12) 本表为 A4 竖式,所有数字小数点后保留两位。一式二份,一份纳税人留存,一份税务机关留存。

2. 附表1《本期代收代缴税额计算表》(表 11-22)

表 11-22　本期代收代缴税额计算表

税款所属期：　　年　月　日至　　年　月　日

纳税人名称(公章)：　　　纳税人识别号：□□□□□□□□□□□□□□□

填表日期：　　年　月　日　　　　金额单位:元(列至角分)

项目＼应税消费品名称	乘用车:气缸容量≤1.0升	乘用车:1.0升＜气缸容量≤1.5升	乘用车:1.5升＜气缸容量≤2.0升	乘用车:2.0升＜气缸容量≤2.5升	乘用车:2.5升＜气缸容量≤3.0升	乘用车:3.0升＜气缸容量≤4.0升	乘用车:气缸容量＞4.0升	中轻型商用客车	合计
适用税率	1%	3%	5%	9%	12%	25%	40%	5%	
受托加工数量									—
同类产品销售价格									—

续表

应税消费品名称＼项目	乘用车：气缸容量≤1.0升	乘用车：1.0升＜气缸容量≤1.5升	乘用车：1.5升＜气缸容量≤2.0升	乘用车：2.0升＜气缸容量≤2.5升	乘用车：2.5升＜气缸容量≤3.0升	乘用车：3.0升＜气缸容量≤4.0升	乘用车：气缸容量＞4.0升	中轻型商用客车	合计
材料成本									——
加工费									——
组成计税价格									——
本期代收代缴税款									

填表说明：

（1）本表作为《小汽车消费税纳税申报表》的附报资料，由小汽车受托加工方填写。

（2）生产和受托加工的改装、改制车辆，应按照《财政部 国家税务总局关于调整和完善消费税政策的通知》（财税〔2006〕33号）中规定的适用税目、税率填写本表。

（3）本表"受托加工数量"的计量单位为辆。

（4）本表"同类产品销售价格"为受托方同类产品销售价格。

（5）根据《中华人民共和国消费税暂行条例》的规定，本表"组成计税价格"的计算公式如下：

组成计税价格＝（材料成本＋加工费）÷（1－消费税税率）

（6）根据《中华人民共和国消费税暂行条例》的规定，本表"本期代收代缴税款"的计算公式如下：

① 当受托方有同类产品销售价格时：

本期代收代缴税款＝同类产品销售价格×受托加工数量×适用税率

② 当受托方没有同类产品销售价格时：

本期代收代缴税款＝组成计税价格×适用税率

（7）本表为A4竖式，所有数字小数点后保留两位。一式二份，一份纳税人留存，一份税务机关留存。

3. 附表2《生产经营情况表》(表11-23)

表11-23　生产经营情况表

税款所属期：　　年　月　日至　　年　月　日

纳税人名称(公章)：　　　纳税人识别号：☐☐☐☐☐☐☐☐☐☐☐☐☐☐☐

填表日期：　年　月　日　　　　　金额单位:元(列至角分)

项目＼应税消费品名称	乘用车：气缸容量≤1.0升	乘用车：1.0升<气缸容量≤1.5升	乘用车：1.5升<气缸容量≤2.0升	乘用车：2.0升<气缸容量≤2.5升	乘用车：2.5升<气缸容量≤3.0升	乘用车：3.0升<气缸容量≤4.0升	乘用车：气缸容量>4.0升	中轻型商用客车
生产数量								
销售数量								
委托加工收回应税消费品直接销售数量								
委托加工收回应税消费品直接销售额								
出口免税销售数量								
出口免税销售额								

填表说明：

(1) 本表为年报，作为《小汽车消费税纳税申报表》的附报资料，由纳税人于每年年度终了后填写，次年1月份办理消费税纳税申报时报送。

(2) 纳税人生产的改装、改制车辆，应按照《财政部　国家税务总局关于调整和完善消费税政策的通知》中规定的适用税目、税率填写本表。

(3) 本表"应税消费品"、"销售数量"填写要求同《小汽车消费税纳税申报表》。

(4) 本表"生产数量"，填写本期生产的产成品数量。

(5) 本表"出口免税销售数量"和"出口免税销售额"为享受出口免税政策的应税消费品销售数量和销售额。

(6) 本表为A4竖式，所有数字小数点后保留两位。一式二份，一份纳税人留存，一份税务机关留存。

(六)《其他应税消费品消费税纳税申报表》分为一主表、四附表

1. 主表(表11-24)填表说明

表11-24 其他应税消费品消费税纳税申报表

税款所属期：　　年　月　日至　　年　月　日

纳税人名称(公章)：　　　　纳税人识别号：□□□□□□□□□□□□□□□

填表日期：　年　月　日　　　　　　金额单位:元(列至角分)

应税消费品名称 \ 项目	适用税率	销售数量	销售额	应纳税额
合计	——	——	——	

本期准予抵减税额：	声明
本期减(免)税额：	此纳税申报表是根据国家税收法律的规定填报的,我确定它是真实的、可靠的、完整的。 经办人(签章)： 财务负责人(签章)： 联系电话：
期初未缴税额：	
本期缴纳前期应纳税额：	(如果你已委托代理人申报,请填写) 　　　　　授权声明 为代理一切税务事宜,现授权＿＿＿＿ 　　　(地址)　　　　　　　　　　为本纳税人的代理申报人,任何与本申报表有关的往来文件,都可寄予此人。 授权人签章：
本期预缴税额：	
本期应补(退)税额：	
期末未缴税额：	

以下由税务机关填写

受理人(签章)：　　　　受理日期：　年　月　日　　受理税务机关(章)：

(1) 本表限化妆品、贵重首饰及珠宝玉石、鞭炮焰火、汽车轮胎、摩托车、高尔夫球及球具、高档手表、游艇、木制一次性筷子、实木地板等消费税纳税人使用。

(2) 本表"应税消费品名称"和"适用税率"按照以下内容填写：

化妆品:30%;贵重首饰及珠宝玉石:10%;金银首饰(铂金首饰、钻石及钻石饰品):5%;鞭炮焰火:15%;汽车轮胎(除子午线轮胎外):3%;汽车轮胎(限子午线轮胎):3%(免税);摩托车(排量＞250毫升):10%;摩托车(排量≤250毫升):3%;高尔夫球及球

具:10%;高档手表:20%;游艇:10%;木制一次性筷子:5%;实木地板:5%。

（3）本表"销售数量"为《中华人民共和国消费税暂行条例》、《中华人民共和国消费税暂行条例实施细则》及其他法规、规章规定的当期应申报缴纳消费税的应税消费品销售（不含出口免税）数量。计量单位是：汽车轮胎为套；摩托车为辆；高档手表为只；游艇为艘；实木地板为平方米；木制一次性筷子为万双；化妆品、贵重首饰及珠宝玉石（含金银首饰、铂金首饰、钻石及钻石饰品）、鞭炮焰火、高尔夫球及球具按照纳税人实际使用的计量单位填写并在本栏中注明。

（4）本表"销售额"为《中华人民共和国消费税暂行条例》、《中华人民共和国消费税暂行条例实施细则》及其他法规、规章规定的当期应申报缴纳消费税的应税消费品销售（不含出口免税）收入。

（5）根据《中华人民共和国消费税暂行条例》的规定，本表"应纳税额"计算公式如下：

应纳税额＝销售额×适用税率

（6）本表"本期准予扣除税额"按本表附件一的本期准予扣除税款合计金额填写。

（7）本表"本期减（免）税额"不含出口退（免）税额。

（8）本表"期初未缴税额"填写本期期初累计应缴未缴的消费税额，多缴为负数。其数值等于上期"期末未缴税额"。

（9）本表"本期缴纳前期应纳税额"填写本期实际缴纳入库的前期消费税额。

（10）本表"本期预缴税额"填写纳税申报前已预先缴纳入库的本期消费税额。

（11）本表"本期应补（退）税额"计算公式如下，多缴为负数：

本期应补（退）税额＝应纳税额（合计栏金额）－本期准予扣除税额－本期减（免）税额－本期预缴税额

（12）本表"期末未缴税额"计算公式如下，多缴为负数：

期末未缴税额＝期初未缴税额＋本期应补（退）税额－本期缴纳前期应纳税额

（13）本表为 A4 竖式，所有数字小数点后保留两位。一式二份，一份纳税人留存，一份税务机关留存。

2. 附表1《本期准予扣除税额计算表》(表 11-25)

表 11-25 本期准予扣除税额计算表

税款所属期： 年 月 日 至 年 月 日

纳税人名称(公章)： 纳税人识别号：

填表日期： 年 月 日 金额单位：元(列至角分)

项目 \ 应税消费品名称					合 计
当期准予扣除的委托加工应税消费品已纳税款计算	期初库存委托加工应税消费品已纳税款				——
	当期收回委托加工应税消费品已纳税款				——
	期末库存委托加工应税消费品已纳税款				——
	当期准予扣除委托加工应税消费品已纳税款				
当期准予扣除的外购应税消费品已纳税款计算	期初库存外购应税消费品买价				——
	当期购进应税消费品买价				——
	期末库存外购应税消费品买价				——
	外购应税消费品适用税率				——
	当期准予扣除外购应税消费品已纳税款				
本期准予扣除税款合计					

填表说明：

(1) 本表作为《其他应税消费品消费税纳税申报表》的附报资料，由外购或委托加工收回应税消费品后连续生产应税消费品的纳税人填报。

(2) 本表"应税消费品名称"填写化妆品、珠宝玉石、鞭炮焰火、汽车轮胎、摩托车(排量＞250毫升、摩托车(排量≤250毫升)、高尔夫球及球具、木制一次性筷子、实木地板。

(3) 根据《国家税务总局关于用外购和委托加工收回的应税消费品连续生产应税消费品征收消费税问题的通知》(国税发〔1995〕94号)的规定,本表"当期准予扣除的委托加工应税消费品已纳税款"计算公式如下:

当期准予扣除的委托加工应税消费品已纳税款＝期初库存委托加工应税消费品已纳税款＋当期收回委托加工应税消费品已纳税款－期末库存委托加工应税消费品已纳税款

(4) 根据《国家税务总局关于用外购和委托加工收回的应税消费品连续生产应税消费品征收消费税问题的通知》(国税发〔1995〕94号)的规定,本表"当期准予扣除的外购应税消费品已纳税款"计算公式如下:

当期准予扣除的外购应税消费品已纳税款＝(期初库存外购应税消费品买价＋当期购进应税消费品买价－期末库存外购应税消费品买价)×外购应税消费品适用税率

(5) 本表"本期准予扣除税款合计"为本期外购及委托加工收回应税消费品后连续生产应税消费品准予扣除应税消费品已纳税款的合计数,应与《其他应税消费品消费税纳税申报表》中对应项目一致。

(6) 本表为A4竖式,所有数字小数点后保留两位。一式二份,一份纳税人留存,一份税务机关留存。

3. 附表2《准予扣除消费税凭证明细表》(表11-26)

表11-26 准予扣除消费税凭证明细表

税款所属期: 　　年　　月　　日 至 　　年　　月　　日

纳税人名称(公章):　　　　　纳税人识别号:□□□□□□□□□□□□□□□

填表日期:　　年　　月　　日　　　　金额单位:元(列至角分)

应税消费品名称	凭证类别	凭证号码	开票日期	数量	金额	适用税率	消费税税额
合计	——						

填表说明:

(1) 本表作为《其他应税消费品消费税纳税申报表》的附报资料,由外购或委托加工收回应税消费品后连续生产应税消费品的纳税人填报。

（2）本表"应税消费品名称"填写高尔夫球及球具、木制一次性筷子、实木地板。

（3）本表"凭证类别"填写准予扣除凭证名称，如增值税专用发票、海关进口消费税专用缴款书、代扣代收税款凭证。

（4）本表"凭证号码"填写准予扣除凭证的号码。

（5）本表"开票日期"填写准予扣除凭证的开票日期。

（6）本表"数量"填写准予扣除凭证载明的应税消费品数量，并在本栏中注明计量单位。

（7）本表"金额"填写准予扣除凭证载明的应税消费品金额。

（8）本表"适用税率"填写应税消费品的适用税率。

（9）本表"消费税税额"填写凭该准予扣除凭证申报抵扣的消费税税额。

（10）本表为A4竖式，所有数字小数点后保留两位。一式二份，一份纳税人留存，一份税务机关留存。

4．附表3《本期代收代缴税额计算表》（表11-27）

表11-27 本期代收代缴税额计算表

税款所属期：　　年　月　日至　　年　月　日

纳税人名称（公章）：　　　　纳税人识别号：□□□□□□□□□□□□□□□

填表日期：　年　月　日　　　　　　金额单位：元（列至角分）

项目＼应税消费品名称				合计
适用税率				——
受托加工数量				——
同类产品销售价格				——
材料成本				——
加工费				——
组成计税价格				——
本期代收代缴税款				

填表说明：

（1）本表作为《其他应税消费品消费税纳税申报表》的附报资料，由应税消费品受托加工方填报。

（2）本表"应税消费品名称"和"税率"按照以下内容填写：

化妆品：30%；贵重首饰及珠宝玉石：10%；金银首饰（铂金首饰、钻石及钻石饰品）：5%；鞭炮焰火：15%；汽车轮胎：3%；摩托车（排量＞250毫升）：10%；摩托车（排量≤

250毫升):3%;高尔夫球及球具:10%;高档手表:20%;游艇:10%;木制一次性筷子:5%;实木地板:5%。

(3) 本表"受托加工数量"的计量单位是:汽车轮胎为套;摩托车为辆;高档手表为只;游艇为艘;实木地板为平方米;木制一次性筷子为万双;化妆品、贵重首饰及珠宝玉石(含金银首饰、铂金首饰、钻石及钻石饰品)、鞭炮焰火、高尔夫球及球具按照受托方实际使用的计量单位填写并在本栏中注明。

(4) 本表"同类产品销售价格"为受托方同类产品销售价格。

(5) 根据《中华人民共和国消费税暂行条例》规定,本表"组成计税价格"的计算公式如下:

组成计税价格=(材料成本+加工费)÷(1-消费税税率)

(6) 根据《中华人民共和国消费税暂行条例》规定,本表"本期代收代缴税款"的计算公式如下:

① 当受托方有同类产品销售价格时:

本期代收代缴税款=同类产品销售价格×受托加工数量×适用税率

② 当受托方没有同类产品销售价格时:

本期代收代缴税款=组成计税价格×适用税率

(7) 本表为A4竖式,所有数字小数点后保留两位。一式二份,一份纳税人留存,一份税务机关留存。

5. 附表4《生产经营情况表》(表11-28)

表11-28 生产经营情况表

税款所属期: 年 月 日 至 年 月 日

纳税人名称(公章): 纳税人识别号:

填表日期: 年 月 日　　　　　金额单位:元(列至角分)

项目＼应税消费品名称					合计
生产数量					
销售数量					
委托加工收回应税消费品直接销售数量					
委托加工收回应税消费品直接销售额					
出口免税销售数量					
出口免税销售额					

填表说明：

（1）本表为年报，作为《其他应税消费品消费税纳税申报表》的附报资料，由纳税人于年度终了后填写，次年1月份办理消费税纳税申报时报送。

（2）本表"应税消费品"、"销售数量"填写要求同《其他应税消费品消费税纳税申报表》。

（3）本表"生产数量"，填写本期生产的产成品数量，计量单位应与销售数量一致。

（4）本表"出口免税销售数量"和"出口免税销售额"为享受出口免税政策的应税消费品销售数量和销售额。

（5）本表计量单位：汽车轮胎为套；摩托车为辆；高档手表为只；游艇为艘；实木地板为平方米；木制一次性筷子为万双；化妆品、贵重首饰及珠宝玉石（含金银首饰、铂金首饰、钻石及钻石饰品）、鞭炮焰火、高尔夫球及球具按照纳税人实际使用的计量单位填写并在本栏中注明。

（6）本表为A4竖式，所有数字小数点后保留两位。一式二份，一份纳税人留存，一份税务机关留存。

三、营业税纳税申报表的编制方法

《营业税纳税申报表》（表11-29）编制时有如下说明：

（1）根据《中华人民共和国税收征收管理法》及其实施细则、《中华人民共和国营业税暂行条例》的有关规定，制定本表。

（2）本表适用于除经主管税务机关核准实行简易申报方式以外的所有营业税纳税人（以下简称纳税人）。

（3）本表"纳税人识别号"栏，填写税务机关为纳税人确定的识别号，即税务登记证号码。

（4）本表"电脑代码"栏，填写税务机关为纳税人确定的电脑编码。

（5）本表"纳税人名称"栏，填写纳税人单位名称全称，并加盖公章，不得填写简称。

（6）本表"税款所属时间"填写纳税人申报的营业税应纳税额的所属时间，应填写具体的起止年、月、日。

（7）本表"填表日期"填写纳税人填写本表的具体日期。

（8）本表"建筑业"行应按营业税纳税地点的规定，填报本期在本市缴纳营业税税款所应申报的事项。以下除特别指明外，本表"建筑业"行各栏目数据为《建筑业营业税纳税申报表》"本地提供建筑业应税劳务申报事项"中"合计"行各相应栏数据。

（9）本表"娱乐业"行应区分不同的娱乐业税率填报申报事项。

（10）本表"代扣代缴项目"行应填报纳税人本期按照现行规定因在本市发生代扣代缴行为所应申报的事项，分不同税率填报。

（11）本表所有栏次数据均不包括本期纳税人经税务机关、财政、审计部门检查发生的相关数据。

(12) 纳税人自查发现的问题，如属于应税营业额计算错误、应税项目适用错误等而多缴的税款，通过退税申请受理解决，不在本表填列；如属于纳税人因未申报而补充申报的事项，仍利用此表，其所属时期应为纳税人自查发现问题的当期。

(13) 本表第1栏"应税收入"填写纳税人本期因提供营业税应税劳务、转让无形资产或者销售不动产所取得的全部价款和价外费用（不包括免税收入），分营业税税目填报。本栏数据为各相应税目营业税纳税申报表中"应税收入"栏的"合计"数。纳税人提供营业税应税劳务、转让无形资产或者销售不动产发生退款或因财务会计核算办法改变冲减营业额时，不在本栏次调减。

(14) 本表第2栏"小计"填写"前期多缴项目营业额"项下"营业额冲减"、"事后审批减免"、"其他"栏的合计数。

(15) 本表第3栏"营业额冲减"填写纳税人本期由于发生退款或因财务会计核算办法改变而冲减的营业额。本栏数据为相应税目营业税纳税申报表中"营业额冲减"栏的"合计"数。

(16) 本表第4栏"事后审批减免"填写纳税人前期已纳税的营业额中，由于减免税事后审批而多缴营业税的营业额。本栏数据为各相应税目营业税纳税申报表中"事后审批减免"栏的"合计"数。

(17) 本表第5栏"其他"填写纳税人上期申报中，与未抵扣完的税款对应的营业额。本栏数据为各相应税目营业税纳税申报表中"其他"栏的"合计"数。

(18) 本表第6栏"应税减除项目金额"填写纳税人本期提供营业税应税劳务、转让无形资产或者销售不动产所取得的应税收入中按规定可减除的项目金额，分营业税税目填报。本栏数据为相应税目营业税纳税申报表中"应税减除项目金额"栏（或"应税减除项目金额"栏中"小计"项）的"合计"数。减除项目的扣除应实行与营业收入相匹配的原则，纳税人提供营业税应税劳务、转让无形资产或销售不动产的，凡应按差额征税的，除各税目另有特殊规定外，原则上以取得发票或合法有效原始凭证作为填列的依据。

本栏各行次数据填写时不得大于同行次的"应税收入"。本栏各行次数据等于《营业税营业额减除项目汇总表》中各相应税目"小计"行"本期实际减除金额"栏数据。

同时，为加强减除项目的管理，纳税人应按照营业税营业额减除项目明细表（以下简称"明细表"）的要求（交通运输业纳税人填报货物运输业营业额减除项目清单），逐项填报需减除的减除项目，并根据明细表（货物运输业营业额减除项目清单）将有关数据在营业税营业额减除项目汇总表中汇总填列。

(19) 本表第7栏"应税营业额"填写本期应缴营业税的营业额。本栏数据等于同行次的"应税收入"减"应税减除项目金额"。本栏数据不得小于零。

(20) 本表第8栏"免税收入"应填写纳税人本期提供营业税应税劳务、转让无形资产或者销售不动产所取得的应税收入中不需税务机关审批可直接免缴税款的应税收入或已经税务机关批准的免税项目应税收入,分营业税税目填报,本栏数据为相应税目营业税纳税申报表中"免税收入"栏的"合计"数。

(21) 本表第9栏"税率%"填写与各税目对应的税率。

(22) 本表第10栏本期税款计算项"小计"等于同行次"本期应纳税额"、"免(减)税额"的合计数。

(23) 本表第11栏"本期应纳税额"等于同行次"应税营业额"乘"税率%"。

(24) 本表第12栏"免(减)税额"等于同行次"免税收入"乘"税率%"。

(25) 本表第13栏"期初欠缴税额"填写截至本期(不含本期),纳税人经过纳税申报或报告、批准延期缴纳、税务机关核定等确定应纳税额后,超过法律、行政法规规定或者税务机关依照法律、行政法规规定确定的税款缴纳期限未缴纳的税款,分营业税税目填报,本栏数据为相应税目营业税纳税申报表中"期初欠缴税额"栏的"合计"数。

(26) 本表第14栏"前期多缴税额"等于同行次第2栏"小计"乘"税率%"。

(27) 本表第15栏本期已缴税额项"小计"等于同行次"已缴本期应纳税额"、"本期已被扣缴税额"、"本期已缴欠缴税额"的合计数。

(28) 本表第16栏"已缴本期应纳税额"填写纳税人已缴的本期应纳营业税税额。该栏数据为相应税目营业税纳税申报表中"已缴本期应纳税额"栏的"合计"数。

(29) 本表第17栏"本期已被扣缴税额"填写纳税人本期发生纳税义务,按现行税法规定被扣缴义务人扣缴的营业税税额。本栏数据为相应税目营业税纳税申报表中"本期已被扣缴税额"栏的"合计"数。

(30) 本表第18栏"本期已缴欠缴税额",填写纳税人本期缴纳的前期欠税,包括本期缴纳的前期经过纳税申报或报告、批准延期缴纳、税务机关核定等确定应纳税额后,超过法律、行政法规规定或者税务机关依照法律、行政法规规定确定的税款缴纳期限未缴纳的税款。该栏数据为相应税目营业税纳税申报表中"本期已缴欠缴税额"栏的"合计"数。

(31) 本表第19栏本期应缴税额计算项"小计"等于同行次"本期期末应缴税额"、"本期期末应缴欠缴税额"的合计数。

(32) 本表第20栏"本期期末应缴税额",填写纳税人本期期末应缴纳的营业税税款;本栏数据等于同行次"本期应纳税额"减"前期多缴税额"减"已缴本期应纳税额"减"本期已被扣缴税额",即相应税目营业税纳税申报表中"本期期末应缴税额"栏的"合计"数;本栏各行次数据出现负数时,填写为零。

(33) 本表第21栏"本期期末应缴欠缴税额",填写纳税人本期期末应缴欠缴的营业税税款。本栏数据等于同行次"期初欠缴税额"减"本期已缴欠缴税额",即相应税目营业税纳税申报表中"本期期末应缴欠缴税额"栏的"合计"数;本栏数据也是下期申报表第13栏"期初欠缴税额"的填报数。

[**例5**] 某宾馆2×11年3月取得下列收入:住宿、餐饮营业收入30万元(包括销售2吨自制啤酒取得的收入1万元),游艺厅营业收入10万元,台球室营业收入8万元。假设当地规定游艺厅税率20%,台球室税率5%。

要求:计算该宾馆当月应纳营业税,并填列相关申报表。(见表11-29)

解析:该宾馆当月应纳营业税=30×5%+10×20%+8×5%=3.9(万元)。

表11-29

营业税纳税申报表（适用于查账征收的营业税纳税人）

纳税人识别号：　　　　电脑代码：

纳税人名称（公章）：　　税款所属时间：自2×11年3月1日至2×11年3月31日　填表日期：2×11年4月9日　金额单位：元（列至角分）

税目	行次	营业额				应税减项目金额	应税营业额	免税收入	税率%	本期税款计算				税款缴纳				本期应缴税额		
		应税收入	前期多缴项目营业额冲减	事后审比减免	其他					小计	本期应纳税额	期初欠缴税额	前期多缴税额	小计	本期已缴应纳税额	本期已缴扣缴税额	本期已缴欠缴税额	小计	本期应缴税额	本期期末应缴欠额
		1	2=3+4+5	3	4	5	6	7=1-6	8	9	10=11+12	11=7×9	12=8×9	13	14=2×9	15=16+17+18	16	17	18	19=20+21	20=11-14-16-17	21=13-18
交通运输业	1																				
建筑业	2																				
邮电通讯业	3																				
服务业	4	30万					30万		5	1.5万	1.5万								1.5万	
娱乐业 5%税率	5	8万					8万		5	0.4万	0.4万								0.4万	
娱乐业 10%税率	6																				
娱乐业 20%税率	7	10万					10万		20	2万	2万								2万	
金融保险业	8																				
文化体育业	9																				
转让无形资产	10																				
销售不动产	11																				
合　计	12																				
	13																				
代扣代缴项目	14																				
	15																				
	16																				
总　计	17																				

纳税人或代理人声明：

此纳税申报表是根据国家税收法律的规定填报的，我确定它是真实的、可靠的、完整的。

以下由税务机关填写

如纳税人填报，由纳税人填写以下各栏	如委托代理人填报，由代理人填写以下各栏
办税人员（签章）：	代理人名称：
	经办人（签章）：
财务负责（签章）：	
法定代表人（签章）：	代理人（公章）：
联系电话：	联系电话：

受理人：　　　受理日期：　　年　月　日　　　受理税务机关（签章）

本表为A3横式一式三份，一份纳税人留存，一份主管税务机关留存，一份征收部门留存。

第三节 企业所得税纳税申报表的编制方法

为贯彻落实《中华人民共和国企业所得税法》及其实施条例,国家税务总局关于印发《中华人民共和国企业所得税年度纳税申报表》的通知(国税发〔2008〕101号),制定了企业所得税年度纳税申报表及附表。同时2011年第64号公告发布了《中华人民共和国企业所得税月(季)度预缴纳税申报表》,这样把企业所得税的纳税申报表分为月(季)度预缴纳税申报表和年度纳税申报表两大类。

一、《中华人民共和国企业所得税月(季)度预缴纳税申报表(A类)》(见表11-30)编制说明

(一)适用范围

本表适用于实行查账征收企业所得税的居民纳税人在月(季)度预缴企业所得税时使用。

(二)表头项目

(1)"税款所属期间":为税款所属期月(季)度第一日至所属期月(季)度最后一日。年度中间开业的,"税款所属期间"为当月(季)开始经营之日至所属月(季)度的最后一日。次月(季)度起按正常情况填报。

(2)"纳税人识别号":填报税务机关核发的税务登记证号码(15位)。

(3)"纳税人名称":填报税务机关核发的税务登记证纳税人全称。

(三)各列的填报

(1)第1行"按照实际利润额预缴"的纳税人,第2行至第17行的"本期金额"列,数据为所属月(季)度第一日至最后一日;"累计金额"列,数据为纳税人所属年度1月1日至所属月(季)度最后一日的累计数。

(2)第18行"按照上一纳税年度应纳税所得额平均额预缴"的纳税人,第19行至第22行的"本期金额"列,数据为所属月(季)度第一日至最后一日;"累计金额"列,数据为纳税人所属年度1月1日至所属月(季)度最后一日的累计数。

(3)第23行"按照税务机关确定的其他方法预缴"的纳税人,第24行的"本期金额"列,数据为所属月(季)度第一日至最后一日;"累计金额"列,数据为纳税人所属年度1月1日至所属月(季)度最后一日的累计数。

(四)各行的填报

(1)第1行至第24行,纳税人根据其预缴申报方式分别填报。实行"按照实际利润额预缴"的纳税人填报第2行至第17行;实行"按照上一纳税年度应纳税所得额平均额预缴"的纳税人填报第19行至第22行;实行"按照税务机关确定的其他方法预缴"的

纳税人填报第 24 行。

(2) 第 25 行至第 32 行,由实行跨地区经营汇总计算缴纳企业所得税(以下简称汇总纳税)纳税人填报。汇总纳税纳税人的总机构在填报第 1 行至第 24 行的基础上,填报第 26 行至第 30 行;汇总纳税纳税人的分支机构填报第 28 行、第 31 行、第 32 行。

(五) 具体项目填报说明

(1) 第 2 行"营业收入":填报按照企业会计制度、企业会计准则等国家会计规定核算的营业收入。

(2) 第 3 行"营业成本":填报按照企业会计制度、企业会计准则等国家会计规定核算的营业成本。

(3) 第 4 行"利润总额":填报按照企业会计制度、企业会计准则等国家会计规定核算的利润总额。

(4) 第 5 行"特定业务计算的应纳税所得额":填报按照税收规定的特定业务计算的应纳税所得额。从事房地产开发业务的纳税人,本期取得销售未完工开发产品收入按照税收规定的预计计税毛利率计算的预计毛利额填入此行。

(5) 第 6 行"不征税收入":填报计入利润总额但属于税收规定不征税的财政拨款、依法收取并纳入财政管理的行政事业性收费以及政府性基金和国务院规定的其他不征税收入。

(6) 第 7 行"免税收入":填报计入利润总额但属于税收规定免税的收入或收益。

(7) 第 8 行"弥补以前年度亏损":填报按照税收规定可在企业所得税前弥补的以前年度尚未弥补的亏损额。

(8) 第 9 行"实际利润额":根据相关行次计算填报。第 9 行 = 第 4 行 + 第 5 行 - 第 6 行 - 第 7 行 - 第 8 行。

(9) 第 10 行"税率(25%)":填报企业所得税法规定的 25% 税率。

(10) 第 11 行"应纳所得税额":根据相关行次计算填报。第 11 行 = 第 9 行 × 第 10 行,且第 11 行 ≥ 0。当汇总纳税纳税人总机构和分支机构适用不同税率时,第 11 行 ≠ 第 9 行 × 第 10 行。

(11) 第 12 行"减免所得税额":填报按照税收规定当期实际享受的减免所得税额。第 12 行 ≤ 第 11 行。

(12) 第 13 行"实际已预缴所得税额":填报累计已预缴的企业所得税额,"本期金额"列不填。

(13) 第 14 行"特定业务预缴(征)所得税额":填报按照税收规定的特定业务已预缴(征)的所得税额,建筑企业总机构直接管理的项目部,按规定向项目所在地主管税务机关预缴的企业所得税填入此行。

(14) 第 15 行"应补(退)所得税额":根据相关行次计算填报。第 15 行 = 11 行 - 12

行—13行—14行,且第15行≤0时,填0,"本期金额"列不填。

(15) 第16行"以前年度多缴在本期抵缴所得税额":填报以前年度多缴的企业所得税税款尚未办理退税,并在本纳税年度抵缴的所得税额。

(16) 第17行"本期实际应补(退)所得税额":根据相关行次计算填报。第17行=15行—16行,且第17行≤0时,填0,"本期金额"列不填。

(17) 第19行"上一纳税年度应纳税所得额":填报上一纳税年度申报的应纳税所得额。"本期金额"列不填。

(18) 第20行"本月(季)应纳税所得额":根据相关行次计算填报。

按月度预缴纳税人:第20行=第19行×1/12

按季度预缴纳税人:第20行=第19行×1/4

(19) 第21行"税率(25%)":填报企业所得税法规定的25%税率。

(20) 第22行"本月(季)应纳所得税额":根据相关行次计算填报。第22行=第20行×第21行。

(21) 第24行"本月(季)确定预缴所得税额":填报税务机关认定的应纳税所得额计算出的本月(季)度应缴纳所得税额。

(22) 第26行"总机构应分摊所得税额":汇总纳税纳税人总机构,以本表(第1行至第24行)本月(季)度预缴所得税额为基数,按总机构应分摊的预缴比例计算出的本期预缴所得税额填报,并按预缴方式不同分别计算:

① "按实际利润额预缴"的汇总纳税纳税人总机构:

第15行×总机构应分摊预缴比例

② "按照上一纳税年度应纳税所得额的平均额预缴"的汇总纳税纳税人总机构:

第22行×总机构应分摊预缴比例

③ "按照税务机关确定的其他方法预缴"的汇总纳税纳税人总机构:

第24行×总机构应分摊预缴比例

第26行计算公式中的"总机构应分摊预缴比例":跨地区经营的汇总纳税纳税人,总机构应分摊的预缴比例填报25%;省内经营的汇总纳税纳税人,总机构应分摊的预缴比例按各省规定执行填报。

(23) 第27行"财政集中分配所得税额":汇总纳税纳税人的总机构,以本表(第1行至第24行)本月(季)度预缴所得税额为基数,按财政集中分配的预缴比例计算出的本期预缴所得税额填报,并按预缴方式不同分别计算:

① "按实际利润额预缴"的汇总纳税纳税人总机构:

第15行×财政集中分配预缴比例

② "按照上一纳税年度应纳税所得额的平均额预缴"的汇总纳税纳税人总机构:

第22行×财政集中分配预缴比例

③"按照税务机关确定的其他方法预缴"的汇总纳税纳税人总机构：

第 24 行×财政集中分配预缴比例

跨地区经营的汇总纳税纳税人,中央财政集中分配的预缴比例填报 25%;省内经营的汇总纳税纳税人,财政集中分配的预缴比例按各省规定执行填报。

(24) 第 28 行"分支机构应分摊所得税额"：汇总纳税纳税人总机构,以本表(第 1 行至第 24 行)本月(季)度预缴所得税额为基数,按分支机构应分摊的预缴比例计算出的本期预缴所得税额填报,并按不同预缴方式分别计算：

①"按实际利润额预缴"的汇总纳税纳税人总机构：

第 15 行×分支机构应分摊预缴比例

②"按照上一纳税年度应纳税所得额平均额预缴"的汇总纳税纳税人总机构：

第 22 行×分支机构应分摊预缴比例

③"按照税务机关确定的其他方法预缴"的汇总纳税纳税人总机构：

第 24 行×分支机构应分摊预缴比例

第 28 行计算公式中"分支机构应分摊预缴比例"：跨地区经营的汇总纳税纳税人,分支机构应分摊的预缴比例填报 50%;省内经营的汇总纳税纳税人,分支机构应分摊的预缴比例按各省规定执行填报。

分支机构根据《中华人民共和国企业所得税汇总纳税分支机构所得税分配表》中的"分支机构分摊所得税额"填写本行。

(25) 第 29 行"总机构独立生产经营部门应分摊所得税额"：填报汇总纳税纳税人总机构设立的具有独立生产经营职能、按规定视同分支机构的部门所应分摊的本期预缴所得税额。

(26) 第 30 行"总机构已撤销分支机构应分摊所得税额"：填报汇总纳税纳税人撤销的分支机构,当年剩余期限内应分摊的、由总机构预缴的所得税额。

(27) 第 31 行"分配比例"：填报汇总纳税纳税人分支机构依据《中华人民共和国企业所得税汇总纳税分支机构所得税分配表》中确定的分配比例。

(28) 第 32 行"分配所得税额"：填报汇总纳税纳税人分支机构按分配比例计算应预缴的所得税额。第 32 行＝第 28 行×第 31 行。

(六) 表内关系

(1) 第 9 行＝第 4+5-6-7-8 行。

(2) 第 11 行＝第 9×10 行。当汇总纳税纳税人总机构和分支机构适用不同税率时,第 11 行≠第 9×10 行。

(3) 第 15 行＝第 11-12-13-14 行,且第 15 行≤0 时,填 0。

(4) 第 22 行＝第 20×21 行。

(5) 第 26＝第 15 行或第 22 行或第 24 行×规定比例。

(6) 第 27 行＝第 15 行或第 22 行或第 24 行×规定比例。

(7) 第 28 行＝第 15 行或第 22 行或第 24 行×规定比例。

（七）表间关系

(1) 第 28 行＝《中华人民共和国企业所得税汇总纳税分支机构所得税分配表》中的"分支机构分摊所得税额"。

(2) 第 31、32 行＝《中华人民共和国企业所得税汇总纳税分支机构所得税分配表》中所对应行次中的"分配比例"、"分配税额"列。

[例6] A 企业 2×12 年第一季度、第二季度利润表数据如下：

金额单位：万元

序号	项　　目	1—3 月数据	4—6 月数据
1	主营业务收入	500	600
2	主营业务成本	350	400
3	营业税金及附加	10	15
4	营业费用	25	35
5	管理费用	80	90
6	财务费用	5	8
7	已缴所得税		7.5

要求：填列第二季度所得税预缴申报表（见表 11-30）。

表 11-30

中华人民共和国

企业所得税月（季）度预缴纳税申报表（A 类）

税款所属期间：2×12 年 01 月 01 日至 2×12 年 06 月 30 日

纳税人识别号：□□□□□□□□□□□□□□□

纳税人名称：　　　　　　　　　　　　　　　金额单位：人民币元（列至角分）

行次	项　　目	本期金额	累计金额
1	一、按照实际利润额预缴		
2	营业收入	600 万	1100 万
3	营业成本	400 万	750 万
4	利润总额	52 万	82 万
5	加：特定业务计算的应纳税所得额		

续表

行次	项目	本期金额	累计金额
6	减:不征税收入		
7	免税收入		
8	弥补以前年度亏损		
9	实际利润额(4+5-6-7-8)		
10	税率(25%)	25%	25%
11	应纳所得税额	13万	20.5万
12	减:减免所得税额		
13	减:实际已预缴所得税额	——	7.5万
14	减:特定业务预缴(征)所得税额		
15	应补(退)所得税额(11-12-13-14)	——	13万
16	减:以前年度多缴在本期抵缴所得税额		
17	本期实际应补(退)所得税额	——	13万
18	二、按照上一纳税年度应纳税所得额平均额预缴		
19	上一纳税年度应纳税所得额	——	
20	本月(季)应纳税所得额(19行×1/4或1/12)		
21	税率(25%)		
22	本月(季)应纳所得税额(20×21)		
23	三、按照税务机关确定的其他方法预缴		
24	本月(季)确定预缴的所得税额		
25	总分机构纳税人		
26	总机构	总机构应分摊所得税额(15行或22行或24行×总机构应分摊预缴比例)	
27		财政集中分配所得税额	
28		分支机构应分摊所得税额(15行或22行或24行×分支机构应分摊比例)	
29		其中:总机构独立生产经营部门应分摊所得税额	
30		总机构已撤销分支机构应分摊所得税额	
31	分支机构	分配比例	
32		分配所得税额	

谨声明:此纳税申报表是根据《中华人民共和国企业所得税法》、《中华人民共和国企业所得税法实施条例》和国家有关税收规定填报的,是真实的、可靠的、完整的。

法定代表人(签字):　　　　　年　月　日

续表

纳税人公章：	代理申报中介机构公章：	主管税务机关受理专用章：
会计主管：	经办人：	
	经办人执业证件号码：	受理人：
填表日期： 年 月 日	代理申报日期： 年 月 日	受理日期： 年 月 日

二、《中华人民共和国企业所得税月（季）度和年度纳税申报表（B 类）》（见表 11-31）编制说明

（一）适用范围

本表为实行核定征收企业所得税的纳税人在月（季）度申报缴纳企业所得税时使用。

（二）表头项目

(1)"税款所属期间"：为税款所属期月（季）度第一日至所属期月（季）度最后一日。年度中间开业的，"税款所属期间"为当月（季）开始经营之日至所属月（季）度的最后一日。次月（季）度起按正常情况填报。

(2)"纳税人识别号"：填报税务机关核发的税务登记证件号码(15 位)。

(3)"纳税人名称"：填报税务机关核发的税务登记证件中的纳税人全称。

（三）表体项目填报说明

(1) 第 1 行"收入总额"：填写本年度累计取得的各项收入金额。

(2) 第 2 行"不征税收入"：填报纳税人计入收入总额但属于税收规定不征税的财政拨款、依法收取并纳入财政管理的行政事业性收费以及政府性基金和国务院规定的其他不征税收入。

(3) 第 3 行"免税收入"：填报纳税人计入利润总额但属于税收规定免税的收入或收益。

(4) 第 4 行"应税收入额"：根据相关行计算填报。第 4 行＝第 1－2－3 行。

(5) 第 5 行"税务机关核定的应税所得率"：填报税务机关核定的应税所得率。

(6) 第 6 行"应纳税所得额"：根据相关行计算填报。第 6 行＝第 4×5 行。

(7) 第 7 行"成本费用总额"：填写本年度累计发生的各项成本费用金额。

(8) 第 8 行"税务机关核定的应税所得率"：填报税务机关核定的应税所得率。

(9) 第 9 行"应纳税所得额"：根据相关行计算填报。第 9 行＝第 7÷(1－8 行)×8 行。

(10) 第 10 行"税率"：填写企业所得税法规定的 25％税率。

(11) 第 11 行"应纳所得税额"。

① 按照收入总额核定应纳税所得额的纳税人，第 11 行＝第 6×10 行。

② 按照成本费用核定应纳税所得额的纳税人,第 11 行＝第 9×10 行。

(12) 第 12 行"已预缴所得税额":填报当年累计已预缴的企业所得税额。

(13) 第 13 行"应补(退)所得税额":根据相关行计算填报。第 13 行＝第 11－12 行。当第 13 行≤0 时,本行填 0。

(14) 第 14 行"税务机关核定应纳所得税额":填报税务机关核定的本期应当缴纳的税额。

(四) 表内表间关系

(1) 第 4 行＝第 1－2－3 行。

(2) 第 6 行＝第 4×5 行。

(3) 第 9 行＝第 7÷(1－8 行)×8 行。

(4) 第 11 行＝第 6(或 9 行)×10 行。

(5) 第 13 行＝第 11－12 行。当第 13 行≤0 时,本行填 0。

[例 7] A 企业可以正确核算销售收入,但成本核算不健全,经主管税务机关核定的应税所得税率为 5%,2×12 年第一季度营业收入为 100 万元,第二季度营业收入为 150 万元。

要求:填列第二季度所得税申报表(见表 11-31)。

表 11-31 中华人民共和国企业所得税月(季)度和年度纳税申报表(B 类)

税款所属期间:2×12 年 1 月 1 日至 2×12 年 6 月 30 日

纳税人识别号:□□□□□□□□□□□□□□□

纳税人名称： 金额单位:人民币元(列至角分)

项 目			行次	累计金额
一、以下由按应税所得率计算应纳所得税额的企业填报				
应纳税所得额的计算	按收入总额核定应纳税所得额	收入总额	1	250 万
		减:不征税收入	2	
		免税收入	3	
		应税收入额(1－2－3)	4	250 万
		税务机关核定的应税所得率(%)	5	5%
		应纳税所得额(4×5)	6	12.5 万
	按成本费用核定应纳税所得额	成本费用总额	7	
		税务机关核定的应税所得率(%)	8	
		应纳税所得额[7÷(1－8)×8]	9	

续表

项　　目		行次	累计金额
应纳所得税额的计算	税率(25%)	10	25%
	应纳所得税额(6×10 或 9×10)	11	3.125 万
应补(退)所得税额的计算	已预缴所得税额	12	1.25 万
	应补(退)所得税额(11－12)	13	1.875 万
二、以下由税务机关核定应纳所得税额的企业填报			
税务机关核定应纳所得税额		14	

谨声明:此纳税申报表是根据《中华人民共和国企业所得税法》、《中华人民共和国企业所得税法实施条例》和国家有关税收规定填报的,是真实的、可靠的、完整的。

法定代表人(签字):　　　　　　年　月　日

纳税人公章: 会计主管: 填表日期:　　年　月　日	代理申报中介机构公章: 经办人: 经办人执业证件号码: 代理申报日期:　　年　月　日	主管税务机关受理专用章: 受理人: 受理日期:　　年　月　日

三、《中华人民共和国企业所得税汇总纳税分支机构所得税分配表》填报说明(见表11-32)

(一)使用对象及报送时间

1. 使用对象

本表适用于在中国境内跨省、自治区、直辖市设立不具有法人资格的营业机构,并实行"统一计算、分级管理、就地预缴、汇总清算、财政调节"汇总纳税办法的居民企业填报。

2. 报送要求

季度终了之日起十日内,由实行汇总纳税的总机构随同《中华人民共和国企业所得税月(季)度纳税申报表(A类)》报送。

季度终了之日起十五日内,由实行汇总纳税,具有主体生产经营职能的分支机构随同《中华人民共和国企业所得税月(季)度纳税申报表(A类)》报送总机构申报后加盖有主管税务机关受理专用章的《中华人民共和国汇总纳税分支机构企业所得税分配表》(复印件)。

年度终了之日起五个月内,由实行汇总纳税的总机构随同《中华人民共和国企业所得税年度纳税申报表(A类)》报送。

表 11-32

中华人民共和国企业所得税汇总纳税分支机构所得税分配表

总机构名称：

金额单位：人民币元（列至角分）

纳税人识别号	应纳所得税额	总机构分摊所得税额	总机构财政集中分配所得税额	分支机构分摊所得税额		
				三项因素	分配比例	分配税额
	分支机构名称			收入额	工资额	资产额		

分支机构情况								
合 计								

纳税人公章：
会计主管：　　　　　　　　　　　年　月　日
填表日期：　　　　　　　　　　　年　月　日

主管税务机关受理专用章：
受理人：
受理日期：　　　　　　　　　　　年　月　日

（二）分配表项目填报说明

(1)"税款所属时期"：季度申报填写季度起始日期至所属季度的最后一日。年度申报填写公历1月1日至12月31日。

(2)"总机构名称"：填写税务登记证所载纳税人的全称。

(3)"纳税人识别号"：填写税务机关统一核发的税务登记证号码。

(4)"应纳所得税额"：填写分配期计算的应纳所得税额。

(5)"总机构分摊所得税额"：填写总机构统一计算的企业当期应纳所得税额的25%。

(6)"总机构财政集中分配所得税额"：填写总机构统一计算的企业当期应纳所得税额的25%。

(7)"分支机构分摊所得税额"：填写本所属时期总机构根据税务机关确定的分摊方法计算，由各分支机构进行分摊的所得税额。

(8)"收入额"：填写基期年度各分支机构的经营收入额。

(9)"工资额"：填写基期年度各分支机构的工资额。

(10)"资产额"：填写基期年度各分支机构的资产额，不包括无形资产。

(11)"分配比例"：填写经企业总机构所在地主管税务机关审批确认的各分支机构分配比例。

(12)"分配税额"：填写本所属时期根据税务机关确定的分摊方法计算，分配给各分支机构缴纳的所得税额。

(13)"合计"：填写基期年度各分支机构的经营收入总额、工资总额和资产总额三项因素的合计数及当期各分支机构分配比例和分配税额的合计数。

四、《中华人民共和国企业所得税扣缴报告表》（表11-33）编制说明

(1)本表适用于扣缴义务人按照《中华人民共和国企业所得税法》及其实施条例的规定，对下列所得，按次或按期扣缴所得税税款的报告。

① 非居民企业在中国境内未设立机构、场所的，应当就其来源于中国境内的所得缴纳企业所得税。

② 非居民企业虽设立机构、场所但取得的所得与其所设机构、场所没有实际联系的，应当就其来源于中国境内的所得缴纳企业所得税。

(2)扣缴义务人应当于签订合同或协议后20日内将合同或协议副本，报送主管税务机关备案，并办理有关扣缴手续。

(3)签订合同或协议后，合同或协议规定的支付款额如有变动，应于变动后10日内，将变动情况书面报告税务机构。

(4)扣缴义务人不能按规定期限报送本表时，应当在规定的报送期限内提出申请，经当地税务机构批准，可以适当延长期。

表 11-33

中华人民共和国企业所得税扣缴报告表

税款所属时间：自　年　月　日至　年　月　日

扣缴义务人识别号：□□□□□□□□□□

金额单位：人民币元（列至角分）

扣缴义务人名称											
纳税人识别号	纳税人名称	国家（地区）	所得项目	合同号	合同名称	取得所得日期	收入额			扣除额	应纳税所得额	税率	扣缴所得税额
							人民币金额	外币金额	人民币金额合计				
								外币名称	外币金额	汇率	折人民币					

谨声明：此扣缴所得税报告表是根据《中华人民共和国企业所得税法》、《中华人民共和国企业所得税法实施条例》和国家有关税收规定填报的，是真实的、可靠的、完整的。

法定代表人（签字）：　　　　　　　　　年　月　日

代理申报中介机构公章：	
经办人：	
经办人执业证件号码：	
代理申报日期：　年　月　日	

扣缴义务人公章：	主管税务机关受理专用章：
会计主管：	受理人：
填表日期：	受理日期：　年　月　日

(5)扣缴义务人不按规定期限将已扣税款缴入国库以及不履行税法规定的扣缴义务,将分别按《中华人民共和国税收征收管理法》第六十八条、第六十九条的规定,予以处罚。

(6)本表填写要用中、外两种文字填写。

(7)本表各栏填写如下:

① 扣缴义务人识别号:填写办理税务登记时,由主管税务机构所确定的扣缴义务人的税务编码。

② 扣缴义务人名称:填写实际支付外国企业款项的单位和个人名称。

③ 纳税人识别号:填写非居民企业在其居民国的纳税识别代码。

④ 所得项目:填写转让财产所得、股息红利等权益性投资所得、利息所得、租金所得、特许权使用费所得、其他所得。

五、《中华人民共和国企业所得税年度纳税申报表(A 类)》(表 11-34)编制说明

(一)适用范围

本表适用于实行查账征收的企业所得税居民纳税人填报。

(二)填报依据及内容

根据《中华人民共和国企业所得税法》及其实施条例、相关税收政策的规定和实行国家统一会计制度的企业利润表、纳税申报表相关附表的数据填报。

(三)有关项目填报说明

1. 表头项目

(1)"税款所属期间":正常经营的纳税人,填报公历当年 1 月 1 日至 12 月 31 日;纳税人年度中间开业的,填报实际生产经营之日的当月 1 日至同年 12 月 31 日;纳税人年度中间发生合并、分立、破产、停业等情况的,填报公历当年 1 月 1 日至实际停业或法院裁定并宣告破产之日的当月月末;纳税人年度中间开业且年度中间又发生合并、分立、破产、停业等情况的,填报实际生产经营之日的当月 1 日至实际停业或法院裁定并宣告破产之日的当月月末。

(2)"纳税人识别号":填报税务机关统一核发的税务登记证号码。

(3)"纳税人名称":填报税务登记证所载纳税人的全称。

2. 表体项目

本表是在企业会计利润总额的基础上,加减纳税调整额后计算出"纳税调整后所得"(应纳税所得额)。会计与税法的差异(包括收入类、扣除类、资产类等永久性和暂时性差异)通过纳税调整明细表(附表三)集中体现。本表包括利润总额的计算、应纳税所得额的计算、应纳税额的计算和附列资料四个部分。

(1)"利润总额的计算"中的项目,适用《企业会计准则》的企业,其数据直接取自《利润表》;实行《企业会计制度》、《小企业会计制度》等会计制度的企业,其《利润表》中

项目与本表不一致的部分,应当按照本表要求进行填报。

该部分的收入、成本费用明细项目,适用《企业会计准则》、《企业会计制度》或《小企业会计制度》的纳税人,通过附表一(1)《收入明细表》和附表二(1)《成本费用明细表》反映;适用《企业会计准则》、《金融企业会计制度》的纳税人填报附表一(2)《金融企业收入明细表》、附表二(2)《金融企业成本费用明细表》的相应栏次;适用《事业单位会计准则》、《民间非营利组织会计制度》的事业单位、社会团体、民办非企业单位、非营利组织,填报附表一(3)《事业单位、社会团体、民办非企业单位收入项目明细表》和附表二(3)《事业单位、社会团体、民办非企业单位支出项目明细表》。

(2)"应纳税所得额的计算"和"应纳税额的计算"中的项目,除根据主表逻辑关系计算出的指标外,其余数据来自附表。

(3)"附列资料"包括用于税源统计分析的上年度税款在本年入库金额。

3. 行次说明

(1) 第1行"营业收入":填报纳税人主要经营业务和其他业务所确认的收入总额。本项目应根据"主营业务收入"和"其他业务收入"科目的发生额分析填列。一般企业通过附表一(1)《收入明细表》计算填列;金融企业通过附表一(2)《金融企业收入明细表》计算填列;事业单位、社会团体、民办非企业单位、非营利组织应填报附表一(3)《事业单位、社会团体、民办非企业单位收入明细表》的"收入总额",包括按税法规定的不征税收入。

(2) 第2行"营业成本"项目,填报纳税人经营主要业务和其他业务发生的实际成本总额。本项目应根据"主营业务成本"和"其他业务成本"科目的发生额分析填列。一般企业通过附表二(1)《成本费用明细表》计算填列;金融企业通过附表二(2)《金融企业成本费用明细表》计算填列;事业单位、社会团体、民办非企业单位、非营利组织应按附表一(3)《事业单位、社会团体、民办非企业单位收入明细表》和附表二(3)《事业单位、社会团体、民办非企业单位支出明细表》分析填报。

(3) 第3行"营业税金及附加":填报纳税人经营业务应负担的营业税、消费税、城市维护建设税、资源税、土地增值税和教育费附加等。本项目应根据"营业税金及附加"科目的发生额分析填列。

(4) 第4行"销售费用":填报纳税人在销售商品过程中发生的包装费、广告费等费用和为销售本企业商品而专设的销售机构的职工薪酬、业务费等经营费用。本项目应根据"销售费用"科目的发生额分析填列。

(5) 第5行"管理费用":填报纳税人为组织和管理生产经营发生的管理费用。本项目应根据"管理费用"科目的发生额分析填列。

(6) 第6行"财务费用":填报纳税人为筹集生产经营所需资金等而发生的筹资费用。本项目应根据"财务费用"科目的发生额分析填列。

(7) 第7行"资产减值损失":填报纳税人各项资产发生的减值损失。本项目应根据"资产减值损失"科目的发生额分析填列。

(8) 第8行"公允价值变动收益":填报纳税人按照新会计准则规定应当计入当期损益的资产或负债公允价值变动损益,如交易性金融资产当期公允价值的变动额。本项目应根据"公允价值变动损益"科目的发生额分析填列,如为损失,本项目以"一"号填列。

(9) 第9行"投资收益":填报纳税人以各种方式对外投资所取得的收益。本行应根据"投资收益"科目的发生额分析填列,如为损失,用"一"号填列。企业持有的交易性金融资产处置和出让时,处置收益部分应当自"公允价值变动损益"项目转出,列入本行,包括境外投资应纳税所得额。

(10) 第10行"营业利润":填报纳税人当期的营业利润。根据上述行次计算填列。

(11) 第11行"营业外收入":填报纳税人发生的与其经营活动无直接关系的各项收入。除事业单位、社会团体、民办非企业单位外,其他企业通过附表一(1)《收入明细表》相关行次计算填报;金融企业通过附表一(2)《金融企业收入明细表》相关行次计算填报。

(12) 第12行"营业外支出":填报纳税人发生的与其经营活动无直接关系的各项支出。一般企业通过附表二(1)《成本费用明细表》相关行次计算填报;金融企业通过附表二(2)《金融企业成本费用明细表》相关行次计算填报。

(13) 第13行"利润总额":填报纳税人当期的利润总额。根据上述行次计算填列。金额等于第10+11-12行。

(14) 第14行"纳税调整增加额":填报纳税人未计入利润总额的应税收入项目、税收不允许扣除的支出项目、超出税收规定扣除标准的支出金额,以及资产类应纳税调整的项目,包括房地产开发企业按本期预售收入计算的预计利润等。纳税人根据附表三《纳税调整项目明细表》"调增金额"列下计算填报。

(15) 第15行"纳税调整减少额":填报纳税人已计入利润总额,但税收规定可以暂不确认为应税收入的项目,以及在以前年度进行了纳税调增,根据税收规定从以前年度结转过来在本期扣除的项目金额。包括不征税收入、免税收入、减计收入以及房地产开发企业已转销售收入的预售收入按规定计算的预计利润等。纳税人根据附表三《纳税调整项目明细表》"调减金额"列下计算填报。

(16) 第16行"其中:不征税收入":填报纳税人计入营业收入或营业外收入中的属于税收规定的财政拨款、依法收取并纳入财政管理的行政事业性收费、政府性基金以及国务院规定的其他不征税收入。

(17) 第17行"其中:免税收入":填报纳税人已并入利润总额中核算的符合税收规定免税条件的收入或收益,包括:国债利息收入;符合条件的居民企业之间的股息、红利等权益性投资收益;符合条件的非营利组织的收入。本行应根据"主营业务收入"、"其他业务收入"和"投资净收益"科目的发生额分析填列。

(18) 第18行"其中:减计收入":填报纳税人以《资源综合利用企业所得税优惠目

录》规定的资源作为主要原材料,生产销售国家非限制和禁止并符合国家和行业相关标准的产品按10%的规定比例减计的收入。

(19)第19行"其中:减、免税项目所得":填报纳税人按照税收规定应单独核算的减征、免征项目的所得额。

(20)第20行"其中:加计扣除":填报纳税人当年实际发生的开发新技术、新产品、新工艺发生的研究开发费用,以及安置残疾人员和国家鼓励安置的其他就业人员所支付的工资。符合税收规定条件的,计算应纳税所得额按一定比例的加计扣除金额。

(21)第21行"其中:抵扣应纳税所得额":填报创业投资企业采取股权投资方式投资于未上市的中小高新技术企业2年以上的,可以按照其投资额的70%在股权持有满2年的当年抵扣该创业投资企业的应纳税所得额;当年不足抵扣的,可以在以后纳税年度结转抵扣。

(22)第22行"加:境外应税所得弥补境内亏损":依据《境外所得计征企业所得税暂行管理办法》的规定,纳税人在计算缴纳企业所得税时,其境外营业机构的盈利可以弥补境内营业机构的亏损。即当"利润总额"加"纳税调整增加额"减"纳税调整减少额"为负数时,该行填报企业境外应税所得用于弥补境内亏损的部分,最大不得超过企业当年的全部境外应税所得;如为正数时,如以前年度无亏损额,本行填零;如以前年度有亏损额,取应弥补以前年度亏损额的最大值,最大不得超过企业当年的全部境外应税所得。

(23)第23行"纳税调整后所得":填报纳税人当期经过调整后的应纳税所得额。金额等于本表第13+14-15+22行。当本行为负数时,即为可结转以后年度弥补的亏损额(当年可弥补的所得额);如为正数时,应继续计算应纳税所得额。

(24)第24行"弥补以前年度亏损":填报纳税人按税收规定可在税前弥补的以前年度亏损额。金额等于附表四《企业所得税弥补亏损明细表》第6行第10列。但不得超过本表第23行"纳税调整后所得"。

(25)第25行"应纳税所得额":金额等于本表第23-24行。本行不得为负数,本表第23行或者依上述顺序计算结果为负数,本行金额填零。

(26)第26行"税率":填报税法规定的税率25%。

(27)第27行"应纳所得税额":金额等于本表第25×26行。

(28)第28行"减免所得税额":填列纳税人按税收规定实际减免的企业所得税额。包括小型微利企业、国家需要重点扶持的高新技术企业、享受减免税优惠过渡政策的企业,其法定税率与实际执行税率的差额,以及其他享受企业所得税减免税的数额。金额等于附表五《税收优惠明细表》第33行。

(29)第29行"抵免所得税额":填列纳税人购置用于环境保护、节能节水、安全生产等专用设备的投资额,其设备投资额的10%可以从企业当年的应纳税额中抵免;当年不足抵免的,可以在以后5个纳税年度结转抵免。金额等于附表五《税收优惠明细表》第 40 行。

(30) 第 30 行"应纳税额":填报纳税人当期的应纳所得税额,根据上述有关的行次计算填列。金额等于本表第 27-28-29 行。

(31) 第 31 行"境外所得应纳所得税额":填报纳税人来源于中国境外的应纳税所得额(如分得的所得为税后利润应还原计算),按税法规定的税率(居民企业 25%)计算的应纳所得税额。金额等于附表六《境外所得税抵免计算明细表》第 10 列合计数。

(32) 第 32 行"境外所得抵免所得税额":填报纳税人来源于中国境外所得依照中国境外税收法律以及相关规定应缴纳并实际缴纳的企业所得税性质的税款,准予抵免的数额。

企业已在境外缴纳的所得税额,小于抵免限额的,"境外所得抵免所得税额"按其在境外实际缴纳的所得税额填列;大于抵免限额的,按抵免限额填列,超过抵免限额的部分,可以在以后五个年度内,用每年度抵免限额抵免当年应抵税额后的余额进行抵补。

可用境外所得弥补境内亏损的纳税人,其境外所得应纳税额公式中"境外应纳税所得额"项目和境外所得税税款扣除限额公式中"来源于某外国的所得"项目,为境外所得,不含弥补境内亏损部分。

(33) 第 33 行"实际应纳所得税额":填报纳税人当期的实际应纳所得税额。金额等于本表第 30+31-32 行。

(34) 第 34 行"本年累计实际已预缴的所得税额":填报纳税人按照税收规定本年已在月(季)累计预缴的所得税额。

(35) 第 35 行"其中:汇总纳税的总机构分摊预缴的税额":填报汇总纳税的总机构 1 至 12 月份(或 1 至 4 季度)分摊的在当地入库预缴税额。附报《中华人民共和国汇总纳税分支机构分配表》。

(36) 第 36 行"其中:汇总纳税的总机构财政调库预缴的税额":填报汇总纳税的总机构 1 至 12 月份(或 1 至 4 季度)分摊的缴入财政调节入库的预缴税额。附报《中华人民共和国汇总纳税分支机构分配表》。

(37) 第 37 行"其中:汇总纳税的总机构所属分支机构分摊的预缴税额":填报分支机构就地分摊预缴的税额。附报《中华人民共和国汇总纳税分支机构分配表》。

(38) 第 38 行"合并纳税(母子体制)成员企业就地预缴比例":填报经国务院批准的实行合并纳税(母子体制)的成员企业按规定就地预缴的比例。

(39) 第 39 行"合并纳税企业就地预缴的所得税额":填报合并纳税的成员企业就地应预缴的所得税额"。根据"实际应纳税额"和"预缴比例"计算填列。金额等于本表第 33×38 行。

(40) 第 40 行"本年应补(退)的所得税额":填报纳税人当期应补(退)的所得税额。金额等于本表第 33-34 行。

(41) 第 41 行"以前年度多缴的所得税在本年抵减额":填报纳税人以前年度汇算

清缴多缴的税款尚未办理退税的金额,且在本年抵缴的金额。

(42) 第 42 行"上年度应缴未缴在本年入库所得税额":填报纳税人以前年度损益调整税款、上一年度第四季度或第 12 月份预缴税款和汇算清缴的税款,在本年入库金额。

4. 表内及表间关系

(1) 第 1 行＝附表一(1)第 2 行或附表一(2)第 1 行或附表一(3)第 2 行至 7 行合计。

(2) 第 2 行＝附表二(1)第 2 行＋7 行或附表二(2)第 1 行或附表二(3)第 14 行。

(3) 第 10 行＝第 1－2－3－4－5－6－7＋8＋9 行。

(4) 第 11 行＝附表一(1)第 17 行或附表一(2)第 42 行或附表一(3)第 9 行。

(5) 第 12 行＝附表二(1)第 16 行或附表二(2)第 45 行。

(6) 第 13 行＝第 10＋11－12 行。

(7) 第 14 行＝附表三第 55 行第 3 列合计。

(8) 第 15 行＝附表三第 55 行第 4 列合计。

(9) 第 16 行＝附表三第 14 行第 4 列或者＝附表一(3)10 行。

(10) 第 17 行＝附表三 15 行 4 列或＝附表五第 1 行。

(11) 第 18 行＝附表三 16 行 4 列或＝附表五第 6 行。

(12) 第 19 行＝附表三 17 行 4 列或附表五第 14 行。

(13) 第 20 行＝附表三 39 行 4 列或附表五第 9 行。

(14) 第 21 行＝附表五第 39 行(当主表 13＋14－15＋21 行＞0 时,21 行取 13＋14－15＋21 行与 21 行之小数;当主表 13＋14－15＋21 行≤0 时,21 行＝0)。

(15) 第 22 行＝附表六第 7 列合计。(当 13＋14－15 行－以前年度待弥补亏损额＜0 时,取[(13＋14－15)行－以前年度待弥补亏损额]的绝对值与附表六 6 列之小数;当 13＋14－15－"以前年度待弥补亏损额"≥0 时,本行＝0)

(16) 第 23 行＝第 13＋14－15＋22 行。

(17) 第 24 行＝附表四第 6 行第 10 列,24 行≤23 行。

(18) 第 25 行＝第 23－24 行。

(19) 第 26 行填报 25%。

(20) 第 27 行＝第 25×26 行。

(21) 第 28 行＝附表五第 33 行,28 行≤27 行。

(22) 第 29 行＝附表五第 40 行,29 行≤27 行－28 行。

(23) 第 30 行＝第 27－28－29 行。

(24) 第 31 行＝附表六第 10 列合计。

(25) 第 32 行＝附表六第 13 列合计＋第 15 列合计,32 行≤31 行。

(26) 第 33 行＝第 30＋31－32 行。

(27) 第 40 行＝第 33－34 行。

表 11-34

中华人民共和国企业所得税年度纳税申报表(A 类)

税款所属期间:2×11 年 01 月 01 日至 2011 年 12 月 31 日

纳税人名称:A 企业

纳税人识别号:□□□□□□□□□□□□□□□ 金额单位:元(列至角分)

类别	行次	项目	金额
利润总额计算	1	一、营业收入(填附表一)	51 000 000.00
	2	减:营业成本(填附表二)	22 000 000.00
	3	营业税金及附加	3 200 000.00
	4	销售费用(填附表二)	13 400 000.00
	5	管理费用(填附表二)	9 600 000.00
	6	财务费用(填附表二)	120 000.00
	7	资产减值损失	
	8	加:公允价值变动收益	
	9	投资收益	540 000.00
	10	二、营业利润	
	11	加:营业外收入(填附表一)	
	12	减:营业外支出(填附表二)	800 000.00
	13	三、利润总额(10+11-12)	2 420 000.00
应纳税所得额计算	14	加:纳税调整增加额(填附表三)	2 838 000.00
	15	减:纳税调整减少额(填附表三)	540 000.00
	16	其中:不征税收入	
	17	免税收入	540 000.00
	18	减计收入	
	19	减、免税项目所得	
	20	加计扣除	
	21	抵扣应纳税所得额	
	22	加:境外应税所得弥补境内亏损	
	23	纳税调整后所得(13+14-15+22)	4 718 000.00
	24	减:弥补以前年度亏损(填附表四)	1 000 000.00
	25	应纳税所得额(23-24)	3 718 000.00

续表

类别	行次	项目	金额
应纳税额计算	26	税率(25%)	25%
	27	应纳所得税额(25×26)	929 500.00
	28	减:减免所得税额(填附表五)	
	29	减:抵免所得税额(填附表五)	
	30	应纳税额(27－28－29)	929 500.00
	31	加:境外所得应纳所得税额(填附表六)	
	32	减:境外所得抵免所得税额(填附表六)	
	33	实际应纳所得税额(30＋31－32)	929 500.00
	34	减:本年累计实际已预缴的所得税额	500 000.00
	35	其中:汇总纳税的总机构分摊预缴的税额	
	36	汇总纳税的总机构财政调库预缴的税额	
	37	汇总纳税的总机构所属分支机构分摊的预缴税额	
	38	合并纳税(母子体制)成员企业就地预缴比例	
	39	合并纳税企业就地预缴的所得税额	
	40	本年应补(退)的所得税额(33－34)	429 550.00
附列资料	41	以前年度多缴的所得税额在本年抵减额	
	42	以前年度应缴未缴在本年入库所得税额	

纳税人公章:	代理申报中介机构公章:	主管税务机关受理专用章:
经办人:	经办人及执业证件号码:	受理人:
审报日期: 年 月 日	代理申报日期: 年 月 日	受理日期: 年 月 日

六、《收入明细表》(表 11-35)编制说明

(一)适用范围

本表适用于执行《企业会计制度》、《小企业会计制度》、《企业会计准则》以及分行业会计制度、并实行查账征收企业所得税的居民纳税人填报。

(二)填报依据和内容

根据《中华人民共和国企业所得税法》及其实施条例以及企业会计制度、企业会计准则等核算的"主营业务收入"、"其他业务收入"和"营业外收入",以及根据税收规定应在当期确认收入的"视同销售收入"。

(三) 有关项目填报说明

(1) 第1行"销售(营业)收入合计":填报纳税人根据国家统一会计制度确认的主营业务收入、其他业务收入和按税收规定视同销售确认的收入的金额。金额为本表第2+13行。本行数据作为计算业务招待费、广告费和业务宣传费支出扣除限额的计算基数。

(2) 第2行"营业收入合计":金额为本表第3+8行。该行数额填入主表第1行。

(3) 第3行"主营业务收入":根据不同行业的业务性质分别填报纳税人在会计核算中的主营业务收入。对主要从事对外投资的纳税人,其投资所得就是主营业务收入。

① 第4行"销售货物":填报从事工业制造、商品流通、农业生产以及其他商品销售企业的主营业务收入。

② 第5行"提供劳务":填报从事提供旅游饮食服务、交通运输、邮政通信、对外经济合作等劳务、开展其他服务的纳税人取得的主营业务收入。

③ 第6行"让渡资产使用权":填报让渡无形资产使用权(如商标权、专利权、专有技术使用权、版权、专营权等)而取得的使用费收入以及以租赁业务为基本业务的出租固定资产、无形资产、投资性房地产在主营业务收入中核算取得的租金收入。

转让处置固定资产、出售无形资产(所有权的让渡)属于"营业外收入",不在本行反映。

④ 第7行"建造合同":填报纳税人建造房屋、道路、桥梁、水坝等建筑物,以及船舶、飞机、大型机械设备等的主营业务收入。

(4) 第8行"其他业务收入":按照会计核算中"其他业务收入"的具体业务性质分别填报。

① 第9行"材料销售收入":填报销售材料、下脚料、废料、废旧物资等收入。

② 第10行"代购代销手续费收入":填报从事代购代销、受托代销商品收取的手续费收入。

专业从事代理业务的纳税人收取的手续费收入不在本行填列,而是作为主营业务收入填列到主营业务收入中。

③ 第11行"包装物出租收入":填报出租、出借包装物的租金和逾期未退包装物没收的押金。

④ 第12行"其他":填报在"其他业务收入"会计科目核算的、上述未列举的其他业务收入,不包括已在主营业务收入中反映的让渡资产使用权取得的收入。

(5) 第13行:填报"视同销售的收入"。视同销售是指会计上不作为销售核算,而在税收上作为销售、确认收入计缴税金的销售货物、转让财产或提供劳务的行为。第13行=附表三第2行第3列。

① 第14行"非货币性交易视同销售收入":执行《企业会计制度》、《小企业会计制

度》或《企业会计准则》的纳税人,填报不具有商业实质或交换涉及资产的公允价值均不能可靠计量的非货币性资产交换,按照税收规定应视同销售确认收入的金额。

② 第15行"货物、财产、劳务视同销售收入":执行《企业会计制度》、《小企业会计制度》的纳税人,填报将货物、财产、劳务用于捐赠、偿债、赞助、集资、广告、样品、职工福利或者利润分配等用途的,按照税收规定应视同销售确认收入的金额。

③ 第16行"其他视同销售收入":填报除上述项目外,按照税收规定其他视同销售确认应税收入的金额。

(6) 第17行"营业外收入":填报纳税人与生产经营无直接关系的各项收入的金额。并据此填报主表第11行。

① 第18行"固定资产盘盈":执行《企业会计制度》、《小企业会计制度》的纳税人,填报纳税人在资产清查中发生的固定资产盘盈数额。

② 第19行"处置固定资产净收益":填报纳税人因处置固定资产而取得的净收益。不包括纳税人在主营业务收入中核算的、正常销售固定资产类商品。

③ 第20行"非货币性资产交易收益":填报纳税人在非货币性资产交易行为中,执行《企业会计准则第14号——收入》具有商业实质且换出资产为固定资产、无形资产的,其换出资产公允价值和换出资产账面价值的差额计入营业外收入的;执行《企业会计制度》和《小企业会计制度》实现的与收到补价相对应的收益额,在本行填列。

④ 第21行"出售无形资产收益":填报纳税人因处置无形资产而取得的净收益。

⑤ 第22行"罚款收入":填报纳税人在日常经营管理活动中取得的罚款收入。

⑥ 第23行"债务重组收益":执行《企业会计准则第12号——债务重组》纳税人,填报确认的债务重组利得。

⑦ 第24行"政府补助收入":填报纳税人从政府无偿取得的货币性资产或非货币性资产,包括实行会计制度下补贴收入核算的内容。

⑧ 第25行"捐赠收入":填报纳税人接受的来自其他企业、组织或者个人无偿给予的货币性资产、非货币性资产,并执行企业会计准则规定确认收入的金额。

⑨ 第26行"其他":填报纳税人在"营业外收入"会计科目核算的、上述未列举的营业外收入。

(四) 表内关系

(1) 第1行=第2+13行。
(2) 第2行=第3+8行。
(3) 第3行=第4+5+6+7行。
(4) 第8行=第9+10+11+12行。
(5) 第13行=第14+15+16行。
(6) 第17行=第18至26行合计。

(五)表间关系

(1) 第1行=附表八第4行。
(2) 第2行=主表第1行。
(3) 第13行=附表三第2行第3列。
(4) 第17行=主表第11行。

表 11-35 企业所得税年度纳税申报表附表一(1)

收入明细表

填报时间:2×12年4月28日　　　　　　金额单位:元(列至角分)

行次	项　目	金额
1	一、销售(营业)收入合计(2+13)	51 000 000.00
2	(一)营业收入合计(3+8)	
3	1. 主营业务收入(4+5+6+7)	50 000 000.00
4	(1)销售货物	50 000 000.00
5	(2)提供劳务	
6	(3)让渡资产使用权	
7	(4)建造合同	
8	2. 其他业务收入(9+10+11+12)	1 000 000.00
9	(1)材料销售收入	
10	(2)代购代销手续费收入	
11	(3)包装物出租收入	1 000 000.00
12	(4)其他	
13	(二)视同销售收入(14+15+16)	
14	(1)非货币性交易视同销售收入	
15	(2)货物、财产、劳务视同销售收入	
16	(3)其他视同销售收入	
17	二、营业外收入(18+19+20+21+22+23+24+25+26)	
18	1. 固定资产盘盈	
19	2. 处置固定资产净收益	
20	3. 非货币性资产交易收益	
21	4. 出售无形资产收益	
22	5. 罚款净收入	
23	6. 债务重组收益	
24	7. 政府补助收入	
25	8. 捐赠收入	
26	9. 其他	

经办人(签章):　　　　　　　　法定代表人(签章):

七、《金融企业收入明细表》(表 11-36)编制说明

(一) 适用范围

本表适用于执行《金融企业会计制度》、《企业会计准则》的金融企业,包括商业银行、政策性银行、保险公司、证券公司、信托投资公司、租赁公司、担保公司、财务公司、典当公司等,并实行查账征收企业所得税的居民纳税人填报。

(二) 填报依据和内容

根据《中华人民共和国企业所得税法》及其实施条例和会计制度核算的有关明细科目分析填报,应准确归集收入分别填入相关项目。

(三) 有关项目填报说明

(1) 第 1 行"营业收入":填报纳税人提供金融商品服务所取得的收入。

(2) 第 2 行"银行业务收入":填报纳税人从事银行业取得的业务收入。

(3) 第 3 行"银行利息收入":填报纳税人存贷款业务等确认各项利息收入,包括存放同业、存放中央银行、发放贷款及垫款、买入返售金融资产等利息收入。

(4) 第 4 行"存放同业":填报纳税人存放于境内、境外银行和非银行金融机构款项的利息收入。

(5) 第 5 行"存放中央银行":填报纳税人存放于中国人民银行的各种款项利息收入。

(6) 第 6 行"拆出资金":填报纳税人拆借给境内、境外其他金融机构款项的利息收入。

(7) 第 8 行"买入返售金融资产":填报纳税人按照返售协议约定先买入再按固定价格返售的票据、证券、贷款等金融资产所融出资金的利息收入。

(8) 第 9 行"其他":填报纳税人除本表第 4 行至第 8 行以外的其他利息收入,包括债券投资利息等收入。

(9) 第 10 行"银行业手续费及佣金收入"项目:填报纳税人在提供相关金融业务服务时向客户收取的费用,包括汇款和结算手续费、银行卡手续费、代理手续费、顾问和咨询费、受托业务佣金等。

(10) 第 21 行"保费收入":填报纳税人从事保险业务确认的原保费收入和分保费收入。

(11) 第 22 行"分出保费":填报纳税人(再保险分出人)向保险接受人分出的保费。

(12) 第 23 行"提取未到期责任准备金":填报纳税人提取的非寿险原保险合同未到期责任准备金和再保险合同分保未到期责任准备金。

(13) 第 25 行"证券业务收入":填报纳税人从事证券营业收入、利息净收入和其他业务收入。金额等于第 26+33+34 行。

(14) 第 26 行"手续费及佣金收入":填报纳税人承销、代理兑付等业务实现的手续

费收入和发生的各项手续费、佣金等,包括:证券承销业务、证券经纪业务、客户资产管理业务、代理兑付证券、代理保管证券、证券委托管理资产手续费等收入。金额等于第27+28+29+30+31+32行。

(15)第33行"利息净收入":填报纳税人从事证券业务取得的利息净收入。

(16)第34行"其他业务收入":填报纳税人取得的投资收益、汇兑收益等。

(17)第35行"其他金融业务收入":填报纳税人核算的除上述金融业务外取得的收入,包括业务收入和其他业务收入。金额等于36+37行。

(18)第38行"视同销售收入":填报纳税人发生非货币性资产交换,会计核算不作收入,按税收规定视同销售取得的收入。

(19)第39行"非货币性资产交换":执行《企业会计准则》的纳税人填报不具有商业实质或交换涉及资产的公允价值均不能可靠计量的非货币性资产交换,按照税收规定应视同销售确认收入的金额。

(20)第40行"货物、财产、劳务视同销售收入":执行《企业会计准则》的纳税人不填报。

(21)第41行"其他视同销售收入":填报税收规定的上述未列举的其他视同销售收入金额。

(22)第42行"营业外收入":填报在"营业外收入"会计科目核算的与其营业无直接关系的各项收入。金额等于第43+44+45+46+47+48行。并据此填报主表第11行。

(23)第43行"固定资产盘盈":填报纳税人在资产清查中发生的、计入营业外收入中核算的固定资产盘盈数额。

(24)第44行"处置固定资产净收益":填报纳税人因处置固定资产而取得的净收益。不包括纳税人在主营业务收入中核算的、正常销售固定资产类商品。

(25)第45行"非货币性资产交易收益":填报纳税人在非货币性资产交易行为中,执行《企业会计准则第14号——收入》具有商业实质且换出资产为固定资产、无形资产的,其换出资产公允价值和换出资产账面价值的差额计入营业外收入的。

(26)第46行"出售无形资产收益":填报纳税人因处置无形资产而取得的净收益。

(27)第47行"罚款净收入":填报纳税人在日常经营管理活动中取得的罚款收入。

(28)第48行"其他":填报纳税人在"营业外收入"会计科目核算的、上述未列举的营业外收入。

(四)表内关系

(1)第1行=第2+19+25+35行。

(2)第2行=第3+10+18行。

(3)第3行=第4至9行合计。

(4) 第 10 行=第 11 至 17 行合计。

(5) 第 19 行=第 20+24 行。

(6) 第 20 行=第 21－22－23 行。

(7) 第 25 行=第 26+33+34 行。

(8) 第 26 行=第 27+28+29+30+31+32 行。

(9) 第 35 行=第 36+37 行。

(10) 第 38 行=第 39+40+41 行。

(11) 第 42 行=第 43 至 48 行合计。

（五）表间关系

(1) 第 1 行=主表第 1 行。

(2) 第 1+38 行=附表八第 4 行。

(3) 第 38 行=附表三第 2 行第 3 列。

(4) 第 42 行=主表第 11 行。

表 11-36　企业所得税年度纳税申报表附表一(2)

金融企业收入明细表

填报时间：　年　月　日　　　　　　　　　　　金额单位：元（列至角分）

行次	项　目	金额
1	一、营业收入(2+19+25+35)	
2	（一）银行业务收入(3+10+18)	
3	1. 银行业利息收入(4+5+6+7+8+9)	
4	（1）存放同业	
5	（2）存放中央银行	
6	（3）拆出资金	
7	（4）发放贷款及垫款	
8	（5）买入返售金融资产	
9	（6）其他	
10	2. 银行业手续费及佣金收入(11+12+13+14+15+16+17)	
11	（1）结算与清算手续费	
12	（2）代理业务手续费	
13	（3）信用承诺手续费及佣金	
14	（4）银行卡手续费	
15	（5）顾问和咨询费	
16	（6）托管及其他受托业务佣金	

续表

行次	项　目	金额
17	（7）其他	
18	3. 其他业务收入	
19	（二）保险业务收入（20＋24）	
20	1. 已赚保费（21－22－23）	
21	保费收入	
22	减：分出保费	
23	提取未到期责任准备金	
24	2. 其他业务收入	
25	（三）证券业务收入（26＋33＋34）	
26	1. 手续费及佣金收入（27＋28＋29＋30＋31＋32）	
27	（1）证券承销业务收入	
28	（2）证券经纪业务收入	
29	（3）受托客户资产管理业务收入	
30	（4）代理兑付证券业务收入	
31	（5）代理保管证券业务收入	
32	（6）其他	
33	2. 利息净收入	
34	3. 其他业务收入	
35	（四）其他金融业务收入（36＋37）	
36	1. 业务收入	
37	2. 其他业务收入	
38	二、视同销售收入（39＋40＋41）	
39	1. 非货币性资产交换	
40	2. 货物、财产、劳务视同销售收入	
41	3. 其他视同销售收入	
42	三、营业外收入（43＋44＋45＋46＋47＋48）	
43	1. 固定资产盘盈	
44	2. 处置固定资产净收益	
45	3. 非货币性资产交易收益	
46	4. 出售无形资产收益	
47	5. 罚款净收入	
48	6. 其他	

经办人（签章）：　　　　　法定代表人（签章）：

八、《事业单位、社会团体、民办非企业单位收入明细表》(表 11-37)编制说明

(一) 适用范围

本表适用于执行《事业单位会计准则》、《民间非营利组织会计制度》,并实行查账征收企业所得税的事业单位、社会团体、民办非企业单位填报。

(二) 填报依据和内容

根据《中华人民共和国企业所得税法》及其实施条例以及会计制度核算的收入,并据以填报主表第 1 行"营业收入"、第 9 行"投资收益"、第 16 行"不征税收入"。

(三) 有关项目填报说明

(1) 第 1 行"收入总额":填报纳税人取得的所有收入的金额(包括不征税收入和免税收入)。

(2) 第 2 行"财政补助收入":填报纳税人直接从财政部门取得的和通过主管部门从财政部门取得的各类事业经费的金额,包括正常经费和专项资金。

(3) 第 3 行"上级补助收入":填报纳税人通过主管部门从财政部门取得的非财政补助收入的金额。

(4) 第 4 行"拨入专款":填报纳税人从财政部门取得的和通过主管部门从财政部门取得的专项资金的金额。

(5) 第 5 行"事业收入":填报纳税人开展专业业务活动及其辅助活动取得的收入的金额。

(6) 第 6 行"经营收入":填报纳税人开展除专业业务活动及其辅助活动以外取得的收入的金额。

(7) 第 7 行"附属单位缴款":填报纳税人附属独立核算单位按有关规定上缴的收入的金额。包括附属事业单位上缴的收入和附属的企业上缴的利润等。

(8) 第 8 行"投资收益":填报纳税人取得的债权性投资的利息收入、权益性投资的股息红利收入和投资转让净收入的金额。

(9) 第 9 行"其他收入":填报纳税人取得的除本表第 2 至 8 行以外的收入的金额。如捐赠收入、固定资产出租、盘盈收入、处置固定资产净收益、无形资产转让、非货币性资产交易收益、罚款净收入、其他单位对本单位的补助以及其他零星杂项收入等。

(10) 第 10 行"不征税收入总额":金额等于本表第 11+12+13+14 行。本行等于主表第 16 行"不征税收入"和附表三第 14 行第 4 列。

(11) 第 11 行"财政拨款":填报各级人民政府对纳入预算管理的事业单位、社会团体等组织拨付的财政资金的金额,但国务院和国务院财政、税务主管部门另有规定的除外。

(12) 第 12 行"行政事业性收费":填报依照法律行政法规等有关规定,按照国务院规定程序批准,在实施社会公共管理,以及在向公民、法人或者其他组织提供特定公共

服务过程中,向特定对象收取并纳入财政管理的费用的金额。

(13)第13行"政府性基金":填报纳税人依照法律、行政法规等有关规定,代政府收取的具有专项用途的财政资金的金额。

(14)第14行"其他":填报纳税人取得的,由国务院财政、税务主管部门规定专项用途并经国务院批准的财政性资金的金额。

(15)第15行"应纳税收入总额":金额等于本表第1—10行。

(16)第16行"应纳税收入总额占全部收入总额的比重":数额等于本表第15÷1行。"应纳税收入总额占全部收入总额的比重"适用范围:准予扣除的全部支出项目金额采用分摊比例法的单位,用第16行"应纳税收入总额占全部收入总额的比重"计算应纳税收入应分摊的成本、费用和损失金额。计算公式:

应纳税收入总额应分摊的成本、费用和损失金额=支出总额×第16行"应纳税收入总额占全部收入总额的比重"

(四)表内关系

(1)第1行=第2行至9行合计。

(2)第10行=第11至14行合计。

(3)第15行=第1—10行。

(4)第16行=第15÷1行。

(五)表间关系

(1)第2+3+4+5+6+7行=主表第1行。

(2)第8行=主表第9行。

(3)第9行=主表第11行。

(4)第10行=主表第16行=附表三第14行第4列。

表11-37　企业所得税年度纳税申报表附表一(3)

事业单位、社会团体、民办非企业单位收入明细表

填报时间:　年　月　日　　　　　　　　　　　　　　　金额单位:元(列至角分)

行次	项　　目	金额
1	一、收入总额(2+3+……+9)	
2	财政补助收入	
3	上级补助收入	
4	拨入专款	
5	事业收入	
6	经营收入	

续表

行次	项 目	金额
7	附属单位缴款	
8	投资收益	
9	其他收入	
10	二、不征税收入总额(11+12+13+14)	
11	财政拨款	
12	行政事业性收费	
13	政府性基金	
14	其他	
15	三、应纳税收入总额(1-10)	
16	四、应纳税收入总额占全部收入总额比重(15÷1)	

经办人(签章)：　　　　　　　法定代表人　　(签章)：

九、《成本费用明细表》(表 11-38)编制说明

(一) 适用范围

本表适用于执行《企业会计制度》、《小企业会计制度》、《企业会计准则》的企业，并实行查账征收的企业所得税居民纳税人填报。

(二) 填报依据和内容

根据《中华人民共和国企业所得税法》及其实施条例以及会计制度核算的"主营业务成本"、"其他业务支出"和"营业外支出"，以及根据税收规定应在当期确认收入对应的"视同销售成本"。

(三) 有关项目填报说明

(1) 第 1 行"销售(营业)成本合计"：填报纳税人根据会计制度核算的"主营业务成本"、"其他业务支出"。第 1 行＝第 2+7+12 行。

(2) 第 2 至 6 行"主营业务成本"：纳税人根据不同行业的业务性质分别填报在会计核算中的主营业务成本。第 2 行＝第 3+4+5+6 行。本表第 3 至 6 行的数据，分别与附表一(1)《收入明细表》的"主营业务收入"对应行次的数据配比。第 2+7 行填入主表第 2 行。

① 第 3 行"销售货物成本"：填报从事工业制造、商品流通、农业生产以及其他商品销售企业发生的主营业务成本的金额。

② 第 4 行"提供劳务成本"：填报从事提供旅游饮食服务、交通运输、邮政通信、对外经济合作等劳务、开展其他服务的纳税人发生的主营业务成本的金额。

③ 第5行"让渡资产使用权成本":填报让渡无形资产使用权(如商标权、专利权、专有技术使用权、版权、专营权等)发生的使用费成本以及以租赁业务为基本业务的出租固定资产、无形资产、投资性房地产在主营业务收入中核算发生的租金成本的金额。

④ 第6行"建造合同成本":填报纳税人建造房屋、道路、桥梁、水坝等建筑物,以及船舶、飞机、大型机械设备等发生的主营业务成本的金额。

第3至6行的数据,分别与附表一(1)《收入明细表》的"主营业务收入"对应行次的数据配比。

(3) 第7至11行"其他业务支出":按照会计核算中"其他业务支出"的具体业务性质分别填报。第7行=第8+9+10+11行。本表第8至11行的数据,分别与附表一(1)《收入明细表》的"其他业务收入"对应行次的数据配比。第11行"其他"项目,填报纳税人按照会计制度应在"其他业务支出"中核算的其他成本费用支出。

① 第8行"材料销售成本":填报纳税人销售材料、下脚料、废料、废旧物资等发生的支出的金额。

② 第9行"代购代销费用":填报纳税人从事代购代销、受托代销商品发生的支出的金额。

专业从事代理业务的纳税人发生的支出不在本行填列,作为主营业务成本填报。

③ 第10行"包装物出租成本":填报纳税人出租、出借包装物发生的租金支出和逾期未退包装物发生的支出的金额。

④ 第11行"其他":填报纳税人按照国家统一会计制度核算、上述未列举的其他业务成本的金额。

第8至11行的数据,分别与附表一(1)《收入明细表》的"其他业务收入"对应行次的数据配比。

(4) 第12至15行"视同销售成本":填报纳税人会计上不作为销售核算、但按照税收规定视同销售确认的应税成本的金额。

第13至15行的数据,分别与附表一(1)《收入明细表》的"视同销售收入"对应行次的数据配比。第13行等于附表三第21行第4列。

(5) 第16至24行"营业外支出":填报纳税人与生产经营无直接关系的各项支出的金额。

第16行等于主表第12行。

① 第17行"固定资产盘亏":填报纳税人在资产清查中发生的固定资产盘亏的金额。

② 第18行"处置固定资产净损失":填报纳税人因处置固定资产而发生的净损失的金额。不包括纳税人在主营业务成本中核算的、正常销售固定资产类商品。

③ 第19行"出售无形资产损失":填报纳税人因处置无形资产而发生的净损失的

金额。

④ 第 20 行"债务重组损失"：填报纳税人发生的债务重组行为按照国家统一会计制度确认的债务重组损失的金额。

⑤ 第 21 行"罚款支出"：填报纳税人在日常经营管理活动中发生的罚款支出的金额。

⑥ 第 22 行"非常损失"：填报纳税人按照国家统一会计制度规定在营业外支出中核算的各项非正常的财产损失的金额。

⑦ 第 23 行"捐赠支出"：填报纳税人实际发生的货币性资产、非货币性资产捐赠支出的金额。

⑧ 第 24 行"其他"：填报纳税人按照国家统一会计制度核算、上述未列举的其他营业外支出的金额。

(6) 第 25 至 28 行"期间费用"：填报纳税人按照国家统一会计制度核算的销售（营业）费用、管理费用和财务费用的数额。

① 第 26 行"销售（营业）费用"：填报纳税人按照国家统一会计制度核算的销售（营业）费用的金额。本行数据填入主表第 4 行。

② 第 27 行"管理费用"：填报纳税人按照国家统一会计制度核算的管理费用。本行数据填入主表第 5 行。

③ 第 28 行"财务费用"：填报纳税人按照国家统一会计制度核算的财务费用，本行数据填入主表第 6 行。

(四) 表内关系

(1) 第 1 行 = 第 2+7+12 行。

(2) 第 2 行 = 第 3 行至 6 行合计

(3) 第 7 行 = 第 8 行至 11 行合计。

(4) 第 12 行 = 第 13+14+15 行。

(5) 第 16 行 = 第 17 至 24 行合计。

(6) 第 25 行 = 第 26+27+28 行。

(五) 表间关系

(1) 第 2+7 行 = 主表第 2 行。

(2) 第 12 行 = 附表三第 21 行第 4 列。

(3) 第 16 行 = 主表第 12 行。

(4) 第 26 行 = 主表第 4 行。

(5) 第 27 行 = 主表第 5 行。

(6) 第 28 行 = 主表第 6 行。

表 11-38 企业所得税年度纳税申报表附表二(1)

成本费用明细表

填报时间:2×12年04月28日　　　　金额单位:元(列至角分)

行次	项目	金额
1	一、销售(营业)成本合计(2+7+12)	22 000 000.00
2	(一)主营业务成本(3+4+5+6)	22 000 000.00
3	(1)销售货物成本	22 000 000.00
4	(2)提供劳务成本	
5	(3)让渡资产使用权成本	
6	(4)建造合同成本	
7	(二)其他业务成本(8+9+10+11)	
8	(1)材料销售成本	
9	(2)代购代销费用	
10	(3)包装物出租成本	
11	(4)其他	
12	(三)视同销售成本(13+14+15)	
13	(1)非货币性交易视同销售成本	
14	(2)货物、财产、劳务视同销售成本	
15	(3)其他视同销售成本	
16	二、营业外支出(17+18+…+24)	800 000.00
17	1.固定资产盘亏	
18	2.处置固定资产净损失	
19	3.出售无形资产损失	
20	4.债务重组损失	
21	5.罚款支出	30 000.00
22	6.非常损失	
23	7.捐赠支出	
24	8.其他	770 000.00
25	三、期间费用(26+27+28)	23 120 000.00
26	1.销售(营业)费用	13 400 000.00
27	2.管理费用	9 600 000.00
28	3.财务费用	120 000.00

经办人(签章):　　　　　　法定代表人(签章):

十、《金融企业成本费用明细表》(表 11-39)编制说明

(一) 适用范围

本表适用于执行《金融企业会计制度》或《企业会计准则》的商业银行、政策银行、保险公司、证券公司、信托投资公司、租赁公司、担保公司、财务公司、典当公司等金融企业,并实行查账征收的企业所得税居民纳税人填报。

(二) 填报依据和内容

根据《中华人民共和国企业所得税法》及其实施条例和会计核算的有关明细科目分析填报,应准确归集成本费用,分别填入相关项目。

(三) 有关项目填报说明

(1) 第 1 行"营业成本":填报金融企业提供金融商品服务所发生的成本费用。

(2) 第 2 行"银行利息成本":填报纳税人从事银行业务发生的支出的金额。

(3) 第 3 行"银行利息支出":填报纳税人经营存贷款业务等发生的利息支出,包括同业存放、向中央银行借款、吸收存款、卖出回购金融资产、发行债券和其他业务利息支出。

(4) 第 11 行"银行手续费及佣金支出":填报纳税人发生的与其经营业务活动相关的各项手续费、佣金等支出。

(5) 第 17 行"保险业务支出":填报纳税人发生的赔付支出、提取保险责任准备金、手续费支出、分保费用、退保金、保户红利支出业务及管理费等支出总额,扣减摊回赔付支出、摊回保险责任准备金、摊回分保费用等项目后的支出总额。

(6) 第 19 行"退保金":填报纳税人寿险原保险合同提前解除时按照约定应当退还投保人的保单现金价值。

(7) 第 20 行"赔付支出":填报纳税人支付的原保险合同赔付款项和再保险赔付款项。

(8) 第 21 行"摊回赔付支出":填报纳税人向再保险接受人摊回的赔付成本。

(9) 第 22 行"提取保险责任准备金":填报纳税人提取的原保险合同保险责任准备金,包括提取的未决赔款准备金、寿险责任准备金、长期健康险责任准备金。

(10) 第 23 行"摊回保险责任准备金":填报纳税人从事再保险业务向再保险接受人摊回的保险责任准备金,包括未决赔款准备金、寿险责任准备金、长期健康险责任准备金。

(11) 第 24 行"保单红利支出":填报纳税人按原保险合同约定支付给投保人的红利。

(12) 第 25 行"分保费用":填报纳税人向再保险分出人支付的分保费用。

(13) 第 26 行"手续费及佣金支出":填报纳税人发生的与其经营活动相关的手续费、佣金支出。

(14) 第 28 行"摊回分保费用"：填报纳税人向再保险接受人摊回的分保费用。

(15) 第 31 行"证券业务支出"：填报纳税人核算的证券手续费支出和证券其他业务支出。

(16) 第 32 行"证券手续费支出"：填报纳税人代理承销、兑付和买卖证券等业务发生的各项手续费、风险结算金、承销业务直接相关的各项费用及佣金支出。

(17) 第 38 行"其他金融业务支出"：填报纳税人核算的除上述金融业务外与其他金融业务收入对应的其他业务支出，包括业务支出和其他业务支出。

(18) 第 41 行"视同销售应确认成本"：填报纳税人发生的与税收规定视同销售收入有关的成本费用。

(19) 第 45 行"营业外支出"：填报纳税人发生的各项营业外支出，包括非流动资产处置损失、非货币性资产交换损失、债务重组损失、捐赠支出、非常损失、盘亏损失等。

（四）表内关系

(1) 第 1 行＝第 2＋17＋31＋38 行。

(2) 第 2 行＝第 3＋11＋15＋16 行。

(3) 第 3 行＝第 4 至 10 行合计。

(4) 第 11 行＝第 12＋13＋14 行。

(5) 第 17 行＝第 18＋30 行。

(6) 第 18 行＝第 19＋20－21＋22－23＋24＋25＋26＋27－28＋29 行。

(7) 第 31 行＝第 32＋36＋37 行。

(8) 第 32 行＝第 33＋34＋35 行。

(9) 第 38 行＝第 39＋40 行。

(10) 第 41 行＝第 42＋43＋44 行。

(11) 第 45 行＝第 46 至 50 行合计。

（五）表间关系

(1) 第 1 行＝主表第 2 行。

(2) 第 41 行＝附表三第 21 行第 4 列。

(3) 第 45 行＝主表第 12 行。

表 11-39　企业所得税年度纳税申报表附表二(2)

金融企业成本费用明细表

填报时间：　年　月　日　　　　　　　　　　　　　金额单位：元(列至角分)

行次	项　目	金额
1	一、营业成本(2+17+31+38)	
2	（一）银行业务成本(3+11+15+16)	
3	1. 银行利息支出(4+5+…+10)	
4	（1）同业存放	
5	（2）向中央银行借款	
6	（3）拆入资金	
7	（4）吸收存款	
8	（5）卖出回购金融资产	
9	（6）发行债券	
10	（7）其他	
11	2. 银行手续费及佣金支出(12+13+14)	
12	（1）手续费支出	
13	（2）佣金支出	
14	（3）其他	
15	3. 业务及管理费	
16	4. 其他业务成本	
17	（二）保险业务支出(18+30)	
18	1. 业务支出(19+20−21+22−23+24+25+26+27−28+29)	
19	（1）退保金	
20	（2）赔付支出	
21	减：摊回赔付支出	
22	（3）提取保险责任准备金	
23	减：摊回保险责任准备金	
24	（4）保单红利支出	
25	（5）分保费用	

续表

行次	项　　目	金额
26	（6）手续费及佣金支出	
27	（7）业务及管理费	
28	减：摊回分保费用	
29	（8）其他	
30	2. 其他业务成本	
31	（三）证券业务支出(32＋36＋37)	
32	1. 证券手续费支出(33＋34＋35)	
33	（1）证券经纪业务支出	
34	（2）佣金	
35	（3）其他	
36	2. 业务及管理费	
37	3. 其他业务成本	
38	（四）其他金融业务支出(39＋40)	
39	1. 业务支出	
40	2. 其他业务成本	
41	二、视同销售应确认成本(42＋43＋44)	
42	1. 非货币性资产交换成本	
43	2. 货物、财产、劳务视同销售成本	
44	3. 其他视同销售成本	
45	三、营业外支出(46＋47＋48＋49＋50)	
46	1. 固定资产盘亏	
47	2. 处置固定资产净损失	
48	3. 非货币性资产交易损失	
49	4. 出售无形资产损失	
50	5. 其他	

经办人(签章)：　　　　　　　　法定代表人(签章)：

十一、《事业单位、社会团体、民办非企业单位支出明细表》(表 11-40)编制说明

(一)适用范围

本表适用于执行《事业单位会计准则》、《民间非营利组织会计制度》,并实行查账征收企业所得税的事业单位、社会团体、民办非企业单位填报。

(二)填报依据和内容

根据《中华人民共和国企业所得税法》及其实施条例以及会计制度核算的所有支出项目及税收规定准予扣除的支出项目。并据以填报主表第 2 行"营业成本"。

(三)有关项目填报说明

(1) 本表第 1 至 10 行:填报纳税人的所有支出项目。

(2) 第 1 行"支出总额":填报纳税人的支出总额(含不征税收入形成的支出)。

(3) 第 2 行"拨出经费":填报纳税人拨出经费的金额。

(4) 第 3 行"上缴上级支出":填报实行收入上缴办法的事业单位按照规定的定额或者比例上缴上级单位的支出数额。

(5) 第 4 行"拨出专款":填报按照规定或批准的项目拨出具有专项用途的资金金额。

(6) 第 5 行"专款支出":填报国家财政、主管部门或上级单位拨入的指定项目或用途并需要单独报账的专项资金的实际支出数。

(7) 第 6 行"事业支出":填报纳税人开展专业业务活动及其辅助活动发生的支出,包括工资、补助工资、职工福利费、社会保障费、助学金、公务费、业务费、设备购置费、修缮费和其他费用。

(8) 第 7 行"经营支出":填报纳税人在专业业务活动及其辅助活动之外开展非独立核算经营活动发生的支出。

(9) 第 8 行"对附属单位补助":填报纳税人用财政补助收入之外的收入对附属单位补助发生的支出。

(10) 第 9 行"结转自筹基建":填报纳税人达到基建额度的支出。

(11) 第 10 行"其他支出":填报上述第 2 行至第 9 行之外的支出,包括非常损失、捐赠支出、赔偿金、违约金等。

(12) 第 11 行"不准扣除的支出总额":填报税收规定的不允许税前扣除的项目,包括企业的不征税收入用于支出所形成的费用或者财产,不得扣除或者计算对应的折旧、摊销扣除。具体分三种方式填报:

① 税收规定不允许扣除的支出项目金额:采取据实核算支出项目的,根据实际发生额填报。

② 采取按分摊比例计算支出项目金额:填报金额=第 1 行×(1-应纳税收入总额占全部收入总额比例)。

③ 采取据实核算又按分摊比例计算支出项目金额:填报金额＝(第1—12行)×(1－应纳税收入总额占全部收入总额比例)。

(13) 第14行"准予扣除的支出总额":金额等于第1—11行。据此填报主表第2行"营业成本"。

（四）表内关系

(1) 第1行＝第2行至10行合计。

(2) 第14行＝第1—11行。

（五）表间关系

第14行＝主表第2行。

表11-40 企业所得税年度纳税申报表附表二(3)

事业单位、社会团体、民办非企业单位支出明细表

填报时间： 年 月 日　　　　　　　　　　　　　　　金额单位:元(列至角分)

行次	项 目	金额
1	一、支出总额(2+3+…+10)	
2	拨出经费	
3	上缴上级支出	
4	拨出专款	
5	专款支出	
6	事业支出	
7	经营支出	
8	对附属单位补助	
9	结转自筹基建	
10	其他支出	
11	二、不准扣除的支出总额	
12	(1)税收规定不允许扣除的支出项目金额	
13	(2)按分摊比例计算的支出项目金额	
14	三、准予扣除的支出总额	

经办人(签章)：　　　　　　　　法定代表人(签章)：

十二、《纳税调整项目明细表》(表11-41)编制说明

（一）适用范围

本表适用于实行查账征收的企业所得税居民纳税人填报。

(二) 填报依据和内容

根据《中华人民共和国企业所得税法》第二十一条规定:"在计算应纳税所得额时,企业财务、会计处理办法与税收法律、行政法规的规定不一致的,应当依照税收法律、行政法规的规定计算。"填报纳税人按照会计制度核算与税收规定不一致的,应进行纳税调整增加、减少项目的金额。

(三) 有关项目填报说明

本表纳税调整项目按照"收入类项目"、"扣除类项目"、"资产类调整项目"、"准备金调整项目"、"房地产企业预售收入计算的预计利润"、"特别纳税调整应税所得"、"其他"七个大项分类填报汇总,并计算出纳税"调增金额"和"调减金额"的合计数。

数据栏分别设置"账载金额"、"税收金额"、"调增金额"、"调减金额"四个栏次。"账载金额"是指纳税人在计算主表"利润总额"时,按照会计核算计入利润总额的项目金额。"税收金额"是指纳税人在计算主表"应纳税所得额"时,按照税收规定计入应纳税所得额的项目金额。

"收入类调整项目":"税收金额"扣减"账载金额"后的余额为正,填报在"调增金额";余额如为负数,填报在"调减金额"。其中第4行"3.不符合税收规定的销售折扣和折让"除外,按"扣除类调整项目"的规则处理。

"扣除类调整项目"、"资产类调整项目":"账载金额"扣减"税收金额"后的余额为正,填报在"调增金额";余额如为负数,将其绝对值填报在"调减金额"。

"其他"填报其他项目的"调增金额"、"调减金额"。

采用按分摊比例计算支出项目方式的事业单位、社会团体、民办非企业单位纳税人,"调增金额"、"调减金额"须按分摊比例后的金额填报。

本表打"*"号的栏次均不填报。

1. 收入类调整项目

(1) 第1行"一、收入类调整项目":填报收入类调整项目第2行至第19行的合计数。第1列"账载金额"、第2列"税收金额"不填报。

(2) 第2行"1.视同销售收入":填报会计上不作为销售核算,税收上应确认应税收入的金额。

① 事业单位、社会团体、民办非企业单位直接填报第3列"调增金额"。
② 金融企业第3列"调增金额"取自附表一(2)《金融企业收入明细表》第38行。
③ 其他企业第3列"调增金额"取自附表一(1)《收入明细表》第13行。
④ 第1列"账载金额"、第2列"税收金额"和第4列"调减金额"不填。

(3) 第3行"2.接受捐赠收入":第2列"税收金额"填报纳税人按会计制度规定将接受捐赠纳入资本公积核算,应进行纳税调整的收入。第3列"调增金额"等于第2列"税收金额"。第1列"账载金额"和第4列"调减金额"不填。

(4)第4行"3.不符合税收规定的销售折扣和折让":填报不符合税收规定的销售折扣和折让应进行纳税调整的金额。第1列"账载金额"填报纳税人销售货物给购货方的销售折扣和折让金额。第2列"税收金额"填报按照税收规定可以税前扣除的销售折扣和折让。第3列"调增金额"填报第1列与第2列的差额。第4列"调减金额"不填。

(5)第5行"4.未按权责发生制原则确认的收入":填报会计确认收入与税收确认收入条件和方法的差异,如分期收款销售商品销售收入的确认、税收规定按收付实现制确认的收入、持续时间超过12个月的收入的确认、利息收入的确认、租金收入的确认等企业财务会计处理办法与税收规定不一致应进行纳税调整产生的时间性差异的项目数据。

第1列"账载金额"填报会计核算确认的收入;第2列"税收金额"填报按税收规定确认的应纳税收入;第3列"调增金额"填报按会计核算与税收规定确认的应纳税暂时性差异;第4列"调减金额"填报按会计核算与税收规定确认的可抵减暂时性差异。

(6)第6行"5.按权益法核算长期股权投资对初始投资成本调整确认收益":第4列"调减金额"取自附表十一《股权投资所得(损失)明细表》第5列"权益法核算对初始投资成本调整产生的收益"的"合计"行的绝对值。第1列"账载金额"、第2列"税收金额"和第3列"调增金额"不填。

(7)第7行"6.按权益法核算的长期股权投资持有期间的投资损益":填报境内外投资按权益法核算的长期股权投资持有期间的投资收益会计与税收的差额。第1列"账载金额"填报会计上按权益法核算的长期股权投资持有期间的投资收益;第2列"税收金额"填报按税收政策确认的境内长期股权投资持有期间投资收益。第3列"调增金额"填报按照税收规定应纳税调整增加的金额;第4列"调减金额"填报按照税收规定应纳税调整减少的金额。

(8)第8行"7.特殊重组":填报纳税人按照税收规定作为特殊重组处理,导致财务会计处理与税收规定不一致进行纳税调整的金额。

第1列"账载金额"填报纳税人按照国家统一会计制度确认的账面金额;第2列"税收金额"填报纳税人按照税收规定确认的应税收入金额;第3列"调增金额"填报纳税人进行纳税调整增加的金额;第4列"调减金额"填报纳税人进行纳税调整减少的金额。

(9)第9行"8.一般重组":填报纳税人按照税收规定作为一般重组处理,导致财务会计处理与税收规定不一致进行纳税调整的金额。

第1列"账载金额"填报纳税人按照国家统一会计制度确认的账面金额;第2列"税收金额"填报纳税人按照税收规定确认的应税收入金额;第3列"调增金额"填报纳税人进行纳税调整增加的金额;第4列"调减金额"填报纳税人进行纳税调整减少的金额。

(10)第10行"9.公允价值变动净收益":第1列"账载金额"取自企业《损益表》"公允价值变动损益"项目数据,本行数据等于主表第8行数据。如为正数,则填在本行4

列作纳税调减；如为负数，则将其绝对值填在本行 3 列作纳税调增。

(11) 第 11 行"10.确认为递延收益的政府补助"：填报纳税人取得的不属于税收规定的不征税收入、免税收入以外的其他政府补助，按照国家统一会计制度确认为递延收益，税收处理应计入应纳税所得额应进行纳税调整的数额。

第 1 列"账载金额"填报会计核算的账面金额；第 2 列"税收金额"填报税收规定的收入金额；第 3 列"调增金额"填报按照税收规定应纳税调整增加的金额；第 4 列"调减金额"填报按照税收规定应纳税调整减少的金额。

(12) 第 12 行"11.境外应税所得"：第 4 列"调减金额"取自附表六《境外所得税抵扣计算明细表》第 2 列"境外所得"合计行。第 1 列"账载金额"、第 2 列"税收金额"和第 3 列"调增金额"不填。

(13) 第 13 行"12.不允许扣除的境外投资损失"：第 3 列"调增金额"除合并、撤销、依法清算外形成的损失，填报已并入企业利润总额在境外设立机构、场所的经营亏损以及并入利润总额的境外投资转让损失。第 1 列"账载金额"、第 2 列"税收金额"和第 4 列"调减金额"不填。

(14) 第 14 行"13.不征税收入"：第 4 列"调减金额"取自附表一(3)《事业单位、社会团体、民办非企业单位收入项目明细表》第 10 行"不征税收入总额"。第 1 列"账载金额"、第 2 列"税收金额"和第 3 列"调增金额"不填。

(15) 第 15 行"14.免税收入"：第 4 列"调减金额"取自附表五《税收优惠明细表》第 1 行"免税收入"金额栏数据。第 1 列"账载金额"、第 2 列"税收金额"和第 3 列"调增金额"不填。

(16) 第 16 行"15.减计收入"：第 4 列"调减金额"取自附表五《税收优惠明细表》第 6 行"减计收入"金额栏数据。第 1 列"账载金额"、第 2 列"税收金额"和第 3 列"调增金额"不填。

(17) 第 17 行"16.减、免税项目所得"：第 4 列"调减金额"取自附表五《税收优惠明细表》第 14 行"减免所得额合计"金额栏数据。第 1 列"账载金额"、第 2 列"税收金额"和第 3 列"调增金额"不填。

(18) 第 18 行"17.抵扣应纳税所得额"：第 4 列"调减金额"取自附表五《税收优惠明细表》第 39 行"创业投资企业抵扣应纳税所得额"金额栏数据。第 1 列"账载金额"、第 2 列"税收金额"和第 3 列"调增金额"不填。

(19) 第 19 行"18.其他"填报会计与税收有差异需要纳税调整的其他收入类项目金额，包括：① 执行新准则的固定资产盘盈(纳税调增)；② 无法支付的应付款项(调增)；③ 采用备抵法核算的企业收回已在税收上核销的坏账(纳税调增)；④ 与未确认融资收益相关的在本期冲减的财务费用(纳税调减)；⑤ 以前年度已作纳税调减的接受捐赠收入、债务重组收入、持有 5 年以上的股权转让收入等(纳税调增)；⑥ 无法支付的包装物押金;⑦ 境外营业机构在境外已纳的属于企业所得税性质的税款(纳税调减)等调整事项。

2. 扣除类调整项目

(1) 第 20 行"二、扣除类调整项目":填报扣除类调整项目第 21 行至第 40 行的合计数。第 1 列"账载金额"、第 2 列"税收金额"不填。

(2) 第 21 行"1. 视同销售成本":第 2 列"税收金额"填报视同销售收入相对应的成本费用。

① 事业单位、社会团体、民办非企业单位直接填报第 4 列"调减金额"。

② 金融企业第 4 列"调减金额"取自附表二(2)《金融企业成本费用明细表》第 41 行。

③ 一般企业第 4 列"调减金额"取自附表二(1)《成本费用明细表》第 12 行。

④ 第 1 列"账载金额"、第 2 列"税收金额"和第 3 列"调增金额"不填。

(3) 第 22 行"2. 工资薪金支出":第 1 列"账载金额"填报纳税人按照国家统一会计制度计入成本费用的职工工资、奖金、津贴和补贴的金额;第 2 列"税收金额"填报允许纳税人税前扣除的工资薪金额;第 3 列"调增金额"、第 4 列"调减金额"需分析填列。

(4) 第 23 行"3. 职工福利费支出":第 1 列"账载金额"填报纳税人按照国家统一会计制度计入成本费用的职工福利费的金额;第 2 列"税收金额"填报税收规定允许扣除的职工福利费,金额小于等于第 22 行"工资薪金支出"第 2 列"税收金额"×14%。如本行第 1 列≥第 2 列,第 1 列减去第 2 列的差额填入本行第 3 列"调增金额";如本行第 1 列<第 2 列,则第 3 列不填。

(5) 第 24 行"4. 职工教育经费支出":第 1 列"账载金额"填报纳税人按照国家统一会计制度计入成本费用的教育经费支出的金额;第 2 列"税收金额"填报税收规定允许扣除的职工教育经费,金额小于等于第 22 行"工资薪金支出"第 2 列"税收金额"×2.5%,或国务院财政、税务主管部门另有规定的金额。如本行第 1 列≥第 2 列,第 1 列减去第 2 列的差额填入本行第 3 列"调增金额";如本行第 1 列<第 2 列,则第 3 列不填,第 4 列需分析填列。

(6) 第 25 行"5. 工会经费支出":第 1 列"账载金额"填报纳税人按照国家统一会计制度计入成本费用的工会经费支出的金额;第 2 列"税收金额"填报税收规定允许扣除的工会经费,金额等于第 22 行"工资薪金支出"第 2 列"税收金额"×2‰减去没有工会专用凭据列支的工会经费后的余额。如本行第 1 列≥第 2 列,第 1 列减去第 2 列的差额填入本行第 3 列"调增金额";如本行第 1 列<第 2 列,则第 3 列不填。

(7) 第 26 行"6. 业务招待费支出":第 1 列"账载金额"填报企业发生的业务招待费;第 2 列"税收金额"填报税收规定允许纳税人税前扣除的业务招待费支出的金额。将"本行第 1 列×60%"与"附表一(1)《收入明细表》第 1 行×5‰"或与"附表一(2)《金融企业收入明细表》第(1+38)行×5‰"或与"附表一(3)《事业单位、社会团体、民办非企业单位收入明细表》第(3+4+5+6+7)行×5‰"比较,孰小者填入本行第2列;如本行第1列≥第2列,本行第1列减去第2列的余额填入本行第3列"调增金额";第4列"调减金额"不填。

(8) 第27行"7.广告费与业务宣传费支出":第3列"调增金额"取自附表八《广告费和业务宣传费跨年度纳税调整表》第7行"本年广告费和业务宣传费支出纳税调整额";第4列"调减金额"取自附表八《广告费和业务宣传费跨年度纳税调整表》第10行"本年扣除的以前年度结转额"。第1列"账载金额"和第2列"税收金额"不填。

(9) 第28行"8.捐赠支出":第1列"账载金额"填报企业实际发生的所有公益性捐赠支出;第2列"税收金额"填报按税收规定可以税前扣除的公益性捐赠限额,即主表13行×12%。如本行第1列≥第2列,第1列减去第2列的差额填入本行第3列"调增金额";如本行第1列<第2列,则第3列不填;第4列"调减金额"不填。特殊情况全额扣除的捐赠支出,如四川汶川、奥运会等全额捐赠支出,其调增部分在第40行"其他"中调减。

(10) 第29行"9.利息支出":第1列"账载金额"填报企业向非金融企业借款计入财务费用的利息支出;第2列"税收金额"第2列"税收金额"填报税收规定允许纳税人税前扣除的利息支出的金额。如本行第1列≥第2列,第1列减去第2列的差额填入本行第3列"调增金额"。第4列"调减金额"不得填列。关联企业的利息支出调整在53行填列。

(11) 第30行"10.住房公积金":第1列"账载金额"填报本纳税年度实际发生的住房公积金;第2列"税收金额"填报按税收规定允许税前扣除的住房公积金。如本行第1列≥第2列,第1列减去第2列的差额填入本行第3列"调增金额";如本行第1列<第2列,则第3列不填;第4列"调减金额"不填。

(12) 第31行"11.罚金、罚款和被没收财物的损失":第1列"账载金额"填报本纳税年度实际发生的罚金、罚款和被罚没财物的损失,不包括纳税人按照经济合同规定支付的违约金(包括银行罚息)、罚款和诉讼费;第3列"调增金额"等于第1列;第2列"税收金额"和第4列"调减金额"不填。

(13) 第32行"12.税收滞纳金":第1列"账载金额"填报本纳税年度实际发生的税收滞纳金;第3列"调增金额"等于第1列;第2列"税收金额"和第4列"调减金额"不填。

(14) 第33行"13.赞助支出":第1列"账载金额"填报本纳税年度实际发生的非公益性捐赠支出,包括直接向受赠人的捐赠、各种赞助支出;第3列"调增金额"等于第1列;第2列"税收金额"和第4列"调减金额"不填。

广告性的赞助支出按广告费和业务宣传费的规定处理,在第27行"广告费与业务宣传费支出"中填报。

(15) 第 34 行"14. 各类基本社会保障性缴款":第 1 列"账载金额"填报本纳税年度实际发生的各类基本社会保障性缴款,包括基本医疗保险费、基本养老保险费、失业保险费、工伤保险费和生育保险费;第 2 列"税收金额"填报税收规定允许纳税人税前扣除的各类基本社会保障性缴款的金额。本行第 1 列≥第 2 列,第 1 列减去第 2 列的差额填入本行第 3 列"调增金额";如本行第 1 列＜第 2 列,第 3 列"调增金额"、第 4 列"调减金额"均不填。

(16) 第 35 行"15. 补充养老保险、补充医疗保险":第 1 列"账载金额"填报本纳税年度实际发生的补充性质的社会保障性缴款;第 2 列"税收金额"填报税收规定允许纳税人税前扣除的补充养老保险、补充医疗保险的金额。如本行第 1 列≥第 2 列,第 1 列减去第 2 列的差额填入本行第 3 列"调增金额";如本行第 1 列＜第 2 列,则第 3 列"调增金额"、第 4 列"调减金额"均不填。

(17) 第 36 行"16. 与未实现融资收益相关在当期确认的财务费用":第 1 列"账载金额"填报纳税人按照新企业会计准则核算的、与未确认融资费用相关在当期确认的财务费用的金额;第 2 列"税收金额"、第 4 列"调减金额"不填;第 3 列"调增金额"＝第 1 列。

(18) 第 37 行"17. 与取得收入无关的支出":第 1 列"账载金额"填报本纳税年度实际发生与取得收入无关的支出;第 3 列"调增金额"等于第 1 列;第 2 列"税收金额"和第 4 列"调减金额"不填。

(19) 第 38 行"18. 不征税收入用于支出所形成的费用":第 1 列"账载金额"填报本年度实际发生的与不征税收入相关的支出;第 3 列"调增金额"等于第 1 列;第 2 列"税收金额"和第 4 列"调减金额"不填。

(20) 第 39 行"19. 加计扣除":第 4 列"调减金额"取自附表五《税收优惠明细表》第 9 行"加计扣除额合计"金额栏数据;第 1 列"账载金额"、第 2 列"税收金额"和第 3 列"调增金额"不填。

(21) 第 40 行"20. 其他"填报会计与税收有差异需要纳税调整的其他扣除类项目金额,包括四川汶川、奥运会等全额捐赠支出,分期收款销售方式下应调整的商品成本、股份支付、辞退福利、实际发生的上期已作纳税调整的预计负债。

3. 资产类调整项目

(1) 第 41 行"三、资产类调整项目":填报资产类调整项目第 42 行至第 48 行的合计数。第 1 列"账载金额"、第 2 列"税收金额"不填报。

(2) 第 42 行"1. 财产损失":第 1 列"账载金额"填报纳税人按照国家统一会计制度确认的财产损失金额;第 2 列"税收金额"填报税收规定允许纳税人税前扣除的财产损失金额。如本行第 1 列≥第 2 列,第 1 列减去第 2 列的差额填入本行第 3 列"调增金额";如本行第1列<第2列,第1列减去第2列的差额的绝对值填入第4列"调减金额"。

(3) 第43行"2.固定资产折旧":第3列"调增金额"填报附表九《资产折旧、摊销纳税调整明细表》第1行"固定资产"第7列"纳税调整额"的正数;第4列"调减金额"填报附表九《资产折旧、摊销纳税调整明细表》第1行"固定资产"第7列"纳税调整额"负数的绝对值。第1列"账载金额"、第2列"税收金额"不填。

(4) 第44行"3.生产性生物资产折旧":第3列"调增金额"填报附表九《资产折旧、摊销纳税调整明细表》第7行"生产性生物资产"第7列"纳税调整额"的正数;第4列"调减金额"填报附表九《资产折旧、摊销纳税调整明细表》第7行"生产性生物资产"第7列"纳税调整额"的负数的绝对值。第1列"账载金额"、第2列"税收金额"不填。

(5) 第45行"4.长期待摊费用":第3列"调增金额"填报附表九《资产折旧、摊销纳税调整明细表》第10行"长期待摊费用"第7列"纳税调整额"的正数;第4列"调减金额"填报附表九《资产折旧、摊销纳税调整明细表》第10行"长期待摊费用"第7列"纳税调整额"的负数的绝对值。第1列"账载金额"、第2列"税收金额"不填。

(6) 第46行"5.无形资产摊销":第3列"调增金额"填报附表九《资产折旧、摊销纳税调整明细表》第15行"无形资产"第7列"纳税调整额"的正数;第4列"调减金额"填报附表九《资产折旧、摊销纳税调整明细表》第15行"无形资产"第7列"纳税调整额"的负数的绝对值。第1列"账载金额"、第2列"税收金额"不填。

(7) 第47行"6.投资转让、处置所得":第3列"调增金额"和第4列"调减金额"需分析附表十一《股权投资所得(损失)明细表》后填列。第1列"账载金额"、第2列"税收金额"不填。

(8) 第48行"7.油气勘探投资":第3列填报附表九《资产折旧、摊销纳税调整明细表》第16行"油气勘探投资"第7列"纳税调整额"的正数;第4列"调减金额"填报附表九《资产折旧、摊销纳税调整明细表》第16行"油气勘探投资"第7列"纳税调整额"负数的绝对值。第1列"账载金额"、第2列"税收金额"不填。

(9) 第49行"油气开发投资":第3列填报附表九《资产折旧、摊销纳税调整明细表》第17行"油气开发投资"第7列"纳税调整额"的正数;第4列"调减金额"填报附表九《资产折旧、摊销纳税调整明细表》第17行"油气开发投资"第7列"纳税调整额"负数的绝对值。第1列"账载金额"、第2列"税收金额"不填。

(10) 第50行"7.其他"填报会计与税收有差异需要纳税调整的其他资产类项目金额,包括以前年度已作纳税调增的开办费用。

4. 准备金调整项目

第51行"四、准备金调整项目":第3列"调增金额"填报附表十《资产减值准备项目调整明细表》第17行"合计"第5列"纳税调整额"的正数;第4列"调减金额"填报附表十《资产减值准备项目调整明细表》第 17 行"合计"第 5 列"纳税调整额"的负数的绝对值。第 1 列"账载金额"、第 2 列"税收金额"不填。

5. 房地产企业预售收入计算的预计利润

第 52 行"五、房地产企业预售收入计算的预计利润":第 3 列"调增金额"填报从事房地产开发业务的纳税人本期取得的预售收入,按照税收规定的预计利润率计算的预计利润的金额;第 4 列"调减金额"填报从事房地产开发业务的纳税人本期将预售收入转为销售收入,转回已按税收规定征税的预计利润的数额。第 1 列"账载金额"、第 2 列"税收金额"不填。

6. 特别纳税调整应税所得

第 53 行"六、特别纳税调整应税所得":第 3 列"调增金额"填报纳税人除受控外国公司应归属居民企业的利润外,其他按特别纳税调整规定,自行调增的当年应税所得。第 1 列"账载金额"、第 2 列"税收金额"、第 4 列"调减金额"不填。

7. 其他

第 54 行"六、其他":其他会计与税收存在差异的项目,第 1 列"账载金额"、第 2 列"税收金额"不填。

调增金额栏、调减金额栏大于等于 0。

(四) 表内关系

(1) 第 1 行=第 2+3+…+19 行。

(2) 第 20 行=第 21 行+22 行+…+40 行。

(3) 第 41 行=第 42+43+…+50 行。

(4) 第 55 行:调增金额(调减金额)"合计"=第 1+20+41+51+52+53+54 行。

(五) 表间关系

(1) 一般企业:第 2 行第 3 列=附表一(1)第 13 行。

金融企业:第 2 行第 3 列=附表一(2)第 38 行。

(2) 第 6 行第 4 列=附表十一第 5 列"合计"行的绝对值。

(3) 第 12 行第 4 列=附表六"合计"行第 2 列的绝对值。

(4) 附表七第 10 行第 5 列为正数时:第 10 行第 3 列=附表七第 10 行第 5 列。

附表七第 10 行第 5 列为负数时:第 10 行第 4 列=附表七第 10 行第 5 列负数的绝对值。

(5) 第 14 行第 4 列=附表一(3)第 10 行。

(6) 第 15 行第 4 列=附表五第 1 行。

(7) 第 16 行第 4 列=附表五第 6 行。

(8) 第 17 行第 4 列=附表五第 14 行。

(9) 第 18 行第 4 列=附表五第 39 行。

(10) 一般企业:第 21 行第 4 列＝附表二(1)第 12 行。

金融企业:第 21 行第 4 列＝附表二(2)第 41 行。

(11) 第 27 行第 3 列＝附表八第 7 行。

27 行第 4 列＝附表八第 10 行。

(12) 第 39 行第 4 列＝附表五第 9 行。

(13) 附表九第 1 行第 7 列为正数时:

第 43 行第 3 列＝附表九第 1 行第 7 列。

附表九第 1 行第 7 列为负数时:

第 43 行第 4 列＝附表九第 1 行第 7 列负数的绝对值。

(14) 附表九第 7 行第 7 列为正数时:

第 44 行第 3 列＝附表九第 7 行第 7 列。

附表九第 7 行第 7 列为负数时:

第 44 行第 4 列＝附表九第 7 行第 7 列负数的绝对值。

(15) 附表九第 10 行第 7 列为正数时:

第 45 行第 3 列＝附表九第 10 行第 7 列。

附表九第 10 行第 7 列为负数时:

第 45 行第 4 列＝附表九第 10 行第 7 列负数的绝对值。

(16) 附表九第 15 行第 7 列为正数时:

第 46 行第 3 列＝附表九第 15 行第 7 列。

附表九第 15 行第 7 列为负数时:

第 46 行第 4 列＝附表九第 15 行第 7 列负数的绝对值。

(17) 附表九第 16 行第 7 列为正数时:

第 48 行第 3 列＝附表九第 16 行第 7 列。

附表九第 16 行第 7 列为负数时:

第 48 行第 4 列＝附表九第 16 行第 7 列负数的绝对值。

(18) 附表九第 17 行第 7 列为正数时:

第 49 行第 3 列＝附表九第 17 行第 7 列。

附表九第 17 行第 7 列为负数时:

第 49 行第 4 列＝附表九第 17 行第 7 列负数的绝对值。

(19) 附表十第 17 行第 5 列合计数为正数时:

第 51 行第 3 列＝附表十第 17 行第 5 列。

附表十第 17 行第 5 列合计数为负数时:

第 51 行第 4 列＝附表十第 17 行第 5 列的绝对值。

(20) 第 55 行第 3 列＝主表第 14 行

(21) 第 55 行第 4 列 = 主表第 15 行。

表 11-41 企业所得税年度纳税申报表附表三

纳税调整项目明细表

填报时间:2×12 年 04 月 28 日　　　　　　　　　　　金额单位:元(列至角分)

行次	项目	账载金额	税收金额	调增金额	调减金额
		1	2	3	4
1	一、收入类调整项目	*	*		
2	1. 视同销售收入(填写附表一)		*		*
3	2. 接受捐赠收入		*		*
4	3. 不符合税收规定的销售折扣和折让				*
5	4. 未按权责发生制原则确认的收入				
6	5. 按权益法核算长期股权投资对初始投资成本调整确认收益	*	*	*	
7	6. 按权益法核算的长期股权投资持有期间的投资损益	*	*		
8	7. 特殊重组				
9	8. 一般重组				
10	9. 公允价值变动净收益(填写附表七)	*	*		
11	10. 确认为递延收益的政府补助				
12	11. 境外应税所得(填写附表六)	*	*	*	
13	12. 不允许扣除的境外投资损失	*	*		*
14	13. 不征税收入(填附表一[3])	*	*	*	
15	14. 免税收入(填附表五)	*	*	*	540 000
16	15. 减计收入(填附表五)				
17	16. 减、免税项目所得(填附表五)				
18	17. 抵扣应纳税所得额(填附表五)				
19	18. 其他				
20	二、扣除类调整项目	*	*		
21	1. 视同销售成本(填写附表二)		*	*	
22	2. 工资薪金支出	700 000	700 000	0	

续表

行次	项 目	账载金额 1	税收金额 2	调增金额 3	调减金额 4
23	3. 职工福利费支出	150 000	98 000	52 000	
24	4. 职工教育经费支出	10 000	17 500		
25	5. 工会经费支出	20 000	14 000	6 000	
26	6. 业务招待费支出	800 000	255 000	545 000	*
27	7. 广告费和业务宣传费支出(填写附表八)	9 000 000	7 650 000	1 350 000	
28	8. 捐赠支出				*
29	9. 利息支出	120 000	75 000	45 000	
30	10. 住房公积金				*
31	11. 罚金、罚款和被没收财物的损失		*		*
32	12. 税收滞纳金	30 000	*	30 000	*
33	13. 赞助支出	500 000	*	500 000	*
34	14. 各类基本社会保障性缴款				
35	15. 补充养老保险、补充医疗保险				
36	16. 与未实现融资收益相关在当期确认的财务费用				
37	17. 与取得收入无关的支出		*		*
38	18. 不征税收入用于支出所形成的费用		*		*
39	19. 加计扣除(填附表五)	*	*	*	
40	20. 其他	300 000		300 000	
41	三、资产类调整项目	*	*		
42	1. 财产损失				
43	2. 固定资产折旧(填写附表九)	*	*	10 000	
44	3. 生产性生物资产折旧(填写附表九)	*	*		
45	4. 长期待摊费用的摊销(填写附表九)	*	*		
46	5. 无形资产摊销(填写附表九)	*	*		
47	6. 投资转让、处置所得(填写附表十一)	*	*		
48	7. 油气勘探投资(填写附表九)				
49	8. 油气开发投资(填写附表九)				

续表

行次	项目	账载金额 1	税收金额 2	调增金额 3	调减金额 4
50	9. 其他				
51	四、准备金调整项目(填写附表十)	＊	＊		
52	五、房地产企业预售收入计算的预计利润	＊	＊		
53	六、特别纳税调整应税所得	＊	＊		＊
54	七、其他		＊		
55	合计	＊	＊	2 838 000	540 000

注:1. 标有"＊"的行次为执行新会计准则的企业填列,标有♯的行次为除执行新会计准则以外的企业填列。
  2. 没有标注的行次,无论执行何种会计核算办法,有差异就填报相应行次,填"＊"号不可填列。
  3. 有二级附表的项目只填调增、调减金额,账载金额、税收金额不再填写。

经办人(签章):   法定代表人(签章):

十三、《企业所得税弥补亏损明细表》(表 11-42)编制说明

(一) 适用范围

本表适用于实行查账征收的企业所得税居民纳税人填报。

(二) 填报依据和内容

依据《中华人民共和国企业所得税法》及其实施条例,填报本年及本年度纳税申报前五年度发生的尚未弥补的亏损额。本表反映纳税调整后所得为正数,按规定可弥补以前年度结转的亏损额。

(三) 有关项目填报说明

(1) 第 1 列"年度":填报公历年份。第 1 至 5 行依次从 6 行往前推 5 年,第 6 行为本申报年度。

(2) 第 2 列"盈利额或亏损额":填报主表的第 23 行"纳税调整后所得"的数据(亏损额以"-"表示)。

(3) 第 3 列"合并分立企业转入可弥补亏损额":填报按税收规定可以并入的合并、分立企业的亏损额,以及按税收规定汇总纳税后分支机构在 2008 年以前按独立纳税人计算缴纳企业所得税尚未弥补完的亏损额(以"-"表示)。

(4) 第 4 列"当年可弥补的所得额":金额等于第 2+3 列。

(5) 第 9 列"以前年度亏损弥补额":金额等于第 5+6+7+8 列(第 4 列为正数的不填)。

(6) 第 10 列第 1 至 5 行"本年度实际弥补的以前年度亏损额":填报主表第 24 行

金额,用于依次弥补前五年度的尚未弥补的亏损额。第 10 列各行小于等于第 4 列负数的绝对值－9 列。

(7) 第 6 行第 10 列"本年度实际弥补的以前年度亏损额":金额等于第 1 至 5 行第 10 列的合计数(6 行 10 列的合计数≤6 行 4 列的合计数)。

(8) 第 11 列第 2 至 6 行"可结转以后年度弥补的亏损额":填报前五年度的亏损额被本年主表中第 24 行数据依次弥补后,各年度仍未弥补完的亏损额,以及本年度尚未弥补的亏损额。第 11 列＝第 4 列的绝对值－第 9 列－第 10 列(第 4 列大于零的行次不填报)。

(9) 第 7 行第 11 列"可结转以后年度弥补的亏损额合计":填报第 2 至 6 行第 11 列的合计数。

(四) 表间关系

第 6 行第 10 列＝主表第 24 行。

表 11-42 企业所得税年度纳税申报表附表四

企业所得税弥补亏损明细表

填报时间:2×12 年 04 月 28 日　　　　　金额单位:元(列至角分)

行次	项目	年度	盈利额或亏损额	合并分立企业转入可弥补亏损额	当年可弥补的所得额	以前年度亏损弥补额					本年度实际弥补的以前年度亏损额	可结转以后年度弥补的亏损额
						前四年度	前三年度	前二年度	前一年度	合计		
		1	2	3	4	5	6	7	8	9	10	11
1	第一年											*
2	第二年					*						
3	第三年					*	*					
4	第四年					*	*	*				
5	第五年	2009	－1 000 000.00			*	*	*	*			
6	本年	2010	4 718 000.00			*	*	*	*		1 000 000.00	
7			可结转以后年度弥补的亏损额合计										

经办人(签章):　　　　　　　　　　　　法定代表人(签章):

十四、《税收优惠明细表》(表 11-43)编制说明

(一) 适用范围

本表适用于实行查账征收的企业所得税居民纳税人填报。

(二) 填报依据和内容

根据《中华人民共和国企业所得税法》及其实施条例、相关税收政策规定,填报纳税人本纳税年度发生的免税收入、减计收入、加计扣除、减免所得、减免税、抵扣的应纳税所得额和抵免税额。

（三）有关项目填报说明

1. 免税收入

（1）第 2 行"国债利息收入"：填报纳税人持有国务院财政部门发行的国债取得的利息收入。

（2）第 3 行"符合条件的居民企业之间的股息、红利等权益性投资收益"：填报居民企业直接投资于另一居民企业所取得的投资收益，不包括连续持有居民企业公开发行并上市流通的股票不足 12 个月取得的投资收益。

（3）第 4 行"符合条件的非营利组织的收入"：填报符合条件的非营利组织的收入，不包括从事营利性活动所取得的收入。

（4）第 5 行"其他"：填报国务院根据税法授权制定的其他免税收入税收优惠政策。

2. 减计收入

（1）第 7 行"企业综合利用资源，生产符合国家产业政策规定的产品所取得的收入"：填报纳税人以《资源综合利用企业所得税优惠目录》内的资源作为主要原材料，生产非国家限制和禁止并符合国家和行业相关标准的产品所取得的收入减计 10% 部分的数额。

（2）第 8 行"其他"：填报国务院根据税法授权制定的其他减计收入税收优惠政策。

3. 加计扣除额合计

（1）第 10 行"开发新技术、新产品、新工艺发生的研究开发费用"：填报纳税人为开发新技术、新产品、新工艺发生的研究开发费用，未形成无形资产计入当期损益的，在按规定实行 100% 扣除基础上，按研究开发费用的 50% 加计扣除的金额；形成无形资产的，按照该无形资产摊销额的 50% 加计扣除。

（2）第 11 行"安置残疾人员所支付的工资"：填报纳税人安置残疾人员的，在支付给残疾职工工资据实扣除的基础上，按照支付给残疾职工工资的 100% 加计扣除额。

（3）第 12 行"国家鼓励安置的其他就业人员支付的工资"：填报国务院根据税法授权制定的其他就业人员支付工资优惠政策。

（4）第 13 行"其他"：填报国务院根据税法授权制定的其他加计扣除税收优惠政策。

4. 减免所得额合计

（1）第 16 行"蔬菜、谷物、薯类、油料、豆类、棉花、麻类、糖料、水果、坚果的种植"：填报纳税人种植蔬菜、谷物、薯类、油料、豆类、棉花、麻类、糖料、水果、坚果取得的免征企业所得税项目的所得额。

（2）第 17 行"农作物新品种的选育"：填报纳税人从事农作物新品种的选育免征企

业所得税项目的所得额。

(3) 第18行"中药材的种植":填报纳税人从事中药材的种植免征企业所得税项目的所得额。

(4) 第19行"林木的培育和种植":填报纳税人从事林木的培育和种植免征企业所得税项目的所得额。

(5) 第20行"牲畜、家禽的饲养":填报纳税人从事牲畜、家禽的饲养免征企业所得税项目的所得额。

(6) 第21行"林产品的采集":填报纳税人从事采集林产品免征企业所得税项目的所得额。

(7) 第22行"灌溉、农产品初加工、兽医、农技推广、农机作业和维修等农、林、牧、渔服务业项目":填报纳税人从事灌溉、农产品初加工、兽医、农技推广、农机作业和维修等农、林、牧、渔服务业免征企业所得税项目的所得额。

(8) 第23行"远洋捕捞":填报纳税人从事远洋捕捞免征企业所得税的所得额。

(9) 第24行"其他":填报国务院根据税法授权制定的其他免税所得税收优惠政策。

(10) 第26行"花卉、茶以及其他饮料作物和香料作物的种植":填报纳税人从事花卉、茶以及其他饮料作物和香料作物种植减半征收企业所得税项目的所得额。

(11) 第27行"海水养殖、内陆养殖":填报纳税人从事海水养殖、内陆养殖减半征收企业所得税项目的所得额。

(12) 第28行"其他":填报国务院根据税法授权制定的其他减税所得税收优惠政策。

(13) 第29行"从事国家重点扶持的公共基础设施项目投资经营的所得":填报纳税人从事《公共基础设施项目企业所得税优惠目录》规定的港口码头、机场、铁路、公路、城市公共交通、电力、水利等项目的投资经营的所得。不包括企业承包经营、承包建设和内部自建自用该项目的所得。

(14) 第30行"从事符合条件的环境保护、节能节水项目的所得":填报纳税人从事公共污水处理、公共垃圾处理、沼气综合开发利用、节能减排技术改造、海水淡化等项目所得。

(15) 第31行"符合条件的技术转让所得":填报居民企业技术转让所得(技术转让所得不超过500万元的部分,免征企业所得税;超过500万元的部分,减半征收企业所得税)。

(16) 第32行"其他":填报国务院根据税法授权制定的其他税收优惠政策。

5. 减免税合计

(1) 第34行"符合规定条件的小型微利企业":填报纳税人从事国家非限制和禁止

行业并符合规定条件的小型微利企业享受优惠税率减征的企业所得税税额。

(2) 第35行"国家需要重点扶持的高新技术企业":填报纳税人从事国家需要重点扶持拥有核心自主知识产权等条件的高新技术企业享受减征企业所得税税额。

(3) 第36行"民族自治地方的企业应缴纳的企业所得税中属于地方分享的部分":填报纳税人经民族自治地方所在省、自治区、直辖市人民政府批准,减征或者免征民族自治地方的企业缴纳的企业所得税中属于地方分享的企业所得税税额。

(4) 第37行"过渡期税收优惠":填报纳税人符合国务院规定以及经国务院批准给予过渡期税收优惠政策。

(5) 第38行"其他:填报国务院根据税法授权制定的其他税收优惠政策。

6. 第39行"创业投资企业抵扣的应纳税所得额"

填报创业投资企业采取股权投资方式投资于未上市的中小高新技术企业2年以上的,可以按照其投资额的70%在股权持有满2年的当年抵扣该创业投资企业的应纳税所得额;当年不足抵扣的,可以在以后纳税年度结转抵扣。

7. 抵免所得税额合计

(1) 第41~43行,填报纳税人购置并实际使用《环境保护专用设备企业所得税优惠目录》、《节能节水专用设备企业所得税优惠目录》和《安全生产专用设备企业所得税优惠目录》规定的环境保护、节能节水、安全生产等专用设备的,投资额的10%从企业当年的应纳税额中抵免的企业所得税税额。当年不足抵免的,可以在以后5个纳税年度结转抵免。

(2) 第44行"其他":填报国务院根据税法授权制定的其他税收优惠政策。

8. 减免税附列资料

(1) 第45行"企业从业人数"项目,填报纳税人全年平均从业人员,按照纳税人年初和年末的从业人员平均计算,用于判断是否为税收规定的小型微利企业。

(2) 第46行"资产总额"项目,填报纳税人全年资产总额平均数,按照纳税人年初和年末的资产总额平均计算,用于判断是否为税收规定的小型微利企业。

(3) 第47行"所属行业(工业企业其他企业)"项目,填报纳税人所属的行业,用于判断是否为税收规定的小型微利企业。

(四) 表内关系

(1) 第1行=第2+3+4+5行。

(2) 第6行=第7+8行。

(3) 第9行=第10+11+12+13行。

(4) 第14行=第15+25+29+30+31+32行。

(5) 第15行=第16至24行合计。

(6) 第25行=第26+27+28行。

(7) 第 33 行＝第 34＋35＋36＋37＋38 行。

(8) 第 40 行＝第 41＋42＋43＋44 行。

(五) 表间关系

(1) 第 1 行＝附表三第 15 行第 4 列＝主表第 17 行。

(2) 第 6 行＝附表三第 16 行第 4 列＝主表第 18 行。

(3) 第 9 行＝附表三第 39 行第 4 列＝主表第 20 行。

(4) 第 14 行＝附表三第 17 行第 4 列＝主表第 19 行。

(5) 第 39 行＝附表三第 18 行第 4 列。

(6) 第 33 行＝主表第 28 行。

(7) 第 40 行＝主表第 29 行。

表 11-43 企业所得税年度纳税申报表附表五

税收优惠明细表

填报时间：2×12 年 04 月 28 日　　　　金额单位：元（列至角分）

行次	项　目	金额
1	一、免税收入(2＋3＋4＋5)	540 000.00
2	1. 国债利息收入	240 000.00
3	2. 符合条件的居民企业之间的股息、红利等权益性投资收益	300 000.00
4	3. 符合条件的非营利组织的收入	
5	4. 其他	
6	二、减计收入(7＋8)	
7	1. 企业综合利用资源，生产符合国家产业政策规定的产品所取得的收入	
8	2. 其他	
9	三、加计扣除额合计(10＋11＋12＋13)	
10	1. 开发新技术、新产品、新工艺发生的研究开发费用	
11	2. 安置残疾人员所支付的工资	
12	3. 国家鼓励安置的其他就业人员支付的工资	
13	4. 其他	
14	四、减免所得额合计(15＋25＋29＋30＋31＋32)	
15	(一) 免税所得(16＋17＋…＋24)	
16	1. 蔬菜、谷物、薯类、油料、豆类、棉花、麻类、糖料、水果、坚果的种植	

续表

行次	项　　目	金额
17	2. 农作物新品种的选育	
18	3. 中药材的种植	
19	4. 林木的培育和种植	
20	5. 牲畜、家禽的饲养	
21	6. 林产品的采集	
22	7. 灌溉、农产品初加工、兽医、农技推广、农机作业和维修等农、林、牧、渔服务业项目	
23	8. 远洋捕捞	
24	9. 其他	
25	(二)减税所得(26＋27＋28)	
26	1. 花卉、茶以及其他饮料作物和香料作物的种植	
27	2. 海水养殖、内陆养殖	
28	3. 其他	
29	(三)从事国家重点扶持的公共基础设施项目投资经营的所得	
30	(四)从事符合条件的环境保护、节能节水项目的所得	
31	(五)符合条件的技术转让所得	
32	(六)其他	
33	五、减免税合计(34＋35＋36＋37＋38)	
34	(一)符合条件的小型微利企业	
35	(二)国家需要重点扶持的高新技术企业	
36	(三)民族自治地方的企业应缴纳的企业所得税中属于地方分享的部分	
37	(四)过渡期税收优惠	
38	(五)其他	
39	六、创业投资企业抵扣的应纳税所得额	
40	七、抵免所得税额合计(41＋42＋43＋44)	
41	(一)企业购置用于环境保护专用设备的投资额抵免的税额	
42	(二)企业购置用于节能节水专用设备的投资额抵免的税额	

续表

行次	项　目	金额
43	（三）企业购置用于安全生产专用设备的投资额抵免的税额	
44	（四）其他	
45	企业从业人数（全年平均人数）	
46	资产总额（全年平均数）	
47	所属行业（工业企业　　其他企业　　　）	

经办人(签章)：　　　　　　　　　　　　　法定代表人(签章)：

十五、《境外所得税抵免计算明细表》(表11-44)编制说明

（一）适用范围

本表适用于实行查账征收的企业所得税居民纳税人填报。

（二）填报依据和内容

根据《中华人民共和国企业所得税法》及其实施条例，填报纳税人本年度发生的来源于不同国家或地区的境外所得按照我国税收法律、法规的规定应缴纳和抵免的所得税额。

（三）各项目填报说明

(1) 第1列"国家或地区"：填报境外所得来源的国家或地区的名称。来源于同一国家或地区的境外所得可合并到一行填报。

(2) 第2列"境外所得"：填报来自境外的收入总额（包括生产经营所得和其他所得），扣除按税收规定允许扣除的境外发生的成本费用后的金额。

(3) 第3列"境外所得换算含税收入的所得"：填报第2列境外所得换算成包含在境外缴纳企业所得税的所得。

境外所得换算含税收入的所得＝来源于境外的所得÷[(1－所在国家地区所得税税率)×(1－所在国家地区预提所得税税率)]

(4) 第4列"弥补以前年度亏损"：填报境外所得按税收规定弥补以前年度境外亏损额。

(5) 第5列"免税所得"：填报按照税收规定予以免税的境外所得。

(6) 第6列"弥补亏损前境外应税所得额"：填报境外所得弥补境内亏损前的应税所得额。第6列＝第3列－4列－5列。

(7) 第7列"可弥补境内亏损"：填报境外所得按税收规定弥补境内亏损额。

(8) 第8列"境外应纳税所得额"：填报弥补亏损前境外应纳税所得额扣除可弥补境内亏损后的金额。

表 11-44 企业所得税年度纳税申报表附表六

境外所得税抵免计算明细表

填报时间：　　年　　月　　日

金额单位：元（列至角分）

抵免方式	国家或地区	境外所得	境外所得换算含税所得	弥补以前年度亏损	免税所得	弥补亏损前境外应税所得额	可弥补境内亏损	境外应纳税所得额	税率	境外所得应纳税额	境外所得可抵免税额	境外所得税款抵免限额	本年可抵免的境外所得税款	未超过境外所得税款抵免限额的余额	本年可抵免以前年度所得税额	前五年境外所得已缴税款抵免未余额	定率抵免
		1	2	3	4	5	6(3−4−5)	7	8(6−7)	9	10(8×9)	11	12	13	14(12−13)	15	16	17
直接抵免																		
间接抵免				*	*									*	*	*	
				*	*									*	*	*	
				*	*									*	*	*	
	合计																	

经办人（签章）：　　　　　　　　　　　　　　　法定代表人（签章）：

(9) 第9列"税率":填报纳税人境内税法规定的税率25%。

(10) 第10列"境外所得应纳税额":填报境外应纳税所得额与境内税法规定税率的乘积。

(11) 第11列"境外所得可抵免税额"。实行分国不分项限额抵免的纳税人填报第10至16列。本列填报从境外子公司取得的所得在所在国家或地区缴纳的企业所得税额,可分为直接抵免和间接抵免。子公司从境外取得的所得在所在国家或地区缴纳的企业所得税额为直接抵免税额;从境外二级子公司取得的所得在所在国家或地区缴纳的企业所得税额为间接抵免税额。二级子公司可抵免税额=(纳税人分得的所得÷同一纳税年度子公司税后应分配总额)×(子公司分得的所得÷同一纳税年度二级子公司税后应分配总额)×二级子公司同一纳税年度已缴所得税。

(12) 第12列"境外所得税款抵免限额"。抵免限额=中国境内、境外所得依照企业所得税法和条例的规定计算的应纳税总额×来源于某国(地区)的应纳税所得额÷中国境内、境外应纳税所得总额。

(13) 第13列"本年可抵免的境外所得税款":填报本年来源于境外的所得已缴纳所得税,在本年度允许抵免的金额。

(14) 第14列"未超过境外所得税款抵免限额的余额":填报本年度在抵免限额内抵免完所得税后,可用于抵免以前年度结转的待抵免的所得税额。

(15) 第15列"本年可抵免以前年度税额":填报本年可抵免以前年度未抵免完毕结转到本年度抵免的企业所得税。

(16) 第16列"前五年境外所得已缴税款未抵免余额":填报可结转以后年度抵免的境外所得未抵免余额。

(17) 第17列"定率抵免"。本列适用于实行定率抵免境外所得税款的纳税人,填报此列的纳税人不填报第11至16列。

(四) 表内关系

(1) 第2列≥0

(2) 第6列=第3-4-5列。

(3) 第8列=第6-7列。

(4) 第10列=第8×9列。

(5) 第7列各行金额≤同一行次的第6列。当某行第6列≤0时,同一行次的第7列为0。

(6) 第13列"本年可抵免的境外所得税款"。第12列某行≤同一行次的第11列,第13列=第12列;当第12列某行≥同一行次的第11列,第13列=第11列。

(7) 第14列"未超过境外所得税款抵免限额的余额"各行=同一行的第12-13列,当计算出的值≤0时,本列该行为0。

(8) 第 15 列"本年可抵免以前年度所得税额"各行≤同一行次的第 14 列;第 13 列合计行＋第 15 列合计行＝主表第 32 行。

(五) 表间关系

(1) 第 2 列合计行＝附表三第 12 行第 4 列。

(2) 第 7 列合计行＝主表第 22 行。

(3) 第 10 列合计数＝主表第 31 行。

(4) 第 13 列合计行＋第 15 列合计行＝主表第 32 行。

(5) 第 17 列合计行＝主表第 32 行。

十六、《以公允价值计量资产纳税调整表》(表 11-45)编制说明

本表可不填列,执行新《企业会计准则》利润表的"公允价值变动净损益"直接在附表三第 10 行"公允价值变动净收益"中作相反调整即可。

表 11-45 企业所得税年度纳税申报表附表七

以公允价值计量资产纳税调整表

填报时间： 年 月 日　　　　　金额单位:元(列至角分)

行次	资产种类	期初金额		期末金额		纳税调整额(纳税调减以"—"表示)
		账载金额(公允价值)	计税基础	账载金额(公允价值)	计税基础	
		1	2	3	4	5
1	一、公允价值计量且其变动计入当期损益的金融资产					
2	1. 交易性金融资产					
3	2. 衍生金融工具					
4	3. 其他以公允价值计量的金融资产					
5	二、公允价值计量且其变动计入当期损益的金融负债					
6	1. 交易性金融负债					
7	2. 衍生金融工具					
8	3. 其他以公允价值计量的金融负债					
9	三、投资性房地产					
10	合　计					

经办人：　　　　　经办人(签章)：　　　　　法定代表人(签章)：

十七、《广告费和业务宣传费跨年度纳税调整表》(表 11-46)编制说明

(一) 适用范围

本表适用于实行查账征收的企业所得税居民纳税人填报。

(二) 填报依据和内容

根据《中华人民共和国企业所得税法》及其实施条例的规定以及企业会计制度填报。本表填报纳税人本年发生的全部广告费和业务宣传费支出的有关情况、按税收规定可扣除额、本年结转以后年度扣除额及以前年度累计结转扣除额等。

(三) 有关项目填报说明

(1) 第1行"本年度广告费和业务宣传费支出":填报纳税人本期实际发生的广告费和业务宣传费用。

(2) 第2行"不允许扣除的广告费和业务宣传费支出":填报税收规定不允许扣除的广告费和业务宣传费支出。

(3) 第3行"本年度符合条件的广告费和业务宣传费支出":根据本表第1行和第2行计算填报,第3行=第1行-第2行。

(4) 第4行"本年计算广告费和业务宣传费扣除限额的销售(营业)收入":

一般企业:填报附表一(1)第1行的"销售(营业)收入合计"数额;

金融企业:填报附表一(2)第1行"营业收入"+第38行"按税法规定视同销售的收入";

事业单位、社会团体、民办非企业单位:填报主表第1行"营业收入"。

(5) 第5行"税收规定的扣除率":根据《中华人民共和国企业所得税法实施条例》和相关税收规定的扣除率。

(6) 第6行"本年广告费和业务宣传费扣除限额":根据本表计算结果填报,第6行=第4行×第5行。

(7) 第7行"本年广告费和业务宣传费支出纳税调整额":当第3行≤第6行,本行=第2行;当第3行>第6行,本行=第1行-第6行。

(8) 第8行"本年结转以后年度扣除额":当第3行>第6行,本行=第3行-第6行;当第3行≤第6行,本行填0。

(9) 第9行"加:以前年度累计结转扣除额":填报以前年度允许税前扣除但超过扣除限额未扣除、结转扣除的广告费和业务宣传费的数额。

(10) 第10行"减:本年扣除的以前年度结转额":当第3行≥第6行,本行填0;当第3行<第6行,第3行-第6行差额如果小于或者等于第9行"以前年度累计结转扣除额",直接将差额填入本行;其差额如果大于第9行"以前年度累计结转扣除额",本行=第9行。

(11) 第11行"累计结转以后年度扣除额":本行=第8+9-10行。

(四) 表间关系

第7行=附表三第27行第3列。

第10行=附表三第27行第4列。

表 11-46 企业所得税年度纳税申报表附表八

广告费和业务宣传费跨年度纳税调整表

填报时间:2×11 年 04 月 28 日　　　　　　金额单位:元(列至角分)

行次	项　目	金额
1	本年度广告费和业务宣传费支出	9 000 000.00
2	其中:不允许扣除的广告费和业务宣传费支出	0.00
3	本年度符合条件的广告费和业务宣传费支出(1—2)	9 000 000.00
4	本年计算广告费和业务宣传费扣除限额的销售(营业)收入	51 000 000.00
5	税收规定的扣除率	15%
6	本年广告费和业务宣传费扣除限额(4×5)	7 650 000.00
7	本年广告费和业务宣传费支出纳税调整额(3≤6,本行=2 行;3>6,本行=1—6)	1 350 000.00
8	本年结转以后年度扣除额(3>6,本行=3—6;3≤6,本行=0)	
9	加:以前年度累计结转扣除额	
10	减:本年扣除的以前年度结转额	
11	累计结转以后年度扣除额(8+9—10)	1 350 000.00

经办人(签章):　　　　　　　　　法定代表人(签章):

十八、《资产折旧、摊销纳税调整明细表》(表 11-47)编制说明

(一)适用范围

本表适用于实行查账征收的企业所得税居民纳税人填报。

(二)填报依据和内容

根据《中华人民共和国企业所得税法》及其实施条例、相关税收政策的规定,以及国家统一会计制度,填报固定资产、生产性生物资产、长期待摊费用、无形资产、油气勘探投资、油气开发投资会计处理与税收处理的折旧、摊销,以及纳税调整额。

(三)各项目填报说明

(1)第 1 列"账载金额":填报纳税人按照国家统一会计制度计算提取折旧、摊销的资产原值(或历史成本)的金额。但对已提取减值准备的固定资产,其会计核算中提取折旧的固定资产价值为其账面价值,即该固定资产原值—该项固定资产累计折旧—该项固定资产已提取的减值准备。

(2)第 2 列"计税基础":填报纳税人按照税收规定计算税前扣除折旧、摊销的金额。

528 税务会计

表 11-47 企业所得税年度纳税申报表附表九

资产折旧、摊销纳税调整明细表

填报日期：2×12 年 04 月 28 日　　　　　金额单位：元（列至角分）

行次	资产类别	资产原值		折旧、摊销年限		本期折旧、摊销额		纳税调整额
		账载金额	计税基础	会计	税收	会计	税收	
		1	2	3	4	5	6	7
1	一、固定资产	2 000 000.00	2 000 000.00	*	*	200 000.00	190 000.00	10 000.00
2	1. 房屋建筑物							
3	2. 飞机、火车、轮船、机器、机械和其他生产设备	2 000 000.00	2 000 000.00	10	10	200 000.00	190 000.00	10 000.00
4	3. 与生产经营有关的器具、工具、家具							
5	4. 飞机、火车、轮船以外的运输工具							
6	5. 电子设备							
7	二、生产性生物资产			*	*			
8	1. 林木类							
9	2. 畜类							
10	三、长期待摊费用			*	*			
11	1. 已足额提取折旧的固定资产的改建支出							
12	2. 租入固定资产的改建支出							
13	3. 固定资产大修理支出							
14	4. 其他长期待摊费用							
15	四、无形资产							
16	五、油气勘探投资							
17	六、油气开发投资							
18	合计	2 000 000.00	2 000 000.00	*	*	200 000.00	190 000.00	10 000.00

经办人（签章）：　　　　　　　　法定代表人（签章）：

(3) 第 3 列:由于会计核算中固定资产分类标准与税收分类标准不一致,故该列不填。

(4) 第 4 列:填报纳税人按照税收规定计算税前扣除折旧、摊销额的年限。

(5) 第 5 列:填报纳税人按照国家统一会计制度计算本纳税年度的折旧、摊销额。

(6) 第 6 列:填报纳税人按照税收规定计算税前扣除的折旧、摊销额。

(7) 第 7 列:金额=第 5-6 列。如本列为正数,进行纳税调增;如本列为负数,进行纳税调减。

(四) 表间关系

(1) 第 1 行第 7 列>0 时:第 1 行第 7 列=附表三第 43 行第 3 列;第 1 行第 7 列<0 时:第 1 行第 7 列负数的绝对值=附表三第 43 行第 4 列。

(2) 第 7 行第 7 列>0 时:第 7 行第 7 列=附表三第 44 行第 3 列;第 7 行第 7 列<0 时:第 7 行第 7 列负数的绝对值=附表三第 44 行第 4 列。

(3) 第 10 行第 7 列>0 时:第 10 行第 7 列=附表三第 45 行第 3 列;第 10 行第 7 列<0 时:第 10 行第 7 列负数的绝对值=附表三第 45 行第 4 列。

(4) 第 15 行第 7 列>0 时:第 15 行第 7 列=附表三第 46 行第 3 列;第 15 行第 7 列为<0 时:第 15 行第 7 列负数的绝对值=附表三第 46 行第 4 列。

(5) 第 16 行第 7 列>0 时:第 16 行第 7 列=附表三第 48 行第 3 列;第 16 行第 7 列<0 时:第 16 行第 7 列负数的绝对值=附表三第 48 行第 4 列。

(6) 第 17 行第 7 列>0 时:第 17 行第 7 列=附表三第 49 行第 3 列;第 17 行第 7 列<0 时:第 17 行第 7 列负数的绝对值=附表三第 49 行第 4 列。

十九、《资产减值准备项目调整明细表》(表 11-48)编制说明

(一) 适用范围

本表适用于实行查账征收的企业所得税居民纳税人填报。

(二) 填报依据和内容

根据《中华人民共和国企业所得税法》及其实施条例、相关税收政策的规定,以及国家统一会计制度,填报各项资产减值准备、风险准备等准备金支出,以及会计处理与税收处理差异的纳税调整额。

(三) 各项目填报说明

(1) 第 1 列"期初余额":本列可不填报。

(2) 第 2 列"本期转回额":填报纳税人按照国家统一会计制度核算价值恢复、资产转让等原因涉及当期损益的准备金本期转回数。但应减去已通过或将通过其他方法作纳税调减的金额,以及所提减值准备已在税前扣除或提取时未作纳税调增的金额。

(3) 第 3 列"本期计提额":填报纳税人按照国家统一会计制度计提涉及损益的资产减值准备。

(4) 第 4 列"期末余额":本列可不填报。

(5) 第 5 列"纳税调整额":金额等于本表第 3 列－第 2 列。当第 5 列＞0 时,进行纳税调增;当第 5 列＜0 时,进行纳税调减。

(四) 表间关系

第 17 行第 5 列如为正数:

第 17 行第 5 列＝附表三第 51 行第 3 列;

第 17 行第 5 列如为负数:

第 17 行第 5 列＝附表三第 51 行第 4 列。

表 11-48　企业所得税年度纳税申报表附表十

资产减值准备项目调整明细表

填报日期:2×12 年 04 月 28 日　　　　　　金额单位:元(列至角分)

行次	准备金类别	期初余额	本期转回额	本期计提额	期末余额	纳税调整额
		1	2	3	4	5
1	坏(呆)账准备					
2	存货跌价准备					
3	＊其中:消耗性生物资产减值准备					
4	＊持有至到期投资减值准备					
5	＊可供出售金融资产减值		—			
6	♯短期投资跌价准备					
7	长期股权投资减值准备					
8	＊投资性房地产减值准备					
9	固定资产减值准备					
10	在建工程(工程物资)减值准备					
11	＊生产性生物资产减值准备					
12	无形资产减值准备					
13	商誉减值准备					
14	贷款损失准备					
15	矿区权益减值					
16	其他					
17	合计					

注:表中"＊"项目为执行新会计准则企业专用;表中加"♯"项目为执行企业会计制度、小企业会计制度的企业专用。

经办人(签章):　　　　　　　　　法定代表人(签章):

二十、《长期股权投资所得(损失)明细表》(表 11-49)编制说明

(一)适用范围

本表适用于实行查账征收的企业所得税居民纳税人填报。

(二)填报依据

根据《中华人民共和国企业所得税法》及其实施条例以及企业会计制度、企业会计准则核算的长期股权投资初始成本、持有收益、处置收益,以及上述业务会计核算与税收的差异调整情况,据以填报附表三《纳税调整表》相关项目。

(三)有关项目填报说明

纳税人应按被投资方逐项填报,同时填列以前年度结转投资损失本年度弥补情况。

(1)第 2 列"期初投资额":填报此项投资期期初余额,本列可不填报。

(2)第 3 列"本年度增(减)投资额":填报本年度内此项投资额增减变化,本列可不填报。

(3)第 4 列"初始投资成本":填报纳税人取得该长期股权投资支付的货币性资产、非货币性资产的公允价值及支付的相关税费,本列可不填报。

(4)第 5 列"权益法核算对初始投资成本调整产生的收益":填报纳税人在权益法核算下,初始投资成本小于取得投资时应享有被投资单位可辨认净资产公允价值份额的,两者之间的差额计入取得投资当期的营业外收入的金额。此列合计数填入调整表中的第 6 行第 4 列。

(5)第 6 列"会计核算投资收益":填报纳税人在持有长期股权投资期间会计上核算的投资收益以及投资转让所得(损失)。

(6)第 7 列"会计投资损益":填报纳税人按照会计准则(或会计制度)核算的长期股权持有期间的投资收益(损失),不包括投资转让所得(损失)。

(7)第 8、9 列"税收确认的股息红利":填报纳税人按税收规定确认的长期股权投资持有收益,填入第 9 列,第 8 列"免税收入"不填。

(8)第 11 列"投资转让净收入":填报纳税人因收回、转让或清算处置股权投资时,转让收入扣除相关税费后的金额。

(9)第 12 列"投资转让的会计成本":填报纳税人因收回、转让或清算处置股权投资时,会计核算的投资转让成本。

(10)第 13 列"投资转让的税收成本":填报纳税人按税收规定计算的投资转让成本。

(11)第 14 列"会计上确认的转让所得或损失":填报纳税人按会计核算确认的长期股权投资转让所得或损失,所得以正数反映,损失以负数反映。

(12)第 15 列"按税收计算的投资转让所得或损失":如为正数,为本期发生的股权投资转让所得;如为负数,为本期发生的股权投资转让损失。纳税人因收回、转让或清算处置股权投资发生的股权投资损失,可以在税前扣除,但在每一纳税年度扣除的股权

投资损失,不得超过当年实现的股权投资收益和投资转让所得,超过部分可按规定向以后年度结转扣除。

(四) 投资损失补充资料填报说明

本部分主要反映投资转让损失历年弥补情况。如本年度"按税收计算投资转让所得或损失"与"税收确认的股息红利"合计数大于零,可弥补以前年度投资损失。

(1) "年度":分别填报本年度前五年自然年度。

(2) "当年度结转金额":填报当年投资转让损失需结转以后年度弥补的金额。

(3) "已弥补金额":填报已经用历年投资收益弥补的金额。

(4) "本年度弥补金额":如果本年度"按税收计算投资转让所得或损失"与"税收确认的股息红利"合计数大于零,可按顺序弥补以前年度投资损失。

(5) "以前年度结转在本年度税前扣除的股权投资转让损失":填报"本年度弥补金额"合计数加第一年的前一年(即前第六年)"结转以后年度待弥补金额"填入附表三中"投资转让、处置所得"调减项目中。

(五) 表间关系

第 5 列"合计"行 = 附表三第 6 行第 4 列。

[例 8] A 企业 2×10 年经税务机关核准的应纳税所得额为 −100 万元。2011 年度生产经营情况如下:

(1) 取得商品销售收入 5 000 万元,出租包装物取得租金收入 100 万元。

(2) 全年发生销售成本 2 200 万元,营业税金及附加 320 万元。

(3) 发生销售费用 1 340 万元,其中广告费 700 万元,业务宣传费 200 万元。

(4) 管理费用 960 万元,其中业务招待费 80 万元,支付给其他企业的管理费 30 万元。

(5) 财务费用 12 万元,系以年利率 8% 向非金融企业借入的 9 个月期的生产用资金 200 万元的借款利息(银行同期同类贷款年利率为 5%)。

(6) 投资收益 54 万元,其中国债利息收入 24 万元,从深圳联营企业分回的税后利润 30 万元。

(7) 营业外支出 80 万元,其中支付客户违约金 20 万元,法院诉讼费 7 万元,税收滞纳金 3 万元,非广告性质的赞助支出 50 万元。

(8) 已计入成本费用中的实际支付的合理的工资为 70 万元,实际上缴工会经费 2 万元,实际发生的职工福利费 15 万元,实际发生的职工教育经费 1 万元。

(9) 企业固定资产机器设备 200 万元,设备的折旧期限为 10 年,残值率为 5%,企业当年计提了折旧 20 万元。

(10) 企业已预缴企业所得税 50 万元。

假设企业 2×12 年 4 月 28 日进行 2×11 年度企业所得税汇缴。

要求:计算 2×11 年度应补缴的企业所得税,并填列相关报表。(见表 11-34、11-35、11-38、11-41、11-42、11-43、11-46、11-47)

第十一章 税务会计报表

表 11-49 企业所得税年度纳税申报表附表十一

长期股权投资所得（损失）明细表

填报时间： 年 月 日

金额单位：元（列至角分）

行次	被投资企业	期初投资额	本年度增（减）投资额	投资成本		会计核算投资收益	会计投资损益	股息红利			会计与税收的差异	投资转让净收入	投资转让的会计成本	投资转让的税收成本	投资转让所得（损失）		
				初始投资成本	权益法核算对初始投资成本调整产生的收益			税收确认的股息红利		全额征税收入					会计上确认的转让所得或损失	按税收算的投资转让所得或损失	会计与税收的差异
								免税收入									
	1	2	3	4	5	6(7+14)	7	8	9		10(7−8−9)	11	12	13	14(11−12)	15(11−13)	16(14−15)
1																	
2																	
3																	
4																	
合计																	

投资损失补充资料

行次	项目	年度	当年度结转金额	已弥补金额	本年度弥补金额	结转以后年度待弥补金额	备注
1	第一年						
2	第二年						
3	第三年						
4	第四年						
5	第五年						

以前年度结转在本年度税前扣除的股权投资转让损失：

经办人（签章）：

法定代表人（签章）：

第四节 税务会计报表的管理

一、税务会计报表申报期限

纳税人、扣缴义务人在纳税期限内,无论有无应税收入、所得以及其他应税项目,也不论是否在减税、免税期间,均必须持纳税申报表等税务会计报表,向税务机关办理纳税申报。纳税人、扣缴义务人、代征人向税务机关申报应纳或解缴税款的期限是法律、行政法规规定的或者由税务机关依照法律、行政法规的规定确定的。主要税种的纳税申报期限为:

(一)增值税、消费税

纳税期限分别为1日、3日、5日、10日、15日、1个月或者1个季度。纳税人的具体纳税期限,由主管税务机关根据纳税人应纳税额的大小分别核定;不能按照固定期限纳税的,可以按次纳税。

(1)纳税人以1个月或者1个季度为1个纳税期的,自期满之日起15日内申报纳税;以1日、3日、5日、10日或者15日为1个纳税期的,自期满之日起5日内预缴税款,于次月1日起15日内申报纳税并结清上月应纳税款。

(2)扣缴义务人解缴税款的期限,依照上述规定执行。

(3)纳税人进口货物的纳税期限:① 增值税纳税人进口货物,自海关填发海关进口增值税专用缴款书之日起15日内缴纳税款;② 消费税纳税人进口应税消费品,自海关填发进口消费税专用缴款书之日起15日内缴纳税款。

(二)营业税

营业税的纳税期限分别为5日、10日、15日、1个月或者1个季度。纳税人的具体纳税期限,由主管税务机关根据纳税人应纳税额的大小分别核定;不能按照固定期限纳税的,可以按次纳税。

(1)纳税人以1个月或者1个季度为一个纳税期的,自期满之日起15日内申报纳税;以5日、10日或者15日为一个纳税期的,自期满之日起5日内预缴税款,于次月1日起15日内申报纳税并结清上月应纳税款。

(2)扣缴义务人解缴税款的期限,依照上述规定执行。

(三)企业所得税

1. 企业所得税按纳税年度计算

纳税年度自公历1月1日起至12月31日止。

企业在一个纳税年度中间开业,或者终止经营活动,使该纳税年度的实际经营期不足十二个月的,应当以其实际经营期为一个纳税年度。

企业依法清算时,应当以清算期间作为一个纳税年度。

2. 企业所得税分月或者分季预缴

企业应当自月份或者季度终了之日起15日内,向税务机关报送预缴企业所得税纳税申报表,预缴税款。

企业应当自年度终了之日起5个月内,向税务机关报送年度企业所得税纳税申报表,并汇算清缴,结清应缴应退税款。

企业在报送企业所得税纳税申报表时,应当按照规定附送财务会计报告和其他有关资料。

企业在年度中间终止经营活动的,应当自实际经营终止之日起60日内,向税务机关办理当期企业所得税汇算清缴。

企业应当在办理注销登记前,就其清算所得向税务机关申报并依法缴纳企业所得税。

主要税种纳税申报期限如表11-50所示。

表11-50 主要税种纳税申报期限一览表

税种	纳税期限	申报期限	说 明
增值税消费税	1个月或1个季度	自期满后15日内	扣缴义务人解缴税款的期限,依照前两款规定执行
	以1日、3日、5日、10日或者15日为1个纳税期的	自期满之日起5日内预缴税款,于次月1日起15日内申报纳税并结清上月应纳税款	
营业税	1个月或1个季度	自期满后15日内	扣缴义务人解缴税款的期限,依照前两款规定执行
	以5日、10日或者15日为一个纳税期的	自期满之日起5日内预缴税款,于次月1日起15日内申报纳税并结清上月应纳税款	
企业所得税	分月或者分季预缴	月份或者季度终了之日起15日内	月份或者季度预缴税款
	年度汇算清缴	自年度终了之日起5个月内	向税务机关报送年度企业所得税纳税申报表,并汇算清缴,结清应缴应退税款

纳税人、扣缴义务人、代征人办理纳税申报期限的最后一日是法定休假日的,以休假日期满的次日为期限的最后一日;在期限内有连续3日以上法定休假日的,按休假日天数顺延。

纳税人、扣缴义务人按照规定的期限办理纳税申报或者报送代扣代缴、代收代缴税款报告表确有困难,需要延期的,应当在规定的期限内向税务机关提出书面延期申请,经税务机关核准,在核准的期限内办理。

经核准延期办理前款规定的申报、报送事项的,应当在纳税期内按照上期实际缴纳的税额或者税务机关核定的税额预缴税款,并在核准的延期内办理税款结算。

纳税人、扣缴义务人因不可抗力,不能按期办理纳税申报或者报送代扣代缴、代收代缴税款报告表的,可以延期办理;但是,应当在不可抗力情形消除后立即向税务机关报告。税务机关应当查明事实,予以核准。

二、违章处理

根据《征管法》及其《实施细则》的规定,违反纳税申报规定的有关法律责任主要有:

(1) 纳税人未按照规定的期限办理纳税申报和报送纳税资料的,或者扣缴义务人未按照规定的期限向税务机关报送代扣代缴、代收代缴税款报告表和有关资料的,由税务机关责令限期改正,可以处 2 000 元以下的罚款;情节严重的,可以处 2 000 元以上 1 万元以下的罚款。

(2) 经税务机关通知申报而拒不申报或者进行虚假的纳税申报,不缴或者少缴应纳税款的,是偷税。对纳税人偷税的,由税务机关追缴其不缴或者少缴的税款、滞纳金,并处不缴或者少缴的税款 50% 以上 5 倍以下的罚款;构成犯罪的,依法追究刑事责任。

扣缴义务人采取前款所列手段,不缴或者少缴已扣、已收税款,由税务机关追缴其不缴或者少缴的税款、滞纳金,并处不缴或者少缴的税款 50% 以上 5 倍以下的罚款;构成犯罪的,依法追究刑事责任。

(3) 纳税人不进行纳税申报,不缴或者少缴应纳税款的,由税务机关追缴其不缴或者少缴的税款、滞纳金,并处不缴或者少缴的税款 50% 以上 5 倍以下的罚款。

[**本章小结**]

税务会计报表是分税种填报的,每个税种都有各自所规定的纳税人、征税机关、计税依据、征税范围、纳税地点、税率和纳税期限等。这些要素有的可以在会计报表中找到,有的需要对会计报表数据按照税收规定调整后填写,有的需要单独对照税收政策填写报送。

正确编制税务会计报表必须掌握的要点:(1) 必须懂得税务会计报表的数据与会计记录中的哪些数据有关,税务会计报表本身栏目之间以及主附表之间的勾稽关系如何;(2) 税务会计报表中需要填列的栏目对应的税收政策是如何规定的;(3) 会计的计量和税收规定的共同点和差异点在哪里;(4) 明确税务会计报表的报送时间和报送对象;(5) 明确知道未按照规定的时间、对象和金额报送税务会计报表的法律后果;(6) 在熟悉掌握税务会计报表的基础上,要懂得对税务会计报表进行有效分析,进行必要的纳税筹划。

[相关法规链接]

1. 《中华人民共和国税收征收管理法》(2001年4月28日第九届全国人民代表大会常务委员会第二十一次会议修订,自2001年5月1日起施行)

2. 《中华人民共和国税收征收管理法实施细则》(2002年9月7日国务院发布,自2002年10月15日起施行)

3. 《企业所得税核定征收办法》(试行)(2008年3月6日国家税务总局发布,自2008年1月1日起施行)

4. 《国家税务总局关于印发〈中华人民共和国企业所得税年度纳税申报表〉的通知》(国税发〔2008〕101号

5. 国家税务总局关于发布《中华人民共和国企业所得税月(季)度预缴纳税申报表》等报表的公告(2011年第64号)

[本章复习题]

1. 会计报表申报的主要内容包括哪些?
2. 纳税人应如何办理纳税申报?
3. 增值税一般纳税人纳税申报表如何编制?
4. 企业所得税月(季)度预缴纳税申报表如何编制?
5. 会计报表管理的主要内容是什么?

附录　营业税改征增值税试点

营业税改征增值税试点方案

根据党的十七届五中全会精神,按照《中华人民共和国国民经济和社会发展第十二个五年规划纲要》确定的税制改革目标和2011年《政府工作报告》的要求,制定本方案。

一、指导思想和基本原则

(一)指导思想。

建立健全有利于科学发展的税收制度,促进经济结构调整,支持现代服务业发展。

(二)基本原则。

1. 统筹设计、分步实施。正确处理改革、发展、稳定的关系,统筹兼顾经济社会发展要求,结合全面推行改革需要和当前实际,科学设计,稳步推进。

2. 规范税制、合理负担。在保证增值税规范运行的前提下,根据财政承受能力和不同行业发展特点,合理设置税制要素,改革试点行业总体税负不增加或略有下降,基本消除重复征税。

3. 全面协调、平稳过渡。妥善处理试点前后增值税与营业税政策的衔接、试点纳税人与非试点纳税人税制的协调,建立健全适应第三产业发展的增值税管理体系,确保改革试点有序运行。

二、改革试点的主要内容

(一)改革试点的范围与时间。

1. 试点地区。综合考虑服务业发展状况、财政承受能力、征管基础条件等因素,先期选择经济辐射效应明显、改革示范作用较强的地区开展试点。

2. 试点行业。试点地区先在交通运输业、部分现代服务业等生产性服务业开展试点,逐步推广至其他行业。条件成熟时,可选择部分行业在全国范围内进行全行业试点。

3. 试点时间。2012年1月1日开始试点,并根据情况及时完善方案,择机扩大试点范围。

(二)改革试点的主要税制安排。

1. 税率。在现行增值税17%标准税率和13%低税率基础上,新增11%和6%两档低税率。租赁有形动产等适用17%税率,交通运输业、建筑业等适用11%税率,其他部分现代服务业适用6%税率。

2. 计税方式。交通运输业、建筑业、邮电通信业、现代服务业、文化体育业、销售不动产和转让无形资产，原则上适用增值税一般计税方法。金融保险业和生活性服务业，原则上适用增值税简易计税方法。

3. 计税依据。纳税人计税依据原则上为发生应税交易取得的全部收入。对一些存在大量代收转付或代垫资金的行业，其代收代垫金额可予以合理扣除。

4. 服务贸易进出口。服务贸易进口在国内环节征收增值税，出口实行零税率或免税制度。

（三）改革试点期间过渡性政策安排。

1. 税收收入归属。试点期间保持现行财政体制基本稳定，原归属试点地区的营业税收入，改征增值税后收入仍归属试点地区，税款分别入库。因试点产生的财政减收，按现行财政体制由中央和地方分别负担。

2. 税收优惠政策过渡。国家给予试点行业的原营业税优惠政策可以延续，但对于通过改革能够解决重复征税问题的，予以取消。试点期间针对具体情况采取适当的过渡政策。

3. 跨地区税种协调。试点纳税人以机构所在地作为增值税纳税地点，其在异地缴纳的营业税，允许在计算缴纳增值税时抵减。非试点纳税人在试点地区从事经营活动的，继续按照现行营业税有关规定申报缴纳营业税。

4. 增值税抵扣政策的衔接。现有增值税纳税人向试点纳税人购买服务取得的增值税专用发票，可按现行规定抵扣进项税额。

三、组织实施

（一）财政部和国家税务总局根据本方案制定具体实施办法、相关政策和预算管理及缴库规定，做好政策宣传和解释工作。经国务院同意，选择确定试点地区和行业。

（二）营业税改征的增值税，由国家税务局负责征管。国家税务总局负责制定改革试点的征管办法，扩展增值税管理信息系统和税收征管信息系统，设计并统一印制货物运输业增值税专用发票，全面做好相关征管准备和实施工作。

交通运输业和部分现代服务业营业税改征增值税试点实施办法

第一章 纳税人和扣缴义务人

第一条 在中华人民共和国境内(以下称境内)提供交通运输业和部分现代服务业服务(以下称应税服务)的单位和个人,为增值税纳税人。纳税人提供应税服务,应当按照本办法缴纳增值税,不再缴纳营业税。

单位,是指企业、行政单位、事业单位、军事单位、社会团体及其他单位。

个人,是指个体工商户和其他个人。

第二条 单位以承包、承租、挂靠方式经营的,承包人、承租人、挂靠人(以下称承包人)以发包人、出租人、被挂靠人(以下称发包人)名义对外经营并由发包人承担相关法律责任的,以该发包人为纳税人。否则,以承包人为纳税人。

第三条 纳税人分为一般纳税人和小规模纳税人。

应税服务的年应征增值税销售额(以下称应税服务年销售额)超过财政部和国家税务总局规定标准的纳税人为一般纳税人,未超过规定标准的纳税人为小规模纳税人。

应税服务年销售额超过规定标准的其他个人不属于一般纳税人;非企业性单位、不经常提供应税服务的企业和个体工商户可选择按照小规模纳税人纳税。

第四条 小规模纳税人会计核算健全,能够提供准确税务资料的,可以向主管税务机关申请一般纳税人资格认定,成为一般纳税人。

会计核算健全,是指能够按照国家统一的会计制度规定设置账簿,根据合法、有效凭证核算。

第五条 符合一般纳税人条件的纳税人应当向主管税务机关申请一般纳税人资格认定。具体认定办法由国家税务总局制定。

除国家税务总局另有规定外,一经认定为一般纳税人后,不得转为小规模纳税人。

第六条 中华人民共和国境外(以下称境外)的单位或者个人在境内提供应税服务,在境内未设有经营机构的,以其代理人为增值税扣缴义务人;在境内没有代理人的,以接受方为增值税扣缴义务人。

第七条 两个或者两个以上的纳税人,经财政部和国家税务总局批准可以视为一个纳税人合并纳税。具体办法由财政部和国家税务总局另行制定。

第二章 应税服务

第八条 应税服务,是指陆路运输服务、水路运输服务、航空运输服务、管道运输服务、研发和技术服务、信息技术服务、文化创意服务、物流辅助服务、有形动产租赁服务、鉴证咨询服务。

应税服务的具体范围按照本办法所附的《应税服务范围注释》执行。

第九条 提供应税服务,是指有偿提供应税服务。

有偿,是指取得货币、货物或者其他经济利益。

非营业活动中提供的交通运输业和部分现代服务业服务不属于提供应税服务。

非营业活动,是指:

(一)非企业性单位按照法律和行政法规的规定,为履行国家行政管理和公共服务职能收取政府性基金或者行政事业性收费的活动。

(二)单位或者个体工商户聘用的员工为本单位或者雇主提供交通运输业和部分现代服务业服务。

(三)单位或者个体工商户为员工提供交通运输业和部分现代服务业服务。

(四)财政部和国家税务总局规定的其他情形。

第十条 在境内提供应税服务,是指应税服务提供方或者接受方在境内。

下列情形不属于在境内提供应税服务:

(一)境外单位或者个人向境内单位或者个人提供完全在境外消费的应税服务。

(二)境外单位或者个人向境内单位或者个人出租完全在境外使用的有形动产。

(三)财政部和国家税务总局规定的其他情形。

第十一条 单位和个体工商户的下列情形,视同提供应税服务:

(一)向其他单位或者个人无偿提供交通运输业和部分现代服务业服务,但以公益活动为目的或者以社会公众为对象的除外。

(二)财政部和国家税务总局规定的其他情形。

第三章 税率和征收率

第十二条 增值税税率:

(一)提供有形动产租赁服务,税率为17%。

(二)提供交通运输业服务,税率为11%。

（三）提供现代服务业服务（有形动产租赁服务除外），税率为 6%。

（四）财政部和国家税务总局规定的应税服务，税率为零。

第十三条 增值税征收率为 3%。

第四章 应纳税额的计算

第一节 一般性规定

第十四条 增值税的计税方法，包括一般计税方法和简易计税方法。

第十五条 一般纳税人提供应税服务适用一般计税方法计税。

一般纳税人提供财政部和国家税务总局规定的特定应税服务，可以选择适用简易计税方法计税，但一经选择，36 个月内不得变更。

第十六条 小规模纳税人提供应税服务适用简易计税方法计税。

第十七条 境外单位或者个人在境内提供应税服务，在境内未设有经营机构的，扣缴义务人按照下列公式计算应扣缴税额：

应扣缴税额＝接受方支付的价款÷(1＋税率)×税率

第二节 一般计税方法

第十八条 一般计税方法的应纳税额，是指当期销项税额抵扣当期进项税额后的余额。应纳税额计算公式：

应纳税额＝当期销项税额－当期进项税额

当期销项税额小于当期进项税额不足抵扣时，其不足部分可以结转下期继续抵扣。

第十九条 销项税额，是指纳税人提供应税服务按照销售额和增值税税率计算的增值税额。销项税额计算公式：

销项税额＝销售额×税率

第二十条 一般计税方法的销售额不包括销项税额，纳税人采用销售额和销项税额合并定价方法的，按照下列公式计算销售额：

销售额＝含税销售额÷(1＋税率)

第二十一条 进项税额，是指纳税人购进货物或者接受加工修理修配劳务和应税服务，支付或者负担的增值税税额。

第二十二条 下列进项税额准予从销项税额中抵扣：

（一）从销售方或者提供方取得的增值税专用发票上注明的增值税额。

（二）从海关取得的海关进口增值税专用缴款书上注明的增值税额。

（三）购进农产品，除取得增值税专用发票或者海关进口增值税专用缴款书外，按照农产品收购发票或者销售发票上注明的农产品买价和 13% 的扣除率计算的进项税额。计算公式为：

进项税额＝买价×扣除率

买价,是指纳税人购进农产品在农产品收购发票或者销售发票上注明的价款和按照规定缴纳的烟叶税。

(四)接受交通运输业服务,除取得增值税专用发票外,按照运输费用结算单据上注明的运输费用金额和7％的扣除率计算的进项税额。进项税额计算公式:

进项税额＝运输费用金额×扣除率

运输费用金额,是指运输费用结算单据上注明的运输费用(包括铁路临管线及铁路专线运输费用)、建设基金,不包括装卸费、保险费等其他杂费。

(五)接受境外单位或者个人提供的应税服务,从税务机关或者境内代理人取得的解缴税款的中华人民共和国税收通用缴款书(以下称通用缴款书)上注明的增值税额。

第二十三条 纳税人取得的增值税扣税凭证不符合法律、行政法规或者国家税务总局有关规定的,其进项税额不得从销项税额中抵扣。

增值税扣税凭证,是指增值税专用发票、海关进口增值税专用缴款书、农产品收购发票、农产品销售发票、运输费用结算单据和通用缴款书。

纳税人凭通用缴款书抵扣进项税额的,应当具备书面合同、付款证明和境外单位的对账单或者发票。资料不全的,其进项税额不得从销项税额中抵扣。

第二十四条 下列项目的进项税额不得从销项税额中抵扣:

(一)用于适用简易计税方法计税项目、非增值税应税项目、免征增值税项目、集体福利或者个人消费的购进货物、接受加工修理修配劳务或者应税服务。其中涉及的固定资产、专利技术、非专利技术、商誉、商标、著作权、有形动产租赁,仅指专用于上述项目的固定资产、专利技术、非专利技术、商誉、商标、著作权、有形动产租赁。

(二)非正常损失的购进货物及相关的加工修理修配劳务和交通运输业服务。

(三)非正常损失的在产品、产成品所耗用的购进货物(不包括固定资产)、加工修理修配劳务或者交通运输业服务。

(四)接受的旅客运输服务。

(五)自用的应征消费税的摩托车、汽车、游艇,但作为提供交通运输业服务的运输工具和租赁服务标的物的除外。

第二十五条 非增值税应税项目,是指非增值税应税劳务、转让无形资产(专利技术、非专利技术、商誉、商标、著作权除外)、销售不动产以及不动产在建工程。

非增值税应税劳务,是指《应税服务范围注释》所列项目以外的营业税应税劳务。

不动产,是指不能移动或者移动后会引起性质、形状改变的财产,包括建筑物、构筑物和其他土地附着物。

纳税人新建、改建、扩建、修缮、装饰不动产,均属于不动产在建工程。

个人消费,包括纳税人的交际应酬消费。

固定资产,是指使用期限超过12个月的机器、机械、运输工具以及其他与生产经营有关的设备、工具、器具等。

非正常损失,是指因管理不善造成被盗、丢失、霉烂变质的损失,以及被执法部门依法没收或者强令自行销毁的货物。

第二十六条 适用一般计税方法的纳税人,兼营简易计税方法计税项目、非增值税应税劳务、免征增值税项目而无法划分不得抵扣的进项税额,按照下列公式计算不得抵扣的进项税额:

不得抵扣的进项税额＝当期无法划分的全部进项税额×(当期简易计税方法计税项目销售额＋非增值税应税劳务营业额＋免征增值税项目销售额)÷(当期全部销售额＋当期全部营业额)

主管税务机关可以按照上述公式依据年度数据对不得抵扣的进项税额进行清算。

第二十七条 已抵扣进项税额的购进货物、接受加工修理修配劳务或者应税服务,发生本办法第二十四条规定情形(简易计税方法计税项目、非增值税应税劳务、免征增值税项目除外)的,应当将该进项税额从当期进项税额中扣减;无法确定该进项税额的,按照当期实际成本计算应扣减的进项税额。

第二十八条 纳税人提供的适用一般计税方法计税的应税服务,因服务中止或者折让而退还给购买方的增值税额,应当从当期的销项税额中扣减;发生服务中止、购进货物退出、折让而收回的增值税额,应当从当期的进项税额中扣减。

第二十九条 有下列情形之一者,应当按照销售额和增值税税率计算应纳税额,不得抵扣进项税额,也不得使用增值税专用发票:

(一)一般纳税人会计核算不健全,或者不能够提供准确税务资料的。

(二)应当申请办理一般纳税人资格认定而未申请的。

第三节 简易计税方法

第三十条 简易计税方法的应纳税额,是指按照销售额和增值税征收率计算的增值税额,不得抵扣进项税额。应纳税额计算公式:

应纳税额＝销售额×征收率

第三十一条 简易计税方法的销售额不包括其应纳税额,纳税人采用销售额和应纳税额合并定价方法的,按照下列公式计算销售额:

销售额＝含税销售额÷(1＋征收率)

第三十二条 纳税人提供的适用简易计税方法计税的应税服务,因服务中止或者折让而退还给接受方的销售额,应当从当期销售额中扣减。扣减当期销售额后仍有余额造成多缴的税款,可以从以后的应纳税额中扣减。

第四节 销售额的确定

第三十三条 销售额,是指纳税人提供应税服务取得的全部价款和价外费用。

价外费用,是指价外收取的各种性质的价外收费,但不包括代为收取的政府性基金或者行政事业性收费。

第三十四条 销售额以人民币计算。

纳税人按照人民币以外的货币结算销售额的,应当折合成人民币计算,折合率可以选择销售额发生的当天或者当月1日的人民币汇率中间价。纳税人应当在事先确定采用何种折合率,确定后12个月内不得变更。

第三十五条 纳税人提供适用不同税率或者征收率的应税服务,应当分别核算适用不同税率或者征收率的销售额;未分别核算的,从高适用税率。

第三十六条 纳税人兼营营业税应税项目的,应当分别核算应税服务的销售额和营业税应税项目的营业额;未分别核算的,由主管税务机关核定应税服务的销售额。

第三十七条 纳税人兼营免税、减税项目的,应当分别核算免税、减税项目的销售额;未分别核算的,不得免税、减税。

第三十八条 纳税人提供应税服务,开具增值税专用发票后,提供应税服务中止、折让、开票有误等情形,应当按照国家税务总局的规定开具红字增值税专用发票。未按照规定开具红字增值税专用发票的,不得按照本办法第二十八条和第三十二条的规定扣减销项税额或者销售额。

第三十九条 纳税人提供应税服务,将价款和折扣额在同一张发票上分别注明的,以折扣后的价款为销售额;未在同一张发票上分别注明的,以价款为销售额,不得扣减折扣额。

第四十条 纳税人提供应税服务的价格明显偏低或者偏高且不具有合理商业目的的,或者发生本办法第十一条所列视同提供应税服务而无销售额的,主管税务机关有权按照下列顺序确定销售额:

(一)按照纳税人最近时期提供同类应税服务的平均价格确定。

(二)按照其他纳税人最近时期提供同类应税服务的平均价格确定。

(三)按照组成计税价格确定。组成计税价格的公式为:

组成计税价格=成本×(1+成本利润率)

成本利润率由国家税务总局确定。

第五章 纳税义务、扣缴义务发生时间和纳税地点

第四十一条 增值税纳税义务发生时间为:

(一)纳税人提供应税服务并收讫销售款项或者取得索取销售款项凭据的当天;先开具发票的,为开具发票的当天。

收讫销售款项,是指纳税人提供应税服务过程中或者完成后收到款项。

取得索取销售款项凭据的当天,是指书面合同确定的付款日期;未签订书面合同或者书面合同未确定付款日期的,为应税服务完成的当天。

(二)纳税人提供有形动产租赁服务采取预收款方式的,其纳税义务发生时间为收到预收款的当天。

(三)纳税人发生本办法第十一条视同提供应税服务的,其纳税义务发生时间为应税服务完成的当天。

(四)增值税扣缴义务发生时间为纳税人增值税纳税义务发生的当天。

第四十二条 增值税纳税地点为:

(一)固定业户应当向其机构所在地或者居住地主管税务机关申报纳税。总机构和分支机构不在同一县(市)的,应当分别向各自所在地的主管税务机关申报纳税;经财政部和国家税务总局或者其授权的财政和税务机关批准,可以由总机构合并向总机构所在地的主管税务机关申报纳税。

(二)非固定业户应当向应税服务发生地主管税务机关申报纳税;未申报纳税的,由其机构所在地或者居住地主管税务机关补征税款。

(三)扣缴义务人应当向其机构所在地或者居住地主管税务机关申报缴纳其扣缴的税款。

第四十三条 增值税的纳税期限分别为1日、3日、5日、10日、15日、1个月或者1个季度。纳税人的具体纳税期限,由主管税务机关根据纳税人应纳税额的大小分别核定。以1个季度为纳税期限的规定适用于小规模纳税人以及财政部和国家税务总局规定的其他纳税人。不能按照固定期限纳税的,可以按次纳税。

纳税人以1个月或者1个季度为1个纳税期的,自期满之日起15日内申报纳税;以1日、3日、5日、10日或者15日为1个纳税期的,自期满之日起5日内预缴税款,于次月1日起15日内申报纳税并结清上月应纳税款。

扣缴义务人解缴税款的期限,按照前两款规定执行。

第六章 税收减免

第四十四条 纳税人提供应税服务适用免税、减税规定的,可以放弃免税、减税,依照本办法的规定缴纳增值税。放弃免税、减税后,36个月内不得再申请免税、减税。

第四十五条 个人提供应税服务的销售额未达到增值税起征点的,免征增值税;达到起征点的,全额计算缴纳增值税。

增值税起征点不适用于认定为一般纳税人的个体工商户。

第四十六条 增值税起征点幅度如下:

(一)按期纳税的,为月应税销售额5 000~20 000元(含本数)。

（二）按次纳税的，为每次（日）销售额300～500元（含本数）。

起征点的调整由财政部和国家税务总局规定。省、自治区、直辖市财政厅（局）和国家税务局应当在规定的幅度内，根据实际情况确定本地区适用的起征点，并报财政部和国家税务总局备案。

第七章　征收管理

第四十七条　营业税改征的增值税，由国家税务局负责征收。

第四十八条　纳税人提供适用零税率的应税服务，应当按期向主管税务机关申报办理退（免）税，具体办法由财政部和国家税务总局制定。

第四十九条　纳税人提供应税服务，应当向索取增值税专用发票的接受方开具增值税专用发票，并在增值税专用发票上分别注明销售额和销项税额。

属于下列情形之一的，不得开具增值税专用发票：

（一）向消费者个人提供应税服务。

（二）适用免征增值税规定的应税服务。

第五十条　小规模纳税人提供应税服务，接受方索取增值税专用发票的，可以向主管税务机关申请代开。

第五十一条　纳税人增值税的征收管理，按照本办法和《中华人民共和国税收征收管理法》及现行增值税征收管理有关规定执行。

第八章　附　则

第五十二条　纳税人应当按照国家统一的会计制度进行增值税会计核算。

第五十三条　本办法适用于试点地区的单位和个人，以及向试点地区的单位和个人提供应税服务的境外单位和个人。

试点地区的单位和个人，是指机构所在地在试点地区的单位和个体工商户，以及居住地在试点地区的其他个人。

附：

应税服务范围注释

一、交通运输业

交通运输业，是指使用运输工具将货物或者旅客送达目的地，使其空间位置得到转移的业务活动。包括陆路运输服务、水路运输服务、航空运输服务和管道运输服务。

（一）陆路运输服务。

陆路运输服务,是指通过陆路(地上或者地下)运送货物或者旅客的运输业务活动,包括公路运输、缆车运输、索道运输及其他陆路运输,暂不包括铁路运输。

（二）水路运输服务。

水路运输服务,是指通过江、河、湖、川等天然、人工水道或者海洋航道运送货物或者旅客的运输业务活动。

远洋运输的程租、期租业务,属于水路运输服务。

程租业务,是指远洋运输企业为租船人完成某一特定航次的运输任务并收取租赁费的业务。

期租业务,是指远洋运输企业将配备有操作人员的船舶承租给他人使用一定期限,承租期内听候承租方调遣,不论是否经营,均按天向承租方收取租赁费,发生的固定费用均由船东负担的业务。

（三）航空运输服务。

航空运输服务,是指通过空中航线运送货物或者旅客的运输业务活动。

航空运输的湿租业务,属于航空运输服务。

湿租业务,是指航空运输企业将配备有机组人员的飞机承租给他人使用一定期限,承租期内听候承租方调遣,不论是否经营,均按一定标准向承租方收取租赁费,发生的固定费用均由承租方承担的业务。

（四）管道运输服务。

管道运输服务,是指通过管道设施输送气体、液体、固体物质的运输业务活动。

二、部分现代服务业

部分现代服务业,是指围绕制造业、文化产业、现代物流产业等提供技术性、知识性服务的业务活动。包括研发和技术服务、信息技术服务、文化创意服务、物流辅助服务、有形动产租赁服务、鉴证咨询服务。

（一）研发和技术服务。

研发和技术服务,包括研发服务、技术转让服务、技术咨询服务、合同能源管理服务、工程勘察勘探服务。

1. 研发服务,是指就新技术、新产品、新工艺或者新材料及其系统进行研究与试验开发的业务活动。

2. 技术转让服务,是指转让专利或者非专利技术的所有权或者使用权的业务活动。

3. 技术咨询服务,是指对特定技术项目提供可行性论证、技术预测、专题技术调查、分析评价报告和专业知识咨询等业务活动。

4. 合同能源管理服务,是指节能服务公司与用能单位以契约形式约定节能目标,节能服务公司提供必要的服务，用能单位以节能效果支付节能服务公司投入及其合理报酬的业务活动。

5. 工程勘察勘探服务，是指在采矿、工程施工以前，对地形、地质构造、地下资源蕴藏情况进行实地调查的业务活动。

（二）信息技术服务。

信息技术服务，是指利用计算机、通信网络等技术对信息进行生产、收集、处理、加工、存储、运输、检索和利用，并提供信息服务的业务活动。包括软件服务、电路设计及测试服务、信息系统服务和业务流程管理服务。

1. 软件服务，是指提供软件开发服务、软件咨询服务、软件维护服务、软件测试服务的业务行为。

2. 电路设计及测试服务，是指提供集成电路和电子电路产品设计、测试及相关技术支持服务的业务行为。

3. 信息系统服务，是指提供信息系统集成、网络管理、桌面管理与维护、信息系统应用、基础信息技术管理平台整合、信息技术基础设施管理、数据中心、托管中心、安全服务的业务行为。

4. 业务流程管理服务，是指依托计算机信息技术提供的人力资源管理、财务经济管理、金融支付服务、内部数据分析、呼叫中心和电子商务平台等服务的业务活动。

（三）文化创意服务。

文化创意服务，包括设计服务、商标著作权转让服务、知识产权服务、广告服务和会议展览服务。

1. 设计服务，是指把计划、规划、设想通过视觉、文字等形式传递出来的业务活动。包括工业设计、造型设计、服装设计、环境设计、平面设计、包装设计、动漫设计、展示设计、网站设计、机械设计、工程设计、创意策划等。

2. 商标著作权转让服务，是指转让商标、商誉和著作权的业务活动。

3. 知识产权服务，是指处理知识产权事务的业务活动。包括对专利、商标、著作权、软件、集成电路布图设计的代理、登记、鉴定、评估、认证、咨询、检索服务。

4. 广告服务，是指利用图书、报纸、杂志、广播、电视、电影、幻灯、路牌、招贴、橱窗、霓虹灯、灯箱、互联网等各种形式为客户的商品、经营服务项目、文体节目或者通告、声明等委托事项进行宣传和提供相关服务的业务活动。包括广告的策划、设计、制作、发布、播映、宣传、展示等。

5. 会议展览服务，是指为商品流通、促销、展示、经贸洽谈、民间交流、企业沟通、国际往来等举办的各类展览和会议的业务活动。

（四）物流辅助服务。

物流辅助服务，包括航空服务、港口码头服务、货运客运场站服务、打捞救助服务、货物运输代理服务、代理报关服务、仓储服务和装卸搬运服务。

1. 航空服务,包括航空地面服务和通用航空服务。

航空地面服务,是指航空公司、飞机场、民航管理局、航站等向在我国境内航行或者在我国境内机场停留的境内外飞机或者其他飞行器提供的导航等劳务性地面服务的业务活动。包括旅客安全检查服务、停机坪管理服务、机场候机厅管理服务、飞机清洗消毒服务、空中飞行管理服务、飞机起降服务、飞行通讯服务、地面信号服务、飞机安全服务、飞机跑道管理服务、空中交通管理服务等。

通用航空服务,是指为专业工作提供飞行服务的业务活动,包括航空摄影、航空测量、航空勘探、航空护林、航空吊挂播洒、航空降雨等。

2. 港口码头服务,是指港务船舶调度服务、船舶通讯服务、航道管理服务、航道疏浚服务、灯塔管理服务、航标管理服务、船舶引航服务、理货服务、系解缆服务、停泊和移泊服务、海上船舶溢油清除服务、水上交通管理服务、船只专业清洗消毒检测服务和防止船只漏油服务等为船只提供服务的业务活动。

3. 货运客运场站服务,是指货运客运场站(不包括铁路运输)提供的货物配载服务、运输组织服务、中转换乘服务、车辆调度服务、票务服务和车辆停放服务等业务活动。

4. 打捞救助服务,是指提供船舶人员救助、船舶财产救助、水上救助和沉船沉物打捞服务的业务活动。

5. 货物运输代理服务,是指接受货物收货人、发货人的委托,以委托人的名义或者以自己的名义,在不直接提供货物运输劳务情况下,为委托人办理货物运输及相关业务手续的业务活动。

6. 代理报关服务,是指接受进出口货物的收、发货人委托,代为办理报关手续的业务活动。

7. 仓储服务,是指利用仓库、货场或者其他场所代客贮放、保管货物的业务活动。

8. 装卸搬运服务,是指使用装卸搬运工具或人力、畜力将货物在运输工具之间、装卸现场之间或者运输工具与装卸现场之间进行装卸和搬运的业务活动。

(五)有形动产租赁服务。

有形动产租赁,包括有形动产融资租赁和有形动产经营性租赁。

1. 有形动产融资租赁,是指具有融资性质和所有权转移特点的有形动产租赁业务活动。即出租人根据承租人所要求的规格、型号、性能等条件购入有形动产租赁给承租人,合同期内设备所有权属于出租人,承租人只拥有使用权,合同期满付清租金后,承租人有权按照残值购入有形动产,以拥有其所有权。不论出租人是否将有形动产残值销售给承租人,均属于融资租赁。

2. 有形动产经营性租赁,是指在约定时间内将物品、设备等有形动产转让他人使用且租赁物所有权不变更的业务活动。

远洋运输的光租业务、航空运输的干租业务,属于有形动产经营性租赁。

光租业务,是指远洋运输企业将船舶在约定的时间内出租给他人使用,不配备操作人员,不承担运输过程中发生的各项费用,只收取固定租赁费的业务活动。

干租业务,是指航空运输企业将飞机在约定的时间内出租给他人使用,不配备机组人员,不承担运输过程中发生的各项费用,只收取固定租赁费的业务活动。

(六)鉴证咨询服务。

鉴证咨询服务,包括认证服务、鉴证服务和咨询服务。

1. 认证服务,是指具有专业资质的单位利用检测、检验、计量等技术,证明产品、服务、管理体系符合相关技术规范、相关技术规范的强制性要求或者标准的业务活动。

2. 鉴证服务,是指具有专业资质的单位,为委托方的经济活动及有关资料进行鉴证,发表具有证明力的意见的业务活动。包括会计、税务、资产评估、律师、房地产土地评估、工程造价的鉴证。

3. 咨询服务,是指提供和策划财务、税收、法律、内部管理、业务运作和流程管理等信息或者建议的业务活动。

交通运输业和部分现代服务业营业税改征增值税试点有关事项的规定

为贯彻《交通运输业和部分现代服务业营业税改征增值税试点实施办法》(以下称《试点实施办法》),保证营业税改征增值税试点顺利实施,现将试点期间有关事项规定如下:

一、试点纳税人(指按照《试点实施办法》缴纳增值税的纳税人)有关政策

(一)混业经营。

试点纳税人兼有不同税率或者征收率的销售货物、提供加工修理修配劳务或者应税服务的,应当分别核算适用不同税率或征收率的销售额,未分别核算销售额的,按照以下方法适用税率或征收率:

1. 兼有不同税率的销售货物、提供加工修理修配劳务或者应税服务的,从高适用税率。

2. 兼有不同征收率的销售货物、提供加工修理修配劳务或者应税服务的,从高适

用征收率。

3. 兼有不同税率和征收率的销售货物、提供加工修理修配劳务或者应税服务的，从高适用税率。

（二）油气田企业。

试点地区的油气田企业提供应税服务，应当按照《试点实施办法》缴纳增值税，不再执行《财政部国家税务总局关于印发〈油气田企业增值税管理办法〉的通知》（财税〔2009〕8号）。

（三）销售额。

1. 试点纳税人提供应税服务，按照国家有关营业税政策规定差额征收营业税的，允许其以取得的全部价款和价外费用，扣除支付给非试点纳税人（指试点地区不按照《试点实施办法》缴纳增值税的纳税人和非试点地区的纳税人）价款后的余额为销售额。

试点纳税人中的小规模纳税人提供交通运输业服务和国际货物运输代理服务，按照国家有关营业税政策规定差额征收营业税的，其支付给试点纳税人的价款，也允许从其取得的全部价款和价外费用中扣除。

试点纳税人中的一般纳税人提供国际货物运输代理服务，按照国家有关营业税政策规定差额征收营业税的，其支付给试点纳税人的价款，也允许从其取得的全部价款和价外费用中扣除；其支付给试点纳税人的价款，取得增值税专用发票的，不得从其取得的全部价款和价外费用中扣除。

允许扣除价款的项目，应当符合国家有关营业税差额征税政策规定。

2. 试点纳税人从全部价款和价外费用中扣除价款，应当取得符合法律、行政法规和国家税务总局有关规定的凭证。否则，不得扣除。

上述凭证是指：

（1）支付给境内单位或者个人的款项，且该单位或者个人发生的行为属于增值税或营业税征收范围的，以该单位或者个人开具的发票为合法有效凭证。

（2）支付的行政事业性收费或者政府性基金，以开具的财政票据为合法有效凭证。

（3）支付给境外单位或者个人的款项，以该单位或者个人的签收单据为合法有效凭证，税务机关对签收单据有疑义的，可以要求其提供境外公证机构的确认证明。

（4）国家税务总局规定的其他凭证。

（四）进项税额。

试点纳税人接受试点纳税人中的小规模纳税人提供的交通运输业服务，按照取得的增值税专用发票上注明的价税合计金额和7%的扣除率计算进项税额。

试点纳税人从试点地区取得的2012年1月1日（含）以后开具的运输费用结算单据（铁路运输费用结算单据除外），不得作为增值税扣税凭证。

（五）一般纳税人资格认定和计税方法。

1.《试点实施办法》第三条规定的应税服务年销售额标准为500万元（含本数，下同）。

财政部和国家税务总局可以根据试点情况对应税服务年销售额标准进行调整。

试点地区应税服务年销售额未超过500万元的原公路、内河货物运输业自开票纳税人，应当申请认定为一般纳税人。

2. 试点纳税人中的一般纳税人提供的公共交通运输服务（包括轮客渡、公交客运、轨道交通、出租车），可以选择按照简易计税方法计算缴纳增值税。

（六）跨年度租赁。

试点纳税人在2011年12月31日（含）前签订的尚未执行完毕的租赁合同，在合同到期日之前继续按照现行营业税政策规定缴纳营业税。

（七）非固定业户。

机构所在地或者居住地在试点地区的非固定业户在非试点地区提供应税服务，应当向其机构所在地或者居住地主管税务机关申报缴纳增值税。

二、扣缴义务人有关政策

符合下列情形的，按照《试点实施办法》第六条规定代扣代缴增值税：

（一）以境内代理人为扣缴义务人的，境内代理人和接受方的机构所在地或者居住地均在试点地区。

（二）以接受方为扣缴义务人的，接受方的机构所在地或者居住地在试点地区。

不符合上述情形的，仍按照现行营业税有关规定代扣代缴营业税。

三、原增值税纳税人（指按照《中华人民共和国增值税暂行条例》缴纳增值税的纳税人）有关政策

（一）进项税额。

1. 原增值税一般纳税人接受试点纳税人提供的应税服务，取得的增值税专用发票上注明的增值税额为进项税额，准予从销项税额中抵扣。

2. 原增值税一般纳税人接受试点纳税人中的小规模纳税人提供的交通运输业服务，按照从提供方取得的增值税专用发票上注明的价税合计金额和7%的扣除率计算进项税额，从销项税额中抵扣。

3. 试点地区的原增值税一般纳税人接受境外单位或者个人提供的应税服务，按照规定应当扣缴增值税的，准予从销项税额中抵扣的进项税额为从税务机关或者代理人取得的解缴税款的中华人民共和国税收通用缴款书（以下称通用缴款书）上注明的增值税额。

上述纳税人凭通用缴款书抵扣进项税额的，应当具备书面合同、付款证明和境外单位的对账单或者发票。否则，进项税额不得从销项税额中抵扣。

4. 试点地区的原增值税一般纳税人购进货物或者接受加工修理修配劳务,用于《应税服务范围注释》所列项目的,不属于《中华人民共和国增值税暂行条例》(以下称《增值税条例》)第十条所称的用于非增值税应税项目,其进项税额准予从销项税额中抵扣。

5. 原增值税一般纳税人接受试点纳税人提供的应税服务,下列项目的进项税额不得从销项税额中抵扣:

(1) 用于简易计税方法计税项目、非增值税应税项目、免征增值税项目、集体福利或者个人消费,其中涉及的专利技术、非专利技术、商誉、商标、著作权、有形动产租赁,仅指专用于上述项目的专利技术、非专利技术、商誉、商标、著作权、有形动产租赁。

(2) 接受的旅客运输服务。

(3) 与非正常损失的购进货物相关的交通运输业服务。

(4) 与非正常损失的在产品、产成品所耗用购进货物相关的交通运输业服务。

上述非增值税应税项目,对于试点地区的原增值税一般纳税人,是指《增值税条例》第十条所称的非增值税应税项目,但不包括《应税服务范围注释》所列项目;对于非试点地区的原增值税一般纳税人,是指《增值税条例》第十条所称的非增值税应税项目。

6. 原增值税一般纳税人从试点地区取得的 2012 年 1 月 1 日(含)以后开具的运输费用结算单据(铁路运输费用结算单据除外),一律不得作为增值税扣税凭证。

(二) 一般纳税人认定。

试点地区的原增值税一般纳税人兼有应税服务,按照《试点实施办法》和本规定第一条第(五)款的规定应当申请认定一般纳税人的,不需要重新办理一般纳税人认定手续。

(三) 增值税期末留抵税额。

试点地区的原增值税一般纳税人兼有应税服务的,截止到 2011 年 12 月 31 日的增值税期末留抵税额,不得从应税服务的销项税额中抵扣。

交通运输业和部分现代服务业营业税改征增值税试点过渡政策的规定

交通运输业和部分现代服务业营业税改征增值税后,为实现试点纳税人(指按照《试点实施办法》缴纳增值税的纳税人)原享受的营业税优惠政策平稳过渡,现将试点期间试点纳税人有关增值税优惠政策规定如下：

一、下列项目免征增值税

（一）个人转让著作权。

（二）残疾人个人提供应税服务。

（三）航空公司提供飞机播洒农药服务。

（四）试点纳税人提供技术转让、技术开发和与之相关的技术咨询、技术服务。

1. 技术转让，是指转让者将其拥有的专利和非专利技术的所有权或者使用权有偿转让他人的行为；技术开发，是指开发者接受他人委托，就新技术、新产品、新工艺或者新材料及其系统进行研究开发的行为；技术咨询，是指就特定技术项目提供可行性论证、技术预测、专题技术调查、分析评价报告等。

与技术转让、技术开发相关的技术咨询、技术服务，是指转让方（或受托方）根据技术转让或开发合同的规定，为帮助受让方（或委托方）掌握所转让（或委托开发）的技术，而提供的技术咨询、技术服务业务，且这部分技术咨询、服务的价款与技术转让（或开发）的价款应当开在同一张发票上。

2. 审批程序。试点纳税人申请免征增值税时，须持技术转让、开发的书面合同，到试点纳税人所在地省级科技主管部门进行认定，并持有关的书面合同和科技主管部门审核意见证明文件报主管国家税务局备查。

（五）符合条件的节能服务公司实施合同能源管理项目中提供的应税服务。

上述"符合条件"是指同时满足下列条件：

1. 节能服务公司实施合同能源管理项目相关技术，应当符合国家质量监督检验检疫总局和国家标准化管理委员会发布的《合同能源管理技术通则》(GB/T24915—2010)规定的技术要求。

2. 节能服务公司与用能企业签订《节能效益分享型》合同，其合同格式和内容，符合《中华人民共和国合同法》和国家质量监督检验检疫总局和国家标准化管理委员会发布的《合同能源管理技术通则》(GB/T24915—2010)等规定。

（六）自2012年1月1日起至2013年12月31日，注册在上海的企业从事离岸服务外包业务中提供的应税服务。

从事离岸服务外包业务，是指注册在上海的企业根据境外单位与其签订的委托合同，由本企业或其直接转包的企业为境外提供信息技术外包服务（ITO）、技术性业务流程外包服务（BPO）或技术性知识流程外包服务（KPO）。

（七）台湾航运公司从事海峡两岸海上直航业务在大陆取得的运输收入。

台湾航运公司，是指取得交通运输部颁发的"台湾海峡两岸间水路运输许可证"且该许可证上注明的公司登记地址在台湾的航运公司。

（八）台湾航空公司从事海峡两岸空中直航业务在大陆取得的运输收入。

台湾航空公司，是指取得中国民用航空局颁发的"经营许可"或依据《海峡两岸空运协议》和《海峡两岸空运补充协议》规定，批准经营两岸旅客、货物和邮件不定期（包机）运输业务，且公司登记地址在台湾的航空公司。

（九）美国 ABS 船级社在非营利宗旨不变、中国船级社在美国享受同等免税待遇的前提下，在中国境内提供的船检服务。

（十）随军家属就业。

1. 为安置随军家属就业而新开办的企业，自领取税务登记证之日起，其提供的应税服务 3 年内免征增值税。

享受税收优惠政策的企业，随军家属必须占企业总人数的 60%（含）以上，并有军（含）以上政治和后勤机关出具的证明。

2. 从事个体经营的随军家属，自领取税务登记证之日起，其提供的应税服务 3 年内免征增值税。

随军家属必须有师以上政治机关出具的可以表明其身份的证明，但税务部门应当进行相应的审查认定。

主管税务机关在企业或个人享受免税期间，应当对此类企业进行年度检查，凡不符合条件的，取消其免税政策。

按照上述规定，每一名随军家属可以享受一次免税政策。

（十一）军队转业干部就业。

1. 从事个体经营的军队转业干部，经主管税务机关批准，自领取税务登记证之日起，其提供的应税服务 3 年内免征增值税。

2. 为安置自主择业的军队转业干部就业而新开办的企业，凡安置自主择业的军队转业干部占企业总人数 60%（含）以上的，经主管税务机关批准，自领取税务登记证之日起，其提供的应税服务 3 年内免征增值税。

享受上述优惠政策的自主择业的军队转业干部必须持有师以上部队颁发的转业证件。

（十二）城镇退役士兵就业。

1. 为安置自谋职业的城镇退役士兵就业而新办的服务型企业当年新安置自谋职业的城镇退役士兵达到职工总数 30% 以上，并与其签订 1 年以上期限劳动合同的，经县级以上民政部门认定、税务机关审核，其提供的应税服务（除广告服务外）3 年内免征增值税。

2. 自谋职业的城镇退役士兵从事个体经营的，自领取税务登记证之日起，其提供的应税服务（除广告服务外）3 年内免征增值税。

新办的服务型企业，是指《国务院办公厅转发民政部等部门关于扶持城镇退役士兵自谋职业优惠政策意见的通知》(国办发〔2004〕10号)下发后新组建的企业。原有的企业合并、分立、改制、改组、扩建、搬迁、转产以及吸收新成员、改变领导或隶属关系、改变企业名称的,不能视为新办企业。

自谋职业的城镇退役士兵,是指符合城镇安置条件,并与安置地民政部门签订《退役士兵自谋职业协议书》,领取《城镇退役士兵自谋职业证》的士官和义务兵。

(十三)失业人员就业。

1. 持《就业失业登记证》(注明"自主创业税收政策"或附着《高校毕业生自主创业证》)人员从事个体经营的,在3年内按照每户每年8 000元为限额依次扣减其当年实际应缴纳的增值税、城市维护建设税、教育费附加和个人所得税。

试点纳税人年度应缴纳税款小于上述扣减限额的,以其实际缴纳的税款为限;大于上述扣减限额的,应当以上述扣减限额为限。

享受优惠政策的个体经营试点纳税人,是指提供《应税服务范围注释》服务(除广告服务外)的试点纳税人。

持《就业失业登记证》(注明"自主创业税收政策"或附着《高校毕业生自主创业证》)人员是指:(1)在人力资源和社会保障部门公共就业服务机构登记失业半年以上的人员;(2)零就业家庭、享受城市居民最低生活保障家庭劳动年龄内的登记失业人员;(3)毕业年度内高校毕业生。

高校毕业生,是指实施高等学历教育的普通高等学校、成人高等学校毕业的学生;毕业年度,是指毕业所在自然年,即1月1日至12月31日。

2. 服务型企业(除广告服务外)在新增加的岗位中,当年新招用持《就业失业登记证》(注明"企业吸纳税收政策")人员,与其签订1年以上期限劳动合同并依法缴纳社会保险费的,在3年内按照实际招用人数予以定额依次扣减增值税、城市维护建设税、教育费附加和企业所得税优惠。定额标准为每人每年4 000元,可上下浮动20%,由试点地区省级人民政府根据本地区实际情况在此幅度内确定具体定额标准,并报财政部和国家税务总局备案。

按照上述标准计算的税收扣减额应当在企业当年实际应缴纳的增值税、城市维护建设税、教育费附加和企业所得税税额中扣减,当年扣减不足的,不得结转下年使用。

持《就业失业登记证》(注明"企业吸纳税收政策")人员是指:(1)国有企业下岗失业人员;(2)国有企业关闭破产需要安置的人员;(3)国有企业所办集体企业(即厂办大集体企业)下岗职工;(4)享受最低生活保障且失业1年以上的城镇其他登记失业人员。

服务型企业,是指从事原营业税"服务业"税目范围内业务的企业。

国有企业所办集体企业(即厂办大集体企业),是指20世纪70、80年代,由国有企业批准或资助兴办的,以安置回城知识青年和国有企业职工子女就业为目的,主要向主办国有企业提供配套产品或劳务服务,在工商行政机关登记注册为集体所有制的企业。厂办大集体企业下岗职工包括在国有企业混岗工作的集体企业下岗职工。

3. 享受上述优惠政策的人员按照下列规定申领《就业失业登记证》、《高校毕业生自主创业证》等凭证:

(1) 按照《就业服务与就业管理规定》(中华人民共和国劳动和社会保障部令第28号)第六十三条的规定,在法定劳动年龄内,有劳动能力,有就业要求,处于无业状态的城镇常住人员,在公共就业服务机构进行失业登记,申领《就业失业登记证》。其中,农村进城务工人员和其他非本地户籍人员在常住地稳定就业满6个月的,失业后可以在常住地登记。

(2) 零就业家庭凭社区出具的证明,城镇低保家庭凭低保证明,在公共就业服务机构登记失业,申领《就业失业登记证》。

(3) 毕业年度内高校毕业生在校期间凭学校出具的相关证明,经学校所在地省级教育行政部门核实认定,取得《高校毕业生自主创业证》(仅在毕业年度适用),并向创业地公共就业服务机构申请取得《就业失业登记证》;高校毕业生离校后直接向创业地公共就业服务机构申领《就业失业登记证》。

(4) 服务型企业招录的人员,在公共就业服务机构申领《就业失业登记证》。

(5)《再就业优惠证》不再发放,原持证人员应当到公共就业服务机构换发《就业失业登记证》。正在享受下岗失业人员再就业税收优惠政策的原持证人员,继续享受原税收优惠政策至期满为止。

(6) 上述人员申领相关凭证后,由就业和创业地人力资源和社会保障部门对人员范围、就业失业状态、已享受政策情况审核认定,在《就业失业登记证》上注明"自主创业税收政策"或"企业吸纳税收政策"字样,同时符合自主创业和企业吸纳税收政策条件的,可同时加注;主管税务机关在《就业失业登记证》上加盖戳记,注明减免税所属时间。

4. 上述税收优惠政策的审批期限为2011年1月1日至2013年12月31日,以试点纳税人到税务机关办理减免税手续之日起作为优惠政策起始时间。税收优惠政策在2013年12月31日未执行到期的,可继续享受至3年期满为止。

二、下列项目实行增值税即征即退

(一) 注册在洋山保税港区内试点纳税人提供的国内货物运输服务、仓储服务和装卸搬运服务。

(二) 安置残疾人的单位,实行由税务机关按照单位实际安置残疾人的人数,限额即征即退增值税的办法。

上述政策仅适用于从事原营业税"服务业"税目(广告服务除外)范围内业务取得的收入占其增值税和营业税业务合计收入的比例达到50%的单位。

有关享受增值税优惠政策单位的条件、定义、管理要求等按照《财政部国家税务总局关于促进残疾人就业税收优惠政策的通知》(财税〔2007〕92号)中有关规定执行。

(三)试点纳税人中的一般纳税人提供管道运输服务,对其增值税实际税负超过3%的部分实行增值税即征即退政策。

(四)经人民银行、银监会、商务部批准经营融资租赁业务的试点纳税人中的一般纳税人提供有形动产融资租赁服务,对其增值税实际税负超过3%的部分实行增值税即征即退政策。

三、2011年12月31日(含)前,如果试点纳税人已经按照有关政策规定享受了营业税税收优惠,在剩余税收优惠政策期限内,按照本办法规定享受有关增值税优惠。

关于上海市开展交通运输业和部分现代服务业营业税改征增值税试点有关问题的说明

为深化产业分工,加快现代服务业发展,通过采取结构性减税政策措施优化税制结构和减轻税收负担,以利于促进经济发展方式转变和经济结构调整。财政部和国家税务总局于今年11月16日发布了在上海市交通运输业和部分现代服务业开展营业税改征增值税试点的相关政策,上海市财税部门积极贯彻落实文件精神,制订了周密的实施方案,认真做好政策培训辅导和征管系统配套等各项准备工作。目前,相关政策的培训辅导工作正在有序推进,现针对一些企业在政策培训过程中反映的情况,就营业税改征增值税试点的有关问题作进一步说明。

一、关于在上海市开展营业税改征增值税试点行业范围的问题

自2012年1月1日起,在上海市交通运输业和部分现代服务业开展营业税改征增值税试点。其中:交通运输业包括陆路运输、水路运输、航空运输、管道运输;部分现代服务业包括研发和技术、信息技术、文化创意、物流辅助、有形动产租赁和鉴证咨询。

目前,上海市的试点范围暂不包括建筑业、邮电通信业、销售不动产等行业,以及餐饮、娱乐等服务业。

二、关于营业税改征增值税试点的试点纳税人问题

试点纳税人分为增值税一般纳税人和增值税小规模纳税人。

在上海市营业税改征增值税试点期间,提供应税服务的年销售额未超过500万元的单位和个人为增值税小规模纳税人,超过的为增值税一般纳税人。但原公路、内河货物运输业自开票纳税人,年销售额未超过500万元的也应当申请认定为增值税一般纳

税人。

增值税小规模纳税人会计核算健全,能够提供准确税务资料的,可以向主管税务机关申请一般纳税人资格认定,成为增值税一般纳税人。

三、关于营业税改征增值税试点的应纳税额计算问题

(一) 增值税一般纳税人

试点纳税人中的增值税一般纳税人通常适用一般计税方法,分别按照17%、11%、6%三档税率计算销项税额,应纳税额是销项税额减去进项税额后的余额。应纳税额的计算公式为:

应纳税额=当期销项税额-当期进项税额

销项税额=不含税销售额×税率

不含税销售额=含税销售额÷(1+税率)

目前,增值税一般纳税人可以扣除进项税额的项目主要是购进原材料、燃料、机器设备等货物以及接受的应税劳务和应税服务。

(二) 增值税小规模纳税人

试点纳税人中的增值税小规模纳税人适用简易计税方法计税,按照不含税销售额乘以3%的征收率计算缴纳增值税。应纳税额的计算公式为:

应纳税额=不含税销售额×征收率

不含税销售额=含税销售额÷(1+征收率)

(三) 实行简易计税的增值税一般纳税人

在上海市营业税改征增值税试点期间,提供轮客渡、公交客运、轨道交通、出租车等公共交通运输服务的增值税一般纳税人,可以选择简易计税方法计税,按照不含税销售额乘以3%的征收率计算缴纳增值税。应纳税额的计算公式与增值税小规模纳税人的相同。

四、关于增值税小规模纳税人提供交通运输业服务的过渡安排问题

上海市提供交通运输业服务的增值税小规模纳税人适用简易计税方法,按照不含税销售额乘以3%的征收率计算缴纳增值税。

上海市提供交通运输业服务的增值税小规模纳税人向试点纳税人和原增值税一般纳税人提供交通运输业服务,试点纳税人和原增值税一般纳税人可以按照取得的增值税专用发票上注明的价税合计金额和7%的扣除率计算抵扣进项税额。

五、关于现行营业税差额征税政策在试点期间的过渡安排问题

上海市的试点办法明确,对现行规定的营业税差额征税政策按照不同情况作了保留,有关具体内容在相关政策文件中也作了规定。

六、关于现行营业税优惠政策在试点期间的过渡安排问题

为保持现行营业税优惠政策的连续性,对现行部分营业税免税政策,在改征增值税

后继续予以免征；为了保持增值税抵扣链条的完整性，对现行部分营业税减免税优惠，调整为增值税即征即退政策；对税负增加较多的部分行业，给予适当的税收优惠。

对现行营业税优惠政策过渡的具体安排为：一是个人转让著作权，残疾人个人提供应税服务等十三项实行免征增值税优惠政策；二是对注册在洋山保税港区内的试点纳税人提供国内货运、仓储、装卸等服务和企业安置残疾人实行增值税即征即退优惠政策；三是符合条件的企业提供管道运输服务和有形动产融资租赁服务，增值税实际税负超过3%的，实行增值税即征即退优惠政策。

七、关于服务贸易出口问题

服务贸易出口有利于优化投资、消费和出口结构，促进国民经济健康协调发展，营业税改征增值税试点方案中规定对服务贸易出口实行零税率或免税制度，具体办法将由财政部和国家税务总局另行制定。

此外，针对有一些企业反映试点后其税负可能会有所增加的情况，对此，市财税部门一方面将进一步加强政策的宣传和培训，帮助企业充分理解政策，用好试点过渡政策；另一方面将综合考虑试点行业和企业的不同情况，积极研究制定有针对性的扶持措施，以利于本市营业税改征增值税改革试点的平稳过渡和顺利实施。

上海市财政局
上海市国家税务局
上海市地方税务局